墨脱年鉴

མེ་ཏོག་གི་ལོ་རིམ་མེ་ལོང་།

2022

（总第六卷）

中共墨脱县委办公室　编

方志出版社
Publishing House of Local Records

图书在版编目（CIP）数据

墨脱年鉴．2022 / 中共墨脱县委办公室编．—北京：方志出版社，2022.12

ISBN 978-7-5144-5553-3

Ⅰ．①墨… Ⅱ．①中… Ⅲ．①墨脱县－2022－年鉴
Ⅳ．①Z527.54

中国版本图书馆 CIP 数据核字（2022）第 252612 号

责任编辑：罗滔
责任校对：刘玉霞
责任印制：梅中英
出 版 者：方志出版社
地　　址：北京市朝阳区潘家园东里 9 号（国家方志馆 4 层）
邮　　编：100021
网　　址：http://www.zgfzcb.cn
发　　行：方志出版社图书营销中心（010-67110500）
印　　刷：云南美嘉美印刷包装有限公司
开　　本：889 毫米 ×1194 毫米　1/16
印　　张：25
字　　数：775 千字
版　　次：2022 年 12 月第 1 版
印　　次：2022 年 12 月第 1 次印刷
定　　价：360.00 元

《墨脱年鉴（2022）》编纂委员会

《墨脱年鉴（2022）》编辑部

编辑说明

一、《墨脱年鉴》是由中共墨脱县委、墨脱县人民政府主办，中共墨脱县委办公室（墨脱县年鉴编纂委员会）编纂的年度资料性文献。

二、《墨脱年鉴（2022）》以马克思列宁主义、毛泽东思想、邓小平理论、“三个代表”重要思想、科学发展观、习近平新时代中国特色社会主义思想为指导，坚持辩证唯物主义和历史唯物主义的立场、观点和方法，以全面反映墨脱县情、忠实记载墨脱历史为宗旨。

三、《墨脱年鉴（2022）》为总第6卷，全面系统地记述2021年1月1日至12月31日墨脱县政治文明、物质文明、精神文明和生态文明建设的历史进程，客观地记述2021年度全县新发展、新成就、新情况和新问题，旨在为社会各界了解墨脱、研究墨脱、建设墨脱提供基础性、权威性的信息资料。

四、《墨脱年鉴（2022）》分为彩页与正文两部分。遵循年鉴体例，正文部分除特载及附录采用综合性文章或表格外，其余均用分类编辑法记述，设特载、大事记、县情概况、中共墨脱县委员会、墨脱县人民代表大会、墨脱县人民政府、政协墨脱县委员会、墨脱县纪检监察委员会、人民团体、法治、军事、对口援藏、综合管理监督、农牧林水、交通运输供电、城乡建设·生态环境、应急管理·消防救援、财税·金融、教育·科技·文化·广电、卫生健康、社会民生、乡镇、附录23个类目，类目之下按事物属性设分目，分目之下设条目，以字体、字号区别不同层次，条目标题用黑体字加【 】作标识。卷末附索引。

五、《墨脱年鉴（2022）》中的政区、机关及会议等名称均系2021年名称，首次用全称，之后即用简称。地名除县情概况“历史沿革”中使用到不同时期的不同历史名称之外，一律使用现行标准地名。“中国共产党”“中国共产主义青年团”“中国人民解放军”，除少数地方使用全称外，分别简称为“中共”“共青团”“解放军”。“组织机构负责人”中性别为男性的不标注，民族为汉族的不标注。

六、《墨脱年鉴（2022）》中使用的度、量、衡，一律使用国家法定计量单位。

七、为有效减少重复，《墨脱年鉴（2022）》记载2021年内信息时间表述一般省略年份，直接标注月日，但跨年度信息时间表述则年月日俱全，以免发生误解。

八、《墨脱年鉴（2022）》统计数据由各供稿单位主管业务部门提供并审核，但由于统计时间、统计口径不同等原因，反映国民经济和社会发展情况的个别数据在不同稿件中不尽一致，使用时请以附录中墨脱县统计局提供的《2021墨脱县统计公报》为准。全书所有数据均精确到小数点后两位。

墨脱县行政区划图

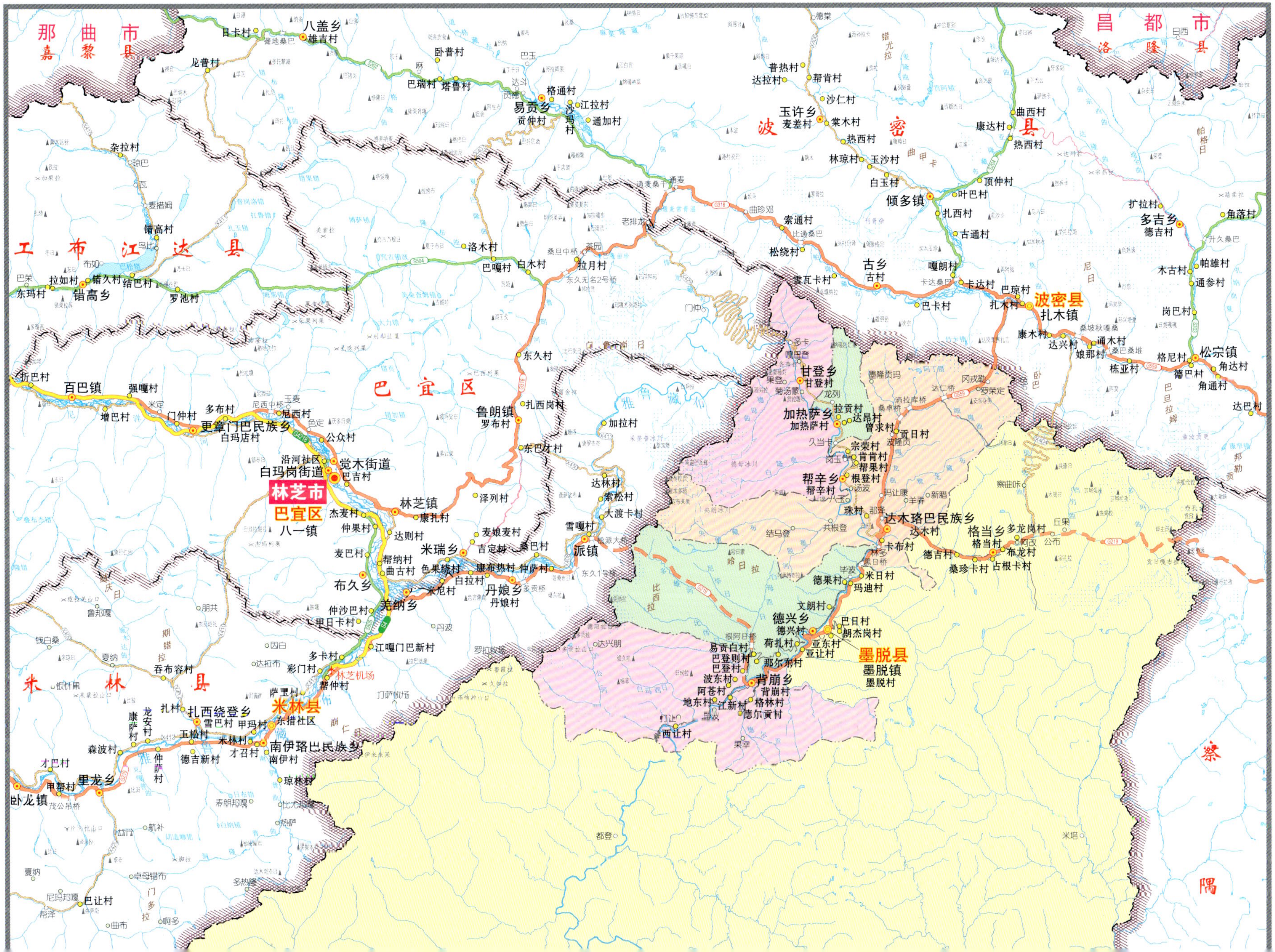

那曲市
嘉黎县
昌都市
洛隆县
工布江达县
波密县
巴宜区
米林县
察隅
墨脱县
墨脱镇
墨脱村
波密县
扎木镇
林芝市
巴宜区
八一镇
米林县
背崩乡
德兴乡
达木珞巴民族乡
格当乡
加热萨乡
甘登乡
帮辛乡
派镇
米瑞乡
丹娘乡
羌纳乡
布久乡
林芝镇
鲁朗镇
更章门巴民族乡
百巴镇
易贡乡
玉许乡
倾多镇
古乡
多吉乡
松宗镇
八盖乡
错高乡
扎西绕登乡
南伊珞巴民族乡
里龙乡
卧龙镇
觉木街道
白玛岗街道

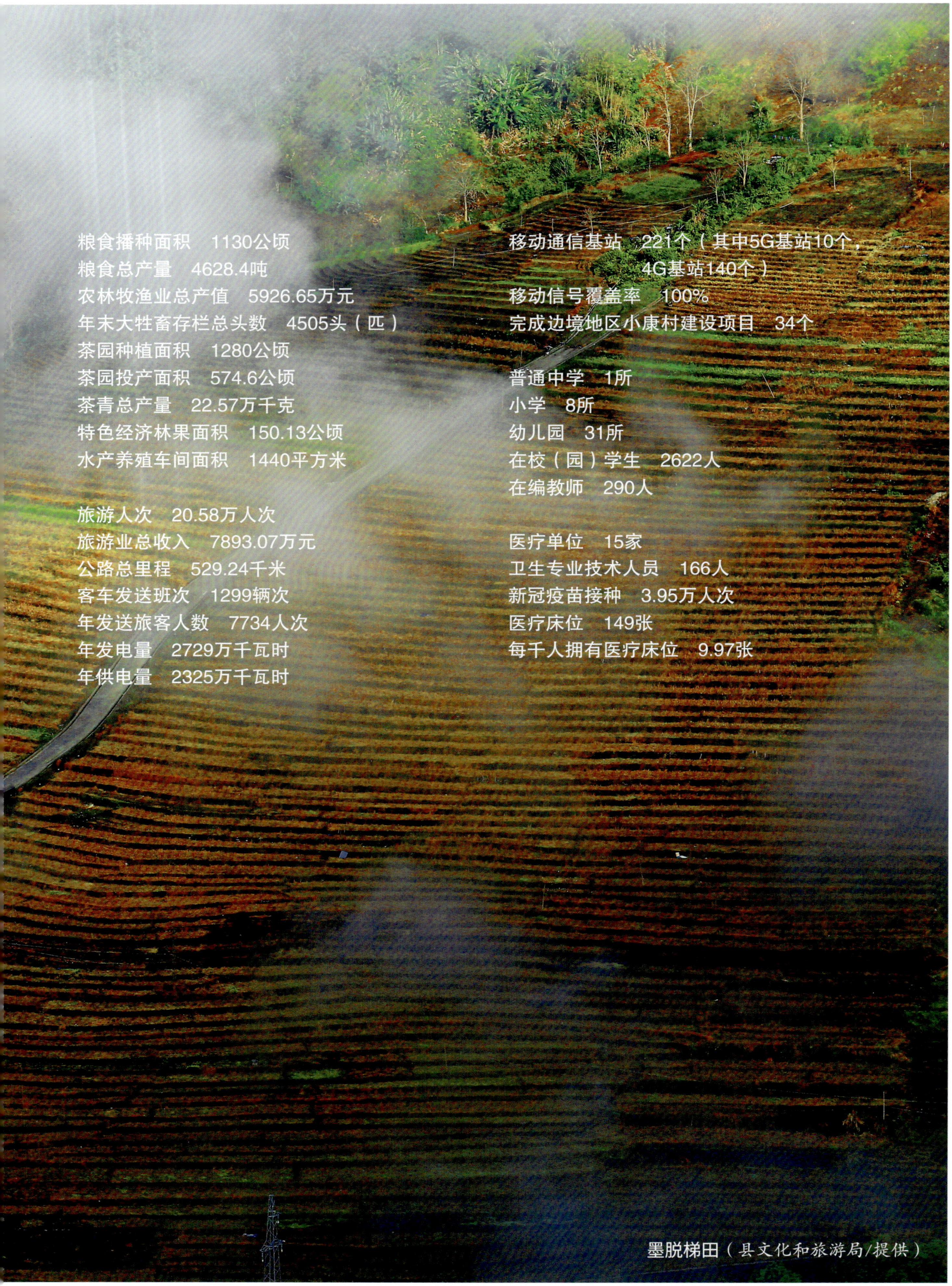

粮食播种面积　1130公顷
粮食总产量　4628.4吨
农林牧渔业总产值　5926.65万元
年末大牲畜存栏总头数　4505头（匹）
茶园种植面积　1280公顷
茶园投产面积　574.6公顷
茶青总产量　22.57万千克
特色经济林果面积　150.13公顷
水产养殖车间面积　1440平方米

旅游人次　20.58万人次
旅游业总收入　7893.07万元
公路总里程　529.24千米
客车发送班次　1299辆次
年发送旅客人数　7734人次
年发电量　2729万千瓦时
年供电量　2325万千瓦时

移动通信基站　221个（其中5G基站10个，4G基站140个）
移动信号覆盖率　100%
完成边境地区小康村建设项目　34个

普通中学　1所
小学　8所
幼儿园　31所
在校（园）学生　2622人
在编教师　290人

医疗单位　15家
卫生专业技术人员　166人
新冠疫苗接种　3.95万人次
医疗床位　149张
每千人拥有医疗床位　9.97张

墨脱梯田（县文化和旅游局/提供）

数字墨脱·2021

土地面积　31450平方千米
最高海拔　7782米（南迦巴瓦峰）
最低海拔　154米（巴昔卡）
年降雨量　2088毫米
年平均气温　16.8℃
林地面积　252.93万公顷
林木绿化率　81.18%
活立木总蓄积量　5.65亿立方米
全县辖1镇7乡，45个行政村、1个社区
年末常住人口　14941人
农村居民常住人口　11632人

地区生产总值　8.52亿元
第一产业　0.51亿元
第二产业　3.52亿元
其中：工业　0.31亿元
　　　建筑业　3.21亿元
第三产业　4.49亿元
全社会固定资产投资总额　14.46亿元
全社会消费零售总额　7281万元
地方公共财政预算收入　6277万元
一般公共预算支出　84608万元
招商引资到位资金　1.55亿元
农牧民人均可支配收入　15278元
城镇居民人均可支配收入　41346元
年末金融机构各项存款余额　14.25亿元
年末金融机构各项贷款余额　13.2[illegible]亿元

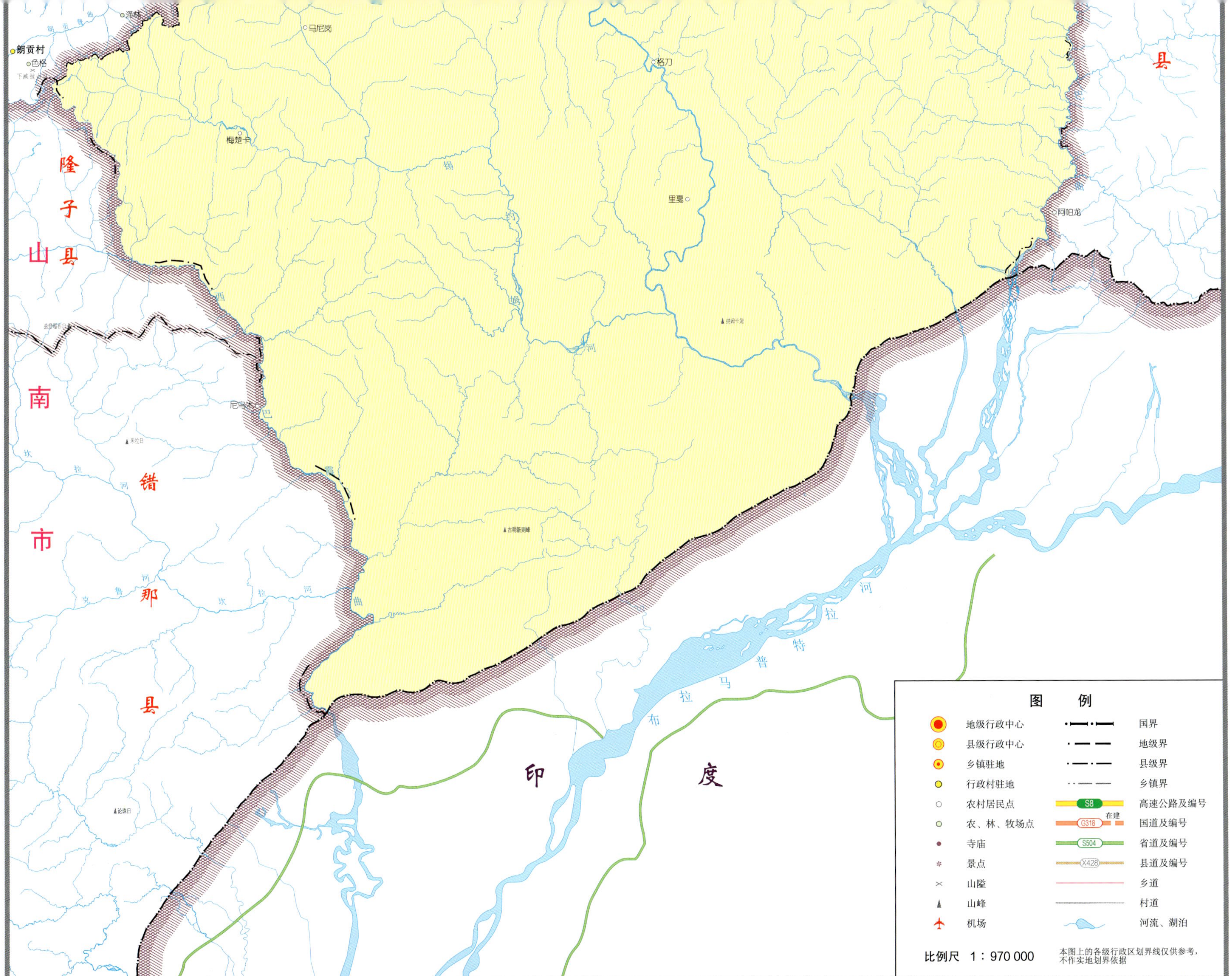

成都地图出版社 编制

审图号：藏S（2022）025号 2022年12月制

从梦想到现实　墨脱天路的前世今生

2021年5月16日，派墨公路全线贯通。这是自2013年10月31日国道559线波墨公路（又称“扎墨公路”）正式通车后，“全国最后一个通公路的县”——墨脱县公路交通发展史上又一次历史性突破。瞬间，派墨公路冲上热搜，墨脱县再一次成为全国新闻媒体与广大网友关注的焦点。

5月16日，中国华能集团公司派墨公路建设团队庆祝派墨公路全线贯通（县融媒体中心/提供）

屡败屡战 "高原孤岛"筑路难

墨脱县北、西、东三面高山环绕，雅鲁藏布大峡谷从县境西北向南横贯墨脱县全境，全县河流、湖泊密布，高山深谷，坡陡沟深，地质结构复杂脆弱，各种地质灾害频发，造就了墨脱县地理上的封闭性，人称"高原孤岛"，公路建设异常艰难。

从20世纪60年代起，国家多次投入资金、人力修建通往墨脱县的公路，但均因为对墨脱县地质构造之脆弱复杂，暴雨、山洪、泥石流等气候灾害之频繁、严重缺乏足够认识，技术不成熟、建设资金不足，先后失败，并出现重大人员伤亡。直至20世纪末，墨脱县与外界物资流通仍主要依赖人背马驮。

2010年，县城至背崩乡公路通车前的背崩乡一切物资运输都靠人背马驮，图为2019年中央电视台播出《新墨脱日记·西藏背崩变迁》回顾2010年报道画面（勾　昆/视频截图）

未修通公路前墨脱县城的运输方式

（县交通运输局/提供）

直至21世纪初，墨脱县物资运输仍依靠骡马（县交通运输局/提供）

波墨简易公路

1988年夏，在林芝地区行署支持下，墨脱县自筹资金50万元，成立公路建设指挥部，利用前几次筑路硕果仅存的路段，续建由波密县扎木镇到墨脱县达木珞巴民族乡波弄贡（K80，里程数，下同）的公路。年内，公路粗通。其中K24至K47路段积雪严重，每年只有7—9月可以勉强通车。墨脱县在波弄贡（K80）设置货物转运站，每年7—9月，用汽车将物资运到波弄贡（K80），再组织人力向全县各乡（镇）背运。

1989年，自治区人民政府拨款143万元，批准续建墨脱公路。1990年，交通部拨款900万元，批准续建波墨公路。1993年10月，初具公路雏形的“毛路”通至墨脱县城。1994年2月1日，在波密县扎木镇召开“墨脱公路粗通”庆祝大会，之后由于山洪、雪崩、泥石流等地质灾害频发，波弄贡（K80）至墨脱县城路段损毁严重，无法通行。

1995—1996年，自治区人民政府拨款2000万元，修整波密至墨脱公路损毁段，恢复约27千米路段；在此基础上，1998年，西藏自治区再次启动波墨简易公路建设。2000年6月中旬，波密县易贡湖特大泥石流堰塞体自然泄洪，包括波墨简易公路在内的墨脱县境内雅鲁藏布江沿线公路、骡马道、大桥、溜索被全部冲毁。

2001年以后，西藏自治区筹集资金，重修波密县至墨脱县的简易公路。2004年，波密县至墨脱县简易公路实现分段季节性通车。每年7—10月，波墨简易公路扎木镇至波弄贡（K80）路段通车；12月至次年3月，波弄贡（K80）至墨脱县城路段通车，墨脱县物资供应情况得到大大改善。

2004年后，波墨简易公路实现季节性通车，通车季节，早已准备好的数百辆运输车辆按顺序出发。随着物资运输能力的提高，一定程度上缓解墨脱县生活物资供应不足的局面

（县交通运输局/提供）

2006年，修建在波密至墨脱公路K86段的简易半边桥（县交通运输局/提供）

2012年，波墨公路建设进入收尾阶段，公路通行条件得到明显改善，行程时间比原来缩减一半（县交通运输局/提供）

国道559线（波墨公路）

2008年10月，在充分的勘探实验论证基础上，经国务院常务会议审议批准，总投资约9.5亿元、全长117.28千米的波墨公路（扎墨公路）建设项目正式立项，并列入西藏自治区“十一五”规划重点建设项目。

波墨公路位于波密、墨脱两县境内，起点为波密县扎木镇，终点为墨脱县城。在原波密县至墨脱县简易公路的基础上改建，路线全长117.28千米，新建桥梁29座、涵洞227道。先后跨越波斗藏布江、金珠藏布江、西莫河等6条江河，经嘎隆寺，以隧道穿越嘎隆拉雪山，经墨脱镇米日村和玛迪村到达墨脱县城。道路曲折崎岖，全线海拔从4100米骤降至1100米，相对高差达3000米，是全国最难修建的公路之一。

2010年12月15日，嘎隆拉隧道全线贯通。嘎隆拉隧道为波墨公路控制性工程，施工周期历时2年，全长3.31千米，出入口海拔落差128米，建成后缩短公路里程25千米，使得冬季嘎隆拉雪山大雪封山时段继续保持波墨公路通车成为可能。中央电视台新闻频道与综合频道对嘎隆拉隧道贯通仪式进行了并机直播。

2013年10月31日，耗资16亿元、历时5年建设历程的西藏墨脱公路正式通车仪式在墨脱县K80举行。至此，墨脱县结束“全国唯一一个不通公路县”的历史。

2017年12月27日，国家投资12.02亿元的波墨公路整治改建工程开工，工程采用四级公路标准建设，部分路段采用三级公路建设，工期3年。2020年10月，工程竣工，国道559线通行条件得到进一步提升。

2021年，西藏自治区交通运输厅、西藏自治区重点公路建设项目管理中心组织实施国道559线波墨公路嘎隆拉隧道亮化工程。截至年末，工程基本完成。

截至2021年末，波墨公路仍为墨脱县与外界联系的唯一汽车运输通道，实行“双日进、单日出”，晚上8点以后禁止车辆上路等严格的车辆通行管制措施，确保进入墨脱县人员生命财产安全。

国道559线波墨公路一路经历高原、雪山、森林、峡谷等不同地貌，景色迷人。2009年，尚未全程全年通车的波墨简易公路被《中国国家地理》杂志命名为“中国终极越野之路”。虽然如今的国道559线与当年的波墨简易公路不可同日而语。但一路各种回头弯接回头弯，连续急陡坡、水漫路面、全程狭窄路段的路况并未根本改变，仍是自驾游的首选路段。沿途主要景点有嘎隆拉天池、亲水叠瀑、喜荣沟景区与K113林多雅鲁藏布江大拐弯等。

2010年12月15日，波墨公路控制性工程嘎隆拉隧道贯通，国道559线常年通车成为可能（勾　昆/摄）

2013年10月31日，西藏墨脱公路正式通车仪式在墨脱县K80举行，图为当时中央电视台现场直播画面（勾　昆/视频截图）

2021年，国道559线波墨公路风光
（县文化和旅游局/提供）

2021年10月，国道559线波墨公路秋色
（县文化和旅游局/提供）

回头弯接回头弯、坡度陡降的国道559线波墨公路嘎隆曲段（县融媒体中心/提供）

嘎隆拉天池冬景（县文化和旅游局/提供）

K113林多大拐弯（县文化和旅游局/提供）

2021年6月，雨季的亲水叠瀑水量骤增，更为壮观（勾　昆/摄）

雅鲁藏布果果塘蛇形大拐弯（县文化和旅游局/提供）

国道219线墨脱县城至背崩乡段

墨脱县城至背崩乡的骡马道一直存在，2000年6月中旬，波密县易贡湖特大泥石流堰塞体自然泄洪，墨脱县城至背崩乡的骡马道被完全冲毁。之后墨脱县重建全长29.11千米的墨脱县城至背崩乡马行道。2006年，墨脱县投资240万元，修建哈果桥和香果容钢架桥，为县城至背崩乡农村简易公路的修建奠定基础。2008年，墨脱县在墨脱县城至背崩乡马行道基础上修建全长27.8千米的墨脱县城至背崩乡农村公路，2010年竣工。2013年，国家发展和改革委员会发布《国家公路网规划（2013年—2030年）》，墨脱县城至背崩乡段农村公路被列为国道219线（新疆维吾尔自治区喀纳斯至广西壮族自治区东兴市）组成路段。2018年，墨脱县完成对国道219线墨脱县城至背崩路段公路硬化工程。

国道219线墨脱县城至背崩乡段北接国道559线，南连国道219线派墨段，为墨脱县公路重要组成部分。公路周边主要景点有果果塘雅鲁藏布大拐弯、布裙湖、德兴藤网桥等。

2021年7月21日，车来车往的国道219线县城至背崩公路果果塘茶园段（勾　昆/摄）

2021年7月，雨雾中的国道219线县城至背崩公路（勾　昆/摄）

国道219线墨脱县城至背崩段公路宽不足6米，图为2021年7月21日，两辆车在县城至背崩段公路错车场景（勾　昆/摄）

布裙湖（县文化和旅游局/提供）

派墨公路

2021年5月16日上午10时16分，中国华能集团有限公司派墨公路最后一个控制性节点工程——老虎嘴隧道贯通，比原计划工期提前228天，标志着历时近7年建设的派墨公路全线联通。

派墨公路全长67.22千米，始于米林县派镇，至松林口采用特长隧道穿越多雄拉雪山后沿多雄河展线，经汗密、老虎嘴，到达墨脱县背崩乡。2014年4月，派墨公路分4段先后开工建设。公路沿线气候多变，雪崩、塌方、强降雨、泥石流等自然灾害频发，施工环境恶劣，建设难度远超平原地区。

派墨公路是继波墨公路之后第二条由西藏自治区林芝市主城区通往墨脱县的交通要道，总投资约20.15亿元，计划于2022年9月竣工通车，系中国华能集团有限公司重点援藏项目。

派墨公路建成通车后，林芝市主城区至墨脱县公路里程由原来经波密县的346千米缩短为经派镇的180千米，通行时间由原来的12小时缩短至约4小时，并与已建成的国道559线形成进出墨脱县的交通环线，可以有效缓解作为唯一进入墨脱县公路——现国道559线实行“单日出，双日进”通行管制的交通压力。

派墨公路沿路主要景点有多雄拉山、汗密森林、老虎嘴瀑布等。

2021年5月，派墨公路全线连通，图为新建的派墨公路白马西路河大桥，下面的桥是原来修建的白马西路河桥（县融媒体中心/提供）

2021年5月，派墨公路全线连通，图为在森林之间盘旋的派墨公路（县文化和旅游局/提供）

2021年1月，派墨公路老虎嘴隧道施工现场
（县交通运输局/提供）

2021年5月，完工后的派墨公路隧道
（县交通运输局/提供）

2021年5月，派墨公路全线连通，图为派墨公路雪景（县文化和旅游局/提供）

2021年5月，派墨公路全线连通，图为派墨公路多雄拉山口路段（县文化和旅游局/提供）

2021年春季，郁郁葱葱的汗密原始森林（县文化和旅游局 提供）

国道219线察墨公路

察墨公路（墨察公路）是察隅县城竹瓦根镇至墨脱县城墨脱镇的公路，为新规划的国道219线组成路段，通过改建已有的乡（镇）公路，新建2县交接地带的公路而成，全长363.19千米，采用三级公路标准。墨脱段125.26千米，设计速度30千米/小时，路基宽度7.5米（局部）。国道219线察墨公路北接国道219线墨脱县城至背崩段，南连国道219线丙察察（云南省贡山独龙族怒族自治县丙中洛镇经西藏自治区察隅县察瓦龙乡至察隅县城）段。

2018年，察墨公路墨脱镇经达木珞巴民族乡至格当乡多龙岗村路段改扩建工程开工，2019年完工。

2021年，墨脱县开工实施国道219线墨脱至察隅段第2合同段建设项目，总里程38.82千米，为三级公路，路基宽7.5米（局部），路面宽6.5米，总投资88716.7万元。截至年末，已基本完工。

2021年，察墨公路墨脱段建设现场

（县交通运输局/提供）

2021年，察墨公路墨脱段建成路段

（县交通运输局/提供）

2021年，察墨公路第2合同段建成通车，图为公路沿线景色（县文化和旅游局/提供）

公路建设带来的变化

截至2021年末，墨脱县公路总里程529.24千米，为2016年338.22千米的1.56倍。全县8个乡（镇）公路通达率为100%，通畅率为62.5%，全县45个行政村公路通达率为100%，通畅率为71.74%。墨脱县公路的持续建设在促进国防建设的同时，有效促进全县社会经济的持续高速发展与农牧民群众持续增收。2021年，全县实现县域生产总值（GDP）8.52亿元，为2016年4.59亿元的1.86倍。2021年农村居民人均可支配收入15278元，为2016年7989元的1.91倍。2019年2月，经西藏自治区人民政府批准，墨脱县脱贫摘帽。

墨脱公路的持续建设，还有效促进墨脱县各族人民与全国各民族的交流交通交融，让墨脱县各族人民看到发展的希望，增强发展的信心。2021年，墨脱县接待游客20.58万人次，同比增长136%；实现旅游总收入7893.07万元，同比增长264%，其中农牧民收入1193.8万元，同比增长152%。

2020年8月8日，墨脱县加热萨乡至甘登乡公路通车，甘登乡告别不通公路的历史，村民第一时间打电话给亲友，告知甘登村公路终于通车的喜讯

（县交通运输局/提供）

波墨公路开通后，随着外地游客的增多，墨脱镇妇女经营的门（巴族）珞（巴族）服饰加工店生意越发火爆，2021年营业额达20万元。图为10月20日，市工商联调研组在墨脱镇门珞服饰加工店调研时的场景

（县工商联/提供）

2013年，波墨公路开通以后，以公路里程得名的K80迅速从当年的货物中转站转型发展成为波墨公路上最大的集镇，在带动农民增收的同时，有效促进全县城镇化建设进程，图为2021年9月的K80街景（勾　昆/摄）

央视聚焦

回顾60余年的墨脱公路建设历史，是中共中央、国务院及各级党委、人民政府本着“为中国人民谋幸福，为中华民族谋复兴”的初心使命，急墨脱县各族人民之所急，坚持科学决策，不断投入资金、人力、设备，克服重重困难，团结、带领西藏各族群众，持续推进墨脱县作为“全国最后一个通公路的县”交通基础设施建设，并以此带动全县经济社会发展、农牧民增收，让墨脱县门巴族、珞巴族、藏族等各族同胞共享经济社会发展的成果，与全国各族人民共奔小康的辉煌历史；是墨脱县各族人民在中国共产党的带领下，发扬“乐于吃苦、善于忍耐、勇于战斗、敢于创业”的“老墨脱精神”，克服各种困难与自然灾害，团结奋斗，自强不息，不断修筑道路，改善全县各族人民生产、生活条件，建设边疆、巩固边疆的辉煌历史。

墨脱公路的建设历史，不仅再一次证明了毛泽东主席“我们不但善于破坏一个旧世界，我们还将善于建设一个新世界”的豪迈预言。更是中国共产党所坚持的无论民族大小，一律平等，各民族团结奋斗，互相促进，共享经济社会发展成果的民族政策之生动诠释。

2021年，在举国欢庆中国共产党成立100周年暨西藏和平解放70周年之际，中央电视台新闻频道与综合频道分别于3月26日、6月11日、6月19日，先后播出《奋斗百年路　启航新征程·墨脱公路通车　我国公路“县县通”》《今日中国·西藏篇——“新墨脱　新希望”》《沿着高速看中国》等大型直播节目，均以较长时段回顾墨脱公路建设这一段气吞山河的历史。通过实地踏勘墨脱县各条公路，现场采访墨脱县门巴族、珞巴族、藏族同胞，回顾墨脱县从“不通公路”到全县公路建设全面提速的公路建设历史及道路建设给当地各族群众带来的巨大利益，充分证明社会主义制度的优越性和党的“民族不分大小，一律平等”民族政策在西藏自治区的成功实践，“团结一心跟党走，强边富民奔小康”已经成为今天墨脱县各族同胞的共同心声。

3月26日，中央电视台新闻频道播出《奋斗百年路　启航新征程·墨脱公路通车　我国公路“县县通”》，记录墨脱县公路发展带动全县社会经济发展的史实（勾昆/视频截图）

6月11日，中央电视台新闻频道播出《今日中国·西藏篇——“新墨脱　新希望”》，以4分钟多的时长详细报道墨脱县交通发展带动全县经济社会发展的史实（勾昆/视频截图）

6月19日，中央电视台特别节目《沿着高速看中国》以5分40秒的时长，聚焦墨脱县公路发展带动全县社会经济发展的史实

（勾昆/视频截图）

庆祝中国共产党成立100周年暨西藏和平解放70周年

5月4日，由中共墨脱县委员会、墨脱县人民政府主办、共青团墨脱县委员会承办的“唱响墨脱”首届莲花杯青年歌手大赛决赛举行，图为所有参赛选手合唱场景（共青团墨脱县委员会/提供）

6月19日，德兴乡举行“启航新德兴，永远跟党走”庆祝中国共产党成立100周年文艺会演（德兴乡人民政府/提供）

5月25日，县完全小学举行庆祝“六一”国际儿童节“童心向党　放飞梦想”热烈庆祝中国共产党成立100周年、西藏和平解放70周年活动，县工商联个体工商户会员唐斌（左十）对经济困难家庭学生进行慰问（县工商联/提供）

6月30日，格当乡庆祝中国共产党成立100周年和西藏和平解放70周年文艺会演现场

（格当乡人民政府/提供）

6月30日，“墨脱儿女心向党　爱国强边谱新篇”墨脱县庆祝中国共产党成立100周年文艺会演举行，图为退休老干部表演舞蹈——《藏家儿女心向党》

（县文化和旅游局/提供）

7月1日，全县领导干部观看庆祝中国共产党成立100周年大会现场直播（县委宣传部/提供）

7月20日，农牧民党员群众代表参观西藏和平解放70周年墨脱成就展（县委宣传部/提供）

会议活动

6月26—28日，中国共产党墨脱县第九次代表大会召开，图为大会会场（县委组织部/提供）

10月19日，墨脱县第十二届人民代表大会第二次会议召开（县人大常委会办公室/提供）

7月3日，政协第十届墨脱县委员会第一次会议召开（县政协办公室/提供）

2月7日，中共墨脱县第八届纪律检查委员会第六次全体会议召开，图为大会会场

（县纪委监委/提供）

11月4—9日，中国科学院院士、北京大学原校长许智宏（左一）和北京大学保护生物学教授、自然保护与社会发展研究中心执行主任吕植（左二）一行8人深入墨脱县开展生物多样性调查

（县林业和草原局/提供）

12月16日，西藏自治区党委书记王君正（前排右一）到背崩乡巴登村看望慰问各族群众

（背崩乡人民政府/提供）

10月29日，国家发改委定点帮扶墨脱县工作座谈会召开，国家发改委副秘书长郭兰峰（左四）、国家发改委地区振兴司司长童章舜（右四）出席会议（县发改委/提供）

3月11日，墨脱县灾后重建项目、墨脱县重点项目集中开工仪式在格当乡兴开安置点举行（县发改委/提供）

3月31日，林芝市第十九届桃花旅游文化节——墨脱徒步文化旅游活动举行，图为开幕式文艺演出现场（县文化和旅游局/提供）

4月20—21日，全国政法队伍教育整顿中央第十四督导组西藏小组组长殷明胜（后排左三）率队到墨脱县督导调研全国政法队伍教育整顿工作，听取墨脱县工作汇报（县委政法委员会/提供）

10月17日，墨脱县人民政府与福建省农业科学院签订战略合作框架协议（县林业和草原局/提供）

10月25日，林芝市森林消防支队举行首次进驻墨脱县驻防揭牌仪式（县应急管理局/提供）

平安墨脱

① 4月30日，县疫情防控工作领导小组办公室、县市场监督管理局、县卫生健康委员会、县公安局、县文化和旅游局等部门在娱乐场所联合开展督导检查（县疫情防控工作领导小组办公室/提供）

② 9月2日，县人民检察院检察官开展食品领域公益诉讼检察监督（县人民检察院/提供）

③ 10月12—13日，“回信记心间　争做戍边人”隆子县玉麦乡农牧民妇女群众边境研学团到墨脱县开展边境研学活动（县妇联/提供）

④ 3月10日，墨脱县维稳动员誓师大会暨武装拉动巡逻演练举行（县委国家安全委员会办公室/提供）

⑤ 6月16日，墨脱县在好日子莲花广场组织开展消防应急演练，图为灭火器使用培训现场（县应急管理局/提供）

⑥ 墨脱边境管理大队在辖区开展巡逻（墨脱边境管理大队/提供）

⑦ 9月8日，德兴乡开展“我是民兵·爱国强边”大练兵活动，图为教授捕俘术现场场景（德兴乡人民政府/提供）

对党忠诚 服务人民 执法公正 纪律严明
墨脱县2021年3月维稳动员誓师大会暨武装拉动巡逻演练
坚持党对一切工作的领导
墨脱县公安
西藏消防
林芝支队
警察
POLICE
④

西藏消防
林芝支队
⑤

警察
POLICE
⑥

⑦

对口援藏

佛山市大沥镇与墨脱县德兴乡结对结亲对接交流工作座谈会
壹佰万元整

①

WU心归然 益起出发
欢迎归然书院公益助学
的企业家朋友们
功能楼
WU心归然"益"起出发 企业家在行动——归然书院西藏墨脱公益助学

②

③

① 4月20日，佛山市南海区大沥镇考察交流团赴德兴乡进行结对认亲交流活动，并向德兴乡人民政府捐赠援藏资金100万元（德兴乡人民政府/提供）

② 9月9日，佛山市归然书院20余名企业家学员组成访学团，到背崩乡小学开展公益助学活动（广东省第九批援藏工作队墨脱工作组/提供）

③ 2021年，广东省佛山市援建的“三香一链”观景平台竣工（广东省第九批援藏工作队墨脱县工作组/提供）

④ 11月30日，广东省第九批佛山援藏项目“墨脱县人民医院远程会诊医疗中心和技能操作培训中心”通过竣工验收并投入使用（县人民医院/提供）

⑤ 5月，背崩乡卫生院异地新建项目通过竣工验收，投入使用（广东省第九批援藏工作队墨脱县工作组/提供）

⑥ 6月13日，佛山市援藏医疗队深入背崩乡西让村开展“学党史 我为群众办实事”健康义诊活动（广东省第九批援藏工作队墨脱县工作组/提供）

⑦ 5月15日，广东省第九批援藏工作队墨脱县工作组推出的“广佛援藏同城号”亮相广佛地铁，共设置有2节“墨脱号”地铁车厢，持续1个月向广州市市民、佛山市市民推介西藏自治区墨脱县山水风景、特色农产、风土人情等（广东省第九批援藏工作队墨脱县工作组/提供）

乡村振兴

①

②

③

④

⑤

① 3月28日，县人民政府办公室工作人员到墨脱镇米日村草莓基地开展结对帮扶（县人民政府办公室/提供）

② 4月21日，县自然资源局工作人员到格当乡多龙岗村开展宅基地不动产权证书发放工作（县自然资源局/提供）

③ 8月24日，福建省农业科学院果树研究所技术人员在墨脱镇玛迪村开展枇杷种植培训（县林业和草原局/提供）

④ 11月27日，县医疗保障局工作人员前往德兴乡那尔东村开展医保政策宣讲活动并看望脱贫不稳定户（县医疗保障局/提供）

⑤ 鸡爪谷丰收（袁丽敏/摄）

⑥ 采摘花椒（县文化和旅游局/提供）

⑦ 德兴乡德果边境小康村（县融媒体中心/提供）

生态文明建设

① 3月12日，墨脱县举行植树节义务植树活动，图为县委办公室工作人员参加义务植树活动现场（县委办公室/提供）

② 9月28日，共青团墨脱县委员会组织志愿者开展“‘河’我一起，保护母亲河”志愿活动，清扫雅鲁藏布江沿岸垃圾（共青团墨脱县委员会/提供）

③ 3月19日，县林业和草原局工作人员在仁青崩寺周围及转山路、道路沿线设立森林草原防火宣传标识标牌6块、野生动植物保护宣传标识标牌4块（县林业和草原局/提供）

④ 9月26日，达木珞巴民族乡卡布村茶叶种植加工合作社工作人员在德兴乡回收种植茶叶废弃农膜（县农业农村局/提供）

⑤ 3月22日，墨脱县林业和草原局工作人员成功救助1只国家“三有”野生动物赤麂（县林业和草原局/提供）

⑥ 2021年，墨脱县林地面积252.93万公顷，林木绿化率81.18%，活立木总蓄积量5.65亿立方米（县文化和旅游局/提供）

④

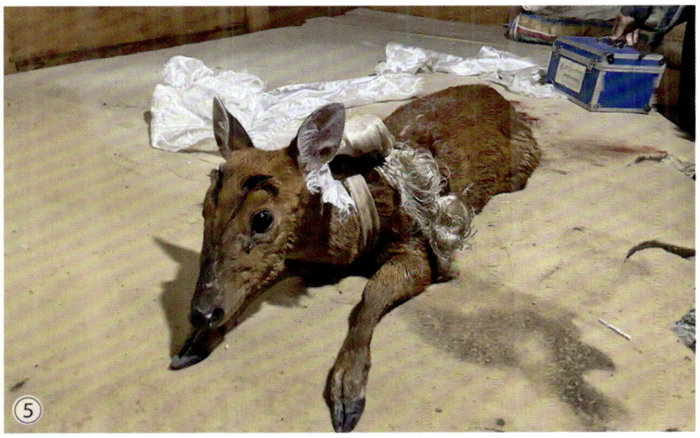
⑤

⑥

发展实践

①

②

③

④

⑤

⑥

① 3月30日，3月30日，县农业农村局农技站工作人员开展墨脱县水稻新品种引进试种育秧工作（县农业农村局/提供）

② 4月18日，县农业农村局农技站工作人员进行草地贪夜蛾“无人机喷药”防治作业（县农业农村局/提供）

③ 10月14～16日，第三届全国创业就业服务展示交流活动在吉林省长春市举行，“墨脱采茶人”劳务品牌被列为第三届全国创业就业服务展示“创新发展类”劳务品牌（县人力资源和社会保障局/提供）

④ 10月26日，墨脱镇玛迪村举行第八批“全国民主法治示范村”揭牌仪式（墨脱镇人民政府/提供）

⑤ 12月7日，西藏林芝墨脱耐力项目高原训练场挂牌仪式在墨脱县公共足球场举行（县教育局/提供）

⑥ 7月，佛山市援建的墨脱县公共足球场投入使用（县融媒体中心/提供）

幸福墨脱　莲花蜜境

①

②

③

④

⑤

① 2月26日， 墨脱镇亚东村举行第一届青少年足球比赛（墨脱镇人民政府/提供）
② 4月7日，格当乡机关团支部组织团员青年到格当乡小学开展“勇担时代重任、放飞青春梦想”主题团日活动，图为志愿者为学生洗头（共青团墨脱县委员会/提供）
③ 10月16日，县人民武装部工作人员到背崩乡波东村幼儿园开展结对帮扶工作（县人民武装部/提供）
④ 8月17～19日，县总工会开展“炎炎夏日送清凉，工会关怀沁心田”为主题的“夏送清凉”活动（县总工会/提供）
⑤ 12月23日，背崩乡小学举办第二届“金色童年 放飞梦想”文体艺术节活动（县教育局/提供）
⑥ 6月13日，广东省第九批援藏工作队墨脱县工作组深入背崩乡西让村开展“感党恩　一家亲”民族团结进步创建活动暨“学党史　我为群众办实事”健康义诊活动。图为县委常务副书记、墨脱县工作组组长叶敏坚（左一）探访结对结亲户白卓玛老人（广东省第九批援藏工作队墨脱县工作组/提供）
⑦ 佛山市中医院帮扶县藏医院专家为县特困人员集中供养服务中心的老人们提供中医适宜技术服务（县藏医院/提供）
⑧ 10月10日，德兴乡举行“低氟健康普洱茶”发放仪式（德兴乡人民政府/提供）

① 7月29日，县消防救援大队队员在墨脱镇亚东村冰果日泥石流搜救现场小憩，一位队员给战友喂水（县消防救援大队/提供）

② 11月21日，县残联工作人员赴德兴乡荷扎村，向符合条件的创业残疾人发放残疾人创业小额扶持资金（县残联/提供）

③ 夏日黄昏，莲花圣地公园盛开的荷花吸引纳凉市民纷纷掏出手机拍照（勾　昆/摄）

④ 莲花圣地公园夜景（县融媒体中心/提供）

目录

特载

大事记

县情概况

中共墨脱县委员会

墨脱县人民代表大会

墨脱县人民政府

中国人民政治协商会议墨脱县委员会

墨脱县纪检监察委员会

群众团体

法　治

军　事

对口援藏

综合管理监督

农林水利

交通·通信·邮政·电力

城乡建设·生态环境

应急管理·消防救援

财税·金融

教育·科技·文化·广电

卫生健康

社会民生

乡　镇

附　录

特　　载

另一个视角的墨脱县城全景　　（才旺多吉/摄）

中国共产党墨脱县第九次代表大会工作报告（节选）

（2021 年 6 月）

县委书记　魏长旗

各位代表，同志们：

现在，我代表中国共产党墨脱县第八届委员会向大会作报告。中国共产党墨脱县第九次代表大会，是在即将迎来中国共产党成立 100 周年的重要时刻，在“两个一百年”奋斗目标历史交汇的关键节点，开启全面建设社会主义现代化墨脱新征程的关键时期召开的一次十分重要的大会。大会的主题是：高举习近平新时代中国特色社会主义思想伟大旗帜，深入贯彻习近平总书记治边稳藏重要战略思想，深入贯彻中央第七次西藏工作座谈会精神和新时代党的治藏方略，总结回顾过去五年的工作，明确今后五年的任务，动员全县各级党组织和广大党员干部群众立足新发展阶段，坚持新发展理念，构建新发展格局以将墨脱打造成喜马拉雅南麓最靓丽的边境县为总定位，抓好“四件大事”，实现“四个确保”，奋力开创新时代墨脱长治久安和高质量发展新局面。

一、过去五年的工作回顾

第八次党代会以来，我们在习近平总书记和党中央的亲切关怀下，在区党委和市委的坚强领导下，在对口援藏省市的无私援助下，县四大班子精诚协作、团结拼搏，带领全县党员干部群众齐心协力、攻坚克难，圆满完成了第八次党代会确定的目标任务，各项事业取得新的重大成就，开创了社会稳定、经济发展、生态良好、边防巩固、民族团结、安居乐业、政治清明的大好局面。各项工作获得了上级部门乃至国家的充分肯定，先后荣获全国双拥模范县、全国县域足球典型、中国公平教育百佳县市、中国最具安全感百佳县市、中国夏季休闲百佳县市等荣誉称号，涌现出人民满意的公务员高荣、全国模范退伍军人为军、中国青年“五四”奖章获得者格桑德吉等先进人物典型。

（一）高扬政治统领的龙头，确保墨脱工作始终沿着正确方向行稳致远。五年来，我们始终把学懂弄通做实习近平新时代中国特色社会主义思想作为首要政治任务，对总书记系列重要讲话、指示批示精神认真学习研讨，不断增强引领发展、推动改革、维护稳定的能力和本领。一是坚持以创新理论坚定信仰。提高政治站位，增强“四个意识”、坚定“四个自信”、做到“两个维护”、胸怀“两个大局”，始终在思想上、政治上、行动上同以习近平同志为核心的党中央同心同德、同频共振、同向发力，推动“两学一做”学习教育、“不忘初心、牢记使命”主题教育、党史学习教育和“三更”专题教育走深走实。二是坚持以创新理论武装头脑。充分发挥党委（党组）理论学习中心组和县委党校、“三会一课”作用，对习近平总书记的治国理政新思想新战略新论断第一时间进行学习研讨，县委率先垂范，主动把理论学习、专题调研和解决实际问题相结合，带着问题深入基层一线、项目工地、田间地头，察访民情民意解民忧，共谋发展之策，协调重大事项，有效推动学习成效在一线转化、讨论成果在一线拓展，开辟了学思践悟习近平新时代中国特色社会主义思想的新境界。三是坚持以创新理论指导实践。坚持学用结合、学以致用，把《习近平谈治国理政》系列丛书作为党员干部政治理论学习的核心教材，学习领会其中蕴含的方法论，丰富和发展了墨脱发展模式，提出了"八县战略""两线三点"发展布局和"五个墨脱"发展目标，教育引导党员干部到脱贫攻坚主战场、维护稳定第一线等急难险重环境中砥砺初心使命、锤炼党性作风、提升素质才干，用工作体现忠诚老实，用发展体现担当责任。

（二）鼓足争当前列的劲头，用新发展理念引领墨脱发展之路越走越宽。五年来，我们紧紧围绕"产业支县"战略和"两线三点"产业发展布局，着力在特色产业、基础设施和深化改革上下功夫，不断夯实墨脱高质量发展的基础，全县生产总值从2015年4.16亿元增长到2020年7.63亿元，年均增长12.9%；全社会消费品零售总额从2015年3428万元增长到2020年6508.7万元，年均增长13.68%；全社会固定资产投资累计完成78.06亿元，是"十二五"期间的近2倍。一是特色产业稳步壮大。高山有机茶园规模从2015年4293亩扩大至25926.36亩，可采摘面积达8401亩，累计销售茶青76.67万斤，为群众创收2269.04万元，茶叶成为群众增收致富的"金叶子"。旅游业加快发展，总投资1.38亿元，推进实施K52游客服务中心、果果塘景区、仁青崩景区等文旅项目25个，旅游基础设施不断完善，旅游接待能力显著增强。积极推进亚热带林果、竹编、门珞服饰等产业化发展，群众收入渠道更加多元化。二是基础设施不断完善。加热萨乡、甘登乡公路实现通达，派墨公路实现全线连通，全县公路总里程从270.13公里增加到529.24公里，乡（镇）和行政村通达率均为100%，通畅率分别为62.5%、71.74%；波墨公路全面升级，具备条件的乡村开通农村客运班线，群众"出行难、出行贵"问题得到有效解决。墨脱与藏中电网联网工程建成投运，主电网覆盖全县所有乡村。农村安全饮水工程实现全覆盖。行政村通信全覆盖。三是深化改革深入推进。"放管服"改革深入推进，权责清单制度全面推行。建立县乡村三级政务服务体系，"互联网＋政务服务"深入推进。大力实施商事制度改革，全面推行"证照分离""照后减证"，大幅度提高营商便利度。农村耕地确权工作顺利完成，领证率100%。农村集体产权制度改革、国有企业改革有序推进。实现工程领域建设项目审批全过程信息共享。突出以商招商、产业链招商，累计招商引资项目69项，完成投资11.71亿元。四是受援工作全面提升。落实援藏资金5.14亿元，实施援藏项目62个，不断加大产业、民生、智力等方面援藏力度，全力推动边境小康村建设和灾后重建等工作，助推全县发展环境不断优化，特色产业取得跨越式发展，教育、卫生等社会事业实现全面进步。成功举办佛山—墨脱全面对接洽谈会等重大招商活动，成功引进广东何氏水产有限公司、潮州天下茶业有限公司等企业落户墨脱。

（三）瞄准各族群众的盼头，牢固树立以人民为中心的发展思想。五年来，我们着力在精准脱贫、厚植民生福祉上下功夫，不断提升各族群众的获得感幸福感安全感。农牧民人均可支配收入从2015年7259元增长到2020年12866元，年均增长12.13%；农牧民人均现金收入从2015年6144元增长到2020年10900元，年均增长12.15%。一是脱贫攻坚全面告捷。聚焦"两不愁三保障"突出问题，着力落实"六个精准""五个一批"扶贫措施，687户2737名建档立卡贫困群众全部脱贫摘帽，荣获2019年度自治区脱贫攻坚组织创新奖。易地扶贫搬迁安置群众247户1080人。实施扶贫产业项目43个，总投资2.6亿元。狠抓脱贫攻坚各级巡视、考核反馈问题整改，整改完成率100%。坚持扶贫与扶志扶智相结合，深入开展"四讲四爱"群众教育实践活动，群众精神面貌发生深刻变化。二是就业形势总体向好。开展群众技能培训114期，实现群众转移就业2.6万人次，高校毕业生累计就业366人，城镇登记失业率稳定控制在2.5%以内。农牧民转移就业组织化程度不断提高，交由农牧民施工企业参与建设项目77个，促进本地群众就业1356人次，累计增收2000余万元，人均增收1.47万元。三是教育事业蓬勃发展。"5个100%"目标全面实现，控辍保学有效开展，教育教学质量不断提升，义务教育均衡发展顺利通过国家评估认定，素质教育顺利通过林芝市评估验收。小学适龄儿童净入学率达100%，初中、高中毛入学率分别达99.82%、92.45%，累计200名学生考取内地班校及区内重点高中。广泛开展全民健身事业，县公共体育设施项目投入使用，墨脱县足球队多次荣获尼洋杯、U13、U15青少年足球联赛冠、亚军。四是医疗条件持续改善。实施县人民医院传染科楼、背崩乡卫生院等卫生项目，发挥三级医院对口帮扶和援藏柔性人才作用，医疗卫生服务水平和人才队伍素质不断提高，县人民医院创“二甲”工作有序推进；“三病”等重大疾病综合防治工作成效显著，包虫病防治达到自治区要求，消除疟疾工作顺利通过国家验收。严格落实“外防输入、内防反弹”疫情防控措施，已基本实现应接人口全部覆盖。五是文化惠民深入推进。建成乡镇文化站6个，实现村级文艺队、农家书屋全覆盖。成功申报自治区级非物质文化遗产项目3项。新华书店、全民健身活动中心等文体设施投入使用。六是社保体系日益健全。全面落实城乡居民基本医疗、大病保险、医疗救助“一站式一单”结算，社会保险征缴率达100%，居民医保财政补助标准提高至每人每年585元，城镇低保标准提高至每人每月847元，农村低保标准提高至每人每年4713元。

（四）勇立生态文明的潮头，牢固树立绿水青山就是金山银山的理念。五年来，我们深入贯彻习近平生态文明思想，坚持发展与保护并重，着力做好生态美丽墨脱文章，真正让绿水青山成为各族群众的幸福靠山。一是生态保护成效显著。严守生态保护红线，聚焦打好蓝天、碧水、净土保卫战，持续开展扬尘污染防治、农业面源污染防治、农村生活污水和生活垃圾治理。狠抓中央环保督察反馈问题整改，“三高”企业和项目零审批、零引进，扎实推进自然保护地整合优化工作，实行最严格水资源管理制度，积极推进国家森林城市创建工作，空气质量、地表水质量、农村土壤环境质量均达标。二是生态创建步伐加快。严格执行《林芝市生态公益林保护条例》，持续开展国土绿化行动和重点生态功能区修复工作，实施义务植树、重点区域生态公益林、庭院经济等国土绿化工程。积极开展城乡环境卫生综合整治活动，27座“厕所革命”公厕建设项目竣工投入使用，严格落实卫生区包片制度和商户“四包”制度，着力打造地洁、水清、山绿优美环境，全县6个乡镇43个村庄成功创建自治区级生态乡镇、生态村。三是生态惠民持续实施。充分发挥公益林专业管护员、乡村护林员、生态补偿脱贫岗位、河（湖）长的作用，加大生态环境保护宣传管控力度，深入推进生态扶贫，五年来累计兑现生态岗位补助资金4611.49万元。

（五）走在治边稳藏的前头，筑牢国家安全屏障守好祖国西南边陲。五年来，我们紧紧围绕实现墨脱持续稳定、长期稳定、全面稳定的总目标，以防患于未然为原则做工作、以防止出大事打基础做准备、以敢于担当落实责任为标准看干部。一是深入贯彻落实习近平总书记治边稳藏重要战略思想，（此处删减）社会大局持续和谐稳定。二是加强和创新社会治理。严格落实“网格化”管理模式，推进基层治理向纵深延伸。坚持和发展新时代“枫桥经验”，落实领导干部接访下访制度，深入推进“七五”普法，法治墨脱基础更加夯实。深入开展扫黑除恶专项斗争，强化对村霸、沙霸、“两面派”等涉黑涉恶的整治力度，对“9·01”案涉案人员依法作出判决。（此处删减）四是铸牢中华民族共同体意识。扎实推进创建全国民族团结进步示范县，深入开展爱国主义、新旧墨脱对比教育和“五观”“两论”教育，讲清楚“十三个显著优势”和“十三个坚持和完善”与今天幸福生活的关系，讲清楚西藏自古以来就是伟大祖国不可分割的一部分，“三个离不开”“五个认同”更加深入人心。四是牢牢守住安全生产底线。牢固树立“人民至上、生命至上”的理念，落实“三必须”要求，建立健全党政领导安全生产体制机制，持续加大安全生产投入力度，维护了正常生产生活秩序，防灾减灾抗灾救灾能力显著增强，成功应对和处置“10·17”堰塞湖险情、“9·20”泥石流灾害，安全生产整体水平不断提升。五是持续提高强边固防能力。加强边境一线的基础设施建设和各项惠民政策落实，实施兴边富民行动，建成边境小康村34个，一、二线边民补助标准从2016年的1700元、1500元提高到2020年6600元、5700元。（此处删减）

（六）保持从严从实的势头，推动全面从严治党向纵深发展、向基层延伸。五年来，我们全面落实新时代党的建设总要求，坚持党要管党、全面从严治党，严格落实“246”党建工作思路，全面加强党的各项建设，夯实党在墨脱的执政根基。一是高素质干部队伍建设取得新成效。严格执行党政领导干部选拔任用工作条例，落实“20字”好干部标准，实施“干部画像工程”，建立干部人才“数据库”，突出以事择人、人岗相适，把合适的人选拔到合适的岗位上，调动了广大干部干事创业积极性，五年来，共提任调整干部868人。大力实施人才强县战略，创新人才发展政策机制，制定《墨脱县加强人才队伍建设实施意见》，加强专招生的培养使用力度，人才支撑发展的能力不断增强。二是基层党组织建设水平整体提升。基层阵地更加坚固，整顿软弱涣散党组织49个、“中不溜”党组织8个，完成34个村级组织活动场所标准化建设，实现村集体经济“空壳村”清零。落实“五共五固”工作要求，探索打造“六点三线”红色学堂，17个部队党组织与16个村党组织结对共建，打造五共五固示范乡1个、示范村11个。基层班子更加成熟，圆满完成了村“两委”班子、乡镇领导班子换届工作，在民族、性别、年龄、学历多方面实现“两合理两提升”。基层队伍更加可靠，以“六进六同”及“红色夜校”为载体，54个机关支部与45个村党支部结对共学，5年来实现2400余名党员32学时政治教育全覆盖。三是党风廉政建设和反腐败斗争纵深推进。全面落实“两个责任”，实施一案双查，对履行“两个责任”不到位的党组织和党员领导干部进行追责问责。坚持把纪律和规矩挺在前面，加强日常监督检查，对党员干部出现的倾向性、苗头性问题及时提醒、纠正、处理。深化运用监督执纪“四种形态”，严厉查处违反中央八项规定及其实施细则精神问题，坚决防止“四风”反弹，依纪依法处理党员干部114人次。坚持以零容忍的态度惩治腐败，持续保持反腐败斗争的高压态势，建立完善巡察体制机制，实现八届县委任期内巡察工作全覆盖，严肃查处了一批违纪违法案件，累计收到发现问题线索98件次，上级纪委转办案件42件，给予党纪政务处分30人次，收缴违纪资金33万余元，挽回经济损失318万余元。

事非经过不知难。这些成绩的取得，根本在于习近平总书记作为党中央的核心、全党的核心领航掌舵，根本在于习近平新时代中国特色社会主义思想和总书记关于治边稳藏重要论述及新时代党的治藏方略的科学指引，离不开区党委和市委的坚强领导，离不开援藏省市和社会各界的倾力支持，离不开历届县委的接力奋斗和全县上下的团结拼搏。在此，我代表中共墨脱县委，向全县各级党组织和广大党员干部群众、离退休老同志、驻墨部队和武警官兵、工商联和社会各界人士，以及所有关心支持墨脱发展的朋友，致以崇高的敬意和衷心的感谢！

二、今后五年工作的总体要求和奋斗目标

“十四五”时期是我国全面建成小康社会、实现第一个百年奋斗目标之后，乘势而上开启全面建设社会主义现代化国家新征程、向第二个百年奋斗目标进军的第一个五年，做好“十四五”时期的工作，任务艰巨，意义重大。我们要坚持用全面的、辩证的、长远的眼光，增强战略自信和必胜勇气，提高化危为机、危中寻机的能力，激扬“踏平坎坷成大道”的豪情壮志，凝聚“风雨无阻向前进”的智慧力量，把我县发展的巨大潜力和强大动能充分释放出来，推动墨脱长治久安和高质量发展。

要清醒认识我们面临的挑战：一是基础设施历史欠账仍然较多。经济总量仍然偏小，人均水平低，经济结构还需优化，转型升级的任务仍然繁重；城乡边差别仍然存在，边境地区发展相对滞后，民生改善任务艰巨；自身比较优势发挥不够充分，一些制约经济发展的深层次问题还有待进一步破解，城市的形态和功能不够完善。（此处删减）三是党员干部发展能力仍然不足。面对新形势、新情况，部分党员干部抓经济建设的能力与高质量发展的新形势不适应，有的科学决策能力不足，打不开思路，跟不上形势，错失发展机遇；干事创业的拼劲、闯劲有所缺失，勇于担当、善于作为还有欠缺，碰到问题绕着走，不敢啃“硬骨头”；有的抓落实的能力不足，工作议而不决、决而不行、行而无果。

要准确把握我们面临的机遇：一是以习近平同志为核心的党中央对西藏的特殊关怀，给我们带来了极大的政治机遇。中央第七次西藏工作座谈

会是在我国全面建成小康社会决胜阶段、即将开启全面建设社会主义现代化国家新征程的历史时刻，习近平总书记亲自谋划、亲自部署召开的一次重要会议，出台一系列治边稳藏的大政方针，推出一系列管根本的重大举措，制定一系列惠及各族群众的优惠政策，实施一大批功在当代、利在千秋的重大项目，为推动西藏工作提供了强有力政治保证。二是中央和自治区加大对边疆民族地区的倾斜，给我们带来了极大的政策机遇。中央第七次西藏工作座谈会专门制定关于进一步做好西藏工作的意见，给予西藏全方位支持。十九届五中全会将川藏铁路、雅江下游水电开发等世纪工程纳入“十四五”规划。区党委紧扣中央精神，立足西藏特殊区情，相继召开九届八次全会、强边工作会议、九届九次全会作出一系列安排部署，出台一系列具体措施。这些将为我们推动长治久安和高质量发展提供前所未有的政策保障、项目支撑和资金支持，墨脱正处于大有作为的历史机遇期、重大窗口期。三是市委、市政府确定构建“一核三带”发展格局，给我们带来了极大的发展机遇。脱贫攻坚取得全面胜利，经济社会持续健康发展，社会持续和谐稳定，美丽墨脱建设深入推进，团结繁荣发展局面不断巩固，为我们做好各项工作奠定了坚实基础。特别是自治区关于推进藏东清洁能源开发区建设和筑牢边境沿线发展带的重大部署，市委、市政府关于构建“一核三带”发展格局出台的政策措施，为我们推动人口、产业等要素向雅鲁藏布江两岸和边境地区适度集聚提供了重要平台，墨脱必将获得更大的发展机遇。

挑战与机遇并存。机遇难得，稍纵即逝。当前，墨脱已站在新的历史起点，开启了全面建设社会主义现代化墨脱新征程，面对新任务新形势，我们没有任何理由骄傲自满、没有任何理由驻足停留、没有任何理由松懈怠惰；我们要在困难中看到希望、在挑战中抓住机遇、在危机中找到出路，妥善应对严峻挑战，科学把握发展规律，有效转化政策机遇，充分调动各方力量，努力走出一条具有中国特色、时代特征、墨脱特点的发展路子，为打造喜马拉雅南麓最靓丽的边境县奠定基础；我们一定要自觉承担起历史赋予的神圣使命，进一步增强信心和决心，以时不我待、只争朝夕的紧迫感，以敢于担当、敢为人先的责任感，抓住机遇决不能丧失机遇、奋力争先决不能掉队落后、苦干实干决不能满足懈怠，以“功成不必在我”的精神境界和“功成必定有我”的历史担当，实现社会局势更加稳定、经济发展更加快速、生态环境更加美丽、边境建设更加巩固、执政根基更加夯实，不断把墨脱稳定发展生态强边各项事业推向前进，谱写好中华民族伟大复兴中国梦的墨脱篇章。

今后五年的总体要求：坚持以习近平新时代中国特色社会主义思想为指导，深入贯彻落实党的十九大，十九届二中、三中、四中、五中全会和中央第七次西藏工作座谈会精神，深入贯彻习近平总书记治边稳藏重要战略思想和新时代党的治藏方略，增强“四个意识”、坚定“四个自信”、做到“两个维护”、胸怀“两个大局”，立足新发展阶段，坚持新发展理念，构建新发展格局，把“三个赋予、一个有利于”贯穿始终，以处理好“十三对关系”为工作法，以满足人民日益增长的美好生活需要为根本目的，以巩固拓展脱贫攻坚成果同乡村振兴有效衔接为抓手，以将墨脱县打造成喜马拉雅南麓最靓丽的边境县为总定位，紧扣加快边境发展，确保边防巩固和边境安全这条主线，抓住“十四五”期间雅鲁藏布江下游水电开发这一历史性机遇，积极参与自治区加快建设边境沿线发展带和藏东清洁能源开发区建设，主动承接好市委、市政府构建“一核三带”新发展格局的各项决策部署，围绕抓好“四件大事”、实现“四个确保”，奋力推进墨脱长治久安和高质量发展，为全市打造和谐稳定示范区、高质量发展先行区、生态文明引领区、边境发展样板区作出墨脱新的更大贡献。

今后五年的具体思路：紧扣加快边境发展，确保边防巩固和边境安全这条主线，以将墨脱县打造成喜马拉雅南麓最靓丽的边境县为总定位，围绕稳定、发展、生态、强边“四件”大事，坚持以波墨、派墨、察墨公路沿线经济带和县城、背崩乡特色小集镇、K80 山地森林休闲小镇、格当乡兴边富民行动中心城镇为节点的“三线四点”产业发展布局，加快构建墨脱县城—德兴乡经济增长极，打造背崩乡经济副中心，构建雅江下游产业聚集带和边境沿线发展带的“一极一副两带”空间布局，确保墨脱县成为祖国西南边陲戍边卫国的前沿阵地、边民生活的幸福家园。

今后五年的奋斗目标：全县生产总值年均增长9%左右；旅游收入年均增长12.5%左右；城乡居民人均可支配收入年均增速分别达到11%、14.5%左右，到2025年达到或接近全区平均水平，基础设施条件全面改善，生态文明建设取得明显成效，自我发展能力明显增强，社会大局和谐稳定，党的建设全面加强，为全面实现乡村振兴奠定坚实基础。

为实现上述目标，我们必须始终坚持党的领导，高举习近平新时代中国特色社会主义思想伟大旗帜，深入贯彻习近平总书记治边稳藏重要战略思想和新时代党的治藏方略，始终把“两个维护”落实到具体行动上；必须把党中央、区党委和市委对墨脱的关心关怀和援藏省市的无私援助，同墨脱各族干部群众的自力更生、艰苦奋斗紧密结合起来，大力弘扬“老西藏精神”“老墨脱精神”，走出一条具有墨脱特色的高质量发展之路；必须把维护稳定作为第一位的政治任务，牢固树立总体国家安全观，深入持久开展反分裂斗争，着力提升社会治理体系和治理能力现代化水平，推动墨脱社会局势走向长治久安；必须坚持“三个赋予一个有利于”高质量发展要求，立足新发展阶段、坚持新发展理念、构建新发展格局，抓好“四件大事”，加快推进墨脱高质量发展；必须坚持以人民为中心的工作导向、价值导向、政绩导向，着力巩固拓展脱贫攻坚成果同乡村振兴有效衔接，大力办好民生实事，不断增强各族群众的获得感、幸福感、安全感；必须坚持党要管党、全面从严治党，认真履行党建职责，不断提高各级党组织的创造力、凝聚力、战斗力，不断夯实筑牢党在墨脱的执政根基。

三、今后五年的工作重点

新的起点要有新的作为，新的阶段要有新的发展。今后五年，全县上下要紧紧围绕县委确定的奋斗目标，牢牢把握当前大有可为的机遇期，以滚石上山的精神和勇气，科学务实的举措和作为，继往开来、担当作为、砥砺奋进，为打造喜马拉雅南麓最靓丽的边境县而努力奋斗。

（一）始终把维护稳定作为现阶段第一位的工作任务，在全市打造和谐稳定示范区的生动实践中作出墨脱贡献。坚决扛起维护稳定的重大政治责任，（此处删减）二是加强和创新社会综合治理，积极推动建设平安墨脱。坚持和发展新时代“枫桥经验”，深入开展平安创建，完善群防群治机制，加强网格化管理水平，扎实推进“八五”普法工作，加快公共法律服务体系建设，健全矛盾纠纷多元化解、联动处置机制，完善信访制度，及时解决群众合理诉求。加快推进边境派出所和公安派出所资源力量整合，加快推进“雪亮工程”“智慧警务”等信息化建设，常态化开展扫黑除恶，深入实施各类专项打击整治行动，完善社会治安防控体系，推进市域社会治理现代化。持续推进政法队伍教育整顿工作，努力打造一支党和人民信得过、靠得住、能放心的政法铁军。严格落实安全生产责任制，深入实施安全生产专项整治三年行动，做好自然灾害综合风险普查，坚决防范重大灾害风险和重特大事故发生，提高防灾减灾抗灾救灾能力。三是铸牢中华民族共同体意识，促进各民族交往交流交融。坚持把深化“三个离不开”思想和增进“五个认同”作为推进墨脱长治久安的治本之策，广泛开展民族团结进步宣传教育活动，教育引导干部群众增强共同体意识。丰富学校思政课教育内容，提升教师队伍思想政治水平，将爱我中华的种子埋入每个青少年的心灵深处。坚持以“共同团结奋斗，共同繁荣发展”为主题，持续推进民族团结进步模范单位创建工作，到2022年建成全国民族团结进步示范县，2025年80%的党政机关、企事业单位和人民团体基本建成本级民族团结进步模范单位。（此处删减）五是加强党对意识形态工作的领导，充分发挥新时代文明实践中心（所、站）作用，建立健全全民性宣传教育体系，推进融媒体建设，发挥“学习强国”等平台阵地优势、传播优势，讲清楚“中国共产党为什么能、马克思主义为什么行、中国特色社会主义为什么好”，更好地凝聚共识、汇聚力量，为巩固和发展中国特色社会主义制度服务、为改革开放和社会主义现代化建设服务。

（二）始终坚持“三个赋予一个有利于”高质量发展要求，在全市打造高质量发展先行区的生动实践中彰显墨脱特色。坚持困难麻烦由政府解决，把方便实惠送给群众，巩固拓展脱贫攻坚成果同乡村振兴有效衔接，着力固根基、扬优势、补短板、强弱项，推进墨脱各项事业高质量发展。一是加强基础设施建设。结合国土空间规划编制工作，高质量、高标准规划建设县城，优化城镇空间布局，加大市政投入力度，合理确定城镇新增建设用地规模，构建沿边特色城镇体系，推进边疆明珠小镇建设。完善交通网络，加快派墨公路建设进程，早日实现通车；加快推进G559达国桥至帮辛乡公路、G219线墨脱至察隅段公路建设。积极争取县通用机场及直升机停机坪建设，提升全县交通的多元化和立体化保障水平。实施乡村建设行动，把完善农村基础设施和公共服务放在重要位置，全面推进"四好"农村公路建设，力争2025年乡镇、村通畅率达100%，推动水利工程建设，加快饮水灌溉、水电开发、防洪减灾及重点河段生态修复等项目进程，完善供水水源地保护工作，实施自来水厂改扩建工程，提升城镇供水质量，改善居民用水条件。加大应急救援基础设施建设，争取应急管理综合指挥救援基地项目建设，加快建立自然灾害数据库，提升防灾减灾能力。二是全面实施乡村振兴战略。坚持"三农"重中之重地位不动摇，按照产业兴旺、生态宜居、乡风文明、治理有效、生活富裕的乡村振兴总要求，严格落实《乡村振兴促进法》，巩固拓展脱贫攻坚成果同乡村振兴有效衔接，以更有力的举措、汇聚更强大的力量推进乡村振兴，促进农业高质高效、乡村宜居宜业、农民富裕富足。坚决守住脱贫攻坚成果，严格落实中央"五年过渡期"和"四不摘"要求，健全防止返贫致贫动态监测和帮扶机制，以10个乡村振兴示范村和3个重点帮扶村为抓手，围绕产业、基础设施、公共服务等领域，固根基、扬优势、补短板、强弱项，多渠道促进就业，做好社会管理，探索乡村振兴新路径，促进脱贫攻坚成果全面提档升级。实施农业提质增效战略，落实最严格的耕地保护制度，深入推进农村乱占耕地建房专项整治行动，坚决遏制耕地"非农化"、防止"非粮化"。强化农业科技和装备支撑，加大农业水利设施建设力度，健全动物防疫和农作物病虫害防治体系，推动农业高质量发展。加快发展乡村产业，紧扣市"一带四基地"产业布局和县域"三香一链"农旅融合发展思路，推动农业转型升级，抓住G219旅游大通道建设契机，加大旅游招商和项目落地落实，加大对农村旅游资源的开发力度，积极对接西藏户外运动"12358"计划，依托公共体育设施项目建设，打造自治区山地户外运动产业发展先行区和冬游西藏墨脱品牌。推进"旅游+""+旅游"，发展林果混合种植及庭院经济，让农牧民变身旅游从业者、农特产品变身旅游商品，为农牧民群众收入多元化提供支撑。推动茶产业提质增效，瞄准高端品质，依托茶产业研发中心，挖掘墨脱茶文化内涵，提高墨脱茶品质，积极对接墨脱茶纳入自治区"世界第三极"区域公共品牌，切实提升墨脱茶知名度、美誉度。抓住国家"十四五"时期推进雅鲁藏布江下游水电开发的历史性机遇，组织群众参与到雅江下游水电开发服务保障工作中，带动农特产业发展，提高群众收入。加强乡村文化建设，依托村级组织活动场所和新时代文明实践中心（所、站），加强农村思想道德建设，弘扬和践行社会主义核心价值观，挖掘传承门珞优秀传统文化，保护好传统村落和乡村风貌，推动形成文明乡风、良好家风、淳朴民风。推动乡村组织振兴，严格落实五级书记抓乡村振兴的工作机制，持续抓党建促乡村振兴，统筹推进自治法治德治，提高乡村善治水平；健全完善适合乡村特点的人才培养机制，积极推进乡村科教文卫等队伍建设。建设一支政治过硬、本领过硬、作风过硬的乡村振兴干部队伍，坚持选派驻村第一书记和工作队制度，把乡村振兴作为培养锻炼干部的大舞台。三是巩固深化民生事业。坚持教育事业优先发展，开展学前儿童"双语"教育行动，推动义务教育优质均衡发展，开展学校语言文字达标建设活动，深化教育对口援藏，全面加强教师队伍建设，落实乡村和偏远地区教师待遇保障机制，实施"互联网+教育"建设，推进教育信息化。实施健康墨脱行动，健全以县级医疗机构为支撑、乡镇卫生院为支点、村级卫生室为基础的医疗服务体系，加强基层医疗队伍建设，推动县人民医院创建"二甲"活动；健全完善疾病预防控制体系，科学精准抓好常态化疫情防控，构筑全民免疫屏障；优化藏医医疗服务资源配置，实现所有乡镇、村藏医药服务全覆盖；落实“四个最严”要求，强化食品药品安全监管，保障人民群众舌尖上的安全。加强公共文化服务能力建设，健全公共文化服务体系，深入开展文化“八进”活动，持续推进文化惠民。健全完善社会保障体系，建成覆盖全民、城乡统筹、权责清晰、保障适度、可持续的多层次社会保障体系；完善以最低生活保障制度、特困人员救助供养、受灾人员救助及医疗、教育、就业和临时救助为主体，以社会力量参与为补充的社会救助制度体系，做好社会救助兜底工作；做好退役军人事务工作，推进妇女儿童、残疾人事业发展，动态集中供养和收养，确保有意愿特困人员集中供养和孤儿集中收养保持100%。四是加大就业创业支持力度。在全县发展劳动密集型产业、服务业，扩大就业创业规模，向各类市场主体落实各类税费减免和补贴政策，促进大学生、返乡农牧民群众、城镇新增失业人员等人群就业。完善就业援助制度，多渠道开发岗位，推动政府投资项目用工本地化进程，实现更多群众就近就便就业。严格落实劳动合同及用工备案制度。整合各类培训资源，推进就业创业培训体系建设，确保城镇调查失业率控制在5.5%以内。加强“订单定向式”“以工代训式”技能培训，提升农牧民技能素质，更好更多参与重大项目建设。继续落实400万元以下政府投资项目交由有资质的农牧民施工企业承建的政策，引导农牧民从一产向二、三产业转移，实现多元化增收。五是不断深化改革开放。承接落实好中央、自治区和市各项改革任务，深化“放管服”改革，深入开展“互联网+政务服务”“减证便民”工作，持续优化营商环境，激发民营经济发展活力。运用农村集体产权制度改革成果，健全农村金融服务体系，深化农业综合行政执法改革。全面实施自然资源统一确权登记。构建多层次开放合作体系，加强区域合作，多方位融入国内大循环，积极对接“一带一路”，积极融入大香格里拉经济圈，以川藏铁路建设为契机，立足产业禀赋，寻求更为广阔的市场前景。用活招商资源、健全招商机制，完善招商引资资源库，优化招商引资环境，吸引更多优质企业到墨脱投资兴业。积极引导墨脱企业进驻林芝经开区。六是加强对口支援工作。强化与对口援藏省市的沟通与合作，以推进“十四五”时期援藏规划投资2.49亿元落地落实为抓手，坚持援藏“123”总体工作思路，大力开展产业援藏、医疗援藏、智力援藏、消费援藏、招商引资和交流交融各项工作。持续加大教育、医疗人才“组团式”援藏力度，提高援助效果，进一步扩大边境乡村援建项目，充分改善地区发展不平衡问题。强化人才双向交流，组织医务人员、教师及干部队伍前往援建省市进行学习。加大专业技术人才的援助力度，利用信息技术手段开展远程教育、医疗、科技服务，提升本地人才专业能力和技术水平。

（三）始终牢固树立绿水青山就是金山银山的理念，在全市打造生态文明建设引领区的生动实践中打造墨脱名片。坚持把生态文明建设摆在更加突出的位置，推动形成绿色发展方式和生活方式，统筹山水林田湖草系统治理，守护好墨脱的生灵草木、万水千山。一是守好生态安全底线。积极配合做好自然保护地整合优化、生态保护红线评估调整及自治区区域空间生态环境评价“三线一单”工作，科学预留重大基础设施建设廊道和国防建设空间，推进国家森林城市创建工作，力争2025年完成生态文明建设示范县创建，生态文明建设示范乡镇创建率达到100%。完善生态环境综合执法体系，健全生态环境保护综合行政执法和刑事司法衔接机制，对破坏生态环境违法行为“零容忍”。二是建设美丽墨脱。聚焦打赢污染防治攻坚战，强化建筑施工、道路交通扬尘治理，启动县域城乡垃圾污水处置专项规划编制工作，建立完善城乡垃圾分类处理体系，推进农村改厕、生活垃圾处理，实施农村美化绿化亮化工程，改善农村人居环境。大力推进河（湖）长、林长制工作，开展植树造林推进国土绿化行动，确保主要江河湖泊水质和环境空气质量持续保持优良。积极倡导绿色发展和绿色生活方式，为实现碳达峰、碳中和贡献墨脱力量。三是推进生态惠民。正确处理好保护生态与富民利民的关系，严格落实生态补偿机制，推动绿色低碳循环经济发展，推动生态优势转化为综合效益。精准落实好生态保护专职岗位，采取以工代赈的方式，加大生态补偿力度、扩大生态补偿范围，提供更多生态公益性岗位，让群众吃好生态饭。

（四）始终牢记边境地区是国家安全屏障的第

一道防线，在全市打造边境发展样板区的生动实践中树立墨脱标杆。深入贯彻习近平总书记治边稳藏重要战略思想，加大生产资料向边境地区倾斜，教育引导边境群众争做神圣国土守护者、幸福家园建设者。一是推进边境村镇发展，着眼巩固边境小康村建设成果，深入推进兴边富民行动，有序推动腹心地区、偏远地区向边境一线搬迁，加快推进加热萨、甘登灾后重建。坚持把更多人力物力财力向边境倾斜，统筹推进边境城镇和村庄规划建设，加快边境地区基础设施建设，完善公共服务体系，切实解决稳边固边急需、反蚕食斗争急用、边民群众急盼的突出问题。严格落实边民政策，合理提高边民普惠性补助。（此处删减）

四、坚定不移推进全面从严治党

今年是建党100周年。百年征程波澜壮阔，百年初心历久弥坚，站在新的起点上，我们要认真贯彻落实新时代党的建设总要求，坚持严字当头、严抓到底，以高质量党建引领高质量发展。

（一）坚持把党的全面领导贯穿始终，凝聚团结奋斗的强大合力。坚持党对一切工作的领导，不断完善党领导经济社会发展的体制机制，充分发挥党委议事协调机构职能作用，加强各级党委对本地区经济社会发展工作的领导，强化重大事项的决策权、监督权，确保党中央大政方针和区党委决策部署落到实处、见到实效。认真执行《中国共产党地方委员会工作条例》，坚持向党中央看齐的组织原则，坚持党的地方委员会必须始终同党中央保持高度一致，保证党的政治领导、思想领导和组织领导，形成一级抓一级、层层抓落实的工作机制，坚决贯彻执行党的各项决策部署。充分发挥党统揽全局、协调各方的领导核心作用，积极支持人大、政府、政协和法院、检察院依法履职、开展工作、主动作为，注重发挥工会、共青团、妇联等群团组织的作用，巩固和发展最广泛的爱国统一战线，最大限度凝聚全社会共识和力量，强化党管武装，持续巩固发展军政军民团结的大好局面。

（二）坚持把思想政治建设摆在首位，铸就绝对忠诚的党性品格。坚持以党的政治建设为统领，以习近平新时代中国特色社会主义思想武装头脑，不断提高政治判断力、政治领悟力、政治执行力，不断树牢“四个意识”、坚定“四个自信”、做到“两个维护”，决不做“两面人”“骑墙派”。严格执行党章和新形势下党内政治生活若干准则，从“三会一课”、民主生活会、组织生活会等最基本的制度抓起，增强党内政治生活的政治性、原则性、战斗性。严格落实重大事项请示报告制度。扎实推进党史学习教育和“三更”专题教育常态化制度化。

（三）坚持把干部队伍建设作为关键，激发干事创业的担当精神。坚持党管干部原则，严把政治关，把“五个是否”作为衡量干部的第一标准，培养选拔一批既能代表国家利益、坚定执行党的方针政策和路线，又真正有威信、能驾驭局势、领导墨脱高质量发展方向的干部。突出实践标准、实绩依据，对标“六种思维、七种能力、八个本领”，加强干部教育培训和储备，突出在一线考察识别干部、配置精兵强将。加强干部队伍管理，继续深入开展党政正职年度综合考核和年度自查考评工作。落实好中央关心爱护干部职工各方面支持政策，深入实施干部容错纠错机制，加强对敢担当、善作为干部的激励保护，以正确用人导向引领干事创业导向。结合党史学习教育和“三更”专题教育，在全县范围内开展“六好一满意”单位创建活动，进一步展现新时代墨脱党员干部新担当新作为新风貌。

（四）坚持把基层组织建强建优，筑牢固本强基的战斗堡垒。坚持新时代党的组织路线，围绕把基层党组织建设成为听党话、跟党走，善团结、会发展，能致富、保稳定，遇事不糊涂、关键时刻起作用的坚强战斗堡垒，以提升基层组织力为重点，项目化、清单制推进基层党组织标准化建设。全面落实“五共五固”工作要求，深度挖掘红色资源，结合红色旅游理念打造“六点三线”爱国强边红色学堂，并积极承接上级组织教育培训任务。巩固拓展部队军官到地方党组织开展帮扶帮建工作成效，提升边境一体化防护能力。把握雅下水电开发历史性机遇，探索“村企共建”举措，协调华能、三峡等央企与各村党组织在组织建设、产业发展、生态保护等领域深度共建，提升基层党组织引领能力、带富能力。扎实做好村“两委”换届后半篇文章，进一步完善村班子规范运行、监督管理、激励保障等工作机制，开展比学赶超活动，激励新一届村“两委”班子实干担当、奋勇争先。深入实施村“两委”班子文化素质提升工程，常态化整顿软弱涣散基层组织，巩固村“两委”班子成员100%党员成果。推进“六进六同”活动常态化制度化，深化机关党建与农村基层党组织共建活动。完善村集体经济专项扶持资金稳定投入机制。深入开展两新领域“两个覆盖”攻坚行动，提升党建质量。

（五）坚持把党风廉政建设抓严抓实，构筑风清气正的政治生态。党风廉政建设关系人心向背和党的生死存亡，是我们必须始终抓好的重大政治任务。要严格执行党风廉政建设责任制，始终坚持“严硬清”要求，纵深推进清廉墨脱建设。要把“严”的主基调长期坚持下去，紧盯不收敛不收手行为，坚决查出重点领域、关键岗位和群众身边的“四风”问题和腐败行为，构建一体推进“三不”的体制机制，巩固发展反腐败斗争压倒性胜利。要把“硬”的铁规矩有效落实到位，准确运用监督执纪“四种形态”，推动主体责任与监督责任同频共振、同向发力，形成全面从严治党的“责任共同体”。要把“清”的好生态全面构建起来，坚持严管厚爱、激励约束相结合，强化政治监督，把监督融入日常、做在经常，常态化开展警示教育，让党员干部知敬畏、存戒惧、守底线。认真总结八届县委巡察经验，健全完善县委巡察制度，加大巡察力度，强化巡察结果运用，确保巡察利剑作用充分发挥。

同志们，伟大事业召唤我们开拓奋进，美好未来激励我们奋勇向前。让我们更加紧密地团结在以习近平同志为核心的党中央周围，在区党委和市委的坚强领导下，继往开来，担当作为，砥砺奋进，以更加奋勇创新的精神、更加脚踏实地的作风，奋力谱写墨脱长治久安和高质量发展新篇章，为打造喜马拉雅南麓最靓丽的边境县而努力奋斗！

名词解释

1.“两个一百年”奋斗目标：到中国共产党成立100年时，全面建成小康社会；到新中国成立100年时，建成富强民主文明和谐美丽的的社会主义现代化强国。

2. 八县战略：农业稳县、生态立县、交通兴县、旅游强县、文化名县、能源富县、产业支县、国防卫县。

3. 五个墨脱：和谐墨脱、幸福墨脱、生态墨脱、美丽墨脱、宜居墨脱。

4. 四件大事：稳定、发展、生态、强边。

5. 四个确保：确保国家安全和长治久安，确保人民生活水平不断提高，确保生态环境良好，确保边防巩固和边境安全。

6. 三会一课：定期召开支部党员大会、支部委员会、党小组会，按时上好党课。

7. 四个意识：政治意识、大局意识、核心意识、看齐意识。

8. 四个自信：道路自信、理论自信、制度自信、文化自信。

9. 两个维护：坚决维护习近平总书记党中央的核心、全党的核心地位，坚决维护党中央权威和集中统一领导。

10. 两个大局：实现中华民族伟大复兴的战略全局和世界百年未有之大变局。

11.“两线三点”产业发展布局：扎墨公路和派墨公路沿线经济带和县城、背崩乡特色小集镇及80K山地森林休闲小镇。

12. 放管服：简政放权、放管结合、优化服务。

13. 两不愁三保障：不愁吃、不愁穿，义务教育、基本医疗、住房安全。

14. 六个精准：扶贫对象精准、措施到户精准、项目安排精准、资金使用精准、因村派人精准、脱贫成效精准。

15. 五个一批：发展生产脱贫一批、易地搬迁脱贫一批、生态补偿脱贫一批、发展教育脱贫一批、社会保障兜底一批。

16. 四讲四爱：讲党恩爱核心、讲团结爱祖国、讲贡献爱家园、讲文明爱生活。

17. 三病：结核病、肝炎、风湿病（骨关节疾病）。

18. 三高：高污染、高耗能、高排放。

19. 新时代“枫桥经验”：发动和依靠群众，坚持矛盾不上交,就地解决,实现捕人少、治安好。

20. 五观:国家观、民族观、历史观、文化观、宗教观。

21. 两论:唯物论、无神论。

22. 十三个显著优势:坚持党的集中统一领导,坚持党的科学理论,保持政治稳定,确保国家始终沿着社会主义方向前进的显著优势;坚持人民当家作主,发展人民民主,密切联系群众,紧紧依靠人民推动国家发展的显著优势;坚持全面依法治国,建设社会主义法治国家,切实保障社会公平正义和人民权利的显著优势;坚持全国一盘棋,调动各方面积极性,集中力量办大事的显著优势;坚持各民族一律平等,铸牢中华民族共同体意识,实现共同团结奋斗、共同繁荣发展的显著优势;坚持公有制为主体、多种所有制经济共同发展和按劳分配为主体、多种分配方式并存,把社会主义制度和市场经济有机结合起来,不断解放和发展社会生产力的显著优势;坚持共同的理想信念、价值理念、道德观念,弘扬中华优秀传统文化、革命文化、社会主义先进文化,促进全体人民在思想上精神上紧紧团结在一起的显著优势;坚持以人民为中心的发展思想,不断保障和改善民生、增进人民福祉,走共同富裕道路的显著优势;坚持改革创新、与时俱进,善于自我完善、自我发展,使社会充满生机活力的显著优势;坚持德才兼备、选贤任能,聚天下英才而用之,培养造就更多更优秀人才的显著优势;坚持党指挥枪,确保人民军队绝对忠诚于党和人民,有力保障国家主权、安全、发展利益的显著优势;坚持"一国两制",保持香港、澳门长期繁荣稳定,促进祖国和平统一的显著优势;坚持独立自主和对外开放相统一,积极参与全球治理,为构建人类命运共同体不断作出贡献的显著优势。

23. 十三个坚持完善:坚持和完善党的领导制度体系,提高党科学执政、民主执政、依法执政水平;坚持和完善人民当家作主制度体系,发展社会主义民主政治;坚持和完善中国特色社会主义法治体系,提高党依法治国、依法执政能力;坚持和完善中国特色社会主义行政体制,构建职责明确、依法行政的政府治理体系;坚持和完善社会主义基本经济制度,推动经济高质量发展;坚持和完善繁荣发展社会主义先进文化的制度,巩固全体人民团结奋斗的共同思想基础;坚持和完善统筹城乡的民生保障制度,满足人民日益增长的美好生活需要;坚持和完善共建共治共享的社会治理制度,保持社会稳定、维护国家安全;坚持和完善生态文明制度体系,促进人与自然和谐共生;坚持和完善党对人民军队的绝对领导制度,确保人民军队忠实履行新时代使命任务;坚持和完善"一国两制"制度体系,推进祖国和平统一;坚持和完善独立自主的和平外交政策,推动构建人类命运共同体;坚持和完善党和国家监督体系,强化对权力运行的制约和监督。

24. 三个离不开:汉族离不开少数民族、少数民族离不开汉族、各少数民族之间也相互离不开。

25. 五个认同:对伟大祖国、中华民族、中华文化、中国共产党、中国特色社会主义的认同。

26. 三必须:管行业必须管安全、管业务必须管安全、管生产经营必须管安全。

27. "246"党建工作思路:坚决做到"两个维护";抓实党组织建设"四个着力"(着力政治建设、着力组织提升、着力体系构筑、着力品牌创建);扎实锤炼党员队伍"六大本领"(突出"忠诚"、着眼"干净"、聚焦"担当"、激励"作为"、落实"服务"、推进"引领")。

28. "20字"好干部标准:信念坚定、为民服务、勤政务实、敢于担当、清正廉洁。

29. 五共五固:共学党的理论固信仰信念、共建基层组织固一线堡垒、共促民生改善固脱贫成果、共树文明新风固民族团结、共守神圣国土固边境安宁。

30. 六进六同:进阵地同教育、进田间同劳动、进农家同服务、进基层同规范、进村庄同宣讲、进一线同调研。

31. 两个责任:主体责任和监督责任。

32. 四种形态:经常开展批评和自我批评、约谈函询,让"红红脸、出出汗"成为常态;党纪轻处分、组织调整成为违纪处理的大多数;党纪重处分、重大职务调整的成为少数;严重违纪涉嫌违法立案审查的成为极少数。

33. "四风"问题:形式主义、官僚主义、享乐主义、奢靡之风。

34. 三个赋予、一个有利于：所有发展都要赋予民族团结的意义，都要赋予维护统一、反对分裂的意义，都要赋予改善民生、凝聚人心的意义，都要有利于提升各族群众获得感、幸福感、安全感。

35. 一核三带：做强巴宜区核心增长极、构建川藏铁路发展带、雅江下游发展带、边境沿线发展带。

36. 老西藏精神（新内涵）：特别讲政治、特别能创新、特别能吃苦、特别能担当、特别能贡献。

37. 老墨脱精神：乐于吃苦、善于忍耐、勇于战斗、敢于创业。

38. 四个基础：思想基础、组织基础、社会基础、舆论基础。

39. 雪亮工程：是以县、乡、村三级综治中心为指挥平台、以综治信息化为支撑、以网格化管理为基础、以公共安全视频监控联网应用为重点的群众性治安防控工程。

40. 四好农村路：建好、管好、护好、运营好农村公路。

41. 三香一链：雅江稻香、茶香、果香旅游经济带和雅江特色农业产品珍珠链。

42. 西藏户外运动“12358”计划：打造以墨脱为代表的海拔1000米左右的亚热带户外运动区、以易贡为代表的海拔2000米左右的亚高原户外运动区、以多雄拉为代表的海拔3000-4000米的高原山地户外运动区和以羊八井、定日等为代表的海拔5000-8000米以上高海拔山峰户外运动区。

43. 一考三评：考业务知识水平，评思想政治和师德素养，评课堂教学能力，评信息技术应用能力。

44. 三学三评两提升：学理论、学榜样、学业务，学生评、同事评、家长评，提升师德水平、提升教育质量。

45. 两降一升：降低孕产妇和婴儿死亡率，提高住院分娩率。

46. 食品安全“四严”制度：最严谨的标准、最严格的监管、最严厉的处罚、最严肃的问责。

47. 文化“八进”：进家庭、进机关、进社区、进乡村、进学校、进企业、进寺庙、进军营。

48. 一带一路：丝绸之路经济带和21世纪海上丝绸之路。

49. 援藏“123”总体工作思路：坚持以民生援藏为核心，以推动茶产业提质增量和加快旅游产业发展为重点，全力实施群众收入巩固提升、社会事业优化提升和基础设施完善提升三大工程。

50. 践行“两山”理论：绿水青山就是金山银山、冰天雪地也是金山银山。

51. 三线一单：生态保护红线、环境质量底线、资源利用上线和生态环境准入清单。

52. 五个是否：是否忠诚于党和人民，是否具有坚定理想信念，是否增强“四个意识”、坚定“四个自信”，是否坚决维护党中央权威和集中统一领导，是否全面贯彻执行党的理论和路线方针政策。

53. 六种思维：辩证思维、系统思维、战略思维、法治思维、底线思维、精准思维。

54. 七种能力：提高政治能力、调查研究能力、科学决策能力、改革攻坚能力、应急处突能力、群众工作能力、抓落实能力。

55. 八个本领：学习本领、政治领导本领、改革创新本领、科学发展本领、依法执政本领、群众工作本领、狠抓落实本领、驾驭风险本领。

56. 六好一满意：组织纪律好、工作落实好、职业道德好、精神风貌好、会风会纪好、环境卫生好和群众满意。

57. 三不：不敢腐、不能腐、不想腐。

58. 四讲四爱：讲党恩爱核心、讲团结爱祖国、讲贡献爱家园、讲文明爱生活。

墨脱县人民代表大会常务委员会工作报告

——2022 年 1 月 26 日在墨脱县第十二届人民代表大会第三次会议上

墨脱县人民代表大会常务委员会主任　杨玉东

过去一年的主要工作

2021 年，是中国共产党成立 100 周年，西藏和平解放 70 周年。一年来，在县委的坚强领导下，县人大常委会始终高举习近平新时代中国特色社会主义思想伟大旗帜，全面贯彻落实党的十九大和十九届历次全会精神，深入贯彻落实习近平总书记关于坚持和完善人民代表大会制度的重要思想、中央第七次西藏工作座谈会精神、习近平总书记在建党 100 周年和视察西藏时的重要讲话精神，认真贯彻落实中央人大工作会议精神、自治区第十次党代会精神、林芝市第二次党代会精神和县委第九次党代会精神，坚持党的领导、人民当家作主、依法治国有机统一，增强“四个意识”、坚定“四个自信”、做到“两个维护”。聚焦全县重点工作目标和任务，以民主与法治建设为己任，依法履行宪法赋予人大的神圣职责，圆满完成了全年确定的各项工作任务，为推进墨脱长治久安和高质量发展提供了法治保障，展现了人大担当、人大作为。

一年来，组织执法检查 3 次，开展视察、调研 12 次，召开主任会议 6 次，召开常委会会议 6 次，听取“一府两院”专项工作报告 3 项，做出决议决定 3 项，充分发挥了人大及其常委会的职能作用，为推动全县稳定发展生态强边做出了人大贡献。

一、坚持党的领导，服务大局展现新作为

人大常委会始终旗帜鲜明讲政治，坚决贯彻落实县委决策部署，真正做到与县委在思想上同心、在目标上同向、在工作上同步。坚持县委对人大工作的全面领导。县委始终坚持把人大工作摆在突出位置，不断加强和改进对人大工作的领导，一年来，听取人大常委会党组专题工作汇报 2 次。及时研究解决人大工作中的重大问题，于 2021 年 5 月召开县委人大工作会议，制定出台了《中共墨脱县委员会关于进一步加强和改进新时代人大工作的意见》的指导性文件。人大常委会坚持正确的政治立场，用实际的行动率先垂范，围绕县委中心工作，广泛凝聚民心民意，严格执行重大事项请示报告制度，自觉做到重大事项一事一报，向县委请示报告事项 16 件次。强化理论武装，持续筑牢理想信念。人大常委会不断推进人大机关思想政治建设常态化、制度化。坚持把学习贯彻落实习近平新时代中国特色社会主义思想作为首要政治任务，学习习近平系列讲话精神，全面贯彻落实习近平总书记关于西藏工作的重要论述和新时代党的治藏方略，深入开展“三更”专题教育、党史学习教育；严格落实“三会一课”制度，理论学习中心组学习 21 次，开展主题党日活动 12 次，人大常委会党组学习 16 次，人大机关支部学习 46 次，积极参加红色夜校大讲堂领导干部上专题党课 6 次，召开专题组织生活会 1 次。通过学原著、读原文、悟原理，实现了思想政治受洗礼、理论学习有收获、干事创业有担当、为民服务解难题、清正廉洁作表率的具体要求。履职尽责，持续推动县委部署落地落实。牢固树立县委中心工作就是人大重点工作的理

念，确保县委意图转化为全县各级各部门和全县广大人民群众的共同意志和自觉行动。人大常委会依法召开墨脱县十二届人大一次会议，选举产生新一届的人大常委会及"一府一委两院"组成人员39名、依法任免国家机关工作人员50人次，把党委的意图转化为人民群众的意志。根据县委各项重大决策部署，人大常委会班子成员认真落实疫情防控、巡河工作、抵边搬迁、"四对一"结对帮扶，积极投身于巩固拓展脱贫攻坚与乡村振兴有效衔接等工作中。赴各乡镇开展宣讲活动，宣讲习近平总书记在庆祝建党100周年大会上的讲话精神、在西藏考察工作时的讲话精神、在庆祝西藏和平解放70周年的讲话精神、在中央民族工作会议上的讲话精神等，受教育群众达3000余人次。

二、聚焦主责主业，依法监督彰显新效能

一年来，人大常委会全面履行宪法和法律赋予的各项职责，不断改进工作方式，提升履职效能，推动各项工作迈出新步伐。在狠抓换届选举上下功夫。2021年恰逢换届之年，面对换届大考，县委统揽全局、协调各方，把握方向、谋定大局，在县委的全面领导下，人大常委会圆满完成了县、乡（镇）两级人大代表换届选举工作，依法选举产生县、乡（镇）两级人大代表402名，其中县级人大代表121名，乡级人大代表281名，为"十四五"时期建成团结富裕文明和谐美丽的社会主义新墨脱凝聚民心、汇聚力量奠定了坚实基础。人大常委会依法召开墨脱县十二届人大二次会议，选举产生新一届市级人大代表22名；人大常委会安排班子成员深入各乡（镇）督促指导各乡镇召开新一届人民代表大会第一次会议，依法选举产生各乡镇新一届人大、政府班子成员共计48名；人大常委会依法任命墨脱县新一届人民政府各职能部门负责人25名。在狠抓经济运行监督上下功夫。听取审议墨脱县人民政府2020年国民经济和社会发展计划执行情况及2021年国民经济和社会发展计划（草案）报告、墨脱县人民政府2020年财政预算执行情况及2021年财政预算（草案）报告。审查墨脱县人民政府提交的《墨脱县国民经济和社会发展第十四个五年规划和二〇三五年远景目标纲要（草案）》等议案，并形成相关决议、决定3个。完成人大预算联网监督系统平台上线运行取得实效。在狠抓重点工作监督上下功夫。围绕县委中心工作，前往背崩乡、德兴乡、墨脱镇、达木珞巴民族乡开展边境一线调研活动共计4次。组织开展巩固拓展脱贫攻坚成果同乡村振兴有效衔接专题调研工作1次；协助自治区开展《西藏自治区民族团结进步模范区创建条例》执法检查，听取县政府民族团结进步模范区创建工作报告。听取县人民政府7个职能部门的述职评议工作；听取七乡一镇人大主席团工作汇报；听取三个专门委员会及人大常委会办公室工作报告。加强信访工作，切实维护人民群众合法权益。人大常委会坚持把人大信访工作作为了解社情民意、联系人民群众、开展监督工作的重要渠道，进一步健全完善人大信访工作机构，规范工作程序，明确工作责任，提高了办理信访案件的质量和效率。在狠抓法律监督上下功夫。开展2021年度法治政府建设视察调研活动1次；开展《野生动物保护法》《医疗卫生机构医疗废物管理办法》执法检查各1次；开展西藏自治区实施宪法宣誓制度办法执法检查1次；旁听墨脱县人民法院公开审理墨脱县人民检察院提起公诉的案件2次；进一步推动有关法律法规在我县的正确贯彻实施，不断促进"一府一委两院"依宪行政、依法行政、公正司法，为全面依法治县提供强有力的人大监督。

三、完善代表工作，开拓代表服务新途径

人大常委会坚持把代表工作作为一项经常性、基础性工作来抓，切实增强代表履职能力。创新代表工作方式方法，拓展代表履职渠道，保障和促进代表依法履职，推动代表工作上新水平，有新突破。加强培训指导，不断提升代表履职能力。加强新任代表的培训力度，全年培训2次、160人次。有针对性地邀请代表广泛参与专题调研视察活动，加强代表参与人大监督工作的深度广度，提高监督实效。深化人大代表密切联系人民群众工作，充分发挥代表桥梁纽带作用，建好用实代表之家。赴各乡镇开展"人大代表之家"运行情况工作调研1次。扎实推动代表联系工作。完善人大常委会组成人员联系基层人大代表制度，实现人大常委会组成人员联系代表全覆盖；指导各乡镇建立人大代表联系选民制度，

实现各乡镇人大代表联系选民全覆盖，切实在广泛凝聚群众呼声上下功夫出实招。扎实推动代表意见建议督办工作。建立健全人大代表意见建议办理答复制度，开展墨脱县十一届人大七次会议代表意见建议办理答复情况征询意见工作，收集代表意见建议共60件，答复率100%，代表满意率96%。

四、强化自身建设，履职尽责树立新形象

县人大常委会认真贯彻落实县委关于加强和改进新时代人大工作的意见，通过加强组织机构建设，打造过硬干部队伍，增进县乡人大整体工作合力，确保人大工作有序、有效运转，在筑牢履职尽责根基上塑造人大新形象。推进全面从严治党，坚持把政治建设放在首位。坚持以政治建设为统领，不断提高政治判断力、政治领悟力、政治执行力。严守党的纪律和政治规矩，始终在大是大非问题上做到旗帜鲜明、立场坚定。积极开展第26个党风廉政宣传教育月活动，加强党风廉政建设，营造清正廉洁、务实高效的良好氛围。充分发挥党建引领作用促进业务不断提升，今年7月被评为“墨脱县2021年度先进基层党组织”，9月被授予“墨脱县民族团结进步示范单位”。实现能力提升效果更加明显。组织人大代表培训1次；人大代表、干部业务培训3次；人大代表履职培训1次。接待国家、自治区人大来访3次，接待林芝市及其他市县（区）乡人大考察学习交流团12次。组织常委会组成人员带领人大代表赴山南、昌都开展考察学习活动2次，加大了相互间的交流，促进了相互间的联络。

各位代表：一年来，县人大常委会工作取得的成绩，根本在于以习近平同志为核心的党中央的正确领导，根本在于习近平新时代中国特色社会主义思想的科学指引，是县委坚强领导、高度重视的结果，是人大常委会组成人员和全体代表开拓进取、辛勤付出的结果，是“一府一委两院”和各乡镇人大主席团密切配合、团结协作的结果，是全县人民充分信任、大力支持的结果。在此，我谨代表县人大常委会向大家致以崇高的敬意和衷心的感谢。

回顾一年来的工作，人大常委会在习近平新时代中国特色社会主义思想的指引下，在县委的坚强领导下，在“一府一委两院”的大力支持下取得了一定的成绩，为全县的稳定、改革和发展作出了人大贡献。但我们也清醒地认识到，县人大常委会工作与中央人大工作会议精神和县委的要求以及人民群众的期盼还存在一些不足和差距，一是监督工作力度还不到位；二是对办理代表建议、批评和意见的督促检查还有待进一步加大；三是对乡镇人大的联系与指导力度还需要进一步加强；四是自身建设有待进一步改进和加强等。县人大常委会将按照中央人大工作会议精神赋予新时代人大工作新要求，充分听取各阶层意见建议汇聚民意，认真加强改进人大工作。

今后一年的工作安排

2022年是党的二十大召开之年，是推进“十四五”规划的关键之年，是实施市委“11364”发展战略的开局之年。新的一年里人大常委会工作总体要求：在县委的坚强领导下，坚持习近平新时代中国特色社会主义思想，深入贯彻落实党的十九大和十九届历次全会精神以及中央人大工作会议精神，中央第七次西藏工作座谈会精神，深入贯彻落实习近平总书记关于西藏工作的重要论述和新时代党的治藏方略，弘扬伟大建党精神，坚决拥护和捍卫“两个确立”，增强“四个意识”、坚定“四个自信”、做到“两个维护”，深入贯彻落实习近平法治思想、中共中央关于新时代坚持和完善人民代表大会制度、加强和改进新时代人大工作的意见，认真贯彻落实自治区第十次党代会精神、林芝市第二次党代会精神，按照县委第九次党代会精神和县委经济工作会议精神，锚准“四件大事”、实现“四个确保”，始终在县委的坚强领导下，坚持党的全面领导、人民当家作主、全过程人民民主和依法治国有机统一，全面提升新时代人大工作水平，推动监督工作提效、代表工作提级、自身建设提档，以打造“七个边境样板”为工作抓手，围绕县委“将墨脱县打造成喜马拉雅南麓最靓丽的边境县”的目标任务，贡献人大力量。

一、提高政治站位，坚持党的领导见实效

全面贯彻落实县委人大工作会议精神，落实县委《关于加强和改进新时代人大工作的意见》，按照自治区第十一届人民代表大会第五次会议和林芝市

第二届人民代表大会第二次会议精神，坚持把党的领导贯穿人大工作始终；自觉接受县委对人大工作的领导，认真贯彻落实向县委请示报告制度，保证人大工作始终沿着正确政治方向前进；深入贯彻落实“四个创建”“四个走在前列”，紧盯县委决策部署，围绕稳定发展生态强边四件大事，依法决定重大事项和人事任免，通过法定程序全力推动县委决策部署落地落实，助推县委人事意图得到坚决落实。

二、围绕县委中心工作，推动业务能力见实效

多措并举加强对“一府一委两院”和基层人大落实县委决策部署工作的监督与指导；持续开展人大及其常委会选举或任命公职人员向宪法宣誓制度，切实增强常委会任命的公职人员荣誉感和使命感；继续加强与组织部门、“一府一委两院”机关的沟通联系和工作协调，做好人大常委会拟任命人员任前法律考试；积极推动“一府一委两院”和基层乡镇人大工作规范有序开展，进一步加强全县各乡镇人大工作规范化建设，推进乡镇人大工作的进一步提升，提高代表对监督工作的参与度；根据常委会年度工作要点和监督工作计划安排，加强与各专门委员会的沟通联系，组织提出相关议案建议和熟悉相关议题的人大代表参与调研、执法检查，督办重点处理建议以及人大决议决定贯彻执行情况调研等活动，拓展代表参与各委员会工作的广度和深度，强化法律监督和工作监督；贯彻落实区党委、市委、县委经济工作会议精神，聚焦“四件大事”“四个确保”助推社会发展，平安建设，促进公正司法，加强信访工作，把信访工作与监督工作紧密结合起来，变群众“上访”为干部“下访”；建立健全人大干部培训力度，建立科学的管理机制，举办2期培训班，集中学习宪法、代表法、地方组织法等法律，就如何审查有关报告、提出议案建议等进行培训，协助代表掌握履职所需的法律知识和其他专业知识，进一步加大干部交流力度，增强机关生机活力，不断提高工作质量和工作效率。

三、密切联系群众，丰富拓展制度见实效

全面落实基层人大代表联系选民制度，丰富联系内容，拓展联系方式，注重联系效果，进一步推进人大代表联系选民工作取得实效；探索改进“人大代表之家”平台建设，充分听取和反映人民群众的意见建议。努力推进人大代表信息化网络平台建设，为代表履职、联系人民群众提供便捷的服务，促进代表联系人民群众的常态化；加强常委会组成人员同代表的联系，常委会组成人员要积极参加所在选举单位的活动，与所联系的人大代表保持经常联系，及时听取和反映代表的意见和建议；坚持邀请人大代表、政协委员列席人大常委会会议。围绕人大常委会议题，组织相关部门负责人列席会议，充分发挥代表及列席人员的专业职能作用，切实做到会前有调研，会中有准备，发言有质量，为人大常委会审议相关议题建言献策，提供高质量的建议意见，充分发挥例会的应有作用；加强人大常委会对代表工作的创新，健全代表联系机制，使人民群众参与民主实践越来越广泛，意愿诉求表达越来越充分，使人民民主具体地、生动地体现在人民当家作主的全过程、各环节。

四、创新活动方式，提高代表履职见实效

坚持把深入学习贯彻习近平新时代中国特色社会主义思想，特别是习近平总书记关于坚持和完善人民代表大会制度的重要思想、习近平总书记全面依法治国新理念新思想新战略作为人大代表和县人大常委会学习培训首要任务，增强代表履职意识，提升代表履职能力。根据工作需要，结合代表的行业和专业特点，召开代表小组召集人和联络员会议，以会代训，交流工作，增强工作责任感。根据《西藏自治区人大代表活动经费管理使用办法（试行）》健全代表履职经费保障机制，争取按照每位代表每月200元通信补助标准发至代表个人包干使用，对无固定收入的人大代表出席、列席各级人大会议或参加统一组织的代表学习培训和闭会期间履职活动按规定发放临时补助，不断提高代表履职积极性。根据人大工作的重点和计划，围绕经济社会发展的重要问题和人民群众关心的实际问题以及人大常委会的审议议题，组织县人大代表开展专题调研活动，组织县人大代表开展集中视察活动，听取人民群众的意见和建议，为会议期间审议各项议案和报告、提出高质量的议案建议做好准备。

五、夯实自身建设，持续提升工作见实效

牢牢把握习近平总书记关于“四个机关”建设

的重要论述，按照新时代党的建设总要求，全面加强机关作风建设和意识形态工作，切实把人大建设成为坚持党的领导的政治机关、保证人民当家作主的国家权力机关、全面担负宪法法律赋予的各项职责的工作机关、始终同人民群众保持密切联系的代表机关；加强人大常委会队伍建设和作风建设，提高干部队伍素质，按照自治区改进作风狠抓落实动员部署会议要求，深入开展改进作风狠抓落实活动，充分发挥好党员干部“六个表率”作用，带头做到“八个必须”。广泛宣传人大工作亮点和先进典型，通过新闻媒体、网络媒介以及《网信墨脱》等媒体载体，切实加强对人大工作先进典型、代表履职风采的宣传，讲好人大自身建设故事；加强法律法规的学习，切实增强依法办事意识，自觉维护好宪法权威，努力建设一支忠诚、干净、担当的人大队伍。

各位代表：新征程已经开启，新使命催人奋进。让我们更加紧密地团结在以习近平同志为核心的党中央周围，在县委的坚强领导下，始终以百折不挠的信心、锲而不舍的热心、矢志不渝的决心，依法履职、拼搏实干，为谱写新时代墨脱长治久安和高质量发展新篇章而努力奋斗，以稳定发展生态强边的实际成效迎接党的二十大胜利召开！

名词解释

四个意识：政治意识、大局意识、核心意识、看齐意识。

四个自信：道路自信、理论自信、文化自信、制度自信。

两个维护：坚决维护习近平总书记党中央的核心、全党的核心地位，坚决维护党中央的权威和集中统一领导。

“一府一委两院”：人民政府，监察委员会，人民法院，人民检察院。

三更：政治标准要更高、党性要求要更严、组织纪律性要更强。

“11364”发展战略：一区：把林芝建设成为全区改革开放先行区；一核：做强巴宜区核心增长极；三带：构建川藏铁路发展带、雅江下游发展带、边境沿线发展带；六组团：米林组团、工布江达组团、波密组团、朗县组团、察隅组团、墨脱组团；四个区：打造和谐稳定示范区、高质量发展先行区、生态文明引领区、强边固防样板区。

两个确立：确立习近平同志党中央的核心、全党的核心地位，确立习近平新时代中国特色社会主义思想的指导地位。

七个边境样板：着力打造思想政治教育的边境样板，做到“两个维护”的政治品格更加鲜明；着力打造社会和谐稳定的边境样板，迈向长治久安的社会局势更加巩固；着力打造民族团结进步的边境样板，中华民族共同体意识更加铸牢；着力打造高原经济高质量发展的边境样板，贯彻新发展理念更加完整准确全面；着力打造生态文明建设的边境样板，生态安全屏障更加坚实；着力打造固边兴边富民的边境样板，戍边卫国的前沿阵地更加牢固；着力打造基层党建的边境样板，党的执政根基更加巩固。

“四个创建”“四个走在前列”：着力创建全国民族团结进步模范区、努力做到民族团结进步走在全国前列，着力创建高原经济高质量发展先行区、努力做到高原经济高质量发展走在全国前列，着力创建国家生态文明高地、努力做到生态文明建设走在全国前列；着力创建国家固边兴边富民行动示范区、努力做到固边兴边富民行动走在全国前列。

“四个机关”建设：切实把人大建设成为坚持党的领导的政治机关、保证人民当家作主的国家权力机关、全面担负宪法法律赋予的各项职责的工作机关、始终同人民群众保持密切联系的代表机关。

六个表率：坚持对党绝对忠诚，带头做坚定践行“两个维护”的表率；坚持群众路线，带头做勤政为民的表率；坚持求真务实，带头做勇于担当的表率；坚持民主集中制，带头做团结干事的表率；坚持怀德自重，带头做清正廉洁的表率；坚持从严治党，带头做管党治党的表率。

八个必须：必须旗帜鲜明讲政治；必须时刻心系“国之大者”；必须践行初心使命；必须坚持人民至上；必须勇于担当作为；必须扎实改进作风；必须不断提升本领；必须全面从严治党。

墨脱县人民政府工作报告（节选）

——2022 年 1 月 25 日在墨脱县第十二届人民代表大会第三次会议上

墨脱县人民政府县长　李继承

2021 年工作回顾

2021 年是中国共产党建党 100 周年、西藏和平解放 70 周年，是实施“十四五”规划的开局之年。这一年里，我们高举习近平新时代中国特色社会主义思想伟大旗帜，深入贯彻习近平总书记关于西藏工作的重要论述和视察西藏重要讲话、重要指示精神，贯彻落实中央第七次西藏工作座谈会精神和新时代党的治藏方略。在自治区党委、政府，市委、市政府坚强领导和县委直接领导下，以推动高质量发展为主题，以深化供给侧结构性改革为主线，认真做好“十三五”规划与“十四五”规划的衔接，做好巩固脱贫攻坚成果与乡村振兴的衔接，全力抓好稳定发展生态强边“四件大事”，统筹推进稳增长、促改革、调结构、惠民生、防风险、保稳定各项工作，保持经济持续健康发展和社会大局和谐稳定。2021 年全县生产总值达 8.52 亿元，同比增长 7.1%；固定资产投资完成 14.46 亿元，同比增长 44.7%；社会消费品零售总额达 7281 万元，同比增长 11.9%；一般公共财政预算收入达 6277 万元，同比增长 9.11%；城乡居民人均可支配收入分别达到 41346 元、15278 元，同比分别增长 13.3%、18.7%，居民消费价格涨幅控制在 3% 以内，实现“十四五”良好开局。

这一年，我们坚定捍卫“两个确立”，始终做到“两个维护”。认真学习贯彻落实党的十九届六中全会、中央第七次西藏工作座谈会和习近平总书记视察西藏重要讲话精神，深入开展党史学习教育和“三更”专题教育。隆重庆祝中国共产党成立 100 周年和西藏和平解放 70 周年，广泛宣传中国共产党一百年的光辉历程和伟大成就，充分展示新时代墨脱经济社会各项事业发展成就和全县人民在党的领导下蓬勃向上、开拓进取的精神面貌。全县上下“四个意识”更加牢固、“四个自信”更加坚定、“两个维护”更加自觉，当好“神圣国土守护者、幸福家园建设者”的共同意志更加坚定统一，向着打造喜马拉雅南麓最靓丽的边境县迈进的信心、决心、恒心更加充足，精气神空前提振。

这一年，我们坚持以维护稳定为根本，全力防风险保平安。（此处删减）

这一年，我们坚持以项目建设为带动，全力强基础增动能。派墨公路实现全线连通，墨脱县主电网延伸工程全面完成，城关变电站总容量翻一番，达到 11300 千伏安。完成县城后山 N3 泥石流、米日村后山崩塌、帮辛村文化站后山滑坡治理工程，建成墨脱县地质灾害远程会商应急指挥系统。实施里国荣、曼久曲、提琴曲和朗杰岗村防洪工程。墨脱县公共体育设施项目投入使用，建成全县第一个标准的 11 人制足球场。县城三叠东路、迎宾路等市政道路提质升级。（此处有删减）

这一年，我们坚持以产业发展为重点，全力育产业促增收。茶产业带动作用更加凸显。茶叶可采摘面积达 8619.36 亩，全年采摘茶青 45 万余斤，群众增收 1157 万元。建成标准化茶叶加工厂 3 个、杀青点3个。创建全区首个茶产业标准化体系。“墨脱采茶人”入选全区典型劳务品牌，并纳入人社部新公布全国劳务品牌建议名单。全域旅游迈上新台阶。完成墨脱县雅鲁藏布大峡谷景区、墨脱景区、亲江景区、仁青崩景区建设，制作安装墨脱旅游交通牌、广告牌、导视系统和智慧旅游语音讲解系统。成功举办首届墨脱县徒步文化旅游节和文创产品设计大赛。墨脱人文景观登上广佛地铁“广佛援藏同城号”，“莲花圣地·秘境墨脱”知名度、美誉度进一步增强。全年旅游人数、收入分别达20.58万人次、7893.07万元，同比分别增长136%、264%。多元化产业实现突破。建成墨脱水产养殖基地，填补了西藏亚热带水产养殖空白。推行林下经济、茶园种养、茶果间种等发展模式。实施科技兴农战略，与福建农科院签订战略合作协议，设立华南农业大学墨脱研究生联合培养基地。县级电子商务公共服务中心正式运营，建设完成乡、村级站点24个。挂牌成立墨脱县供销合作联合社，推动农村产业发展进入新阶段。全县粮食产量稳产增产，粮食安全有效保障。

这一年，我们坚持以深化改革为导向，全力激活力添动力。“放管服”改革深入推进。建立县、乡、村三级政务服务体系，调整行政职权事项3871项，取消证明事项7项，临时救助审批权限下放至乡（镇）一级。全年在自治区一体化平台受理办件65664件，投资项目在线审批平台录入项目101个，在建项目线上实名制覆盖率100%，严格农民工工资专用账户管理，代发农民工工资6633.42万元。重点领域改革持续发力。全县各类市场主体达到1604户，注册资本达17亿元，减税降费2955.66万元。银行金融机构各项存款余额14.25亿元，贷款余额13.21亿元。推动县自来水公司划转为县国投公司全资子公司。农村集体产权制度改革工作顺利通过自治区验收并获得“优秀”等次。营商环境不断优化。招商引资到位资金1.55亿元，同比增长1.31%。受援工作成效显著，实施援藏项目5个，完成投资4257万元。

这一年，我们坚持以城乡建设为抓手，全力优布局提品质。城乡基础功能更加完善。墨脱镇、背崩乡基础设施改造提升工程建设完成，县城排水防涝工程、80K和背崩乡污水处理厂、80K垃圾转运站全面完工，县城莲花小区、兰花小区片区棚户区改造和背崩乡5个标准化村级组织活动场所顺利建成。特色小镇、边疆明珠小镇、周转房建设等18个“十四五”重点项目前期工作扎实推进。“智慧交通”管控系统铺设完成。全县5个乡（镇）20个行政村实现通客车，群众出行更加便捷。有序推行垃圾分类，强化厕所革命运维管理，城乡环境干净整洁，农村人居环境整治三年行动效果显著。（此处有删减）

这一年，我们坚持以民生改善为中心，全力保民生增福祉。推进巩固拓展脱贫攻坚成果同乡村振兴有效衔接。建立防返贫动态监测和帮扶机制，完善扶贫项目资产管理和监督机制。统筹整合涉农资金1.36亿元，实施产业发展、基础设施等项目37个。强化易地扶贫搬迁后续帮扶，落实帮扶资金1357.13万元。教育事业蓬勃发展。“双减”政策有效落实，全面开展法治、国防、健康、爱国主义等思想政治教育，青少年发展更加全面。新开村级幼儿园6所，学前教育毛入园率达97.8%，小学适龄儿童净入学率达99.93%，义务教育阶段巩固率达100%。墨脱县获得“全国县域足球典型县”荣誉称号，耐力项目高原训练场在墨脱挂牌，“雅江杯”足球赛得到新华社、中国政府网等媒体关注报道。就创业工作扎实推进。深入实施高校毕业生就创业“一对一、一对多”帮扶措施，调整完善高校毕业生创业扶持政策，开发县级就业岗位232个，应届高校毕业生就业率达99.37%。全年举办农牧民技能培训35期1699人次，城镇新增就业、农牧民转移就业均完成全年目标任务，转移就业增收3606.53万元。400万元以下项目吸纳农牧民用工比例为82.43%。医疗服务水平不断提高。新建县藏医院、墨脱镇卫生院、背崩乡卫生院投入使用，实施县人民医院改善提升工程、术科大楼和负压病房建设工程。援藏及三级医院对口帮扶成效显著，远程会诊中心打破时空阻隔，标准化信息化系统让服务更加高效。深入推进县域综合医改，统筹整合县、乡、村医疗卫生资源。实现家庭医生签约和巡回诊疗工作全覆盖。持续巩固新冠疫情“零感染、零输入”防控成果，2座核酸检测实验室投入使用，检测能力大幅提升。累计完成疫苗接种3.95

万人次。社会保障体系更加完善。开展城乡居民和在编僧尼免费体检5660人，临时救助困难群众46户173人，城乡居民最低生活保障水平持续提高，全民医疗保险参保率稳定在97%以上。文化惠民工程深入人心。隆重举行庆祝建党100周年、西藏和平解放70周年和“三大节日”文艺汇演活动。德兴乡、达木珞巴民族乡分别被评为林芝市第三批公共文化示范乡（镇）、特色民间文化艺术之乡。县文化活动中心、图书馆免费对外开放。民生5件实事有序落实。圆满完成大庆礼品运送、发放工作。

这一年，我们坚持以生态保护为前提，全力抓绿色固屏障。严守生态保护红线，坚决打好蓝天、碧水、净土保卫战。全县空气质量优良天数比例为100%，水、土壤质量保持良好。申报自治区级生态文明建设示范乡（镇）2个、示范村14个。推行“河（湖）长+检察长+警长”协作机制，完成白玛西路、西工河、嘎弄曲3条河流管理范围划定，累计巡河（湖）1747人次，1名河长被评为全国先进河长。全年造林绿化960余亩，森林抚育5000余亩，水土流失治理62.29平方千米，增减挂钩拆旧复垦3.05万平方米。开展野生动植物救助保护，培育千果榄仁、小果紫薇等国家二级保护植物1.1万余株。兑现生态岗位、公益林、退耕还林、野生动物肇事等补贴、补偿3966.82万元，群众在生态保护中持续受益。

这一年，我们坚持以守土固边为使命，全力建防线筑堡垒。（此处删减）

这一年，我们坚持以自身建设为引领，全力改作风抓落实。坚持把政治建设摆在首位，推深做实党史学习教育和“三更”专题教育，不断增强“四个意识”、坚定“四个自信”、做到“两个维护”，心怀“国之大者”。主动接受人大法律监督、政协民主监督，全年办理县级人大代表建议和政协委员提案177件，办结率100%。建设法治政府，推行党政机关重大合同备案审查制度。“七五”普法圆满完成。严守政治纪律和政治规矩，严格落实中央八项规定及其实施细则精神和自治区党委实施办法，厉行节约、反对浪费，“三公”经费支出同比下降15.23%。健全完善政府各项工作会议制度，不断规范债务管理工作，持续推进精文减会、严控各类监督检查，切实为基层减负，把更多时间用在抓工作落实上。

与此同时，国防建设、民兵预备役、人民防空、防震减灾、消防救援等工作取得新成效，审计、气象、编译、档案、保密、通信、地方志、邮政管理、粮食安全等工作取得新进步，老干部、工青妇、残联、科技、工商联等工作取得新成绩。

各位代表，成绩来之不易，奋斗饱含艰辛。这些成绩的取得，根本在于以习近平总书记为核心的党中央把舵领航，是习近平新时代中国特色社会主义思想科学指引的结果，是自治区党委、政府，林芝市委、市政府和县委坚强领导的结果，是援藏省市和社会各界鼎力支持的结果，是全县上下团结拼搏、攻坚克难的结果。在此，我代表县人民政府，向在各个岗位辛勤工作的全县各族干部群众，向给予政府工作大力支持的人大代表、政协委员、工商联、无党派人士、人民团体，向驻地人民解放军、武警官兵、政法公安干警、消防救援指战员，向援藏省市、央企和自治区、林芝市各部门、兄弟县（区），向所有关心支持墨脱发展的社会各界，表示诚挚的感谢并致以崇高的敬意！

各位代表，凡是过往，皆为序章！我们清醒地认识到：经济总量不大、产业规模偏小、内生动力不足、发展不平衡不充分仍是墨脱的最大实际；交通、水利、市政等基础设施短板依旧存在；公共服务、营商环境、民生改善等领域还需进一步提高；巩固拓展脱贫攻坚成果与乡村振兴有效衔接、污染防治、安全生产、风险防控仍面临巨大挑战；部分干部思想解放不够、专业能力不强、工作作风不实，缺乏勇于担当、攻坚克难精神。我们一定会直面问题，采取有力措施，切实加以解决，决不辜负人民期待。

2022年工作安排

2022年，是全面贯彻落实自治区第十次党代会、林芝市第二次党代会和县第九次党代会精神的开局之年，是全面实施“十四五”规划的重要之年，更是党的二十大召开之年，做好政府各项工作责任重大、意义深远。

今年政府工作的总体思路是：高举习近平新时

代中国特色社会主义思想伟大旗帜，深入贯彻落实党的十九大和十九届历次全会精神，深入贯彻中央第七次西藏工作座谈会精神，深入贯彻习近平总书记关于西藏工作的重要论述和新时代党的治藏方略，深入贯彻总书记视察西藏重要讲话精神，紧紧围绕自治区第十次党代会、林芝市第二次党代会重要部署，按照县委经济工作会议指明的前进方向，坚持稳中求进工作总基调，立足新发展阶段，完整、准确、全面贯彻新发展理念，服务和融入新发展格局，把“三个赋予一个有利于”要求贯彻始终，抓好稳定发展生态强边“四件大事”，继续做好“六稳”“六保”工作，紧扣自治区“四个创建”“四个走在前列”决策部署和林芝市“11364”发展战略，统筹疫情防控和经济社会发展，统筹发展和安全，持续改善民生，保持经济运行在合理区间，保持社会大局稳定，着力打造“七个边境样板”，以优异成绩迎接党的二十大胜利召开。

今年经济社会发展主要预期目标是：地区生产总值增长 8.5% 以上，全社会固定资产投资增长 12% 以上，社会消费品零售总额增长 10%，城乡居民人均可支配收入分别增长 8.5%、14% 以上，居民消费价格涨幅控制在 3% 以内，城镇调查失业率控制在 5% 以内。

围绕上述目标，我们将以九项新举措做好今年各项工作：

一、坚决维护社会稳定，在夯实长治久安基础上取得新发展

深入开展“平安墨脱”建设。着眼源头治理、系统治理、常治长效，常态化开展扫黑除恶专项斗争。全面推进“八五”普法工作，深入开展法治宣传教育，深化依法治县成效。加强信访法治化建设，践行新时代“枫桥经验”。积极推进市域社会治理现代化试点，加强“雪亮工程”完善应用，构建共治共享的社会治理防控体系。正确引领民族宗教工作。巩固深化民族团结进步创建成果，丰富民族团结进步教育活动，全面铸牢中华民族共同体意识。全面贯彻党的宗教工作方针政策，落实“五个有利于”要求，增进“五个认同”，引导群众消除宗教负面影响，过好今生幸福生活。坚决守住安全生产底线。健全完善应急管理体制，不断提高消防救援和防灾减灾救灾能力，认真做好第一次全国自然灾害综合风险普查。严格落实安全生产责任制，深入推进安全生产专项整治三年行动，全面防范化解安全风险隐患。加强道路交通、森林草原防灭火、食品药品、特种设备等安全监管，发挥“智慧交通”管控辅助作用。（此处有删减）

二、抓牢抓实项目建设，在带动经济发展增量上实现新突破

实施重点水利工程。加快推进曲那塘防洪工程水土流失综合治理工程，实施背崩村、地东村、西让村饮水巩固提升试点项目，加强农村供水安全保障。推动交通设施建设。协调推进国道 219 线墨脱至察隅段新建和国道 559 线达国桥至帮辛乡公路改建工程等续建项目，持续抓好“四好农村路”建设，全面实施农村公路“路长制”，推进农村客运一体化运营，扩大城乡覆盖范围，强化安全监管，力争开通墨脱至波密县际客运班线。推进清洁能源建设。加快实施墨脱 110 千伏输变电工程和第三批 BF 通达电网工程，升级改造县城电网，优化电费收缴流程，提升电力保障能力。完善通信基础保障。提升改造基础网络，力争县城和重点景区通 5G 网络，所有建制村通 4G 网络、光纤实现全覆盖。

三、培育壮大特色产业，在打造现代产业体系上构建新格局

茶产业提质增效。优化墨脱高原有机生态茶品牌，着力改良茶树品种、科学管理茶园、提升茶叶工艺、强化品牌推广，提升墨脱茶市场竞争力。建成背崩乡茶叶加工厂和达木珞巴民族乡、格当乡、帮辛乡茶叶杀青点，完善产业链条。推进“茶果间作”“茶园种养”发展模式，集约土地，提升农业附加值。开展茶叶技术培训，加强专业人才培养储备。旅游业提档升级。坚持“旅游 +”“+ 旅游”战略，积极对接国道 219 线沿边旅游大通道建设，推进德兴乡、格当乡和派墨公路墨脱境内旅游基础设施建设、景点开发、线路组合，打造精品旅游线路，推进果果塘景区创国家 AAAA 级旅游景区、仁青崩景区创国家 AAA 级旅游景区工作。继续加大农家乐、家庭旅馆扶持力度，打造精品民宿，提升旅游接待服务能力。充分

挖掘、开发门珞传统文化，推广门珞菜系，将民族文化资源进行活化利用，逐步形成文化研究、艺术创作、品牌塑造、文化交流等民族文化产业链。对接西藏户外运动“12358”计划，打造自治区山地户外运动产业发展先行区和冬游西藏墨脱品牌。做好林芝桃花旅游文化节、雅鲁藏布文化旅游节墨脱分会场活动。力争全年接待游客达22万人次以上，旅游收入突破1亿元。水产养殖提速增量。加快推进水产养殖二期建设项目，完善配套设施，提升养殖技术，拓宽销售渠道，实现现代化综合养殖。其他产业同步发展。统筹推进亚热带经济林果、林下经济、畜禽养殖、民族手工业、清洁能源等多元一体化发展。

四、全面深化改革创新，在增强发展内生动力上获得新成效

持续深化改革力度。纵深推进“互联网+政务服务”，创新审批方式、简化审批流程，提高“一窗办理”和“全程网办”覆盖率。充分发挥桥梁纽带作用，搭建服务民营企业平台，广泛开展“政企、银企面对面”活动，畅通政企沟通协商渠道，构建亲清政商关系。完善“双随机、一公开”“互联网+市场监管”，着力维护市场公平竞争秩序，激发市场活力。深化预算管理制度改革，提升预算管理规范化、科学化、标准化水平。加强债务管理，防范化解债务风险。深入推进农村常耕地“三权”分置改革和草场确权登记发证工作。持续抓好招商引资。创新招商方式，优化投资环境，提高招商质量，做好跟踪服务，力争2022年招商引资到位资金1.5亿元以上。（此处有删减）

五、深入实施乡村振兴，在巩固拓展脱贫成果上达到新高度

持续巩固脱贫成果。强化防返贫动态监测预警和帮扶机制落实，坚持“四个不摘”要求，巩固“两不愁三保障”成果。做好扶贫项目资产管理和监督，推进扶贫产业提档升级。计划投入财政衔接推进乡村振兴资金1.39亿元，实施项目30个。深入开展易地搬迁后续帮扶，确保搬迁群众生活有保障、发展有前景、致富有门路。全面推进乡村振兴。编制实施《墨脱县“十四五”乡村振兴规划》和“一村一策”，统筹做好基础设施、公共服务、人居环境整治、治理体系、发展能力、平安乡村提升，建设美丽宜居乡村。规范农牧民施工队管理，推动农牧民合作社高质量发展。发挥村集体经济效益，努力实现“一村一品”。发挥新时代文明实践中心作用，完善村规民约，推进移风易俗，抵制陈规陋习，弘扬新时代乡村文明新风。守住粮食安全底线。实施‘藏粮于地、藏粮于技”战略，严守耕地保护红线。统筹做好春耕春播和病虫害防治工作，强化粮食流通储备能力，确保粮食生产安全。

六、着力优化生态环境，在筑牢生态安全屏障上增添新色彩

推进生态文明创建。深入贯彻习近平生态文明思想，树牢绿水青山就是金山银山的理念，统筹推进山水林田湖草沙冰系统治理。正确处理好边境地区建设与生态保护的关系，推动国土空间规划、森林经营方案编制，积极推进国家生态文明建设示范区、国家森林城市和“中国天然氧吧”城市创建，做好自然保护地整合优化。开展生态环境治理。深化污染防治攻坚，持续打好蓝天、碧水、净土保卫战。严格落实“三线一单”管控要求，强化生态环境部西南督察局反馈问题整改，做好第二轮中央生态环境保护督察迎检工作。实行最严格生态保护政策，坚决杜绝“三高”企业和项目进县。落实“河（湖）长+检察长+警长”协作机制，持续开展河（湖）“清四乱”专项行动，加快19条县级河（湖）一河一策修编。全面推行林长制。建立完善城乡垃圾分类处理、污水处理体系，加快推进县城垃圾无害化处理设施建设。实施县城卓玛拉山和达木乡小学后山泥石流治理工程。落实生态惠民政策。做好中央森林生态效益补偿、退耕还林补助、野生动物肇事补偿等工作，深入开展野生动植物保护宣传。加快推动绿色转型，探索启动碳汇经济。

七、加快推进边境建设，在强边固边兴边富民上书写新篇章

（此处删减）

八、持续增进民生福祉，在改善民生凝聚人心上展现新作为

提升就业服务水平。创新就业方式，改善就业结构，继续开展好职业技能培训，落实好“以工代

训”“以工代赈”政策。城镇新增就业实现新增长，城镇登记失业率控制在2.5%以内。农牧民转移就业3500人以上，劳务收入3500万元以上。加大就业创业支持力度，引导高校毕业生多元化就业，多渠道开发就业岗位，用好用活创业孵化基地，应届高校毕业生就业率保持在98%以上。提升教育发展水平。大力宣传《中华人民共和国家庭教育促进法》，营造家校社协同育人氛围，支持青少年全面发展。继续实施“双减”和“五项管理”政策，提升育人水平。开展学前教育软硬件提升，年内新开2所幼儿园，提高学前教育覆盖率。集中精力把县中学、县完小创建为墨脱县示范样板学校。优化教师资源配置，促进教师轮岗交流。深入推进“三学三评两提升”行动，完善教师激励措施，着力提高教师的思想道德修养和教育教学能力。提升卫生健康水平。积极推进县域综合医改，加快医共体建设工作进程。做好城乡居民、在编僧尼体检和医养结合、家庭医生签约服务等工作。开展“两癌”、0—18岁先心病、大骨节病等疾病筛查及集中救治，发挥援藏医疗专家传、帮、带作用，推动信息化建设，继续推进县人民医院“二甲”创建。推动藏医药传承创新发展，加强藏医药浴专科建设推广。做好常态化疫情防控，继续加大新冠疫苗接种和边境疫情管控力度。提升社会保障水平。深入实施全民参保计划，做到应保尽保。落实好城镇职工和城乡居民基本医疗保险、城乡低保、特困人员供养政策，推动医保“一站式、一单制”结算向基层延伸，发挥残疾人康复中心作用。巩固提升全国示范型退役军人服务中心（站）创建成果，加强退役军人服务管理和保障工作。新建周转房122套、公租房160套，推进棚户区改造、拆迁安置项目建设。提升文化体育水平。坚持文化自信和守正创新，进一步加大门珞文化挖掘、传承，深入实施文化、体育惠民工程。完善公共文化服务体系，发挥县文化活动中心、图书馆、莲花阁博物馆和乡（镇）文化站长效服务作用，持续做好文艺“八进”汇演、农村电影放映等文化活动。加强非物质文化遗产申报、传承、保护和开发利用。推进公共体育运动设施建设，主动对接承办规模性体育赛事，营造全民健身的浓厚氛围。

全力办好民生实事。今年，政府将着力做好高校毕业生创业扶持、县中学整体校园文化提升、家庭旅馆提升扶持、莲花圣地公园健身娱乐设施改造、莲花大酒店至水仙花小区片区停车场建设、县城和亚东村及墨脱村地埋式垃圾收集点建设、墨脱县驾驶人考试中心、干部子女假期托管班、电费收缴方式优化、加强农村客运班线建设等10件民生实事，切实解决好群众最现实、最关心、最直接的利益问题。

九、持续加强政府建设，在改进作风狠抓落实上彰显新担当

增强政治自觉，提高站位“对标干”。始终坚持以习近平新时代中国特色社会主义思想为指导，坚持对党绝对忠诚，坚决拥护“两个确立”、增强“四个意识”、坚定“四个自信”、做到“两个维护”，心系“国之大者”，不断提高政治判断力、政治领悟力、政治执行力，不折不扣贯彻落实上级决策部署，落实好县委工作安排，加强政府系统意识形态工作，始终做到思想同心、目标同向、行动同步。增强行动自觉，担当履责“务实干”。严格精简会议、发文数量，规范督查考核，切实为基层减负，让干部腾出手干实事。继续发扬乐于吃苦、善于忍耐、勇于战斗、敢于创业的“老墨脱精神”，赋予“老墨脱精神”时代新内涵。践行初心使命，务求实绩实效，以实绩论英雄。身体力行作表率，在实干中提能力、强本领、树形象。增强法治自觉，严谨有序“依法干”。坚持以人民为中心的发展思想，认真学习贯彻习近平法治思想，加快推进政府治理体系和治理能力现代化，忠实履行职责，依法行政、依法治理。加强执法监督，规范决策程序，自觉接受人大工作监督、法律监督、政协民主监督和社会各界监督，用心用情办好人大代表建议和政协委员提案。深入推行政务公开，畅通政府与群众互动渠道，让权力在阳光下运行。增强团结自觉，凝心聚智“合力干”。坚持民主集中制，坚决执行县委决定，带头增进团结，密切协作配合。坚持群众路线不动摇，广泛听取人大代表、政协委员、社会各界的意见建议。以“功成不必在我、功成必定有我”的责任感，汇聚各方智慧力量，团结一致干事业、齐心协力促发展。增强廉洁自觉，严以律己“清廉干”。坚决贯彻全面从严治党各项要求，切实履行“一岗双责”，

深入推进党风廉政建设和反腐败斗争，驰而不息坚决纠治“四风”，严格落实中央八项规定及其实施细则精神和区党委实施办法，以“廉洁奉公、忠诚事业”的敬畏感，做到心有所畏、言有所戒、行有所止。加强审计监督，“三公”经费“做减法”，民生保障“做加法”，用政府“紧日子”换取群众“好日子”。

各位代表，昂首奋进新征程，接续奋斗再出发。我们将牢记党和人民重托，更加紧密地团结在以习近平同志为核心的党中央周围，高举中国特色社会主义伟大旗帜，以习近平新时代中国特色社会主义思想为指导，全面落实党中央决策部署，在自治区党委、政府和林芝市委、市政府坚强领导下，在县委直接领导下，牢记初心使命，锐意开拓进取，以勇作示范、赶超进位的昂扬斗志，干在实处、走在前列，着力打造“七个样板”，奋力谱写全面建设社会主义现代化新西藏、新林芝的墨脱篇章，以优异成绩迎接党的二十大胜利召开！

名词解释

两个确立：确立习近平同志党中央的核心、全党的核心地位，确立习近平新时代中国特色社会主义思想的指导地位。

三更：政治标准要更高、党性要求要更严、组织纪律性要更强。

四个意识：政治意识、大局意识、核心意识、看齐意识。

四个自信：道路自信、理论自信、文化自信、制度自信。

两个维护：坚决维护习近平总书记党中央的核心、全党的核心地位，坚决维护党中央的权威和集中统一领导。

双拖欠：拖欠工程款和农民工工资。

雪亮工程：以县、乡、村三级综治中心为指挥平台、以综治信息化为支撑、以网格化管理为基础、以公共安全视频监控联网应用为重点的“群众性治安防控工程”。

放管服：简政放权、放管结合、优化服务。

双减：减轻义务教育阶段学生的作业负担，坚决压减学科类校外培训。

五共五固：共学党的理论固信仰信念；共建基层组织固一线堡垒；共促民生改善固脱贫成果；共树文明新风固民族团结；共守神圣国土固边境安宁。

两会一队：村级人民调解委员会、治保委员会、治安联防队。

“三公”经费：政府部门公务出国经费、公务用车购置及运行费、公务接待费。

三个赋予一个有利于：所有发展都要赋予民族团结进步的意义，都要赋予维护统一、反对分裂的意义，都要赋予改善民生、凝聚人心的意义；都要有利于提升各族群众获得感、幸福感、安全感。

六稳：稳就业、稳金融、稳外贸、稳外资、稳投资、稳预期。

六保：保居民就业、保基本民生、保市场主体、保粮食能源安全、保产业链供应链稳定、保基层运转。

“四个创建”“四个走在前列”：着力创建全国民族团结进步模范区、努力做到民族团结进步走在全国前列，着力创建高原经济高质量发展先行区、努力做到高原经济高质量发展走在全国前列，着力创建国家生态文明高地、努力做到生态文明建设走在全国前列；着力创建国家固边兴边富民行动示范区、努力做到固边兴边富民行动走在全国前列。

“11364”发展战略：一区：把林芝建设成为全区改革开放先行区；一核：做强巴宜区核心增长极；三带：构建川藏铁路发展带、雅江下游发展带、边境沿线发展带；六组团：米林组团、工布江达组团、波密组团、朗县组团、察隅组团、墨脱组团；四个区：打造和谐稳定示范区、高质量发展先行区、生态文明引领区、强边固防样板区。

七个边境样板：着力打造思想政治教育的边境样板，做到“两个维护”的政治品格更加鲜明；着力打造社会和谐稳定的边境样板，迈向长治久安的社会局势更加巩固；着力打造民族团结进步的边境样板，中华民族共同体意识更加铸牢；着力打造高原经济高质量发展的边境样板，贯彻新发展理念更加完整准确全面；着力打造生态文明建设的边境样板，生态安全屏障更加坚实；着力打造固边兴边富民的边境样板，戍边卫国的前沿阵地更加牢固；着力打造基层党建的边境样板，党的执政根基更加巩固。

五个有利于：有利于维护祖国统一和社会稳定、有利于增加“五个认同”、有利于团结宗教界人士和信教群众、有利于藏传佛教健康传承、有利于减轻信教群众负担。

五个认同：对伟大祖国的认同、对中华民族的认同、对中华文化的认同、对中国共产党的认同、对中国特色社会主义的认同。

四好农村路：建好、管好、护好、运营好。

西藏户外运动“12358”计划：依托各地资源优势、区位特点和体育传统，打造以墨脱为代表的海拔1000米左右的亚热带户外运动区、以易贡为代表的海拔2000米左右的亚高原户外运动区、以派镇多雄拉为代表的海拔3000—4000米的高原山地户外运动区和以羊八井、定日等为代表的海拔5000—8000米以上高海拔山峰户外运动区。

双随机、一公开：在监管过程中随机抽取检查对象、随机选派执法检查人员，抽查情况及查处结果及时向社会公开。

“三权”分置：土地的所有权、承包权、经营权三权分置。

四个不摘：摘帽不摘责任、摘帽不摘政策、摘帽不摘帮扶和摘帽不摘监管。

两不愁三保障：不愁吃、不愁穿，义务教育、基本医疗、住房安全有保障。

三线一单：生态保护红线、环境质量底线、资源利用上线和生态环境准入清单。

三高企业：高污染、高能耗、高排放企业。

“清四乱”：清理整治乱占、乱采、乱堆、乱建等河湖管理保护突出问题。

五项管理：手机、睡眠、读物、作业、体质管理。

三学三评两提升行动：学理论、学榜样、学业务；学生、同事、家长共同参与评价；提升师德水平、提升教育水平。

医共体：县域紧密型医疗服务共同体，以县人民医院为龙头，县藏医院、疾控中心支持协助，整合乡镇卫生院医疗卫生资源，建立县域紧密型医共体，实现人事、资产财务、业务、绩效考核、药械供应保障、党建“六个一体化管理”。

“两癌”筛查：宫颈癌和乳腺癌筛查。

文艺“八进”：文艺进寺院、进社区、进校园、进企业、进军营、进乡村、进机关、进单位。

老墨脱精神：乐于吃苦、善于忍耐、勇于战斗、敢于创业。

四风：形式主义、官僚主义、享乐主义和奢靡之风。

中国人民政治协商会议第十届墨脱县委员会常务委员会工作报告（节选）

——在政协第十届墨脱县委员会第二次会议上

（2022 年 1 月 24 日）

县政协主席　边巴索朗

2021 年工作回顾

2021 年是具有历史意义的一年，我们迎来了中国共产党成立 100 周年及西藏和平解放 70 周年，党的十九届六中全会胜利召开，党和国家事业在新的历史起点上开启了新的征程。一年来，县委高度重视政协工作，充分肯定政协的履职思路、工作成果，多次研究解决政协建设实际问题，首次召开县委政协工作会议，使政协工作在全局工作中更有地位、更有声音。在县委坚强领导下，政协常委会坚持以习近平新时代中国特色社会主义思想为指导，全面贯彻落实党中央和区党委、市委、县委一系列决策部署，团结带领广大政协委员，围绕团结民主两大主题，聚焦县委、政府中心任务主动作为，充分发挥政协专门协商机构作用，积极建言资政、凝聚共识，不断推进政协履职能力建设，为实现墨脱长治久安和高质量发展作出了积极贡献。

一、坚持党对政协工作的全面领导，在强化创新理论武装中夯实共同思想政治基础

忠实践行习近平总书记关于“坚持党的领导是成立政协时的初心所在”的重要要求，坚持和加强党对政协工作的全面领导，确保政协工作始终沿着正确政治方向笃定前行。全面加强党的领导。坚定不移地在县委领导下谋划和推进工作，对县委各项决策部署，在第一时间传达贯彻，转化为政协履职的实际行动。按照县委《关于新时代加强和改进人民政协工作的实施意见》，进一步明确政协工作前进方向，推动我县政协事业高质量发展。坚持政协的主要工作、重大活动、重要会议和重要问题都主动向县委请示汇报，确保政协工作始终与县委中心工作同心同向。2021 年全年向县委汇报全面工作 5 次、请示重大事项 22 次，切实把党的领导贯穿政协工作全过程和各方面。强化理论武装。始终把学习习近平新时代中国特色社会主义思想作为坚守初心之本，学习贯彻党的十九大和十九届历次全会及中央第七次西藏工作座谈会精神，学习贯彻习近平总书记关于加强和改进人民政协工作的重要思想、关于西藏工作的重要论述和新时代党的治藏方略，学习贯彻自治区第十次党代会、市第二次党代会和县第九次党代会精神，切实担负起“落实下去、凝聚起来”的政治责任，引导政协机关干部和广大委员，增强“四个意识”，坚定“四个自信”，做到“两个维护”，不断增强对中国共产党和中国特色社会主义的政治认同、

思想认同、理论认同、情感认同，夯实团结奋斗的共同思想政治基础。

二、把牢专门协商机构定位，在建言资政和凝聚共识中找准政协发力点、突破口

全面落实习近平总书记“有事好商量，众人的事情由众人商量”重要指示精神，牢牢把握“专门协商机构”的性质定位，聚焦协商主责主业，不断推进协商民主广泛多层制度化发展。协商机制进一步完善。精心制定年度协商工作计划，年初采取面向社会征题、政协委员荐题、专委会找题、领导点题等方式确定协商议题，实践中形成了“党委出题、政协调研、政府采纳”的专题协商模式。根据确定的协商内容，由政协主席会议成员带头开展专题协商，不断完善协商工作规则，做到了协商前有调研、协商中有互动、协商后有跟踪，确保协商结果落实落地。协商渠道进一步畅通。坚持协商于民、协商为民原则，政协2021年两次全会围绕“一府两院”及其他报告进行全面协商讨论，形成协商意见建议36条，报送县委、政府，促进成果有效转化。此外，按照《政协第十届墨脱县委员会2021年协商计划》安排，先后开展4次专题协商，引导社会各界广集良策以促进决策优化，广聚共识以推动决策实施，着力推进“有事好商量”协商平台建设。协商形式进一步丰富。探索完善了全体会议、专题议政性常委会会议、主席会议、对口协商、专题协商、提案办理协商等协商形式，做到全委会议整体协商求“高”、常委会会议协商求“深”、主席会议重点协商求“准”、对口协商求“精”、专题协商求“专”、提案办理协商求“实”。协商履职保障进一步创新。认真贯彻《中共墨脱县委员会关于新时代加强和改进人民政协工作的实施意见》精神，结合我县实际，创新建立乡镇政协联络机制，明确各乡镇统战委员（政协十届委员）为乡镇政协联络员，作为政协在基层开展协商的联络员和基层委员履职的服务员。各联络员在县政协指导和乡镇党委领导下，加强本辖区委员的日常服务，组织日常履职活动，切实为基层委员有效收集民意、参与基层协商、服务基层群众等提供组织保障。协商成效进一步显现。政协常委会建强协商沟通平台，引导各专委会和委员履行职能参政议政，紧紧围绕全县经济社会发展和人民群众关心的热点难点问题资政献言。九届六次、十届一次全会期间和会后共收到提案132件，审查立案117件，先后召开提案交办会进行转办。截至目前，交办的九届六次会议提案已办结8件，正在办理29件，暂时不能办理和不予办理25件，答复率100%，办理率59%。《墨脱县人民政府办公室关于政协九届六次会议委员提案办理情况的报告》已经政协十届第3次常委会议审议通过；交办的十届一次会议提案，已办结13件，正在办理25件，暂时不能办理和不予办理17件，答复率100%，办理率69%。

三、坚持履职为民的根本宗旨，在推动墨脱高质量发展中发挥政协职能作用

坚持围绕县委重点任务开展工作。自觉将政协工作置于全县工作大局中来谋划部署，积极作为。圆满完成政协换届工作。2021年7月3日－5日，政协十届一次会议顺利召开，会议审议通过“三个决议一个报告”，选举产生了新一届政协领导班子。以考察学习、视察调研为载体，提高协商议政水平。始终坚持聚焦全县改革发展大事，广泛深入开展视察、监督工作。选取县委、政府重视，群众关心的热点、难点问题，深入各乡镇进行专题调研、视察监督，并形成有情况、有分析的调研视察报告提交县委、政府，反馈社情民意36条，为县委、政府决策提供了科学的依据和参考。组织11名政协委员前往昌都市卡若区、江达县、贡觉县、芒康县、林芝市波密县围绕易地搬迁、产业发展、社区建设、民族文化遗产保护与传承、文史资料收集等课题开展考察学习，并就典型经验做法和委员意见建议形成专题报告提交县委、政府，提供典型经验做法5条，提出意见建议10余条，为我县改革发展谋计献策。扎实做好文史资料工作。立足文史资料统战属性，以保护传统优秀民族文化为出发点，在上级政协以及县委、政府的支持帮助下，积极开展《墨脱门珞民俗文化》史料征集、编撰工作，完成9.5万余字、800余张图片的收集

整理。积极协助上级政协征集各类“亲历、亲见、亲闻”史料，文史工作“存史、资政、团结、育人”作用得到有效发挥。（此处删减）认真落实生态环保工作。全面贯彻落实中央和区党委、市委、县委关于全面推行河（湖）长制的决策部署，落实河（湖）长制六大任务，今年以来，政协主席会议成员开展巡河13人次，并督促指导下级河长履行职责。

四、坚持团结民主两大主题，在不断铸牢中华民族共同体意识中发挥政协统战功能

坚决落实习近平总书记关于“铸牢中华民族共同体意识”的重要指示，充分发挥凝聚共识功能，团结一切可以团结的力量、调动一切可以调动的积极因素，找到最大公约数，画出最大同心圆，不断铸牢中华民族共同体意识。共同牵头召开墨脱县庆祝西藏和平解放70周年座谈会。按照县委统一部署要求，联同县人大、县委组织部、县委统战部、群团组织，召开墨脱县庆祝西藏和平解放70周年座谈会，“两代表一委员”、老党员、老干部、党外人士、青年代表、农牧民群众、宗教界人士等各领域代表共计43人参加了座谈会。以庆祝建党100周年和西藏和平解放70周年各类活动为契机，政协班子成员结合下乡调研、支部主题党日等活动，带头深入基层一线、深入群众和分管领域，向基层干部群众宣讲习近平总书记系列重要讲话精神和会议精神，达到了统一思想、凝聚力量的效果。扎实做好团结联谊工作。积极发挥政协优势，深化联谊交往交流。认真对待全国、兄弟省市和区内各地市、县（区）9批次、70余人的来访交流，并就共同关注的重大问题开展联合考察调研，在扩大墨脱对外影响、提升开放水平、优化发展环境方面作出了不懈努力。积极配合做好宣讲工作。组织全县干部群众和社会各界代表共200余人，分别参加自治区政协副主席桑杰扎巴、市政协委员宣讲团关于党的十九届六中全会及习近平总书记重要讲话精神，自治区党代会精神和王君正书记在林芝考察调研时的讲话指示精神，市党代会精神宣讲报告会，为推动中央和各级会议精神在墨脱落实落地贡献了政协力量。积极做好结对帮扶工作。政协机关干部看望慰问帮扶对象38人次，为他们讲解党的关怀、国家大政方针、各类惠民政策；为他们出谋划策、寻找致富门路；为他们解决生产、生活中的难题，期间送去慰问物资、慰问金约1.7万元，把温暖和政策送到困难群众心里。热情关心弱势群体。把促和谐作为义不容辞的神圣职责，开展“慰问县完小偏远乡镇学生”“慰问五保户集中供养中心孤寡老人”等活动，持续关注低收入群体、困难群众的生产生活，动员政协委员向困难群众、弱势群体送温暖、献爱心。

五、聚力解决“两个薄弱”问题，在开创新时代人民政协工作新局面中提升履职能力

牢牢把握习近平总书记关于“推进政协履职能力建设”重要要求，坚持从严从紧，注重求实求效，以改革思维、务实举措，推动政协工作创新发展。不断加强专委会建设。认真落实政协常委会议听取专委会工作汇报、主席会成员联系专委会工作机制，有效推动各专委会履职尽责。全年听取专委会报告2次。不断加强“两支队伍”建设。按照“懂政协、会协商、善议政，守纪律、讲规矩、重品行”的要求，进一步加强委员队伍建设。完善委员教育培训机制，加强委员学习和培训，提高委员履职能力和水平。十届一次会议期间组织66名委员参加培训；积极组织各级政协委员参加市政协‘委员大讲堂’暨市政协“两级”党组理论学习会议、专题调研和政协委员履职培训；组织10余名委员赴县外考察学习，在学习互鉴、增长见识、拓宽视野中提升“四个能力’，有效增强了委员的政治意识和履职热情。进一步加强机关干部队伍建设。以政协党支部为载体，组织政协机关干部开展理论学习50余次。通过领导干部带头学、为机关干部讲党课、与机关干部共同交流研讨等方式，教育引导政协机关干部对标对表，在学懂弄通做实上下功夫，切实做到用理论武装头脑、指导实践、推动工作。同时以开展党史学习教育为契机，教育引导干部学史明理、学史增信、学史崇德、学史力行，不断增强机关干部全心全意为人民服务的宗旨意识。持续加强机关建设。坚持将服务中心工作、服务人民群众、服务政协委员融入政协工作全过程各方面，把机关打造成为政协委员之家、各界人士之家、干部职工之家。建设廉洁型机关，扎实深入开展党风廉政建设宣传教育活动，经常性开展警示教育，堵住权力运行和委员履职廉政风险点，坚决防止利用政协影响力和委员资源谋取私利。

各位委员，一年来我们取得的所有成绩，根本在于习近平新时代中国特色社会主义思想的科学指引，是县委坚强领导的必然结果，与县人大、县政府及援藏工作队的大力支持密不可分，与社会各界的通力协作密不可分，与全县广大政协委员和政协工作者的共同奋斗密不可分。在此，我代表县政协常委会向长期以来关心、支持、帮助政协工作的各位领导，各部门、社会各界、援藏工作队、广大政协委员，表示衷心的感谢，致以崇高的敬意！

同时，我们也清醒地看到工作中存在的不足：如履职方式和载体需要进一步创新；调查研究的深度和广度需要进一步拓展；委员履职的整体能力和素质水平需要进一步提升等等。对这些问题，我们将在今后的工作中采取务实措施加以改进。

2022 年工作任务

2022 年，中国共产党将召开第二十次全国代表大会，这是党和国家政治生活中的一件大事。今年也是我们党向着第二个百年奋斗目标迈进的重要一年，是实施"十四五"规划的关键之年，做好今年政协工作意义重大。政协常委会要坚持以习近平新时代中国特色社会主义思想为指导，全面贯彻落实党的十九大和十九届历次全会及中央第七次西藏工作座谈会精神，贯彻落实习近平总书记关于加强和改进人民政协工作的重要思想，贯彻落实自治区、市、县党代会精神，贯彻落实中央、区党委、市委、县委政协工作会议精神，贯彻落实区党委、市委、县委经济工作会议精神，坚决捍卫"两个确立"，增强"四个意识"、坚定"四个自信"、做到"两个维护"，聚焦"四件大事""四个确保"，聚力"四个创建""四个走在前列"和"11364"发展战略，凝聚共识、协商议政，担负起把党中央的决策部署和各级党委的部署要求落实下去、把全体委员和各界人士的智慧和力量凝聚起来的政治责任，为着力打造墨脱"七个边境样板"，推动墨脱长治久安和高质量发展作出政协贡献。

一、始终坚持党的全面领导

切实把政治建设摆在首位，弘扬人民政协崇尚学习、自觉实践的优良传统，深入学习贯彻党的创新理论成果，并以此武装头脑、指导实践、推动工作。准确把握政协工作的"根"和"魂"，始终站稳政治立场，坚持团结和民主两大主题，发挥"重要阵地、重要平台、重要渠道"的作用，切实担负起"落实下去、凝聚起来"的政治责任，把更多的人紧紧团结在党的周围，夯实同心同行的思想基础，汇聚开拓奋进的整体合力，沿着习近平总书记指引的方向奋勇前进。

二、紧紧围绕全县大局献计出力

按照县委确定的工作目标和发展方向，充分发挥人民政协的政治优势、组织优势、智力优势，围绕我县"十四五"发展目标，对县委经济工作会议中的重大决策部署提前协商、主动参与，搞好民主监督，积极建言献策，为县委、县政府科学决策提供参考依据。紧紧围绕全县改革发展新举措、民生保障新任务、生态建设新目标等深入调查研究，多建睿智之言、多献务实之策、多出推动之力。聚焦"四件大事"，坚持在参与中支持、在支持中服务、在服务中监督，全力推动工作落实。

三、不断提高服务群众工作水平

深化"人民政协为人民"的理念，坚持把促进民生改善常态化作为政协履职的重要内容。坚持眼睛向下，问计于民，探索走进群众、服务群众、帮扶群众的好方法、好载体。组织委员入基层、察民情、听民声、汇民智，使政协成为反映社情民意的"直通车"、集中群众智慧的"蓄水池"。把人民群众普遍关心的重大民生问题作为政治协商的重点议题、民主监督的重要内容、参政议政的重要领域，积极推动以改善民生为重点的和谐社会建设。深入开展新形势下群众工作，大力宣传党的路线方针政策，协助党委政府做好理顺情绪、化解矛盾、增进共识、促进和谐工作。广泛动员政协委员和社会各界力量，多谋民生之利，多解民生之忧，切实维护群众利益，以实际行动增强人民群众的幸福感。

四、广泛凝聚社会各界智慧力量

始终把加强团结和发扬民主贯穿于政协事业发展的全过程，坚持求同存异、体谅包容的原则，认真搞好社会各族各界人士在政协的合作共事。切实加强同民族宗教界人士的沟通联系，积极探索政协活动新的方式方法，推动发展充满活力的政党关系、民族关系、宗教关系，巩固和发展最广泛的爱国统一战线。注重发挥界别联系群众的作用，加强人民政协履职平台建设，以团结凝聚力量，以民主广集才智，最大限度地把各方面的积极性、主动性和创造性调动起来，把更多的人凝聚在党的周围，不断铸牢中华民族共同体意识，为我县改革发展聚集新动力、增添正能量。

五、积极推进政协工作创新发展

进一步解放思想、积极实践，努力探索民主协商建设的有效途径，积极推进协商民主广泛多层制度化发展，完善协商民主机制，增强规范性。深入贯彻落实中央和区党委、市委、县委关于加强和改进人民政协工作部署要求，进一步规范协商议题的确定、协商形式的安排、协商成果的报送、协商建议的办理及协商成果的运用；进一步扩展协商渠道，积极研究和探讨专题协商、对口协商、提案办理协商的有效方式方法；进一步提高协商能力，促进政协机关干部和广大委员加强学习，深入研究，科学有效地确定各类协商议题，确保参政参在点子上，议政议在关键处，提升协商的整体成效。

六、持之以恒改进作风狠抓落实

深入学习贯彻落实习近平总书记关于改进作风、狠抓落实和西藏工作的重要论述，按照自治区、市、县关于进一步改进作风狠抓落实工作动员部署会精神，弘扬优良作风、崇尚真抓实干，抓好工作落实、汇聚奋进合力，为推进政协履行职能现代化提供有力保障。加强常委会建设，健全工作机制，提升议事质量，提高新形势下领导政协工作的能力。积极拓展界别活动的方法途径，发挥专委会在重点课题调研、重点提案督办、联系界别和委员中的基础作用，完善工作制度，提升履职能力。加强委员队伍建设，不断提升政治能力和履职水平，依托县委党校等平台载体，加强委员学习培训，鼓励支持委员敢讲真话、能讲真话、讲好真话，切实做到在其位、谋其政、尽其责、建其功。推进“学习型、服务型、效能型、和谐型”机关建设，提高政协机关干部为大局服务、为群众服务、为委员服务的能力和水平。

各位委员，人民政协责任重大、使命光荣。让我们更加紧密地团结在以习近平同志为核心的党中央周围，在市政协的精心指导和县委的坚强领导下，按照县委经济工作会议部署，求真务实、真抓实干，汇聚正能量、画好同心圆，为打造喜马拉雅南麓最靓丽的边境县，建设祖国西南边陲戍边卫国的前沿阵地、边民生活的幸福家园作出新贡献，以优异成绩迎接党的二十大胜利召开！

名词解释

1. 两个确立：中国共产党第十九届中央委员会第六次全体会议指出，确立习近平同志党中央的核心、全党的核心地位，确立习近平新时代中国特色社会主义思想的指导地位。

2. 四个意识：政治意识、大局意识、核心意识、看齐意识。

3. 四个自信：中国特色社会主义道路自信、理论自信、制度自信和文化自信。

4. 两个维护：坚决维护习近平总书记党中央的核心、全党的核心地位，坚决维护党中央权威和集中统一领导。

5. 四件大事：稳定、发展、生态、强边。

6. 四个确保：确保国家安全和长治久安，确保人民生活水平不断提高，确保生态环境良好，确保边防巩固和边境安全。

7.“四个创建”“四个走在前列”：自治区党委书

记王君正在西藏自治区第十次党代会上明确提出，要着力创建全国民族团结进步模范区，努力做到民族团结进步走在全国前列；要着力创建高原经济高质量发展先行区，努力做到高原经济高质量发展走在全国前列；要着力创建国家生态文明高地，努力做到生态文明建设走在全国前列；要着力创建国家固边兴边富民行动示范区，努力做到固边兴边富民行动走在全国前列。

8.“11364”发展思路：第一个1：把林芝建设成西藏改革开放先行区；第二个1：做强巴宜区核心增长极；3：构建川藏铁路发展带、雅江下游发展带和边境沿线发展带；6：米林、工布江达、波密、朗县、察隅、墨脱组团；4：打造和谐稳定示范区、高质量发展先行区、生态文明引领区、强边固防样板区。

9. 两个薄弱：市县政协基础工作薄弱、人员力量薄弱。

10. 四个能力：政治把握能力、调查研究能力、联系群众能力、合作共事能力。

11. 重要阵地、重要平台、重要渠道：人民政协要通过有效工作，努力成为坚持和加强党对各项工作领导的重要阵地、用党的创新理论团结教育引导各族各界代表人士的重要平台、在共同思想政治基础上化解矛盾和凝聚共识的重要渠道。

12. 两支队伍：政协委员队伍、政协干部队伍。

勇担责任使命　建设清廉墨脱
为开启现代化新征程提供坚强纪律保障

——在中国共产党墨脱县第九届纪律检查委员会第二次全体会议上的工作报告

（2022 年 2 月 22 日）

县委常委、纪委书记　倖青红

这次全会的主要任务是：全面贯彻落实十九届中央纪委六次全会、自治区纪委十届二次全会和市纪委二届二次全会精神，回顾 2021 年全县纪检监察工作，部署 2022 年任务。

一、2021 年工作回顾

2021 年是新一届县委和县纪委工作全面开局之年。县委坚决扛起全面从严治党政治责任，旗帜鲜明、敢于担当，坚定不移严规矩、正风气、净生态，推动全县党风廉政建设和反腐败工作取得新成效。在市纪委监委和县委的坚强领导下，全县各级纪检监察机关准确把握职责定位，突出监督主业，充分发挥监督保障执行、促进完善发展作用，一体推进不敢腐不能腐不想腐，为墨脱县长治久安和高质量发展提供坚强纪律保障。

（一）强化政治监督，推动决策部署落地见效。一是协助推动全面从严治党主体责任有效落实。县委主要领导批准立案审查 5 人次，县纪委监委及时主动向市纪委监委、县委分别请示报告重要工作 32 项、16 项；先后 15 次督促党委（党组）履行全面从严治党主体责任；紧盯“三重一大”议事决策程序，常规列席县委常委会；开展 1 次政治生态分析评估，全面掌握政治生态情况。二是聚焦重大政治任务开展监督检查。聚焦学习贯彻中央第七次西藏工作座谈会和习近平总书记视察西藏重要讲话精神、加强对“一把手”监督及常态化疫情防控措施落实等重要政治任务，联合县委办、政府办、组织部等部门成立专项监督检查组，开展监督检查 30 余次，发现问题 100 余条，开展监督谈话 15 场、29 人次。三是严肃党内政治生活。列席监督指导 51 个党组织民主（组织）生活会，加强会前、会中、会后的全程监督，重点督促领导干部如实报告个人有关事项。四是严把选人用人“廉洁关”。在干部选拔任用、人事调动、评先选优等方面共出具廉政意见 174 份 4300 人次，对 4 人提出暂缓提拔（推荐）意见；派出 15 人次参与干部考察工作，对民主推荐、公示任命等环节进行时时监督，开展干部任前廉政测试和集体廉政谈话 1 次 76 人。五是保障换届工作有序进行。充分利用互联网加大宣传引导，通过微信公众号及时推送换届纪律宣传文章 10 条，发送换届纪律短信 900 余条，开展监督检查 19 次，进一步严明换届纪律和要求，确保全县换届工作风清气正、健康有序推进。

（二）坚持“严”的主基调，强化执纪问责。一是全县各级纪检监察机关聚焦巩固拓展脱贫攻坚成果同乡村振兴有效衔接，紧盯“四个不摘”、锚定“有效衔接”，对虚报冒领，贪污侵占、挪用挤占村集体“三资”、医保低保、产业扶持以及惠民惠农财政补贴资金“一卡通”等群众身边微腐败问题，开展监督检查200余次，发现和受理问题线索4件，立案1件，党纪政务处分4人。二是以政法队伍教育整顿为契机，结合扫黑除恶专项斗争工作，对十八大以来政法队伍违纪违法问题进行大起底、大排查，协助政法系统审核自查问题60件，受理问题线索2件，其中立案1件，给予党纪政务处分1人，诫勉谈话1人，谈话提醒2人；对60人进行组织处理，推动政法队伍教育整顿走深走实。三是正确运用监督执纪问责“四种形态”，严肃查处党员干部违规违纪问题，2021年共受理问题线索15件，立案7件8人，下发“两书”2份，处理党员干部26人，其中，第一种形态15人，占比57.69%；第二种形态9人，占比34.61%；第三种形态1人，占比3.85%；第四种形态1人，占比3.85%，收缴及暂扣违纪资金19.276万元。

（三）加强警示教育，筑牢思想防线。一是全年开展廉政教育、节前教育7次，下发（转发）典型案例通报文件13份，切实让党员干部心存戒惧，守牢底线。二是围绕《中央八项规定禁止清单》，组织单位业务骨干通过上门宣讲的形式，为全县44家县直单位300余名党员干部打了一剂“廉政预防针”。三是在开展常规警示教育的基础上，依托林芝市第26个党风廉政宣传教育月活动，组织县直各单位、村班子党员干部及新当选“两代表一委员”1200余人参观廉政警示教育基地，观看《正风反腐就在身边》《失守》等廉政警示教育片。充分发挥党风廉政宣传教育月活动作用，通过学习、宣传、测试、签字承诺等方式深化警示教育，引导广大党员干部严守纪律规矩，推动廉政文化落地生根，扩大廉政文化影响力和覆盖面。

（四）严格正风肃纪，推动党风政风显著向好。一是紧盯节假日“四风”易发、多发情况及隐形变异问题，开展监督检查50余次，查处违反中央八项规定精神问题1件，给予党纪政务处分1人，并在全县范围内通报曝光。二是紧盯基层减负不松劲，按照《林芝市委基层减负工作监督检查制度（试行）》要求，开展监督检查4次，发现问题1个。三是针对市、县“两会”及全区经济工作等会议开展会风会纪专项监督，重申纪律要求，严肃会风会纪，通报曝光典型问题2起8人。四是按照上级纪委监委及县委统一安排部署，在全县范围内开展“一人多证”、公车接送请休假公车私用、公务接待中“吃公函”、项目评审验收中发放和收受红包问题自查自纠工作，发现公车私用问题情况55人，主动上缴公车接送请休假整改资金25.50万元，发现“吃公函”问题9个。

（五）持续发挥巡察利剑作用。完成八届县委第九轮巡察，对9个党组织巡察“回头看”，发现问题250个，移交问题线索1件，目前已整改248个，整改率达99.2%。成立2个督查组，分批对八届县委第八轮、第九轮被巡察党组织落实巡察整改情况开展督查8次，分别提出整改意见建议55条、30条；完成九届县委第一轮巡察工作，对8个村党组织开展巡察，发现问题118个，反馈意见建议54条，移交问题线索2条。起草完成《九届墨脱县委员会巡察工作五年规划（2022—2026年）》初稿。

（六）强化干部队伍建设，不断提升履职能力。一是结合党史学习教育，通过召开县纪委常委会、工作例会、业务学习会、支部会等方式，开展十九届六中全会、习近平总书记“七一”重要讲话、视察西藏重要讲话精神、《中华人民共和国监察官法》等理论业务知识的学习，不断提高政治判断力、政治领悟力、政治执行力。二是举办县乡两级纪检监察干部乡村振兴培训班、村务监督委员会主任能力素质提升培训班、召开2021年上半年乡村振兴领域监督执纪问责工作例会，引导纪检监察干部及村务监督委员会不断提高政治站位，强化责任担当，增强工作使命感、责任感和紧迫感。三是派出纪检监察干部9人次前往自治区、林芝市纪委监委跟班（跟案）学习，派出干部14人次参加区、市纪委举办的培训班，不断提高基层纪检监察干部综合能力素质。

在总结工作成绩的同时，我们也清醒地看到，反腐败斗争形势依然严峻复杂，我县正风肃纪反腐任务依然艰巨繁重：有的单位领导干部特别是“一把手”履行全面从严治党责任不到位，管党治党“宽松软”问题依然存在；党委主责办发挥管党治党作用不明显；反腐败协调小组成员单位协作配合、线索互移、信息共享等方面意识不强；少数党员干部纪律规矩意识不强，顶风作案、不收敛不收手，“四风”隐形变异问题时有发生。纪检监察工作中存在不少薄弱环节：一是纪检监察干部能力不足本领恐慌问题普遍存在，不能满足新形势下纪检监察工作的新要求；二是监督方式简单，在开展日常监督和专项监督中方式方法运用不够灵活、方式单一，发现问题没有见人见事见细节，注重监督检查数量，忽略了发现问题质量，特别是在同级监督方面，仍存在“怕得罪人”的思想；三是主动发现问题线索能力较弱，从信访举报、日常监督、专项整治、制度落实、个别谈话、查阅记录中发现问题弱，分析研判能力弱，主动出击、多渠道、多角度发现问题线索能力不足；四是个别乡镇纪委“三转”不到位，纪检干部还在做与纪检监察业务无关工作。各级纪检监察机关必须对存在的问题高度重视，主动“对号入座”，深入剖析问题原因，举一反三，立改彻改。

二、2022 年主要工作

2022 年，全县各级纪检监察机关要以习近平新时代中国特色社会主义思想为指导，坚定捍卫“两个确立”，切实增强“四个意识”、坚定“四个自信”、做到“两个维护”，弘扬党百年奋斗形成的宝贵经验和优良作风，坚决贯彻落实全面从严治党战略方针，不断巩固反腐败斗争压倒性胜利，一体推进不敢腐不能腐不想腐，推动全面从严治党取得更大成效，为把墨脱打造成“七个边境样板”，全面建设社会主义现代化墨脱，着力推进“四个创建”“四个走在前列”，建设改革开放先行区工作中作出墨脱贡献提供有力的纪律保证，以实际行动迎接党的二十大胜利召开。

（一）坚决落实“两个维护”，建设政治生态风清气正、海晏河清的清廉墨脱。加强政治引领，督促各级党组织和党员干部持续在学懂弄通做实习近平新时代中国特色社会主义思想上下功夫，不断增强“四个意识”、坚定“四个自信”、做到“两个维护”。巩固拓展党史学习教育成果，深入学习党的十九届六中全会精神，扎实推进党史学习、教育、宣传。围绕党的理论、路线方针，党中央、区党委决策部署和市委、县委工作要求开展监督检查，确保执行不偏向、不变通、不走样。进一步加强和改进对“一把手”行使权力的监督，持续压紧压实各级党委（党组）全面从严治党主体责任，通过抓住党委（党组）书记这个“关键少数”，引领“绝大多数”。聚焦“七个有之”“五个有的”等问题，严肃查处与党离心离德、对党不忠诚不老实的两面人；紧盯反分裂斗争纪律，坚决清除表里不一、阳奉阴违的两面派。

（二）坚持标本兼治，建设“三不”一体推进、惩防体系完备的清廉墨脱。在行动上保持“惩”的力度，主动应对反腐败斗争新形势新挑战，坚持行贿受贿一起查，坚定不移把“严”的主基调长期坚持下去；紧盯基础设施建设、公共资源交易、执法司法、粮食购销等重点领域，重点查处政治和经济问题交织的腐败案件，重点查处关键少数特别是“一把手”的问题。在制度上提升“治”的成效，加强纪检监察建议工作，针对案发领域加强跟踪督办，推动以案促改、以案促建、以案促治；加强党员干部教育管理，特别是要对年轻干部从严教育管理监督，定期开展政治生态分析评估，对全县政治生态全面“把脉”、梳理排查廉政风险点，精准施治、靶向治疗。认真落实“三个区分开来”要求，把容错纠错机制要求体现在监督检查、线索处置、初步核实、立案查处、案件审理和结果运用等多个环节上，旗帜鲜明地为担当者担当、为负责者负责，激励全县党员干部担当作为、干事创业。在思想上增强“廉”的自觉，加强反腐倡廉教育，抓好第 27 个党风廉政宣传教育月活动，在全县大力营造崇廉尚廉的氛围；加大典型案件通报曝光力度，深挖案件背后的深层次问题和规律性问题，注重用身边人身边事开展警示教育。用好廉政警示教育基地和红色教育基地，持续推动廉政文化“七进”活动，教育引导广大党员干部进一步增强拒腐防变的自觉性和坚定性。

（三）持续纠治“四风”，建设新风涤荡、正气充盈的清廉墨脱。狠刹歪风邪气，持续加固中央八项规定堤坝，督促各级党组织和党员干部认真贯彻落实上级改进作风狠抓落实工作动员部署会议精神，全面对照“六个表率”“四查四问”“八个抓落实”要求，做到真查真问、实改实立、见质见效。坚决纠治落实党中央、区党委重大决策部署和市委、县委工作安排做选择、搞变通、打折扣等形式主义、官僚主义问题，重点关注“只表态不行动、效率低落实差”“说一套做一套”“把说了当做了、把做了当做好了”、相互推诿扯皮等问题；坚决查处对群众颐指气使、态度粗暴等问题和在落实惠民政策中缩水走样、在服务群众中吃拿卡要、对群众“奶酪”动手脚的“微腐败”问题；紧盯“三大节日”“五一”、中秋国庆等重要时间节点集中整治违规吃喝、违规收受礼品礼金、违规发放津补贴或福利等反复发生的问题，坚决遏制酒驾、赌博多发势头，在严查酒驾、赌博问题本身的同时深挖背后的腐败和作风问题。进一步厘清政商交往界限，规范政商交往行为，建立亲清政商关系。督促各级党员领导干部重视家教家风，以身作则管好配偶、子女，本分做人、干净做事，锲而不舍纠“四风”树新风。

（四）践行人民至上，建设执纪执法为民、治乱为民的清廉墨脱。加强过渡期专项监督，大力开展惠民惠农财政补贴资金“一卡通”专项治理，从源头上杜绝惠民惠农政策补贴资金滞留延压、优亲厚友、截留克扣、虚报冒领补贴资金的情况；对涉及食品安全、医疗卫生、为民服务、疫情防控、民生保障特别是低保、廉租房、大病救助等方面问题，建立监督任务清单，精准嵌入，靶向监督，有效促进社会公平正义；把县乡村“三级书记”抓乡村振兴情况纳入专项监督范畴，坚决防范和纠正盲目铺摊子上项目、搞形象工程和政绩工程、重建设轻管理以及违规举债等违背新发展理念的行为；不断拓展为群众办实事成果，严肃整治村（社区）集体“三资”管理使用、农业农村合作社经营、产业项目运营中的腐败和作风问题，让人民群众感受到全面从严治党就在身边，不断厚植党执政的政治基础和群众基础。巩固深化扫黑除恶专项斗争成果，推动惩治涉黑涉恶腐败和“保护伞”问题常态化，督促政法系统做好以案释法、以案明纪、以案促改工作。

（五）压紧压实巡察工作责任，建设利剑高悬、震慑常在的清廉墨脱。坚守政治巡察定位，根据新形势巡察工作要求和区党委、市委巡视巡察五年规划，进一步修改完善《中共墨脱县委员会巡察工作五年规划（2022—2026年）》；紧扣巡察工作职责，紧盯党委关心、社会关注、群众关切的重点难点堵点痛点问题，科学谋划、扎实开展九届县委第二、三轮巡察工作。做深做实巡察“后半篇文章”，严格落实书记专题会点人点事、领导小组参加巡察反馈工作机制，突出以巡促改目标，强化纪检监察机关、组织部门巡察整改监督责任，不断压实被巡察党组织巡察整改主体责任；优先办理巡察移交问题线索，及时公开典型案例，强化巡察成果综合运用，不断扩大巡察震慑效应。

（六）强化自身建设，为清廉墨脱建设提供铁军保障。以过硬本领担当使命，坚持从纪委常委会和领导干部抓起做起，深入学习贯彻《中国共产党纪律检查委员会工作条例》《中华人民共和国监察法》，巩固深化党史学习教育成果，带头践行“六个表率”，严格落实双重领导体制和重大事项请示报告制度。持续开展“苦练内功、百日攻坚”行动，深化全员教育培训，加强岗位练兵、实战练兵。以人尽其才整合反腐力量，加强对各乡镇纪委的领导，以县级纪委监委内设机构改革和建立完善乡镇片区协作工作机制为抓手，对干部进行统筹安排，做到人岗相适；实行优进优出制度，积极向组织推荐工作年限在五年以上的优秀纪检监察干部，吸纳立志于从事纪检监察事业的优秀人才到纪检监察系统；巡察干部在巡察间隙，协同纪检监察干部一起参与办案；纪检监察干部在办案任务相对轻时，参与巡察工作。以严管厚爱律己正人，坚持以最严要求监督和约束纪检监察干部特别是年轻干部，坚决落实全区纪检监察干部“限酒令”“禁赌令”和林芝市纪检监察干部“十条禁令”，对纪检监察干部执纪违纪、执法犯法、失职失责行为，从严从重惩处，严防“灯下黑”；坚持凭能力用干部，以实绩论英雄，在监督检查和审查调查等急难险重任务中锻炼和识别干部，让愿担当肯干事的人上平台、让敢担当会干事的上舞台、让能担当善成事的人上奖台，以更加奋发有为的姿态、苦干实干的作风，推进纪检监察工作高质量发展。

同志们，征途漫漫、唯有奋斗。让我们在市纪委监委和县委的坚强领导下，牢记初心使命，忠诚履职尽责，不断开创全面从严治党、党风廉政建设和反腐败斗争新局面，为开启我县现代化建设新征程作出新贡献，以优异成绩迎接党的二十大胜利召开！

大事记

莲花圣地公园莲花雕塑　（县文化和旅游局／提供）

1月

1 日　墨脱县举办“2021 年跨年迎新”农产品展销会。林芝墨脱茶业有限公司等 17 家企业及农牧民专业合作社参加展销。展销商品涵盖特色蔬菜、藏药材、手工艺制品等。展销会期间，各类商品累计销售额达 13.81 万元。

1 月 1 日，墨脱县举行“跨年迎新”农产品销售活动
（县广播电视台 / 提供）

11—21 日　由县人民政府主办，县教育局承办的“迎新杯”篮球赛举行，共有 11 支队伍参赛。

12 日　根据 G559 波墨公路改建项目办公室“临时加强波墨公路限载 30 吨车辆管制，确保进出墨脱人员的人身财产安全”的申请，县交通运输局对波墨公路国道 559 线进行车货总重量限载 30 吨管制。截至年末，国道 559 线车货总重量限载 30 吨管制仍未解除。

15 日　中国新闻社报道，中国科学院昆明动物研究所蒋学龙课题组与安徽师范大学合作，在西藏自治区墨脱县发现美洲鼹族新属、新种——高山鼹属墨脱鼹。其为美洲鼹族已知分布海拔的最高记录（3700 米）。

中国科学院昆明动物研究所联合安徽师范大学科研人员在墨脱发现鼹科美洲鼹族新属新种——高山鼹属墨脱鼹
（县林业和草原局 / 提供）

27—28 日　中共墨脱县第八届委员会第六次全体会议召开。会议由县委常委会主持，受八届县委常委会委托，林芝市政协党组成员、副主席、县委书记旺东作工作报告。全面总结 2020 年成绩，分析形势，研究墨脱县“十四五”规划和 2035 年远景目标。第八届县委委员 15 人，候补委员 4 人出席会议。95 人列席会议。

28 日　中共墨脱县委经济工作会议召开，全面总结全县 2020 年经济工作，部署 2021 年经济工作。县级领导、各单位负责人 200 余人参加会议。

29—31 日　政协第九届墨脱县委员会第六次会议举行。来自 11 个界别的 50 名委员参加会议。审议通过提案审查委员会关于提案审查情况的报告、常委会工作报告决议、提案办理工作情况报告决议、政治决议。

30 日至 2 月 1 日　墨脱县第十一届人大七次会议召开，听取并审议通过《墨脱县人民政府工作报告》《墨脱县人大常委会工作报告》《墨脱县人民法院工作报告》《墨脱县人民检察院工作报告》《墨脱县 2020 年国民经济和社会发展计划执行情况与 2021 年国民经济和社会发展计划（草案）的报告》《墨脱县 2021 年国民经济和社会发展计划（草案）》《墨脱县 2020 年财政预算执行情况和 2021 年财政预算（草案）的报告》《墨脱县 2021 年财政预算（草案）》。

2月

5 日　《人民日报》头版《新春走基层》栏目刊载

记者琼达卓嘎撰写的《西藏多龙岗村村民"乡亲们暖了心窝窝"》，报道格当乡多龙岗村易地扶贫搬迁群众对未来生活的美好憧憬。

7日　墨脱县召开中共墨脱县第八届纪律检查委员会第六次全体会议。纪委委员6人参加会议，94人列席会议。市政协党组成员、副主席、县委书记旺东，县委副书记、县人民政府县长魏长旗出席会议。会议回顾总结2020年工作，安排部署2021年任务，审议通过中国共产党墨脱县第八届纪律检查委员会常务委员会工作报告。

是日　《司法部民政部关于命名第八批"全国民主法治示范村（社区）"的决定》发布，墨脱镇玛迪村被命名为第八批"全国民主法治示范村"。

8日　墨脱县举行背崩乡地东边境小康示范村群众集中入住仪式，县级领导、背崩乡主要负责人、墨脱县边境地区小康村建设工作指挥部成员单位负责人、搬迁群众、驻村工作队、县民间艺术团、退休干部代表参加仪式。

16日　新华社以《山崖上的足球场　西藏墨脱的新年礼物》为题，报道广东省第九批援藏工作队墨脱县工作组持续推进墨脱县公共足球场建设。

23日　墨脱县人民检察院与县河长制办公室签订《墨脱县推行"河（湖）长制＋检察长"协作机制的实施方案》。《墨脱县推行"河（湖）长制＋检察长"协作机制的实施方案》以形成河（湖）水资源、水生态、水环境保护工作合力为目标，充分发挥河（湖）长和检察长在各自领域保护河（湖）生态的职能作用，针对联席会议、信息共享、线索移送、工作监督和工作联动五个方面建立协作机制，提出16条具体指导意见。

25日　全国脱贫攻坚总结表彰大会在北京市人民大会堂举行，墨脱县墨脱镇人民政府被中共中央、国务院授予"全国脱贫攻坚先进集体"荣誉称号。

3月

6日　墨脱县军地联合开展"清澈的爱，只为中国"主题爱国主义教育，共248人参加。

3月6日，墨脱县军地联合开展"清澈的爱，只为中国"主题爱国主义教育　（县退役军人事务局／提供）

10日　中共墨脱县委、墨脱县人民政府向中国长江三峡集团有限公司发出感谢信，就中国长江三峡集团有限公司选派精兵强将支援墨脱县脱贫攻坚工作，与墨脱县广大干部群众一起战天斗地、攻坚拔寨、决战贫困，先后投入资金9000万元，实施农牧民安居工程和市政道路改造提升工程，助力改善全县1441户7866人基本住房条件，助力墨脱县脱贫攻坚工作取得最后胜利表示衷心感谢。并希望中国长江三峡集团有限公司今后一如既往地为墨脱县经济社会发展给予力所能及的支持帮助。

是日　县国家安全指挥部组织县公安局、墨脱边境管理大队、武警墨脱中队、县消防救援大队、县人民医院等单位，举行墨脱县2021年3月维稳动员誓师大会暨武装拉动演练活动。

是日　由县平安墨脱建设领导小组办公室牵头，在全县范围内组织开展以"坚决打赢疫情防控阻击战·共建共治共享平安墨脱"为主题的"三月综治宣传月"宣传活动，组建以"走访宣传、督促引导、调查研究"为一体的三月社会治安综合治理宣传队，通过入户发放宣传资料，宣传讲解相关法律知识，教育引导社会各界群众积极参与新冠肺炎疫情常态化防控和平安建设（综治）工作。

11日　墨脱县2021年重点项目集中开复工仪式在格当乡兴开搬迁安置点举行，四大班子领导、重点项目单位和相关乡（镇）负责人，施工、监理等各方代表及工人代表共计80余人参加。

15 日　墨脱县召开党史学习教育动员大会，县级领导、各级各部门负责人 100 余人参加会议，市政协党组成员、副主席、县委书记旺东出席会议并讲话。

是日　墨脱县开展“3·15”国际消费者权益日集中宣传活动,受教育干部群众 1800 余人次。

25 日　墨脱县人民政府与潮州市天下茶业有限公司签订茶产业高质量发展合作协议。

26 日　中央电视台新闻频道播出《奋斗百年路　启航新征程·墨脱公路通车　我国公路“县县通”》,全面回顾墨脱县公路建设带动全县经济快速发展的史实。

28 日　墨脱县开展“3·28”西藏百万农奴解放纪念日“升国旗　唱国歌”纪念活动。全县各单位干部职工、武警墨脱中队官兵、群众代表、师生代表等 600 余人参加,县委副书记、县人民政府县长魏长旗主持活动,市政协党组成员、副主席、县委书记旺东出席并讲话。

31 日　林芝市第十九届桃花旅游文化节——墨脱徒步文化旅游活动举行,市政协党组成员、副主席、县委书记旺东宣布 2021 年墨脱县环雅鲁藏布江徒步活动正式开始,县委副书记、县人民政府县长魏长旗发射信号枪,600 名徒步选手沿既定路线开始全程 21 千米的徒步活动。其间,还举办墨脱文化旅游产业发展论坛、墨脱特色石锅宴、篝火晚会及特色产品展销活动。

是日　西藏自治区创先争优强基础惠民生活动第九批驻村工作总结表彰暨第十批驻村工作动员大会召开，对第九批西藏自治区创先争优强基础惠民生活动先进集体和先进个人进行表彰，自治区广播电视局驻墨脱县达木珞巴民族乡达木村工作队、自治区交通运输厅驻墨脱县格当乡占根卡村工作队被表彰为“西藏自治区先进驻村工作队”，林芝市人力资源和社会保障局驻墨脱县德兴乡荷扎村工作队队长潘成、林芝市公安局驻墨脱县背崩乡背崩村工作队副队长龙桑次仁、墨脱县达木珞巴民族乡驻卡布村工作队队长次仁央宗、墨脱县墨脱镇驻玛迪村工作队队员葛蓓蓓被表彰为“西藏自治区先进驻村工作队员”。

3 月 31 日，林芝市第十九届桃花节墨脱县徒步文化旅游节启动仪式举行　（县文化和旅游局 / 提供）

4月

1 日　墨脱县公共法律服务中心改扩建项目开工建设,投资 200 万元,为使用广东省佛山市第八批援藏项目结余资金建设项目。12 月 30 日，项目通过竣工验收并投入使用。

9 日　西藏自治区抗击新冠肺炎疫情表彰大会在拉萨市召开，墨脱县疾病预防控制中心被中共西藏自治区委员会、西藏自治区人民政府表彰为“西藏自治区抗击新冠肺炎疫情先进集体”。

10—11 日　广东省政协党组副书记、副主席林雄带队赴墨脱县考察调研对口援藏工作。西藏自治区政协副主席桑杰扎巴和广东省人民政府副秘书长、广东省第九批援藏工作队领队、林芝市委副书记、常务副市长刘光明陪同调研。

15 日　中共墨脱县委八届七次全体会议召开，审议通过《关于召开中国共产党墨脱县第九次代表大会的决议》。

是日　县委国家安全委员会办公室组织 42 家单位、78 名干部职工，在县城主街道开展以“践行总体国家安全观,统筹发展和安全,统筹传统安全和非传统安全,营造庆祝中国共产党成立 100 周年、西藏和平解放 70 周年良好氛围”为主题的全民国家安全集中宣传教育活动。

17—18 日　佛山科学技术学院党委副书记、院长郝志峰及党委副书记、纪委书记许晓珠率队到墨

4 月 15 日，县委国家安全委员会牵头组织全县国家安全集中宣传活动，图为县城东布路宣传现场场景

（县委国家安全委员会办公室 / 提供）

4 月 20 日，中央政法队伍教育整顿督导组到墨脱县公安局督导检查政法队伍教育整顿工作（县委政法委员会 / 提供）

脱县开展对口援藏工作。其间，郝志峰代表佛山科学技术学院与墨脱县农业农村局签订“共建墨脱香橼佛山科研基地”合作协议。

18 日　墨脱县多个乡（镇）发现草地贪夜蛾虫害，县农业农村局出动无人机喷洒农药灭虫，这是墨脱县首次利用无人机喷洒农药。5 月 25 日、29 日，县委、县人民政府分别召开工作会议，安排部署全县草地贪夜蛾监测与应急防控工作。县农业县农村局及时联合各乡（镇）组成 5 个共 20 余人的病虫害防治排查工作小组，分别奔赴全县 45 个村全面开展草地贪夜蛾虫害防治调研排查工作。截至年末，墨脱县草地贪夜蛾虫害防治取得较好成效。

19 日　墨脱县残疾人康复中心基础服务能力提升项目开工建设，总投资 460 万元（其中 60 万元用于购置相关设备）。截至年末，项目已基本完成。

20—21 日　中央政法队伍教育整顿督导组一行到县公安局、县人民检察院督导检查政法队伍教育整顿，自治区党委政法委员会副秘书长次仁扎西，自治区党委政法委员会一级巡视员、自治区驻点指导组组长王建雷，林芝市委副书记张秀武陪同。

28 日　《中共西藏自治区委员会　西藏自治区人民政府关于表彰西藏自治区脱贫攻坚先进集体和先进个人的决定》发布，墨脱县扶贫开发领导小组办公室、背崩乡人民政府荣获“西藏自治区脱贫攻坚先进集体”荣誉称号，墨脱县委常务副书记、广东省第九批援藏工作队墨脱县工作组组长叶敏坚，墨脱县扶贫开发领导小组办公室副主任央宗，墨脱镇人民政府工作人员洛桑扎西，墨脱县财政局党组书记、局长格桑扎西，格当乡党委书记张志强与帮辛乡一级科员植达峰 6 人被表彰为“西藏自治区脱贫攻坚先进个人”。

是日　墨脱县 2021 年度汛期地质灾害防治和地震避险应急演练在墨脱镇墨脱村委会举行。各乡（镇）分管自然资源和安全生产工作的副乡（镇）长、自然资源专干、安全生产专干，各村地质灾害高发隐患点监测人员和地震监测员共 60 余人参加演练。

5月

4 日　团县委联合县委宣传部、县文化和旅游局、县妇联及各基层团组织，在莲花湖公园共同举办“热烈庆祝中国共产主义青年团成立 100 周年喜迎党的二十大胜利召开　纪念五四运动 103 周年”五四青年节文艺会演活动。

15 日　广东省第九批援藏工作队墨脱县工作组投入 13 万元，推出的 2 节“墨脱号”车厢正式亮相广佛地铁，面对广州市市民、佛山市市民开启为期 1 个月的地铁专列宣传月活动。

16 日　上午 10 时 16 分，米林县派镇至墨脱县城的派墨公路最后一个控制性节点工程——老虎嘴隧道贯通，比原计划工期提前 228 天，历时近 7 年建设时长的派墨公路全线贯通。

5月4日，由中共墨脱县委员会、墨脱县人民政府主办，共青团墨脱县委员会承办的“唱响墨脱”首届莲花杯青年歌手大赛决赛举行，11位青年选手们登台演唱，图为参赛选手演唱场景 （共青团墨脱县委员会/提供）

2021年，派墨公路隧道建设施工现场 （县交通运输局/提供）

20日 墨脱县召开中共八届墨脱县委人大、政协工作会议。县级领导，各乡（镇）、各单位主要负责人，部分人大代表、政协委员代表等140余人参加会议。市政协党组成员、政协副主席、县委书记旺东出席会议并讲话。

21日 《体育总局办公厅关于公布首批全国县域足球典型的通知》发布，公布全国101个“首批全国县域足球典型”，墨脱县成为首批“全国县域足球典型”。

23日 墨脱县举行“升国旗，唱国歌”仪式，庆祝西藏和平解放70周年。党政军领导、各单位干部职工及学生600余人参加升国旗仪式。县委副书记、县人民政府县长魏长旗主持仪式，市政协党组成员、副主席、墨脱县委书记旺东出席并讲话。

是日 墨脱县水产养殖项目竣工投产仪式举行，县委副书记、县人民政府县长魏长旗，县委常务副书记、广东省第九批援藏工作队墨脱县工作组组长叶敏坚等县四大班子领导，广东省第九批援藏工作队墨脱县工作组、县农业农村局等相关单位干部职工及群众代表50余人参加仪式。11月，墨脱县水产养殖基地养殖的南美对虾等水产品相继上市，填补西藏自治区缺乏高档水产品养殖的空白。

是月 自治区党委宣传部、自治区司法厅、自治区法制宣传教育工作领导小组办公室联合印发《西藏自治区关于表彰普法先进单位、先进个人和依法治理创建活动先进单位的决定》，墨脱县被评为自治区“七五”普法先进县。

6月

1日 墨脱县乡村振兴局正式挂牌成立。墨脱县委副书记、县人民政府县长魏长旗，县委常务副书记叶敏坚共同为墨脱县乡村振兴局揭牌。

7日 由广东省第九批援藏工作队墨脱县工作组追加投资400万元援建的果果塘雅鲁藏布江大拐弯观景台边坡地质灾害防护网竣工投入使用。

11日 为庆祝中国共产党成立100周年，中央广播电视总台携手全国各省（自治区、市）广播电视

6月7日，广东省第九批援藏工作队墨脱县工作组追加400万元资金建设的果果塘观景平台地质灾害防护网建成 （勾 昆/摄）

机构制作的大型直播特别节目《今日中国·西藏篇》在中央电视台新闻频道播出，以4分多钟的时长详细报道近年来墨脱县社会经济各方面发生的喜人变化。

17—19日　县交通运输局安排工作人员配合市交通运输局委托的第三方专业机构开展国家公路桥梁基础数据库工作。累计检查录入桥梁38座。8月，完成《西藏自治区林芝市墨脱县公路桥梁静（动）态基础数据库建库项目调查测量成果报告》编制。

19日　中央电视台新闻频道《沿着高速看中国》栏目以5分40秒的时长，集中报道墨脱县波墨公路通车后，各族群众依靠种植香蕉、制作传统民族手工艺品致富，生活越来越富足的喜人变化。

24日　墨脱县公安局举行电信网络诈骗涉案资金集中返还仪式，现场向受害群众返还被骗资金7000元。

26—28日　中国共产党墨脱县第九次代表大会召开。自治区党委组织部干部四处处长、换届风气监督组组长杨强到会指导，市委委派的驻会指导市政协党组成员、政协副主席达瓦，市委组织部委派的驻会指导市委老干部局局长杨运英全程参会指导。

30日　当晚，墨脱县在好日子莲花广场举行庆祝中国共产党成立100周年党史展览和文艺会演活动，县委书记魏长旗，县委副书记、县人民政府党组书记李继承等县领导出席活动，与干部群众900余人一起观看文艺演出。

是月　由自治区教育厅二级巡视员胡志国带队的“两规”评估组到墨脱县，通过入户访谈、听取汇报、查阅资料等方式对墨脱县“十三五”规划期间《墨脱县妇女发展规划（2016—2020年）》和《墨脱县儿童发展规划（2016—2020年）》工作开展情况进行终期评估督导。8月初，墨脱县收到西藏自治区妇女儿童工作委员会办公室“两规”终期评估督导组反馈意见：截至2020年末，墨脱县妇儿发展规划重点指标基本已达标。

7月

1日　由墨脱县委、县人民政府主办，墨脱县委宣传部承办的“西藏和平解放70周年墨脱成就展”正式开展。共接待全县各族干部群众、师生、驻地官兵、老干部等3000余人次参观学习。

墨脱县公安系统干警参观西藏和平解放70周年墨脱成就展
（县委宣传部／提供）

3日　墨脱县供销合作社联合社正式挂牌成立。

3—5日　中国人民政治协商会议第十届墨脱县委员会第一次会议举行。审议通过《中国人民政治协商会议第十届墨脱县委员会第一次会议议程（草案）》；听取并审议通过《中国人民政治协商会议第九届墨脱县委员会常务委员会工作报告》《墨脱县人民政府关于政协第九届墨脱县委员会提案办理情况的报告》；选举产生中国人民政治协商会议第十届墨脱县委员会主席、副主席、常务委员；审议通过中国人民政治协商会议第十届墨脱县委员会第一次会议政治决议、中国人民政治协商会议第十届墨脱县委员会第一次会议关于政协第九届墨脱县委员会常务委员会工作报告的决议。

4—6日　墨脱县第十二届人大一次会议召开，听取并审议通过《墨脱县人民政府工作报告》《墨脱县人大常委会工作报告》《墨脱县人民法院工作报告》《墨脱县人民检察院工作报告》，依法作出4个报告决议；选举产生新一届县人大常委会组成人员、县人民政府领导班子、县监察委员会主任、县人民法院院长和县人民检察院检察长；确定今后5年墨脱县经济社会发展及各项工作的目标任务。

5日　西藏自治区“三优一先”暨人民满意的公

务员和公务员集体表彰大会在拉萨市召开，在会上，因在工作中做出杰出贡献，中共墨脱县委办公室被自治区党委、自治区人民政府记一等功。

7日　由佛山市援藏医疗队举办的第一期“拥军强边”中医康复技术推广培训班正式开班，共有6名驻墨脱县部队卫生员参加培训学习。截至年末，培训班共举办4期，共有24名驻地部队卫生员和10名县人民医院、县藏医院医生参加培训。

15日　由国家分别投资159万元建设的背崩乡司法所、格当乡司法所通过竣工验收，投入使用。背崩乡司法所建筑面积340.48平方米；格当乡司法所建筑面积386.67平方米。

27日　墨脱县人民检察院提起公诉的危害珍贵、濒危野生动物刑事附带民事公益诉讼案件在县人民法院开庭审理。本案是最高人民法院、最高人民检察院《关于执行〈中华人民共和国刑法〉确定罪名的补充规定（七）》生效后，墨脱县开庭审判的首例危害珍贵、濒危野生动物罪案件。

28日　墨脱镇亚东村冰果日方向突发泥石流灾害，30日，墨脱镇墨脱新村突发泥石流灾害。2次泥石流灾害发生后，县应急管理局快速反应、科学决策，迅速启动三级应急响应，有序有力开展抢险救援工作，组织协调消防救援、武警、卫生健康等部门，成功搜救人员13人（其中2人遇难），转移群众689人。

是月　由广东省佛山市援建的公共足球场及其配套设施通过竣工验收，投入使用。

是月　广东省第九批援藏工作队墨脱县工作

7月15日，国家投资159万元，建筑面积340.48平方米的背崩乡司法所通过竣工验收，投入使用　（县司法局／提供）

7月28日，墨脱镇亚东村冰果日方向突发泥石流灾害，图为墨脱县消防救援大队搜救现场

（墨脱消防救援中队／提供）

组编纂的《项目为王　落实为要　佛山援藏工作巡礼　西藏墨脱（2020.7—2021.6）》由佛山日报社印刷出版，它以翔实的第一手资料、图片和媒体报道，详细记录2020年7月至2021年6月间广东省第九批援藏工作队墨脱县工作组以“断路断网不断精神，停水停电不停斗志”的顽强精神，持续推进援藏项目实施的史实。

8月

3日　人民网报道，中国科学院昆明植物研究所保护园艺学与种质创新研究组在西藏自治区山南市、林芝市等地开展杜鹃花调查时，在墨脱县发现极度濒危植物——折萼杜鹃。这是折萼杜鹃时隔97年后再次现世。除折萼杜鹃外，调查组还在墨脱县等地调查到极小种群野生植物、IUCN濒危物种薄叶朱砂杜鹃和白毛杜鹃，及杜鹃属易危杜鹃花21种、近危杜鹃花8种。

5日　墨脱县背崩乡巴登村举行搬迁入住仪式，巴登村举村从20余千米之外的老村搬迁至玛尼翁新村。巴登边境小康村建设项目2019年11月开工建设，项目总投资4401.89万元，2021年3月竣工验收，新建住房38户，并同步建设有入村道路、村内道路、供电、供水及给排水工程等完善的配套设施。

是日　墨脱县纪委监委、县卫生健康委员会、县应对新型冠状病毒感染的肺炎疫情防控工作领导小组办公室联合相关部门开展新冠肺炎疫情防控检查，对全县公共领域的疫情防控工作进行再检查，督导全县新冠肺炎疫情常态化防控工作。

15 日　县电信局从米林县派镇到墨脱县派墨公路沿线铺设约 25 千米的通信光缆正式开通，有效解决派墨公路公安和公路沿线项目部公务 Wi—Fi 及公安网络通信难题。

30 日　《人民日报》第 5 版（要闻版）刊载记者琼达卓嘎撰写的《西藏墨脱县达木乡　现在生活更幸福》，报道达木珞巴族民族乡群众依托交通区位优势，发展旅游致富，生活越来越幸福的新闻。

9月

1 日　墨脱县藏医院整体搬迁至新建藏医院门诊住院综合大楼运营，新门诊综合楼共 3 层，建筑面积 1856.8 平方米。

2—7 日　应西藏自治区商务厅邀请，林芝墨脱茶业有限公司参加在北京市举行的 2021 年中国国际服务贸易交易会，对墨脱喜马拉雅圣茶品牌系列茶产品进行集中品牌营销展示，吸引多家中央主流媒体关注报道，在全国乃至世界范围内进一步宣传、打造墨脱喜马拉雅圣茶品牌。

3—6 日　佛山市委常委、市人民政府副市长郑海涛率佛山市党政代表团到墨脱县就对口支援工作进行交流对接，考察援藏项目建设，之后召开佛山·墨脱对口支援工作座谈会，在民生援藏、产业援藏、智力援藏等方面与墨脱县达成一致意见，共同谋划“十四五”规划期间对口支援工作，助力墨脱县开创乡村振兴新局面。

15 日　墨脱县 2021 年度“全国科普日”集中宣传活动举行，本次活动主题为“百年再出发，迈向高水平科技自立自强”，活动持续 2 天，参与活动单位 20 余家，现场设置服务百姓健康活动、科普知识与技术宣传、教育与农业等惠农政策宣传 3 大板块内容，共发放各类宣传手册共计 1200 余份，县人民医院、县藏医院、县疾病预防控制中心为群众进行高血压、关节炎等疾病义诊，并免费发放 24 种常用药品，总价值约 3200 元。

16 日　墨脱县组织开展以“社会治理新时代、共建共治共受益、人人参与护梦圆”为主题的“9·16”平安西藏宣传日集中宣传活动。全县 42 家平安建设成员单位参加，受教育干部群众 1600 余人次。

26 日　墨脱县人大预算联网监督系统正式投入使用，县人大预算联网监督系统建设项目 2021 年 5 月启动，总投资 119.98 万元。

是日　在县卫生健康委员会的协调下，县特困人员集中供养服务中心与县人民医院、县藏医院举行“医养结合”服务协议签约仪式。

29 日　墨脱县烈士公祭活动在背崩乡烈士陵园内举行。县委副书记同宇放、县人大常委会主任杨玉东、县政协主席边巴索朗等县级领导和干部职工、退役军人、驻墨脱县各部队官兵、农牧民群众、青

9 月 1 日，总投资 850 万元的县藏医院门诊住院综合大楼投入使用　　（县藏医院 / 提供）

9 月 15—16 日，墨脱县在县城东布路举行“全国科普日”集中宣传活动，图为活动现场　　（县农业农村局 / 提供）

9 月 26 日，县特困人员集中供养服务中心与县人民医院、县藏医院“医养结合”服务协议签约仪式举行

（县民政局 / 提供）

10 月 12 日，在藏全国人大代表调研组在自治区人大常委会党组副书记、副主任丁业现（右三）带领下，到墨脱县进行调研，图为调研组在格当乡多龙岗易地扶贫搬迁安置点移民家中调研

（县人大常委会办公室 / 提供）

年志愿者及学生代表参加烈士公祭活动。

10月

1 日　墨脱县组织举行国庆节升国旗仪式，庆祝中华人民共和国成立 72 周年。

11 日　墨脱县举办主题为“网络安全为人民，网络安全靠人民”的 2021 年国家网络安全宣传周活动，60 余名干部职工参与宣传，受教育干部群众 2000 余人次。

12 日　自治区人大常委会党组副书记、副主任丁业现率西藏自治区全国人大代表调研组到墨脱县，就边疆地区小康示范村建设、旅游产业开发、茶产业发展情况和其他事项进行专项调研。

12—14 日　西藏自治区妇联党组书记周世英率山南市隆子县玉麦乡妇女群众等组成的研学组一行 54 人到墨脱县开展边境研学交流。研学组到墨脱县党性教育基地、背崩乡地东村、拉贡茶厂等地开展交流学习，在墨脱县党性教育基地，隆子县玉麦乡妇女群众留下“戍边有巾帼　请党放心”寄语。

14—16 日　人力资源和社会保障部与吉林省人民政府共同主办的第三届全国创业就业服务展示交流活动在吉林省长春市举行，在活动中，“墨脱采茶人”劳务品牌被列为第三届全国创业就业服务展示“创新发展类”劳务品牌。

16—18 日　福建省农业科学院副院长黄勤楼一行 7 人到墨脱县多地开展实地调研，指导果树栽培，对果树品种改良提出意见建议。17 日，黄勤楼代表福建省农业科学院与墨脱县人民政府签订战略合作框架协议。

18 日　墨脱县在墨脱镇墨脱村村委会举行出席西藏和平解放 70 周年庆祝活动的中央代表团赠送纪念品发放仪式，将中共中央和习近平总书记对西藏自治区各族干部群众的亲切关怀送到群众手中。县委副书记、县人民政府县长李继承出席仪式并致辞，县委常委、县人大常委会主任杨玉东，县政协主席边巴索朗及墨脱镇干部职工、群众代表等 120 余人参加发放仪式。县委副书记同放宇主持仪式。

19 日　墨脱县第十二届人民代表大会第二次会议举行，选举产生墨脱县出席林芝市第二届人民代表大会代表 22 名。

是日　在林芝市人民医院的协调下，浙江省台州市仙居县慈善总会携浙江优亿医疗器械股份有限公司向墨脱县人民医院捐赠价值 20 余万元的远程气道管理设备。

25 日　林芝市森林消防支队首次派出 20 名消

防员前往墨脱县格当乡开展靠前驻防工作。

是日　墨脱县新增开通的2条客运班线延伸至德兴乡荷扎村、那尔东村、巴登则村、易贡白村与背崩乡格林村、德尔贡村，实现6个建制村通客车。截至年末，全县5个乡（镇）、20个建制村实现通客车，建制村客车通达率达44.44%。

28—29日　国家发展和改革委员会副秘书长郭兰峰、国家发展和改革委员会地区振兴司司长童章舜一行赴墨脱县调研国家发展和改革委员会（国家能源局）定点帮扶墨脱县情况。

11月

1日　华南农业大学园艺学院茶学系专门招录，与墨脱县联合培养的第一位研究生到墨脱县农业农村局报到，按照培养计划，在华南农业大学墨脱县研究生联合培养基地导师带领下，完成为期1周的学习、实践和科研活动，华南农业大学墨脱县研究生联合培养基地正式启动。

4日　西藏自治区双拥模范命名表彰暨退役军人工作会议在拉萨市举行。在会上，墨脱县被命名为"西藏自治区双拥模范县"，墨脱县2人被表彰为"自治区模范退役军人"。

4—9日　中国科学院院士、北京大学原校长许智宏和北京大学保护生物学教授和北京大学保护生物学教授、自然保护与社会发展研究中心执行主任吕植一行8人深入墨脱县开展生物多样性调查。

6日　墨脱县全面启动全县3—11岁儿童新冠疫苗接种工作，全年共完成全县3—11岁儿童新冠疫苗接种4010人次（第一剂次2076人）。

8日　县应急管理局联合县消防救援大队、县文化和旅游局在莲花湖广场组织广大干部群众开展零距离"认识消防、学习消防、体验消防"活动。共400余人参加活动。

17日　由县电信局实施的西藏天顺路桥工程有限公司219国道线墨察公路项目部手机通信基站正式开通，解决位于219国道线墨察公路沿线40余千米处的西藏天顺路桥工程有限公司219国道墨察公路项目部无手机通信信号的问题。

30日　县人民医院标准化远程会诊中心项目通过验收并运行。项目总投资551195.33元，其中广东省第九批援藏工作队墨脱县工作组投入援藏资金188465.33元，墨脱县人民医院配套资金362730元。

12月

4日　墨脱县举行以"以习近平法治思想为指引，坚定不移走中国特色社会主义法治道路"为主题的"12·4"国家宪法日系列宣传活动。县委书记魏长旗，县委副书记、县人民政府县长李继承等县级领导与干部群众200余人参加活动。

7日　西藏林芝墨脱耐力项目高原训练场挂牌仪式在墨脱县公共足球场举行，林芝市教育局党组副书记、局长巴桑次仁主持仪式，自治区体育局竞技体育管理中心主任巴桑次仁讲话，自治区体育局党组书记王德军与墨脱县委书记魏长旗共同为"西藏林芝墨脱耐力项目高原训练场"揭牌。

14—15日　墨脱县委统战部（县民族宗教事务局）组织寺庙管理委员会干部、寺庙僧人共12人，走出墨脱县开展"紧跟脚步护核心、凝聚共识谱新篇"为主题的实地观摩学习活动，先后到波密县扎木中心县委红楼、林芝市规划馆、巴宜区林芝镇嘎拉村、巴宜区贡布公园（民族团结广场）、林芝市藏东

12月14日，墨脱县委统战部组织寺管会干部和僧人到林芝市科技馆参观　　（县委统战部／提供）

南文化遗产博物馆、巴宜区尼池拉康开展实地观摩学习。

16日　西藏自治区党委书记王君正到墨脱县调研，先后到墨脱镇玛迪村、拉贡茶园、德兴乡、县委党校、墨脱门珞历史博物馆、背崩乡巴登村，考察特色产业发展、边境小康村建设和基层党组织建设等情况。

是日　国家民族事务委员会下发《国家民委关于命名第九批全国民族团结进步示范区示范单位的决定》，墨脱县被国家民族事务委员会命名为第九批全国民族团结进步示范区示范单位。

24日　墨脱县举办首届“舞动墨脱”广场舞大赛。退休老干部、广场舞团、县民间艺术团等共计60余人参与，观看群众达600余人。

27日　中华全国工商业联合会办公厅《关于确认2020—2021年度全国“五好”县级工商联的通报》发布，确认墨脱县工商业联合会为2020—2021年度全国“五好”县级工商联。

30日　为提升城镇居民管理水平，适应县城城市化发展需要，墨脱镇成立东布路社区，统一管理县城常住人口1038户、2169人。该社区为全县首个社区。

是月　总投资181.4万元的县人民医院负压病房初步建成，共有病房2间，设置3张床位，配备相应设备。

县情概况

雅鲁藏布江上空的彩虹　　（勾　昆/摄）

自然历史

【地理位置】 墨脱县位于西藏自治区东南部雅鲁藏布江下游，喜马拉雅山脉南麓岗日嘎布山脉南坡，东与察隅县相连，西与米林县、巴宜区相邻，北与波密县相接，南面同印度毗邻，全县国土面积31450平方千米，县人民政府驻地墨脱镇距离林芝市人民政府驻地巴宜区346千米，距离自治区首府拉萨市728千米。

【自然概貌】 墨脱县地处雅鲁藏布大峡谷下游，地势北高南低，县境北、东、西三面为高山环绕，南面由中山向低山地带过渡。雅鲁藏布江自北向南穿过全境，形成向南开口的“马蹄形”地势，全县地貌类型分为海拔5500米以上的北部冰蚀高山、极高山（岗日嘎布山脉），东西部海拔约4000米的寒冻高山（念青岗日山、阿拉亚日山脉、南迦巴瓦峰和加拉白垒峰），中部为深切割高山峡谷与南部低山、丘陵、平原4个地貌类型。全县平均海拔1200米，县城海拔1100米，全县最高海拔为7782米的南迦巴瓦峰，最低海拔为154米的巴昔卡雅鲁藏布江出境处，相对高差达7628米。北部山地在流水侵蚀和强劲暖湿气流剥蚀下，山势陡峭，河谷深切，相对高差达3000—4000米，形成世界最深、最长的大峡谷——雅鲁藏布大峡谷。南部中低山坡度较缓，地势渐次开阔，相对高差500—1000米。全县境内分布有雅鲁藏布江、白马西路河、金珠藏布、多雄弄巴、西贡河、泸公河等大小河流39条，均属雅鲁藏布江水系，河网密度0.94米/平方千米。由于全县山势由北向南海拔高度急剧下降，全县形成热带、亚热带、温带及寒带并存的立体气候带。降水丰沛，阳光充足，气候条件优越，被称为“西藏的西双版纳”“西藏高原天然氧吧”。2021年，墨脱县年平均气温16.8℃，年平均降水量2088毫米。

位于雅鲁藏布江畔的墨脱县城　　（县广播电视台/提供）

【历史沿革】 墨脱藏语意为“花朵”，又名“白玛岗”。墨脱县历史悠久，早在新石器时代晚期，墨脱县境内便有古人类活动。自7世纪吐蕃政权势力进入墨脱地区起，至19世纪前期，历届西藏地方政权曾多次涉足墨脱地区，但均未能实现有效管辖。17世纪中叶，门巴族开始迁入墨脱地区。清光绪七年（1881），噶朗王（波密土王）旺秋绕顿在地东村建立地东宗，首任宗本为门巴族的诺诺拉。民国8年（1919），因地东村缺水，宗政府迁至墨脱村，并改地东宗为墨脱宗。民国16年（1927）至民国20年（1931），西藏噶厦地方政府与波密土王之间爆发战争，波密土王战败。自此，西藏噶厦地方政府正式接管墨脱地区，将墨脱地区分封给色拉寺、倾多寺和松宗寺，色拉寺、倾多寺和松宗寺分别成立宗政府，对墨脱地区划定区域实施管辖，直至1951年西藏和平解放为止。1952年4月，珞瑜（墨脱）地区划归中共波密分工委管辖。1955年4月，中共波密分工委撤销，成立中共塔工分工委，珞瑜（墨脱）地区划归中共塔工分工委管辖。1959年8月27日，中共墨脱县委、县人民政府在米林县派区成立，属塔工地区管辖。1964年7月，墨脱县划归拉萨市管辖。1975年3月，墨脱县委、县革命委员会从马尼翁搬迁至墨脱公社东布。1986年2月，墨脱县划归林芝地区管辖。2015年3月，撤销林芝地区，设立地级林芝市，墨脱县属林芝市管辖。

2021年12月，成立墨脱镇东布路社区居民委员会，统一管理墨脱镇墨脱村、亚东村城镇居民户籍人员。

【行政区划】 截至2021年末，全县辖1个镇、7个乡，分别是墨脱镇，背崩乡、德兴乡、达木珞巴民族乡、格当乡、帮辛乡、加热萨乡与甘登乡，其中有5个边境乡（镇）。全县共有45个建制村、1个社区，其中有34个边境村。

县人民政府驻地：墨脱镇双拥路。

【人口民族】 墨脱县是以门巴族、珞巴族为主，藏族、汉族及其他少数民族杂居的多民族聚居边境县。截至2021年末，全县常住人口为14941人，其中农村居民人口11632人。

【自然资源】 墨脱县辖区内雅鲁藏布大峡谷国家级自然保护区面积55.75万公顷，占雅鲁藏布大峡谷国家级自然保护区总面积的60.81%，为西藏高原海拔最低、环境最好、生态保存最好的县。全县林地面积252.93万公顷，全县林木绿化率81.18%，活立木总蓄积量5.65亿立方米。全县生物资源多样，分布有高等植物3000余种，野生兰科植物300余种，墨脱县特有植物170余种，国家重点保护野生植物80余种；全县有记载的野生脊椎动物457种，国家重点保护野生动物有孟加拉虎、熊、云豹、小熊猫与羚牛等128种；已探明矿产资源主要有云母、砂金、石灰岩、花岗岩、锰矿、黄铜矿、铅锌矿与铁矿等；雅鲁藏布江水资源丰富，年径流量1400余亿立方米，年径流深1903毫米，水能蕴藏量达6122万千瓦。平均单位河长天然水能蕴藏量13.86万千瓦/千米，为世界同类大河水能蕴藏量之最。

【旅游资源】 墨脱县旅游资源丰富，自然景观主要有南迦巴瓦峰、雅鲁藏布大峡谷、果果塘雅鲁藏布江大拐弯和林多雅鲁藏布江大拐弯等世界著名自然景观，知名自然景观还有嘎龙拉天池、布裙湖、汗密原始森林与老虎嘴瀑布等；历史人文景观主要有仁青崩寺、墨脱门珞历史文化遗产博物馆（莲花阁）与藤网桥等；民族传统文化主要有门

雅鲁藏布大峡谷　（县文化和旅游局/提供）

汗密原始森林　（县文化和旅游局/提供）

巴族、珞巴族与藏族传统民族文化。墨脱县特别适于徒步观光旅游、野外探险旅游、科学考察旅游与自驾车旅游，多条进入墨脱县的徒步观光旅游线路在国内网络上受到网友关注。2001年，从米林县派镇翻越多雄拉山，穿越汗密原始森林，经背崩乡至墨脱县城的徒步旅游线路被网友评为“全国十大徒步路线之首”。2009年7月，《中国国家地理》将尚未全年全程通车的波墨简易公路命名为“中国终极越野之路”。

9月27日，墨脱县新冠肺炎疫情防控一线工作人员在墨脱镇亚东村核酸检测点开展信息录入 （县应对疫情工作领导小组办公室／提供）

社会经济发展

【新冠肺炎疫情防控】 2021年，墨脱县及时调整充实由县委书记、县人民政府县长为双组长的县应对新型冠状病毒感染的肺炎疫情（以下简称“新冠肺炎疫情”）工作领导小组，全面领导全县新冠肺炎疫情常态化防控工作，落实“外防输入、内防扩散”要求，下设12个专项组，全力投入新冠肺炎疫情常态化防控工作。制定墨脱县疫情防控工作“三包”责任方案，形成“县包乡、乡包村、村包联户、联户包户到人”的县、乡（镇）、村三级网格化疫情防控工作体系，进一步织密疫情防控防线、筑牢防控屏障，扎实开展外来人员排查和健康管理、重点领域疫情防控、边境地区疫情防控等各项防控工作。年内，墨脱县严格落实“应检尽检、愿检尽检”原则，共开展核酸检测17279人份，其中开展抵边村民抽检2417人份、物品检测173件份，结果均为阴性。持续推进全县新冠疫苗接种工作，全年全县完成接种第一剂次16715人，完成接种第二剂次15575人，完成接种第三剂次7163人。制定《墨脱县边境通道管控防范工作方案》，建立完善边境通道管控和疫情防控工作机制，强化边境通道、山口的封控、管控力度，强化边境村外来人员动态监控，严防新冠肺炎疫情从境外传入。全年组织基层力量3.4万余人次开展巡边护边工作。年内，墨脱县新冠肺炎疫情常态化防控工作做到零输入、零感染，全县社会面持续稳定和谐，边境地区安全稳定。

【平安墨脱建设】 2021年，墨脱县组织开展“3月综治宣传月”“6月综治宣传周”“9·16”平安西藏宣传日、“12·4”国家宪法日集中宣传活动，强化宣传。年内，墨脱县抓实市域社会治理现代化试点工作，以县城4个便民警务站和45个建制村管辖区域为基本网格，将全县划分为49个网格，配备网格长、网格员，加强对网格内人、地、事、物、情、组织的全面管理，实现网格化服务管理全覆盖。全县328个“双联户”联户单位共计开展矛盾纠纷排查3304次、排查化解纠纷57起，开展安全隐患排查4827次、排查整治隐患365处，开展治安巡逻13204次，环境卫生整治4012次，收集社情民意73条，帮教重点人员532次，有效促进基层社会和谐稳定，持续推动平安墨脱建设。是年，墨脱县平安建设（综治工作）工作名列林芝市各县（区）第二位，并被评为林芝市“先进双联户”先进县（区）。

【经　济】 2021年，全县实现地区生产总值8.52亿元，同比增长7.1%。其中第一产业增加值0.51

亿元，同比增长0.2%；第二产业增加值3.52亿元，同比增长4.2%，其中工业增加值0.31亿元，同比增长12.1%，建筑业增加值3.21亿元，同比增长2.4%；第三产业增加值4.49亿元，同比增长9.8%。三次产业比例为6∶41∶53。

【农　业】 2021年，全县实现农林牧渔业总产值5926.65万元，同比增长4.5%。其中，农业产值4194.16万元，同比增长25.6%；牧业产值1450.48万元，同比下降27.8%；林业产值29万元，同比下降75.9%；渔业产值3.02万元，同比增长3.02倍；农林牧渔服务业产值250万元，同比增长25%。

种植业 2021年，全县粮食播种面积1130公顷，产量约4628.4吨；蔬菜种植196.93公顷，产量约1348吨。

畜牧业 截至2021年末，墨脱县生猪养殖规模6400余头，其中能繁母猪2100头，存栏4400余头。全年肉产量220吨，奶产量92.4吨。冬播地饲草复种200公顷。

农业机械化 2021年，墨脱县完成"无人机首次喷药"和"双人采茶机首次采茶"作业。

林　业 2021年，墨脱县组织2000余人开展义务植树活动，种植鱼尾葵、刺桐、蜜柚、墨脱花椒等苗木1.61万余株，造林面积29.33公顷。共种植各类树木1.3万株，造林面积11.71公顷。完成2019年庭院经济及林木种植绿化项目和墨脱县背崩乡苗圃基地智能温室大棚建设项目验收。完成2021年度森林抚育333.33公顷。全年建成特色林果经济基地30个，面积150.13公顷。持续开展自然保护地整合优化工作。

3月12日，墨脱县举行义务植树活动，图为广东省第九批援藏工作队墨脱县工作组援藏干部与县机关干部、墨脱边防团官兵及墨脱县完全小学的孩子们在墨脱镇墨脱村种下桃花、乌木、香橼等共200多株植物

（广东省第九批援藏工作队墨脱县工作组／提供）

农业基础设施建设 2021年，墨脱县建成高标准农田66.67公顷，良种繁育基地86.67公顷，完成农业社会化服务托管面积133.33公顷。

特色产业 2021年，县农业农村局牵头成立墨脱县茶叶产业协会，制定《墨脱茶叶产业标准化

11月上旬，林芝墨脱茶业公司喜马拉雅圣茶"双十一"促销活动正在进行中

（习　昆／摄）

体系》，并完成18项茶叶技术标准专家评审、网上公示及发布等工作。联合县乡村振兴局建成高山有机茶园103个，总面积1280公顷，可采摘面积574.6公顷，全年采摘茶青22.57万千克，增收1157万元，同比增长44.6%，实现户均增收8287元，人均增收1859元。5月，玛迪水产养殖项目一期工程建成试投产。截至年末，养殖的南美对虾已陆续上市销售200余千克，带动群众增收4万余元，填补西藏自治区高档水产品养殖空白。

2021年，察墨公路建设项目第2合同段基本竣工，图为建成路段

（县交通运输局／提供）

【电力及工业】 2021年，墨脱县主电网延伸工程全面完成，城关变电站总容量翻一番，达到11300千伏安。

2021年，林芝墨脱茶业有限公司被纳入规模以上工业企业统计，为全县首个被纳入规模以上工业企业统计企业。9月2—7日，应西藏自治区商务厅邀请，林芝墨脱茶业有限公司参加在北京市举行的2021年中国国际服务贸易交易会。2021年，林芝墨脱茶业有限公司全年产值增加15.1%。

【固定资产投资】 2021年，墨脱县固定资产投资项目共84项，计划总投资64.02亿元，全年完成投资额14.46亿元，同比增长44.7%，其中国家投资13.99亿元、民间投资达0.47亿元。

【交　通】 5月16日，米林县派镇至墨脱县背崩乡的派墨公路最后一个控制性节点工程——老虎嘴隧道贯通，比原计划工期提前228天，历时建设近7年的派墨公路全线贯通。截至年末，总投资88716.7万元的219国道线墨脱至察隅段第2合同段建设项目基本完工，总里程38.82千米。截至年末，全县公路总里程529.24千米，乡（镇）公路通达率为100%，通畅率为62.5%；村公路通达率为100%，通畅率为71.74%。全县5个乡（镇）20个建制村实现通客车，建制村客车通达率达44.44%，建制村通达率较上年上升13.3%。县客运站全年实现客车发送班次1299辆次、客运载客量7734人次，实现营收58.09万元。

【通　信】 2021年，墨脱县新增通光纤建制村7个。截至年末，全县共有通信基站221个，其中2G基站71个，4G基站140个，5G基站10个。除甘登乡外，全县实现4G信号全覆盖。

【生态环境】 2021年，墨脱县严守生态保护红线，坚决打好蓝天、碧水、净土保卫战。全县空气质量优良天数比例为100%，水、土壤质量保持良好。推行“河（湖）长+检察长+警长”协作机制，完成白玛西路、西工河、嘎弄曲3条河流管理范围划定，累计巡河（湖）1747人次。其间，团县委多次组织环保志愿者开展“保护母亲河”志愿活动。年内，根据《生态环境部西南督察局赴林芝日常督察问题清单》，共6大类、12项问题，墨脱县涉及共性问题3项，县生态环境分局组织制定《墨脱县关于生态环境部赴林芝市日常督察反馈问题整改方案》，并督促相关部门加大对茶叶、垃圾、污水三项内容相关整改措施落实情况的监督。是年，全县申报自治区级生态文明建设示范乡（镇）2个、示范村14个。

【城乡建设】 2021年，墨脱县城莲花小区、兰花小区片区棚户区改造和背崩乡5个标准化村级组织活动场所建设等项目如期完成。墨脱镇、背崩乡基础设施改造提升工程建设完成，县城排水防涝工程、80K污水处理厂、背崩乡污水处理厂与80K垃圾转运站全面完工，康卓登、兴开、德尔贡搬迁点和格当乡供水工程完成施工，完成县城三叠泉路改造提升工程、县城卓玛拉路市政道路改扩建工程。持续推进特色小镇、边疆明珠小镇、周转房建设等18个“十四五”规划重点项目前期工作。

年内，墨脱县列入《西藏自治区边境地区小康村建设规划2017—2020年》共有5个边境乡（镇）34个边境村庄，规划内人口1904户、8528人（其中建档立卡脱贫户333户、1238人），规划总投资8.32亿元。截至年末，34个边境地区小康村建设项目已全部完工，累计完成投资8.32亿元。3月11日，全县3个抵边搬迁安置点（德尔贡、康卓登、兴开）建设项目开工建设，涉及搬迁群众660人，下达批复总投资2.46亿元，全年累计完成投资1.35亿元，完成总工程量的55.14%。

是年，墨脱县持续开展村庄清洁专项行动，共出动3万余人次，全面整治私搭乱建、乱堆乱放、畜禽粪污、卫生死角、非正规垃圾堆放点等影响村容村貌现象，累计清理农村生活垃圾600余吨、白色垃圾200余吨、村内

9月12日，共青团墨脱县委员会组织志愿者开展“‘河’我一起保护母亲河”志愿行动，图为志愿者在清理打扫雅鲁藏布江岸垃圾 （共青团墨脱县委员会／提供）

2021年，改造后的三叠泉路 （勾 昆／摄）

2021年，背崩乡波东村边境地区小康村建设现场 （县发展和改革委员会／提供）

沟渠400余千米、淤泥200吨，确保村庄清洁工作全覆盖、无死角。持续推进全县农村户厕改造工作，及时足额兑现全县2020年41户农村户厕改造奖补资金8.2万元，并如期完成2021年户厕改造19户的目标任务。

【商贸物流】 2021年，墨脱县消费品零售总额达7281万元，同比增长11.9%；其中城镇消费品零售总额6337万元，同比增长12.6%，乡村消费品零售总额944万元，同比增长7.3%。商品零售5893万元，同比增长39.6%；餐饮收入1388万元，同比下降39.3%。全年邮务类业务累计完成46.75万元，同比下降57.49%。寄递类业务累计完成54.89万元，同比增长95.16%。

【旅　游】 2021年，全县接待游客总数为20.58万人次（其中探亲、公务、务工人员及本地游客8.95万人次），同比增长136%。实现旅游总收入7893.07万元，同比增长264%，其中农牧民收入1193.8万元，同比增长152%，旅游产品收入494.22万元，家庭旅馆接待游客3.35万人次，总收入185.32万元。

3月，墨脱县举行林芝市第十九届桃花旅游文化节——墨脱徒步文化旅游活动，自治区内外徒步爱好者600人参加；5月，广东省第九批援藏工作队墨脱县工作组投入资金13万元，举行广佛地铁"墨脱号"地铁宣传月活动，在"广佛援藏同城号"地铁上设置2节"墨脱号"车厢，对墨脱县传统民族文化与自然风光、旅游景观进行为期1个月的持续宣传推广。

年内，完成墨脱县雅鲁藏布大峡谷景区项目、墨脱景区项目、亲江景区项目、仁青崩景区项目建设。

【招商引资】 2021年，墨脱县招商引资到位资金1.55亿元，同比增长1.31%。

【财政金融】 2021年度，墨脱县一般公共预算收入6277万元，比上年增加524万元，同比增长9.11%，完成年初预算目标的173.02%。其中税收收入完成3104万元，占一般公共预算收入的49.45%，比上年减少1315万元，同比下降29.76%。一般公共预算支出完成84608万元，比上年减少27681万元，同比下降24.65%，其中与民生相关的一般公共服务、公共安全、教育、文化旅游体育与传媒、社会保障和就业、卫生健康、节能环保、城乡社区、农业林业水利9项支出累计完成74575万元，占一般公共预算支出的88.14%。年末全县金融机构各项存款余额14.25亿元，贷款余额13.21亿元。

【援藏工作】 2021年，广东省第九批援藏工作队墨脱县工作组遵循"项目为王，落实为要"的工作理念，克服各种困难，持续推进援藏项目建设，全年实施墨脱县城乡供水保障工程、墨脱县完全小学教学条件改善工程、雅鲁藏布江果果塘大拐弯"一心两翼大环线"旅游基础设施提升工程、墨脱村民俗文化体育设施等"十四五"规划援藏项目5个，完成投资3750万元。年内，背崩乡卫生院易地新建等佛山市"十三五"援藏规划建设项目全部通过竣工验收，投入使用。

3月31日，林芝市第十九届桃花节墨脱县徒步文化旅游节启动仪式举行

（县文化和旅游局/提供）

3月16—17日，广东省第九批援藏工作队墨脱县工作组工作人员前往墨脱最边远的帮辛乡、加热萨乡、甘登乡调研，图为县委常务副书记、墨脱县工作组组长叶敏坚（右二）在甘登乡甘登村建档立卡脱贫户布姬家中走访慰问

（广东省第九批援藏工作队墨脱县工作组／提供）

【教　育】2021年，墨脱县实现学前三年毛入园率97.8%，小学适龄儿童净入学率99.93%，初中阶段适龄少年毛入学率101.92%，义务教育阶段巩固率100%，义务教育适龄残疾儿童净入学率100%。年内，墨脱县严格落实15年免费教育政策，按学前教育3800元／人·学年，义务教育阶段4300元／人·学年的标准，将“三包”经费按月足额拨付至各执行学校。严格执行“农村义务教育学生营养改善计划”经费使用规定，按“每生每天4元，每年按200天计算”的标准，将“农村义务教育学生营养改善计划”经费按月足额拨付到各执行学校。全年累计支出“三包”经费1014.53万元，“农村义务教育学生营养改善计划”经费136.83万元。全年累计发放各类资助金70.62万元，惠及师生160人。

7月5日，县完全小学学生在操场上开心地游戏　（勾　昆／摄）

【科　技】2021年，墨脱县利用科技特派员农村创业平台，实施达木珞巴民族乡卡布村和背崩乡格林村茶园科植养殖结合项目、格当乡格当村种植灵芝等名贵药材项目、德兴乡易贡白村古茶树扦插扩繁、在巴日村至朗杰岗村之间废弃公路沿线示范种植脆柿子等项目。投入试验资金7万元，开展生态有机茶园养殖家禽技术试验。4月18日，佛山科学技术学院与墨脱县签订“共建墨脱香橼佛山科研基地”合作协议。10月17日，墨脱县人民政府与福建省农业科学院签订战略合作框架协议。

【文　化】2021年，墨脱县举行庆祝中国共产党成立100周年、西藏和平解放70周年文艺汇演与“三大节日”文艺汇演。完成墨脱县文化旅游资源系统整理；积极开展文艺“八进”70场和“戏曲进乡村”48场，观看群众达16143人次；开展“送图书下乡”活动，送出图书3400余册，并为县直属各单位送图书4000余册；有序开展“广东国家级历史文化名城、名镇、名村”巡展活动；年内，成功申报达木珞巴民族乡为林芝市特色民间文化艺术之乡。

【广播电视】 是年，县广播电视台共制作播出《墨脱新闻》104期，播出新闻525条，林芝市广播电视台全年采用稿件114篇。新媒体平台发布视频70条，浏览量50万次。全年制作播出《党史我来说》3期,《党史小知识》100期，《我们的家乡》11期。全年购买播放优秀主旋律电视剧130集，电影32部。播放公益广告175条。如期完成庆祝中国共产党成立100周年大会与庆祝西藏和平解放70周年大会的安全播出任务。

县广播电视台工作人员在进行安全播出监控　（县广播电视台／提供）

【医疗卫生】 2021年，全县医疗机构门诊总量达57628人次，开展中小手术2249例,其中中手术61例。年内，先后制定下发《墨脱县医共体业务管理办法》《墨脱县医共体人员管理办法》《墨脱县医共体财务管理办法》,持续推进以县人民医院为核心的县域医共体改革。

是年，墨脱县以县人民医院创建“二级甲等医院”、县藏医院搬迁至县藏医院新建门诊大楼运营为契机，实施县人民医院术科大楼、县人民医院标准化远程会诊中心项目与县藏医院新建门诊大楼附属工程、墨脱镇卫生院等建设项目，努力加快全县医疗机构基础设施建设进程。在此基础上，依托中国人民解放军陆军第956医院和佛山市对口支援，持续提升县、乡（镇）医疗机构整体医疗技术水平。4月，佛山市卫生局派出3名中医人才，有效提升县人民医院新成立的中医科、疼痛科、康复理疗科整体医疗技术水平。年内，佛山市援藏医疗队进驻墨脱县藏医院，新建县藏医院“藏医治未病专科”门诊及住院部，并积极申报林芝市重点专科。年末，经广东省第九批援藏工作队墨脱县工作组牵线，全县8所乡（镇）卫生院与佛山市5区各镇（街道）卫生院建立对口帮扶关系。

【体　育】 2021年，墨脱县积极举办各种体育赛事，营造浓厚的群众体育运动氛围，继续推广“三大节日”系列体育活动，举办“雅江杯”足球赛，年初举办的第13届“雅江杯”足球赛共有18支球队、300名球员参与，并吸引新华社记者的关注报道。年内，相继举行“迎新杯”篮球赛、环城徒步比赛、桃花旅游节徒步活

9月18日，县人民政府办公室牵头举办县直属机关职工趣味运动会，图为拔河比赛现场　（县人民政府办公室／提供）

动、第三届“莲花杯”夏季六人制足球联赛，第二届“成长杯”中小学组足球联赛、机关趣味运动会等系列体育活动。5月，墨脱县被国家体育总局列为首批“全国县域足球典型”；12月，西藏林芝墨脱耐力项目高原训练场正式挂牌。

【社会民生】 2021年，墨脱县城镇居民人均可支配收入41346元，同比增长13.3%。农村居民人均可支配收入15278元，同比增长18.7%。全年实现2021年应届高校毕业生初次就业158人，就业率99.37%。

2021年，墨脱县兑现残疾人机动燃油车补贴30人，补贴资金共计1.14万元（其中无劳动力残疾人20人，补贴资金共计7600元）。为无劳动力残疾人9人兑现“阳光家园”居家托养补贴1.35万元。兑现困难残疾人家庭无障碍改造资金3.5万元，10人受益。全年发放残疾人“两项补贴”资金83.6万元。

2021年，全县企业职工基本养老保险参保554人，机关事业单位养老保险参保1355人，失业保险参保1182人，工伤保险参保1908人，城乡居民社会养老保险总参保6079人（含待遇领取885人）；全县参加城乡医疗保险的居民共计1.12万人，职工医疗保险参保人数1753人，全县城乡居民、城镇职工医疗保险享受待遇报销18669人次、统筹基金支出19279186.71元。

截至年末，墨脱县共有农村低保户114户、341人，城镇低保户10户、22人。是年，城镇低保标准由2020年的847元/人·月调整到910元/人·月，农村低保标准由2020年的4713元/人·年调整到5060元/人·年。全年发放城乡低保资金共计137.76万元。全县共有特困供养人员75人，全年共发放特困人员生活补助及护理补贴83.28万元。全年共受理临时救助申请46起，累计为173名困难群众解决救助资金38.6万元。

【乡村振兴】 2021年，墨脱县持续推进巩固拓展脱贫攻坚成果同乡村振兴有效衔接工作，严格落实“五年过渡期”“四个不摘”要求，根据中共中央和自治区党委、市委关于推动全面巩固拓展脱贫攻坚成果同全面推进乡村振兴有效衔接的决策部署和具体要求，6月1日，成立以县委书记任组长的墨脱县委农村工作领导小组

人民日报
RENMIN RIBAO
人民网网址：http://www.people.com.cn
2021年2月5日 星期五
新春走基层
西藏多龙岗村村民
『乡亲们暖了心窝窝』
陕西千阳县农民
『红苹果成了金果果』

2月5日，《人民日报》头版刊载《西藏多龙岗村村民“乡亲们暖了心窝窝”》的报道，记载多龙岗村易地搬迁移民的幸福新生活 （匀 昆/摄）

（乡村振兴战略领导小组）。制定下发《墨脱县建立防止返贫致贫监测和帮扶机制实施方案》，建立防止返贫动态监测帮扶联席会议机制，完善县、乡（镇）、村三级防止返贫致贫常态化监测网络体系，采取预防性措施和事后帮扶相结合，精准分析返贫致贫原因，分层分类及时将农村低保对象、农村特困人员、农村易返贫致贫人口、易地搬迁群众及因病因灾因意外事故等刚性支出较大或收入大幅缩减导致基本生活出现严重困难人口等纳入重点监测范围，截至年末，全县共有“三类人群”25户、96人。

年内，全县核查出6户农村住房存在安全隐患，截至年末，已完成2021年农村房屋安全加固提升工作。

全年实现群众转移就业3755人，收入3606.53万元；年内，全县交由农牧民施工企业参与建设项目40个，促进群众就业1052人次，累计增收1137万元，人均增收1万余元。申报创立的劳务品牌“墨脱采茶人”入选西藏自治区典型劳务品牌，并被纳入人力资源和社会保障部新公布全国劳务品牌建议名单。在第三届全国创业就业服务展示交流活动中，“墨脱采茶人”劳务品牌被列入“创新发展类”劳务品牌。

2月5日，《人民日报》头版《新春走基层》栏目刊载记者琼达卓嘎撰写的《西藏多龙岗村村民“乡亲们暖了心窝窝”》，报道格当乡多龙岗村易地扶贫搬迁群众“新村新居，新生活新产业，乡亲们暖了心窝窝”安居乐业的喜人变化和“一定要加倍努力，让好日子好上加好”对未来生活的美好憧憬。

中共墨脱县委员会

10月21—22日，中共墨脱县委组织开展“紧跟总书记足迹、做到‘两个维护’”主题党性教育活动.图为活动场景

（县委办公室／提供）

综　述

【概　况】 2021年，中共墨脱县委坚持以习近平新时代中国特色社会主义思想为指导，深入学习贯彻习近平总书记在庆祝中国共产党成立100周年大会上的重要讲话、习近平总书记考察西藏重要讲话和中共十九届六中全会、中央第七次西藏工作座谈会精神，全面贯彻新时代党的治藏方略，贯彻新发展理念、构建新发展格局，坚持稳中求进工作总基调，锚定稳定、发展、生态、强边四件大事，做到“四个确保”，统筹推进新冠肺炎疫情常态化防控、巩固拓展脱贫攻坚成果同乡村振兴战略有效衔接、全县经济社会发展等各项工作，着力推进稳增长、促改革、调结构、惠民生、防风险，有效促进全县经济社会高质量发展。

【经济发展】 2021年，全县地区生产总值8.52亿元，增速7.1%。全县一般公共财政预算收入6277万元，同比增长9.11%；全年全县固定资产投资完成14.46亿元，同比增长44.71%；社会消费品零售总额达7281万元，同比增长11.9%；落实招商引资项目13个，完成投资1.53亿元。城镇居民人均可支配收入41346元，同比增长13.3%，农村居民人均可支配收入达15278元，同比增长18.7%。全年完成34个边境地区小康村建设项目，累计完成投资8.32亿元。截至年末，全县公路总里程达529.24千米，

背崩乡地东村边境地区小康村建设项目实施后场景

（县发展和改革委员会／提供）

乡（镇）、建制村公路通达率均为100%。5个乡（镇）20个建制村实现通客车，派墨公路全线连通。通信信号通乡率、通村率均为100%，电视、广播综合人口覆盖率均达100%。累计发电量2729万千瓦时，完成供电量2325万千瓦时，完成售电量2036万千瓦时。实现城镇登记失业率2.5%以下，完成城乡居民社会养老保险总参保人数6079人，参保率达100%。

重要会议

【中共墨脱县第八届委员会第六次全体会议】 1月27—28日，中共墨脱县第八届委员会第六次

1月27—28日，中共墨脱县第八届委员会第六次全体会议召开，图为会议开幕场景

（县广播电视台／提供）

全体会议召开。会议由县委常委会主持，受八届县委常委会委托，林芝市政协党组成员、副主席、县委书记旺东作工作报告。全面总结2020年成绩，分析形势，研究墨脱县“十四五”规划和2035年远景目标，开启建设社会主义现代化墨脱的进程。第八届县委委员15人，候补委员4人出席会议。其他不是第八届县委委员的县级领导、各乡（镇）党政主要领导、县（中央、自治区）直属各单位负责人、第八届县纪委委员及“两代表一委员”、退休干部代表共计95人列席会议。

中共墨脱县第八届委员会第六次全体委员会议参会人员名录

（共104人）

一、八届县委委员（15人）

表1

序号	姓名	单位职务	备注
1	旺　　东	市政协党组成员、副主席，县委书记	
2	魏长旗	县委副书记、县人民政府县长	
3	多吉扎西	县委常委、县人大常委会主任	
4	吕清云	县委常委、县人民武装部政委	
5	边巴索朗	县委常委、统战部部长	
6	朱宇峰	县委常委、纪委书记、监委主任	
7	陈金鑫	县委常委、组织部部长	
8	扎西顿珠	县委常委、宣传部部长	
9	格桑卓嘎	县人大常委会副主任、墨脱镇党委书记	
10	王桂兰	县人民政府副县长、德兴乡党委书记	
11	云　　登	县人民法院院长	
12	王海斌	背崩乡党委书记	
13	杨　　郓	达木乡党委书记	
14	张志强	格当乡党委书记	
15	白长云	加热萨乡党委书记	

二、八届县委候补委员（4人）

表2

序号	姓名	单位职务	备注
1	达　　穷	帮辛乡党委书记	
2	徐利明	县政协办公室二级主任科员	只参加全会
3	次仁拉珍	市生态环境局墨脱分局行政执法大队副队长	只参加全会
4	扎西江措	墨脱镇巴日村党支部书记、村委员会主任	只参加全会

三、不是县委委员的县级领导（12人）

表3

序号	姓名	单位职务	备注
1	于世高	县人大常委会副主任	
2	杨明强	县人大常委会副主任	
3	白玛多吉	县人大常委会副主任	
4	王旭杰	县人民政府副县长	
5	顿珠次仁	县人民政府副县长	
6	郑　　明	县人民政府副县长	
7	尼玛次仁	县人民政府副县长	

续表 3

序号	姓名	单位职务	备注
8	边巴扎西	县政协副主席	
9	扎西措姆	县政协副主席	
10	嘎玛欧珠	县政协副主席	
11	拉巴次仁	县政协副主席	
12	曲桑顿珠	市人民检察院副县级检察员、县人民检察院副检察长	

四、八届县纪委委员（5 人）

表 4

序号	姓名	单位职务	备注
1	欧珠江村	县政府办公室主任	
2	米玛次仁	县纪委副书记、监委副主任	
3	胡 新 祥	县委巡察工作领导小组办公室主任	
4	次仁旺杰	县退役军人事务局四级调研员	只参加全会
5	王 晓 辉	县纪委常委、案件审理室主任	只参加全会

五、不是县“两委”委员的乡（镇）党政主要负责人（9 人）

表 5

序号	姓名	单位职务	备注
1	姚 关 平	甘登乡党委书记	
2	曹 启 兵	墨脱镇党委副书记、镇长	
3	白玛占堆	德兴乡党委副书记、乡长	
4	扎西曲扎	背崩乡党委副书记、乡长	
5	卓玛央宗	达木乡党委副书记、乡长	
6	索朗旺秋	格当乡党委副书记、乡长	
7	周 大 明	帮辛乡党委副书记、乡长	
8	张　　岗	加热萨乡党委副书记、乡长	
9	西绕多吉	甘登乡党委副书记、乡长	

六、不是县“两委”委员的县（中央、自治区）直属部门主要负责人（54 人）

表 6

序号	姓名	单位职务	备注
1	索朗达杰	县委办公室副主任、保密办公室主任	
2	王 向 军	县人大常委会办公室主任	
3	韩　　振	县政协办公室主任	
4	郭 晓 峰	县委组织部常务副部长	
5	旦增多吉	县委宣传部常务副部长、县人民政府新闻办公室主任	
6	普布泽仁	县委统战部常务副部长	
7	白玛多杰	县委政法委员会常务副书记	
8	多　　呷	县委国家安全委员会办公室副主任	
9	顿　　珠	县直机关工委书记	
10	桑杰顿珠	县发展和改革委员会主任	
11	闫　　强	县教育局党委委员、副局长、体育局局长	
12	巴　　桑	县公安局党委副书记、政委、一级警长	
13	南 效 鹏	县民政局局长	

续表 6

序号	姓名	单位职务	备注
14	才旦旺扎	县司法局局长	
15	格桑扎西	县财政局局长	
16	张 鹏 飞	县人力资源和社会保障局局长	
17	索朗旺扎	县自然资源局局长	
18	刘　　敖	县住房和城乡建设局局长	
19	曲　　珠	县交通运输局局长	
20	布　　琼	县水利局局长	
21	袁 瑜 贵	县农业农村局局长	
22	李　　振	县文化和旅游局局长	
23	布　　穷	县卫生健康委员会主任	
24	罗　　布	县退役军人事务局局长	
25	杨 正 勇	县应急管理局局长	
26	王　　根	县审计局局长	
27	雷　　波	县外事办公室主任	
28	次仁顿珠	县市场监督管理局局长	
29	米玛次仁	县统计局局长	
30	白玛扎巴	县扶贫开发办公室主任	
31	格桑巴珠	县林业和草原局局长	
32	杨 林 鑫	县城市管理和综合执法局局长	
33	扎西顿珠	县医疗保障局四级主任科员	
34	刘 善 超	县人民法院办公室主任	
35	边　　珍	县人民检察院办公室主任	
36	桑布次仁	县工商联主席	
37	梅朵措姆	县总工会主席	
38	肖 莉 莎	团县委书记	
39	米玛曲珍	县妇联主席	
40	次仁桑培	县残联理事长	
41	拉　　珍	县人民医院副院长	
42	杨 东 山	县藏医院院长	
43	林　　平	县疾病预防控制中心执业医师	
44	格桑曲久	市生态环境局墨脱分局局长	
45	巴桑次仁	县税务局局长	
46	扎西索朗	县气象局副局长	
47	白玛益西	农行墨脱县支行行长	
48	白玛次旺	邮政墨脱分公司副经理	
49	遵　　珠	县电信局副局长	
50	桑杰贡嘎	移动墨脱分公司经理	
51	李 向 东	县供电公司支部委员	
52	王 红 波	县消防救援大队大队长	
53	朱　　毅	县公安局副局长、边境管理大队大队长	
54		驻军部队代表	

七、“两代表一委员”（3 人）

表 7

序号	姓名	单位职务	备注
1	次仁布赤	县完全小学教师	自治区党代表

续表 7

序号	姓名	单位职务	备注
2	久　美	县兽防站站长	市人大代表
3	黄昌全	县政协常务委员	县政协委员

八、退休干部代表（2 人）

表 8

序号	姓名	单位职务	备注
1	扎　西	县人大常委会原副主任	
2	仁青多吉	县委统战部原副部长	

中国共产党墨脱县第九次代表大会代表一览表

表 9

序号	姓名	现任职务	备注
1	魏长旗	县委书记	
2	李继承	县委副书记、县人民政府县长候选人	
3	杨玉东	县委常委、人大常委会主任候选人	
4	同宇放	县委副书记	
5	高功强	县委常委、政法委员会书记、县委国家安全委员会办公室主任、县公安局局长、督察长、三级高级警长	
6	陈金鑫	县委常委、组织部部长、县委党校（行政学校）校长、校务委员会委员	
7	扎西顿珠	县委常委、宣传部部长	
8	白玛多吉	县委常委、统战部部长	
9	俸青红	县委常委、纪委书记、监委主任候选人	
10	周　军	县委常委、县人民政府副县长人选	
11	边巴索朗	县政协主席候选人	
12	杨明强	县人大常委会副主任	
13	边巴扎西	县人大常委会副主任候选人	
14	格桑卓嘎	县人大常委会副主任	
15	尹建华	县人大常委会副主任候选人、县委办公室主任	
16	李　伟	县人民政府副县长	
17	郑　明	县人民政府副县长	
18	顿珠次仁	县人民政府副县长	
19	尼玛次仁	县人民政府副县长	
20	次仁达杰	县人民政府副县长人选	
21	王海斌	县委巡察工作领导小组办公室主任	
22	卓玛央宗	县市场监督管理局局长	
23	于世高	县政协副主席候选人	
24	扎西措姆	县政协副主席	
25	拉巴次仁	县政协副主席	
26	云　登	县人民法院院长	
27	秦孟军	县人民检察院检察长	
28	梅朵措姆	县总工会主席	
29	肖莉莎	共青团墨脱县委员会书记	
30	米玛曲珍	县妇联主席	
31	唐　磊	县供电公司总经理	
32	贾　冬	华能林芝水电梯级开发有限公司（墨脱基地）副总经理	
33	周雨树	三峡集团能源投资有限公司党群工作部主任	

续表 9

序号	姓名	现任职务	备注
34	白玛占堆	墨脱镇党委书记	
35	杨林鑫	墨脱镇党委副书记、镇长	
36	赵德波	墨脱镇党委副书记、组织委员	
37	娄发才	墨脱镇党委委员、纪委书记	
38	郭晓峰	德兴乡党委书记	
39	扎西顿珠	德兴乡党委副书记、乡长	
40	杜太永	德兴乡党委副书记、组织委员、三级主任科员	
41	陈正道	德兴乡党委委员、纪委书记	
42	扎西曲扎	背崩乡党委书记	
43	段世宾	背崩乡党委副书记、乡长	
44	次仁曲珍	背崩乡党委委员、宣传委员	
45	李国鸿	背崩乡党委委员、纪委书记	
46	胡新祥	达木珞巴民族乡党委书记	
47	布姆曲珍	达木珞巴民族乡党委副书记、乡长	
48	西洛	达木乡洛巴民族乡党委副书记、组织委员	
49	尚青	达木乡珞巴民族乡党委委员、纪委书记	
50	张岗	加热萨乡党委书记	
51	索朗达杰	加热萨乡党委副书记、乡长	
52	白玛次旺	加热萨乡党委副书记、组织委员	
53	李利剑	加热萨乡党委委员、纪委书记	
54	王根	帮辛乡党委书记	
55	米玛次仁	帮辛乡党委副书记、乡长	
56	刘凯	帮辛乡党委委员、组织委员	
57	陈明亮	帮辛乡党委委员、纪委书记	
58	姚关平	甘登乡党委书记	
59	西绕多吉	甘登乡党委副书记、乡长	
60	李军	甘登乡党委副书记、组织委员	
61	普布次仁	甘登乡党委委员、纪委书记	
62	贺伟	格当乡党委书记	
63	索朗旺秋	格当乡党委副书记、乡长	
64	王洁	格当乡党委副书记、组织委员	
65	刘通	格当乡党委委员、纪委书记	
66	旺前多吉	县人民政府办公室初级工	
67	白玛江增	县人民政府办公室中级工	
68	西绕央宗	县人民医院护师	
69	普布多吉	墨脱县藏医院藏医主治医师	
70	次旺扎西	背崩乡背崩村党支部书记	背崩乡
71	德前措姆	背崩乡江新村党支部统战委员、妇联主席	背崩乡
72	高荣	背崩乡副乡长、地东村党支部书记、第一书记	背崩乡
73	姑姑卓玛	背崩乡阿苍村党支部纪委委员、村务监督委员会主任、妇联主席	背崩乡
74	卓玛央宗	背崩乡波东村党支部党员	背崩乡
75	丁增	背崩乡西让村党支部副书记、村委会主任	背崩乡
76	多杰平措	背崩乡格林村党支部副书记、村委会主任	背崩乡
77	明珠措姆	背崩乡德尔贡村党支部宣传委员、统战委员、妇联主席	背崩乡
78	罗桑	德兴乡一级科员、德兴村第一书记、党支部书记	德兴乡
79	次仁普只	德兴乡文朗村党支部副书记、村主任	德兴乡
80	扎西罗布	德兴乡德果村第一书记、支部书记	德兴乡
81	扎西	德兴乡荷扎村党支部书记	德兴乡

续表 9

序号	姓名	现任职务	备注
82	仁措姆	德兴乡那尔东村党支部党员	德兴乡
83	梅朵拉增	德兴乡巴登则村党支部统战委员、妇联主席	德兴乡
84	多仁	墨脱镇墨脱村党支部党员	墨脱镇老劳模
85	罗布央宗	墨脱镇墨脱村支部组织委员、村委会副主任	墨脱镇
86	曲珍	墨脱镇亚东村党支部党员	墨脱镇
87	次仁措姆	墨脱镇亚东村党支部党员	墨脱镇
88	扎西江增	墨脱镇巴日村党支部书记、村委会主任	墨脱镇
89	索朗拉姆	墨脱镇米日村党支部副书记、村委会主任	墨脱镇
90	顿珠次仁	墨脱镇玛迪村党支部书记	墨脱镇
91	新向东	墨脱镇亚让村党支部书记	墨脱镇
92	小东	达木珞巴乡珠村党支部书记	达木珞巴乡
93	索朗	达木珞巴乡达木村党支部书记	达木珞巴乡
94	次仁桑珠	达木珞巴乡贡日村党支部书记、村委会主任	达木珞巴乡
95	布姆	达木珞巴乡贡日党支部宣传委员、妇联主席	达木珞巴乡
96	嘎玛拉姆	达木珞巴乡卡布村村务监督委员会委员	达木珞巴乡
97	扎西次仁	格当乡格当村党支部书记	格当乡老劳模
98	达瓦卓玛	格当乡布龙村宣传委员、统战委员、民族宗教委员、妇联主席	格当乡
99	扎西	格当乡德吉村党支部书记	格当乡“三老”人员后代
100	措姆	格当乡多龙岗村党支部党员	格当乡
101	索朗措姆	帮辛乡帮果村党支部副书记、村委会主任	帮辛乡
102	格桑	帮辛乡根登村党支部书记	帮辛乡
103	达杰	帮辛乡帮辛村支部书记	帮辛乡
104	贡旺	帮辛乡宗荣村支部书记	帮辛乡
105	次拉	帮辛乡宗荣村党支部党员	帮辛乡
106	贡桑德庆	加热萨乡拉贡村村党支部副书记、村委会主任、社会保障委员、治保调解委员	加热萨乡
107	次成多吉	加热萨乡达昂村村党支部书记	加热萨乡
108	白曲	加热萨乡更帮村组织委员、统战委员、妇联主席、民族宗教委员	加热萨乡
109	果加	甘登乡甘登村党支部书记	甘登乡
110	黄昌全	中共墨脱县建筑酒店党支部书记	两新组织
111	罗布拉姆	中共墨脱县非公经济党支部组织委员	两新组织
112	扎西索郎	县气象局副局长	气象局
113	朱毅	县边境管理大队大队长	边境管理大队
114	张晓欢	中国农业银行股份有限公司墨脱县支行副行长	农行
115	贡嘎拉姆	县邮政局营业员	邮政
116	伟平	县电信局副局长	电信
117	王红波	县消防救援大队大队长	消防
118	姚霞	县公安局党委委员、办公室主任、三级警长	公安局
119	白玛仁增	县公安局机关支部宣传委员、三级警长	公安局
120	旦增旺姆	县人民法院四级主任科员	法院
121	曲桑顿珠	市人民检察院副县级检察员、县人民检察院党组副书记、副检察长	检察院
122	才旦旺扎	县司法局党组书记、局长	司法局
123	达穷	县委政法委员会常务副书记	政法委员会
124	多呷	县委国家安全委员会办公室副主任	国安办
125	费小龙	县委办公室副主任、档案局局长	县委办
126	孟兆国	县人大常委会办公室主任	人大常委会办公室

续表 9

序号	姓名	现任职务	备注
127	欧珠江村	县人民政府办公室主任	政府办
128	韩　振	县政协办公室主任	政协办公室
129	米玛次仁	县纪委副书记、监委副主任	县纪委
130	顿　珠	县直机关工委书记	组织部
131	旦增多吉	县委宣传部常务副部长、县人民政府新闻办公室主任	宣传部
132	普布泽仁	县委统战部常务副部长	统战部
133	梅朵拉增	县委巡察一组四级主任科员	巡察办
134	桑杰顿珠	县发展和改革委员会主任	发改委
135	胡志彬	县教育局党组书记、局长	教育局
136	南效鹏	县民政局局长	民政局
137	格桑扎西	县财政局党组书记、局长	财政局
138	张鹏飞	县人力资源和社会保障局局长	人社局
139	次吉卓玛	县自然资源局四级主任科员	自然资源局
140	格桑曲久	林芝市生态环境局墨脱县分局党组书记、局长	生态环境局
141	刘　敖	县住房和城乡建设局党组书记、局长	住建局
142	曲　珠	县交通运输局党组书记、局长	交运局
143	布　琼	县水利局党组书记、局长	水利局
144	袁瑜贵	县农业农村局党组书记、局长、农业综合行政执法队队长	农业农村局
145	李　振	县文化和旅游局党组书记、局长、文化旅游综合行政执法队队长	文旅局
146	布　穷	县卫生健康委员会党组书记、主任	卫健委
147	高荣华	县应急管理局局长	应急管理局
148	白玛益西	县食品药品稽查队队长	市场监管局
149	米玛次仁	县统计局局长	统计局
150	白玛扎巴	县扶贫开发办公室主任	扶贫办
151	格桑巴珠	县林业和草原局党组书记、局长	林草局
152	陈冠羽	县医疗保障局局长	医保局
153	巴桑次仁	国家税务总局墨脱县税务局党委书记、局长	税务局
154	桑布次仁	县工商联主席	工商联
155	张志强	县审计局局长	审计局
156	白长云	县城市管理和综合执法局党组书记、局长	城管局
157	罗　布	县退役军人事务局局长	退役军人局
158	李秋苹	县四级调研员	县寺管会
159	驻军部队代表		
160			
161			
162			
163	格桑卓玛	墨脱县藏医院副院长、藏医医师	
164	李海东	墨脱县疾病预防控制中心副主任	
165	邓声敏	县人民医院党组书记、院长	
166	欧珠卓玛	县人民医院门诊部主任、医师，纪检委员	
167	谭丽琴	达木乡卫生院负责人、护师	
168	高琪斌	县中学教师	
169	尼玛卓玛	县中学教师	
170	马慧荣	达木乡小学党支部组织委员	
171	吴金琼	县幼儿园党支部组织委员	
172	李　应	墨脱县中学党支部组织委员	
173	桑杰拉姆	德兴乡小学支部副书记、副校长	
174	桑杰罗布	县完全小学教师	

续表 9

序号	姓名	现任职务	备注
175	龙增拉姆	县完全小学教师	
176	东阿丹增	专技	县住建局
177	陈燕华	专技	县农业农村局
178	陈　帅	专技	县政务服务中心
179	杨　凯	专技	县自然资源局
180	桑杰次旺	专技	县文旅局
181	叶敏坚	县委常务副书记、二级调研员	援藏
182	张巍巍	县委副书记、常务副县长	援藏
说明：墨脱县第九次党代会 180 名党代表，实选代表 182 名（2 名援藏干部不占名额）。			

【中共墨脱县第八届委员会第七次全体会议】 4 月 15 日，中共墨脱县委八届七次全体会议召开，审议通过《关于召开中国共产党墨脱县第九次代表大会的决议》。

【中国共产党墨脱县第九次代表大会】 6 月 26—28 日，墨脱县召开中国共产党墨脱县第九次代表大会。自治区党委组织部干部四处处长、换届风气监督组组长杨强到会指导，市委委派的驻会指导市政协党组成员、副主席达瓦，市委组织部委派的驻会指导市委老干部局局长杨运英全程参会指导。听取并审议通过魏长旗代表中国共产党墨脱县第八届委员会向大会所作题为《继往开来　担当作为　砥砺奋进　为打造喜马拉雅南麓最靓丽的边境县而努力奋斗》的报告；书面审查中国共产党墨脱县纪律检查委员会工作报告及关于党费收缴、使用和管理情况的报告。选举产生中国共产党墨脱县第九届委员会委员 24 名、候补委员 5 名，县纪委委员 11 名及出席中国共产党林芝市第二次代表大会代表 21 名。

4 月 15 日，墨脱县召开县委八届七次全体会议，审议通过《关于召开中国共产党墨脱县第九次代表大会的决议》（县委办公室 / 提供）

6 月 28 日，中国共产党墨脱县第九次代表大会投票选举现场（县广播电视台 / 提供）

【县委常委会会议】 中共墨脱县第八届委员会常委会会议 1月4日，县委书记旺东主持召开中共墨脱县第八届委员会第九十八次常委会会议，研究、听取县委组织部提请的《全县2020年基层党建工作及党支部建设开展情况的报告》，研究县人大常委会党组提请的《中共墨脱县人大常委会党组关于召开墨脱县第十一届人民代表大会第七次会议的请示》，县政协党组提请的《政协墨脱县委员会党组关于召开政协第九届墨脱县委员会第六次会议的请示》，县人大常委会党组、县政协党组提请的《墨脱县人民代表大会常务委员会 中国人民政治协商会议墨脱县委员会关于墨脱县"两会"筹备组成员建议名单的请示》，县委办公室提请的《中共墨脱县第八届委员会第六次全体（扩大）会议工作报告》《旺东同志在县委经济工作会议上的讲话》《中共墨脱县委员会关于推进新时代墨脱长治久安和高质量发展的实施方案》，县村"两委"换届工作领导小组办公室提请的《关于墨脱县村"两委"换届工作时间安排的请示》《关于墨脱县村"两委"换届工作人事方案的请示》，县委组织部提请的《关于确定县委班子2020年度民主生活会方案的请示》《关于向中共林芝市委组织部上缴党费的请示》《关于白玛旺前、德庆拉姆2名同志提前退休的请示》。

1月26日，县委书记旺东主持召开中共墨脱县第八届委员会第九十九次常委会会议，研究县委组织部提请的《2020年公务员（参公人员）年度考核事宜》，审定县委办公室提请的《墨脱县委班子2020年度民主生活会对照检查材料（谈论稿）》，研究中国共产党墨脱县第八届委员会第六次全体会议和县委经济工作会议相关事宜；研究《中共墨脱县委员会关于推进新时代墨脱长治久安和高质量发展的实施方案（征求意见稿）》；研究《关于制定国民经济和社会发展第十四个五年规划和二〇三五年远景目标的建议（讨论稿）的请示》；研究《中共墨脱县第八届委员会第六次全体会议工作报告（征求意见稿）》；研究县委书记旺东在县委经济工作会议上的讲话（征求意见稿）；研究《魏长旗同志在县委经济工作会议上的主持讲话（征求意见稿）》；研究县人民政府党组提出的《关于审定墨脱县人民政府工作报告（征求意见稿）的请示》，研究县人民政府提请的《关于审定墨脱县国民经济和社会发展第十四个五年规划和二〇三五年远景目标纲要（草案）的请示》《关于审定墨脱县2020年国民经济和社会发展计划执行情况与2021年国民经济和社会发展计划草案报告的请示》《关于审定2020年财政预算执行情况和2021年财政预算（草案）的请示》，县人大常委会党组提请的《关于审定墨脱县人民代表大会常务委员会工作报告的请示》，县政协党组提请的《关于审定中国人民政治协商会议第九届墨脱县委员会常务委员会工作报告的请示》，县人民法院党组提请的《关于审定墨脱县人民法院工作报告的请示》，县人民检察院党组提请的《关于审定墨脱县人民检察院工作报告的请示》，县纪委监委提请的《关于审定中国共产党墨脱县第八届纪律检查委员会第六次全体会议工作报告的请示》《关于给予朱学学同志党内严重警告处分的请示》《关于给予次仁措姆同志警告处分的请示》，县委组织部提请的《墨脱县干部人事任免建议方案》《墨脱县干部试用期满正式任职建议方案的请示》，安排部署下一步工作。

2月6日，县委书记旺东主持召开中共墨脱县第八届委员会第一百次常委会会议，传达学习《习近平总书记、李克强总理对信访工作的重要指示和批示》《习近平总书记在中央农村工作会议上的讲话》《中共西藏自治区委员会 西藏自治区人民政府 西藏军区关于做好新时代强边工作的意见》《关于三起涉恶腐败典型案例的通报》《中共西藏自治区委员会 西藏自治区人民政府 西藏军区关于印发〈新时代西藏人民武装部建设规范〉的通知》《中共中央 国务院关于实现巩固拓展脱贫攻坚成果同乡村振兴有效衔接的意见》及《林芝市贯彻意见》精神，听取县村"两委"换届工作领导小组办公室《关于墨脱县村"两委"换届工作开展情况的报告》、县委组织部《墨脱县2020年度党费收缴使用和管理情况报告》，安排部署近期工作。

2月26日，县委书记旺东主持召开中共墨脱县第八届委员会第一百零一次常委会会议，传达学习西藏自治区党委落实中央第十巡视组巡视反馈意见整改工作动员会及林芝市贯彻意见精神，《习近平总书记在中央政治局第二十七次集体学习时的讲话》《自治区党委领导同志批示通知》《习近平总书记在党史学习教育动员大会上的讲话》《区党委召开常委会会议，传达习近平总书记在党史学习教育动员大会上重要讲话》《中国共产党党员权利保障条例》及林芝市贯彻意见精神，《西藏自治区贯彻〈党委（党组）意识形态工作责任制实施办法〉实施细则》及林芝市贯彻意见精神，研究墨脱县贯彻意见，安排部署全县近期重点工作。

3月12日，县委书记旺东主持召开中共墨脱县第八届委员会第一百零二次常委会会议，传达学习习近平总书记在全国脱贫攻坚总结表彰大会上的讲话精神，习近平总书记在中共中央党校（国家行政学院）中青年干部培训班开班式上重要讲话精神，习近平总书记在十九届中共中央政治局第二十八次集体学习重要讲话精神，自治区党委书记吴英杰主持召开自治区党委常委会（扩大）会议讲话精神，研究墨脱县贯彻意见；研究县人民政府提请的《关于引进潮州市天下茶业有限公司加工凤凰单丛茶的请示》《关于解决武警中队用地历史遗留问题的请示》《关于举办2021年墨脱县徒步文化旅游节的请示》，县委巡察工作领导小组提请的《关于制定中共墨脱县委员会2021年度巡察工作计划的请示》，县委组织部提请的《关于成立墨脱县“政治标准要更高、党性要求要更严、组织纪律性要更强”专题教育临时党支部的请示》《关于推荐索朗达杰、央宗2名同志为林芝市新时代担当作为好干部初步人选的请示》，安排部署下一步工作。

3月30日，县委书记旺东主持召开中共墨脱县第八届委员会第一百零三次常委会会议，听取审定县委巡视整改工作领导小组办公室提请的《中共墨脱县委员会关于中央第十巡视组巡视反馈意见整改落实情况的报告（建议稿）》，听取县疫情防控工作领导小组办公室提请的《关于墨脱县新冠疫苗接种的工作开展情况报告》，研究县人民政府党组提请的《关于调整使用守边固边及边境小康村资金的请示》《关于解决我县2020年度新增建设用地土地有偿使用费的请示》《关于解决墨脱县城控制性详细规划编制费用的请示》，研究县人民政府提请的《关于审定墨脱县2020—02号国有建设用地使用权出让方案的请示》，县委组织部提请的《关于审定在墨脱县边境一线军地基层党组织推广“五共五固”实施军地党建红色强边方案的请示》《关于肖莉莎等3名同志拟任墨脱县青年志愿者协会会长、副会长的请示》《关于欧成通同志人事调动事宜的请示》，安排部署下一步工作。

4月12日，县委书记旺东主持召开中共墨脱县第八届委员会第一百零四次常委会会议，传达学习九届自治区党委第一百七十一、一百七十二次常委会会议精神及林芝市贯彻意见精神、《关于四起违反中央八项规定精神典型问题通报》及林芝市贯彻意见精神、习近平总书记对政法工作的重要指示、中央政法工作会议精神、《中共中央关于开展全国政法队伍教育整顿的意见》、自治区党委政法工作会议精神、自治区党委书记吴英杰在自治区政法工作会议上的讲话精神、自治区党委书记吴英杰对自治区政法工作的批示、在自治区政法队伍教育整顿动员部署会上的讲话精神及林芝市贯彻意见精神、习近平总书记关于选人用人的重要论述、《关于印发〈违规选人用人专项整治方案〉的通知》精神，听取县委巡视整改工作领导小组办公室《中共墨脱县委常委会中央第十巡视组反馈意见整改专题民主生活会班子对照检查材料（讨论稿）》，县县乡领导班子换届工作领导小组办公室《关于墨脱县县乡领导班子换届工作初步安排情况的报告》，研究县县乡领导班子换届工作领导小组办公室《关于成立中国共产党墨脱县第九次代表大会筹备工作机构的请示》，县委组织部《关于各乡镇召开党代表大会有关事项的请示》，县委组织部《关于审定墨脱县中央扶持资金发展壮大村集体经济项目实施方案的请示》，县纪委监委《关于李和平违纪违法问题的审查调查报告》，县委组织部《关于杨宗林同志人事调动事宜的请示》《关于扎西罗布同志拟兼任墨脱县茶叶产业协会秘书长的请示》《墨脱县干部人事任免建议方案》，开展中央巡视反馈意见整改专题民主生活会会前集中学习。

4月17日，县委书记旺东主持召开中共墨脱县第八届委员会第一百零五次常委会会议，传达学习九届自治区党委第一百七十三、一百七十四次常委会会议精神及林芝市贯彻意见精神、习近平总书记在中央财经委员会第九次会议上的讲话精神，研究县人大常委会《关于审定县、乡两级人民代表大会换届选举工作的实施方案的请示》《关于成立墨脱县县乡两级人大换届选举委员会的请示》，县政协《关于政协第十届墨脱县委员会规模、界别设置的请示》《关于审定政协第十届墨脱县委员会换届工作方案的请示》，县委组织部《关于朱宇峰同志提前退休的请示》《墨脱县干部人事任免建议方案》。

4月26日，县委书记旺东主持召开中共墨脱县第八届委员会第一百零六次常委会会议，传达学习自治区党委全面依法治藏工作会议和全面依法治藏委员会会议精神、墨脱县县乡领导班子换届纪律"十严禁"及干部选拔任用"十不准"、《中国共产党组织处理规定（试行）》精神，研究县委办公室《中共墨脱县委员会关于新时代加强和改进人民政协工作的实施意见（讨论稿）》，县委组织部《关于中国人民政治协商会议第十届墨脱县委员会提名推荐分配的请示》《墨脱县乡镇领导班子换届人事安排》。

5月20日，县委书记旺东主持召开中共墨脱县第八届委员会第一百零七次常委会会议，传达学习《中共中央关于加强对"一把手"和领导班子监督的意见》精神及林芝市贯彻意见、九届自治区党委第一百七十五、一百七十六次常委会会议精神及林芝市贯彻意见，研究审定《在中国共产党墨脱县第九次代表大会上的工作报告（讨论稿）》，县人民政府党组《关于审定〈墨脱县人民政府工作报告（征求意见稿）〉的请示》，县人大常委会党组《关于审定墨脱县第十一届人大常委会工作报告的请示》《关于召开墨脱县第十二届人民代表大会第一次会议的请示》，县政协党组《关于审定中国人民政治协商会议第九届墨脱县委员会常务委员会工作报告的请示》《关于召开政协第十届墨脱县委员会第一次会议的请示》，县纪委监委《关于审定〈中共墨脱县纪律检查委员会在县第九届第一次党代表大会上的工作报告〉的请示》，县人民法院党组《关于审定墨脱县人民法院工作报告的请示》，县人民检察院党组《关于审定墨脱县人民检察院工作报告的请示》。

5月22日，县委书记旺东主持召开中共墨脱县第八届委员会第一百零八次常委会会议，传达学习《关于印发赵乐际和杨晓渡同志在全国巡视工作会议暨十九届中央第七轮巡视动员部署会上讲话的通知》精神，听取关于墨脱县2021年1—4月维护国家安全工作开展情况的汇报、中国共产党墨脱县第九次代表大会前期工作开展情况的汇报，研究县人大常委会党组《关于审议进一步加强和改进新时代人大工作的意见（讨论稿）的请示》《关于墨脱县"两会"筹备组成员建议名单的请示》，县委组织部、县委统战部《关于中国人民政治协商会议第十届墨脱县委员会委员提名推荐名单及常务委员候选人建议名单的请示》，县委组织部《关于县管党费收缴、使用和管理情况的报告》《关于县委提名出席中国共产党墨脱县第九次代表大会代表候选人初步人选及选举分配方案的请示》《中国共产党墨脱县第九次代表大会代表资格审查委员会建议名单的请示》《关于上报中国共产党墨脱县第九次代表大会会议工作方案的请示》《关于中国共产党墨脱县第九次代表大会拟列席人员建议名单的请示》《关于审核选举单位出席中国共产党墨脱县第九次代表大会代表候选人预备人选的请示》，县人民政府《关于终止与西藏国际旅游文化投资集团有限公司合作关系的报告》，县人力资源和社会保障局《关于其美等5名同志调出我县工作的请示》，县纪委提请的《关于给予索朗旺扎、晋美扎西、曲培、杰增旺堆党纪政务处分的请示》。

5月28日，县委书记旺东主持召开中共墨脱县第八届委员会第一百零九次常委会会议，传达学习《中共中央　国务院关于新时代加强和改进思想政治工作的意见》精神及自治区党委书记吴英杰批示精神、九届自治区党委第一百七十七、一百七十八次常委会会议精神及林芝市贯彻意见，听取全县2021年1—5月信访工作开展情况的汇报、县纪委监委2021年1—5月落实党风廉政建设监督责任和反腐败工作暨下一步工作安排的汇报、全县2021年1—4月安全生产工作开展情况的汇报，研究县委统战部《关于审定墨脱县2021年度藏传佛教寺庙财税监管工作方案的请示》，县委组织部《关于墨脱县2021年上半年公务员（事业单位管理人员）调动事宜的请示》《墨脱县县级干部党组职务任免建议方案》《墨脱县干部人事任免建议方案》《墨脱县干部试用期满正式任职建议方案》。

6月4日，县委书记魏长旗主持召开中共墨脱县第八届委员会第一百一十次常委会会议，研究县委组织部《关于确定魏长旗等21名同志出席中国共产党林芝市第二次代表大会代表候选人初步人选的请示》《关于审核选举单位出席中国共产党墨脱县第九次代表大会代表的请示》《关于中国共产党墨脱县第九次代表大会划分代表团的请示》《关于审核乡镇第九届党委和纪委组成人员选举情况的请示》《关于中国共产党墨脱县第九次代表大会代表资格的审查报告》。

6月8日，县委书记魏长旗主持召开中共墨脱县第八届委员会第一百一十一次常委会会议，传达学习《习近平同志在中央政治局第二十九次集体学习时的讲话》精神及自治区党委书记吴英杰重要批示精神、《中共西藏自治区委员会办公厅印发〈关于违反党的政治纪律行为的处分规定〉的通知》，听取市生态环境局墨脱县分局关于2021年1—5月生态环境工作开展情况报告，研究县委组织部《墨脱县县级干部党组职务任免建议方案》《中国共产党墨脱县第九届委员会委员、候补委员和纪律检查委员会委员候选人初步人选建议名单》。

6月10日，县委书记魏长旗主持召开中共墨脱县第八届委员会第一百一十二次常委会会议，传达学习李克强总理对防汛抗旱工作重要指示精神及全国防汛抗旱工作电视电话会议精神、《5月20日自治区应对新冠肺炎疫情工作领导小组会议纪要》精神，听取墨脱县疫情防控工作领导小组2021年1—5月工作开展情况报告，研究县纪委《关于给予吴明敏政务警告处分的请示》、墨脱县委班子“三更”专题教育自查报告。

6月17日，县委书记魏长旗主持召开中共墨脱县第八届委员会第一百一十三次常委会会议，传达学习《关于印发〈西藏自治区共产党员不信仰宗教行为规范（试行）〉的通知》《中国共产党组织工作条例》及林芝市贯彻意见，听取关于庆祝中国共产党成立100周年和西藏和平解放70周年墨脱县维稳安保工作筹备推进落实情况，研究县人民政府《关于审批墨脱县委党校（科研、教育等培训基地）建设项目供地方案的请示》《关于调整拉贡景区项目用地性质的请示》，县人民政府党组《关于解决2018年林芝市墨脱县县城水仙花大街棚户区改造建设项目缺口资金的请示》，县委组织部《第九批援藏干部在藏任职建议方案》，安排部署近期重点工作。

6月22日，县委书记魏长旗主持召开中共墨脱县第八届委员会第一百一十四次常委会会议，传达学习《习近平致中国日报创刊40周年的贺信》精神及自治区贯彻意见、习近平总书记对湖北省十堰市张湾区艳湖社区集贸市场燃气爆炸事故作出的重要指示和李克强总理批示精神，听取全县上半年安全生产工作开展情况、墨脱县党史学习教育工作情况和全县上半年意识形态工作情况汇报，研究县国家安全指挥部《关于调整充实墨脱县国安指挥部组成人员的请示》《〈墨脱县关于中国共产党成立100周年“大庆”期间维护国家安全工作总体方案〉〈墨脱县关于中国共产党成立100周年“大庆”期间维护国家安全督导检查工作方案〉的请示》，县委平安墨脱建设领导小组办公室《关于墨脱县平安建设领导责任制实施细则（试行）的请示》，县人大常委会党组《墨脱县第十二届人民代表大会常务委员会组成人员建议名单》《墨脱县第十二届人民代表大会第一次会议主席团建议名单》，县委组织部《中国共产党墨脱县第九届委员会和纪律检查委员会组成人员候选人预备人选建议名单》《墨脱县人大、政府、政协领导班子和法检“两长”、监察委员会主任候选人预备人选建议名单》。

6月24日，县委书记魏长旗主持召开中共墨脱县第八届委员会第一百一十五次常委会会议，传达学习《陈永奇同志〈致各地市委书记、组织部部长的一封信〉精神及林芝市贯彻意见》《中共中央办公厅　国务院办公厅关于坚决遏制“两高”项目盲目发展的通知》《关于对周旭东同志违反领导干部报告个人有关事项规定情况的通报》，听取全县2021年上半年统战工作情况汇报，研究县人力资源和社会保障局《关于达娃普尺等3名同志调出我县工作的请示》，县委组织部《关于召开墨脱县庆祝中国共产党建党100周年“七一”表彰大会的请示》《关于拟表彰先进基层党组织、优秀共产党员和优秀党务工作者的请示》《中国共产党墨脱县第九次代表大会主席团成员、秘书长、副秘书长建议名单的请示》《关于召开中国共产党墨脱县第八届委员会第八次全体会议的请示》，传达学习第一届市委第一百四十三次常委会会议对近期重点工作安排部署情况。

中共墨脱县第九届委员会常委会会议　7月13日，县委书记魏长旗主持召开中共墨脱县第九届委员会第一次常委会会议，传达学习《中共中央办公厅关于认真学习贯彻〈习近平总书记在庆祝中国共产党成立100周年大会上的讲话〉的通知》精神及自治区、林芝市贯彻意见，听取2021年上半年全县经济运行情况、基层党建工作开展情况、组织编制老干部工作情况、政法（扫黑除恶）平安建设（市域社会治理现代化试点、先进“双联户”评选）工作情况汇报，听取全县政法队伍教育整顿开展情况及“回头看”工作情况，研究《墨脱县委常委会2021年工作要点（讨论稿）》，县委、县人大常委会、县人民政府、县政协四大班子成员分工，县委组织部、县委统战部《墨脱县出席政协第二届林芝市委员会委员人选的请示》，县委组织部《墨脱县政府党组成员调整建议方案》。

7月23日，县委书记魏长旗主持召开中共墨脱县第九届委员会第二次常委会会议，传达学习九届自治区党委第一百八十二至一百八十五次常委会会议精神及林芝市贯彻意见、《中共西藏自治区委员会办公厅关于自治区卫生健康委原党组书记、副主任王云亭严重违纪违法案件的通报》精神及林芝市贯彻意见，听取中共墨脱县委员会班子成员2021年上半年履行党风廉政建设主体责任情况报告、达木珞巴民族乡党委、格当乡党委上半年履行全面从严治党主体责任情况报告、县委巡察工作领导小组办公室《八届县委第九轮巡察工作的综合情况报告》，研究县人大常委会《关于审定墨脱县人大常委会2021年工作要点的请示》，县人民政府《关于调整墨脱县本级2021年财政预算的请示》，县政协《关于审定政协第十届墨脱县委员会常务委员会2021年工作要点的请示》，县委宣传部《关于审定〈墨脱县深化新时代爱国主义教育　持续加强民族团结工作实施方案〉的请示》，县委统战部关于审定《中共墨脱县委统一战线工作领导小组关于学习宣传贯彻〈中国共产党统一战线工作条例〉的工作方案》和《中共墨脱县委统一战线工作领导小组关于贯彻落实〈中国共产党统一战线工作条例〉重点任务细化方案》的请示，县委组织部《李和平免职建议方案》《墨脱县教育系统干部人事任免建议方案》，安排部署近期相关工作。

8月5日，县委书记魏长旗主持召开中共墨脱县第九届委员会第三次常委会会议，传达学习习近平总书记在西藏考察工作结束时的重要讲话精神、自治区党委九届十次全会精神、市委一届一百四十六次常委会（扩大）会议精神，听取全县近期新冠肺炎疫情常态化防控工作情况汇报、县人大常委会党组、县人民政府党组、县政协党组上半年工作情况汇报，研究县纪委监委《关于给予曲培开除党籍开除公职处分的请示》。

8月13日，县委书记魏长旗主持召开中共墨脱县第九届委员会第四次常委会会议，传达学习习近平总书记关于统计工作的重要指示精神及《防范和惩治统计造假弄虚作假重要文件选编》、习近平总书记对深入推进农村厕所革命作出的重要指示精神及自治区贯彻意见、习近平总书记在省部级主要领导干部学习贯彻党的十九届五中全会精神专题研讨班开班式上的重要讲话精神、习近平总书记在青海考察时的重要讲话精神，传达学习《第二轮第三批中央生态环境保护督察组反馈问题汇总》，研究墨脱县贯彻意见，听取2021年1—7月全县生态环境工作情况汇报、2021年1—7月全县安全生产工作情况汇报、墨脱县庆祝西藏和平解放70周年活动维稳安保和筹备情况汇报，研究县委组织部提请的《关于白玛旺前、殷国田职级套改的请示》《关于辞退江厚勇同志的请示》，研究部署下一步工作。

8月20日，县委书记魏长旗主持召开中共墨脱县第九届委员会第五次常委会会议，传达学习《中共中央　全国人大常委会　国务院　全国政协　中央军委关于庆祝西藏和平解放70周年的贺电》、全国政协主席汪洋在庆祝西藏和平解放70周年大会上的讲话精神，研究县人民政府提请的《关于解决阿仓村、巴登村、易贡白村三所幼儿园建设资金的请示》，县人大常委会党组提请的《关于召开墨脱县第十二届人民代表大会第二次会议的请示》，县委组织部提请的《关于研究确定墨脱县出席林芝市第二届人民代表大会候选人初步人选的请示》《关于审定墨脱县机关党员干部“六好一满意”实施方案的请示》《关于调整党委（党组）书记和班子成员党支部联系点的请示》《关于扎西罗布同志退休的请示》《墨脱县乡镇纪检干部调整建议方案》《墨脱县机构改革干部重新任职建议方案》。

9月1日，县委书记魏长旗主持召开中共墨脱县第九届委员会第六次常委会会议，传达学习《习近平给云南省沧源县边境村老支书们的回信》《习近平总书记关于档案工作重要批示》、习近平总书记在中央民族工作会议上重要讲话精神、《林芝市贯彻区党委186次常委会落实新发展理念自查整改落实情况的督办函》、九届自治区党委第一百八十六、一百八十七、一百八十八次常委会会议精神及林芝市贯彻意见，听取县总工会、县妇联、团县委2021年1—8月工作情况汇报，研究团县委提请的《墨脱县共青团基层组织改革试点工作实施方案的请示》，县人民政府提请的《关于制定墨脱县委、政府领导同志食品安全工作责任清单的请示》，县委组织部提请的《在全县范围探索建立“三个帮带”村党支部结对共建机制实施方案的请示》《墨脱县信教党员排查处置工作实施方案的请示》《李红潇同志免职建议方案》。

9月18日，县委书记魏长旗主持召开中共墨脱县第九届委员会第七次常委会会议，传达学习习近平总书记在中共中央党校（国家行政学院）中青年干部培训班开班式上的重要讲话、习近平总书记视察陕西重要讲话、《中共中央办公厅　国务院办公厅印发〈关于建立健全审计查出问题整改长效机制的意见〉的通知》《中共中央办公厅　国务院办公厅关于印发〈涉密人员保密管理办法〉的通知》，研究县人民政府提请的《关于划拨墨脱县城污水处理及收集系统工程国有土地使用权的请示》《墨脱县仁青崩景区提升项目（一期）设计方案的报告》。

10月4日，县委书记魏长旗主持召开中共墨脱县第九届委员会第八次常委会会议，传达学习习近平总书记关于粮食安全系列重要讲话和重要指示批示精神、习近平总书记给全国高校黄大年式教师团队代表的重要回信精神、《西藏和平解放70周年庆祝活动及筹备工作总结报告》，研究县委办公室、县人民政府办公室提请的《墨脱县2021年各部门重点工作暨年终综合考评方案》《墨脱县各乡（镇）2021年重点工作暨年终综合考评方案》，县委组织部提请的《墨脱县违规违纪发展党员专项整治工作有关问题的处理办法》，县委组织部提请的《墨脱县“五共五固”红色强边工程实施方案》，县全国民族团结进步示范县创建工作领导小组办公室提请的《墨脱县创建全国民族团结示范县宣传片》。

12月3日，县委书记魏长旗主持召开中共墨脱县第九届委员会第十二次常委会会议，传达学习《中国共产党西藏自治区第十次代表大会精神》《党的十九届六中全会精神、习近平总书记9月10日在党外人士座谈会上的重要讲话精神及自治区贯彻意见》《习近平总书记在参加北京市区人大代表换届选举投票时的重要指示精神及自治区贯彻意见》《中共中央 国务院关于新时代加强和改进思想政治工作的意见及自治区贯彻意见》《自治区贯彻落实习近平总书记在"抵边'六带'正在构筑群众守边热情高涨"上的重要批示和韩正等中央领导同志批示精神》《王君正书记对〈关于察隅县"10·27"森林火灾有关情况的报告〉的批示精神》，研究墨脱县贯彻意见，听取墨脱县水产养殖项目二期设计方案的报告、墨脱县2021年党风廉政建设和反腐败工作开展情况报告、墨脱县2021年意识形态领域工作开展情况报告、墨脱县创建全国民族团结进步示范县工作开展情况报告、墨脱县2021年安全生产工作开展情况报告，安排部署相关工作。

12月9日，县委书记魏长旗主持召开中共墨脱县第九届委员会第十三次常委会会议，听取县委常委会班子及班子成员2021年度履行全面从严治党主体责任情况的报告，听取县人大常委会党组、县人民政府党组、县政协党组、县人民法院党组、县人民检察院党组2021年度履行全面从严治党主体责任情况的报告，听取墨脱镇党委、德兴乡党委2021年度履行全面从严治党主体责任情况的报告，听取县纪委监委2021年度履行全面从严治党监督责任情况的报告，研究审定《中共墨脱县委员会关于落实市委粮食问题专项巡察组反馈意见的整改方案》；研究县人民政府提请的《关于解决墨脱县直2021年周转房建设项目缺口资金的请示》，县委政法委员会提请的《关于表彰2021年度县级"先进双联户"创建评选工作先进集体和"先进双联户"户长（优秀气象信息员）的请示》《关于推荐市级"先进双联户""先进双联户"创建评选工作先进集体和"先进双联户"户长（优秀气象信息员）的请示》，县委组织部提请的《关于审核墨脱县墨脱镇东布路社区组织人事安排方案的请示》，县人力资源和社会保障局提请的《关于次仁多吉等2名同志人事调动事宜的请示》，县委组织部提请的《关于石达朗措同志调动事宜的请示》《墨脱县干部挂职、兼职建议方案》，县人民政府提请的《关于签订西工河方向征地意向协议的请示》；部署近期重点工作。

【专题会议】 1月28日，墨脱县召开中共墨脱县委经济工作会议，全面总结全县2020年经济工作，部署2021年经济工作。县级领导、各乡（镇）、单位负责人200余人参加会议。

3月25日，墨脱县召开党史学习教育动员大会，县级领导、各级各部门负责人100余人参加会议，市政协党组成员、副主席、县委书记旺东出席并讲话。

10月16日，召开墨脱县重点工作推进会，48名县（市）直属单位负责人汇报2021年本单位重点工作推进情况，县委书记魏长旗逐一进行具体安排，提出具体要求。

11月23日，自治区学习贯彻中共十九届六中全会精神中央宣讲团宣讲报告会在拉萨市举行，中央宣讲团成员、中央政策研究室副主任、秘书长林尚立作宣讲报告。自治区党委书记王君正主持报告会并讲话。墨脱县设分会场（电视电话会议形式），县委书记魏长旗，县委副书记、县人民政府县长李继承，县委常务副书记叶敏坚等县级领导、各单位负

1月28日，墨脱县召开中共墨脱县委经济工作会议，图为会议现场

（县广播电视台／提供）

责人共 70 余人参加。

重要活动

【上级领导在墨脱县活动】 1 月 7 日，自治区交通运输厅安全监督处、边防处工作组到墨脱县，检查交通项目安全生产和疫情防控工作落实情况。

3月30日，西藏阿里地区政协主席吕新民一行赴墨脱县调研学习。

4 月 8—9 日，林芝市人民政府副市长强巴央宗赴墨脱县学校调研教育教学工作。

4 月 9 日，自治区高级人民法院党组成员、自治区纪委监委驻自治区高级人民法院纪检监察组组长白诚民到县人民法院检查指导党风廉政建设、政法队伍教育整顿工作开展情况。

4 月 10—11 日，广东省政协党组副书记、副主席林雄带队赴墨脱县考察调研对口援藏工作。西藏自治区政协副主席桑杰扎巴和广东省人民政府副秘书长、广东省第九批援藏工作队领队、林芝市委副书记、常务副市长刘光明陪同调研。

4 月 16 日，林芝市政协副主席、市信访局党组书记罗布次仁到仁青崩寺开展安全生产督导检查工作。

4 月 22 日，自治区纪委案件审理室主任郑斌率工作组到德兴乡指导工作。

4 月 27 日，林芝市政协党组书记、主席谢英在墨脱县背崩乡德尔贡村实地调研。

4 月 10 日，广东省政协党组副书记、副主席林雄（前排右一）率调研组在墨脱县足球场实地考察，县委常务副书记、广东省第九批援藏工作队墨脱县工作组组长叶敏坚（左一）陪同 （县政协办公室 / 提供）

5 月 2—3 日，自治区人民检察院党组书记、检察长夏克勤一行到墨脱县人民检察院调研指导工作。市人民检察院党组书记、检察长尼玛次仁陪同调研。

5 月 6 日，自治区应急管理厅党委书记徐飞到仁青崩寺开展安全生产督导检查。

5 月 18 日，市政协副主席、市发展和改革委员会党组书记玉珍在格当乡农牧民专业合作社调研。

5 月 18—19 日，自治区人大常委会副主任、市委书记马升昌到墨脱县边境村庄和执勤点最前沿开展调研，到仁青崩寺调研督

5 月 6 日，自治区应急管理厅党委书记徐飞（左四）到仁青崩寺开展安全生产督导检查 （县委统战部 / 提供）

导寺庙工作。

6月2日，中央政治局原委员、国务院原副总理刘延东赴背崩乡背崩村檫曲卡茶园调研茶产业发展情况。

6月10—11日，西藏自治区卫生监督局党组书记王彦斌率自治区新冠肺炎疫情防控督导组到墨脱县开展新冠肺炎疫情常态化防控检查。

6月18日，中国气象局计财司副司长任振和、中国气象科学院院长赵平一行在西藏气象局局长向毓意、林芝市气象局党组书记杨斌陪同下，到墨脱县进行调研。

6月23日，自治区住房和城乡建设厅党组成员、副厅长姜月霞一行8人到墨脱县，调研抵边安置点建设情况。

6月24—25日，西藏自治区总工会党组书记、常务副主席王纯丁到墨脱县检查指导工作。

7月5日，中华全国总工会办公厅副主任史红云率工作组一行到墨脱县，就墨脱县工会系统第二轮援藏资金使用情况及第三轮援藏工作对接情况开展调研。

7月5日，中华全国总工会办公厅副主任史红云（前排左一）率调研组到墨脱县，就墨脱县工会系统第二轮援藏资金使用情况及第三轮援藏工作对接情况开展调研
（县总工会／提供）

7月24—26日，自治区党委巡视组一级巡视员张雷、自治区党委巡视组副厅级巡视专员庄永福一行4人到墨脱县调研指导巡察工作，市委巡察工作领导小组办公室副主任格桑顿旦陪同调研。

9月10日，青海省玉树藏族自治州政协副主席昂格来一行调研组到墨脱县考察调研。

9月24日，国家民族事务委员会调研组一行到德兴乡，开展民族团结进步创建工作专题调研。

9月26—28日，国家林业和草原局中南调查规划设计院党委书记刘金富、自治区林业和草原局一级巡视员田建文一行16人到墨脱县，开展林草生态综合监测评价外业质量检查，并实地调研新一轮林地保护利用规划等工作。

10月12日，自治区人大常委会党组副书记、副主任丁业现在墨脱县调研。

10月15日，生态环境部西南督察局副局长马若飞一行前往墨脱县垃圾填埋场开展督导检查工作，自治区生态环境厅副厅长扎西顿珠、市人民政府副市长赵俊陪同。

10月26日，全国政协常委、中国气象局副局长宇如聪一行到墨脱县气象局调研指导气象工作。

10月27日，广东省高级人民法院副院长周定挺一行到县人民法院开展调研考察工作。

10月28日，国家发展和改革委员会副秘书长郭兰峰、国家发展和改革委员会地区振兴司司长童章舜一行前往背崩乡雅鲁藏布母亲广场调研，墨脱县人民政府县长李继承陪同。

10月28—29日，自治区党委党史学习教育第五巡回指导组副组长、自治区审计厅党组书记次多率西藏自治区党史学习教育第五巡回指导组到达木珞巴民族乡、背崩乡，检查党史学习教育工作。

10月31日，西藏自治区气象局副局长金琪一行在林芝市气象局副局长杨秀山陪同下，到墨脱县气象局调研指导基层党史学习教育工作。

11月8日，自治区统计局党

10 月 26 日，中国气象局副局长宇如聪（前排左二）在墨脱县气象局调研
（县气象局／提供）

组成员、副局长蔡岷一行对墨脱县进行统计执法检查。

11 月 9 日，自治区党委外事工作委员会办公室主任（自治区外事办公室党组书记、主任）白曼央宗到墨脱县调研外事工作开展情况。

11 月 9—10 日，市委书记敖刘全到墨脱县，实地调研特色产业发展、乡村振兴、强边固防情况，看望慰问基层干部群众。

11 月 14—15 日，市委常委、纪委书记、监委主任徐平赴墨脱县开展纪检监察和巡察工作调研，并在县纪委监委召开调研座谈会。

11 月 17 日，市委副书记张秀武在墨脱镇雅鲁藏布江段开展巡河工作。

11 月 10 日，林芝市委书记敖刘全（右二）在墨脱县考察调研
（县委统战部／提供）

11 月 19 日，林芝市委常委、政法委员会书记、国家安全委员会办公室主任、市公安局党委书记柯磊到墨脱县委政法委员会调研。

12 月 4—6 日，广东省政府副秘书长、广东省第九批援藏工作队领队，林芝市委副书记、常务副市长刘光明来到墨脱县背崩乡、格当乡等地，并深入果果塘旅游产业基础设施建设项目、墨脱县水产养殖基地、曾久和拉贡搬迁小康村、墨脱县公共体育场等援藏项目一线，调研乡村振兴、援藏项目建设、公共卫生服务、教育体育发展等工作。

12 月 6 日，自治区乡村振兴局局长何中华一行先后到背崩乡德尔贡村、格林村就乡村振兴在建项目进度进行调研，随后前往县乡村振兴局了解系统维护及其他工作开展情况。

12 月 15 日，西藏自治区税务局党委委员、纪检组组长罗科到墨脱县税务局调研指导工作。

12 月 16 日，西藏自治区党委书记王君正到墨脱县调研，先后到墨脱镇玛迪村、拉贡茶园、德兴乡、县委党校、墨脱门珞历史博物馆、背崩乡巴登村，考察特色产业发展、边境小康村建设和基层党组织建设等情况。

12 月 21 日，自治区政协党组成员、副主席桑杰扎巴在墨脱县调研。

12 月 23 日，林芝市人民政府市长巴塔前往仁青崩寺指导检查。

是日，林芝市委副书记张秀

12 月 23 日，市委副书记、市人民政府市长巴塔（右二）到仁青崩寺调研指导工作
（县委统战部 / 提供）

武前往墨脱县垃圾填埋场进行环保督察整改调研。

【党务活动】 1 月 5 日，市政协党组成员、副主席（候选人）、县委书记旺东，赴贡日、嘎隆便民警务站、80K 新冠肺炎疫情防控服务卡点及 52K 林业检查站看望慰问一线执勤民（辅）警、疫情防控医务人员、林业检查站工作人员，代表县委、县人民政府向一线工作人员致以新年祝福和诚挚慰问。

2 月 8 日，墨脱县举行背崩乡地东边境小康示范村群众集中入住仪式，县级领导、背崩乡主要负责人、边境小康村指挥部成员单位负责人、搬迁群众、驻村工作队、县民间艺术团、退休干部代表参加仪式。

3 月 28 日，墨脱县开展“3 · 28”西藏百万农奴解放纪念日“升国旗 唱国歌”纪念活动。全县各单位干部职工、武警墨脱中队官兵代表、群众代表、师生代表等 600 余人参加，县委副书记、县人民政府县长魏长旗主持活动，市政协党组成员、副主席、县委书记旺东出席并讲话。

是日，墨脱县举办新旧西藏对比图片展览，市政协党组成员、副主席、县委书记旺东，县委副书记、县人民政府副县长魏长旗观看展览。

5 月 13 日，市政协党组成员、副主席、县委书记旺东到背崩乡西让村检查督导边境新冠肺炎疫情常态化防控工作。

5 月 23 日，墨脱县举行升国旗仪式，庆祝西藏和平解放 70 周年。党政军领导、各单位干部及学生，600 余人参加升国旗仪式。县委副书记、县人民政府县长魏长旗主持，市政协党组成员、副主席、墨脱县委书记旺东出席并讲话。

7 月 20—21 日，县委书记魏长旗一行深入格当乡、背崩乡，实地调研特色产业发展、重点项目和边境管控、新冠肺炎疫情常态化防控等工作。

8 月 19 日，庆祝西藏和平解放 70 周年大会在拉萨市布达拉宫广场举行。墨脱县组织集中收听收看会议实况，县委理论学习中心组成员、各单位负责人和督导组一行共 63 人与会。各乡（镇）同步组织观看会议直播。

3 月 28 日，墨脱县举办新旧西藏对比图片展览，图为县委副书记、县人民政府县长魏长旗（前排左二）观看展览
（县委办公室 / 提供）

5 月 13 日，市政协党组成员、副主席、县委书记旺东（左二）在背崩乡西让村检查指导边境疫情防控工作（县新冠肺炎疫情防控工作领导小组办公室 / 提供）

9 月 5 日，墨脱县某部队在好日子莲花广场举行 2021 年度满服役期士兵退役仪式。县委副书记同宇放、县人民政府副县长郑明、县人民政府副县长尼玛次仁等县级领导、部队官兵 70 余人参加仪式。

9 月 20 日，墨脱县委书记魏长旗一行前往墨脱县人民医院、县藏医院、县疾病预防控制中心，看望慰问奋战在新冠肺炎疫情常态化防控一线的医务工作者。

9 月 29 日，墨脱县在背崩乡烈士陵园内隆重举行烈士公祭活动。县委副书记同宇放，县人大常委会主任杨玉东，县政协主席边巴索朗等县级领导和干部职工、退役军人驻墨脱县各部队官兵、农牧民群众、青年志愿者及学生代表等 350 余人参加烈士公祭活动。

10 月 1 日，墨脱县举行升国旗仪式，庆祝中华人民共和国成立 72 周年。党政军领导、各单位干部职工，驻墨脱县解放军指战员和武警官兵、县中小学师生、退休老干部和农牧民群众代表 600 余人参加。县委副书记、县人民政府县长李继承主持，县委书记魏长旗出席并讲话。

10 月 21—22 日，墨脱县组织市级党代表及相关工作人员共计 42 人开展“紧跟总书记足迹、做到‘两个维护’”主题党性教育活动，现场学习感悟习近平总书记的重要指示精神，深刻领悟习近平总书记对林芝市的深厚情怀和对林芝市发展提出的殷殷嘱托。县委书记魏长旗，县委副书记、县人民政府县长李继承参加活动。

10 月 22 日，墨脱县委书记魏长旗带领相关部门负责人到派墨公路拉格临时检查站检查指导新冠肺炎疫情常态化防控工作。

11 月 12 日，县委书记魏长旗，县委常务副书记叶敏坚到县人民医院督导调研县人民医院“创建二级甲等医院”工作。

11 月 16—17 日，墨脱县委书记魏长旗一行先后在背崩乡、格当乡调研边境小康村建设、易地扶贫安置点建设与乡（镇）小学教育工作。

12 月 2 日，墨脱县驻军某部

11 月 17 日，墨脱县委书记魏长旗（后排左二）赴达木珞巴民族乡小学、格当乡小学调研（县教育局 / 提供）

12 月 4 日，县司法局牵头组织举行墨脱县 2021 年“宪法宣传周”集中宣传活动，图为活动现场（共青团墨脱县委员会 / 提供）

队在好日子莲花广场举行“心中有国、万里山河皆为家”为主题的 2021 年度冬季军士退役仪式。县委副书记、县人民政府县长李继承，县委常务副书记叶敏坚，县双拥工作领导小组成员单位干部职工及驻地群众代表 50 余人参加仪式。

12 月 4 日，墨脱县举行“以习近平法治思想为指引，坚定不移走中国特色社会主义法治道路”为主题的“12・4”国家宪法日系列宣传活动。县委书记魏长旗，县委副书记、县人民政府县长李继承等县级领导、干部群众 200 余人参加活动。

12 月 28—29 日，墨脱县委书记魏长旗，县委副书记、县人民政府县长李继承分别对困难党员、劳动模范、先进工作者、国有企业困难职工、困难农民工、因公去世基层干部家属代表和县环卫工人、城管队员、公路一线养护工人、保通队员进行慰问。

中心工作

【班子和队伍建设】 2021 年，在自治区党委和市委的领导下，墨脱县委常委会坚持以习近平新时代中国特色社会主义思想为指导，深入贯彻落实中共十九大、十九届历次全会及中央第七次西藏工作座谈会精神，全面贯彻习近平总书记关于西藏工作的重要论述和新时代党的治藏方略，深入贯彻落实中国共产党西藏自治区第十次代表大会和中国共产党林芝市第二次代表大会精神，紧紧依靠全县各族干部群众，奋力推进维护稳定、高质量发展、生态保护、强边固防、党的建设、新冠肺炎疫情常态化防控等各项事业开创新局面，实现“十四五”规划良好开局。

【重大决策改革事项】 2021 年，墨脱县初步完成全国县域共青团基层组织改革试点工作。成立县级青年志愿者协会、乡（镇）青年志愿服务队、村级青年志愿服务站，建立健全志愿服务体系，优化志愿服务项目。优化创新。依托墨脱县零点众创孵化基地，挂牌成立墨脱县青年就业创业服务中心，为青年就业创业提供基地，进行就业指导、产品宣传、政策咨

2021 年，墨脱县依托墨脱县零点众创孵化基地，挂牌成立墨脱县青年就业创业服务中心（勾　昆 / 摄）

询、法律援助等服务。深化拓展。以深入开展“民族团结助学扶贫”行动为抓手，牵线内地爱心人士与130名墨脱县经济困难家庭学生结对帮扶，筹集助学金19.2万元。

完成全国抵边自然村建设7个试点县任务。科学规划。对每一个村庄的项目库中的每一个项目进行讨论研究，按照“一村一特色”的要求高标准开展村庄规划设计，经县主要领导、县直属各单位的负责人及乡（镇）主要领导对设计成果反复审核后组织实施。加强管理。专门制定“一管、一建、两会、三报”的制度，安排专人紧抓落实，督促施工进度，监督施工质量。挂图作战。制作《墨脱县“兴边富民　守土固边”小康村建设项目推进图》，把每个小康村按照项目实施流程，细分到点、责任到人、实时更新，确保按要求、按计划完成小康村建设。

完成墨脱县人大预算联网监督系统试点任务，强化领导。启动墨脱县人大预算联网监督系统建设试点方案，成立专门领导小组，组织召开协调会，深入研究部署。协调推进。及时联系相关单位，以政府采购方式及公开招投标方式进行建设。5月，项目启动建设，9月26日，正式投入使用，总投资119.98万元。安排专人负责运维。年内，县人大预算联网监督系统运行情况良好。

【重要基础设施建设】2021年，墨脱县扎实推进道路交通建设。截至年末，全县公路总里程529.24千米，其中通县道137.68千米、通乡道160.53千米、通村道231.03千米。全县下辖8个乡（镇）45个建制村，乡（镇）公路通达率为100%，通畅率为62.5%，建制村公路通达率为100%，通畅率为71.74%。扎实推进重点项目建设。2021年开复工建设的项目共18个，总投资25104.5万元，其中续建项目共11个，新建项目共7个，总投资共14589.88万元，共完工10个建设项目，完成投资11540.84万元。“十四五”规划前期重点建设项目包括特色小镇建设、边疆明珠小镇建设、污水垃圾处理设施建设、公租房建设等18个项目，已开展可行性研究报告编制、初步设计等前期工作。扎实推进水利设施建设，新建完成项目2项，总投资2821.84万元，分别为格当乡兴开提琴曲防洪工程、里果荣曼久曲防洪堤工程，截至年末，工程基本完成；推进项目9项，分别为格当乡兴开搬迁点水土保持工程、县备用水源工程、达木乡珠村骨干水源工程、格当乡上曲那塘防洪工程、西贡安置点村级饮水工程、西贡安置点乡级饮水工程、西贡安置点堤防工程、德尔贡安置点公建饮水工程、县农村饮用水巩固提升项目。

【乡村振兴】2021年，墨脱县严格落实中共中央“五年过渡期”和“四不摘”要求，加强对重点户的动态监测，完善县、乡（镇）、村三级防止返贫致贫常态化监测网络体系，采取预防性措施和事后帮扶相结合，精准分析返贫致贫原因，分层分类及时将农村低保对象、农村特困人员、农村易返贫致贫人口、易地搬迁群众、因病因灾因意外事故等刚性支出较大或收入大幅缩减导致基本生活出现严重困难人员纳入重点监测范围。狠抓规划编制，紧盯“十四五”规划时期经济社会发展主要目标，贯彻落实中央第七次西藏工作座谈会各项决策部署，将实现巩固拓展脱贫攻坚成果同乡村振兴有效衔接的重大举措和重大工程项目纳入“十四五”规划和部门规划，确保工作统筹布局、整体推进。按照“四通九有五覆盖”建设标准要求，结合各村区位特征和资源优势，完成“一村一方案”编制工作。持续抓好易地扶贫搬迁后续帮扶，紧盯易地扶贫搬迁群众生产生活需求，围绕就医就学、就业创业、产业发展等方面持续加大投入力度，确保实现“搬得出、稳得住、能致富”的目标。全年落实易地扶贫搬迁后续帮扶资金1357.13万元，确保搬迁群众搬得进，稳得住，融得入，能致富。

【高原特色产业培育】2021年，墨脱县紧紧围绕全市“11364”发展战略，做精做强以墨脱茶叶、旅游业为主，养殖业、林下经济为辅的特色产业链。

旅游业　全年接待游客20.58万人次，收入7893.07万元，同比分别增长136%、264%，带动农牧民收入1193.8万元，同比增长152%，有力带动全县经济稳步提升。

茶产业　全年采摘茶青22.57万千克，增收约1157万元，户均增收8287元，人均增收1859元。探索茶园种植养殖结合新模式，开展生态有机茶园+家禽养殖技术试验，不断拓宽养殖渠道。

水产养殖　年内，玛迪村水产养殖项目建成，进入试生产环节，有效填补西藏自治区高端水产养殖空白。

果蔬种植　因地制宜发展果蔬种植，建成特色基地30个，果树折算面积约184.8公顷，增收206.47万元。

科技支撑　2021年，墨脱县在特色产业培育发展过程中，强化科技支撑，与华南农业大学联合开展墨脱茶叶产业化标准体系建设，推进墨脱县茶叶产业规模化、品牌化发展；与福建省农业科学院签订战略合作框架协议，推动经济林果产业蓬勃发展。

【生态文明建设】　2021年，墨脱县始终贯彻习近平总书记“保护好西藏生态环境，利在千秋、泽被天下”的重要指示，把生态建设摆在更加突出的位置，切实筑牢国家重要生态安全屏障。生态保护成效显著。严守生态保护红线，持续开展扬尘污染防治、农业面源污染防治、农村生活污水和生活垃圾治理。“三高”企业和项目零审批、零引进，实行最严格水资源管理制度，扎实推进自然保护地整合优化工作，墨脱县生态环境越来越好。生态建设步伐加快。充分发挥公益林管护员、乡村护林员、生态保护岗位、河（湖）长作用，累计开展各级河（湖）长巡河1400余人次，清理河湖垃圾106吨；排查“清四乱”问题7个，全部整改销号。积极推进国家森林城市创建工作，27座公厕“厕所革命”任务有序运维，深入开展城乡环境卫生综合整治、国土绿化行动和生态修复，墨脱县地更洁、水更清、山更绿。生态惠民政策持续实施。兑现生态保护岗位、森林生态效益补偿、退耕还林补助等共计3966.82万元；开展庭院经济林果种植，投入资金235万元，惠及群众4200人，让群众在环境保护中吃上生态饭，“绿水青山、冰天雪地”真正成为经济发展的“金山银山”。

7月14日，墨脱镇茶农正在茶叶地里忙碌　（勾　昆/摄）

【民族团结进步创建】　2021年，墨脱县深入开展民族团结进步示范创建活动。广泛学习宣传、认真贯彻落实中央民族工作会议精神和《西藏自治区民族团结进步模范区创建条例》，深入推进创建全国民族团结进步示范县工作，切实铸牢中华民族共同体意识。12月16日，国家民族事务委员会下发《国家民委关于命名第九批全国民族团结进步示范区示范单位的决定》，墨脱县被国家民族事务委员会命名为第九批全国民族团结进步示范区示范单位。年内，墨脱县积极开展民族团结进步示范点评选创建。完成墨脱县第一批、第二批30家民族团结进步示范单位、4家教育基地、2家特色村寨评选创建和命名，并对部分示范单位按照“八个一”标准进行巩固提升。持续营造民族团结进步浓厚氛围。持续推进民族团结进步“九进”活动，86家单位参与观看《同心共筑中国梦》，组织成员单位专题集中宣传5场次，参与2300余人次，发放《西藏自治区民族团结进步模范区创建条例》《民族团结知识100问》和民族团结手册1600余本；巩固拓宽民族团结进步宣传面，悬挂街道宣传牌24块，制作大型宣传标语 16 处，摆放宣传展板 20 块，张贴宣传标语 200 条，悬挂横幅 84 条，在电梯口安装联网宣传屏 2 处，融合体育元素在公共体育场摆放民族团结宣传展板 20 块；录制民族团结进步创建工作纪实片。创新开展民族团结进步实践活动。以“3·28”西藏百万农奴解放纪念日、庆祝西藏和平解放 70 周年、9 月民族团结宣传月等为契机，组织开展以民族团结为主题的新旧墨脱对比展、庆祝西藏和平解放 70 周年座谈会、书法美术摄影展、首届民族团结杯篮球赛等实践活动，深化“三个离不开”思想、增进“五个认同”。深化民族团结进步教育内涵。通过墨脱门珞历史文化遗产博物馆、党性教育基地、外宣展厅、学校德育室、民族团结示范街等展示和宣传教育，传递党的声音、呈现在中国共产党领导下墨脱县发生的翻天覆地变化、彰显门巴族与珞巴族民族风采、宣传民族团结进步的意义，增强中华民族自豪感。

9 月 22 日，墨脱县举办“感恩伟大祖国，讴歌辉煌成就，赞颂民族团结，弘扬社会正气”书法美术摄影展，图为颁奖仪式现场 （县委办公室 / 提供）

2021 年 1 月，格当乡纪检干部现场监督村“两委”选举 （县纪委监委 / 提供）

【基层党建】 2021 年，墨脱县始终把抓好党的建设作为各项工作的重中之重。始终把学习贯彻习近平新时代中国特色社会主义思想和中共十九届历次全会精神作为一项长期的重大政治任务，不断引导全县党员干部进一步树牢“四个意识”、坚定“四个自信”、坚决做到“两个维护”。坚持把筑牢战斗堡垒作为重点。组织建设强实效，以“五共五固”为抓手，深化拓展部队军官到村党组织帮扶帮建经验，筑牢党建强边钢铁长城。班子建设固基础，如期完成县、乡（镇）、村三级换届选举工作，巩固村“两委”班子成员 100% 党员成果，扎实做好村组织换届“后半篇文章”。党员教育常态化，严肃开展违规违纪发展党员排查整顿，实施“5 查 4 处 3 教育”举措推进入党程序违规和信教党员查处工作，排查异地入党问题 2 人，违反入党程序 791 人，信教党员 4 名，严肃按照党规党纪处理处置，确保边境党员队伍能战斗、靠得住。坚持把干部队伍建设抓紧抓实。严把政治关，实行能上能下机制，培养选拔一批代表国家利益、坚定执行党的方针政策和路线的干部。共提任调整干部 123 人，调整不适宜担任现职干部 6 人，各级各部门领导班子和干部队伍持续建强。在全县范围内开展机关党员干部“六好一满意”创建活动，对全县各单位负责人、业务骨干110余人进行教育培训，引领全县机关党员干部认真履职、改进作风、提升形象。坚持把作风建设作为关键。持之以恒纠正“四风”，加大对不作为、慢作为、乱作为的整治力度，推动中央八项规定精神及其实施细则精神落地落实。以钉钉子精神推动作风建设持续深化，采取以案说纪，组织党员干部800余人到警示教育基地接受再教育；开展廉政党课活动3场次，教育党员干部500余人次；常态化开展会风会纪检查，通报曝光2起8人；深入开展“公车私用”“吃公函”等“四风”问题自查整改，干部作风持续好转。坚持把党风廉政建设抓稳抓牢。严格执行党风廉政建设责任制，纵深推进清廉墨脱建设。准确运用监督执纪“四种形态”，受理问题线索15件，立案8人，处理党员干部26人。把监督融入日常、做在经常，常态化开展警示教育，让党员干部知敬畏、存戒惧、守底线。认真总结八届县委巡察工作经验，深入整改巡察问题，推动第九轮巡察发现的250个问题整改落实；起草《中共墨脱县委员会巡察工作五年规划（2022—2026年）》，完成九届第一轮对8个建制村党组织巡察，发现反馈问题118个，巡察利剑作用充分发挥，全面从严治党纵深发展。

（臧洪君）

县委办公室

【概　况】2021年，在县委领导下，县委办公室围绕全面贯彻落实中共十九大、十九届六中全会、中国共产党西藏自治区第十次代表大会和中国共产党林芝市第二次代表大会精神，结合县委中心工作任务，充分发挥参谋助手、组织协调、政务服务、督促检查等职能，创新工作机制，始终把“服务发展、服务决策、服务落实”作为自身各项工作的出发点和落脚点，结合实际创新“七型机关”的制度体系建设，按照求真务实、勤奋进取的工作原则，强化干部队伍素质建设，完善服务理念，提升服务能力，较好地完成全年各项工作任务，确保县委及全县各项工作高效运转。年内，因在工作中做出杰出贡献，县委办公室被自治区党委、自治区人民政府记一等功。

【办文办会】2021年，县委办公室致力于打造学习型机关，着力于学用结合，以学习促进办公室人员整体素质能力持续提升。根据党的路线、方针、政策，紧紧围绕县委部署，对政治、经济、文化和党建等方面问题深入学习研究，并提出意见和建议，为县委决策提供参考和政策依据。

年内，县委办公室全面提升以文辅政水平，坚持严把“三关”，规范与创新并重，确保文稿质量。严把起草关，对由县委起草的文件，结合实际进行梳理，认真拟稿，对内容反复斟酌，精益求精；对由各部门代拟的文件，进行严格审核，仔细缮改，力求不出差错；严把审核关，所有文件必须经过缮改后，再对文件进行仔细校核，凡由县委办公室或部门代拟的文件，采取一读一看的模式进行校对，最后逐级经领导签发，格式、内容、文字都做到准确无误；严把收发关，对上级文件的传阅由办公室专人负责，及时登记，对应该保存的文件及时整理存档，杜绝文件丢失及泄密事件的发生。全年县委及县委办公室正式发文198份（县委正式发文172份，县委办公室正式发文26份），确保县委各项工作及时、准确地安排部署，落到实处。全年县委办公室共起草各类大型会议领导讲话、报告、会议纪要、请示等各类文稿230余篇。县委办公室干部随同县委领导及工作组深入乡村调研80余次，撰写调研报告6篇，起草县委常委会会议、县委理论学习中心组学习会议主持讲话53篇。

是年，在会议筹备工作中，县委办公室始终坚持提前准备、分工明确、高效细致的基本原则，力求做到会场布置整洁庄严，会场服务细致到位，会议材料准确齐备。全年筹备全县工作推进会议、县委常委会议、电视电话会议等大小会议100余次，未出现重大失误。年内，县委办公室多次协助和指导其他县直属部门办会。

【《墨脱年鉴》编纂出版】年内，

10月20日，《墨脱年鉴（2021）》终审会召开（勾　昆/摄）

县委办公室完成《墨脱年鉴（2020）》编纂，由中国书籍出版社公开出版发行。11月，完成《墨脱年鉴（2021）》编纂工作，正式交付九州出版社公开出版发行。

【统筹协调】 年内，县委办公室在日常工作中充分发挥承上启下、联系左右的职能作用，及时准确传达上级和县委领导决策部署，尽力做好与全县各级领导之间的沟通协调工作，使各级各部门第一时间全面掌握县委决策部署，及时准确反馈下级贯彻落实情况，促使各级各部门聚焦县委工作大局，唱好"一台戏"，下好"一盘棋"，确保全县各项工作健康有序发展。

【信息报送】 2021年，县委办公室在及时、全面、准确提供信息的前提下，抓好信息收集和反馈工作，紧贴县委中心工作，突出超前性、苗头性、综合性、指导性的信息工作职能，为领导决策参考提供高质量、无误差的信息。年内，各单位向县委办公室报送信息2667条，县委办公室向上级单位反馈信息1073条，向自治区"墨脱县直报点"报送信息327篇，被上级部门采纳信息305条。

【督查工作】 年内，县委办公室充分发挥职能作用，突出重点，把握要害，强化督导工作，完善督查制度，严格制定年度督查计划，围绕上级精神贯彻落实情况开展重点督查，实时督查台账，并及时向领导和上级部门反馈结果，及时下发《督办通知》，有效推动各类会议精神及县委方针政策的贯彻实施。全年印发《督办通知》45期，上报《督查专报》38期，围绕贯彻落实自治区党委、市委、县委决策部署、维稳安保、环境卫生、民生工程、新冠肺炎疫情常态化防控等方面开展实地督查20余次，有效推动县委各项工作的落实和全县工作的扎实开展。

【机要工作】 年内，县委办公室谨慎做好机要保密工作，保障机要密码通信24小时畅通，认真完成密码通信设备的日常维护工作，严格对涉密文件和涉密人员的管理，强化及时处理各类突发事件的能力，强化值班制度，强化业务能力。全年电子政务网收文7654件，发文3227件，接收电报445件，发电报57件，"5·20"加密视频会议系统调试保障共124次。

【档案工作】 年内，墨脱县严格按照国家《归档文件整理规则》和市档案局关于文件材料归档要求，积极推进"三类档案"归集工作，积极开展重大战略、重大工程、重大活动等重点领域档案工作，确保档案工作系统化、制度化。全年共收集文书档案436卷、13439件，其中永久保管207卷、8447件，长期保管229卷、4992件，全年累计利用档案150卷，接待查阅档案人员120余人次。

【党的建设】 年内，县委办公室坚持把学习作为重要工作抓紧抓实，积极组织开展中共十九届五中、六中全会，习近平总书记"七一"重要讲话和习近平总书记视察西藏时的重要讲话精神，中国共产党西藏自治区第十次代表大会和中国共产党林芝市第二次代表大会精神学习教育活动，坚持采取每周五集中学习，不断加强对中共中央、自治区党委、市委和县委的方针政策、会议精神等理论知识的学习。并加强业务

3 月 21 日，县委办公室党支部召开第 6 次学习会，传达学习《县人民政府工作报告》
（县委办公室／提供）

3 月 5 日，县委办公室党支部开展“学习雷锋好榜样”公益之行主题党日活动，图为活动现场
（县委办公室／提供）

知识学习，深入钻研办文、办会等业务知识，不断进行知识更新，拓展知识涵盖面。全年召开支部例会 48 次。抓好干部人才培养。着重加强对新分配年轻干部培养，主动给年轻干部出题目，压担子，提高其在工作中独当一面的能力，实行“老带新”“一对一”帮助提高机制，讲解工作中的难点、要点，使其更好更快融入工作环境，坚持以制度管事、用情感管事；积极争取每一次外出培训和跟班学习的机会，不断提高县委办公室工作人员的业务能力。年内，县委办公室以构建“服务型机关”为切入点，以转变作风为着力点，积极参与基层调研，开展志愿活动，端正对群众的态度，增进对群众的感情，筑牢群众意识，严格要求自己，不断锤炼自己，努力提高自己，不断提高做好群众工作的能力和水平。年内，县委办公室从公用经费中出资[illegible]万元帮助墨脱镇亚东村群众解决垃圾处理问题。

【组织机构负责人名录】

中共墨脱县委

市政协党组成员、副主席、县委书记

旺　　东（门巴族，5 月免县委书记）

县委书记、县委副书记、县人民政府县长、二级巡视员

魏 长 旗（5 月任县委书记，免县委副书记、县人民政府县长）

县委副书记、县人民政府县长（候选人）

李 继 承（藏族，5 月任县委副书记，7 月当选县人民政府县长）

县委常务副书记、第九批援藏工作队墨脱工作组组长

叶 敏 坚

县委副书记、县人民政府常务副县长、第九批援藏工作队墨脱工作组副组长

张 巍 巍

县委副书记、县委常委、县人民政府副县长

同 宇 政（5 月免县委常委、县人民政府副县长，任县委副书记）

县委常委、县人大常委会主任

多吉扎西（藏族，5 月免）

县委常委、人大常委会主任（候选人）

杨 玉 东（5 月任，7 月当选）

墨脱县委常委、县人民武装部部长

高 林 林(1月免)

墨脱县委常委、县人民武装部政委

吕 清 云(1月任)

县委常委、统战部部长、县政协主席

边巴索朗(藏族,5月免墨脱县委常委、统战部部长,任墨脱县政协主席)

县委常委、政法委员会书记、县人民政府副县长、国家安全委员会办公室主任、公安局党委书记、局长、督察长、三级高级警长

高 功 强

县委常委、组织部部长、县委党校(行政学校)校长、校务委员会委员

陈 金 鑫

县委常委、宣传部部长

扎西顿珠(门巴族)

墨脱县委常委、统战部部长

白玛多吉(门巴族,5月任)

墨脱县委常委、纪委书记、监察委员会主任

朱 宇 峰(4月免)

墨脱县委常委、纪委书记、监委主任(候选人)

俸 青 红(女,5月任县委常委、纪委书记,7月当选县监委主任)

墨脱县委常委、县人民政府副县长(候选人)

周　　军(5月任县委常委,7月当选副县长)

县委办公室

县人大常委会副主任、县委办公室主任

尹 建 华(7月任县人大常委会副主任)

县委办公室副主任、县档案局局长

费 小 龙

县委办公室副主任、县委保密委员会办公室主任

索朗达杰(门巴族,4月免)

县委机要局(密码管理局)副局长

徐　　夏(女)

县档案馆馆长

尼玛布赤(女,门巴族)

县委办公室二级主任科员

格桑曲培(藏族)

县委办公室二级主任科员

金　　海(4月任)

县委办公室四级主任科员

白玛卓玛(女,藏族)

白玛央前(女,门巴族)

牛 明 亮

组织工作

【概　况】 2021年,县委组织部在县委的领导下,在市委组织部的指导下,深入贯彻落实中共十九大和十九届三中、四中、五中、六中全会、中央第七次西藏工作座谈会精神,贯彻落实习近平总书记"七一"重要讲话、习近平总书记视察西藏时的重要讲话精神,贯彻落实中国共产党西藏自治区第十次代表大会、中国共产党林芝市第二次代表大会、中国共产党墨脱县第九次代表大会精神,以落实全面从严治党为主线,牢牢把握大局大势,聚焦主业、突出重点,精准施策、改革创新,为着力创建"爱国强边·墨脱精神"开好局、起好步提供有力的政治和组织保障。

【干部队伍建设】 年内,墨脱县有序推进乡(镇)党政领导班子换届工作,紧扣乡(镇)领导班子和干部队伍建设,深入各单位开展调研,谈心谈话700余人,收集意见建议30余条,全面掌握200

1月20日,墨脱县委组织部工作人员在格当乡桑珍卡村向老干部了解生产生活情况 (县委组织部/提供)

余名优秀干部的思想及工作动态，不断扩大选人视野；选优配强7乡、1镇党政领导班子，共配备班子成员88名，班子民族、年龄、知识等结构进一步优化，科学决策、民主决策能力普遍得到增强；严格程序选任，严格按照《党政领导干部选拔任用工作条例》有关规定，坚持标准、突出导向，如期完成乡（镇）换届人事安排和全县中小学领导班子配备等工作，共提任调整干部138人；严把政治素质关，对100余名拟提拔使用、晋升职级、试用期满正式任职和作为换届提名、优秀年轻干部人选进行政治素质考察，对60余名干部进行家访，深入了解干部的“生活圈”“社交圈”，组织104名干部进行任前集体政治宣誓；抓实干部平时考核，按照“月小结、季评议、年考核、常整改”的模式，创新开展机关党员干部“六好一满意”创建活动，为干部平时管理考核提供有力支撑；加强日常监督管理，对全县干部职工遵守工作纪律、生活纪律等方面监督检查30余次，全县通报3次、涉及16名干部，开展提醒谈话20余人次；严把干部调动关口，认真贯彻落实《墨脱县干部人才调动办法》和上级部门有关规定，履行好审核审批职责，2021年公务员（事业单位管理人员）调出县外17人，调入县内3人，县内调动（岗位调整）21人。

【基层党组织建设】 2021年，墨脱县共有基层党组织153个，其中党（工）委13个，党组25个，党支部115个，根据县直属机关实际情况，2月，新设立党组19个，党委更名党组1个，实现党组织设置更优化、覆盖更健全。截至年末，全县共有党员2493人，其中农牧民党员1398人，机关事业单位党员913人，离退休党员118人，其他从业人员党员64人。

2021年，墨脱县坚决贯彻上级组织决策部署，紧密围绕“六个基本”，凝聚党政军企民多方合力，着力打造“爱国强边·墨脱精神”党建品牌，着力强化基层组织、班子、队伍建设，着力在全县范围构建群众坚定不移感党恩、听党话、跟党走的大党建工作氛围。

强化组织建设　年内，墨脱县始终将延伸组织覆盖、拓展神经末梢作为开篇之要，以持续在边境一线拓展党组织“两个覆盖”为工作着力点，充分着眼国家发展和改革委员会（国家能源局）定点帮扶与雅鲁藏布江下游水电开发历史机遇，紧密围绕“四件大事”，探索实施“四同四促”企地共建和“六建六促”结对共建举措，在边境一线基层党组织政治建设、组织建设、队伍建设上不断创新合作机制、拓宽合作领域、丰富合作方式，实现优势补强劣势、优势转化胜势，切实以组织振兴引领乡村振兴，以点带面建强基层党组织。

打造红色强边工程　年内，墨脱县将培树坚定信仰、赓扬墨脱基因作为重中之重，立足“老墨脱精神”打造“六点三线”红色强边工程，完成县委党校党性教育基地、解放大桥爱国强边教育基地、泸公河巡边服务驿站、格林村、地东村村史馆打造，坚持走出去宣讲、请进来参观并一起承办，进村入户党课辅导、文化熏陶，多措并举巩固深化政治教育，持续焕发边境军民争做神圣国土守护者、幸福家园建设者的政治热情。

“六进六同”结对共建　年内，墨脱县纵向实施54个机关党组织与45个村党组织“六进六同”结对共建活动，横向部署23个先进村党支部与22个后进村党支部“三个帮带”结对共建工作，以划分党员责任区、探索完善党员“三包”为引擎优化组织架构，以“支部帮带支部、书记帮带书记、党员帮带党员”为载体强化队伍建设，以规范村“两委”班子议事办事程序、“进阵地同学习”为切口过好党内生活，以“重调研、列清单、勤服务、深交流”为抓手办好为民实事，连线成网构建“党群真情交融、干群鱼水情深”的大党建格局。

党员排查整顿　年内，墨脱县将严肃组织纪律、纯洁党员队伍作为内生动力，聚焦违规违纪发展党员排查整顿、信教党员排查处置“两手抓两手硬”，抽调精干人员组建工作专班，以“全县动员、全员参与、全域覆盖、全部整顿”为工作原则，探索“5查4处3教育”工作法，对全县2464名党员入党程序排查、党员信教排查实现全覆盖，排查梳理异地入党问题2人，违反入党程序791人，信教党员4名，严肃按照党规党纪进行处理处置。

提升基本能力 2021年，墨脱县将增强党员素质、提升党员能力作为关键举措，充分发挥县委党校主阵地作用，以“丰富学习内容、多元学习载体、夯实学习成效”为着力点，强化示范培训，组织开展县委党校主体班次31期，参训主体涵盖乡（镇）党委班子成员、村干部、第一书记等关键下沉力量，有力夯实基层干事创业人才根基；着眼常态教育，紧密结合基层工作实际，融汇党史学习教育、党员政治教育、领导干部讲党课工作要求，在全县范围普及“红色夜校”大讲堂，协调全县县级领导开展“县级领导上讲台”25场，切实做到用学习培训使全县党员干部理论素质上提升、干事劲头上提振，切实实现全县党员政治教育32学时任务全覆盖；抓实国家通用语言学习培训，充分着眼国家发展和改革委员会（国家能源局）定点帮扶、雅鲁藏布江下游水电开发历史机遇，变“农闲”为“农训”，按照“基础—巩固—提升”三步走强化村干部通用语言文字能力，稳步增强基层班子队伍“输血”变“造血”的内生动力。

强化阵地建设 始终将保障党建运维、营造强边氛围作为添花之锦，以“村有标语、乡有长廊、县城有投影、主干道有标牌”为举措，用最少的资金投入，在全县营造浓郁的党建文化氛围，不断提升农牧民党员及群众的归属感。

12月31日，墨脱县举行乡（镇）内设机构和事业单位成立集中揭牌仪式，县委书记魏长旗（右）和县委副书记同宇放（左）出席仪式并揭牌

（县委组织部/提供）

【重点领域机构编制优化】 年内，县委组织部扎实做好机构改革“后半篇文章”，有效完成涉及编制改革部门“三定”规定执行情况评估工作。协助审核机关党组设置20个，突出把牢机构编制工作中机关党委（党组）的大局、程序及监督关口，全面落实党管机构编制工作原则。稳步推进重点领域改革，依据改革职能调整情况，优化调整事业单位13个，结合产业实际，首创设置县茶产业服务中心；深入推进乡（镇）机构改革，积极适应乡（镇）工作特点，科学合理设置乡（镇）党政机构和事业单位，优化职能配置和编制资源，如期完成全县8个乡（镇）机构改革工作；协同推进重点领域专项改革，对县森林公安局、县人民法院、县人民检察院等单位进行改革，精简内设机构13个；完成县扶贫开发领导小组办公室重组为县乡村振兴局的重组、挂牌工作，推动脱贫攻坚与乡村振兴实现无缝衔接。

【人才工作】 年内，墨脱县不断优化人才顶层设计，调整充实县委人才工作领导小组，及时出台《墨脱县人才强县实施意见》，进一步完善《人才激励慰问方案》，为深化人才发展体制机制改革和保障服务能力提供坚强的政治和组织保证。持续深化“双百计划”项目，做到柔性引进8名人才拎包入住；选派优秀干部2名赴广东省佛山市跟岗锻炼，全面提升综合能力。健全完善《墨脱县专招大学生管理办法》，定期开展调研走访，及时解决专招人才疑惑、困难，落实2021年专招人才12名拎包入住工作。

【老干部工作】 年内，墨脱县以党史学习教育为载体，充分利用墨脱县“红色夜校”平台，组织老干

5月1日，县委老干部局组织退休党支部党员帮助墨脱镇墨脱村劳力不足的家庭采茶

（县委组织部 / 提供）

部上夜校8次、月度学习例会集中学习38次，教育引导退休党员干部自觉用习近平新时代中国特色社会主义思想武装头脑。组织老干部宣讲队赴背崩乡西让村、背崩乡小学、县委党校、县特困人员集中供养服务中心等开展党史宣讲活动9次。组织“夕阳红”文艺队到县特困人员集中供养服务中心慰问演出、参加市直属退休干部文艺交流演出等文艺会演12场次。深入开展“我看党史百年新成就·我与党旗合个影”“重走边陲路，永怀党恩情”“老少携手谈变化　党的恩情记心间”“九九重阳节　浓浓敬老情”等专题活动。组织24人参加“紧跟总书记足迹、做到‘两个维护’”暨“重走来时路　坚定跟党走”主题党性教育活动。1人被表彰为“全市优秀党务工作者”，7名老干部荣获“光荣在党50年”纪念章。

【县乡村领导班子换届工作】 事前充分准备。成立县、乡（镇）、村三级书记任组长的换届工作领导小组，抽调精干人员组建换届工作领导小组办公室，组成8个调研组分赴各乡（镇）、村，对班子运行、结构、成员发挥作用情况以及存在的问题和干部个人困难进行深入调研，提出“七个进一步”的工作要求，确保县、乡（镇）换届“零差错、零违规”。事中严格程序。县、乡（镇）两级党代表、人大代表与县政协委员提名、推荐始终坚持党的领导，合理划分选区，科学确定代表比例，依法组织换届选举。严格履行党代表、人大代表、政协委员人选资格审查程序，严防“十种情形”的党代表、人大代表、政协委员人选“带病当选”，确保换届纪律执行到位。全程压实责任。县委常委会带头学习有关换届纪律的新要求、新部署，多次听取换届风气监督工作汇报，对有关工作进行专门安排部署；县委书记落实第一责任人责任，多次对严肃换届纪律提出具体要求，并认真落实“四必谈”“六必签”等要求；各乡（镇）党委从严落实主体责任，把严肃换届纪律与换届工作同步谋划、同步部署、同步落实，确保换届风清气正。县、乡（镇）领导班子换

4月27日，背崩乡组织党代表观看严肃换届纪律专题片《镜鉴》

（县委组织部 / 提供）

届呈现出知晓率高、参选率高、当选率高，无任何违纪行为、无任何违规行为、无任何上访行为的“三高三无”特点，实现换出领导班子“好面貌”、绘出未来发展“好蓝图”、理出乡村振兴“好举措”、创出社会稳定“好局面”的“四好”目标。

【组织机构负责人名录】

县委常委、部长

陈 金 鑫

常务副部长

郭 晓 峰（4 月免）

副部长、机构编制委员会办公室副主任

张 兴 军

副部长、公务员局局长

黄 正 阳

副部长、老干部局局长、三级主任科员

白　　杨（女，门巴族）

县委老干部活动中心主任、二级主任科员

向　　林（女，门巴族）

四级主任科员

索朗玉珍（4 月免，女，藏族）

毕 龙 金（7 月免，彝族）

张　　丽（女）

尼玛措姆（女，门巴族）

毛 鹏 山（藏族）

宣传工作

【概　况】 2021 年，墨脱县宣传思想文化工作紧紧围绕中共中央和自治区党委、市委、县委重大方针政策、重要讲话精神，适应新常态，树立新理念，开拓进取，积极作为，唱响主旋律，汇聚正能量，提振精气神，理论武装、舆论引导、内外宣传、意识形态、文化繁荣发展和精神文明建设等工作取得显著成绩和可喜进步。

【理论学习】 2021 年，县委宣传部紧紧围绕中共中央和自治区党委、市委、县委重大方针政策、重要讲话精神，开展中共十九届五中、六中全会和习近平新时代中国特色社会主义思想、中国共产党西藏自治区第十次代表大会、中国共产党林芝市第二次代表大会精神宣传教育活动，充分发挥党委理论学习中心组学习的龙头作用，采取专家授课、集中研讨等多种形式，迅速形成宣传热潮，先后邀请自治区党委党校教授多吉次仁、市委党校讲师格桑曲珍等专家学者作专题辅导，有力提升全县干部的理论水平。其中县委理论学习中心组开展学习 21 次，撰写心得体会、调研报告等 300 余篇。持续开展党的重大理论进基层活动，发放《中央第七次西藏工作座谈会精神宣讲提纲》《党的十九届六中全会宣讲提纲》等辅导教材，以通俗易懂“接地气”、喜闻乐见受欢迎、生动活泼面对面的宣讲形式，先后组织开展永远跟党走群众性宣讲、“四讲四爱”群众实践教育活动，凝聚民心，有效促进党的理论创新成果深入基层、扎根民心。全年共开展各类宣讲活动 1600 余场次，发放宣传材料 5000 余份，参与群众 5.2 万人次。

【党史学习教育】 2021 年，中共墨脱县委始终把党史学习教育作为一项重大政治任务，认真学习贯彻习近平总书记在党史学习教育动员大会上的重要讲话精神，全面对标中共中央、自治区党委、市委部署要求，狠抓各项工作落地落实，持续推动党史学习教育走深走实，取得实效。

3 月 15 日，县委召开党史学习教育动员部署会，对全县党史

11 月 23 日，县委理论学习中心组第 19 次学习会召开 （县委宣传部 / 提供）

6月25日，墨脱县庆祝中国共产党成立100周年暨西藏和平解放70周年主题演讲比赛举行　　（县委宣传部／提供）

8月11日，墨脱县党史学习教育第三巡回指导小组到帮辛乡指导检查党史学习教育开展情况　　（县委宣传部／提供）

学习教育进行全面安排部署，牢牢把主体责任扛在肩上、抓在手上、落实在行动上。通过“红色夜校”集中学、教育基地深入学、外宣展厅对比学与“线上线下”自主学，领导干部带头读原著、学原文，多种形式激发党员干部学习热情，增强党员干部政治判断力、领悟力和执行力。举办党史学习教育相关培训班21场次，培训1821人次；县委常委会（扩大）会议、党委理论学习中心组学习会议集中开展党史学习教育60余次，参与党员干部3000余人次；组建150支宣讲队伍，500余名各级宣讲员到田间地头、到千家万户开展党史学习教育宣讲1925场次，参与人数达62140人次；各支部对标对表，开展“三会一课”学习3200余场次，人数达33500余人次。开展以“我为群众办实事”为主题的党日活动91次，为支部党员和群众上党课68次，推动党员常态化参与志愿服务79次，开展调研171次，形成调研报告171篇，解决实际问题214个。各乡（镇）、县直属各单位累计开展各类为民办实事369件次，投入资金达3259.63万元。

【舆论引导】 2021年，县委宣传部以庆祝中国共产党成立100周年和西藏和平解放70周年活动为主线，在县域主干道、公园、小区等地设置大型宣传标识牌50余块，依托‘林芝市第十九届桃花旅游文化节——墨脱徒步文化旅游活动”等重大文化体育活动和全县重点工作，邀请自治区内外主流媒体记者采访报道墨脱县经济社会发展、民生改善、民族团结，为墨脱县经济社会文化旅游持续发展提供舆论支持。年内，市级以上主流媒体共刊登墨脱县新闻稿件400余篇，市级以上电视台采用墨脱县广播电视台报送的电视新闻150余条，县广播电视台实现高清拍摄和播出，全年采编新闻500余条。中央电视台《沿着高速看中国》《一路花开看西藏》等采用全媒体直播的方式进行多场直播聚焦墨脱县，新华社重点稿件10余篇，全网点击浏览量过千万次，展示墨脱县欣欣向荣的新景象，为全县经济社会发展营造良好的舆论环境；年内，县广播电视台引入短视频模式对新闻内容进行重新整合，将墨脱电视台自办新闻上传到抖音平台和微信公众号平台，丰富传播内容的同时，进一步扩大受众面。

【文明城市创建】 2021年，县委宣传部以全国文明城市创建为牵引，持续开展文明城市创建工作，年末，成功提名自治区文明城市，为下一步创建自治区文明城市奠定坚实基础。加大社会主义核心价值观宣传教育，融入群众生活。印发《新时代加强爱国主义 民族团结实施方案》，重点实施推广普及、实践养成、示范引领、文化培育等行动。组织开展“讲文明树新风”“移风易俗、文明乡风”等活动，营造村风正、民风淳、不铺张、不攀比的社会氛围。开展系列评选，融入新气象。扎实开展道德模范、文明家庭、文明单位、文明村镇评选活动，获评自治区文明单位、自治区文明村镇、自治区文明校园10余个。强化志愿服务，融入新形象。建立涵盖公共场所、窗口行业、居民村庄的志愿服务队150支，注册志愿者2000余人，开展环境清洁、门前“三包”、社区志愿服务、关爱他人、文化惠民等服务活动1000余次。突出创建主题，融入新风尚。以“我们的节日”主题教育活动为主线，组织全县书法家、摄影师开展“迎新春，送春联、照全家福”活动，义务为群众书写春联100余副，照全家福200余张。加强未成年人思想道德建设，年内，开展的青少年第二课堂兴趣班次扩大到8个项目。进一步丰富全县青少年文化生活。

【文化建设】 2021年，县委宣传部以“讲文化、传文明”行动为主题，结合庆祝中国共产党成立100周年和西藏和平解放70周年大力开展“送文化”下乡活动，组织开展各类文艺会演活动80余场，服务群众近1.4万人次。村庄广场舞、锅庄舞蹈常态化开展。放映主旋律电影400余场次，观众超过1万人次。7月1日，县委宣传部举办西藏和平解放70周年墨脱成就展，累计参观人数达3000余人次，让群众在浓厚的文化氛围中分享中国共产党成立100周年和西藏和平解放70周年的成果。大力扶持文化产业。积极引导特色文化产业有序聚集，发展壮大竹编、门巴族和珞巴族传统民族服饰等特色文化产业，认真开展非物质文化遗产的搜集、挖掘、整理工作，扎实开展“扫黄打非”文化市场专项执法行动，全年共开展30余场次。

【科学防疫】 2021年，县委宣传部定期主持召开新冠肺炎疫情常态化防控宣传引导专题会议，对做好对内宣传引导、对外宣传舆情处置工作进行安排部署。年内开展专题会议讨论研究5次。将新冠肺炎疫情常态化防控宣传与新时代文明实践中心（所、站）工作内容相结合，大力宣传防疫健康知识，倡导文明生活方式。结合文明村镇创建、新冠肺炎疫情防控的要求，深入推进“讲自治、传新风”“讲科技、传技能”行动，破除封建迷信和陈规陋习，引导群众移风易俗。组织科技志愿服务队深入乡（镇）、村，普及科学防疫知识，弘

7月8日，学校师生参观西藏和平解放70周年墨脱成就展（县委宣传部/提供）

扬科学精神，全年共开展移风易俗专题活动20余场次，科普宣传进校园活动8场次。充分发挥应急广播系统，结合“四讲四爱”微宣讲微信群、“网信墨脱”微信公众号、墨脱新闻网等，坚持传统媒体和新媒体相结合，做好防疫常识和新冠疫苗接种的宣传引导，及时将权威信息传达到群众手中，完善县、乡（镇）、村（居）委会三级宣传体系，全年共开展线上线下防疫宣讲5000余次，覆盖人群8.2万人次，墨脱电视台制作播出50余条次新闻面向全县播出，实现县、乡（镇）、村（居）委会三级宣传联动。

【组织机构负责人名录】

县委常委、宣传部部长

扎西顿珠（门巴族）

常务副部长、政府新闻办公室主任

旦增多吉（门巴族）

副部长、新闻出版局局长

刘　斌

一级主任科员

周大明

二级主任科员

张伟刚

四级主任科员

卓嘎拥宗（女，藏族）

互联网评论中心主任

平措扎西（藏族）

统一战线

【概　况】 2021年，在县委、县人民政府的领导下，在市委统战部、市民族宗教事务局的具体指导下，县委统战部（县民族宗教事务局）始终以习近平新时代中国特色社会主义思想为指导，积极践行伟大建党精神，不断增强“四个意识”、坚定“四个自信”、做到“两个维护”，锐意进取、努力作为，民族团结进步创建工作持续推进，中华民族共同体意识更加牢固；紧紧抓住寺庙管理中心任务，宗教现代化治理水平不断提升；强化思想政治引领、与党外人士交友联系更加紧密；“两个健康”稳步有序发展、非公经济领域统战基础更加牢固。

【队伍建设】 2021年，县委统战部（县民族宗教事务局）以培养忠诚干净担当的新时代好干部要求，着力加强干部教育培养，锤炼讲政治、守纪律、负责任、有效率的高质量队伍。坚持以党的政治建设为统领，将党史学习教育贯穿全年思想教育工作始终。定期开展党史、新中国史、改革开放史、社会主义发展史、西藏地方与祖国关系史教育，认真学习习近平新时代中国特色社会主义思想和新时代党的治藏方略，提升素质、锤炼党性。共计开展学习教育活动53场次，组织观看《美术经典中的党史》32场次。以庆祝中国共产党成立100周年和西藏和平解放70周年为契机，认真开展学习教育和实践活动。查问题、补短板，召开党史学习教育专题组织生活会，开展“我为群众办实事”实践活动，提升群众服务能力，切实推动统战干部提升政治素质和政治能力，充分发挥先锋模范作用，以更强的责任感、更优的作风意识推动干部积极投身于统战系统工作中。

【民族团结进步创建】 墨脱县总人口14941人，其中城镇人口3309人，乡村人口11632人（人口数据截至2021年末），是以门

9月22日，墨脱县举办民族团结示范单位命名授牌仪式暨“感恩伟大祖国，讴歌辉煌成就，赞颂民族团结，弘扬社会正气”书法美术摄影展（县委统战部／提供）

巴族、珞巴族为主，藏族、汉族等多民族聚居的边疆县。

2021 年，墨脱县认真学习宣传、贯彻落实中央民族工作会议精神和《西藏自治区民族团结进步模范区创建条例》，深入推进创建全国民族团结进步示范县工作，切实铸牢中华民族共同体意识。12 月，国家民族事务委员会下发《国家民委关于命名第九批全国民族团结进步示范区示范单位的决定》，墨脱县被国家民族事务委员会命名为第九批全国民族团结进步示范区示范单位。

年内，墨脱县积极开展民族团结进步示范点评选创建。完成墨脱县第一批、第二批 29 家民族团结进步示范单位、4 家教育基地评选创建和命名，并对部分示范单位按照“八个一”标准进行巩固提升，树立典型，充分发挥示范引领作用。不断营造民族团结进步浓厚氛围。持续推进民族团结进步“九进”活动，86 家单位参与观看《同心共筑中国梦》，组织成员单位专题集中宣传 5 场次，参与 2300 余人次，发放《西藏自治区民族团结进步模范区创建条例》《民族团结知识 100 问》和民族团结手册 1600 余本；巩固拓宽民族团结进步宣传面，悬挂街道宣传牌 24 块，制作大型宣传标语 16 处，摆放宣传展板 20 块，张贴宣传标语 200 条、悬挂横幅 84 条，在电梯口安装联网宣传屏 2 处，融合体育元素在公共体育场摆放民族团结宣传展板 20 块；制作墨脱县民族团结进步创建工作纪实片。创新开展民族团结进步实践活动。以庆祝“3·28”西藏百万农奴解放纪念日、庆祝中国共产党成立 100 周年、庆祝西藏和平解放 70 周年、9 月民族团结宣传月等为契机，组织开展以民族团结为主题的新旧墨脱对比展、庆祝西藏和平解放 70 周年座谈会、书法美术摄影展、首届“民族团结杯”3 对 3 篮球赛等实践活动，以生动活泼、易于接受、喜闻乐见的方式宣传党的政策、深化“三个离不开”思想、增进“五个认同”。深化民族团结进步教育内涵，通过墨脱门珞历史文化遗产博物馆、党性教育基地、外宣展厅、学校德育室、民族团结示范街等展示和宣教，传递党的声音，呈现在中国共产党的领导下，墨脱县发生的翻天覆地的变化，彰显门巴族和珞巴族民族风采，宣传民族团结进步的意义，增强中华民族自豪感。

【宗教事务管理】 年内，县委统战部（县民族宗教事务局）坚持在“管”和“导”上双重发力，不断提升宗教法治化管理水平。

加强和创新寺庙管理 年内，持续推动墨脱县寺庙管理委员会党组织标准化建设，墨脱县寺庙管理委员会成立党组，党支部选举产生支部委员会；立足重点寺庙仁青崩寺因外来人员较多导致周边凸显的治安管理问题，联合墨脱镇、县文化和旅游局、县林业和草原局等单位进行集中整治，并成立卓玛拉山旅游观光道临时管理工作领导小组，根据阶段性情况适时召开联席会议开展讨论研究解决问题，形成常态化管理机制。努力淡化宗教消极影响。认真总结三年“遵行四条标准　争做先进僧尼”教育实践活动开展情况，制定常态化实施方案并进行动员部署，推动“遵行四条标准　争做先进僧尼”教育实践活动常态化开展。统战民族宗教系统党员领导干部带头深入寺

12 月 15 日，墨脱县委统战部组织寺管会干部和僧人到巴宜区尼池拉康观摩学习

（县委统战部 / 提供）

庙宣讲中央第七次西藏工作座谈会精神、习近平总书记“七一”重要讲话及习近平总书记在西藏考察期间重要讲话精神，各寺庙常态化开展爱国主义教育、法治宣传教育、生态寺庙建设等。12月14—15日，墨脱县委统战部（县民族宗教事务局）组织寺庙管理委员会干部、寺庙僧人共12人，走出墨脱县开展“紧跟脚步护核心、凝聚共识谱新篇”为主题的实地观摩学习活动，增进“五个认同”、培养新时代健康文明生活理念，坚定感党恩、听党话、跟党走的信心和决心。

法律法规、宗教仪轨宣讲宣传　通过集中宣讲、入寺宣传、观看《活佛转世·达赖喇嘛是如何产生的》纪录片等方式，广泛宣传《藏传活佛转世管理办法》等藏传佛教活佛转世历史定制、宗教仪轨、法律法规宣传力度，使各族干部群众深刻认识到中央政府在达赖、班禅等大活佛转世上具有无可争辩的最终决定权。推动开展宣讲宣传100余场次，参加干部群众3000余人次。有序推进消防安全提升行动。组织僧人开展消防知识宣传和演练，为各寺庙配备配齐消防设备，增强驻寺干部和寺庙僧人的消防安全意识和应急处置能力。对各寺庙消防安全进行全方位调研排查，为寺庙消防安全提升做好前期摸底、提供科学依据。

新冠肺炎疫情常态化防控　推动僧人关键时发挥作用，自觉参与疫情防控，做好环境卫生、消毒杀菌及外来人员信息登记、体温检测等，根据新冠肺炎疫情常态化防控需要，适时暂停寺庙对外开放、限流入寺、暂停一切佛事活动，及时为各寺庙配齐新冠肺炎疫情防控物资。僧人除身体或高龄原因等不符合新冠疫苗接种条件外，其余全部完成第二剂次新冠疫苗接种，满足时间要求的僧人完成第三剂次疫苗接种。

落实利寺惠僧政策　不断完善基础设施建设，完成总投资115.88万元的仁青崩寺基础设施建设项目、总投资37.9万元的仁青崩景区公共厕所和太阳能路灯修建项目、总投资73.71万元的白玛维林寺专职管理特派员综合业务用房项目。寺庙“九有”“加六”“三险一保”“一覆盖”等惠僧政策得到落实，“六个一”活动常态化开展。利寺惠僧政策的落实为僧人潜心修行、提高佛教造诣创造良好条件。

【党外代表人士统战】　年内，坚持团结党外各方力量，持续巩固壮大爱国统一战线。从凝聚人心力量上发力。积极主动与党外代表人士进行交流交往，组织召开墨脱县庆祝西藏和平解放70周年座谈会，宣传党的路线、方针、政策和习近平总书记在西藏考察期间重要讲话精神，及时通报全县经济发展和社会稳定情况，积极引导党外人士自觉树立和践行社会主义核心价值观，紧密地团结在党和政府周围，为巩固和发展最广泛爱国统一战线、统一思想、维护和谐发挥重要作用。完成党外政协委员推荐提名。按照规定程序完成墨脱县第十届政协党外委员推荐提名，共推荐提名55名，比第九届政协增加15名，实现1个村至少1名党外政协委员。完成墨脱县出席政协第二届林芝市委员会委员人选推荐提名。

【非公经济】　2021年，县委统战部努力促进“两个健康”（非公有

7月7日，中共墨脱县委统一战线工作领导小组召开2021年第二次会议

（县委统战部/提供）

制经济健康发展和非公有制经济人士健康成长)工作,不断夯实非公经济领域统战基础。在宣传党的方针政策、增强发展信心的同时,通过电话联系、实地走访等方式,吸收入会企业,同时对"僵尸"会员企业、"僵尸"会员个体工商户进行核查清理。2021年新增会员企业3家、个体工商户4名,清理"僵尸"会员企业4家、"僵尸"会员个体工商户11名,截至年末,县工商联共有企业会员29家、个体会员12名,进一步优化县工商联会员队伍。在墨脱县商会成立基础上,积极推动商会在政治引领、经济服务、协同参与社会治理等方面发挥作用,促进非公有制经济健康发展,促进非公有制经济人士提升自身素质、开展各类服务活动、发挥积极作用。

【组织机构负责人名录】

墨脱县委统战部(县民族宗教事务局)

县委常委、统战部部长

边巴索朗(藏族,5月免)

白玛多吉(门巴族,5月任)

常务副部长

普布泽仁(藏族)

副部长

李 和 平(7月免)

县民族宗教事务局局长

李 和 平(8月免)

县民族宗教事务局副局长

吉　　梅(藏族)

二级主任科员

白玛扎西(门巴族)

雪　　莲(女,藏族)

四级主任科员

杨 廷 府(4月免)

詹 文 成

墨脱县寺庙管理委员会

主任

洛桑多吉(门巴族)

副主任、三级主任科员

参　　培(藏族)

副主任

多吉扎巴(门巴族)

格桑达瓦(藏族)

李 秋 平(女)

二级主任科员

桑杰尼玛(门巴族)

机关党建

【概　况】 2021年,中共墨脱县直属机关工作委员会(以下简称"县直机关工委")坚持以习近平新时代中国特色社会主义思想为指导,深入贯彻中共十九大和十九届二中、三中、四中、五中、六中全会精神,认真贯彻落实习近平总书记在中央和国家机关党的建设工作会议上的重要讲话精神,高度聚焦自治区党委、市委、县委的决策部署,以党的政治建设为统领,以推动机关党的建设高质量发展为主题,突出庆祝中国共产党成立100周年暨西藏和平解放70周年,扎实开展党史学习教育和"三更"专题教育,持续深化政治机关意识教育、党支部标准化规范化建设等重点任务,为全县机关各项事业发展注入强大动力,为推动全县经济社会发展提供坚强组织保障。

【政治建设】 2021年,县直机关工委坚持以党的政治建设为统领,不断加强政治机关建设,推动政治机关意识教育向机关基层单位延伸,引导党员干部把讲政治的要求从外部要求转化为内在主动,坚决捍卫"两个确立",增强"四个意识"、坚定"四个自信"、做到"两个维护",当好"三个表率"。深入学、把握政治方向,自觉同党的基本理论、基本路线、基本方略和中共中央决策部署对标对表,充分运用支部集中学习、主题党日等载体,深入开展学习,认真领悟,确保同中共中央一个立场、一个声音、一个步调,各党支部依托"三会一课"、主题党日等开展特色鲜明、形式多样的学习活动1200余次。带头讲、夯实政治根基,机关单位党组(党委)书记、党支部书记和先进典型结合党史学习教育,讲授专题党课50余人次,县委书记结合"三更"专题教育带头讲党课、各级党委(党组)书记跟进讲,全县开展党课活动17场,直接受众620余人次。自觉做、涵养政治生态,组织全体党员领导干部面对党旗重温入党誓词,并签订不信仰宗教承诺书60余份,组织全县各级各部门200余名党员领导干部开展"有话对党说"实践活动;依托"3·28"西藏百万农奴解放纪念日与"七一"建党节,组织全县党员领导干部升国旗、观看文艺汇演,受教育群众3000余人。

【思想建设】 2021年,县直机关工委坚持以习近平新时代中国特色社会主义思想为指导，持续强化机关党员干部思想建设。严肃党内政治生活，严格执行新形势下党内政治生活的若干准则，认真落实“三会一课”、民主评议党员等党的组织生活制度，提高民主生活会、组织生活会质量。县委、县人民政府主要领导带领党员领导干部主动参加所在党支部党史学习教育专题组织生活会等党组织生活240余人次，机关单位党组（党委）书记、党支部书记和先进典型结合党史学习教育，开展专题党课50余人次。抓好党员干部理论学习，机关各级党组织认真学习《习近平谈治国理政》第一、二、三卷，重点学习习近平总书记关于本部门本领域工作的重要论述和重要指示批示精神，及时跟进学习中共十九届六中全会精神、习近平总书记“七一”重要讲话和习近平总书记在西藏考察时的重要讲话等重要讲话精神。继续开展机关“红色夜校”党员学习教育和党员领导干部“红色大讲堂”活动，开展22次机关“红色夜校”集中学习，23位县级领导开展集中授课23次，参加党员6600余人次。充分发挥党委（党组）理论学习中心组和党支部班子领学促学作用，着力提高集体学习研讨质量效果，机关各级党组织共开展学习交流研讨120余次。

【组织建设】 2021年，墨脱县直机关工委认真落实《中国共产党党和国家机关基层组织工作条例》，强化机关工委班子、机关党组织班子建设，进一步确保机关党组织坚强有力，县直机关工委决策更加科学合理。制定完善集体研究制度、教育培训制度、信息简报制度、财务管理制度等有关工作制度9个，认真开展阶段性调查研究、半年交叉督导检查、年度党建述职评议、组织生活到会指导等工作，采取随机督导检查的方式，深入县直属各机关党支部进行督导检查，实现年内县直属机关党支部督导检查全覆盖。认真落实《中国共产党支部工作条例（试行）》，推进党支部标准化规范化建设，先后审批调整13个党支部支委会成员31名，审批成立八届县委第九轮3个巡察组临时党支部，批准和指导16个党支部完成换届选举工作；根据党组织切实发挥作用和便于开展工作的实际，审批撤销县便民服务中心和行政审批局党支部和藏医疾控联合党支部，研究成立墨脱县藏医院党支部和墨脱县疾病预防控制中心党支部；对2021年软弱涣散整顿的3个党组织，通过对3个支部如何确定为软弱涣散党组织、自身存在的问题、制定的整顿措施、整改工作开展情况、整改前后的对比情况等方面进行集中谈话、个别谈话、满意度测评等工作。12月初，3个支部“软弱涣散党组织”摘帽；各级党委（党组）建立党委（党组）书记联系机关党支部工作制度，由党委（党组）书记亲自督导机关党建工作，通过党委（党组）会研究机关党建工作，定期了解掌握机关班子队伍建设、支部运转、工作开展等情况，分析存在问题和原因，及时制定整改措施。

【队伍建设】 2021年，为充分发挥好广大机关党员干部先锋模范作用，树立学习先锋、干事先锋，进一步强化党员队伍建设，密切党群干群关系，县直机关工委着眼党员队伍建设，紧紧围绕自治

2月23日，县直机关工委工作人员到墨脱县公安局机关党支部调研党建工作
（县公安局／提供）

区党委“关于组织党员开展志愿服务”工作要求，推动机关党员干部到一线去、到群众中去，掌握基层活情况破解老难题、摸清群众烦心事揪心事。坚持党建引领，以党员为服务基点，以党员志愿服务队为服务环线，按照“就近就便、志愿报名、自主组建、联合组建、全域覆盖”的工作方式，组建机关党员志愿服务队41支、学校领域党员志愿服务队4支、医疗领域党员志愿服务队2支。有效转化党史学习教育成效，进一步将学史力行往纵深推进，充分发挥机关党员志愿服务队专业优势，链接行业领域服务线条，构筑交叉服务网格，多形式多载体开展党员志愿服务活动，树牢党员为民服务宗旨，增强党员的服务意识、服务本领、服务水平，破解基层服务难题，增强墨脱县各族群众的获得感、幸福感、安全感，全面筑牢党在基层的执政根基。围绕“宣讲理论强武装、宣讲政策惠民生、宣讲知识树新风、服务群众解难题办实事”服务主线，面对面宣讲、点对点服务，开展中共十九届六中全会精神、中国共产党西藏自治区第十次代表大会精神、中国共产党林芝市第二次代表大会精神等宣讲活动，开展送教上门、送温暖入户等日常活动；以党员网格化志愿服务为桥梁，推动形成党群一体治理为目标，采取党员带头、群众参与的服务模式，党员群众共同开展“生态宜居、美丽和谐”“集体经济建设、助推生活富裕”“送温暖、献爱心”“移风易俗、共树文明乡风”等系列活动，持续推进机关党员队伍建设。

【作风建设】 2021年，县直机关工委紧盯机关党员干部作风建设，保持“作风建设永远在路上，任何时候都不能松懈”的韧劲，持续推进机关作风建设，教育引导广大党员干部树立良好形象。抓实党风廉政教育，将学习贯彻中共中央、自治区党委、市委、县委关于加强党风廉政建设的一系列指示精神纳入机关党支部集中学习，深入学习贯彻党纪、政纪条规，并进行督促指导，明确作风建设总体要求，机关各支部认真进行作风建设安排部署。切实改进工作作风，深入贯彻落实中央八项规定精神及其实施细则，大力整治“四风”，实行干部考勤通报制度，强化党组织书记主体责任，推进作风建设不松劲、不停步、再出发。注重支部纪检委员与纪检专干作用发挥，明确纪检责任职责，压实工作责任，全面做好监督并推进党务公开、民主评议党员、组织生活等有关工作。紧扣作风建设，引导各支部驰而不息纠正“四风”，紧盯“三大节日”、中秋节、国庆节等重大节日，全面抓好节前教育工作。坚持党要管党，全面从严治党，引导各机关党支部将党章党规学习抓在经常，融入党员干部日常，严格用党章党规党纪约束党员干部的行为，运用监督执纪四种形态推动形成纪律严明的良好政治生态。

【组织机构负责人名录】

书记

顿　　珠（门巴族）

创先争优强基础惠民生活动

【概　况】 2021年，墨脱县共有第十批创先争优强基础惠民生驻村工作队46支，墨脱县第十批驻村工作队队员共138人，其中党员99名，女性28名；其中自治区派驻9个村21名驻村工作队队员，林芝市派驻14个村33名驻村工作队队员，县、乡（镇）两级派驻23个村84名驻村工作队队员；第一支部书记兼驻村工作队队长（副队长）46人。年内，第十批驻村工作队入驻以后，紧紧围绕新时代干部驻村工作“七项职责”，强化组织领导，强化措施落实，强化督导指导，不断夯实基层基础，使党和国家的各项兴边富民政策深入人心，切实提高农牧民群众生活水平，为推进墨脱县社会经济持续发展和长治久安作出积极贡献。

【基层组织建设】 2021年，墨脱县各驻村工作队紧紧围绕新时代驻村工作“七项职责”，有重点、有措施、分层次地开展强基惠民工作，始终以建强村班子为目标，以建强队伍为重要抓手，通过“一主一辅”和周例会制度，开展村干部文化素质培训和党员、入党积极分子政治教育轮训，进一步激发村党员干部干事创业热情，帮助班子成员树立威信、提高能力，全面提升村党员干部综合能力。共组织召开周例会954场次，参会村干部达4770人次，共协助开展72期党员培训班，培训党员干部827人次；协助完善村内各类规章制度120余条。

【推进乡村振兴战略】 年内，各驻村工作队立足实际，深入调研，严格贯彻落实精准扶贫、精准脱贫的重大决策部署，齐心协力抓脱贫、攻坚克难补短板，积极为群众找到致富渠道、传授致富技能，激发脱贫群众增收致富的内生动力和自我发展能力，构建永固的防返贫堤坝。全年共组织开展技能培训78场次，转移就业人数559人次，实现群众增收202.8万元；开展就业、创业宣讲教育145场次，带动75人参与“大众创业、万众创新”活动，协助开展乡村美丽建设活动610场次，1.83万人次参与。

【维护社会稳定】 年内，各驻村工作队始终牢记习近平总书记“治国必治边，治边先稳藏”的总方针，持续宣传党的民族宗教政策、法律知识，共组织召开各类教育会532场次，受教育农牧民群众14085人次；协助村“两委”建立健全村内维稳应急方案184个，建立工作机制139条，成立护村队、民兵队等安保力量，协助做好重点领域排查1953场次，排查重点人员3227人次，掌握重点管控人员思想动态和行动轨迹，确保不漏管、不失控，全面构建村内和谐稳定的局面。

2021年6月，甘登乡甘登村驻村工作队协助村“两委”班子开展“共建清洁家园、喜迎建党百年”活动 （县广播电视台／提供）

【精神文化活动开展】 年内，各驻村工作队根据各村实际情况，持续开展精神文化活动，提升群众幸福指数。各驻村工作队始终将群众思想教育和丰富精神文化生活贯穿强基惠民活动中，通过宣传教育、文艺汇演、播放影视节目等方式，多层次、多角度教育引导农牧民群众明白“惠在何处、惠从何来”，树立健康文明的生活理念、生活态度、生活方式，进一步坚定农牧民群众“感党恩、听党话、跟党走”的决心。共开展宣讲564场次，受教育群众15164人次，发放宣传资料2956份，开辟专栏138期；开展“两降一升”（降低孕产妇死亡率和婴儿死亡率，提升住院分娩率）和包虫病、结核病等卫生知识宣讲活动1288次，覆盖群众38384人次；开展不良习惯和陈规陋习教育活动1304场次，受教育群众25088人次，帮助改变陈规陋习，克服不良习性1408人次。

党校教育

【概　况】 2021年，中共墨脱县委党校牢固把握“党校姓党”基本原则，紧紧围绕中心工作，聚焦主责主业，以增强党员干部教育培训的经常性、针对性和实效性为抓手，以坚定信仰、增强党性、提高能力为重点，充分发挥县委党校党员干部教育培训“主渠道”、理论武装“主阵地”、党性教育“大熔炉”作用。

【教师队伍建设】 年内，县委党校选派1名教师赴市委党校学习。投入干部教育培训资金75万余元，邀请市委党校、自治区党委党校等专家学者“送教上门”。选聘党政领导干部、先进模范人物和优秀基层干部等55人担任兼职教师，壮大师资力量。

6月22日，退休干部宣讲员桑杰多吉应邀为县委党校2021年第二期入党积极分子暨发展对象培训班开展“践行诺言 履行职责 建设墨脱”专题宣讲活动，共42名培训学员参加 （县委组织部/提供）

11月23日，中共墨脱县委党校、县妇联联合举办墨脱县基层妇联领头雁培训班，图为全体人员合影 （县妇联/提供）

【探索创新培训教学模式】 年内，县委党校积极探索创新培训教学模式，通过线上线下，采取“常态+动态”的组织学习方式，多形式、多方位开展培训。形成以专题授课为主，以情景模拟教学、理论测试、新媒体小视频、现场教学、拓展教学、座谈交流等为辅的教学模式，真抓实干、开拓创新，整体教学质量持续提高。

【培训开展】 2021年，县委党校共组织开展各类培训31期，2700余人参加培训，组织开展军地军民军事训练1场，参与人数280人。年内，县委党校组织党员到背崩乡烈士陵园开展缅怀革命先烈活动4次，参与人数193人次；组织培训学员参观党性教育基地14次，参与人数648人；组织培训学员参观爱国强边教育基地4次，参与人数189人。

【组织机构负责人名录】

县委常委、组织部部长、县委党校（行政学校）校长、校务委员会委员

陈金鑫

墨脱县人民代表大会

6月8日至9日，区人大常委会副主任唐明英（左二）带领自治区、林芝市调研组一行到墨脱县，就教育经费投入和使用管理情况进行专题调研，图为调研组在县中学调研

（县人大常委会办公室／提供）

综　述

【概　况】2021年，在县委的领导下，县人大常委会高举习近平新时代中国特色社会主义思想伟大旗帜，全面贯彻落实中共十九大和十九届历次全会精神，深入贯彻落实习近平总书记关于坚持和完善人民代表大会制度的重要思想、中央第七次西藏工作座谈会精神、习近平总书记在庆祝中国共产党成立100周年大会上的重要讲话和习近平总书记视察西藏时的重要讲话精神，认真贯彻落实中央人大工作会议精神、中国共产党西藏自治区第十次代表大会精神、中国共产党林芝市第二次代表大会精神和中国共产党墨脱县第九次代表大会精神，坚持党的领导、人民当家作主、依法治国有机统一，增强“四个意识”、坚定“四个自信”、做到“两个维护”。聚焦全县重点工作目标和任务，以民主与法治建设为己任，依法履行宪法赋予人大的神圣职责，全年组织执法检查3次，听取县人民政府、县人民法院与县人民检察院专项工作报告3项，作出决议决定3项。如期完成全年确定的各项工作任务，充分发挥县人大及其常委会的职能作用，为推动全县“稳定、发展、生态、强边”工作持续开展，作出应有贡献。

【县、乡(镇)人大换届选举】2021年，墨脱县举行县、乡(镇)人大换届选举，在县委的全面领导下，县人大常委会如期完成县、乡(镇)两级人大代表换届选举工作，依法选举产生县、乡(镇)两级人大代表414名(含13名机动名额)，女性代表占比23%，少数民族代表占比88.3%。本届414名人大代表中有研究生学历6名、本科学历82名、大专学历57名、中专学历6名、高中学历11名、初中学历41名、小学学历179名，县人大代表整体文化程度比上届有一定程度提升。

年内，各乡(镇)召开新一届人民代表大会第一次会议，依法选举产生各乡(镇)新一届人大、政府班子成员共计40名。是年，全县新当选各乡(镇)人大主席团主席全部兼任乡(镇)党委副书记。

【督促指导基层人大工作】2021年，县人大常委会安排班子成员深入各乡(镇)督促指导基层人大工作，指导乡(镇)人大依法召开各乡(镇)九届人大例会49次，促进各乡(镇)人大班子整体履职能力不断提升。持续推进2021年乡(镇)人大、乡(镇)人民政府班子成员选举工作，选举产生新一届乡(镇)长8名，副乡(镇)长24名，人大主席8名，并完成乡(镇)政府工作报告、乡(镇)人大主席团工作报告审议工作。召开乡(镇)人大主席专题会议5次，听取各乡(镇)人大主席团年度工作开展情况，会议在总结经验、分析不足的基础上，深入探讨交流，改进工作方式方法，切实提升乡(镇)人大主席、人大专干依法履职的意识和能力。

【上级人大调研、执法检查】旅游“一法一条例”执法检查　4月22—23日，自治区人大财政经济委员会主任委员李震带领自治区旅游“一法一条例”执法检查组到墨脱县，就《中华人民共和国旅游法》和《西藏自治区旅游条例》贯彻实施情况进行执法检查。

4月2日，格当乡第九届人民代表大会第六次会议第一次全体会议召开
（县人大常委会办公室/提供）

林芝市人大调研组到墨脱县调研 4月26—27日，市人大常委会副主任张明带领调研组到墨脱县，就墨脱县人口较少民族（族群）聚居区经济社会发展情况开展专题调研。县人大常委会副主任杨明强陪同调研。

自治区人大、林芝市人大调研组到墨脱县调研 6月8—9日，自治区人大常委会副主任唐明英率自治区人大常委会、林芝市人大常委会调研组到墨脱县，就教育经费投入和使用管理情况进行专题调研。

6月8—9日，自治区人大常委会副主任唐明英（前排中）带领自治区、林芝市人大常委会调研组一行到墨脱县，就教育经费投入和使用管理情况进行专题调研，图为调研组在县中学实地调研（县人大常委会办公室／提供）

10月12日，自治区人大常委会党组副书记、副主任丁业现（前排右一）率西藏自治区全国人大代表调研组到墨脱县调研，图为调研组在达木珞巴民族乡达木村实地调研（县人大常委会办公室／提供）

西藏自治区全国人大代表调研组到墨脱县调研 10月12日，自治区人大常委会党组副书记、副主任丁业现率西藏自治区全国人大代表调研组到墨脱县，就边疆地区小康示范村建设、旅游产业开发、茶产业发展情况和其他事项进行专项调研。

重要会议

【概　况】 年内，墨脱县共举行县人民代表大会3次，召开县人大常委会主任会议6次，召开县人大常委会会议6次。5月，中共墨脱县第八届委员会召开中共八届墨脱县委人大、政协工作会议，这是墨脱县委首次召开人大工作会议。

【墨脱县第十一届人大七次会议】 1月30日至2月1日，墨脱县第十一届人大七次会议召开，听取并审议通过《墨脱县人民政府工作报告》《墨脱县人大常委会工作报告》《墨脱县人民法院工作报告》《墨脱县人民检察院工作报告》《墨脱县2020年国民经济和社会发展计划执行情况与2021年国民经济和社会发展计划（草案）的报告》《墨脱县2021年国民经济和社会发展计划（草案）》《墨脱县2020年财政预算执行情况和2021年财政预算（草案）的报告》《墨脱县2021年财政预算（草案）》。

【中共八届墨脱县委人大、政协工作会议】 5月20日，墨脱县召开中共八届墨脱县委人大、政协工作会议。县级领导，各乡（镇）、各单位主要负责人，部分人大代表、政协委员代表共140余人参加会议。市政协党组成员、政协副主席，县委书记旺东出席会议并讲话。制定出台《中共墨脱县委员会关于进一步加强和改进新时代人大工作的意见》。

【墨脱县十二届人大一次会议】 7月4—6日，墨脱县十二届人大一次会议召开，听取并审议通过《墨脱县人民政府工作报告》《墨脱县人大常委会工作报告》《墨脱县人民法院工作报告》《墨脱县人民检察院工作报告》，并依法作出4个报告决议；选举产生新一届县人大常委会组成人员、县人民政府领导班子、县监察委员会主任、县人民法院院长和县人民检察院检察长；表决产生新一届县人大各专门委员会组成人员；确定今后5年墨脱县经济社会发展及各项工作的目标任务。

【墨脱县第十二届人民代表大会第二次会议】 10月19日，墨脱县第十二届人民代表大会第二次会议举行，选举产生墨脱县出席林芝市第二届人民代表大会代表22名。

依法监督

【概　况】 2021年，县人大常委会全面履行宪法和法律赋予的各项职责，不断改进工作方式，提升履职效能，推动各项工作持续开展。

【经济运行监督】 2021年，县人大常委会听取审议《墨脱县人民政府2020年国民经济和社会发展计划执行情况及2021年国民经济和社会发展计划（草案）报告》《墨脱县人民政府2020年财政预算执行情况及2021年财政预算（草案）报告》。审查墨脱县人民政府提交的《墨脱县国民经济和社会发展第十四个五年规划和二〇三五年远景目标纲要（草案）》等议案，并形成相关决议、决定3个。

【重点工作监督】 2021年，县人大常委会围绕县委中心工作，开展视察、调研12次。年内，前往

1月30日至2月1日，墨脱县第十一届人大七次会议第一次全体会议召开

（县人大常委会办公室／提供）

7月4—6日，墨脱县第十二届人大一次会议第三次全体会议召开

（县人大常委会办公室／提供）

背崩乡、德兴乡、墨脱镇、达木珞巴民族乡开展边境一线调研活动共计4次。组织开展巩固拓展脱贫攻坚成果同乡村振兴有效衔接专题调研工作1次。对县人民政府7个职能部门开展述职评议工作。

【法律监督】 年内，县人大常委会开展2021年度法治政府建设视察调研活动1次；开展《中华人民共和国野生动物保护法》《医疗卫生机构医疗废物管理办法》执法检查各1次；开展《西藏自治区实施宪法宣誓制度办法》执法检查1次；协助自治区人大常委会就墨脱县人民政府执行《西藏自治区民族团结进步模范区创建条例》情况开展执法检查，听取县人民政府民族团结进步模范区创建工作报告。旁听墨脱县人民法院公开审理墨脱县人民检察院提起公诉的案件2次。

【人事任免】 7月4—6日，墨脱县十二届人大一次会议举行，选举产生新一届县人大常委会组成人员及县人民政府领导班子、县监察委员会主任、县人民法院院长与县人民检察院检察长共39人。年内，县人大常委会依法任免国家机关工作人员50人次。

【县人大预算联网监督系统项目建设】 5月，县人大常委会启动墨脱县人大预算联网监督系统项目建设，总投资119.98万元。9月26日，县人大预算联网监督系统正式投入使用。

代表工作

【概　况】 2021年，县人大常委会坚持把代表工作作为一项经常性、基础性工作来抓，切实增强代表履职能力。创新代表工作方式方法，拓展代表履职渠道，保障和促进代表依法履职，推动代表工作上新水平，有新突破。

【人大代表培训】 年内，县人大常委会加大新任代表的培训力度，全年培训2次，160人次。组织人大代表培训1次，人大代表履职培训1次。组织人大代表、干部业务培训3次；有针对性地邀请代表广泛参与专题调研视察活动，拓展代表参与人大监督工作的深度广度，提高监督实效。深化人大代表密切联系人民群众工作，充分发挥代表桥梁纽带作用，建好用实代表之家。赴各乡(镇)开展“人大代表之家”运行情况工作调研1次。

【联系代表】 年内，县人大常委会进一步完善县人大常委会组成人员联系基层人大代表制度，实现县人大常委会组成人员联系县人大代表全覆盖；指导各乡(镇)建立人大代表联系选民制度，实现各乡(镇)人大代表联系选民全覆盖。

【代表意见建议督办】 年内，县人大常委会进一步建立健全人大代表意见建议办理答复制度，开展墨脱县十一届人大七次会议代表意见建议办理答复情况征询意见工作，收集代表意见建议共63件，答复率100%，代表满意率96%。

【考察学习】 年内，组织县人大常委会组成人员带领县人大代表赴山南市、昌都市开展考察学习活动2次，加大相互间交流，促进相互间联络。

墨脱县人大常委会办公室

【概　况】 2021年，县人大常委会办公室在县人大常委会的领导下，围绕县人大常委会中心工作，积极履行参谋、协调、服务和保障职能，不断适应新时代要求，着力提升工作政治站位，努力开创工作新格局，扎实开展各项工作，努力提高服务县人大常委会及机关的水平，确保县人大及其常委会各项工作的如期推进和机关日常工作的有效运转。

【会务保障】 年内，县人大常委会办公室坚持精益求精、细节为主，以积极的态度和严谨的工作作风，努力提高会务保障水平与其他方面的工作能力。县人大常委会办公室围绕县人大常委会会议、县人大常委会主任会议、县人大常委会党组会议、专项视察等各类会议活动，认真做好会前、会中、会后的服务保障工作。在召开大型会议或组织重要调研视察活动前，县人大常委会办公室认真研究制定筹备保障方案，加强统筹谋划和预想预测。加强与上级人大常委会、县委、县人民政府、县监察委员会、县人民法院、县人民检察院及各职能部门、各乡（镇）人大的联系，紧密对接有关事项，做到不厌其烦、不疏不漏。会中分工精细严谨。对会场布置、材料的起草审核发放、参加人员出席（缺席）及请假、会中记录及应对工作等，均作出严格规定及责任分工落实。会后第一时间报道县人大常委会活动的信息，认真做好县人大常委会领导审议发言讲话的整理工作，强化会后的跟踪督查。全年共服务保障县人民代表大会3次、县人大常委会会议6次、县人大常委会主任会议6次、人大代表视察3次、执法检查2项。

【文稿撰写】 2021年，县人大常委会办公室在仔细把握要求、充分收集资料、综合各方信息的基础上，认真起草县人大常委会工作报告以及其他工作总结报告、县人大常委会领导的讲话稿、审议意见、决定、人事任免通知、会议纪要、简讯等各项人大常委会及其机关材料与对外宣传的通稿一并进行多次认真校对，防止出现失误。年内，县人大常委会办公室派人参加县人大常委会领导系列调研活动，并及时梳理、归纳、提炼形成调研材料；综合各方材料，认真起草审议意见，为县人大常委会决策提供参考依据。全年共撰写领导讲话、汇报总结等综合性材料100余份，协助《墨脱年鉴》编辑部整理县人大及其常委会相关资料20余份，编制县人大常委会工作简报11期、人大常委会机关党支部信息50期、墨脱人大工作信息91期。

【辅助参谋】 2021年，恰逢县、乡（镇）人大代表换届选举之年，县人大常委会办公室协助县人大及其常委会及早谋划，提前部署，按照换届选举步骤制定相关方案预案，如期完成县、乡（镇）人大代表换届选举各项工作任务。根据自治区人大常委会和市人大常委会的安排，辅助谋划墨脱县新一届人民代表大会第一次会议工作。

【人大工作宣传】 2021年，县人大常委会积极配合县委宣传部开展人大工作宣传，提供相关资料和专版宣传提纲。

是年，县人大常委会办公室加强县人大常委会机关宣传栏建设，及时设计制作党史学习教育、学习贯彻习近平总书记“七一”重要讲话精神、习近平总书记视察西藏重要讲话精神、西藏和平解放70周年大会与第八届县委人大、政协工作会议等专题宣传专栏。策划《代表风采》专栏专题报道，宣传县人大代表履职风采，扩大县人大代表影响力。坚持运行好墨脱县人大网络宣传阵地，及时发布县、乡（镇）两级人大新闻和信息。注重对人大工作亮点、经验的梳理总结，确保在第一时间宣传发布。

【保密工作】 2021年，县人大常委会办公室为切实做好保密管理工作，及时开展保密法治宣传教育，组织涉密人员参加业务培训。健全保密管理制度，严格执行保密工作各项细则和要求。认真处理西藏自治区党政信息网的管理及收发文工作，确保上情下达和下情上传及时准确。

【档案管理】 2021年，县人大常委会办公室严格执行《中华人民共和国档案法》《墨脱县人大机关档案管理制度》，及时、规范、齐全地完成年度档案立卷归档工作。提升改造档案室，按照档案室建设要求，加强硬件建设，配齐配全档案室设备，对档案、资料进行重新整理，促进档案工作规范管理。

【信访工作】 2021年，县人大常委会办公室严格按照《信访条例》，依法治访，提高信访工作效能。与相关单位做好沟通协调，对信访矛盾的化解起到积极的推动作用。对依法不受理的信访件主动沟通联系，做好解释和劝导工作，有效化解基层矛盾纠纷。

【服务保障】 2021年，县人大常委会办公室认真做好日常工作，确保县人大及其常委会机关正常运转。做好人事、政工工作。及时办理干部职工工资调整、调动、晋升、年度考核、退休、社会保险等有关手续。做好各项统计和信息报送工作。做好请假、休假管理和备案工作。及时探望患病职工或家属，解决干部工作和生活中的一些实际问题。举办文体活动及比赛。加强财务管理。按照《中华人民共和国会计法》和有关财务制度做好财务工作，做好

2021年度人大各项经费预算，人大代表视察、办公室公用经费等专项经费预算，开展固定资产清查工作，进一步加强单位公务支出、专项经费、决算等的规范管理和信息公开。加强公车日常保养，严格执行用车制度。加强互联网系统、会议数字化设备的管理和维护，积极推进办公自动化、信息化进程。

【组织机构负责人名录】

县委常委、人大常委会主任

多吉扎西（藏族，5月免）

杨 玉 东（7月任）

县人大常委会副主任

杨 明 强

边巴扎西（珞巴族，7月任）

洛桑卓嘎（女，珞巴族）

尹 建 华（7月任）

县人大教育科技文化卫生委员会主任委员

格桑多吉（藏族）

县人大财政经济委员会主任委员

达 学（藏族）

县人大社会建设委员会主任委员

罗 布（藏族，7月任）

县人大常委会办公室主任

王 向 军（4月免）

孟 兆 匡（5月任）

县人大常委会办公室副主任

尼玛仓决（女，门巴族）

四级调研员

格桑达瓦（藏族）

二级主任科员

索朗曲珍（女，藏族）

冯 兴 旺

四级主任科员

扎西央宗（女，门巴族）

2021年墨脱县第十三届全国人大代表名录

表10

姓名	性别	民族	单位及职务	备注
格桑德吉	女	门巴族	县完全小学副校长	

2021年墨脱县第十一届西藏自治区人大代表名录

表11

姓名	性别	民族	供职单位及职务	备注
魏 长 旗	男	汉族	中共墨脱县委书记	
格桑德吉	女	门巴族	县完全小学副校长	

2021年林芝市第二届人民代表大会代表（墨脱县）名录

表12

姓名	性别	民族	供职单位及职务	备注
魏 长 旗	男	汉族	墨脱县委书记	
李 继 承	男	藏族	墨脱县委副书记、县人民政府县长	
杨 玉 东	男	汉族	墨脱县委常委、人大常委会主任	
倖 青 红	女	汉族	墨脱县委常委、纪委书记、监委主任	
尼玛旺堆	男	门巴族	墨脱县政府后勤服务中心中级工	
次仁旺堆	男	门巴族	墨脱县墨脱镇亚东村党支部书记	
次仁索朗	男	门巴族	墨脱县德兴乡德果村党支部副书记、村委会主任	
次仁桑珠	男	门巴族	墨脱县达木乡贡日村党支部书记	
久 美	男	藏族	墨脱县兽防站站长	
欧珠卓玛	女	门巴族	墨脱县人民医院医师	
次仁曲珍	女	门巴族	墨脱县背崩乡党委委员、宣传委员	
索朗曲珍	女	藏族	墨脱县人大常委会办公室二级主任科员	
扎西达娃	男	门巴族	墨脱县门隅圣泉纯净水有限公司法定代表人，非公党支部副书记，墨脱县商会副会长	

2021 年墨脱县第十二届人大代表名单

表 13

姓名	性别	民族	政治面貌	文化程度	供职单位及职务	代表团
魏长旗	男	汉族	中共党员	研究生	县委书记	县城驻地代表团（20名）
李继承	男	藏族	中共党员	大专	县委副书记、县长	
杨玉东	男	汉族	中共党员	大专	县委常委、人大常委会主任	
白玛多吉	男	门巴族	中共党员	大专	县委常委、统战部部长	
俸青红	女	汉族	中共党员	本科	县委常委、纪委书记、监委主任	
杨明强	男	汉族	中共党员	大专	县人大常委会副主任	
格桑旺姆	女	藏族	中共党员	研究生	县藏医院藏医医师	
新卫东	男	门巴族	党外人士	小学	仁青崩寺庙负责人	
肖莉莎	女	汉族	中共党员	本科	共青团墨脱县委员会书记	
次旺仁增	男	门巴族	中共党员	中专	林芝墨脱茶业有限公司副总经理	
次仁多吉	男	门巴族	中共党员	本科	县中学教师	
西绕措姆	女	门巴族	中共党员	本科	县完全小学教师	
尼玛旺堆	男	门巴族	群众	中专	县政府后勤服务中心中级工	
李振	男	汉族	中共党员	本科	县文化和旅游局局长	
王莉莉	女	汉族	中共党员	本科	墨脱县莲花圣地国有资产投资有限公司法定代表人、董事长	
梅朵措姆	女	门巴族	中共党员	研究生	县总工会主席	
久美	男	藏族	中共党员	本科	县农业农村局兽防站站长	
加央	男	藏族	中共党员	本科	县人民医院副院长	
米玛曲珍	女	藏族	中共党员	本科	县妇联主席	
张晓欢	男	汉族	中共党员	本科	中国农业银行墨脱县支行副行长	
张巍巍	男	汉族	中共党员	研究生	县委副书记、常务副县长	墨脱镇代表团（18名）
高功强	男	汉族	中共党员	本科	县委常委、政法委书记、国安办主任、公安局局长、督察长、三级高级警长	
格桑卓嘎	女	珞巴族	中共党员	大专	县人大常委会副主任	
格桑多吉	男	藏族	中共党员	本科	县人大教科文卫委主任委员	
杨林鑫	男	土家族	中共党员	大专	党委副书记、镇长	
卫东	男	门巴族	中共党员	大专	党委副书记、人大主席	
索朗玉珍	女	门巴族	中共党员	本科	墨脱镇副镇长	
旦真罗布	男	门巴族	中共党员	本科	农牧专技	
索朗拉姆	女	门巴族	中共党员	小学	米日村村委会主任	
尼玛让日	男	门巴族	中共党员	小学	墨脱村党支部书记	
罗布央宗	女	门巴族	中共党员	小学	墨脱村妇联主席	
次仁旺堆	男	门巴族	中共党员	小学	亚东村党支部书记	
嘎迪	女	门巴族	中共党员	小学	亚东村妇联执委委员	
顿珠次仁	男	门巴族	中共党员	小学	玛迪村党支部书记	
新向东	男	门巴族	中共党员	小学	亚让村党支部书记	
德前措姆	女	门巴族	中共党员	小学	亚让村妇女主任	
扎西江增	男	藏族	中共党员	小学	巴日村党支部书记	
多洛	男	珞巴族	中共党员	小学	朗杰岗村党支部书记	
陈金鑫	男	汉族	中共党员	本科	县委常委、组织部部长、县委党校（行政学校）校长、校务委员会委员	德兴乡代表团（16名）
扎西顿珠	男	门巴族	中共党员	大专	县委常委、宣传部部长	
孟兆国	男	汉族	中共党员	本科	县人大常委会办公室主任	
白玛曲珍	女	门巴族	中共党员	本科	乡党委副书记、人大主席	
扎西顿珠	男	藏族	中共党员	本科	乡党委副书记、乡长	

续表 13

姓名	性别	民族	政治面貌	文化程度	供职单位及职务	代表团
王 现 飞	男	汉族	中共党员	本科	德兴乡中心小学校长	德兴乡代表团（16名）
次仁玉珍	女	门巴族	中共党员	本科	乡卫生院院长	
建阿达娃	男	门巴族	中共党员	小学	德兴村党支部副书记、村委会主任	
卓 玛	女	门巴族	中共党员	小学	德兴村妇联主席	
曲 扎	男	门巴族	中共党员	大专	德果村团支部书记、乡村振兴专干	
次仁普只	女	门巴族	中共党员	初中	文朗村党支部副书记、村委会主任	
扎 西	男	门巴族	中共党员	小学	荷扎村党支部书记	
白玛多吉	男	门巴族	中共党员	小学	巴登则村党支部书记	
米 拉 姆	女	门巴族	中共党员	小学	那尔东村妇联主席	
巴桑次仁	男	门巴族	中共党员	小学	那尔东村党支部书记	
桑吉平措	男	门巴族	中共党员	小学	易贡白村村医	
叶 敏 坚	男	汉族	中共党员	研究生	县委常务副书记	背崩乡代表团（20名）
周 军	男	汉族	中共党员	本科	县委常委、副县长	
边巴扎西	男	珞巴族	中共党员	大专	县人大常委会副主任	
达 学	男	藏族	中共党员	大专	县人大财经委主任委员	
段 世 宾	男	汉族	中共党员	大专	乡党委副书记、乡长	
次 仁 乔	男	藏族	中共党员	大专	乡党委副书记、人大主席	
桑 杰	男	门巴族	中共党员	小学	江新村委会主任	
乃 登	男	门巴族	中共党员	小学	地东村委会主任	
次 央	女	门巴族	中共党员	小学	地东村妇联主席	
白玛江措	男	门巴族	中共党员	小学	背崩村委会副主任	
卓玛桑姆	女	门巴族	中共党员	小学	背崩村妇联主席	
多杰平措	男	门巴族	中共党员	小学	格林村委会主任	
卓玛央宗	女	门巴族	中共党员	初中	波东村群众	
尼玛曲珍	女	门巴族	党外人士	大专	西让村乡村振兴专干	
次真多吉	男	门巴族	中共党员	高中	阿苍村党支部副书记	
白玛次仁	男	门巴族	中共党员	小学	巴登村党支部副书记	
维 色	男	门巴族	中共党员	高中	德尔贡村委副主任	
扎西次仁	男	门巴族	中共党员	大专	乡卫生院院长	
白玛措姆	女	门巴族	中共党员	本科	背崩乡中心小学校长	
仁青拉姆	女	门巴族	党外人士	高中	乡非公经济	
尹 建 华	男	汉族	中共党员	研究生	县人大常委会副主任、县委办主任	达木乡代表团（10名）
罗 布	男	藏族	中共党员	大专	县人大社建委主任委员	
布姆曲珍	女	珞巴族	中共党员	本科	乡党委副书记、乡长	
次多益西	男	门巴族	中共党员	本科	乡党委副书记、人大主席	
桑杰多吉	男	门巴族	中共党员	本科	乡农牧综合服务中心主任	
德吉央宗	女	珞巴族	中共党员	小学	达木村妇联主席	
次仁桑珠	男	门巴族	中共党员	初中	贡日村党支部书记	
布 姆	女	珞巴族	中共党员	脱盲	贡日村妇联主席	
中 东	男	门巴族	中共党员	小学	卡布村党支部书记	
扎西罗布	男	珞巴族	中共党员	小学	珠村党支部副书记、村委会主任	
同 宇 放	男	汉族	中共党员	研究生	县委副书记	格当乡代表团（13名）
云 登	男	藏族	中共党员	本科	县人民法院院长	
索朗旺秋	男	藏族	中共党员	本科	党委副书记、乡长	
普 琼	男	藏族	中共党员	本科	党委副书记、人大主席	
扎西次仁	男	藏族	中共党员	初中	格当村支部书记	
索郎拉珍	女	藏族	党外人士	小学	占根卡村村民	

续表 13

姓名	性别	民族	政治面貌	文化程度	供职单位及职务	代表团
扎西旺加	男	藏族	中共党员	小学	桑珍卡村村主任	格当乡代表团（13 名）
贡桑朗加	男	藏族	中共党员	小学	德吉村村主任	
达瓦卓玛	女	藏族	中共党员	初中	布龙村妇联主席	
格桑尼玛	男	门巴族	中共党员	中专	多龙岗村村主任	
加　那	女	珞巴族	共青团员	小学	多龙岗村村医	
其美拉宗	女	藏族	群众	本科	格当乡中心小学副校长	
扎　西	男	门巴族	中共党员	小学	德吉村支部书记	
秦孟军	男	汉族	中共党员	本科	县人民检察院检察长	帮辛乡代表团（11 名）
米玛次仁	男	藏族	中共党员	本科	乡党委副书记、乡长	
白玛遵珠	男	门巴族	中共党员	大专	乡党委副书记、人大主席	
次仁曲珍	女	门巴族	党外人士	大专	帮辛村本科生创业代表	
格　桑	男	门巴族	中共党员	初中	根登村党支部书记	
格　桑	男	门巴族	中共党员	小学	帮果村党支部书记	
拉　宗	女	门巴族	预备党员	高中	肯肯村“双联户”户长	
高　东	男	门巴族	中共党员	小学	西登村党支部书记	
拉　加	男	门巴族	中共党员	小学	宗荣村党支部副书记、村委会主任	
扎西措姆	女	门巴族	中共党员	大专	宗荣村乡村振兴专干	
胡生青	男	藏族	中共党员	本科	农牧综合服务中心主任	
索朗达杰	男	门巴族	中共党员	本科	乡党委副书记、乡长	加热萨乡代表团（7 名）
拉　巴	男	藏族	中共党员	大专	乡党委副书记、人大主席	
达　曲	男	珞巴族	中共党员	小学	曾求村村委会主任	
白　曲	女	珞巴族	中共党员	小学	更帮村妇代会主席	
次成多吉	男	珞巴族	中共党员	小学	达昂村支部书记	
扎西次仁	男	珞巴族	中共党员	小学	加热萨村	
多杰次仁	男	珞巴族	中共党员	小学	拉贡村支部书记	
西绕多吉	男	门巴族	中共党员	本科	乡党委副书记、乡长	甘登乡代表团（3 名）
扎西罗布	男	门巴族	中共党员	本科	乡党委副书记、人大主席	
仁增旺加	男	藏族	中共党员	文盲	甘登村党支部副书记	
驻军部队代表（3 名）						
共 121 人，其中门巴族 61 人、藏族 25 人、汉族 20 人、珞巴族 13 人、彝族 1 人、土家族 1 人						

墨脱县人民政府

9月18日，县人民政府办公室党支部组织党员前往德兴乡文朗村开展结对帮扶采茶活动　（县人民政府办公室／提供）

综 述

【概 况】 2021年，墨脱县人民政府高举习近平新时代中国特色社会主义思想伟大旗帜，深入贯彻习近平总书记关于西藏工作的重要论述和视察西藏重要讲话、重要指示精神，贯彻落实中央第七次西藏工作座谈会精神和新时代党的治藏方略。在自治区党委、自治区人民政府，市委、市人民政府领导和县委直接领导下，以推动高质量发展为主题，以深化供给侧结构性改革为主线，认真做好“十三五”规划与“十四五”规划的衔接，做好巩固拓展脱贫攻坚成果同乡村振兴有效衔接，全力抓好稳定、发展、生态、强边“四件大事”，统筹推进稳增长、促改革、调结构、惠民生、防风险、保稳定各项工作，保持经济持续健康发展和社会大局和谐稳定。

【经济社会发展】 2021年，全县生产总值达8.52亿元，同比增长7.1%；固定资产投资完成14.46亿元，同比增长44.7%；社会消费品零售总额达7281万元，同比增长11.9%；一般公共财政预算收入达6277万元，同比增长9.11%；城乡居民人均可支配收入分别达到41346元、15278元，同比分别增长13.3%、18.7%，居民消费价格涨幅控制在3%以内，实现“十四五”规划良好开局。

【项目建设】 2021年，派墨公路实现全线连通，墨脱县主电网延伸工程全面完成，城关变电站总容量翻一番，达到11300千伏安。完成县城后山N3泥石流、米日村后山崩塌、帮辛村文化站后山滑坡治理工程，建成墨脱县地质灾害远程会商应急指挥系统。实施里国荣、曼久曲、提琴曲和朗杰岗村防洪工程。年内，墨脱县公共体育设施项目投入使用，建成全县第一个标准的11人制足球场。县城三叠泉路、迎宾路等市政道路提质升级。

7月，佛山市援藏“一号工程”——墨脱县公共体育设施项目一期工程墨脱县公共足球场竣工 （广东省第九批援藏工作队墨脱县工作组／提供）

【特色产业】 茶产业带动作用更加凸显。茶叶可采摘面积达574.6公顷，全年采摘茶青22.5万余千克，群众增收1157万元。建成标准化茶叶加工厂3个、杀青点3个。创建西藏自治区首个茶产业标准化体系。“墨脱采茶人”劳务品牌入选西藏自治区典型劳务品牌，并纳入人力资源和社会保障部新公布全国劳务品牌建议名单。全域旅游迈上新台阶。完成墨脱县雅鲁藏布大峡谷景区、墨脱景区、亲江景区、仁青崩景区建设，制作安装墨脱县旅游交通牌、广告牌、导视系统和智慧旅游语音讲解系统。成功举办首届墨脱县徒步文化旅游节和文创产品设计大赛。墨脱人文景观登上广佛地铁“广佛援藏同城号”，“莲花圣地·秘境墨脱”知名度、美誉度进一步提升。全年旅游人数、收入分别达20.58万人次、7893.07万元，同比分别增长136%、164%。多元化产业实现突破。建成墨脱水产养殖基地，填补西藏自治区亚热带水产养殖空白。推行林下经济、茶园种植养殖结合、茶果间种等发展模式。实施科技兴农战略，与福建省农业科学院签订战略合作协议，华南农业大学墨脱研究生联合培养基地正式启动。县级电子商务公共服务中心正式运营，建设完成乡（镇）、村级站点24个。挂牌成立墨脱县供销合作社联合社，推动农村产业发展进入新阶段。全县粮食产量稳产增产，有效保障全县粮食安全。

【城乡建设】 城乡基础功能更加完善。墨脱镇、背崩乡基础设施改造提升工程建设完成，县城排水防涝工程、80K污水处理厂和背崩乡污水处理厂、80K垃圾转运站全面完工，康卓登、兴开、德尔贡搬迁点和格当乡供水工程完成施工，县城莲花小区、兰花小区片区棚户区改造和背崩乡5个标准化村级组织活动场所如期建成。特色小镇、边疆明珠小镇、周转房建设等18个"十四五"规划重点项目前期工作扎实推进。"智慧交通"管控系统铺设完成。全县5个乡（镇）、20个建制村实现通客车，群众出行更加便捷。有序推行垃圾分类，强化厕所革命运维管理，城乡环境干净整洁，农村人居环境整治三年行动效果显著。

2021年，全珠路完成立面改造　（县住房和城乡建设局／提供）

【民生事业】 推进巩固拓展脱贫攻坚成果同乡村振兴有效衔接　建立防返贫动态监测和帮扶机制，完善扶贫项目资产管理和监督机制。统筹整合涉农资金1.36亿元，实施产业发展、基础设施等项目37个。强化易地扶贫搬迁后续帮扶，落实帮扶资金1357.13万元。

教育事业　"双减"（有效减轻义务教育阶段学生过重作业负担和校外培训负担）政策有效落实，全面开展法治、国防、健康、爱国主义等思想政治教育，新开村级幼儿园6所，学前教育毛入园率达97.8%，小学适龄儿童净入学率达99.93%，义务教育阶段巩固率达100%。墨脱县获得"全国县域足球典型"荣誉称号，西藏林芝墨脱耐力项目高原训练场正式挂牌，第13届"雅江杯"足球赛受到新华社、中国政府网等媒体关注报道。

就业创业　深入实施高校毕业生就业创业"一对一、一对多"帮扶措施，调整完善高校毕业生创业扶持政策，开发县级就业岗位232个，应届高校毕业生就业率达99.37%。全年举办农牧民技能培训35期、1699人次。城镇新增就业、农牧民转移就业均完成全年目标任务，转移就业增收3606.53万元。400万元以下项目吸纳农牧民用工比例为82.43%。

医疗服务　新建县藏医院、

7月27日，县人民医院工作人员正在进行核酸检测　（县人民医院／提供）

墨脱镇卫生院、背崩乡卫生院投入使用，实施县人民医院改善提升工程、术科大楼和负压病房建设工程。援藏及三级医院对口帮扶成效显著，远程会诊中心打破时空阻隔，标准化信息化系统让服务更加高效。深入推进县域综合医改，统筹整合县、乡（镇）、村医疗卫生资源。实现家庭医生签约和巡回诊疗工作全覆盖。持续巩固新冠疫情零感染、零输入防控成果，2座核酸检测实验室投入使用，核酸检测能力大幅提升。累计完成新冠疫苗接种3.95万人次。

社会保障　开展城乡居民和在编僧尼免费体检5660人，临时救助困难群众46户、173人，城乡居民最低生活保障水平持续提高，全民医疗保险参保率稳定在97%以上。

文化惠民工程　年内，举行庆祝中国共产党成立100周年、西藏和平解放70周年和“三大节日”文艺汇演活动。德兴乡、达木珞巴民族乡分别被评为林芝市第三批公共文化示范乡（镇）、特色民间文化艺术之乡。县文化活动中心、图书馆免费对外开放。民生5件实事有序落实。完成庆祝西藏和平解放70周年中央代表团赠送纪念品运送、发放工作。

【深化改革】“放管服”改革深入推进。建立县、乡（镇）、村（居）委员会三级政务服务体系，调整行政职权事项3871项，取消证明事项7项，临时救助审批权限下放至乡（镇）一级。全年在自治区一体化平台受理办件65664件，投资项目在线审批平台录入项目101个，在建项目线上实名制覆盖率100%，严格农民工工资专用账户管理，代发农民工工资6633.42万元。重点领域改革持续发力。全县各类市场主体达到1604户，注册资本达17亿元，减税降费2955.66万元。金融机构各项存款余额14.25亿元，贷款余额13.21亿元。推动墨脱县卓玛拉自来水有限公司划转为墨脱县莲花圣地国有资产投资有限公司全资子公司。农村集体产权制度改革工作如期通过自治区验收并获得“优秀”等次。营商环境不断优化。招商引资到位资金1.55亿元，同比增长1.31%。受援工作成效显著，实施援藏项目5个，完成投资4257万元。

【生态环境】严守生态保护红线，坚决打好蓝天、碧水、净土保卫战。全县空气质量优良天数比例为100%，水、土壤质量保持良好。申报自治区级生态文明建设示范乡（镇）2个、示范村14个。推行“河（湖）长+检察长+警长”协作机制，完成白玛西路、西工河、嘎弄曲3条河流管理范围划定，累计巡河（湖）1747人次，1名河长被评为“全国优秀河（湖）长”。全年造林绿化64公顷，森林抚育333.33公顷，水土流失治理62.29平方千米，增减挂钩拆旧复垦耕地3.05公顷。开展野生动植物救助保护，培育千果榄仁、小果紫薇等国家二级保护植物1.1万余株。兑现生态岗位、公益林、退耕还林、野生动物肇事等补贴、补偿3966.82万元，群众在生态保护中持续受益。

【法制政府建设】坚持把政治建设摆在首位，推深做实党史学习教育和“三更”专题教育，不断增强“四个意识”、坚定“四个自信”、做到“两个维护”，心怀“国之大者”。主动接受人大法律监督、政协民主监督，全年办理县人大代表建议和县政协委员提案177件，办结率100%。建设法治政府，推行党政机关重大合同备案审查制度。“七五”普法如期完成。严守政治纪律和政治规矩，严格落实中央八项规定精神及其实施细则和自治区党委实施办法，厉行节约、反对浪费，“三公”经费支出同比下降15.23%。健全完善政府各项工作会议制度，不断规范债务管理工作，持续推进精文简会、严控各类监督检查，切实为基层减负，把更多时间用在抓工作落实上。

【其他领域】年内，墨脱县在国防建设、民兵预备役、人民防空、防震减灾、消防救援等工作取得新成效，审计、气象、编译、档案、保密、通信、地方志、邮政管理、粮食安全等工作均取得新进步，老干部、工会、共青团、妇联、残联、科技、工商联等工作均取得新成绩。

（王菊芳）

重要会议

【县人民政府常务会议】1月15日，受县委副书记、县人民政府县长魏长旗委托，县人民政府副县长王旭杰主持召开2021年第1次县人民政府常务会议，研究审议背崩乡人民政府等单位提请审议的《关于解决边境防疫业务用房的请示》等议题8项。

2月5日，县委副书记、县人民政府县长魏长旗主持召开2021年第2次县人民政府常务会议，研究审议县人民法院等单位提请审议的《关于解决聘用制书记员薪酬待遇的请示》等议题20项。

3月11日，县委副书记、县人民政府县长魏长旗主持召开2021年第3次县人民政府常务会议，传达学习《中共中央　国务院关于全面推进乡村振兴加快农业农村现代化的意见》，研究审议县公安局等单位提请审议的《关于墨脱县公安局新增招录协警的请示》等议题13项。

3月24日，县委副书记、县人民政府县长魏长旗主持召开2021年第4次县人民政府常务会议，听取县扶贫开发领导小组办公室产业、茶叶项目开复工情况的汇报，研究审议背崩乡人民政府等单位提请审议的《关于请求解决德尔贡村、江新村旧村公房维修项目资金的请示》等议题8个。

4月30日，县委副书记、县人民政府县长魏长旗主持召开2021年第5次县人民政府常务会议，传达学习《西藏自治区人民政府办公厅印发关于进一步规范招投标等公共资源交易若干意见（试行）的通知》等文件精神，研究审议县水利局等单位提请审议的《关于墨脱县墨脱镇朗杰岗村级防洪工程设计变更的请示》等议题11个。

6月11日，县委副书记、县人民政府党组书记李继承主持召开2021年第6次县人民政府常务会议，传达学习《西藏自治区商务厅等14部门关于印发坚决制止餐饮浪费实施方案的通知》，研究审议墨脱镇人民政府等单位提请审议的《关于墨脱县墨脱镇村集体经济综合楼项目（二期）用地变更的请示》等议题11个。

7月21日，县委副书记、县人民政府县长李继承主持召开2021年第7次县人民政府常务会议，研究审议格当乡人民政府等单位提请审议的《格当乡关于解决维修办公楼资金的请示》等议题15个。

9月2日，县委副书记、县人民政府县长李继承主持召开2021年第8次县人民政府常务会议，传达学习中央民族工作会议精神，研究审议县消防救援大队等单位所提请审议的《关于上报招录政府专职消防队员的请示》等议题11个。

9月14日，县委副书记、县人民政府县长李继承主持召开2021年第9次县人民政府常务会议，传达学习《中共中央办公厅　国务院办公厅印发〈关于建立健全审计查出问题整改长效机制的意见〉的通知》，研究审议研究县发展和改革委员会提请审议的《墨脱县军民融合军粮供应工程变更用地性质的请示》等议题7个。

10月15日，县委副书记、县人民政府县长李继承主持召开2021年第10次县人民政府常务会议，传达学习《西藏自治区人民政府办公厅转发区乡村振兴局区党委农工办区财政厅关于加强扶贫项目资产后续管理工作实施意见的通知》，听取《墨脱县法治政府建设工作领导小组办公室关于法治政府建设工作开展情况的报告》，研究审议县委统战部等单位提请审议的《关于解决墨脱县宗教活动场所消防安全提升改造项目资金的请示》等8个议题。

11月5日，受县委副书记、县人民政府县长李继承的委托，县委副书记、县人民政府常务副县长张巍巍主持召开2021年第11次县人民政府常务会议，研究审议县乡村振兴局所提请审议的《关于推荐墨脱县背崩乡格林村民宿打造项目施工单位的请示》等3个议题。

11月19日，县委副书记、县人民政府县长李继承主持召开2021年第12次县人民政府常务会议，传达学习《西藏自治区人民政府办公厅关于加大固定资产投资工作力度的通知》等文件精神，听取县食品安全委员会《墨脱县2021年度食品安全工作报告》、县安全生产委员会办公室《关于墨脱县2021年安全生产工作开展情况的报告》，研究审议县应急管理局等单位提请审议的《关于解决第一次全国自然灾害综合风险普查经费的请示》等14个议题。

12月27日，县委副书记、县人民政府县长李继承主持召开2021年第13次县人民政府常务会议，传达学习中央经济工作会议和自治区经济工作会议精神，传达学习《西藏自治区人民政府工作规则》等文件精神，研究审议县人民政府办公室等单位提请研究的《关于调整县机关食堂伙食补助标准的请示》等8个议题。

【县人民政府党组会议】 1月15日，受县委副书记、县人民政府党组书记、县长魏长旗委托，县人民政府党组成员、副县长王旭杰主持召开墨脱县人民政府党组2021年第1次会议，传达学习中央农村工作会议精神与自治区党委、市委经济工作会议精神，传达学习《中共林芝市委员会办公室　林芝市人民政府办公室关于印发〈林芝市新冠肺炎疫情防控工作责任追究办法（试行）〉的通知》等文件精神，开展县人民政府党组2020年度专题民主生活会会前集中学习，研究《2021年县委经济工作会议主持讲话（征求意见稿）》《政府工作报告（征求意见稿）》。

2月5日，县委副书记、县人民政府党组书记、县长魏长旗主持召开墨脱县人民政府党组2021年第2次会议，传达学习《中共西藏自治区委员会关于制定国民经济和社会发展"十四五"规划和二〇三五年远景目标的建议》等文件精神，研究县人民政府国有资产监督管理委员会提交审议的《关于调整县属国有企业领导人员的请示》，研究人事任免事宜。

3月11日，县委副书记、县人民政府党组书记、县长魏长旗主持召开墨脱县人民政府党组2021年第3次会议，传达学习习近平总书记分别致西藏民族大学，致中国科学院青藏高原综合科学考察研究队，致中国西藏发展论坛，致西藏自治区隆子县玉麦乡卓嘎、央宗姐妹，致西藏大学医学院2015级临床医学专业本科班在北京大学首钢医院实习17名学生等5封重要贺（回）信精神。传达学习2021年全国"两会"上李克强总理所作《政府工作报告》文字摘要版、《中共西藏自治区委员会印发〈关于在全区开展"政治标准要更高，党性要求要更严，组织纪律性要更强"专题教育的实施方案〉的通知》，研究审议县交通运输局提请研究的《关于解决G559线达国桥至帮辛乡公路改扩建工程的林地林木及森林植被恢复费的请示》。

3月24日，县委副书记、县人民政府党组书记、县长魏长旗主持召开墨脱县人民政府党组2021年第4次会议，传达学习李克强总理对森林草原防灭火工作的重要批示，传达学习《中共西藏自治区委员会办公厅　西藏自治区人民政府办公厅关于印发〈西藏自治区生态环境保护督察工作实施细则〉的通知》，研究审议县自然资源局等单位提请审议的《关于解决我县2020年度新增建设用地土地有偿使用费的请示》等4个议题。

4月16日，县委副书记、县人民政府党组书记、县长魏长旗主持召开墨脱县人民政府党组2021年第5次会议，传达学习《习近平在党史学习教育动员大会上的讲话》《习近平在中央政治局第二十八次集体学习时的讲话》，传达学习《西藏自治区生态环境保护考核工作领导小组关于2020年度全区生态环境保护考核情况的通报》等文件精神，开展中央第十巡视组反馈意见整改专题民主生活会会前集中学习。

4月30日，县委副书记、县人民政府党组书记、县长魏长旗主持召开墨脱县人民政府党组2021年第6次会议，传达学习《中共中央、国务院关于实现巩固拓展脱贫攻坚成果同乡村振兴有效衔接的意见》《中国共产党组织处理规定（试行）》与李克强总理在国务院第四次廉政工作会议上的讲话精神等文件，研究审议《中共墨脱县人民政府党组2021年度理论学习计划（征求意见稿）》。

6月11日，县委副书记、县人民政府党组书记李继承主持召开墨脱县人民政府党组2021年第7次（扩大）会议，传达学习习近平总书记关于立足新发展阶段贯彻新发展理念构建新发展格局重要论述，研究相关人员任免事宜，研究审议县住房和城乡建设局提请审议的《关于解决2018年林芝市墨脱县县城水仙花大街棚户区改造建设项目缺口资金的请示》。

7月8日，县委副书记、县人民政府党组书记、县长李继承主持召开墨脱县人民政府党组2021年第8次会议，传达学习《习近平总书记在庆祝中国共产党成立100周年大会上的讲话》，研究新一届县人民政府领导班子分工事宜。

8月14日，县委副书记、县人民政府党组书记、县长李继承主持召开墨脱县人民政府党组2021年第9次会议，研究《关于建设项目涉及缴纳林地林木补偿费的意见建议》《关于提请县人大常委会审议县政府职能部门局长（主任）任职的事宜》。

10月15日，县委副书记、县人民政府党组书记、县长李继承主持召开墨脱县人民政府党组2021年第10次会议，传达学习《习近平在青海考察时的重要讲话精神》等文件精神，县人民政府办公室主任欧珠江村就自治区总值班室电话查岗情况作检讨，对岁末年初全县各项重点工作进行安排部署。

11月13日，县委副书记、县人民政府党组书记、县长李继承主持召开墨脱县人民政府党组2021年第11次会议，传达学习中共十九届六中全会公报、习近平总书记在中共中央政治局第三十四次集体学习时的重要讲话精神等相关文件精神。

11月19日，县委副书记、县人民政府党组书记、县长李继承主持召开墨脱县人民政府党组2021年第12次会议，传达学习《中共中央　国务院关于印发〈法治政府建设实施纲要（2021—2025年）〉的通知》等文件，研究审议县交通运输局等单位提请审议的《关于解决墨脱县“十四五”边境地区村镇建设及重点乡镇建设项目——西贡安置点一号桥梁建设项目资金的请示》等2个议题。

12月9日，县委副书记、县人民政府党组书记、县长李继承主持召开墨脱县人民政府党组2021年第13次会议，传达学习《国务院办公厅　中央军委办公厅关于印发“十四五”国家边海防基础设施规划的通知》《中国共产党西藏自治区第十次代表大会精神》等文件精神。

【墨脱县人民政府2021年党风廉政工作会议】 2月6日，墨脱县人民政府召开2021年党风廉政工作会议，县委副书记、县人民政府党组书记、县长魏长旗出席会议并讲话。

县人民政府党组成员、副县长王旭杰主持会议，县人民政府党组成员以及各乡（镇）负责人，县人民政府各职能部门四级主任科员（副科级）以上干部，县消防救援大队、县残联、县供电公司负责人参加会议，中央、自治区直属各单位负责人与县纪委监委、县创优争先强基础惠民生活动领导小组办公室和县卫生服务中心、县疾病预防控制中心、县藏医院、中国农业银行墨脱县支行、中国邮政集团有限公司西藏自治区墨脱县分公司、中国电信股份有限公司墨脱分公司负责人列席会议。会议深入学习贯彻习近平总书记在十九届中央纪委五次全会上的重要讲话和全会精神，深入学习贯彻九届自治区纪委六次全会和一届市纪委七次全会精神，总结工作，分析形势，明确任务，进一步增强“四个意识”、坚定“四个自信”、做到“两个维护”，常抓不懈推进政府系统党风廉政建设，充分发挥全面从严治党的引领保障作用，确保墨脱县“十四五”规划目标任务落到实处。

【2021年根治拖欠农民工工资工作领导小组会议暨根治欠薪冬季专项行动动员部署会】 11月4日，墨脱县召开2021年根治拖欠农民工工资工作领导小组会议暨根治欠薪冬季专项行动动员部署会。县根治拖欠农民工工资工作领导小组各成员单位主要负责人及自治区、市两级交通项目指挥部负责人参加会议。会议由县人民政府副县长顿珠次仁主持。传达学习《自治区根治拖欠农民工工资工作领导小组办公室关于开展根治欠薪冬季专项行动的通知》精神、《保障农民工工资支付条例》；通报2021年墨脱县根治拖欠农民工工资工作开展情况；县发展和改革委员会、县住房和城乡建设局、县教育局就根治拖欠农民工工资工作进行交流发言。就全县根治欠薪冬季专项行动进行安排部署。

重要活动

【墨脱县2021年重点项目集中开复工仪式】 3月11日，墨脱县

2021年重点项目集中开复工仪式在格当乡兴开搬迁安置点举行，四大班子在家领导、县重点项目单位和相关乡（镇）负责人，施工、监理等各方代表及工人代表共计80余人参加。当日集中开工的重点项目共7个，总投资3.37亿元，年度计划完成投资18653万元，其中续建项目1个，年度计划完成投资1777万元；新建项目6个，年度计划完成投资16876万元；涉及灾后重建、城乡建设、医疗卫生、水利设施等领域。

【墨脱徒步文化旅游活动】 3月31日，林芝市第十九届桃花旅游文化节——墨脱徒步文化旅游活动举行，市政协党组成员、副主席、县委书记旺东宣布2021年墨脱县环雅鲁藏布江徒步活动正式开始，县委副书记、县人民政府县长旗发射信号枪，600名徒步选手沿既定路线出发，开始全程21千米的徒步活动。其间，还举办墨脱文化旅游产业发展论坛、墨脱特色石锅宴、篝火晚会及墨脱县特色产品展销活动。

【墨脱县水产养殖项目竣工投产仪式】 5月23日，墨脱县水产养殖项目竣工投产仪式举行。县委副书记、县人民政府县长魏长旗，县委常务副书记、广东省第九批援藏工作队墨脱县工作组组长叶敏坚等县四大班子领导、广东省第九批援藏工作队墨脱县工作组、县农业农村局等相关单位干部职工及群众代表50余人参加

3月31日，林芝市第十九届桃花旅游文化节——墨脱县徒步文化旅游活动举行，图为县人民政府县长魏长旗鸣枪，来自自治区内外的600名徒步爱好者开始全程21千米的角逐 （县文化和旅游局／提供）

2月3日，县委副书记、县人民政府县长魏长旗（中）在商场调研节前市场供应情况 （县人民政府办公室／提供）

6月4日，县委副书记李继承（左二）在墨脱镇玛迪水产养殖基地调研 （县人民政府办公室／提供）

仪式。11月，墨脱县水产养殖基地养殖的南美对虾相继上市，填补西藏自治区缺乏高档水产品养殖的空白。

【政务活动】 2月3日，县委副书记、县人民政府县长魏长旗到墨脱县城商场超市、农贸市场调研了解市场供应、物价稳定、食品安全、新冠肺炎疫情防控等情况。

2月21日，县委副书记、县人民政府县长魏长旗到县政务服务中心检查指导工作。

3月23日，县委副书记、县人民政府县长、县总河长魏长旗沿雅鲁藏布江河段开展巡河工作，察看河流水位变化并检查生态环境保护情况。

4月14日，县委副书记、县人民政府县长魏长旗一行深入格当乡，在康卓登（加热萨乡曾求村、拉贡村灾后搬迁点）、兴开（加热萨乡灾后搬迁点）、墨脱县格当乡尼日卡林下资源种植专业合作社，调研指导灾后搬迁和产业发展工作。

6月4日，县委副书记、县人民政府党组书记李继承一行到墨脱镇玛迪水产养殖基地调研。

6月18日，县委副书记、县人民政府党组书记李继承一行到墨脱县人民检察院进行检查调研工作。看望慰问基层工作人员，查看了解12309检察服务大厅、远程视频提讯室、询问室和讯问室。并参观检察文化室和警示教育基地。

9月6日，县委副书记、县人民政府县长李继承前往德兴乡易贡白村、巴登则村、那尔东村、荷扎村开展调研，详细了解乡村振兴战略实施、产业发展、基层党组织建设和小康村建设项目查漏补缺等情况。

12月28日，县委副书记、县人民政府县长李继承（左二）慰问林芝公路分局扎木机械化养护队员工（县交通运输局/提供）

11月20—21日，县委副书记、县人民政府县长李继承前往帮辛乡、加热萨乡、甘登乡进行调研，开展中共十九届六中全会精神宣讲。

11月26日，县委副书记、县人民政府县长李继承前往县城周边调研住房和城乡建设、水利领域重点项目建设进展情况。

11月28日，县委副书记、县人民政府县长李继承前往背崩乡检查乡村振兴重点项目建设进展情况。

12月28日，县委副书记、县人民政府县长李继承等领导前往林芝公路分局扎木机械化养护队3个工区，看望慰问一线养护工人，提前送上新春祝福，并送上慰问金8000元。

墨脱县人民政府办公室

【政务信息公开】 2021年，墨脱县人民政府办公室（加挂“信访局、行政审批和便民服务局”牌子）坚持以习近平新时代中国特色社会主义思想为指导，深入贯彻国家和上级政府关于政务公开的决策部署，根据《中华人民共和国政府信息公开条例》《国务院办公厅政府信息与政务公开办公室关于印发〈中华人民共和国政府信息公开工作年度报告格式〉的通知》和中共中央、自治区、市、县关于政务公开工作的总体要求，不断丰富公开内容，拓宽公开方式和渠道，增强公开质量和实效，全面推进政府信息公开工作，保障人民群众的知情权、参与权和监督权。全年各乡（镇）、政府各职能部门通过政府网站、“网信墨脱”微信公众号、公告栏、墨脱电视台、宣传手册等途径主动公开各类政务（政府）信息 976 条，涉及政府规范性文件、机构设置、财政预决算、“三公”经费、扶贫资金安排、就业创业、重大项目建设、食品药品安全、环境保护、公共卫生、安全生产、新冠肺炎疫情常态化防控等。

【办文办会】 2021 年，县人民政府办公室严格按照办文、办会、办事“零差错”“零失误”的标准和要求，认真落实精文减会和改进作风相关要求，以“压缩数量、提高质量”为原则，严把政策关、文字关、格式关和程序关，加快公文运转。紧贴上级精神和领导意图，认真做好文稿起草工作，文稿整体质量水平持续提高。精心做好会务及大型活动组织工作，认真做好会前通知、会中服务、会后收集，严把会议材料审核关，并对会议议定事项进行细化分解，交办和督促落实。全年共筹备县人民政府党组会议 14 期、县人民政府常务会议 13 期、县人民政府专题会议 56 期；开展重点项目、经济运行、安全生产、各级电视电话会议等重要会议的筹备；起草政府工作报告、政府发文、各类信息、各级工作组汇报等各类材料 1200 余份；处理各级各类来文呈阅、承办、转办、送批 3610 余件次；在县人民政府领导下乡、出差、培训、巡河、值班等重要工作中发挥协调保障作用；在全县重大节庆活动、工作组接待、重大项目建设、重点工作督办等方面发挥积极作用。

【政务服务】 2021 年，墨脱县严格按照《自治区政务服务大厅建设指南》要求，不断完善县、乡（镇）、村（居）委员会三级政务服务实体大厅功能布局。截至年末，县政务服务中心硬件设施基本具备，各项工作能够正常开展。设置窗口 32 个，进驻单位 21 家，其中独立窗口 13 个，综合窗口 8 个。全年政务服务平台认领目录 965 条，发布实施清单 918 条，其中四级深度占比 57.27%，三级深度以上占比 93.18%，二级深度以上占比 100%。累计受理办件 65664 件，公共服务类 56754 件，行政权力类 8910 件，批量受理办件 54431 件，电子证照签发总量 66293 件。推动落实“好差评”制度，在县级政务大厅设置评价仪 32 台，摆放“好差评”二维码 32 个，引导办件群众对服务情况进行评价，全年共计录入“好差评”数据 4300 余条。

【督查督办】 2021 年，县人民政府办公室围绕县人民政府工作重点，坚持把市政府工作报告、县政府工作报告、重要会议议定事项和重点项目建设等列为督查工作重点，以提高办结率、答复率、满意率为工作目标，严格按照时限和要求进行督办，及时反馈情况，紧密融合现场督查、暗访督查、电话督查、文件督查等各种督查方式，提高督查督办质量，全年累计下发督办通知 15 期，督办内容涵盖基础设施、教育提升、生态环境、就业创业、新冠肺炎疫情常态化防控、“厕所革命”、重点项目建设等领域。完成市人民政府和县委督办及自治区、市、县三级领导所有批示件、督查件的转办、督办工作。坚持以人民为中心的发展思想，办理县人大代表建议、县政协委员提案共 177 件，办复率、满意率均达 100%，做到事事有落实，件件有回音。

8 月 6 日，县委副书记、县人民政府县长李继承（右二）到县政务服务中心调研

（县广播电视台／提供）

【综合服务】 2021年，县人民政府办公室围绕县人民政府中心工作，参与政务、管理事务、搞好服务，强化服务意识、责任意识、精品意识、创新意识、效率意识和奉献意识，积极发挥参谋助手作用，努力做到领导满意、部门满意、基层群众满意。认真搜集整理情况，积极思考，努力创新，高质量起草各类领导讲话材料。服务领导决策，发挥“总调度”和“中转站”的作用，协调好对上、对下的关系，及时掌握全县经济建设、社会发展和重大事件等方面的情况，为领导决策提供可靠的依据。服务日常工作。为县人民政府领导均安排1名办公室人员跟线服务，负责承办领导交办的各项任务，协助领导处理日常工作，协调和督办领导安排的工作，确保领导交办的各项任务迅速落实。

【藏语言文字】 认真贯彻落实执行党和国家语言文字方针政策，围绕服务全县发展大局，抓好藏语言文字工作，切实提高服务群众的能力。积极协助各部门编译宣传庆祝中国共产党成立100周年和西藏和平解放70周年相关材料、党的各项方针政策文件等工作。翻译年度大型材料26份，95460余字；编译宣传标语、横幅300余条，约7500字；编译350余家新注册和规范整治的个体工商户招牌，规范和完善全县30余家部门的门牌和公文文头，进一步统一规范藏、汉双语用字；扎实开展社会用字专项整治，深入各乡（镇）、各建制村、机关、企事业单位、县城街道、公路沿线各类标示标牌、景区景点等开展社会用字专项整治3次，出动人数达15人次，实现专项整治全覆盖。举办藏、汉双语书法作品征集活动赛等文体活动，为热烈庆祝中国共产党成立100周年暨西藏和平解放70周年，营造喜庆热烈祥和的节庆氛围。

【信访调处】 认真学习贯彻习近平总书记关于进一步加强和改进人民信访工作的重要思想，坚持以人民为中心，不断提高信访工作专业化、法治化、信息化水平。全年累计接待群众来信来访20件，受理8件，办结5件，办结率达62.5%，解决民工工资、工程款等273万元。按照“谁接访，谁包案，谁负责”的原则，实施“五包”和“五个一”工作机制，推动信访问题得到及时有效解决，全年共协调县级领导坐班接访116人次，协调解决问题6批件涉及14人，兑现运输费、租赁费、赔偿款106万余元。协调各乡（镇）、各领域开展矛盾纠纷排查15次，排查纠纷24起，化解21起，化解率达88%，解决民工工资、工程款等754.48万元。

【后勤保障】 2021年，县人民政府办公室规范管理使用公务车辆，保障四大班子及各单位下乡公务用车，开出后勤管理车辆派车单1122份、各单位管理车辆派车单1218份；切实服务好来墨脱县调研的各级调研组，全年接待各级各类工作组291批次、3024人次；在各类检查考核、重大活动、应急管理、会议室使用、职工就餐、卫生保洁、机关大院管理等方面充分发挥后勤保障作用。动用车辆54辆次，完成出席西藏和平解放70周年庆祝活动的中央代表团赠送纪念品发放工作。

（王菊芳）

10月18日，德兴乡举行参加庆祝西藏和平解放70周年活动的中央代表团赠送纪念品发放仪式

（德兴乡人民政府/提供）

【组织机构负责人名录】

墨脱县人民政府

墨脱县委副书记、县人民政府县长

魏 长 旗（5 月免）

墨脱县委副书记、县人民政府县长

李 继 承（藏族，7 月任）

墨脱县委副书记、常务副县长

张 巍 巍

墨脱县委常委、县人民政府副县长

同 宇 放（7 月免）

周　　军（7 月任）

墨脱县人民政府副县长

李　　勇（7 月免）

墨脱县人民政府副县长

李　　伟（陕西乾县挂职）

墨脱县人民政府副县长

王 旭 杰（7 月免）

郑　　明

王 桂 兰（女，5 月免）

顿珠次仁（门巴族）

尼玛次仁（藏族）

次仁达杰（藏族，7 月任）

墨脱县人民政府副县长、县委巡察领导小组办公室主任

王 海 斌（7 月任县人民政府副县长）

墨脱县人民政府副县长、县市场监督管理局局长、市场监管综合行政执法队队长

卓玛央宗（女，珞巴族，7 月任县人民政府副县长）

墨脱县人民政府办公室

主任

欧珠江村（藏族）

副主任

康　　茂（3 月免）

副主任、信访局局长

扎西顿珠（门巴族）

墨脱县藏语委办（编译局）主任（局长）

巴桑次仁（藏族）

墨脱人民政府驻八一办事处副主任

索朗卓玛（女，藏族）

墨脱县人民政府机关后勤服务中心主任

旦增卓玛（女，藏族）

墨脱县人民政府机关后勤服务中心副主任

索　　朗（女，藏族）

墨脱县人民政府机关后勤服务中心副主任

次仁曲宗（女，藏族）

齐 作 泉（满族）

陈　　帅

县外事办公室

【概　况】 2021 年，县外事办公室在县委、县人民政府的领导下，在市外事办公室的指导下，坚持认真学习贯彻自治区和林芝市有关外事工作的方针、政策和规定，认真学习贯彻中共十九大和十九届历次全会精神，进一步学习领会习近平新时代中国特色社会主义思想，狠抓各项工作落实，为平安墨脱建设作出应有贡献。

【理论学习】 通过参加县委党校集中学习活动、党支部学习活动和组织开展单位内部学习等方式深入学习习近平新时代中国特色社会主义思想和中共十九大、十九届五中全会精神及中央第七次西藏工作座谈会精神；认真学习贯彻自治区和林芝市有关外事工作的方针、政策和规定，全面提高外事工作业务水平。学习贯彻落实习近平总书记关于治边稳藏重要论述，牢固树立“四个意识”、坚定“四个自信”、坚决做到“两个维护”；学习贯彻习近平总书

4 月 15 日，县外事办公室工作人员在县城开展国家安全知识集中宣讲

（县外事办公室 / 提供）

记系列重要讲话精神，扛起全面从严治党重大政治责任，抓紧抓牢政治建设，持之以恒纠“四风”、树新风，保持惩治腐败高压态势，以高度的政治自觉、思想自觉、行动自觉，推动全面从严治党向纵深发展；3月，组织召开学习会议，深刻领会习近平外交思想的精神实质和理论内涵，时刻不忘以中共中央、自治区党委、市委、县委的决策部署来贯彻落实本职工作；向卓嘎、央宗姐妹学习，传承爱国守边精神，做神圣国土的守护者、幸福家园的建设者。8月5日，组织干部深入学习习近平总书记考察西藏的重要讲话精神，并结合县外事办公室工作职责，进行研究讨论，确定工作思路。

【法治宣传】 3月10日，县外事办公室参加县平安墨脱建设领导小组办公室组织的平安建设（综治）、法治、扫黑除恶专项斗争集中宣传活动，共发放宣传手册80册；4月15日，县外事办公室按要求参加县委国家安全委员会办公室组织开展的集中宣传，同时到墨脱镇亚东村开展入户宣传，以“践行总体国家安全观，统筹发展和安全，统筹传统安全和非传统安全，营造庆祝中国共产党成立100周年、西藏和平解放70周年良好氛围”为主题，全面宣传《中华人民共和国国家安全法》（节选）、《中华人民共和国反间谍法》《西藏自治区边境管理条例》等涉及国家安全法律法规和新冠肺炎疫情常态化防控知识，共发放宣传册130余份，受教育群众150余人次；9月16日，参加县委政法委员会组织的“9·16”平安西藏宣传日集中宣传活动，宣传《中华人民共和国国家安全法》《中华人民共和国反间谍法》《西藏自治区边境管理条例》，共发放宣传册76份。

【保密工作】 牢固树立保密就是保政治、保大局、保稳定、保发展的思想，签订保密承诺书，健全完善保密工作制度，严守保密纪律，积极参加保密专干培训和保密警示教育片观看活动；完成办公室电脑、打印机分类，张贴标语，明确责任人、使用人。完成涉密人员审核登记、涉密机与外接设备登记工作，建立涉密人员离职离岗登记台账；进一步规范涉密文件和光盘的保管、使用和存档程序；报送文件材料坚持以纸质版和光盘拷送形式上报，其中上报林芝市文件按要求通过县委机要局报送，严禁用微信、电子邮箱等方式报送，按照保密法相关要求，安装相关设备。

【固边守边宣传活动】 2月22日，组织背崩乡西让村边民开展“神圣国土守护者、幸福家园建设者”固边守边主题宣传活动，并向边民、驻村（寺）工作队发放宣传册30余份、背包22个、帽子27顶、雨衣26件。积极引导边民牢固树立“守土有责、守土尽责”思想意识，进一步坚定争当“神圣国土守护者、幸福家园建设者”的决心和信心；8月23日，县外事办公室赴墨脱镇朗杰岗村开展以“神圣国土守护者、幸福家园建设者”为主题的固边守边宣传活动。向边民和驻村工作队发放帽子41顶、雨衣38件及《中华人民共和国宪法》《中华人民共和国国家安全法》《中华人民共和国反间谍法》《西藏自治区边境管理条例》等宣传手册各40份；9

2月22日，县外事办公室在背崩乡西让村开展“神圣国土守护者、幸福家园建设者”固边守边主题宣传活动 （县外事办公室/提供）

月9日，县外事办公室联合墨脱镇党委赴墨脱镇朗杰岗村开展以爱国主义精神为主题的“民族团结宣传月”活动，鼓励引导群众培养牢固的“有国才有家”的爱国主义情感，让守土固边成为群众的行为自觉；9月13日，县外事办公室主任雷波赴驻村点墨脱镇亚东村开展加强爱国主义宣传教育、推进民族团结进步主题活动，参加活动人员有村“两委”班子、村务监督委员会成员、“双联户”户长、联防队队员、平安守护队队员共计37人。雷波用通俗易懂的语言讲解民族团结政策知识和安全生产相关知识，并向村“两委”班子、村务监督委员会成员、“双联户”户长、联防队队员、平安守护队队员和驻村工作队队员等参与村内治安巡逻人员发放雨衣、帽子共计37件（顶）；12月4日，安排工作人员参加县司法局组织开展的“宪法宣传周”集中宣传活动，向农牧民、县农贸市场人员、沿街商铺人员进行宪法、国家安全法、反间谍法、《西藏自治区边境管理条例》等法律法规宣传，共计发放宣传手册80册。

【组织机构负责人名录】

主任

雷　　波（女）

四级调研员

杨 正 勇（苗族，5月调入）

四级主任科员

白玛措姆（女，门巴族）

中国人民政治协商会议墨脱县委员会

9月10日，青海省玉树藏族自治州政协调研组在墨脱镇拉贡茶场加工厂考察调研　（县政办办公室/提供）

综 述

【概 况】 政协墨脱县委员会成立于1985年2月，2021年，政协第九届墨脱县委员会、政协第十届墨脱县委员会（以下简称“县政协”）在县委的领导和市政协的指导下，坚持以习近平新时代中国特色社会主义思想为指导，深入学习贯彻习近平总书记在庆祝中国共产党成立100周年大会上的重要讲话和习近平总书记考察西藏重要讲话精神，全面贯彻落实中共中央和自治区党委、市委、县委系列决策部署，按照县委《关于新时代加强和改进人民政协工作的实施意见》，坚持团结和民主两大主题，加强思想政治引领、广泛凝聚共识，团结带领广大政协委员，聚焦县委、县人民政府中心任务，积极建言资政、凝聚共识，充分发挥政协专门协商机构作用，为推动墨脱县长治久安和高质量发展作出新的贡献。是年末，政协第十届墨脱县委员会设有中国共产党、工会共青团妇联、工商联、文化艺术、科技、经济和生态环保、农业和农村、教育体育、医药卫生、社会福利和社会保障、宗教、民族12个界别；有委员89人，其中中共党员35人。

【民主协商】 2021年，县政协2次全会均围绕县人民政府工作报告、计划报告、预算报告、县人民法院工作报告、县人民检察院工作报告进行全面充分协商讨论，形成协商意见建议36条，报送县委、县人民政府，促进成果有效转化。

年内，县政协按照《政协第十届墨脱县委员会2021年协商计划》安排，先后开展4次专题协商，引导社会各界广集良策以促进决策优化，广聚共识以推动决策实施，持续推进“有事好商量”协商平台建设。

【服务中心工作】 政策宣讲 年内，县政协组织社会各界代表共200余人，分别参加自治区政协副主席桑杰扎巴、市政协委员宣讲团宣讲中共十九届六中全会及习近平总书记重要讲话精神，中国共产党西藏自治区第十次代表大会精神、中国共产党林芝市第二次代表大会精神和自治区党委书记王君正在林芝市考察调研讲话精神，持续推动中共中央和各级党委会议精神在墨脱县落实落地。

河（湖）长制工作 年内，县政协全面贯彻落实中共中央和自治区党委、市委、县委关于全面推行河（湖）长制的决策部署，落实河（湖）长制六大任务，全年县政协主席会议成员开展巡河13人次，并督促指导下级河长履行职责。

【召开墨脱县庆祝西藏和平解放70周年座谈会】 8月12日，按照县委统一部署要求，县政协联合县人大常委会、县委组织部、县委统战部、县总工会、团县委与县妇联，组织召开墨脱县各族各界庆祝西藏和平解放70周年座谈会，“两代表一委员”、老党员、老干部、党外人士、青年代表、农牧民群众、宗教界人士等各领域代表共计43人参加座谈会。

【创新建立乡（镇）政协联络机制】 年内，县政协认真贯彻《中共墨脱县委员会关于新时代加强和改进人民政协工作的实施意见》精神，结合墨脱县实际，创新

8月12日，墨脱县各族各界庆祝西藏和平解放70周年座谈会召开，图为会议现场 （县委统战部/提供）

建立乡（镇）政协联络机制，明确各乡（镇）统战委员（县政协十届委员）为乡（镇）政协联络员，作为县政协在基层开展协商的联络员和基层委员履职的服务员。各联络员在县政协指导和乡（镇）党委领导下，加强本辖区委员的日常服务，组织日常履职活动，切实为基层委员有效收集民意、参与基层协商、服务基层群众等提供组织保障。

重要会议

【政协第九届墨脱县委员会第六次会议】 1月29—31日，中国人民政治协商会议第九届墨脱县委员会第六次会议举行。来自11个界别的50名委员参加会议。审议通过提案审查委员会关于提案审查情况的报告、常委会工作报告决议、提案办理工作情况报告决议、政治决议。列席墨脱县第十一届人民代表大会第七次会议，听取并协商讨论《政府工作报告》、计划报告、预算报告、县人民法院工作报告和县人民检察院工作报告。

【中共八届墨脱县委人大、政协工作会议】 5月20日，墨脱县召开中共八届墨脱县委人大、政协工作会议，这是中共墨脱县委首次召开政协工作会议。县级领导，各乡（镇）、各单位主要负责人，部分人大代表、政协委员代表等140余人参加会议。市政协党组成员、副主席、县委书记旺东出席会议并讲话。制定《关于新时代加强和改进人民政协工作的实施意见》。

1月29日，中国人民政治协商会议第九届墨脱县委员会第六次会议开幕

（县政协办公室/提供）

7月5日，中国人民政治协商会议第十届墨脱县委员会第一次会议开幕

（县政协办公室/提供）

【政协第十届墨脱县委员会第一次会议】 7月3—5日，中国人民政治协商会议第十届墨脱县委员会第一次会议举行。会议由县政协党组书记、主席人选边巴索朗主持，64名政协委员参加会议。审议通过《中国人民政治协商会议第十届墨脱县委员会第一次会议议程（草案）》，明确大会8项议程：听取并审议通过《中国人民政治协商会议第九届墨脱县委员会常务委员会工作报告》；听取并审议通过《墨脱县人民政府关于政协第九届墨脱县委员会提案办理情况的报告》；选举产生中国人民政治协商会议第十届墨脱县委员会主席、副主席、常务委员；列席墨脱县第十二届人民代表大会第

一次会议，听取并协商讨论《政府工作报告》、县人民法院工作报告、县人民检察院工作报告；审议通过中国人民政治协商会议第十届墨脱县委员会第一次会议政治决议；审议通过中国人民政治协商会议第十届墨脱县委员会第一次会议关于政协第九届墨脱县委员会常务委员会工作报告的决议；审议通过中国人民政治协商会议第十届墨脱县委员会第一次会议关于政协第九届墨脱县委员会提案工作情况报告的决议；审议通过中国人民政治协商会议第十届墨脱县委员会提案审查委员会关于政协第十届墨脱县委员会第一次会议提案审查情况的报告。

参政议政

【调研视察】 2021 年，县政协选取县委、县人民政府重视，群众关心的热点、难点问题，深入各乡（镇）、单位开展专题调研、视察监督，并形成有基础事实、有分析的调研视察报告提交县委、县人民政府，全年共反馈社情民意 36 条，为县委、县人民政府决策提供科学的依据和参考。

【委员换届】 年内，县政协严格按照换届选举“十严禁”纪律要求，严把委员关口，切实推进政协委员换届工作。根据《中国人民政治协商会议章程》有关规定及自治区、市、县换届方案要求，多次与县委统战部沟通，对县政协人事安排工作方案中涉及委员构成、界别设置、名额分配、推荐条件、安排程序等重要内容进行协商讨论，确保党管干部原则和民主协商程序，并体现出委员界别设置的科学合理性、委员代表阶层的广泛性和鲜明时代性。按照换届中政协委员、常务委员的规模和构成比例，人选提名的有关规定，人选范围和条件等，协助县委组织部、县委统战部进行全面考察，最终县政协第十届委员会设 12 个界别，共推荐提名 89 人当选为十届县政协委员。

【化解“两个薄弱”问题】 年内，墨脱县政协为落实好中共中央、自治区党委、市委关于解决市、县两级政协“两个薄弱”（政协基础工作薄弱、人员力量薄弱）问题文件要求，县政协多次进行专题研究，积极争取县委支持，切实解决好“两个薄弱”问题。

专门委员会建设 认真落实县政协常委会会议听取县政协专门委员会工作汇报、县政协主席会议成员联系专门委员会工作机制，有效推动县政协各专门委员会履职尽责。全年听取专门委员会报告 2 次。

“两支队伍”建设 按照“懂政协、会协商、善议政，守纪律、讲规矩、重品行”的要求，进一步加强委员队伍建设。完善委员教育培训机制，加强委员学习和培训，提高委员履职能力和水平。十届一次会议期间组织 66 名委员参加培训；积极组织各级政协委员参加市政协“委员大讲堂”，市、县政协两级党组理论学习中心组学习会议与专题调研、政协委员履职培训；组织 10 余名委员赴县外考察学习。

进一步加强机关干部队伍建设。以县政协办公室党支部为载体，以开展党史学习教育为契机，组织政协机关干部开展理论学习 50 余次。教育引导政协机关干部对标对表，在学懂弄通做实上下功夫，切实做到用理论武装头

1 月 15 日，政协机关党组支部组织全体党员看望慰问县特困人员集中供养服务中心的老年人 （县政协办公室 / 提供）

脑、指导实践、推动工作。

【扶贫济困】结对帮扶　年内，县政协机关干部看望慰问帮扶对象38人次，讲解党的关怀、国家大政方针、各类惠民政策；根据帮扶对象具体情况，出谋划策，为其寻找致富门路；为其解决生产、生活中的实际困难，送去慰问物资和慰问金。

关心弱势群体　年内，县政协机关干部把促和谐作为义不容辞的神圣职责，开展慰问县完全小学偏远乡（镇）经济困难家庭学生、慰问县特困人员集中供养服务中心孤寡老人等活动，持续关注低收入群体、困难群众的生产生活，动员各级政协委员向困难群众、弱势群体送温暖、献爱心。

重要活动

【考察学习】年内，县政协组织11名政协委员前往昌都市卡若区、江达县、贡觉县、芒康县、盐井县与林芝市波密县围绕易地搬迁、产业发展、社区建设、民族文化遗产保护与传承、文史资料收集等课题开展考察学习，并就典型经验做法和委员意见建议形成专题报告提交县委、县人民政府，提供典型经验做法5条，提出意见建议10余条，为全县改革发展谋计献策。

【来访交流】2021年，县政协共接待兄弟省、市和自治区内各市（地）、县（区）9批次70余人的来访交流，并就共同关注的重大问题开展联合考察调研，在扩大墨

10月22日，墨脱县政协委员在昌都市盐井县考察学习（县政协办公室／提供）

脱县对外影响、提升开放水平、优化发展环境方面作出应有贡献。

县政协办公室

【概　况】2021年，县政协办公室围绕全县改革发展稳定工作大局，以推进政协事业为首要任务，做好文稿起草、会务筹备等工作，不断加强机关建设，团结协作、积极进取，求实创新、真抓实干，较好地完成全年各项工作任务。

【服务政协委员履职】2021年，县政协办公室做好保障，突出履职，加强同政协委员的沟通联系。周密筹备、多方协调，为政协第九届墨脱县委员会第六次会议、政协第十届墨脱县委员会第一次会议及常务委员会会议召开提供会

3月30日，西藏自治区阿里地区政协主席吕新民（左三）一行赴墨脱县调研（县政协办公室／提供）

务保障，努力做好材料起草、会场布置、会议服务、食宿交通安排、材料收集整理等工作。全力做好视察调研、考察交流的服务保障工作及各级政协考察交流的接待工作，推动政协视察考察工作。加强与各乡（镇）、部门之间的工作联系，形成上下贯通、协调一致、互助共进的工作格局。

中国人民政治协商会议墨脱县委员会社会建设和外事教科卫体委员会

【概　况】 2021年，县政协社会建设和外事教科卫体委员会紧扣年初确定的重点工作思路，把握强化理论武装，增强政治自觉这个关键点，围绕中心大局，聚焦难点热点问题，拓展协商民主，提升履职能力，认真履行政治协商、民主监督、参政议政职能，凝神聚力、开拓进取，较好地完成全年各项工作任务。

【促进社会稳定】 2021年，县政协社会建设和外事教科卫体委员会坚决贯彻各级党委、县政协党组决策部署，注重发挥好政协专门委员会纽带作用和界别委员联系广泛的优势，积极促进社会和谐稳定。年内，在县政协副主席拉巴次仁带领下，对加热萨乡搬迁点工程进度、工程质量及老百姓参与工程情况进行调研，现场听取县发展和改革委员会工作汇报，提出工作建议和意见。在县政协副主席拉巴次仁带领下，赴格当乡4个村庄和达木珞巴民族乡2个村庄了解委员提案答复情况，了解群众生产生活以及群众身边的难事，将了解到的情况及时与有关单位主要负责人进行沟通交流，有效推动提案办理落实。县政协社会建设和外事科教文卫体委员会紧盯群众关心的县城污水处理问题，及时听取群众意见，向相关职能部门了解情况，持续协调推进县城污水处理问题及路面灰尘问题得到有效治理。

【联系联动】 年内，政协墨脱县委员会社会建设和外事教科卫体委员会加强同乡（镇）的联系，推动协商工作在基层的发展；加强与对口单位的互动，召开好对口联系单位工作座谈会，适时走访对口单位，就平安建设和社会治理等进行协商；主动向县政协常委会汇报工作和加强同上级政协、各兄弟县政协专门委员会的联系、交流工作，有序推进政协社会建设和外事教科卫体工作。

中国人民政治协商会议墨脱县委员会提案委员会

【概　况】 2021年，中国人民政治协商会议墨脱县委员会提案委员会围绕提高提案质量、提高提案办理质量、提高提案服务质量三个主要环节，扎实工作，切实发挥好提案在履行政协职能中的重要作用，较好地完成全年各项工作任务。

【提案办理】 2021年，政协第九届六次全会、政协第十届一次全会期间和会后共收到提案132件，审查立案117件，立案率为88.6%。其中，委员提案113件，占立案总数的96.6%；政协各专门委员会集体提案4件，占立案总数的3.4%。先后召开提案交办会进行转办。截至年末，交办的九届六次会议提案已办结8件，正在办理29件，暂时不能办理和不予办理25件，答复率100%，办理率59%。《墨脱县人民政府办公室关于政协九届六次会议委员提案办理情况的报告》已经政协十届第3次常委会议审议通过；交办的十届一次会议提案，截至年末，已办结13件，正在办理25件，暂时不能办理和不予办理17件，答复率100%，办理率69%。

【学习培训】 年内，政协墨脱县委员会提案委员会根据县政协常委会工作安排，全年共计组织政协委员集中培训1次，参加委员67人次；组织政协委员集中观看警示教育片1次，观看人数65人次。

中国人民政治协商会议墨脱县委员会文化文史民族宗教法制委员会

【概　况】 2021年，政协墨脱县委员会文化文史民族宗教法制委员会在县委的领导、县人民政府的支持下，在县政协常委会的指导下，不断改进和加强自身建设，全面履行政协专门委员会职能，积极征集政协史料，努力做好文史资料这一经常性工作，发挥文史资料“存史、资政、团结、育人”

的作用。

【文史资料征集编纂】 2021年，县政协文化文史民族宗教法制委员会立足文史资料统战属性，以保护传统优秀民族文化为出发点，在上级政协及县委、县人民政府的支持帮助下，持续开展《墨脱门珞民俗文化》史料征集、编撰工作，《墨脱门珞民俗文化》一书分为墨脱县门巴族和珞巴族流传的民风民俗、宗教文化、传说故事和名胜古迹4个篇章。年内，县政协文化文史民族宗教法制委员会组织人员深入背崩乡波东村收集民风民俗，通过走访、询问、实地查阅方式收集第一手资料，收集整理9.5万余字文字材料、800余张图片。是年，县政协文化文史民族宗教法制委员会协助上级政协开展各类"亲历、亲见、亲闻"史料征集工作。

【专题调研】 2021年，县政协文化文史民族宗教法制委员会围绕"正确看待民族文化的传承保护和创新交融"开展专题调研。调研主要通过实地走访、电话访谈等方式进行，通过与退休干部、老政协委员、教师、村支部书记、社会各界代表等深入交流，听取大家对"正确看待民族文化的传承保护和创新交融"提出的问题和建议。形成专题调研报告后，提交县政协党组审议。

【民族宗教法制工作】 年内，县政协文化文史民族宗教法制委员会牢牢把握新时代民族宗教工作主题，深入贯彻习近平新时代中国特色社会主义思想，特别是治边稳藏主要论述和自治区加强创新寺庙管理的决策部署，始终坚持民族宗教工作基本方针，由县政协主席会议成员带队，不定期深入寺庙、乡村调查研究，了解掌握广大群众僧侣思想动态，积极宣传党的方针政策，督促落实寺庙各项制度建设，发挥政协职能作用，建言献策，助推依法治寺进程，引导宗教与社会主义社会相适应。

【组织机构负责人名录】

政协墨脱县委员会

主席

边巴索朗（藏族）

副主席

于世高

扎西措姆（女，门巴族）

嘎玛欧珠（藏族）

拉巴次仁（藏族）

政协墨脱县委员会办公室

主任

韩　振

副主任

尼玛拉姆（女，藏族）

政协墨脱县委员会社会建设和外事教科卫体委员会

主任

格桑多吉（藏族）

政协墨脱县委员会提案委员会

主任

索朗曲珍（女，门巴族）

政协墨脱县委员会文化文史民族宗教法制委员会

副主任

嘎玛措姆（女，门巴族）

2021年政协第九届墨脱县委员会委员名录

表14

姓名	性别	民族	界别	现任职务	常委	备注
平措多吉	男	藏族	中国共产党	县政协主席	常委	新任
边巴索朗	男	藏族	中国共产党	县委常委、统战部部长	常委	
边巴扎西	男	珞巴族	中国共产党	县政协副主席	常委	
扎西措姆	女	门巴族	中国共产党	县政协副主席	常委	新任
郑　明	男	汉族	中国共产党	县政协副主席	常委	新任
罗布次旺	男	藏族	中国共产党	县政协办公室主任	常委	
白玛扎巴	男	藏族	中国共产党	县林业和草原局局长		新任
阿　归	女	汉族	中国共产党	县住房和城乡建设局副局长		新任
黄宝玉	男	汉族	中国共产党	林芝公安边防支队政治处副主任（代管墨脱边防大队工作）		新任

续表 14

姓名	性别	民族	界别	现任职务	常委	备注
嘎玛欧珠	男	藏族	民族界	县政协副主席	常委	新任
晋美扎西	男	藏族	民族界	县扶贫开发办公室主任		
曲　珠	男	藏族	民族界	县交通运输局局长		新任
央前拉姆	女	门巴族	民族界	墨脱镇米日村		新任
阿旺索朗	男	门巴族	民族界	德兴乡易贡白村		新任
格　桑	女	门巴族	民族界	背崩乡巴登村		
卓玛拉吉	女	珞巴族	民族界	达木乡贡日村		新任
扎西拉姆	女	珞巴族	民族界	达木乡达木村		新任
平　措	男	珞巴族	民族界	加热萨乡拉贡村		新任
白玛多杰	男	珞巴族	民族界	县综治办公室主任		新任
扎西久美	男	藏族	民族界	甘登乡甘登村		继任
伟　红	男	藏族	民族界	格当乡桑珍卡村		新任
仓决米	男	门巴族	民族界	帮辛乡帮果村		
次　旺	男	门巴族	农业界	背崩乡波东村	常委	
平措巴登	男	珞巴族	农业界	甘登乡甘登村	常委	
顿　珠	男	门巴族	农业界	墨脱镇亚让村		新任
姑姑拉姆	女	门巴族	农业界	墨脱镇玛迪村		新任
桑杰贡嘎	男	门巴族	农业界	墨脱镇亚东村		新任
曲　达	男	门巴族	农业界	德兴乡那儿东村		新任
小平错	男	门巴族	农业界	德兴乡荷扎村		
尼玛次仁	男	门巴族	农业界	墨脱镇墨脱村		新任
次久罗布	男	门巴族	农业界	德兴乡德兴村		
仁青曲珍	女	门巴族	农业界	德兴乡巴登则村		新任
桑杰卫色	男	门巴族	农业界	背崩乡背崩村		新任
仁青曲扎	男	门巴族	农业界	背崩乡地东村		
达瓦杰增	男	门巴族	农业界	背崩乡德尔贡村		
次　仁	女	珞巴族	农业界	达木乡卡布村		新任
次仁平措	男	门巴族	农业界	达木乡珠村		新任
旺扎次旦	男	藏族	农业界	格当乡布龙村		新任
嘎玛多吉	男	藏族	农业界	格当乡格当村		
多吉次仁	男	门巴族	农业界	帮辛乡岗玉村		
永向东	男	门巴族	农业界	帮辛乡西登村		新任
旺　久	男	门巴族	农业界	帮辛乡宗容村		新任
次　珠	男	珞巴族	农业界	加热萨乡久当卡村		
旺　堆	男	珞巴族	农业界	加热萨乡加热萨村		新任
达瓦江措	男	门巴族	宗教界	仁青崩寺僧人		

续表 14

姓名	性别	民族	界别	现任职务	常委	备注
次　成	男	藏族	宗教界	仁青崩寺僧人		
列格罗布	男	门巴族	宗教界	玛尔蚌寺僧人		新任
建阿次仁	男	藏族	宗教界	格当寺僧人		新任
玉　扎	男	藏族	宗教界	曾久寺僧人	常委	
江　安	女	藏族	妇女界	县广播电视台副台长		新任
次旦卓玛	女	珞巴族	妇女界	加热萨乡达昂村		
桑　姆	女	藏族	妇女界	格当乡占根卡村		新任
桑措姆	女	门巴族	妇女界	帮辛乡根登村		新任
拉巴次仁	男	藏族	文化界	县文化和旅游局局长		新任
格桑达瓦	男	藏族	文化界	县委宣传部副部长		新任
旦　增	男	藏族	科技界	县自然资源局主任科员		新任
袁瑜贵	男	汉族	科技界	县农业农村局主任科员		新任
白玛措姆	女	门巴族	教育界	德兴乡小学副校长		新任
扎西江措	男	门巴族	经济界	农行墨脱县支行副行长		
刘德翼	男	汉族	经济界	华能西藏墨脱电力有限公司生产营销部主任		新任
李海东	男	门巴族	卫生界	县疾病预防控制中心公卫主管医师		新任
唐　斌	男	汉族	工商界	个体工商户		新任
大多吉	男	门巴族	工商界	个体工商户		新任
黄昌全	男	汉族	工商界	个体工商户	常委	新任

政协第十届墨脱县委员会委员名录

表 15

姓名	性别	民族	界别	现任职务（所在乡村寺庙）	常委	备注
边巴索朗	男	藏族	中国共产党	县政协党组书记、主席	常委	
白玛多吉	男	门巴族	中国共产党	县委常委、统战部部长、县政协党组副书记	常委	
于世高	男	汉族	中国共产党	县政协党组成员、副主席	常委	
扎西措姆	女	门巴族	中国共产党	县政协党组成员、副主席	常委	
拉巴次仁	男	藏族	中国共产党	县政协党组成员、副主席	常委	
韩　振	男	汉族	中国共产党	政协办主任	常委	
温二飞	男	汉族	中国共产党	墨脱镇党委委员、政法委员、统战委员		
旺青扎堆	男	门巴族	中国共产党	德兴乡党委委员、政法委员、统战委员	常委	
李　婷	男	汉族	中国共产党	背崩乡党委委员、政法委员、统战委员		

续表 15

姓名	性别	民族	界别	现任职务（所在乡村寺庙）	常委	备注
白玛多杰	男	珞巴族	中国共产党	县司法局一级主任科员		
白玛曲珍	女	门巴族	工青妇界	团县委四级主任科员		
欧珠曲措	女	藏族	工青妇界	县总工会四级主任科员		
平措卓嘎	女	藏族	工青妇界	格当乡党委委员、政法委员、统战委员	常委	
索朗央金	女	藏族	工青妇界	县乡村振兴局二级主任科员		
扎西拉姆	女	藏族	工青妇界	格当乡占根卡村村民		
桑措姆	女	门巴族	工青妇界	帮辛乡根登村村民		
次旦卓玛	女	珞巴族	工青妇界	加热萨乡达昂村村民		
扎西达娃	男	门巴族	工商联	非公经济党支部副书记		
黄昌全	男	汉族	工商联	建筑酒店行业党支部书记		
金磊	男	汉族	工商联	墨脱县未来广告装饰有限公司		
陈亚	女	汉族	工商联	墨脱县启帆商贸有限责任公司	常委	
扎西旺久	男	门巴族	文化艺术界	县文化和旅游局党组副书记、副局长、文物局局长、三级主任科员		
赵东	男	汉族	文化艺术界	墨脱广播电视台台长		
袁瑜贵	男	汉族	科技界	县农业农村局党组书记、局长、农业综合行政执法队队长		
仓曲珍	女	藏族	科技界	德兴乡农牧综合服务中心专技		
张晓欢	男	汉族	经济和生态环保界	农行墨脱县支行副行长		
嘎玛多吉	男	藏族	农业和农村界	格当乡格当村村民		
尼玛次仁	男	门巴族	农业和农村界	墨脱镇墨脱村村民	常委	
姑姑拉姆	女	门巴族	农业和农村界	墨脱镇玛迪村村民		
向巴青批	男	藏族	农业和农村界	墨脱镇亚让村村民		
桑杰贡嘎	男	门巴族	农业和农村界	墨脱镇亚东村村民		
次珠	男	珞巴族	农业和农村界	墨脱镇朗杰岗村村民		
桑杰维色	男	门巴族	农业和农村界	背崩乡背崩村村民	常委	
达瓦杰增	男	门巴族	农业和农村界	背崩乡德尔贡村村民		
仁青曲扎	男	门巴族	农业和农村界	背崩乡地东村村民		
次旺	男	门巴族	农业和农村界	背崩乡波东村村民		

续表 15

姓名	性别	民族	界别	现任职务(所在乡村寺庙)	常委	备注
仁增多吉	男	门巴族	农业和农村界	背崩乡西让村村民		
次久罗布	男	门巴族	农业和农村界	德兴乡德兴村村民	常委	
仁青曲珍	女	门巴族	农业和农村界	德兴乡巴登则村村民		
罗布扎西	男	门巴族	农业和农村界	德兴乡德果村村民		
平　措	男	门巴族	农业和农村界	德兴乡荷扎村村民		
曲　达	男	门巴族	农业和农村界	德兴乡那尔东村村民		
贡桑扎巴	男	门巴族	农业和农村界	德兴乡文浪村村民		
旺扎次旦	男	藏族	农业和农村界	格当乡布龙村村民	常委	
次　成	男	藏族	农业和农村界	格当乡德吉村村民		
多吉次仁	男	门巴族	农业和农村界	格当乡多龙岗村村民		
曲　扎	男	门巴族	农业和农村界	帮辛乡帮辛村村民		
索朗曲珍	女	门巴族	农业和农村界	帮辛乡肯肯村村民	常委	
旺　久	男	门巴族	农业和农村界	帮辛乡宗荣村村民		
格桑措姆	女	门巴族	农业和农村界	帮辛乡西登村村民		
旺　推	男	珞巴族	农业和农村界	加热萨乡加热萨村村民		
次　多	男	珞巴族	农业和农村界	加热萨乡更帮村村民		
旺　杰	男	珞巴族	农业和农村界	加热萨乡曾久村村民		
平措巴登	男	门巴族	农业和农村界	甘登乡甘登村村民		
次　仁	男	珞巴族	农业和农村界	达木乡卡布村村民		
拉　宗	男	门巴族	农业和农村界	达木乡珠村村民		
平措玉珍	男	藏族	教育体育界	县教育局党组成员、副局长		
扎西卓玛	女	门巴族	教育体育界	墨脱县中学一级教师		
格桑多吉	男	藏族	教育体育界	县政协机关党组成员、政协社会建设和外事教科卫体委员会主任		
布　穷	男	藏族	医药卫生界	县卫健委党组书记、主任		
白玛央宗	男	门巴族	医药卫生界	县人民医院党组成员、副院长		
建阿达瓦	男	门巴族	社会福利和社会保障界	县民政局中级工		
张鹏飞	男	汉族	社会福利和社会保障界	县人力资源和社会保障局局长		

续表 15

姓名	性别	民族	界别	现任职务（所在乡村寺庙）	常委	备注
徐胜亮	男	汉族	社会福利和社会保障界	县自然资源局副局长		
布　琼	男	门巴族	社会福利和社会保障界	县水利局党组书记、局长		
次　成	男	藏族	宗教界	仁青崩寺僧人		
玉　扎	男	藏族	宗教界	曾久寺僧人		
顿珠次仁	男	门巴族	宗教界	仁青崩寺僧人	常委	
达瓦江措	男	门巴族	宗教界	仁青崩寺僧人		
列　格	男	门巴族	宗教界	玛尔蚌寺僧人		
建阿次仁	男	藏族	宗教界	格当寺僧人		
嘎玛欧珠	男	藏族	民族界	墨脱县政协副主席	常委	
陈永松	男	汉族	民族界	达木珞巴民族乡党委委员、政法委员、统战委员		
赖子龙	男	汉族	民族界	帮辛乡党委委员、政法委员、统战委员		
尹荣毕	男	汉族	民族界	加热萨乡党委委员、政法委员、统战委员		
杨廷府	男	汉族	民族界	甘登乡党委委员、政法委员、统战委员		
白玛多吉	男	藏族	民族界	墨脱镇巴日村村民		
央前拉姆	男	门巴族	民族界	墨脱镇米日村村民		
扎西曲培	男	门巴族	民族界	背崩乡江新村村民		
嘎玛措姆	男	门巴族	民族界	背崩乡格林村村民		
顿珠次仁	男	门巴族	民族界	背崩乡阿苍村村民		
格　桑	男	门巴族	民族界	背崩乡巴登村村民		爱国统战人士
阿旺索朗	男	门巴族	民族界	德兴乡易贡白村村民		
伟　红	男	藏族	民族界	格当乡桑珍卡村村民		
次旺尼玛	男	藏族	民族界	帮辛乡帮果村村民		
平　措	男	珞巴族	民族界	加热萨乡拉贡村村民		
扎西久美	男	藏族	民族界	甘登乡甘登村村民		爱国统战人士后代
扎西拉姆	男	珞巴族	民族界	达木乡达木村村民		
卓玛拉吉	男	珞巴族	民族界	达木乡贡日村村民		

墨脱县纪检监察委员会

11月14日，墨脱县纪委监委、县委巡察工作领导小组办公室、县税务局党员志愿服务队开展"关爱接班人志愿正行动"志愿活动（县纪委监委/提供）

重要会议

【中共墨脱县第八届纪律检查委员会第六次全体会议】 2月7日，中共墨脱县第八届纪律检查委员会第六次全体会议召开。县纪委委员6人参加会议，94人列席会议。市政协党组成员、副主席、县委书记旺东，县委副书记、县人民政府县长魏长旗出席会议。会议由县纪律检查委员会常务委员会主持。全会以习近平新时代中国特色社会主义思想为指导，深入学习贯彻中共十九大和十九届二中、三中、四中、五中全会精神，按照十九届中央纪委五次全会、九届自治区纪委六次全会、一届市纪委七次全会和县委八届六次全会部署，回顾总结2020年工作，安排部署2021年任务，听取并审议通过中国共产党墨脱县第八届纪律检查委员会常务委员会所作的《提高政治站位 强化政治职责 锲而不舍抓作风建设 深入推进从严治党向纵深发展》工作报告。

【中共墨脱县第九届纪律检查委员会第一次全体会议】 6月28日，中国共产党墨脱县第九届纪律检查委员会第一次全体会议召开。受中国共产党墨脱县第九次代表大会主席团委托，倖青红主持会议。

会上，工作人员宣读《中共林芝市委员会关于墨脱县委、县纪委换届候选人预备人选的批复》；会议审议通过《中国共产党墨脱县纪律检查委员会第一次全体会议选举办法（草案）》；通过监票人名单和指定计票人。

6月28日，中国共产党墨脱县第九届纪律检查委员会第一次全体会议召开
（县纪委监委/提供）

会议以无记名投票方式选举并经县委九届一次全会通过，产生新一届县纪委常委、县纪委书记、副书记。倖青红当选为中国共产党墨脱县第九届纪律检查委员会书记。

【2021年上半年乡村振兴领域监督执纪问责工作例会】 9月15日，墨脱县纪委监委组织召开2021年上半年乡村振兴领域监督执纪问责工作例会，县委常委、纪委书记、监委主任倖青红等县纪委在家班子成员与8乡（镇）纪委书记、县乡村振兴局、县委巡察工作领导小组办公室主要负责人、县纪委监委机关全体干部等27人参加会议。传达学习西藏自治区纪检监察机关2021年上半年乡村振兴领域监督执纪问责工作例会精神；通报2018年以来墨脱县扶贫领域腐败和作风问题专项治理工作开展情况；学习乡村振兴工作相关政策。

【2021年反腐败工作协调小组会议】 10月28日，墨脱县组织召开2021年反腐败工作协调小组会议，县委反腐败工作协调小组9家成员单位参加会议，会议由县纪委常委会主持。学习反腐败工作相关文件精神，各成员单位汇报2021年反腐败工作开展情况，对各个领域存在的问题和困难进行交流研讨，对下一步党风廉政建设和反腐败工作作出安排部署。

纪律监察

【概 况】 2021年，中共墨脱县纪律检查委员会、墨脱县监察委员会（以下简称“县纪委监委”）在市纪委监委和县委的领导下，坚持以习近平新时代中国特色社会主义思想为指导，围绕中共中央、自治区党委、市委和县委重大决策部署，准确把握职责定位，突出监督主业，充分发挥“监督保障执行、促进完善发展”作用，扎实开展好党风廉政建设和反腐败工作，为墨脱县社会经济可持续发展营造良好政治生态。

【警示教育】 2021 年，县纪委监委利用重大节假日，全年开展廉政教育、节前教育 7 次，下发（转发）典型案例通报文件 13 份，切实让党员干部心存戒惧，守牢底线。县纪委监委围绕《中央八项规定禁止清单》，组织单位业务骨干通过上门宣讲的形式，为全县 44 家县直属单位 300 余名党员干部上廉政教育课。在开展常规警示教育的基础上，以林芝市第 26 个“党风廉政宣传教育月”活动为契机，组织县直属各单位党员干部及新当选“两代表一委员”1200 余人参观廉政警示教育基地，观看《正风反腐就在身边》《失守》等廉政警示教育片 3 场次 900 余人次。通过学习、宣传、测试、签字承诺等方式深化警示教育，引导广大党员干部严守纪律规矩，推动廉政文化落地生根。

【政治监督】 2021 年，县纪委监委聚焦学习贯彻中央第七次西藏工作座谈会和习近平总书记视察西藏重要讲话精神、加强对“一把手”监督及新冠肺炎疫情常态化防控措施落实等重要政治任务，联合县委办公室、县人民政府办公室、县委组织部等部门成立专项监督检查组，开展监督检查 30 余次，发现问题 100 余条，开展监督谈话 15 场、29 人次。

【协助推动全面从严治党主体责任落实】 2021 年，县纪委监委先后 15 次督促党委（党组）履行全面从严治党主体责任；紧盯“三重一大”议事决策程序，常规列席县委常委会会议；开展 1 次政治生态分析报告，全面掌握全县政治生态情况，履行协助、监督职责，协助推动党委（党组）全面从严治党主体责任落实。

【严肃党内政治生活】 2021 年，县纪委监委列席监督指导 51 个党组织民主（组织）生活会，加强会前、会中、会后的全程监督，重点督促领导干部如实报告个人有关事项。

【出具廉政意见】 2021 年，县纪委监委在干部选拔任用、人事调动、评选先进选拔优秀等方面共出具廉政意见 174 份、4300 人次，对 4 人提出“暂缓提拔（推荐）”意见；派出 15 人次参与干部考察工作，对民主推荐、公示任命等环节进行实时监督，开展干部任前廉政测试和集体廉政谈话 1 次、76 人。

【换届工作监督】 2021 年，县纪委监委利用互联网加大宣传引导，通过微信公众号及时推送换届纪律宣传文章 10 条，制作并悬挂横幅 1 条，发送换届纪律手机短信 900 余条，开展换届监督检查共 19 次，进一步严明换届纪律和要求，确保全县换届工作风清气正、健康有序推进。

【监督检查】 2021 年，县纪委监委紧盯节假日“四风”易发、多发情况及隐形变异问题，开展监督检查 50 余次，查处违反中央八项规定精神问题 1 件，给予党纪政务处分 1 人，并在全县范围内通

7 月 10 日，墨脱县举行“廉政建设主题日”宣传活动，图为县城活动场景

（县纪委监委／提供）

2月，县纪委工作人员监督帮辛乡肯肯村“两委”换届选举现场

（县纪委监委/提供）

报曝光。按照《林芝市委基层减负工作监督检查制度（试行）》要求，全年开展监督检查4次，发现问题1个。针对市“两会”、县“两会”及自治区经济工作会议开展会风会纪专项监督，重申纪律要求，严肃会风会纪，通报曝光典型问题2起、8人。

【自查自纠】 年内，按照上级纪委及县委统一安排部署，县纪委监委在全县范围内开展公车接送、请假休假期间公车私用、公务接待中“吃公函”、项目评审验收中发放和收受红包问题自查自纠工作。发现公车私用问题情况55人，主动上缴公车接送、请休假公车私用整改资金25.5万元，整改“吃公函”问题9个。

【执纪问责】 年内，县纪委监委聚焦巩固拓展脱贫攻坚成果同乡村振兴有效衔接工作，紧盯“四个不摘”、锚定“有效衔接”，对虚报冒领，贪污侵占、挪用挤占村集体“三资”（货币资金、资产和资源）、医保低保、产业扶持以及惠民惠农财政补贴资金“一卡通”等群众身边微腐败问题，开展监督检查200余次，发现和受理问题线索4件，立案1件，给予党纪政务处分4人。以政法队伍干警教育整顿为契机，结合扫黑除恶专项斗争开展，对中共十八大召开以后政法队伍违纪违法问题进行大起底、大排查，协助政法系统审核自查问题60件，对60人进行组织处理；受理问题线索2件，其中立案1件，给予党纪政务处分1人，诫勉谈话1人，谈话提醒2人，推动政法队伍教育整顿走深走实。正确运用监督执纪问责“四种形态”，严肃查处党员干部违规违纪问题，截至年末，受理问题线索15件，立案7件、8人，下发“两书”（纪律检查建议书和监察建议书）2份，处理党员干部26人，其中第一种形态15人，占比57.69%；第二种形态9人，占比34.61%；第三种形态1人，占比3.85%；第四种形态1人，占比3.85%，收缴及暂扣违纪资金192760元。

纪检监察队伍建设

【日常理论业务知识学习】 2021年，县纪委监委结合党史学习教育，通过召开县纪委常委会议、工作例会、业务学习会、支部会议等方式，开展中共十九届六中全会、习近平总书记“七一”重要讲话、习近平总书记视察西藏重要讲话精神、《中华人民共和国监察官法》等理论业务知识学习70余次，撰写心得体会50余篇，开展交流研讨3次。

【培训与跟班学习】 年内，县纪委监委举办县、乡（镇）两级纪检监察干部乡村振兴培训班、村务监督委员会主任能力素质提升培训班、召开2021年上半年乡村振兴领域监督执纪问责工作例会，引导纪检监察干部及村务监督委员会主任不断提高政治站位，强化责任担当，增强工作使命感、责任感和紧迫感。派出纪检监察干部9人次前往自治区纪委监委、林芝市纪委监委跟班（跟案）学习，派出干部14人次参加自治区纪委、市纪委举办的培训班，不断提高基层纪检监察干部综合能力素质。

【村务监督委员会主任能力素质提升培训班】 12月12—14日，县纪委监委主办的墨脱县2021

12 月 12—14 日，县纪委监委主办的墨脱县 2021 年村务监督委员会主任能力素质提升培训班在墨脱县委党校举行，图为开班仪式现场　（县纪委监委 / 提供）

年村务监督委员会主任能力素质提升培训班在墨脱县委党校举行，共 34 人参加培训。

【组织机构负责人名录】

县委常委、纪委书记、监委主任

朱 宇 峰（5 月免）

县委常委、纪委书记、监委主任

倖 青 红（女，5 月任纪委书记，7 月当选监委主任）

县纪委副书记、监委副主任、一级主任科员

贺　　伟（4 月免）

县纪委副书记、监委副主任

米玛次仁（藏族）

县纪委副书记

王 晓 辉（1—5 月任县纪委常委、案件审理室主任；5 月任县纪委副书记）

县纪委常委、监委委员

周 自 豪（5月任县纪委常委）

县纪委常委、三级主任科员

次旦亘玛（女，门巴族，1—5 月任县纪委审查调查室主任、三级主任科员）

巡察工作

【概　况】 2021 年，中共墨脱县委员会巡察工作领导小组办公室（以下简称“县委巡察办”）在县委领导下，严格按照上级巡视巡察机构、县委及县委巡察工作领导小组工作要求，按照“发现问题、形成震慑、推动改革、促进发展”工作方针，认真履行巡察职责，主动承担巡察任务，完成八届县委巡察工作，如期开展九届县委首轮巡察。

【八届县委第九轮巡察“回头看”】 2021 年，完成八届县委第九轮对墨脱镇、背崩乡、达木珞巴民族乡、格当乡、帮辛乡和县财政局、县发展和改革委员会、县乡村振兴局、县农业农村局的巡察“回头看”，发现各类问题 250 个，反馈意见建议 88 条，移交问题线索 1 件，已完成整改 248 个，整改率为 99.2%，追缴违规违纪资金 1.29 万元。

【九届县委第一轮巡察】 年内，九届县委第一轮完成对墨脱镇亚东村、巴日村，达木珞巴民族乡卡布村、贡日村，格当乡多龙岗村，加热萨乡加热萨村、曾求村、达昂村 8 个村级党组织的巡察，共计

4 月 8 日，中共第八届墨脱县委员会第九轮巡视工作动员部署会议召开

（县委巡察工作领导小组办公室 / 提供）

10月18日，九届县委第一轮巡察动员部署会议召开

（县委巡察工作领导小组办公室／提供）

发现各类问题118个，反馈意见建议54条，移交问题线索2件，截至年末，正在整改阶段。

【巡察制度建设】 2021年，县委巡察办持续开展巡察制度建设，促进巡察工作规范化发展。县委巡察办根据《中国共产党巡视工作条例》《中国共产党党内监督条例》等党内法规，建立《县委巡察组作风纪律情况后评估办法（试行）》，全方位掌握巡察干部的政治表现，有效解决“谁来监督监督者”的难题，着力打造一支让党放心、被巡察党组织信赖、人民群众认可的巡察干部队伍。建立《墨脱县委巡察整改监督检查工作办法（试行）》，把县纪委监委、县委组织部履行巡察整改监督检查职责以制度的形式固定下来，明确监督内容、监督责任、监督方式和成果运用，突出监督重点，形成监督合力，提升整改质效。

【全面深化巡察成果运用】 年内，县委巡察办全面深化巡察成果运用。根据八届县委第九轮巡察发现的问题，认真梳理出理论学习、财务报销、党的建设等8个方面的共性问题，要求全县各级党组织把共性问题作为自我检视、自我校对的标尺，及时开展自查整改，实现问题早发现、早治疗、早整改的目标，防止问题变异、坐大。同时把各党组织自查整改情况纳入九届县委巡察监督范围，努力推动全县风清气正的政治生态持续向好发展。

【巡察整改督查】 年内，县委巡察办把好巡察整改质量关。严格按照整改中期督查一次、整改完成验收一次的例行安排，县委巡察办协同县纪委监委、县委组织部先后联合组成6个督查组，对八届县委第八轮、九轮被巡察党组织落实巡察反馈问题整改情况进行实地督导检查，提出整改建议85条，推动巡察整改落到实处。

（梅朵拉增）

【组织机构负责人名录】

主任

胡新祥（4月免）

王海斌（4月任）

副主任

拉巴次丹（藏族）

一级主任科员

王向军

四级主任科员

宗吉（女，珞巴族）

刘杰（白族）

数据应用中心专技

白玛旺堆（门巴族）

县委巡察一组组长

拉巴琼达（女，藏族）

县委巡察二组组长

钟谭

县委巡察一组副组长

刘焱

县委巡察二组副组长

次仁旺堆（门巴族）

县委巡察一组四级主任科员

梅朵拉增（女，门巴族）

群众团体

4月7日，格当乡机关团支部组织团员青年到格当乡小学开展"勇担时代重任、放飞青春梦想"主题团日活动，图为志愿者为学生剪指甲

（共青团墨脱县委／提供）

墨脱县总工会

【概　况】 2021 年，墨脱县共有 64 家工会组织，其中机关工会 44 家，企业工会 3 家，农民工工会 1 家，村级工会组织 16 家。截至年末，全县工会会员共计 2026 人，其中机关会员 1558 人，企业会员 54 人，农民工会员 14 人，村级会员 400 人，实现机关干部建会、入会率达 100%。

【思想政治引领】 2021 年，墨脱县总工会深入学习贯彻习近平新时代中国特色社会主义思想、习近平总书记系列重要讲话精神和中央第七次西藏工作座谈会精神，始终坚持把党的路线方针政策贯彻落实到工会工作全过程。举办“铭记历史，接续奋斗，努力创造更加幸福美好的新生活”全县征文比赛活动，基层工会委员会积极踊跃参与，共收到近 100 篇征文作品。开展“三八”妇女维权周和“学党史·守初心”庆祝中国共产党成立 100 周年暨庆祝西藏和平解放 70 周年知识答题和竞赛活动、“六送”（送温暖、送法律、送政策、送就业、送文化、送医送药）活动、庆祝中国共产党成立 100 周年演讲比赛、妇女干部培训等活动，教育引导全县会员职工树牢“四个意识”、坚定“四个自信”、做到“两个维护”，以实际行动推动党的意志和主张转化为广大职工砥砺奋进的生动实践。年内，县总工会开展知识答题及竞赛 3 次，开展有奖征文活动 2 次，开展“六送”活动 1 次，开展演讲比赛 1 次，开展妇女干部培训 1 场次。

【帮扶救助】 年内，县总工会印发困难职工帮扶政策明白卡，深入宣传困难职工帮扶政策，加大困难职工帮扶工作力度，让会员了解掌握帮扶救助标准和程序，并得到及时救助。全年县总工会开展入户调查 3 次，开展帮扶救助活动 2 次，帮扶救助临时困难职工 2 人，共涉及资金 8.9 万元。发放困难职工生活保障金 4 次，保障金共计 9 万余元。

【走访慰问】 “三大节日”期间，县总工会走访慰问县人民医院、县藏医院、县疾病预防控制中心和县应对新冠肺炎疫情工作领导小组办公室等共 14 家单位，慰问优秀驻村工作队队员和建制村经济困难工会会员，慰问职工 100 余人次，慰问金达 3 万余元。扎实开展对结婚、住院生病、直系亲属去世、生育的会员职工慰问活动。

【关爱职工】 2021 年，结合墨脱县实际情况及需求，县总工会在全县范围内开展“夏送清凉”活动，开展关爱女职工行动，为 40 余名公益性岗位女职工开展妇女“两癌”筛查活动，并在 3 月开展法治宣传活动，不断提高广大妇女职工维权意识。及时落实各类集体福利。县总工会面向会员职工开展工会福利工作满意度问卷调查，并结合调查问卷，在重大节庆节点发放福利共 5 次，支出 200 万余元，并以深入基层开展调研为契机，为帮辛乡、甘登乡、加热萨乡开展“送货上门”发放福利活动。开展关爱退役军人、环卫工人、新就业形态劳动者、农民工活动，进一步拓展工会组织服务面。

3 月 25 日，墨脱县 2021 年困难职工座谈会召开　　（县总工会 / 提供）

【组织建设】 年内，县总工会坚持“组织起来，切实维权”的工作方针，按照《中华人民共和国工会法》《中国工会章程》，加大对非公有制企业的宣传力度。3月，严格依据组建工会程序，成立林芝墨脱茶业有限公司工会委员会，实现全县非公经济领域工会组织零的突破。指导已经建立工会组织的企业开展厂务公开和工资集体协商制度，最大限度地维护会员职工的合法权益。

【文体活动】 2021年，县总工会积极引导基层工会委员会有序开展各类活动，丰富广大会员职工业余文化生活，在“三大节日”和“五一”国际劳动节期间，各基层工会委员会以干部职工需求为导向，立足实际，组织开展系列丰富多彩的文体活动，500余人参加。联合相关单位开展“徒步阳光下　健康你我他”全民健身徒步活动和“喜迎百年华诞，弘扬体育精神”为主题的墨脱县第三届“莲花杯”夏季六人制足球联赛。年内，县总工会整合有限资源，以墨脱县徒步文化旅游活动为契机，结合自身岗位职责，将桃花节徒步活动与职工群众解压减压活动有机结合起来，动员职工群众积极报名参加，为参加活动人员提供矿泉水、急救药品等，提供全方位服务。

3月17日，林芝墨脱茶业有限公司召开第一次工会会员大会，选举产生工会主席、工会经费审查委员会主任及女工委员会主任　（县总工会／提供）

【工会财务资产管理】 2021年，墨脱县工会会费以“一月一缴”形式收缴。全年工会会费收入19万余元；依法足额收缴工会经费，并按照上级工会要求上解工会经费。全年工会经费收入为398万余元，上解工会经费99万余元。年内，严格按照上级要求，扎实开展经费预决算工作，并提请县总工会常委会和县总工会经费审查委员会研究，确保工会经费使用规范化、科学化。深入乡（镇）就工会固定资产管理情况开展调研活动。截至年末，全县基层工会固定资产管理情况较好。

【“职工之家”建设】 2—3月，县总工会工作人员深入全县7乡1镇就“职工之家”建设情况进行专题调研，详细了解掌握职工之家设备配备和使用、工会固定资产管理等情况，认真听取乡（镇）

6月26日，以“喜迎百年华诞，弘扬体育精神”为主题的墨脱县第三届“莲花杯”夏季六人制足球联赛在亚东六人制足球场开赛　（县总工会／提供）

会员职工对“职工之家”建设的需求，对乡（镇）“职工之家”建设进行指导。7月14—18日，县总工会组织乡（镇）工会主席赴兄弟县就“职工之家”建设和工会工作开展情况进行参观交流学习，并把学习成果与全县乡（镇）实际情况相结合，转化为自身工作思路与做法，提高工会各项工作水平。截至年末，背崩乡、帮辛乡、德兴乡“职工之家”基本能满足会员职工健身、娱乐等需求。

【技能竞赛】 年内，县总工会组织“编织新生活、发扬劳模精神，庆建党一百周年、助力乡村振兴”为主题的竹编编织技能竞赛活动，共有30余人参加。县卫生服务中心工会委员会组织开展“单人心肺复苏”操作技能竞赛，通过对口帮扶专家赛前培训及参赛选手依次在重症监护室进行心肺复苏操作比赛等形式，提高全县医护人员急救技能整体操作水平。县总工会联合县应急管理局和县消防救援大队在墨脱镇亚东村开展以“生命至上·安全第一”为主题的“安康杯”技能竞赛活动，西藏天顺路桥工程有限公司、中国石油天然气股份有限公司西藏林芝销售分公司墨脱莲花加油站、西藏天海实业有限公司、西藏林芝市墨脱县秘境客运有限公司、墨脱县莲花圣地国有资产投资有限公司、林芝墨脱茶业有限公司、墨脱县卓玛拉自来水有限公司、墨脱县扶贫开发投资有限责任公司企业代表，墨脱县部分安全生产重点领域的机关事业单位及墨脱镇墨脱村、亚东村部分群众共计50余人参加活动。

【弘扬劳模精神】 年内，县总工会开展2021年“西藏五一劳动奖章”和“西藏工人先锋号”评选工作，并成功推荐“西藏五一劳动奖章”候选人1人。大力弘扬劳动精神、劳模精神和工匠精神。深入背崩乡小学开展“学习传承劳模精神，强边固边从我做起”劳模进校园宣讲活动，引导青少年培植爱国主义情怀，从小树立争当“神圣国土守护者，幸福家园建设者”思想意识。并深入挖掘劳模和先进工作者事迹，通过展板宣传等形式宣传劳模故事，弘扬劳模精神。

【自身建设】 年初，县总工会以县委巡察一组反馈15项问题整改为契机，全面梳理县总工会各项工作，建立完善《墨脱县总工会贯彻落实“三重一大”事项集体决策制度的实施办法》《墨脱县总工会经费审查委员会工作制度》等6个制度，通过召开县总工会常委会会议，引导县总工会常委参与工会工作，进一步推动工会工作不断实现科学化、规范化和制度化；建立县总工会常委会学习制度、县总工会办公室学习制度和“工会干部讲业务”活动，定期不定期组织县总工会常委会成员和县总工会干部学习，促使其不断掌握上级文件精神和业务政策法规，提高业务素质，保证工作质量。全年共组织县总工会常委会学习12次、组织县总工会办公室学习20次、开展业务培训3场次，117人次参加，开展“工会干部讲业务”活动2次。适时召开工作推进会议，确保县总工会各项工作扎实有序开展，2021年，共开展重点工作推进会议2场次。

【墨脱县四届三次工会全委（扩大）会议】 4月14日，墨脱县四届三次工会全委（扩大）会议举行，按照民主程序，完成工会主席补选等工作，总结2020年工作，对2021年工作进行部署。

【组织机构负责人名录】
主席
　　梅朵措姆（女，门巴族）
四级主任科员
　　欧珠曲措（女，藏族）

共青团墨脱县委员会

【概　况】 2021年，共青团墨脱县委员会（以下简称“团县委”）在县委、县人民政府和上级团委的领导和支持下，学习贯彻习近平新时代中国特色社会主义思想，立足共青团工作职能，围绕县委、县人民政府中心任务，在组织青年、引领青年、服务青年等方面，创新工作方式，团结带领广大青年，为墨脱县经济社会可持续发展作出应有贡献。

截至年末，全县共有下级共青团组织71个，其中下属团委9个，团工委1个，团支部61个，共有团员957名，全年新发展团员 49 名。

【思想教育】 2021 年，团县委坚持用习近平新时代中国特色社会主义思想教育引导青年，深化青少年思想政治引领和价值引领工作。常态化学习习近平新时代中国特色社会主义思想与习近平总书记系列重要讲话精神，通过集中学习、团课、队课、主题团队日、“青年大学习”等多种形式，深化青少年思想政治引领。全县各级团组织依托党组织开展党史学习教育 78 次，受教育青年 3468 人次，其中，共青团西藏自治区委员会宣讲团到墨脱县开展党史宣讲 3 场次；组织团员青年开展“我为群众办实事”实践活动 100 余次，解决群众实际困难 20 个；开展“林芝青年说之讲党史故事”，收集视频故事 10 个。

【共青团墨脱县第六届二次全体委员会议召开】 6 月 15 日，共青团墨脱县第六届二次全体委员会议召开，审议通过《共青团墨脱县六届二次全委会关于六届委员、常委委员卸职递补确认案（草案）》《共青团墨脱县委六届二次全委会工作报告》，听取各级团委书记述职报告，并对今后墨脱县共青团事业发展进行交流研讨。

【少先队墨脱县第一次代表大会召开】 年内，团县委围绕《中共中央关于全面加强新时代少先队工作的意见》，强化党建带团建、队建工作，规范成立各学校少先队工作委员会和共青团墨脱县教育工作委员会，并经中共墨脱县委、市少先队工作委员会同意，11 月 20 日，中国少年先锋队墨脱县第一次代表大会召开。对前一阶段全县少先队工作进行总结，对下一阶段全县少先队工作进行安排部署。

11 月 20 日，中国少年先锋队墨脱县第一次代表大会第一次全体会议召开
（共青团墨脱县委员会 / 提供）

【共青团改革】 共青团改革概况 2021 年 6 月，共青团墨脱县委员会被确定为全国共青团基层组织改革试点，墨脱县委、县人民政府第一时间成立以县委书记为组长的共青团基层组织改革试点工作领导小组，制定改革试点工作方案，在顶层设计、组织力量、经费保障等方面给予强大支持，团县委紧紧围绕改革目标任务，在党建带团建的高位引领下，推进县域基层共青团改革走深走实，基层团组织凝聚力、引领力显著增强，团员身份认同感、荣誉感逐步提高，共青团整体工作更上新台阶。

多渠道充实共青团工作骨干 年内，制定《关于配备挂职、兼职副书记的实施方案》，从全县范围内选任优秀青年挂职团县委副书记，选任县教育局分管少先队工作的副局长兼职团县委副书记。

乡（镇）、村两级团组织换届工作 年内，通过县、乡（镇）换届，所有建制村如期完成团支部换届选举工作，村团支部书记均由村“两委”班子年轻干部担任，7 乡 1 镇团委全部完成换届选举工作，团组织书记由党委班子成员兼任，确保党团工作齐抓共管。

新任团干部能力素质培训 年内，团县委依托县委党校，组织新任村级团支部书记开展政治教育、党史学习教育、民族团结、业务能力等方面培训，并达到全覆盖。

规范团员发展管理 团组织“三会两制一课”制度不断完善和规范化，2021 年累计新发展团员 49 人，其中县中学发展团员 30 人，各建制村发展团员 19 人，累计收缴团费 3939.56 元。

进一步扩大团组织覆盖面　年内，在中共墨脱县委“两新”工委帮助支持下，成立林芝墨脱茶业有限公司团支部，团组织建设覆盖面不断扩大。

制定印发《墨脱县贯彻实施〈西藏自治区中长期青年发展规划（2018—2025 年）〉重点工作及任务分工》　形成党委领导、政府主责、共青团协调、各方齐抓共管青年事务的协调工作机制，推动《西藏自治区中长期青年发展规划（2018—2025 年）〉重点工作及任务分工》在墨脱县落实。

【预防青少年违法犯罪】“青春与法同行”系列普法宣传活动　团县委联合县预防青少年违法犯罪工作领导小组各成员单位开展 2021 年“青春与法同行”系列普法宣传活动，积极参与“3 月综治宣传月”“6 月综治宣传周”“6·26”国际禁毒日、“9·16”平安西藏宣传日、“宪法宣传周”等普法宣传活动，通过公开课巡回宣讲、制作发放法治教育学习资料、青少年普法抽样调查、网络普法宣传和法律知识竞赛等多种形式，深入各中小学，重点宣传《中华人民共和国宪法》《中华人民共和国未成年人保护法》《中华人民共和国治安管理处罚法》《中华人民共和国预防未成年人犯罪法》等相关法律法规的宣传，培养全县广大青少年群体的法律意识和法治素养，推动平安校园、法治校园建设。

强化警示教育　年内，团县委在开展青少年法治宣传工作中坚持把反面教材与正面教育相结合，加强以案释法，依托县人民法院法治教育基地，开展模拟法庭，鼓励学生积极参与活动现场，体验真实感受，教育引导青少年学生时刻用法律来保护自己，加强自我保护意识，自觉抵制违法犯罪的行为。

完善青少年权益保障机制　年内，团县委联合县人民检察院、县人民法院、县公安局、县民政局，制定《关于在办理未成年人刑事案件中推行合适成年人到场的工作制度（试行）》。

【爱心助学】 2021 年，团县委广泛动员各单位及社会人士奉献爱心、发扬美德，积极为各中小学捐赠相关学习用品，全面动员社会各界人士关注关爱经济困难家庭青少年学生，截至年末，及时兑现国务院国资委党费专项资助西藏贫困学生助学金、中国农业银行“金穗圆梦”深度贫困地区大学生助学活动和“中国茅台·国之栋梁”希望工程圆梦行动大型公益助学活动资助工作，合计兑现助学金 8 万元；积极为帮辛乡疾病困扰青少年罗布卓玛争取到“向阳花”少儿医疗救助基金 7000 元；开展“民族团结　助学扶贫”行动，成功牵线内地爱心人士与 130 名墨脱县经济困难家庭学生结对帮扶，本年度共发放助学金 19.2 万余元。

【创新创业】 2021 年，团县委积极协助县人力资源和社会保障局开展技能培训、转移就业与高校毕业生创业补贴发放工作，根据全县 2021 年应届高校毕业生 159 人的情况，开发就业岗位 232 个，举办高校毕业生专场招聘会，参与高校毕业生 80 人，51 人现场签订就业意向协议，最终实现应届高校毕业生初次就业 158 人，就业率 99.37%。

【评优评先】 2021 年，团县委大力开展各级评优评先工作。其中，背崩乡小学少先队大队获得“全国优秀少先队集体”荣誉称号，德兴乡杨帆获“西藏自治区优秀共青团员”，甘登乡人民政府、县人民医院罗布占堆等 10 家单位和个人荣获市级荣誉。团县委利用“墨脱共青团”微信公众号，先后发布 13 位青年榜样事迹，充分发挥青年榜样的示范引领作用，在全县营造向上向善正能量。

【志愿服务】 2021 年，成立墨脱县青年志愿者协会，进一步整合西部计划志愿者、德吉社工协会、白玛岗支教服务队、青年创业协会等资源，建立健全志愿服务体系，优化志愿服务项目。各级团组织利用春节和藏历新年、雷锋月、“五四”青年节、文化旅游节、春耕农忙等时间节点，积极组织开展生态环境保护、乡村振兴、扶贫助困、支教助学、大型活动宣传服务等为民办实事活动共 100 余场次，覆盖青少年达 3000 余人。

【特色活动】 凝聚青年参与巡边固边活动　1 月 16 日，共青团墨

5月1日，墨脱县青年志愿者协会开展“美丽中国　青春行动——保护雅鲁藏布江　墨脱青年在行动”志愿服务活动　（共青团墨脱县委员会/提供）

12月19日，墨脱县成立巡边路上的团支部　（共青团墨脱县委员会/提供）

脱县委与华能西藏雅鲁藏布江水电开发投资有限公司团委签订旨在发挥青年在守边固边强边中作用的共建协议，5月24日，组织背崩乡西让村、江新村共青团员联合开展“让团旗飘扬在巡边路上”主题团日活动，以西让村、江新村为点，主题为“神圣国土守护者　幸福家园建设者”的墨脱县守边固边青年志愿巡逻队正式成立。12月19日，墨脱县创新成立3个巡边路上的团支部，共有团员59人，推动团员青年们争做神圣国土守护者、幸福家园建设者，为守边固边兴边贡献青春力量。

举办青年歌手大赛　为庆祝中国共产党成立100周年暨西藏和平解放70周年、“五四”运动102周年，5月4日，团县委成功举办墨脱县“唱响墨脱”莲花杯青年歌手大赛。

“红领巾心向党”主题寻访活动　在3月、6月分别组织各级少先队工作委员会开展以“家乡墨脱换新颜　党的恩情记心间”“重走墨脱路　感受老墨脱精神”等为主题的“红领巾心向党”寻访全国脱贫攻坚先进集体、墨脱戍边模范营、爱国戍边红色教育基地、老党员等各类活动13场次，其中受教育少先队员达500余人次。

组织开展“学党史办实事——护苗行动”　11月24日，由团县委、县幼儿园、县青年志愿者协会合作开展的“学党史办实事——护苗行动”开始招募志愿者，于11月29日（周一）正式启动，12月24日结束，共组织开展17次“护苗”行动，参与志愿者共计150余人次，累计看护学生共计4000余人次。

“小小石榴籽　殷殷中华情”主题队日活动　为进一步厚植爱国情怀，赓续红色血脉，在广大少先队员中铸牢中华民族共同体意识，墨脱县各家学校根据自治区教育厅《关于在全区各级各类学校开展“小小石榴籽　殷殷中华情”教育活动的通知》要求，于9月相继开展“小小石榴籽　殷殷中华情”开学第一堂主题队日活动。各学校的主题队日活动以多样化的内容形式展开，开展“小小石榴籽　殷殷中华情”主题班队会；观看“请党放心　强国有我”队课视频；开展同唱一首歌颂党、歌颂祖国歌曲活动；开展“民族团结故事我来讲”活动和朗诵活动。

【组织机构负责人名录】

团县委书记

肖 莉 莎（女）

四级主任科员

白玛曲珍（女，门巴族）

团县委挂职副书记

张 文 清（12月任）

团县委兼职副书记

闫　　强（12月任）

墨脱县妇女联合会

【概　况】 2021年，墨脱县共有妇女组织61个，其中县妇联1个、7乡1镇妇女组织8个、村（居）妇女委员会45个、其他妇女委员会7个，全县45个村（居）妇女主席进村“两委”班子达100%。

【妇联换届】 1月中下旬，墨脱县启动村级妇联换届工作，2月初，完成全县45个村（居）妇联组织换届任务，选举产生221名村级执委：45名主席、84名副主席（其中46名专职副主席、38名兼职副主席）、委员92名。村级妇联换届完成后，乡（镇）级妇联换届选举工作拉开帷幕。至7月中旬，全县7乡1（镇）妇联组织换届选举工作如期完成，选举产生执委46名，妇联主席8名，专职副主席9名、兼职副主席5名，委员24名。此次新提拔任用的妇女干部年龄大多在35岁以内，年轻化趋势明显。高中及以上学历49人，中共党员119人，致富带头人4人。更多来自基层和各个领域的优秀妇女加入妇联，全县基层妇联工作力量得到充实。

【就业帮扶】 年内，县妇联联合县人力资源和社会保障局组织679名妇女分别在县内参加舞蹈、“门珞宴”厨师、中餐烹调师、护林员培训、网络主播、客房服务员等技能培训。农牧民转移就业妇女1628人，妇女增收858.9万元；28名女性高校毕业生申请创业启动资金，金额达168万元。7月中下旬，县妇联主席米玛曲珍带领10余名新任村妇联主席赴林芝市巴宜区、米林县和工布江达县参观交流学习，学习民宿运营经验、“妇字号”项目运营情况、“妇女之家”和“儿童之家”发挥作用情况、花卉种植技术等。11月17—19日，县委党校、县总工会、县妇联联合举办墨脱县女性领导干部培训班，44名女性领导干部、业务能手参加。11月23—24日，县委党校、县妇联联合举办墨脱县基层妇联领头雁培训班，42名基层妇联执委参加培训。

【维护妇女儿童权益】 年初，县妇联订制4900余册的普法宣传册和宣传纪念品，价值31340元。在第111个“三八”国际劳动妇女节来临之际，墨脱县组织开展“巾帼心向党　奋斗新征程”“三八”维权周普法活动。6月11日，联合相关单位深入格当乡开展“迎建党百年　送文艺　送法律”主题活动；10月22日，联合相关单位深入墨脱镇墨脱村开展“反家庭暴力　维护妇女儿童合法权益”宣传活动；11月12日，联合相关单位深入县完全小学开展“法治进校园　普法助成长”普法知识竞赛活动。12月23日，林芝市巾帼宣讲团、墨脱县巾帼宣讲团深入墨脱县中学开展“春

3月8日，在第111个“三八”国际劳动妇女节到来之际，县委副书记、县人民政府县长魏长旗（前排右二）参加“巾帼心向党，奋斗新征程”暨“三八”维权周普法宣传活动

（县妇联/提供）

蕾计划——佑未来护成长”关爱女童活动，深入墨脱镇亚东村开展中共十九届六中全会和中国共产党西藏自治区第十次代表大会精神宣讲活动。全年共开展宣传活动21次，悬挂横幅4条、发放宣传资料1650余册（发放印有宣传标语的环保袋、指甲剪、中性笔、围裙约550份）、受教育群众达1672人。

9月30日，县妇联组织巾帼志愿者开展“巾帼同心向党　礼赞祖国华诞”绣国旗活动
（县妇联/提供）

【文明创建】 2月，墨脱镇墨脱村罗布央宗被授予全国“三八”红旗手称号；5月，墨脱镇墨脱村才旦卓玛被授予林芝市第一届“十大致富女能手”称号；5月，帮辛乡根登村次吉家庭被授予“林芝市五好文明家庭”荣誉，同月，次吉家庭被授予2021年西藏自治区“最美家庭”荣誉。12月，帮辛乡根登村央宗被授予“全国妇联系统劳动模范”荣誉称号。

【志愿服务】 2021年，全县各级妇联组织巾帼志愿服务活动达400余次，共1000余人参加，服务群众达8000余人次。为全县维护社会稳定、乡村振兴、法制建设、经济发展、生态环境、扶弱助困、美德传承等作出贡献。3月5日，墨脱县组织巾帼志愿者开展“学习雷锋好榜样”公益行活动，特邀理发师深入德兴乡德兴村为老人、学生、幼童进行公益理发，向群众捐赠雨伞、发放指甲剪套装、环保袋、围裙等生活用品。在“3·28”西藏百万农奴解放纪念日到来之际，背崩乡背崩村、江新村妇联组织巾帼志愿者开展“清洁家园　美化环境”活动，背崩村、阿仓村、巴登村、江新村等村妇联组织开展“争做新时代女性”宣讲宣传活动。7月，墨脱县组织巾帼志愿者开展林芝市第二十六个党风廉政建设宣传月宣传活动，到群众家中入户讲解廉政建设相关知识、发放廉政宣传单。为献礼中华人民共和国成立72周年，9月30日，县妇联组织巾帼志愿者开展“巾帼同心向党　礼赞祖国华诞”绣国旗活动，为8个党支部送去分别绣有党徽、国旗图样、“巾帼心向党”字样绣品。

【“两规”工作】 6月下旬，由自治区教育厅二级巡视员胡志国带队的一行15人“两规”评估组到墨脱县，根据“十三五”规划期间《墨脱县妇女发展规划（2016—2020年）》和《墨脱县儿童发展规划（2016—2020年）》，实地查看县完全小学等5个单位，通过入户访谈、听取汇报、查阅资料等方式对工作开展情况进行评估，墨脱县如期通过验收。

【节日活动】 “三八”国际劳动妇女节期间，县妇联组织开展“巾帼心向党·奋斗新征程”系列活动，全县各级妇联共开展走访慰问活动32次，慰问31个集体，优秀妇女代表、优秀执委、优秀母亲、患重病妇女、困难妇女达79人，发放慰问金5.73万元。县人民医院妇女委员会为干部职工普及“两癌”知识讲座1次、39人参加。3月，组织全县妇女开展党史学习教育和“三更”专题教育学习活动达10余次、150人参加，举行以“学史、颂史”为主要内容的知识竞赛2次、50余人参加。5月，在母亲节前夕，县妇联开展“深情五月天　感恩母亲节”慰问活动，慰问各乡（镇）推选的8名80岁以上优秀母亲，并送上价值3600元的慰问品；母亲节当天，联合团县委、背崩乡妇联开展“五月康乃馨　爱心献母亲”活动，设置亲子互动、送妈妈礼物、为妈妈洗脚等环节，活动共产生经费11372元。“六一”国际儿童节，县妇联工作人员前往达木珞巴民族乡贡日村开展“欢度六一　情暖童心”送温暖活动，之后到县幼儿园参加“童心欢度六一　共庆建党百年”活动，共爱心帮扶慰问22名经济困难家庭儿童，慰问品价值约3886元。年内，中国儿童少年基金会和中国人寿慈善基金会共同发起2021年“春蕾计划——佑未来　护成长”女童关爱行动，县妇联为格当乡、帮辛乡、达木珞巴民族乡和甘登乡小学申请到女童关爱礼包250套。8月，在“八一”建军节来临之际，县妇联集中慰问10名军嫂，慰问金达5000元。为喜迎中秋节，县妇联联合格当乡、格当乡德吉村两级妇联组织开展“幸福德吉　爱在中秋　家的味道”为主题的中秋节妇女厨艺技能大赛。9月，县妇联组织开展“九九重阳节　浓浓敬老情”尊老敬老活动，为老人们送去价值7000元的慰问品。9月23日，县妇联联合墨脱县完全小学共同开展“家庭开放日活动”，让家长走进学校，真实、全面、近距离感受孩子学习、生活情况。

【边境研学交流】　10月12—14日，西藏自治区妇联党组书记周世英，自治区妇联党组成员、一级巡视员张莉蓉，自治区妇联发展部部长叶红梅，山南市妇联党组书记、主席马玉玲，林芝市妇联党组副书记、主席晓红及山南市隆子县玉麦乡妇女群众等组成的研学组一行54人在墨脱县开展边境研学交流。研学组到德兴乡党性教育基地、背崩乡地东村、拉贡茶厂等开展交流学习，在党性教育基地山南市隆子县玉麦乡妇女群众留下“戍边有巾帼　请党放心”寄语。

【组织机构负责人名录】

县妇联主席

米玛曲珍（女，藏族）

县妇联四级主任科员

周　　婵（女）

墨脱县工商业联合会

【概　况】　2021年，墨脱县工商业联合会（以下简称“县工商联”）坚持围绕“四会”（政治建会，团结立会，服务兴会，改革强会）建设，坚持团结、服务、引导、教育的方针，围绕中心服务大局，牢牢把握“两个健康”主题，开拓创新，扎实工作，团结凝聚引导非公经济人士创业创新，科学发展，和谐发展，为促进全县非公经济健康发展和非公经济人士健康成长发挥积极作用。截至年末，县工商联有会员41户，其中企业会员29户，个体工商户会员12人。设有兼职副主席5人、执委会成员21人，会员中共有市人大代表1人，市政协委员1人，墨脱县政协委员2人。

【非公党建】　2021年，县工商联党支部发挥“两个责任”，积极配合中共墨脱县委“两新”工委开展党建工作，全年联合非公经济党支部开展学习教育6次，非公经济党支部开展主题党日活动3次。积极主动与非公经济党支部、酒店建筑行业党支部、林芝墨脱茶业有限公司党支部进行经常性、广泛性交流交往，以党史学习教育为核心，以中共十九届六中全会精神、习近平新时代中

8月10日，县工商联组织非公企业负责人学习习近平总书记“七一”重要讲话精神

（县工商联/提供）

国特色社会主义思想、习近平总书记“七一”重要讲话精神指导党史学习教育，宣传党的路线、方针、政策和上级有关重要文件精神，引导非公有制企业党员自觉树立和践行社会主义核心价值观。

【民营经济】 2021年，县工商联持续开展政策、法律法规进企业活动，深化宣传教育，提高会员素质。3月26日，县工商联与县税务局联合开展“政策进企业”宣传活动，宣传减税降费优惠政策、企业缴税相关程序、个人所得税缴纳情况及中共十八大召开以来的税费改革相关政策，县工商联向会员发放《关于实施小微企业普惠性税收减免政策的通知》《企业所得税》《墨脱县招商引资优惠政策》《税收优惠政策汇编》《关于企业、个体工商户和农牧民专业合作社年报报送有关事项的公告》等优惠政策宣传单；积极参加5月28日民法典集中宣传活动、6月15日防范非法集资宣传活动及9月22日民族团结进步宣传活动，通过现场讲解、发放宣传资料、走访个体工商户等形式强化宣传效果。发放宣传手册120份，受教育群众达200人次。6月7日，县工商联、县税务局、中国农业银行墨脱县支行联合开展“政税银互动添新力 便民助企办实事”主题政税银知识普及微沙龙活动，围绕纳税e贷、抵押e贷、续捷e贷、简式贷、微捷贷、守护e贷、商户e贷及助农惠农等产品进行普及教育，提升会员企业、个体工商户的金融知识素养；县税务局业务骨干进行税务知识讲解，重点介绍新冠肺炎疫情暴发以后国家针对小微企业及个体工商户的最新税务优惠政策。7月14日，县工商联（商会）、县税务局联合开展“春雨润苗”专项行动座谈会，邀请30余家会员企业、个体工商户负责人和财务人员座谈交流，发放《雪域惠苗 税收政策进万家》宣传资料，讲解财政部、国家税务总局相关文件规定、《西藏自治区人民政府关于印发西藏自治区招商引资优惠政策若干规定的通知》第二章税收政策第四条规定内容。8月10日，组织非公经济人士集中学习习近平总书记在庆祝中国共产党成立100周年大会上的重要讲话，非公经济人士共18人参加。11月18日，县工商联组织非公经济人士共22人开展专题教育学习会，传达学习《中国共产党第十九届中央委员会第六次全体会议公报》《中共中央关于党的百年奋斗重大成就和历史经验的决议》《习近平总书记在西藏考察时重要讲话》、中国共产党林芝市第二次代表大会精神、林芝市第二届人民代表大会第一次会议精神和中国人民政治协商会议第一届林芝市委员会常务委员会工作报告精神。

【成立墨脱县商会】 5月25日，墨脱县商会成立大会暨第一次会员代表大会召开，参会代表应到49人，实到45人。会议审议通过《墨脱县商会章程（草案）》《墨脱县商会第一次会员代表大会选举办法（草案）》，选举产生墨脱县商会会长1名，副会长、秘书长1名，兼职副会长5名。

【成功申报全国“五好”工商联】 9月7日，县工商联向市工商联提交全国“五好”县级工商联申报材料。12月27日，中华全国

5月25日，墨脱县商会成立暨第一次代表大会召开 （县工商联/提供）

工商业联合会办公厅《关于确认2020—2021年度全国“五好”县级工商联的通报》发布，确认墨脱县工商业联合会为2020—2021年度全国“五好”县级工商联。

【推动非公企业履行社会责任】 2021年，县工商联积极倡导非公经济人士“致富思源、回报社会”理念，引导非公经济人士积极履行社会责任，搭建非公企业与群众之间的沟通桥梁。1月30日，墨脱县工商业联合会主席桑布次仁、墨脱县圣地莲花生物科技有限公司董事长次旦扎西到背崩乡德尔贡村开展春节、藏历新年节前慰问活动。了解德尔贡村建档立卡脱贫户生活情况，次旦扎西为7户建档立卡脱贫户送上1000元/户的暖心慰问金，并为7户人家送上价值4600元的物资慰问，共1.16万元。5月13日，会员企业西藏林芝墨脱县白玛岗商品混凝土有限公司总经理才旺多吉组织开展“五一劳动节　不忘劳动人民”活动，为县环卫工人采购价值4000余元的雨靴、雨衣等劳保用品。个体工商户会员墨脱县唐家园自营家庭宾馆法定代表人唐斌到墨脱县完全小学亲切看望慰问经济困难家庭学生，为他们送去“六一”国际儿童节的祝福和慰问品，共慰问学生18人，每人慰问500元，合计9000元；慰问学校1000元，共计1万元。7月12日，会员企业墨脱县白玛岗商品混凝土有限公司总经理才旺多吉采购短袖衬衣、凉鞋、睡衣睡裤、篮球、藏文书法笔及墨水等价值2万元的物资，带领部分员工前往偏远的“上三乡”（帮辛乡、加热萨乡、甘登乡）看望边远山区的经济困难家庭学生。开展“学党史　忆党恩　祭英烈”主题党日活动，县工商联联合非公经济人士在背崩乡烈士陵园烈士纪念碑前，全体党员佩戴党徽，奏唱国歌，依次开展向烈士默哀、向烈士敬献鲜花等活动。随后，开展清洁卫生志愿服务活动，清理烈士陵园至背崩乡雅鲁藏布母亲广场路边垃圾，同时在返回墨脱县城路途中清理沿途的垃圾。年内，县工商联组织会员企业积极支持墨脱县“爱国强边”杯足球友谊赛，捐献活动资金31.45万元。

【对外交往】 2021年，县工商联对接佛山市工商联，争取办公经费10万元；县工商联详细掌握墨脱县在校大学生10人、未就业毕业大学生5人等帮扶对象家庭情况、经济来源、子女就业、困难原因和面临的实际困难等情况，对接林芝市福建商会开展“一对一”大学生结对帮扶工作。年内，林芝市工商联与广东省工商联对接，下拨县工商联改善基层工商联办公条件专项资金50万元。

【配合上级调研】 10月20日，林芝市工商联党组副书记、主席格桑卓嘎率调研组到墨脱县调研基层工商联、非公企业、经济困难家庭大学生帮扶等工作，在县工商联召开座谈会，听取县工商联工作汇报，林芝市福建商会向县工商联送上2000元慰问金。之后调研组一行深入2家企业、1家个体工商户就企业基本情况、安全生产、发展历程、党建情况、销售情况、经济收入及企业发展过程中存在的困难和问题等进行调研。并到高校未就业大学毕业生及在读大学生帮扶对象家中开展结对帮扶摸底调研。县人民政府副县长顿珠次仁、县工商联主席桑布次仁陪同调研。

【组织机构负责人名录】

主席

桑布次仁（藏族）

副主席

白　　珍（女，藏族）

四级主任科员

李 仁 阳

墨脱县残疾人联合会

【概　况】 2021年，县残疾人联合会（以下简称“县残联”）在县委、县人民政府的领导和林芝市残联的指导下，本着提供残疾人康复服务，帮助残疾人提高生活能力和自理能力，充分发挥残联“代表、管理、服务”职能作用，全心全意为残疾人服务，让党和政府的残疾人扶持政策落地生根。截至年末，全县持有第二代残疾人证419人，其中重度残疾人142人。

【残疾人证办理】 2021年，按照“应办尽办、应退尽退”原则，全县新办理第二代残疾人证25人，变更14人，到期换证17人，补办

8人，死亡注销6人，康复2人。

【残疾人民生保障资金发放】 2021年，县残联对长期需要照护的居家残疾人和因机动燃油车等产生额外支出的残疾人进行认真摸底统计。兑现机动燃油车补贴30人，补贴资金共计1.14万元（其中无劳动力残疾人20人，补贴资金共计7600元）。为无劳动力残疾人9人兑现“阳光家园”居家托养补贴1.35万元。兑现困难残疾人家庭无障碍改造资金3.5万元，受益人数10人。

“三大节日”期间，县残联慰问优秀残疾人5人，慰问金共计2500元，慰问困难残疾人35人，慰问金1.05万元。自治区残联慰问墨脱县困难残疾人2人，慰问金共计2000元。

2021年，县残联根据《关于对建立困难残疾人生活补贴和重度残疾人护理补贴制度的实施意见相关政策调整的通知》精神，调整2021年残疾人“两项补贴”资金享受范围和发放时间，按月发放残疾人“两项补贴”，全年发放残疾人“两项补贴”资金83.6万元（其中困难残疾人发放生活补助39.38万元；重度残疾人发放护理补贴44.22万元）。对残疾人领取对象实行动态管理，加强资金审核，确保资金发放的时效性、准确性和规范性。年内，完成2019—2021年全国残疾人“两项补贴”信息系统信息录入工作。

【残疾人康复服务】 2021年，县残联将帮助残疾人提高生活自理能力和自力能力作为服务残疾人工作重点。按照各乡（镇）上报辅助器具需求，购买残疾人辅助器具共325台（副、件），投入资金123190元。各乡（镇）积极为有需求的残疾人适配辅助器具，已适配助听器、坐便器、放大弱视镜、轮椅、手动轮椅、训练坐垫、单拐、防褥疮坐垫、儿童裸足矫形器等辅助器具共计70余件，并详细讲解使用方法和注意事项，保证残疾人安全使用产品。年内，县残联为3名困难儿童兑现康复训练和手术救助资金共计4.14万元。

【“全国助残日”活动】 5月16日，以第三十一个“全国助残日”为契机，县残联围绕“巩固残疾人脱贫成果，提高残疾人生活质量”主题，组织开展丰富多彩的宣传活动。持续宣传残疾人扶持政策，发放各类《中华人民共和国残疾人权益保障法》等相关政策宣传材料，共发放宣传册150余册，通过微信朋友圈、微信群，累计转发残疾人保健知识10条，悬挂“全国助残日”宣传横幅2条。开展免费发放适配辅助器具活动。分配给各乡（镇）残疾人辅助器具产品总计20种、218台（副、件），各乡（镇）向有需求的残疾人适配辅助器具共计70余件。各乡（镇）分管残疾人事业的乡（镇）领导带队前往各村，走进各村困难残疾人家庭和重度残疾人家庭开展谈心谈话活动，了解残疾人近期生活状况，与其深入交流，宣传残疾人扶持政策，保证对他们提出的问题做到件件有着落、事事有回音。开展上门办理第二代残疾人证服务活动。为深入开展落实党史学习教育“我为群众办实事”实践活动，深入开展“学跟听”教育活动。县残联联合县人民医院残疾等级评定医师前往县特困人员集中供养服务中心，免费为残疾老人检查听力、视

5月14日，县残联人工作人员为各乡（镇）分发残疾人辅助器具现场

（县残联/提供）

力是否有变更情况，经评定医生检查结果确定，等级降低2人，加重1人，当场为达到评定残疾人标准的3名老人评定残疾等级、类别。年内，各乡（镇）卫生院医务人员持续开展为残疾人测量血压并发放免费常规药品活动。

【残疾人就业创业服务】 2020年末，县人民政府下发《关于按比例安置残疾人就业的通知》。2021年，县残联根据文件精神，搭建用人单位与残疾人求职者双向交流平台，促进全县残疾人充分就业，把有就业意愿的残疾人推荐给用人单位，将各单位用工需求信息反馈给有就业意愿的残疾人，全年全县残疾人就业10人。年内，根据市残联关于申报"大众创业、万众创新"残疾人创业扶持人员的通知要求，县残联积极申报墨脱县符合创业扶持对象条件，且能够带动更多残疾人实现就业的个体或私营企业残疾人创业者。申报"大众创业、万众创新"残疾人创业扶持人员1人，并获得2万元扶持资金，已足额兑现。

截至2021年末，县残疾人康复中心基本竣工　（县残联/提供）

【残协专职委员培训】 5月13—17日，县残联在格拉丹东大酒店举办残疾人协会专职委员培训班，县人民政府副县长顿珠次仁参加培训班开班仪式并作动员讲话，有8个乡（镇）的30名村（社区）残疾人协会专职委员参加培训。通过培训，使各乡（镇）残疾人协会专职委员认清自己的工作职责，掌握残疾人扶持政策、残疾人相关保障法及辅助器具的正确使用方法。

【残疾人康复中心建设】 4月19日，墨脱县残疾人康复中心基础服务能力提升项目开工建设，总投资460万元，其中60万元用于购置相关设备，截至年末，项目已基本完成。

（次仁桑培）

【组织机构负责人名录】

理事长

次仁桑培（藏族，5月任）

四级主任科员

次仁拉姆（门巴族，9月任）

法　治

3 月 29 日，在政法队伍教育整顿大接访活动中，检察干警向群众解答法律疑问　　（县人民检察院 / 提供）

政法委与综治

【工作会议】 按照《中国共产党政法工作条例》和《中共墨脱县委员会政法委员会委员及乡（镇）政法委员述职暨政法机关政法工作评议制度》规定，年初，县委政法委员会组织召开中共墨脱县委政法委员会委员及各乡（镇）政法委员述职会议，听取每名委员年度工作情况述职，分析存在的困难和短板，对下一阶段重点工作进行安排部署。

2月25日，县委政法委员会牵头组织政法系统不同民族联姻的干部职工及家属，举办以“民族团结一家亲·让民族交往交流交融形成的爱洒满中华大地”为主题的墨脱县政法系统民族联姻故事座谈会，促进各民族交往交流交融。全县政法系统包括汉族、藏族、门巴族、珞巴族、苗族、彝族在内的6个民族28名干部职工及家属参加座谈会。

4月13日，组织召开2021年县委政法工作会议暨平安墨脱建设工作会议，深入传达贯彻习近平总书记对政法工作的重要指示批示精神和中共中央、自治区党委、市委政法工作会议精神及市委平安林芝建设工作会议精神，全面总结经验成效，深入分析研判形势，细化部署2021年全县政法工作和平安建设（综治工作）。

8月12—13日，墨脱县2021年平安建设（综治工作）集中培训班举行开班仪式，对各乡（镇）政法委员、综治专干及县委政法委员会在岗干部共计15人进行为期2天的业务培训。

9月29日，召开墨脱县2021年平安建设（综治工作）暨市域社会治理现代化试点工作推进部署会。总结梳理上半年各项工作推进情况，分析研判面临形势，细化部署下阶段重点工作任务，推动进一步全面落实年度平安建设（综治工作）和市域社会治理现代化试点工作。

10月19日，组织召开墨脱县2021年度平安建设（综治工作）考评培训会，共同研究《墨脱县2021年平安建设（综治工作）考评验收及调研督导工作方案》，确定以查、问、看、听相结合的方式进行督导考评。10月20—25日，对平安墨脱建设领导小组各成员单位和各乡（镇）进行督导考评。县委办公室、县人民政府办公室、县司法局、县应急管理局、市国家安全局墨脱站等联合考评督导组人员参加。

【政法队伍教育整顿】 按照全国第一批政法队伍教育整顿部署要求，墨脱县聚焦“学习教育、查纠整改、总结提升”三个环节，扎实开展政法队伍教育整顿工作。成立以县委书记任组长的县政法队伍教育整顿专项领导小组，设立专门办公室，组建工作专班，全县召开动员部署会、转段会、推进会9次，持续推进政法队伍教育整顿工作。坚持政治教育、警示教育、英模教育融合推进，开展学习教育活动280余次，领导干部讲党课11次，签订“对党忠诚、廉洁自律、不信仰宗教不参与宗教活动”承诺书600余份，开展专题研讨35次。坚持自查自纠与组织查处、专项整治同向发力，开展政策宣讲20余次，填写政策告知书156份，开展谈心谈话3轮，填报《自查事项报告表》2轮。召开开门纳谏座谈会9次，开展大走访、大下访、大接访活动21次，收集民情民意35条，开展“我为群众办实事”实践活动104次。

【专项督导整改】 4月20—21日，组长殷明胜率全国政法队伍教育整顿中央第十四督导组西藏小组到墨脱县督导调研全国政法队伍教育整顿工作，听取墨脱县工作汇报。5月30日，中央政法队伍教育整顿第十四督导组（西藏）第二轮下沉督导西藏小组副组长徐永胜一行到墨脱县调研，听取墨脱县工作汇报。6月18日，自治区政法队伍教育整顿第四驻点指导组下沉墨脱县政法委员会检查指导全县政法队伍教育整顿工作。年内，墨脱县迎接中央第十四督导组督导2次、自治区驻点指导组指导3次、自治区交叉督导组督导1次、市政法队伍教育整顿工作领导小组办公室督导组3次，全面完成督导反馈问题整改落实，实现政法队伍教育整顿工作总体目标。

【法治墨脱建设】 2021年，县法学会结合墨脱县实际，制定《2021年“百名法学家 百场报告会”法治宣讲活动实施方案》，

4月21日，全国政法队伍教育整顿中央第十四督导组西藏小组组长殷明胜（前排左一）一行到墨脱县督导调研，听取墨脱县政法队伍教育整顿工作汇报

（县委政法委员会/提供）

并精心组织，积极协调，举办县级领导干部集体学习活动1场次、举办领导干部宣讲报告会2场次、在政法系统领域面向科级以上干警举办法治专题辅导课1场次、在教育领域面向中小学校师生举办法治宣讲报告会4场次、在宗教领域面向僧人举办爱国守法法治宣讲报告会3场次。年内，组织发动全县6个县法学会会员单位、32名个人会员，积极参与法治宣传和法律研究，开展“2021年青年普法志愿者法治文化基层行”活动，择优上报法治论坛征文3篇。县扫黑除恶斗争领导小组办公室全面总结梳理三年扫黑除恶专项斗争工作成效，认真落实常态化部署要求，制定常态化扫黑除恶任务方案，持续深入开展线索搜集、“断血断勾联”专项行动、“10+1”重点行业领域专项整治等工作，对2起涉恶案件进行倒查，回访实名举报线索当事人7人。年内，县扫黑除恶斗争领导小组办公室荣获“自治区扫黑除恶专项斗争2018—2020先进集体”称号，1人被全国扫黑除恶专项斗争领导小组评为“全国扫黑除恶专项斗争先进工作者”。

【推动平安墨脱建设】 建立健全平安墨脱建设领导小组、市域社会治理组及11个专项组，配齐8名政法委员和22名综治专职干事，层层压实工作责任。全县各级各部门勠力同心，齐抓共管，共同努力推进平安墨脱建设取得新成绩。

强化社会治安防控 全年开展治安大清查大整治行动25次，整治治安隐患34处；开展县级领导坐班接访116场次，登记办理群众信访事项20件，排查化解矛盾纠纷152起；开展安全检查800余次，排查整治安全隐患506项，下发责令改正通知书120份；对109个重大项目社会稳定风险评估报告进行审查备案，营造平安和谐的社会环境。

强化群防群治 研究制定新时代群防群治工作方案，建立专职群防群治队伍2646人，兼职群防群治队伍552人，义务群防群治队伍855人，在重点时段开展巡逻防控3000余次，矛盾纠纷排

4月18日，县委常委、政法委员会书记，国家安全委员会办公室主任、公安局局长、督察长高功强（左一）带队前往县城警务站督导检查工作 （县委政法委员会/提供）

查3304次、化解一般纠纷57起，开展安全隐患排查4827次、整治隐患365处，收集社情民意73条，帮教重点人员532人次，进一步夯实基层社会稳定根基。

平安墨脱宣传　年内，组织开展“3月综治宣传月”“6月综治宣传周”“9·16”平安西藏宣传日、“12·4”国家宪法日集中宣传活动，印发宣传资料9800余份，受教育群众达6800余人次，营造共建共治共享的社会治理氛围。

【推动市域社会治理现代化】　年内，墨脱县抓实市域社会治理现代化试点工作，不断完善共建共治共享的社会治理体系。

全面推进综治中心规范化建设和网格化服务管理　完成县级综治中心规范化建设，设立便民服务窗口、群众信访接待室、矛盾纠纷调处室、监控室、分析研判室、网格化指挥室，安排分管领导和工作人员进驻综治中心办公，基本达到人员、经费、场所、设施“四到位”，牌子、标识、制度、程序、台账“五统一”的总体目标要求。以县城4个便民警务站和45个建制村管辖区域为基本网格，将全县划分为49个网格，配备网格长、网格员，加强对网格内人、地、事、物、情、组织的全面管理，实现网格化服务管理全覆盖。

协助推进“雪亮工程”建设和应用　协助施工方完成县级和6个乡（镇）视频联网会议系统建设，并如期投入使用，通过会议系统召开视频调度会议5次。组织乡（镇）、村两级综治干部开展操作使用培训，下载安装和使用林芝综治信息平台手机App，录入林芝市综治信息系统“9+x”数据信息12873条。

学习推广新时代“枫桥经验”　列支9万余元专项经费，在全县8个乡（镇）、45个建制村全面普及推广帮辛乡宗荣村新时代“枫桥经验”试点工作成效，通过政治引领、法治保障、自治强基、德治教化、智治支撑的“五治”融合发展工作举措，有效防范和化解基层社会矛盾，实现“五个进一步”（各族干部群众听党话、跟党走、感党恩的思想基础进一步夯实，依靠法律解决纠纷、维护自身合法权益的意识进一步增强，以群众自己的方式来解决群众内部矛盾问题的能力进一步提升，积极向上的道德新风尚和向上向善的正能量得到进一步弘扬，利用智能化手段预防化解基层矛盾问题的作用进一步凸显）成效。

【“先进双联户”创建】　2021年，墨脱县共划分“双联户”联户单位328个，配备“双联户”户长328名。

扎实开展“10+1”工作任务　年内，全县328个“双联户”联户单位共计开展矛盾纠纷排查3304次、排查化解纠纷57起，开展安全隐患排查4827次、排查整治隐患365处，开展治安巡逻13204次，环境卫生整治4012次，收集社情民意73条，帮教重点人员532次，促进基层社会和谐稳定。

积极拓宽“联户增收”渠道　通过组织发动“双联户”联户群众参与特色茶产业种植管理、发展林下经济等增收致富项目，全年累计实现增收1450余万元，共240个“双联户”联户单位2476户“双联户”参与。

公正评选表彰“先进双联户”　制定印发评选工作方案，严格按照评选程序，评选县级“先进双联户”创建评选工作先进乡（镇）2个、先进村4个、“先进双联户”联户单位4个52户。年内，墨脱县被评为林芝市“先进双联户”创建评选工作先进县（区）。

及时兑现优惠政策　及时协调兑现“双联户”户长补助65.6万元，制作发放年度各级“先进双联户”荣誉证书，安排专人前往拉萨市、巴宜区，为6名市级以上“先进双联户”子女办理公务员考试加分手续。

完成年度考评验收工作　制定印发年度乡（镇）平安建设（综治工作）考评办法、“先进双联户”创建工作考评办法和年度成员单位平安建设（综治工作）考评办法，对各乡（镇）、各成员单位年度平安建设（综治工作）进行考评验收。收集素材制作全县年度平安建设（综治工作）汇报幻灯片和汇报视频，收集汇编年度平安建设（综治工作）考评材料20余册，并按时提交市委平安林芝建设领导小组办公室，接受年度考评验收。2021年，墨脱县平安建设（综治工作）工作名列林芝市各县（区）第二位。

【组织机构负责人名录】

县委常委、政法委员会书记、国家安全委员会办公室主任、公安局局长、督察长、三级高级警长

高功强

常务副书记、一级主任科员

达　穷（藏族，4月任）

副书记

白　玛（女，藏族）

副书记（副科级）

张　茂

二级主任科员

桑杰罗布（门巴族）

四级主任科员

列格卓玛（女，门巴族）

公　安

【概　况】 2021年，墨脱县公安局履行职能，以中国共产党成立100周年和西藏和平解放70周年庆祝维稳安保工作为重点，坚持以实现“五个坚决防止”和“三个确保”为目标，以稳定压倒一切为中心，全力维护社会局势稳定，坚持不懈开展各项严打整治行动，始终保持对违法犯罪活动的高压态势，加强治安防控体系建设，提高控制和管理社会治安的能力，如期完成各项工作任务，为建设“平安墨脱”创造良好的治安环境。

【维护社会稳定】 2021年，嘎隆警务站、贡日警务站合力盘查进出墨脱县人员578088人次，车辆220672辆次，物品657515件次；登记仁青崩寺旅游转山人员20885人次；各敏感时间节点和日常工作中对各部门、派出所、警务站、驻寺点、执勤点手台调度230余次，墨脱平安城市监控巡察445次，自治区、市两级会议保障101次，自治区、市两级共维稳视频调度837次，点名墨脱县128次。

【接处警情况】 2021年，县公安局指挥中心共接处警471起，其中有效警情353起（交通168起、行政23起、刑事9起、纠纷45起、求助65起、灾害4起、投诉7起、自杀3起、盗窃1起、其他28起）。

【刑事案件受理】 2021年，墨脱县公安局共受理各类刑事案件23起，立案19起，不予立案4起（均为未成年人盗窃，未达到刑事责任年龄），抓获犯罪嫌疑人75人，破获案件15起，破案率78.9%。在19起案件中，电信网络诈骗案6起，占2021年总案件的31.6%；普通诈骗案3起，占2021年总案件的15.8%；盗窃2起，占2021年总案件的10.5%；强奸1起，占2021年总案件的0.05%；故意伤害2起，占2021年总案件的10.5%；八大类案件2起（强奸、放火案），占2021年总案件的10.5%。刑事案件发案率逐年增加，其中电信网络诈骗案发案率占比较多，受骗人员大部分为外来务工经商人员及各单位工作人员。

3月19日，县公安局侦破1起盗用他人身份证件、偷越国（边）境的案件；6月10—14日，县公安局破获3起非法买卖枪支弹药案、非法持有枪支弹药案，抓获嫌疑人55人，收缴枪支12支，子弹1014发。11月17日，县人民检察院已经就2起涉枪案件提起公诉。截至年末，剩余1起案件正在办理中。年内，县公安局

2月10日，墨脱县公安局治安大队组织警力对辖区烟花爆竹零售店进行检查（县公安局／提供）

抓捕网上逃犯5名，查获辖区内疑似被拐卖人员1名。

【治安案件受理】 2021年，县公安局共受理治安案件26起。其中赌博案5起，罚款1.61万元，拘留12人，收缴赌资70367元，追缴违法所得400元；卖淫嫖娼3起，行政拘留4人，罚款5000元，追缴违法所得1700元；打架斗殴4起，罚款3400元，行政拘留7人；殴打他人3起，1起移交给刑侦大队，罚款400元；寻衅滋事2起，行政拘留2人，罚款1000元；偷拍军事禁区1起，拘留1人，罚款500元；盗窃案3起，行政拘留3人（1人不执行），罚款1000元，追缴2部手机；违反《民用爆炸物品安全管理条例》1起，罚款5万元；伪造证明文件1起，行政拘留1人，罚款500元；非法携带枪支弹药1起，行政拘留1人，罚款500元；未按规定登记住宿人员信息2起，罚款1000元。

【交通案件受理】 2021年，县公安局交通警察大队查处各类交通违法行为293起；现场教育纠正各类违法行为157起；其中办理行政案件29起，行政拘留17人，罚没款金额82970元，吊销机动车驾驶证6本，办理涉嫌危险驾驶罪刑事案件10起，截至年末，正在办理2起，移送县人民检察院审查起诉8起，涉及公职人员2人。发生道路交通事故182起，均适用简易程序办理，形成案卷13起，其余均通过交管“12123”快速快处办结；一般事故8起，适用一般程序办理。全年墨脱县未发生重特大道路交通事故。

【专项整治、检查】 2021年，县公安局开展治安综合大清查大整治行动26次；开展消防安全检查64次，发现消防隐患20处，督促整改火灾隐患3处，下发责令改正通知书4份，当场整改13处；“护校安园”行动共出动警力65人次，检查学校10家次，发现隐患2处，整改2处；结合“扫黑除恶、打非治乱”专项斗争，深入辖区治安复杂场所开展检查40余次、出动警力150人次、宣传5次，发放宣传材料200余份；深入开展流浪犬捕捉、家养犬只登记办证专项行动，加大宣传力度，要

11月26—27日，墨脱县公安局交通警察大队开展夜查“涉酒驾、醉驾”专项整治行动 （县公安局／提供）

2月28日，墨脱县公安局同步开展“亮剑1号”专项清查行动 （县公安局／提供）

求辖区居民养犬进行登记办证，联系第三方流浪犬捕捉队捕捉流浪犬2批次，截至年末，共捕捉流浪犬539条；深入开展“三电”（电力，电信，广播电视设施）专项整治行动4次，开展集中宣传1次，发放各类宣传物品、宣传单50余份，接受群众咨询20人次；打击拐卖妇女儿童专项行动10次；反假币专项行动6次；打击非法集资专项行动10次；打击传销专项行动6次；严打严重暴力犯罪10次；“三打击一整治”（网络贩枪、电信网络诈骗等新型犯罪和传统盗抢骗犯罪，集中整治地域性职业犯罪重点地区）专项行动10次；开展缉枪治爆20次，收缴枪支1支、枪管1根。

【禁毒工作】 年内，县公安局开展涉毒专项检查21次、易制毒化学物品排查整治11次、毒品原植物铲除行动10次，发现并抓获吸毒人员1名（行政拘留15日）。

【交通安全专项整治】 年内，县公安局交通警察大队深入客运企业重点单位，开展重点车辆源头隐患排查清理专项整治行动6次；组织警力前往县城周边及偏远乡（镇）在建道路施工项目部，开展工程作业用车涉“套牌、假牌”专项整治行动5次；针对普通两轮摩托车规范佩戴安全头盔，非法拼装、改装车辆开展专项整治行动12次，查处摩托车未规范佩戴安全头盔86起；开展道路安全隐患排查专项整治行动59次，提请县安全生产委员会办公室督促相关单位整改道路安全隐患路段19处。其中国道559线9处，国道219线格当乡段5处、国道219线背崩乡段3处，德兴乡农村道路2处；截至年末，上述道路隐患路段完成治理5处，尚未治理14处。

【学经回流人员管理】 2021年，全县学经回流人员共31人。全年县公安局对31名学经回流人员开展教育及见面谈话共372次，其中开展爱国主义教育270余次，法律宣传140余次。全年管控措施到位，能遵守法律法规、服从管理。在县公安局持续宣传教育下，有80%以上人员都已还俗并结婚生子。

【户籍业务】 2021年，全县常住人口13512人、办理新生儿落户183人、办理二代身份证1249人、办理居住证2010件、办理异地身份证136人、新生儿上户183人、户口迁入121人、迁出187人、各类注销户口55人、办理临时身份证54人、办理准迁证67张98人、办理迁移证134张174人、居住证签注延期244人、户口补录4人、主项变更15人、受理其他类户籍业务3300份。

【监所管理】 2021年，共拘留45人，其中治安拘留23人（殴打他人6人、寻衅滋事5人、赌博5人、拍摄军事基地1人、嫖娼2人、打架斗殴1人、盗窃1人、非法携带枪支弹药1人、伪造证明文件1人）；县公安局交通警察大队行政拘留17人（无证驾驶13人、准驾不符2人、交通肇事逃逸1人、使用伪造变造证件1人）；县城派出所行政拘留4人（殴打他人3人、威胁他人人身安全1人）；格当边境派出所行政拘留1人（盗窃）。

【保密工作】 2021年，县公安局根据县委机要局部署，组织对保密专干进行政治再审查，组织保密专干签订保密安全承诺书；完善宣传工作保密审查机制，实行信息公开工作谁签字谁负责的规定；强化内部文件资料、移动存储资料管理，组织开展保密自查6次，严防保密案（事）件发生。组织人员前往市公安局机要科参加培训1次。

【政法队伍教育整顿】 2021年，县公安局协调解决经费10万元，成立工作领导小组和工作专班。召开队伍教育整顿暨党史学习会30次，主题研讨15次，签订对党忠诚等内容承诺书522份；领导干部上党课9次，进行“自查从宽、被查从严”政策等宣讲6次。发放宣传单1000余份、张贴宣传海报200余张、悬挂举报箱12个，召开开门纳谏会议征集群众意见建议6条。认真开展个人事项报告2轮，坚持集体谈、重点谈、个人谈相结合组织谈心谈话3次，牵头组织政策宣讲3次。截至年末，收集并办结线索46条，均装订成一线索一档案。建立完善各

4月20日，全国政法队伍教育整顿中央第十四督导组到墨脱县公安局督导检查政法队伍教育整顿工作　　（县委政法委员会/提供）

类台账50余盒，完成迎接各级政法队伍教育整顿督导检查工作8次。

（樊建松）

【组织机构负责人名录】

县委常委、政法委员会书记、国家安全委员会办公室主任、公安局党委书记、局长、督察长、三级高级警长

高功强

党委副书记、政委、一级警长

巴　桑（藏族）

党委委员、副局长、四级高级警长

尼玛平措（藏族）

党委委员、副局长、三级警长

詹　星

党委委员、刑侦大队长、二级警长

郑邦典

党委委员、县城派出所所长、一级警长

杨宗卫

党委委员、办公室主任、三级警长

姚　霞（女，藏族）

检　察

【概　况】2021年，墨脱县人民检察院在县委和上级检察机关的领导下，在县人大及其常委会的依法监督下，在县人民政府、县政协和社会各界关心支持下，坚持以习近平新时代中国特色社会主义思想、习近平法治思想为根本遵循，全面贯彻落实中共十九大、十九届历次全会精神和中央第七次西藏工作座谈会精神，贯彻落实自治区党委、市委和县委系列决策部署，增强"四个意识"、坚定"四个自信"、做到"两个维护"，围绕最高人民检察院"讲政治、顾大局、谋发展、重自强"的总要求，坚持"一个引领"、把握"两个紧扣"、突出"三个围绕"的西藏检察工作总思路，以贯彻落实好"稳定、发展、生态、强边"四件大事为抓手，以党史学习教育、"三更"专题教育和政法队伍教育整顿为契机，结合墨脱县实际，谋划推进检察工作高质量发展，为维护墨脱县长治久安和高质量发展作出新贡献。

【刑事检察】年内，县人民检察院共受理审查逮捕案件5件、5人，批准逮捕5件、5人，在审查起诉阶段决定逮捕1件、1人。共受理审查起诉案件24件、33人，起诉12件、14人，不起诉7件、8人，截至年末，正在办理5件、11人。提前介入3件重大、疑难复杂案件。抓好认罪认罚从宽制度的落实，认罪认罚适用率达到100%。优化"案－件比"，全年"案－件比"为1∶1。

【刑事执行检察】年内，县人民检察院做好刑事执行检察监督，共发送《纠正违法通知书》2份、制发检察建议书2份，开展羁押必要性审查1件、1人，监督社区矫正入矫和解矫宣告4次。

【民事行政检察】年内，县人民检察院主动对接审判机关和行政执法机关，对办结生效民事裁判文书和行政机关作出的行政处罚决定进行审查，针对发现的问题，发送检察建议书2份。

【公益诉讼】2021年，县人民检察院共立案公益诉讼案件13件，发送诉前检察建议10件，磋商结案3件，其中涉食品药品安全领域4件。全年实地走访10家超市、小卖部和1家净水公司，深入县城7家诊所药店开展食品药品安

全领域监督检查。积极开展窨井盖专项整治，排查县城内窨井盖设施328个，保护群众出行安全。年内，县人民检察院联合县河长制办公室和县公安局签订“检察长+河（湖）长+警长”协作机制，深入西工河段开展巡河，察看河水水质、水域环境、沿线河岸生态环境等情况。在县林业和草原局、县文化和旅游局挂牌“公益诉讼检察联络站”，在背崩乡地东村和果果塘景区设置“生态检察宣传点”。全年共办理9件涉生态环境和资源保护领域公益诉讼诉前案，占公益诉讼案件总数的64%。其中，依法保护仁青崩景区生态环境检察建议，被评为西藏自治区人民检察院2021年第一季度公益诉讼典型案例。

5月28日，墨脱县人民检察院组织开展“检爱同行 共护未来”检察开放日活动 （县人民检察院／提供）

【未成年人检察】 年内，县人民检察院开展“检爱同行、共护未来”未成年人保护专项执法检查，深入县城辖区内宾馆、网吧、娱乐场所，采取查阅登记表、询问负责人等方式对有无接纳未成年人、招用未成年人，是否严格落实未成年人入住宾馆询问和报备制度、设置明显的未成年人禁止进入警示标志等情况进行检查。对检查中发现的问题，当场指出并要求立即整改，号召各商家积极落实未成年人强制报告规定，主动承担保护未成年人健康成长的社会责任。落实最高人民检察院“一号检察建议”，全年深入2所小学开展“开学季法治宣传进校园”活动。结合涉未成年人刑事案件办理，携手县人民法院、县公安局、团县委、县民政局等部门签订《关于在办理未成年人刑事案件中推行合适成年人到场的工作机制（试行）》。

【控告申诉检察】 2021年，县人民检察院针对群众来访，在做好登记备案、实际调查、答疑解惑等基础工作上，按照最高人民检察院要求，坚决做到7日内程序性回复、3个月内办理过程或结果答复。全面推开公开听证，对3起拟不起诉案件、1起行政检察监督案件召开公开听证会议，广泛听取人大代表、政协委员、人民监督员、县法律援助中心等各方意见。年内，县人民检察院制定墨脱县为民办实事工作措施10条。组织开展提供法律援助，帮助群众解决法律疑问，做好释法

6月30日，墨脱县人民检察院召开检察听证会 （县人民检察院／提供）

说理。开展矛盾纠纷排查化解，接待来访群众7人次，办理涉法涉诉案件2件，其中上级人民检察院交办1件。

【机构改革】 年内，县人民检察院按照内设机构改革“三定”方案，整合人员力量，完成改革方案的拟定和报送。统一业务应用2.0系统正式上线运行，进一步规范案件办理。落实好检察人员职业保障和考核问责，完成年度业绩考核工作，激励干警担当作为。

【检务公开】 走访全国人大代表，征求对检察工作的意见建议。邀请人大代表、政协委员、人民监督员参加检察开放日、检察听证会、教育整顿座谈会等，自觉主动接受监督。用好“两微一端一网”，讲好墨脱县人民检察院故事，全年共发布信息1447条。

【培训学习】 年内，县人民检察院共选派11人次参加各类业务专题培训，组织收听收看业务讲座80余场次，落实“双百计划”智力援藏，选派1名干警前往广东省参加岗位锻炼。用好“学习强国”App、中国检察教育网等平台，组织干警积极参加线上学习。结合林芝市检察机关“知信行·检察蓝”文化品牌创建，组织开展提笔练文、读书分享活动12场次，全院干警和书记员报送文章、分享感言100余篇，积极参加全市检察机关演讲、知识竞赛、征文比赛、法律文书竞赛、“检察青年说”等活动。

【政法队伍教育整顿】 年内，县人民检察院以筑牢政治忠诚、清除害群之马、整治顽瘴痼疾、弘扬英模精神为主要任务，整治检察队伍存在的顽瘴痼疾18条，11名干警按照自查从宽、被查从严的政策给予批评教育、谈话提醒。注重整顿成果的运用，建立健全各类制度4项。

【基础设施建设】 年内，县人民检察院以推进检察业务建设专业化为方向，完成县人民检察院党组会议室、视频会议室、多功能会议室、赃证物室的改造。以推进拴心留人工程为方向，完成阳光房、旧干部周转房维修，“干警之家”改造等项目。基层基础建设更趋完善，检察办案条件更加完善。

【维稳工作】 年内，根据县委统一安排，县人民检察院抽调人员深入背崩乡、墨脱镇及其下辖各村、寺庙开展维稳督导。先后投入警力300余人次参与值班备勤。认真开展综治平安建设、安全生产、禁毒、电信网络诈骗、国家安全等宣传活动27次。

【结对帮扶】 年内，县人民检察院抓好检察助力乡村振兴。全年共结对慰问10户，送去价值3000余元的慰问金、慰问品。加强与驻村点的联系，结合“我为群众办实事”实践活动，帮助协调解决存在的问题困难4件。县人民检察院驻村工作队认真落实驻村工作任务，组织开展支部委员专题培训，为村委会培养后备干部10人，组织开展各类专题学习宣传40余次，开展法治宣传12次。帮助村民成功追回2万元网络游戏消费金。

【强边固防】 年内，县人民检察院与中国人民解放军驻墨脱县某部队、墨脱边境管理大队、市国

3月15日，墨脱县人民检察院召开政法队伍教育整顿动员部署会

（县人民检察院/提供）

10月22日，县人民检察院干警联合县妇联工作人员在边境村寨对妇女宣讲法律知识
（县人民检察院/提供）

家安全局墨脱站、县人民法院等部门签订涉边境案件线索通报、移送、联席会议等6个试行机制。加强涉边境安全案件办理，全年共办理偷越国边境案1件1人、非法狩猎案1件1人。扩大检察服务固边兴边范围，在33个抵边村挂牌派驻检察联络站，分别指定1名检察官，邀请1名村"两委"班子成员担任驻村检察官助理。深入边境乡村开展法治宣传3次、调研摸底5次，采取每月电话联络形式，了解各村在法治建设中需求。实现边境检察联络站有牌子、有人员、有制度、有成效的"四有"目标。

（边　珍）

【组织机构负责人名录】

党组书记、检察长

秦 孟 军

市人民检察院副县级检察员、党组副书记、副检察长

曲桑顿珠（门巴族）

党组成员、副检察长、二级检察官助理

李 玉 山（土族，4月任）

党组成员、办公室主任、二级主任科员

边　珍（女，藏族）

党组成员、公诉科科长

任 班 东

民事行政检察科科长

次仁旺姆（女，珞巴族）

侦查监督科科长

张 国 照

四级检察官助理

邓 建 斌

法警大队长

陈　军

刑事执行检察局局长

常 建 楠

林业检察科科长

赤列央宗（女，藏族）

法　院

【概　况】 2021年，在县委的领导、县人大及其常委会和上级人民法院的监督指导下，县人民法院坚持以习近平新时代中国特色社会主义思想为指导，深入贯彻习近平法治思想，中共十九大和十九届历次全会精神；深入贯彻中央第七次西藏工作座谈会精神、习近平总书记"七一"重要讲话精神、习近平总书记视察西藏时的重要讲话精神；认真贯彻落实中国共产党西藏自治区第十次代表大会、中国共产党林芝市第二次代表大会精神，坚持服务大局、聚焦主责主业，为墨脱县长治久安和高质量发展提供坚实有力的司法服务和保障。

【刑事案件受理】 年内，县人民法院共受理刑事案件13件，审结12件，未结1件，结案率92.31%。依法惩治犯罪。严惩危害国家安全、公共安全犯罪，维护国家安全和社会稳定，严厉打击侵害人民生命财产犯罪，保障人民安居乐业。审结故意伤害、盗窃、危险驾驶等案件8件。组织全县70余名党员干部参加旁听，以案释法、以案示警。加强司法人权保障。认真落实宽严相济刑事政策和认罪认罚从宽制度，对9名轻微犯罪被告人适用缓刑，驳回自诉1件。

【民商事案件受理】 2021年，县人民法院共受理民商事案件314件，受案标的74811527.39元，审结288件，未结26件，结案率91.72%。营造法治化营商环境。依法保护各类市场主体，促进经济社会发展。审结建设工程合同

纠纷22件,审结买卖、租赁、运输等经济合同类案件68件。

【执行案件受理】 2021年,县人民法院全年受理执行案件142件,受理案件标的42879047.87元,执结117件,未结25件,结案率82.39%;调查被执行人财产状况180人次,约谈被执行人5人次,执行到位资金2263.13万元,曝光失信被执行人8人次;积极配合组织部门开展干部选拔任用诚信核查744人次。

【非诉案件受理】 年内,县人民法院共受理非诉案件2件,结案2件,结案率100%。

【未成年人司法保护】 年内,县人民法院加强未成年人司法保护。组织开展法律进校园普法宣传活动5场次,组织开展模拟法庭、普法课堂等活动4场次,受教育师生达1000余人。

【破坏生态环境案件受理】 2021年,县人民法院依法惩处破坏生态环境行为。审结非法猎捕、杀害野生保护动物案件1件,判处罪犯3人;审结县人民检察院提起的刑事附带民事公益诉讼案件1件,挽回国家和人民经济损失3万元。

【立案信访】 2021年,县人民法院以政法队伍教育整顿为契机,严肃整治人民群众反映强烈的“有案不立”“年底不立案”的顽瘴痼疾,对追索劳动报酬、赡养抚养费等涉民生案件快立快审,及时兑现公民合法权益。加大巡回审判力度,利用车载“流动法庭”下乡执法办案31次,同步开展以案释法。建立《院领导接访日工作制度》,将每周星期四设为院长接访日,全年接待来访群众12人次。依法维护农民工合法权益,妥善审理涉农民工劳动争议案件11件、农民工讨薪案件9件,为农民工追讨工资68.7万元。

【司法救助】 年内,县人民法院认真落实司法救助制度,全年依法对经济确有困难的当事人减、免、缓交诉讼费1234元。

【普法宣传】 2021年,县人民法院持续推动普法工作常态化开展。坚持送法下乡,选派干警50人次开展法治宣传15场次,在县城及各乡(镇)宣讲习近平法治思想、中央第七次西藏工作座谈会精神、习近平总书记“七一”重要讲话精神、习近平总书记视察西藏时的重要讲话精神、中共西藏自治区第十次代表大会、中共林芝市第二次代表大会精神、宪法、民法典、扫黑除恶、婚姻法、反家庭暴力法、侵权责任法、《保障农民工工资支付条例》等,大力宣传民法典,发放资料2000余份,受教育群众2200余人,提供法律咨询500余人次,组织开展法律进校园普法宣传活动5场次,组织开展模拟法庭、普法课堂等活动4场次,受教育师生达1000余人。深入社区、村委会开展《中华人民共和国环境保护法》等法治宣传3场次,在案件办理中以案释法5场次,选派业务骨干与藏、汉双语法官深入边境乡(镇)、建制村开展法治宣传6场次,受教育群众800余人次,教育引导群众铸牢中华民族共同体意识。

【维护军人合法权益】 年内,县人民法院依法维护军人军属合法权益,开展送法进军营活动1场次,全年审结涉军案件1件。

【司法改革】 2021年,县人民法院严格落实司法改革工作任务,完善人员分类管理,探索推进机构改革,内设机构由10个精简为4个。进一步规范审判权运行机制,强化审判质效监管,院长、庭长带头办理重大疑难复杂案件,年内,县人民法院共受理案件471件,其中,党组书记、院长带头办理疑难复杂案件31件,占办案总数的6.6%,作为院领导的员额法官办案388件,占案件总数的82.38%,5位员额法官人均办案94件。

【扫黑除恶专项斗争】 2021年,县人民法院持续推动扫黑除恶专项斗争常态化,由刑事审判庭具体负责扫黑除恶专项斗争日常工作。党组书记、院长云登听取县人民法院扫黑除恶专项斗争领导小组办公室汇报工作1次,指导县人民法院扫黑除恶专项斗争领导小组办公室开展工作2次,召开县人民法院党组会议安排部署全院扫黑除恶、打非治乱专项斗争2次,对全年办理案件进行全面核查，派出干警5人次参与县扫黑除恶斗争领导小组办公室3条线索专项摸排，确保审判领域涉黑涉恶线索核查全覆盖。

【信息化建设】 年内，县人民法院坚持以促进审判体系和审判能力现代化为目标，将现代信息技术与司法审判深度融合，依托信息化手段不断推进审判流程、裁判文书、执行信息、庭审直播等公开平台建设，实现业务网上办理、全流程依法公开、全方位智能服务，为群众提供多方位、多元化司法服务。推进诉讼服务中心、执行指挥中心建设，推行网上立案、电子送达、自助缴费等便民平台，充分利用微信公众号、电子显示屏等宣传媒介宣传县人民法院工作。

【接受监督】 年内，县人民法院主动走访人大代表、政协委员5人次，汇报工作5次；邀请人大代表、政协委员视察、座谈，旁听庭审、见证执行14人次；邀请组织、纪检部门列席党组民主生活会7次；邀请县人民检察院检察长列席县人民法院审判委员会会议2次。通过互联网直播庭审44场次、发布裁判文书113份，16名人民陪审员参审案件221件。

【队伍建设】 2021年，县人民法院紧紧围绕“五个过硬”要求，着力提升“七种能力”，加强干警教育培训，聚焦干部思想政治历练、增强党性修养、提升专业能力，召开县人民法院党组理论学习中心组学习会12次、党支部集中学习18次，组织开展领导干部上讲台讲党课5场次，组织干警集中学习42场次，选派干警参加业务培训3人次，参加各级党委党校、法官学院轮训4人次，前往广东省各级人民法院开展跟班学习2批3人次。全年广东省人民法院系统派3批工作组12人次到墨脱县人民法院调研指导工作。年内，县人民法院1名法官入额定级，2名法官职级晋升，招录4名聘用制书记员。

10月27日，广东省高级人民法院考察调研组到县人民法院调研考察

（县人民法院／提供）

【驻村工作】 2021年，县人民法院服务乡村振兴中心工作。轮派2名干警积极开展驻村工作，落实各级党委驻村工作部署要求。驻村干警发挥司法职能作用，协助指导人民调解、村“两委”班子化解矛盾纠纷16件，开展普法活动12场次；为民办实事100余件；组织干警深入驻村点开展支部共建活动6场次，全面宣讲习近平总书记“七一”重要讲话、中共十九届六中全会、中央第七次西藏工作座谈会、中国共产党西藏自治区第十次代表大会、中国共产党林芝市第二次代表大会精神。

【强边固边】 坚持司法职能向边境一线延伸，服务保障边境地区建设。选派业务骨干与藏、汉“双语”法官深入边境乡（镇）、建制村开展法治宣传6场次，受教育群众800余人次，教育引导群众铸牢中华民族共同体意识。依法服务边境建设，全年审结边境乡村重点项目工程系列案件40余件。

（布 罗）

【组织机构负责人名录】

党组书记、院长、四级高级法官

云 登（藏族）

党组副书记、副院长、一级法官

次 央（女，藏族）

党组成员、副院长、一级法官

安 许 鹏（4 月任副院长，8 月晋升为一级法官）

党组成员、行政审判庭庭长、二级法官

刘 善 超（1 月评定二级法官，4 月任行政审判庭庭长）

党组成员、执行局局长

泽翁罗布（藏族）

司法行政

【法治宣传教育】 2021 年，墨脱县共开展“法律进学校”64 次，受教育学生 3400 余人；“法律进单位”86 次，受教育人数 2050 人；“法律进宗教场所”54 次，受教育僧人 152 人；“法律进企业（进工地、景区）”34 次，受教育人数 1300 人；“法律进乡村”212 次，受教育群众 11300 余人。充分利用“五下乡”“4·15”全民国家安全教育日、“4 月全国税收宣传月”“6·5”世界环境日、2021 年国家网络安全宣传周等重要节点开展普法宣传。

学习宣传民法典 按照民法典学习宣传部署要求，县法治宣传教育领导小组办公室征订并向全县干部职工、“法律明白人”发放《中华人民共和国民法典》读本 200 余本，围绕法律“七进”工作，认真学习宣传民法典，县委理论学习中心组把民法典列入领导干部年度学法必修课，推动民法典学习长效化、常态化。

边境一线村普法宣传 2 月 8 日，以墨脱县背崩乡地东边境小康示范村群众集中入住仪式和“我为群众办实事”实践活动为契机，组织县法治宣传教育领导小组成员单位组成普法宣讲团，深入边境一线搬迁点，持续开展法治宣传教育活动。年内，墨脱县以“坚持总体国家安全观，着力防范化解重大风险，喜迎中国共产党成立 100 周年、西藏和平解放 70 周年”为主题，组织相关部门深入边境一线村开展“迎建党百年、送文艺、送法律”主题活动，共发放宣传资料 400 余份，受教育人数达 200 余人。

普法宣传进学校 充分发挥“法治副校长”、法治辅导员队伍的作用，联合县法制宣传教育工作领导小组各成员单位，通过“开学法治第一课”、法治主题班会、

2 月 8 日，县司法局以“墨脱县背崩乡地东边境小康示范村群众集中入住仪式活动”为契机，组织普法宣讲团，深入地东村开展法律宣传 （县司法局／提供）

12 月 3 日，县司法局、县法治宣传教育领导小组办公室联合在墨脱县中学举办“法治进校园 普法助成长”知识竞赛活动 （县司法局／提供）

"国旗下讲宪法""宪法知识竞赛"等形式，深入各中小学，重点宣传《中华人民共和国宪法》《中华人民共和国未成年人保护法》《中华人民共和国治安管理处罚法》《中华人民共和国预防未成年人犯罪法》及防范校园欺凌等与教育有关的法律法规，进一步推动平安校园、法治校园建设。

宗教领域普法　结合"三月宗教活动场所普法宣教月"主题活动，持续宣传《西藏自治区民族团结进步创建条例》《宗教事务条例》《藏传佛教活佛转世管理办法》等法规规章相关规定，按照《关于开展2021年宗教领域法律知识考试》方案要求，对全县各个宗教场所在编宗教教职人员进行法律知识考试。

法治阵地建设　实施背崩乡地东村法治长廊建设、波墨公路559线沿线挡墙宣传栏和独立高炮宣传广告牌建设。投入资金33.82万元，打造墨脱县青少年法治教育实践基地。举办2021年度"法律明白人"培训，共36人参加。召开2021年度法治宣传教育工作述职评议会，共42家法治宣传教育领导小组成员单位参加。

2月7日，《司法部民政部关于命名第八批"全国民主法治示范村（社区）"的决定》发布，墨脱镇玛迪村被评为第八批"全国民主法治示范村"。5月，自治区党委宣传部、自治区司法厅、自治区法制宣传教育工作领导小组办公室联合印发《西藏自治区关于表彰普法先进单位、先进个人和依法治理创建活动先进单位的决定》，墨脱县被评为自治区"七五"普法先进县。

【人民调解】　矛盾纠纷排查调解处理　根据开展"人民调解为人民，我为人民解忧愁"专项活动实施方案通知要求，各级人民调解委员会发挥"三级联动"机制在人民调解工作中的强大作用，每月开展常规排查，在春节、藏历新年、3月等重要会议、重大活动、重大节日、重点时段开展专项排查，做到定期排查与专门排查相结合，截至年末，全县各级人民调解委员会共调解矛盾纠纷150件，涉及资金298.55万元。

乡村调解组织建设　利用基层组织换届选举工作契机，县司法局下发《关于调整充实村级人民调解组织的通知》，各级人民调解委员会按照要求，组织开展各级人民调解委员会调整、充实、完善工作，进一步优化全县人民调解委员会队伍。完成背崩乡地东村人民调解委员会品牌调解工作室建设。截至年末，公路沿线的人民调解委员会规范化建设项目正在持续实施中。

【法律援助】　年内，墨脱县进一步规范法律援助工作，提升服务质量。以人民满意为尺度，实施县法律援助中心来访群众满意度测评制度，从反馈表中发现问题，整改问题，全力提升服务水平。以法律援助宣传为切入点，以提高法律援助服务质量为目标，积极发挥法律援助工作职能作用。坚持以人为本，服务民生，有效推进依法治县进程，切实维护社会和谐稳定。截至12月末，接待咨询431人次、代写法律文书322份。

【县公共法律服务中心改扩建】　4月1日，使用广东省第八批援藏项目结余资金200万元实施的墨脱县公共法律服务中心改扩建项目开工建设。12月30日，项

2021年，完成品牌人民调解工作室建设的背崩乡地东村人民调解室

（县司法局／提供）

目通过竣工验收并投入使用。

【法治政府建设】 行政执法专项监督检查 年内，墨脱县组织开展墨脱县2021年度行政执法专项监督检查2次，对全县重点行政执法单位执法情况进行实地督导检查，要求各执法单位通过县政务服务大厅、宣传栏公布本单位执法职责清单，进一步压实责任，明确目标，通过调阅案卷、查看台账、书面评查、询问行政相对人的方式，全面强化行政执法案件效果，针对发现的问题现场制发问题反馈清单，明确整改期限，进一步提升全县行政执法效果。

党政机关重大合同备案审查制度 规定全县各级无内设法制机构的单位对外签订标的金额较大、涉及公共利益、影响较大的合同均须经县司法局事前审查和事后备案。全年县司法局累计审查相关重大合同70份，备案7份，进一步强化对重大合同风险的控制，确保党政机关各类重大项目持续实施。

规范性文件备案审查 对全县各级各部门需要印发针对不特定群体反复适用的规范性文件，坚持印发前报县司法局审核，印发后报县司法局备案，确保全县各级各部门规范合理行使公权力。

完善学法用法制度 各部门严格按照“谁执法谁普法”的普法责任制要求，进一步健全完善学法用法各项制度，把国家工作人员学法用法纳入总体布局中，组织安排全县各部门工作人员参加重大案件旁听庭审，切实提高国家工作人员运用法治思维和法治方式深化改革、推动发展、化解矛盾、维护稳定的能力。年内，组织庭审旁听活动2次共60人。

11月1日，2021年墨脱县“法律明白人”培养工程培训班开班仪式举行

（县司法局/提供）

1月8日，墨脱县法治政府建设领导小组办公室（司法局）对全县行政执法单位开展行政执法专项监督检查

（县司法局/提供）

依法行政工作纳入年终考评 根据《关于党政主要负责人履行推进法治建设第一责任人职责情况列入年终述职内容的工作方案》要求，将法治建设工作情况纳入年终述职报告，并将依法行政工作纳入年终考评，严格进行考核评价和督促检查。

执法队伍建设 为加大执法队伍培养力度，培养干部运用法治思维和方式开展执法工作的能力，全面提升执法队伍专业化、职业化水平。是年，组织全县执法部门参加培训及考试，考试合格人数共54人。

【社区矫正】 社区矫正日常管理 2021年，墨脱县依法对新增社区矫正人员在春节、3月和萨嘎达瓦节期间开展实地走访，并对社区矫正对象开展谈心谈话教育，共走访30余人次。严格落实“日报告”制度。

社区矫正法宣传 利用“法律边境行”深入德兴乡荷扎村、巴登则村宣传社区矫正法，工作人员向农牧民群众发放社区矫正法宣传材料共计60余本。积极引导群众通过合法合规的途径教育好社区矫正对象，教育人民群众和社区矫正对象积极学习《中华人民共和国社区矫正法》等法律法规，有事找法、遇事用法，号召大家积极引导社区矫正对象早日回归社会，做遵纪守法的好公民。

社区矫正领域突出问题专项整治 根据林芝市社区矫正支队部署要求，年内，县司法局采取自查自纠与走访摸排相结合的方式，开展社区矫正领域突出问题专项整治活动。工作人员对所有在册矫正对象及其工作单位、所在村(居)委会进行走访，向社区矫正对象宣传政法队伍教育整顿及社区矫正系统突出问题整治相关知识4次，形成走访谈话笔录4份。

【安置帮教】 2021年，墨脱县总计有刑满释放安置帮教人员39人，新增11人，截至12月末，安置帮教期满依法依规解除人员9人。刑满释放安置帮教对象在册人数30人，其中重点帮教对象3人、一般帮教对象27人。按照“必接必送”的原则，全年县司法局从监狱接回9名刑满释放人员。对接回刑满释放人员第一时间组织开展接收宣告仪式，签订刑满释放相关责任书，深入乡村对安置帮教期满解除人员9人举行解除宣告仪式，并按照安置帮教程序做好归档工作；在达木珞巴民族乡贡日村开展集中教育7次，参加人数60人次，主要开展刑满释放人员各项规章制度、安全生产工作、森林防火和矛盾纠纷相关法律法规的宣传教育。

【政法队伍教育整顿】 2021年，县司法局深入学习贯彻习近平法治思想和习近平总书记关于加强政法队伍建设的重要指示精神，及时制定《司法局政法队伍教育整顿学习教育环节工作安排》，汇编学习资料共3册，制定《司法局政法队伍教育整顿应知应会》口袋书15册，指导全局各科室按照时间节点，结合党史学习教育和“三更”专题教育，组织全局干部扎实开展“四项教育”，开展集中学习25次、集中讨论7场次、党课1次。开展自查自纠政策宣讲7次、签订“自查从宽、被查从严”政策告知书14份，如实填报2轮自查表，覆盖率100%，经排查14份报告表，存在12人27个特权思想、官僚作风方面的问题。局班子成员带头自查自纠，5月8日，组织召开专题民主生活会和党员组织生活会，局班子共查摆7条问题、个人共36条问题，均制定整改台账并完成整改。严格落实“五必谈”工作要求，全年共开展谈心谈话3轮，实现全覆盖。结合全局实际研究制定《墨脱县司法局政法队伍教育整顿查纠整改环节“七查”工作实施方案》，并严格按照“七查”方案开展相关工作。成立墨脱县司法局政法队伍教育整顿案件线索核查专项组，制定《墨脱县司法局政法队伍教育整顿干警违法违纪问题线索查处工作方案》，与有关部门建立沟通协调工作机制，截至年末，个人自查问题线索3条，均已完成核实并已办结，严格按照“一线(索)一档”建立工作台账。强化顽瘴痼疾整治。研究制定《墨脱县司法局顽瘴痼疾专项整治工作方案》，先后召开多次整治顽瘴痼疾专题会议，认真开展自查，经查发现并认定顽瘴痼疾问题4件，截至年末，均已完成整改并销号。坚持开门搞整顿，主动向社会各界公布顽瘴痼疾整治清单，开展开门纳谏活动3次，调研1次，征求意见建议7条，制定落实措施4条。结合顽瘴痼疾整治工作建立“县司法局劳动争议案件分流跟进机制”，进一步完善“普法讲师团工作制度”，实现长治长效。开展“我为群众办实事”实践活动，结合司法行政工作实际，研究制定《墨脱县司法局政法队伍教育整顿查纠整改环节“我为群众办实事”活动方案》，并结合党史学习教育大力开展为民办实事活动，截至年末，共开展“我为群众办实事”实践活动8件次。全面贯彻落实全国政法队伍教育整顿中央第十四督导组西藏小组下沉督导反馈意见整改工作。县司法局主动认领任务，积极整改，并结合实际制定《墨脱县司法局落实中央第十四督导组（西藏）下沉林芝市督导反馈问题整改方案》，对照方案逐一进行整改，截至年末，全国政法队伍教育整顿中央第十四督导组西藏小组督导反馈意见已全部整改到位。

7月15日，国家投资159万元、建筑面积386.67平方米的格当乡司法所通过竣工验收，投入使用　（县司法局／提供）

【协调捐资助学】　2021年，县司法局与广州市律师协会对接墨脱籍经济困难家庭在校大学生共29人，以一对一方式进行无偿援助，该律师团队将无偿援助学生至大学毕业，资助金额共计26万元。2018—2021年，共资助全县经济困难家庭学生89人，资助学费、生活费116万元。

【司法所建设】　背崩乡司法所占地面积857平方米，建筑面积340.48平方米，总投资159万元，为国家投资。位于背崩乡人民政府驻地附近。格当乡司法所占地面积265平方米，建筑面积386.67平方米，总投资159万元，为国家投资。位于格当乡人民政府大院内。以上2个司法所项目于2020年8月12日正式开工建设，2021年7月15日通过竣工验收。

【组织机构负责人名录】

党组书记、局长

才旦旺扎（藏族）

副局长

杨　　羽（土家族）

次仁江增（门巴族）

一级主任科员

白玛多杰（珞巴族）

二级主任科员

益西措姆（门巴族）

法律援助中心主任

索朗玉珍（女，藏族）

四级主任科员

次　　吉（女，藏族）

央　　前（女，门巴族）

许 向 楠

军　　事

7月11日，达木珞巴民族乡人民武装部组织预防自然灾害应急演练，图为应急演练现场　　（县人民武装部/提供）

墨脱县人民武装部

【概　况】 2021年，在林芝军分区机关的指导帮带下，在墨脱县委、县人民政府的支持下，墨脱县人民武装部（以下简称“县人武部”）坚持以习近平强军思想引领各项工作，大刀阔斧地抓陈疴积弊整治，在凝聚人心、提振士气上下功夫，民兵整组、征兵工作和国防动员等各项年度工作均如期完成。

12月，县人民武装部工作人员赴各乡（镇）基层人民武装部开展达标检查

（县人民武装部/提供）

【基层武装部建设】 2021年，为迎接西藏军区国防动员系统达标验收，县人武部党委加强对全县乡（镇）人武部的帮带建设，确保达标工作不缺项、不失分。以“部领导+科室+参谋/干事”的三层分工负责制度，对全县7乡1镇进行分片包干，确保基层建设无漏项。

11月4日，德兴乡人民武装部联合乡党委，组织民兵开展党史学习教育专题活动

（德兴乡人民政府/提供）

【民兵训练】 2021年，针对本年度全县专武干部更换幅度较大的实际情况，县人武部科学制定《墨脱县2021年度专职人民武装干部轮训方案》，并严格按照时间节点执行，对全县7乡1镇的人民武装部长开展轮训。年内，县人武部坚持集中训练和以工代训相结合的方式组织民兵训练。5月、10月，县人武部领导带队，先后组织两批民兵开展驻哨执勤，累计训练民兵若干人次；10—11月，分别在背崩乡、格当乡、德兴乡和墨脱镇组织民兵分队参训。年内，组织民兵跟随边防某部参与边境某地域侦察巡逻。其间，各乡（镇）人武部根据党史学习教育工作部署，联合各乡（镇）党委，对民兵开展系统的党史学习教育。

【军民共建】 2021年，县人武部根据定点帮扶计划，以背崩乡波东村易地搬迁为重点关注对象，加大军民共建投入力度，通过与波东村党支部交流沟通，8月19日，县人武部工作人员将价值1.2万余元的帮扶物资送至波东村。根据墨脱县委分工，县人武部重点帮建墨脱镇朗杰岗村幼儿园。11月12日，县人民武装部工作人员将价值4000余元的慰问物资送至朗杰岗幼儿园，并为孩子们上了一堂生动的国防教育课。

【国防教育】 2021年，根据年度国防教育计划安排，县人武部结合单位工作实际，分批次组织人员深入全县各乡（镇）、村（社区）开展国防教育，全年累计开展国防教育14场，受教育群众达320余人次。

【兵员征集】 2021年，针对墨脱县交通不便，部分偏远村庄信息闭塞，不利于兵役登记工作开展的实际情况，县人武部科学分解任务，发动乡（镇）人民武装部和驻村工作队开展兵役登记工作，全县兵役登记率达到100%。年内，县人武部以张贴海报、悬挂横幅和电子显示屏宣传为主，发放传单、微信公众号推送、手机短信和现场宣传为辅，持续开展征兵宣传，组织多人次深入街道、乡村、机关和田间进行征兵宣传工作。各乡（镇）人民武装部积极配合并主动参与到征兵工作中，深入到每名适龄青年家中，做到征兵宣传覆盖率100%。加热萨乡受地理环境、道路交通和文化素养等因素制约，连续5年无人员应征入伍。2021年秋季征兵工作中，县人民武装部发动乡人民政府，积极开展征兵宣传和政策解读，发动适龄青年踊跃报名。在各级共同努力下，加热萨乡多人光荣应征入伍，扭转加热萨乡征兵工作的后进局面。通过个人报名、体格检查、政治考核和役前训练等环节层层筛选，2021年全县春、秋两季共征集合格兵员若干人，截至2021年末，墨脱县已实现连续4年无退兵，征兵工作“五率”（报名率、上站率、合格率、择优率、退兵率）均名列林芝市各县（区）前茅。

【宣传报道】 2021年，县人武部多次在军地主流媒体上刊登新闻，截至年末累计在《中国国防报》发稿2篇、“中国民兵”微信公众号发稿2篇、西藏日报客户端发稿2篇，在军内媒体发稿4篇。

4月20日，县人民武装部工作人员到乡（镇）开展国防教育知识讲座

（县人民武装部／提供）

武警墨脱中队

【概　况】 2021年，武警墨脱中队全体官兵励精图治，以习近平主席系列重要讲话精神为指导，认真贯彻落实习近平强军思想，按照规定，立足中队建设实际，树牢理念，注重建队育人，强化练兵备战，高质量完成年度各项任务。

【思想政治建设】 2021年，武警墨脱中队坚持把加强思想政治建设摆在首位，狠抓部队的政治教育，按照党史学习教育和主题教育计划，巩固官兵精神堡垒，认真扎实抓好经常性教育和经常性思想工作的落实。抓实党史学习教育，加强主题教育的灌注，使官兵牢记强军重任，不断发挥思想战斗堡垒的作用。中队党支部“一班人”牢固树立“一盘棋”思想，坚持大事讲原则，小事讲风格，在工作中相互学习、团结互助，处处讲奉献、讲大局、讲义务，安心本职工作，以队为家，始终团结一致，做到心往一块想，劲往一处使，互相配合，主动补位，扎实工作，有效提升队伍凝聚力、创造力和战斗力。

【军事训练】 2021年，武警墨脱中队以“学大纲、研教材”为牵引，围绕实战化教学目标，坚持学大纲按纲施训、研教材找对方法、建队伍提升能力；根据训练原则，合理编排教练员分工配套表，结合实际着重培养具有代表性的训练尖子，推动中队整体军事训练水平不断攀升。结合春季新兵下连，对专勤专训等科目进行规范统一，每个科目训练前逐个纠正，统一标准，评选训练好的个人和集体并颁发流动红旗，充分调动广大官兵的训练积极性。

【战备工作】 2021 年，武警墨脱中队聚焦执勤战备工作，紧盯中心任务，狠抓常态执勤，加强实战化训练，提高履职执勤能力，修订完善战备方案，落实战备制度，如期完成全年战备执勤工作。年内，中队多次接到临时勤务任务通知，中队领导高度重视，积极配合公安机关在春节、全国“两会”、庆祝中国共产党成立 100 周年、国庆节等重要时间节点担负墨脱县武装巡逻任务，确保全县社会秩序稳定。

【应急抢险】 7 月 28 日，墨脱镇亚东村发生泥石流自然灾害，武警墨脱中队官兵闻令而动，率先出动抢险救援，经过 3 天的连续奋战，解救被困人员 10 余名，挖掘遇难者遗体 1 具，灾后清理淤泥 1 万余立方米。

【后勤建设】 2021 年，武警墨脱中队始终以官兵是否满意为工作的出发点和落脚点，围绕服务大局、服务中心开展工作，不断提高后勤保障综合效益。坚持后勤工作管理制度，搞好后勤经费物资管理，落实账目及财务公开，树牢“小而精”的理念。结合官兵饮食习惯，精心调剂，每周定期收集伙食意见，不断改善伙食，更新口味，做到粗菜细做、细菜精做，力求官兵最高满意率。

7 月 28 日，墨脱镇亚东村冰果日方向突发泥石流灾害，武警墨脱中队官兵第一时间赶到搜救现场。图为官兵正在实施搜救　　（武警墨脱中队 / 提供）

墨脱边境管理大队

【概　况】 2021 年，墨脱边境管理大队在上级党委领导下，在驻地各级党委、人民政府的支持下，始终坚持以习近平新时代中国特色社会主义思想为指导，进一步增强“四个意识”、坚定“四个自信”、做到“两个维护”，以习近平总书记重要讲话精神为指引，以服务边境地区建设为己任，以狠抓边境管控为主业，以维护辖区安全稳定为核心，不断提高民警执法执勤能力，努力提升队伍正规化水平，较好地完成队伍建设、边境防控、治安整治、维稳安保、新冠肺炎疫情常态化防控、后勤保障等工作任务，取得新成就。

【实战练兵】 2021 年，墨脱边境管理大队每周定期组织民警对现场急救、基础体能等科目进行训练，进一步规范动作标准；每月中旬组织考核，通过考核验收民警训练成效，为下阶段训练重点提供指导；全年共开展各类训练 80 课时、考核 11 次。组织民警开展防自焚、防暴恐、应急增援、新冠肺炎疫情常态化防控等方案预案演练，确保全体民警遇到突发情况时，反应迅速、处置有力。全年墨脱边境管理大队各级共开展各类演练 200 余次。

【维稳安保】 2021 年，墨脱边境管理大队针对全国两会、庆祝中国共产党成立 100 周年暨西藏和平解放 70 周年等重要时段重大维稳安保任务，第一时间成立以墨脱边境管理大队主官为组长的工作领导小组，部署重点工作。在各项维稳安保任务期间，大队主官先后5次带队，前往各单位和检查点督导检查，确保各项工作落实到位。在全体民警的共同努力下，如期完成全年各项维稳安保任务。

4月30日，德兴乡边境派出所揭牌仪式举行　（德兴乡人民政府／提供）

4月30日，达木边境派出所挂牌成立　（墨脱边境管理大队／提供）

【案件侦办】 3月16日，墨脱边境管理大队墨脱边境派出所对邓某运送无有效证件人员谢某出入边境管理区一案进行审查侦办，并依据《西藏自治区边境管理条例》，对涉案人员邓某和谢某进行处罚。全年墨脱边境管理大队共侦办各类案件5起（其中治安调解案3起，行政案件2起），接处警49起，调解矛盾纠纷13起，核查线索通报9条。

【社会治理】 2021年，墨脱县边境管理大队在林芝边境管理支队党委的领导和墨脱县委、县人民政府、县公安局的支持下，年内，已解决涉及墨脱边境管理大队第一批和第二批“一乡两所”相关问题。4月30日，达木边境派出所和德兴边境派出所完成与县公安局的职能交接，正式上点开展工作。6月24日，背崩边境派出所完成与背崩公安派出所的职能交接。墨脱边境派出所和背崩边境派出所已完成第二批户籍承接工作。

2月9日，达木边境检查站达国大桥检查点正式上点，对过往车辆和人员开展查缉工作。年内，解放大桥检查点和达木边境检查站达国大桥检查点检查进出边境管理区人员23万余人次，车辆9万余辆次，行李物品8万余件次。

【辖区重点人员和场所管控】 2021年，墨脱边境管理大队将辖区内的校园、施工场所、旅店等作为重点管控场所，科学部署警力加强巡逻排查，提高重点时段、重点区域的见警率。全年摸排外来人员3928人次、邻省藏区人员296人次，排查重点场所197处次，及时消除各类安全隐患63处。

【专项行动】 2021年，墨脱边境管理大队持续开展“打击妨害国（边）境管理犯罪”“百万警进千万家”“净边”“缉枪治爆”、扫黑除恶专项斗争等专项行动，将各类专项行动与其他业务工作相结合，确保专项活动与业务工作的相互促进。特别是墨脱边境管理大队通过开展“百万警进千万家”活动，进一步增进与驻地群众的感情交流，赢得群众的支持。全年墨脱边境管理大队各级走访群众共1579户次6728人次，帮助群众解决实际困难15个，为驻地群众开展各类宣讲68场次，发放宣传单7500余份。

【新冠肺炎疫情常态化防控】 2021年，墨脱边境管理大队严格按照“外防输入、内防反弹”等系列指示精神，牢固树立“疫情就是警情”意识，按照上级新冠肺炎疫情常态化防控部署，结合新冠肺炎疫情出现的新情况和新特点，根据工作实际进一步细化完善疫情防控工作方案，明确主体责任，细化防控措施，确保辖区群众和队伍内部绝对安全稳定。结合新冠肺炎疫情常态化防控工作需要，持续开展新冠肺炎疫情应急演练23次，确保遇到突发情况时，反应迅速、处置有力。将疫情防控最新指示要求第一时间传达至每名休假、培训、出差等零散人员，确保疫情防控工作不漏一人。

【营区基础设施建设】 2021年，墨脱边境管理大队加强与广东省第九批援藏工作队墨脱县工作组的沟通协调，使用援藏资金修建墨脱边境管理大队“卫士之家”，年内已投入使用。完成办公楼、公寓楼、执法功能区的全面维修改造。

【组织机构负责人名录】

大队长

朱　毅

教导员

杨春晓

对口援藏

5 月 18 日，墨脱县拉贡公园景区建设现场，几名工人合力将笨重的钢梁扛上半山腰的广东省援藏二程——“三香一链”观景平台施工现场

（广东省第九批援藏工作队墨脱县工作组 / 提供）

综　述

【概　况】2021年，广东省第九批援藏工作队墨脱县工作组（以下简称“墨脱县工作组”）持续推进佛山市对口支援西藏自治区墨脱县工作，“十三五”援藏规划项目相继完工，“十四五”援藏规划项目全面实施。年内，佛山市派出2名土建专家教授、3名中小学校长、6名医生和2名招商规划人才先后进藏开展对口支援工作。

7月，坐落于雅鲁藏布江畔，由佛山市援建的墨脱县公共足球场竣工投入使用

（广东省第九批援藏工作队墨脱县工作组／提供）

【项目建设】2021年，墨脱县工作组共实施援藏项目5个，总投资额7300万元，其中2021年度下达计划投资3750万元，墨脱县城乡供水保障工程、墨脱县完全小学教学条件改善工程、雅鲁藏布江果果塘大拐弯“一心两翼大环线”旅游基础设施完善工程、墨脱村民俗文化体育设施提升工程等“十四五”规划援藏项目全部动工建设。年内，墨脱县公共足球场及其配套设施、背崩乡卫生院异地新建、曾久村与拉贡村搬迁小康村建设、墨脱县茶叶研发中心等“十三五”规划援藏项目竣工验收。

5月15日，广东省第九批援藏工作队墨脱县工作组推出的“广佛援藏同城号”正式亮相广佛地铁，开启为期1个月的地铁专列宣传月活动，向广州、佛山2市市民推介西藏墨脱的山水风景、特色农产、风土人情

（广东省第九批援藏工作队墨脱县工作组／提供）

【广佛地铁“墨脱号”上线运营】5月15日，墨脱县工作组投入13万元，广佛地铁“墨脱号”正式上线运营，“墨脱号”共2节车厢，全面展示介绍墨脱县旅游景点、美食、民族风俗等各方面，面对广州、佛山2市市民进行为期1个月的地铁专列宣传月推广活动。

【佛山·墨脱对口支援工作座谈会】9月3—6日，佛山市委常委、市人民政府副市长郑海涛率佛山市党政代表团前往西藏自治区林芝市墨脱县就对口支援工作进行交流对接，考察墨脱县水产养殖基地、县人民医院、县公共足球场、雅鲁藏布江果果塘大拐弯观景台、墨脱小康村等援藏项目建设，并召开佛山·墨脱对口支援工作座谈会，在民生援藏、产业援藏、智力援藏等方面与墨脱县达成一致意见，共同谋划“十四五”规划期间对口支援工作，助力墨脱县开创乡村振兴新局面。其间，墨脱县人民政府提出希望佛山市支持解决墨脱县公共体育馆建设资金的诉求（代表团回佛山市后，将此诉示请示市委、市人民政府，同时墨脱县工作组与后方发展和改革、财政等相关部门积极沟通协调，并再次请示市委、市人民政府，同意计划外增加3000万元资金支持墨脱县公共体育馆项目建设）。

产业帮扶

【墨脱县工厂化水产养殖项目】5月23日，由墨脱县工作组牵线搭桥，广东省农业龙头企业广东何氏水产有限公司提供技术支持的墨脱县工厂化水产养殖项目建成，开始试生产，试点项目设有6组共36个养殖池，首批投放罗非鱼、翡翠斑、加州鲈等共计1.8万尾鱼苗及20万尾对虾进行试点养殖。11月，首批试点养殖的南美对虾陆续上市销售200余千克，带动农民增收4万元。在此基础上，墨脱县增资1069万元进行二期车间建设。

【助力墨脱茶产业提质增量】2021年，墨脱县工作组组织实施《墨脱县茶产业增产提质组团式援藏三年工作计划》，3月，成功引进广东省农业龙头企业潮州市天下茶业有限公司进驻墨脱县，对墨脱县工作组引种的凤凰单丛茶示范茶园进行种植技术指导与收购、加工、销售，成功制作出第一批墨脱单丛茶，口感可媲美潮州凤凰单丛茶。

年内，在墨脱县工作组协调推动下，墨脱县人民政府与佛山市市场监督管理局、华南农业大学园艺学院联合制定墨脱茶叶产业标准化体系，包括基础标准、质量标准、包装仓储标准、产品标准和品牌文化标准五大类子体系，共48项。

5月14日，广东省重点农业龙头企业广东何氏水产有限公司举行第二批援助墨脱县玛迪水产养殖基地物资发车仪式，图为墨脱水产养殖项目正式投产做最后准备

（广东省第九批援藏工作队墨脱县工作组／提供）

教育援藏

【“智慧课堂”全覆盖】2021年，墨脱县工作组持续推动实现“智慧课堂”覆盖墨脱县所有中小学，并促成佛山市、墨脱县两地“空中课堂”“双师课堂”常态化开展。

【墨脱县完全小学教学条件改善工程】8月，墨脱县完全小学教学条件改善工程开工，总投资1300万元，建设内容包括1幢4层教学楼、楼前活动场所、围墙等配套设施及读书长廊1个。新教学楼共设有24间教室，建筑面积2600平方米。

【引进佛山市优秀中小学校长】年内，墨脱工作组联合佛山市教育局。从佛山市南海区、顺德区和高明区选派3名优秀中小学校长到墨脱县中学、墨脱完全小学担任副校长，开展为期半年的柔性支教活动。

【优秀大学生支教】年内，经墨脱县工作组积极沟通，墨脱县共引进佛山科学技术学院、肇庆学院、陕西师范大学共36名优秀大学生到墨脱县支教。

【华南农业大学墨脱县研究生联合培养基地启动】11月1日，

10月16日，在墨脱县青少年活动中心，支教大学生利用周末开展墨脱青少年课外兴趣班义务辅导　（广东省第九批援藏工作队墨脱工作组 / 提供）

由华南农业大学园艺学院茶学系专门招收、与墨脱县联合培养的首位研究生到墨脱县农业农村局报到，开启墨脱县茶叶科研和实践教学活动，华南农业大学墨脱县研究生联合培养基地正式启动。

【结对帮扶】 12月，经墨脱县工作组积极沟通争取，墨脱县中学、县完全小学及所有的乡（镇）小学均实现与佛山市5区优质中小学全面建立结对帮扶关系。

医疗援藏

【中医专科帮扶】 3月，墨脱县人民医院引进佛山市中医院3位中医技术人才，3位医生根据墨脱县患者体质，采用相应的中医适宜技术进行治疗，持续推进新成立的县人民医院中医科、疼痛科、康复理疗科整体医疗水平提升。

【县人民医院标准化远程会诊中心项目】 11月30日，墨脱县人民医院标准化远程会诊中心项目通过竣工验收，投入使用。项目总投资551195.33元，其中墨脱县工作组投入援藏资金188465.33元，墨脱县人民医院配套资金362730元。

【新建县藏医院藏医治未病专科】 年末，佛山市援藏医疗队进驻墨脱县藏医院，新建县藏医院“藏医治未病专科”门诊及住院部，并积极申报林芝市重点专科。

【结对帮扶】 年内，经墨脱县工作组积极沟通争取，墨脱县7乡1镇所有乡（镇）卫生院全面实现与佛山市5区镇（街道）卫生院达成结对帮扶关系。

【“拥军强边”中医康复技术培训】 2021年，佛山市援藏医疗队与墨脱县驻军某部沟通后，部队决定，分批派卫生员到县人民医院康复医学科学习中医康复技术。7月7日，由佛山援藏医疗队举办的第一期“拥军强边”中医康复技术推广培训班正式开班，共有6名驻墨脱县部队卫生员参加培训学习，全年共举办4期“拥军强边”中医康复技术推广培训班，

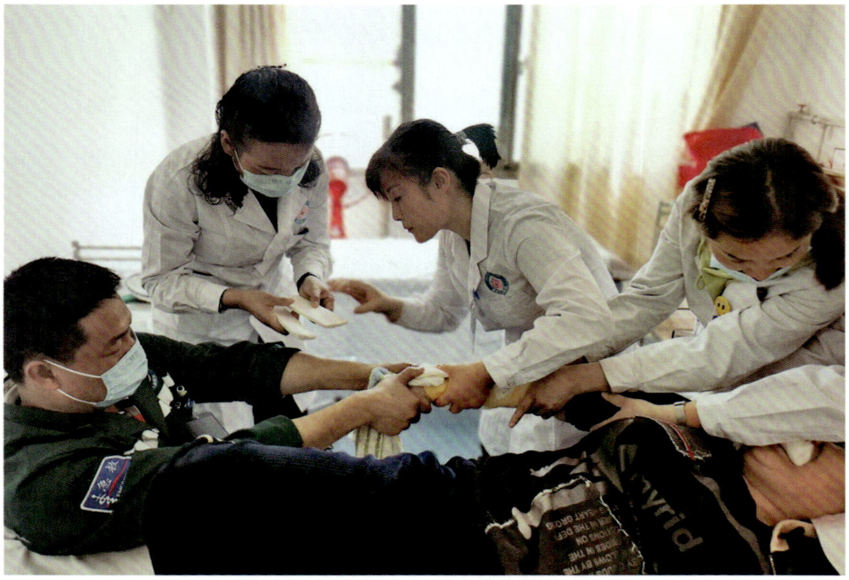

4月末，佛山援藏医疗队专家利用广东省独特的“中医正骨疗法”为墨脱县患者治疗，免除手术治疗痛苦　（广东省第九批援藏工作队墨脱县工作组 / 提供）

24名驻地部队卫生员和10名县人民医院、县藏医院医生参加培训。年内，佛山市援藏医疗队举办“拥军强边”中医康复技术推广培训班的新闻先后被人民日报客户端西藏频道、南方日报客户端与佛山日报新媒体聚焦报道。

消费援藏

【达成消费援藏意向】 3月18—19日，佛山市进出口商会组织佛山市企业到墨脱县开展经贸交流活动，与林芝墨脱茶业有限公司达成合作意向，以消费援藏方式助力墨脱县茶产业发展。

【墨脱县扶贫产品网络直播“带货”营销】 3月24日，佛山市文化广电旅游体育局考察团到墨脱县开展文化旅游体育考察交流活动，其间，在墨脱县有机茶馆开展一场墨脱县扶贫产品网络直播“带货”活动，对墨脱高山有机茶等墨脱县特色农产品进行“带货”营销。

交流交融

【概　况】 2021年，佛山市相关部门、各区及镇（街道）、社会团体先后组织代表团到墨脱县开展多形式、多领域的交流、帮扶活动共16批次、100人次，支援墨脱县资金、物资价值合计507万元。

【交往交流交融】 3月18—19日，佛山市政协常委、佛山市粤驰投资发展有限公司董事长梁永流，佛山市进出口商会执行会长兼秘书长蔡伟生和禅城区武术协会会长叶桂红等一行16人，到墨脱县开展考察调研、捐资助教、文化交流和经贸洽谈等活动。

3月24—26日，佛山市文化广电旅游体育局局长陈新文率佛山市文化、旅游企业负责人及佛山电视台记者一行20人到墨脱县开展文化旅游体育考察交流活动，并开展佛山醒狮、广府金绣等佛山市非物质文化遗产展示和足球技能培训。

4月10—11日，广东省政协党组副书记、副主席林雄带队赴墨脱县考察调研对口援藏工作。西藏自治区政协副主席桑杰扎巴和广东省人民政府副秘书长、省第九批援藏工作队领队、林芝市委副书记、常务副市长刘光明陪同调研。

4月10—11日，佛山市高明区委副书记、区人民政府区长梁耀斌带领高明区党政企考察团到墨脱县，实地考察援藏项目落实情况。

4月1[illegible]—15日，佛山市中医院党委书记张斌及副院长蒋开平带领医务科、科教科、内分泌科等负责人一行，赴墨脱县开展对口支援和考察调研工作。

4月18—19日，佛山市教育局党组书记、局长商学兵一行赴墨脱县开展教育交流调研。

4月20日，佛山市南海区大沥镇考察交流团赴德兴乡进行结对认亲交流活动，向德兴乡人民政府捐赠援藏资金100万元。

4月21日，共青团佛山市委员会副书记钱小霞率市青年商会一行8人到墨脱县考察交流。

4月23日，佛山市顺德区实验中学校长徐东皓一行赴墨脱县中学开展交流结对活动。其间，佛山市顺德区实验中学与墨脱县中学举行共建结对学校的签约

3月18—19日，佛山市进出口商会组织佛山市企业到墨脱县开展经贸交流活动，与林芝墨脱茶业有限公司达成合作意向，以消费援藏助力墨脱县茶产业发展

（广东省第九批援藏工作队墨脱县工作组／提供）

4月20日，佛山市南海区大沥镇考察交流团赴德兴乡进行结对认亲交流活动，图为双方合影留念　（德兴乡人民政府／提供）

仪式。

9月10日，佛山市工商联（总商会）向林芝市墨脱县工商联（商会）捐赠基层工商联工作经费仪式举行，捐助墨脱县工商联（商会）资金10万元。

主流媒体报道

【新华社报道墨脱县公共足球场建设】 2月16日，新华社以《山崖上的足球场　西藏墨脱的新年礼物》为题，报道墨脱县工作组持续推进墨脱县公共足球场建设，将墨脱县公共足球场作为献给墨脱县各族群众新年礼物的新闻。

【《西藏日报》报道墨脱县援藏工作】 7月12日，《西藏日报》以《吊车分拆运　钢梁抬上山》为题，在第2版头条报道墨脱县工作组克服重重困难，充分发挥主观能动性，以“断网断路不断精神　停水停电不停斗志”的顽强意志，千方百计持续推进援藏项目建设。

7月26日，《西藏日报》第五版头条以《对口支援有路子　群众过上好日子》为题，报道墨脱县工作组进藏两年来紧紧围绕“123”援藏工作思路，大力推动民生援藏、产业援藏，助力墨脱县经济社会高质量发展的援藏工作历程。

【《佛山日报》建党节专题报道】 7月1日，《佛山日报》以《断路断网不断精神　停水停电不停斗志》为题，在庆祝中国共产党成立100周年特刊第117版报道墨脱县工作组自从2019年6月进驻墨脱县后，坚持以“凝聚人心、改善民生”为工作出发点和落脚点，围绕党建引领、项目建设和巩固群众脱贫成果促进乡村振兴三条主线，全力在民生援藏、产业援藏、智力援藏、消费援藏上下功夫，持续推进墨脱县社会经济各项事业全面发展的新闻。

【组织机构负责人名录】

组长、中共佛山市高明区委常委、县委常务副书记

叶敏坚

副组长、佛山市市场监督管理局副处级干部、县委副书记、常务副县长

张巍巍

综合管理监督

达木珞巴民族乡珠村边境地区小康村建设项目实施后村寨全景　（县发展和改革委员会／提供）

综合经济管理

【指标执行情况】 2021年，全县生产总值完成8.52亿元，同比增长7.1%；固定资产投资完成14.46亿元，同比增长44.7%；城镇居民人均可支配收入41346元，同比增长13.3%；农村居民人均可支配收入15278元，同比增长18.7%；社会消费品零售总额达7281万元，同比增长11.9%；一般公共财政预算收入完成6277万元，同比增长9.11%；一般公共财政预算支出8.46亿元，同比下降24.65%。

【国民经济草案编制】 年内，县发展和改革委员会（加挂“经济和信息化局、粮食和物资储备局、商务局”牌子）在认真总结上一年全县计划执行情况的基础上，深入开展调查研究，按照“十三五”规划、“十四五”规划总体目标，在综合分析有利条件和不利因素的基础上，编制形成《墨脱县2020年国民经济和社会发展计划执行情况和2021年国民经济和社会发展计划（草案）》的报告，并在墨脱县第十一届人民代表大会第七次会议上审议通过。

【“十四五”规划编制】 按照自治区、林芝市部署要求，墨脱县“十四五”规划编制工作于2020年5月25日正式启动，成立墨脱县“十四五”国民经济和社会发展规划编制工作领导小组，制定《墨脱县“十四五”国民经济和社会发展规划编制方案》，形成《墨脱县“十四五”时期调研报告》《墨脱县“十四五”时期国民经济和社会发展规划基本思路》，2021年1月30日，在墨脱县第十一届人民代表大会第七次会议上审议通过。6月16日，以县人大常委会办公室名义在“网信墨脱”微信公众号上公开发布《关于发布墨脱县国民经济和社会发展第十四个五年规划和二〇三五年远景目标纲要的公告》。

【项目投资】 2021年，墨脱县持续强化“重点项目挂图作战”“基建会”“重点项目推进会”等措施，推进项目早落地、早建成、早受益。固定资产投资实现新突破，全年完成固定资产投资14.46亿元，同比增长44.7%，完成年度目标任务11.04亿元的130.98%。市级重点项目全力推进，总投资5.74亿元的21个市级重点项目，年内全部开复工，累计完成投资3亿元。县级重点项目扎实推进，年内开复工69个，完工43个，累计完成投资4.11亿元。重大项目支持作用成效凸显，派墨公路全线贯通，国道219线墨脱至察隅段新建工程、国道559线达国桥至帮辛乡公路改扩建工程按计划推进，雅鲁藏布江下游水电开发前期工作稳步推进，墨脱主电网延伸工程全面完成，建成电子政务外网点位55个，实现全覆盖。

【项目储备】 2021年，墨脱县积极推进“十四五”规划重大项目策划工作。在认真总结“十三五”规划执行情况基础上，立足全县发展实际，着眼巩固拓展脱贫攻坚成果同乡村振兴有效衔接、“两个一百年”奋斗目标有效衔接，深入开展实地调查研究，认真梳理需要中央、自治区和林芝市支持的重大项目，初步形成《墨脱县“十四五”项目储备表》，涉及44大类108个项目，总投资110亿元。严格按照《关于进一步加强和规范基本建设项目有关工作的通知》精神，充分利用全国投资项目在线审批平台的审批、核准、备案和调度、监管等功能，强化重大项目管理，不断提高重大项目储备制度化、常态化、信息化水平。全年共录入在线审批平台项目78个，其中备案类2个，审批类76个。

【项目审批】 2021年，县发展和改革委员会持续做好项目审批事项的“接、管、放”工作，加强事中、事后管理。严格按照自治区政府投资项目前期工作内容、流程，自治区和林芝市下达的项目前期工作计划，认真审查项目申报资料，切实做好项目审批工作。全年下达初步设计及概算批复98个，总投资5.47亿元，涉及民生福祉、产业发展、乡村振兴等领域。

【边境地区小康村建设】 2021年，墨脱县列入《西藏自治区边境地区小康村建设规划（2017—2020年）》共有5个边境乡（镇）34个边境村庄，规划内人口1904

2021 年，背崩乡德尔贡边境地区小康村项目建设现场

（县发展和改革委员会 / 提供）

10 月 28 日，国家发展和改革委员会副秘书长郭兰峰（前排右一）、国家发展和改革委员会地区振兴司司长童章舜（前排右二）一行前往背崩乡雅鲁藏布母亲广场调研，墨脱县人民政府县长李继承（前排右三）陪同（县发展和改革委员会 / 提供）

户、8528 人（其中建档立卡脱贫户 333 户、1238 人），规划总投资 8.32 亿元。截至年末，34 个边境地区小康村建设项目已全部完工，累计完成投资 8.32 亿元。

【抵边搬迁】 2021 年，全县共有 3 个抵边搬迁安置点（德尔贡、康卓登、兴开）建设任务，涉及搬迁群众 660 人，下达批复总投资 2.46 亿元。3 月 11 日已开工建设，全年累计完成投资 1.35 亿元，完成总工程量的 55.14%（主要为场地平整、基础开挖，装配式建筑加工安装等）；扎实开展 2022 年度边境地区村镇建设前期工作。根据《墨脱县“十四五”时期边境村镇建设实施方案》，2022 年计划实施抵边搬迁点西贡安置点涉及群众 249 户、1249 人，估算投资 4 亿元。截至年末，已完成可行性研究报告编制，准备设计招标。

【定点帮扶】 年内，墨脱县牢牢把握国家发展和改革委员会（国家能源局）定点帮扶墨脱县的重大历史机遇，按照“受助方所需，帮扶方所能”原则，起草《关于国家发改委定点帮扶墨脱县相关需求方案》，制定帮扶需求政策清单及项目表，成立定点帮扶工作领导小组，建立协调联动、衔接汇报机制，清单式、项目化推进帮扶举措落地。国家发展和改革委员会（国家能源局）在深入调研基础上，研究制定《国家发改委（能源局）“十四五”定点帮扶墨脱县工作方案》，明确 7 个方面、25 条具体帮扶任务。10 月 10 日，在拉萨市召开林芝市边境县对接会，墨脱县提出需要国家发展和改革委员会（国家能源局）加大帮扶和支持的事项；国家发展和改革委员会（国家能源局）在会上明确政策、项目、资金等方面的帮扶措施。同时，向国家发展和改革委员会申报墨脱县 2022 年投资计划，申报项目共 13 个，总投资 51401.23 万元。其中以工代赈项目 3 个，总投资 1200 万元；边境乡（镇）建设 1 个，乡（镇）建设项目 1 个，总投资 15950 万元；军民一体化试点示范项目 1 个，总投资 3500 万元；交通基础设施项目 1 个，总投资 1350 万元；能源基础设施项目

1个，总投资1250万元；水利基础设施项目1个，总投资4800万元；环境基础设施项目1个，总投资1974万元；特色旅游项目1个，总投资3300万元；其他项目3个，总投资18077.23万元。

【新冠肺炎疫情常态化防控】 截至年末，墨脱县口罩储备共109505只，其中N95口罩7660只，医用口罩101845只；防护服储备3005套；隔离服储备2370套；护目眼镜储备1708副；体温计212支；手持红外额温仪储备212台；消毒液储备共3000瓶，其中安尔碘伏消毒液1000瓶、84消毒液瓶装2000瓶；过氧乙酸1750瓶；手消毒凝胶储备1000瓶；消毒喷雾器337台；75%酒精储备共2490瓶（桶）；鞋套储备2610双；一次性PE手套储备38550只；洁净服储备52套，抗菌洗手液储备639瓶，消毒泡腾片储备400千克，橡胶手套8210双，一次性帽子3000顶，医用隔离面罩2000个，基本满足全县新冠肺炎疫情常态化防控工作需求。同时，严格按照自治区、林芝市关于“扎实做好疫情防控工作，统筹抓好改革发展稳定各项任务”的统一部署要求，加强与自治区、林芝市相关行业部门沟通衔接，积极做好项目开复工建设准备工作，有序推进项目建设，保障全县项目开复工建设。

【水电能源业】 2021年，全县累计发电量2729万千瓦时，供电量2325万千瓦时，售电量2036万千瓦时。

【粮油工作】 2021年，墨脱县共采购与调运大米255吨、清油14吨，有效保障全县粮油正常供应；销售大米148.65吨，销售清油8.87吨；完成轮换粮食225吨，如期完成总任务的318%。按期完成粮食安全市长（专员）责任制考核落实整改工作。2020年度粮食安全专员（市长）责任制考核重点问题清单墨脱县涉及整改问题4条，截至年末，已完成整改4条，整改率100%。

【物价监管】 2021年，县发展和改革委员会多次组织工作人员深入市场调查，切实掌握物价变动情况。尤其在重大节假日期间和交通管制期间，向各企业主体发布通告，做好成品油储备和生活物资储备。年内，在县城农贸市场、超市分别设立采价点，对全县农副产品、日常生活用品市场价格变化实时全覆盖监测，及时向县委、县人民政府反馈相关涨幅原因，确保全县物价基本平稳。

【经济和信息化】 2021年，县发展和改革委员会扎实做好民族手工业、规模以下工业、天然饮用水监测统计工作，完成墨脱县7乡1镇农牧民碘盐配送，配送食用碘盐共49.85吨，金额24924.5元；全县规模以下工业企业共21家（其中合作社13家），累计用工1898人，吸纳高校毕业生就业人数89人，吸纳自治区内农牧民用工1249人（其中建档立卡脱贫户177人），带动劳务创收824.56万元。

2020年，林芝墨脱茶业有限公司主营业务收入达到规模以上工业企业统计标准。2021年，林芝墨脱茶业有限公司被纳入规模以上工业企业统计，为墨脱县首个纳入规模以上统计工业企业，全年增加值累计速度15.1%。

【商务工作】 2021年，墨脱县落实招商引资项目13个，完成投资1.55亿元，完成年度目标任务的103%；总投资1500万元的电子商务进农村综合示范项目累计完成投资1050万元，县级公共服务中心已建成并实现运营；乡（镇）、村级站点建设完成24个，完成率为92.3%；累计开展电子商务业务培训49次，电商孵化人才培训达2244人次，其中建档立卡脱贫人员262人次，抖音及其他平台线上培训350人；完成区域公共品牌设计及10款农产品包装设计；全年为本地农牧民专业合作社及个体工商户提供产品展示展销区域，帮助销售金额达24.27万元；通过淘宝、爱西藏、抖音、拼多多等网络平台实现墨脱县农特产品线上销售，累计销售额达146万元，主要以销售香蕉、玉米、红米、柠檬为主；解决就业人数10人，成功孵化2家农牧民专业合作社网商，3家个体工商户网商。与墨脱县韵达快递达成配送共识，1月15日，正式开展配送工作，打通墨脱县农特产品“出山路”，成为墨脱县农牧民群众增收致富的新工具。

【成品油供应】 2021年，墨脱县

汽油采购1620吨；柴油采购2340.8吨；汽油销售1580吨，柴油销售2342吨。截至年末，库存汽油40吨，柴油16.8吨。

【墨脱县供销合作社联合社成立】 根据墨脱县委机构编制委员会下发的《关于县发改委所属事业单位调整的通知》要求，7月3日，墨脱县供销合作社联合社正式挂牌成立，共有在编人员2人。主要负责宣传贯彻执行有关的农牧区经济工作和社会发展的方针、政策和措施，负责全县供销合作社改革与发展，促进合作经济发展。

（胡佳发）

【组织机构负责人名录】

主任

桑杰顿珠（门巴族）

副主任、商务局局长

黄 德 祥

副主任

覃 业 在（援藏干部）

二级主任科员

西洛平措（藏族）

项目评审中心主任

索朗次仁（藏族）

四级主任科员

边巴旺姆（藏族）

统 计

7月14日，墨脱县上半年统计联席工作会议召开现场 （县统计局/提供）

【概 况】 2021年，墨脱县统计局在县委、县人民政府领导下，在市统计局的业务指导下，坚持以数据质量为根本，围绕“四件大事”“四个确保”，全面加强党的建设，持续深化统计管理体制改革、统计法治建设，提升统计服务能力与水平，加强统计执法监督，扎实开展重大普查调查和各项常规统计调查，稳步做好各项数据发布，为墨脱县“十四五”规划开好局、起好步提供统计支撑。

【月度劳动力调查】 根据《中华人民共和国统计法》《劳动力调查制度》有关规定，3月，县统计局正式启动墨脱县月度劳动力调查工作，调查点为墨脱镇墨脱村调查小区，每月调查对象为16户（月度间50%的重复样本），调查项目分为住户信息模块、个人信息模块、工作情况模块、无工作情况模块4个模块。

全县共调查160户，共计入户登记16岁及以上人口317人，户平均规模约2人，劳动参与率95.3%，就业人口占比95.3%。每月按时足额发放调查员的劳动报酬及调查对象的咨询费用，共发放调查员劳动报酬5000元（500元/人·月），发放咨询费8000元（50元/人·月）。

【人口变动情况抽样调查】 2021年，根据《中华人民共和国统计法》有关规定，为各级党委和人民政府制定国民经济和社会发展计划及人口有关政策提供基础依据，县统计局在全县范围内组织开展2021年人口变动情况抽样调查工作。调查点为达木珞巴民族乡达木村001调查小区，此项工作是第七次全国人口普查工作的延续，主要内容包括人口基本情况、受教育程度、婚姻、妇女生育状况和养老情况等。年内，完成36户入户登记工作。

【农村统计基础工作调研】 2021年，根据《墨脱县统计局关于开展2021年农村统计基础工作调研的实施方案》，12月20—21日，墨脱县统计局联合县农业农村局、墨脱镇人民政府工作人员前往墨脱镇朗杰岗村、亚东村开展1次实地调研，调研以2个村委会（朗杰岗村36户、亚东村238户）为单位进行全面入户调研，主要检查逐级上报的农村统计数据与基层第一手调查数据的准确性。

【基层统计规范化建设】 2021年，根据《林芝市乡镇（街道）统计规范化建设工作实施方案》要求，县统计局积极落实乡（镇）基层统计规范化建设工作，以条件成熟的2个乡（镇）为试点（达木珞巴民族乡、格当乡），补短板、强弱项，保障办公场所、完善办公设备，截至年末，持续开展设备采购、制度上墙、充实人员等工作。

【经济发展】 2021年，墨脱县实现地区生产总值8.52亿元，增速7.1%。其中第一产业增加值0.51亿元，增速0.2%；第二产业增加值3.52亿元，增速4.2%（工业增加值0.31亿元，增速12.1%，建筑业增加值3.21亿元，增速2.4%）；第三产业增加值4.49亿元，增速9.8%，在地区生产总值中，第一、二、三产业比例为6∶41∶53。

2021年，全社会固定资产投资项目共84项，计划总投资64.02亿元，全年完成投资额14.46亿元，较上年增长44.7%，其中国家投资13.99亿元、民间投资0.47亿元。

按规模分：500万—5000万元固定资产项目共79项，计划总投资12亿元，本年完成投资达4.45亿元；5000万元以上项目共5项，计划总投资52.02亿元，本年完成投资达10.01亿元。

2021年，全县社会消费品零售总额达7281万元，较上年增长11.9%。其中城镇6337万元，较上年增长12.6%；乡村944万元，较上年增长7.3%。商品零售5893万元，较上年增长39.6%，餐饮收入1388万元，较上年下降39.3%。

10月21日，县统计局工作人员到达木珞巴民族乡了解基层统计规范化建设工作开展情况 （县统计局/提供）

工业企业中，林芝墨脱茶业有限公司2020年末主营业务收入达到规模以上工业企业统计标准。2021年初，由规模以下工业企业纳入规模以上工业企业统计，全年每个季度以2个百分点的增速增长，增加值累计速度15.1%。

2021年，城镇居民人居可支配收入41346元，较上年增长13.3%。其中工资性收入36100元，增长11.7%；经营净收入2810元，增长17%；财产净收入876元，增长27.9%；转移净收入1560元，增长44.3%。农村居民可支配收入15278元，较上年增长18.7%。

2021年，全县实现农林牧渔业总产值5926.65万元，较上年增长4.5%，其中，农业产值4194.16万元，较上年增长25.6%；林业产值29万元，较上年下降75.9%；牧业产值1450.48万元，较上年下降27.8%；渔业产值3.02万元，相对上年增长率是3.02倍；农林牧渔服务业总产值250万元，较上年增长25%。

（康　卓）

【组织机构负责人名录】

局长

米玛次仁（藏族）

副局长

土旦旺姆（藏族，女）

社会经济调查队副队长

康　卓（藏族，女）

四级主任科员

尼玛森格（门巴族）

审 计

【概 况】2021年，墨脱县审计局围绕县委、县人民政府中心工作和上级审计机关统一部署，按照审计要"促改革、促发展"的工作思路，坚持服务大局，突出审计重点，大力推进对公共财政、国有资产、国有资源、领导干部履行经济责任情况的审计监督全覆盖，较好地发挥审计监督职能的作用。

【领导干部经济责任审计】2021年，县审计局完成对墨脱县城市管理和综合执法局原局长杨林鑫及墨脱县人力资源和社会保障局原局长顿珠次仁离任经济责任审计。出具审计报告2份，向被审计单位提出审计建议8条。在审计过程中，重点关注被审计单位在重大经济决策、重大资金的使用、执行财经政策、国有资产管理、工程项目建设及中央八项规定精神的落实情况等方面存在的问题，结合部门行业特点针对性地提出审计建议，努力提高经济责任审计结果的运用成效。

【重点资金和重点项目投资审计】年内，县审计局配合市审计局派出审计组完成墨脱县巩固脱贫攻坚成果专项审计；配合自治区审计厅派出审计组完成墨脱县"十三五"规划期间17个政府投资项目专项审计。从体制、机制和管理层面分析问题成因，提出针对性意见和建议，进一步加强对建设单位指导，促进被审计单位提升财务管理水平。

【预算执行审计】2021年11月，县审计局开展2020年度县教育系统预算执行情况审计，并延伸至7乡、1镇共10个预算执行单位进行审计。年内，对县完全小学、达木珞巴民族乡小学、帮辛乡小学、德兴乡小学4名学校原校长进行离任经济责任审计。截至年末，已初步完成审计，已下发征求意见稿。

【组织机构负责人名录】

局长

王　根（5月免）

张志强（5月任）

副局长

桑杰顿珠（门巴族）

四级主任科员

李　飞

市场监督管理

【概 况】2021年，在县委、县人民政府和上级业务部门的领导下，墨脱县市场监督管理局贯彻落实县委、县人民政府的重大决策部署，维护墨脱县市场公平竞争，维护广大消费者合法权益，保障人民群众食品、药品、化妆品及特种设备安全，维护市场秩序和营商环境，为全县经济社会发展作出应有贡献。

【市场主体】2021年，墨脱县实有各类市场主体1587户，注册资本（金）16.66亿元，其中企业316户，注册资本（金）13.88亿元，个体工商户1146户，注册资本（金）1.89亿元，农民专业合作社125户，注册资本（金）0.89亿元。食品、餐饮领域市场主体715户，其中食品流通环节市场主体361户，餐饮经营服务环节市场主体339户，单位食堂15户。

【食品药品安全监管】2021年，县市场监督管理局充分发挥县食品安全委员会办公室的综合协调

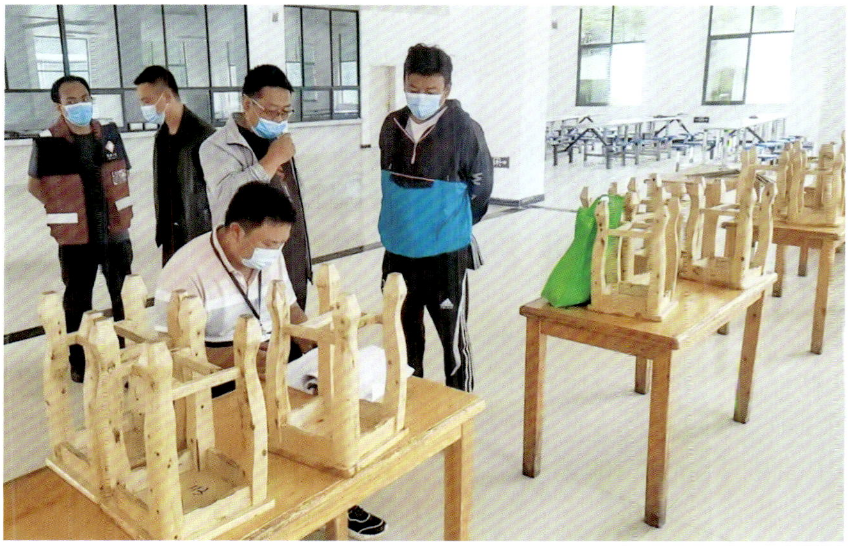

6月，县市场监督管理局工作人员开展学校食堂食品安全检查

（县市场监督管理局／提供）

作用，持续推进林芝市创建国家食品安全示范城市工作。先后印制宣传资料，分发给乡（镇）协管员，并在各个信息公示栏张贴，持续提升对全县食品安全市场主体的安全隐患排查、信息报告、宣传引导工作能力，严格落实“四个最严”（最严谨的标准、最严格的监管、最严厉的处罚、最严肃的问责）要求，下大力气抓好食品、药品安全监管。年内，县市场监督管理局联合县应急管理局、县卫生健康委员会、县城市管理和综合执法局、县教育局、县公安局、县发展和改革委员会等单位对辖区内农贸市场、校园及周边、工地食堂、商场超市、宾馆酒店、药店、诊所等市场主体开展食品流通、餐饮、明厨亮灶、“一退两抗”（退热镇痛、抗炎类药物，常用抗生素和抗病毒药物）药品零售等开展专项整治行动70余次，累计出动执法人员260人次，检查市场主体1600余户次，签订食品安全承诺书50余份。

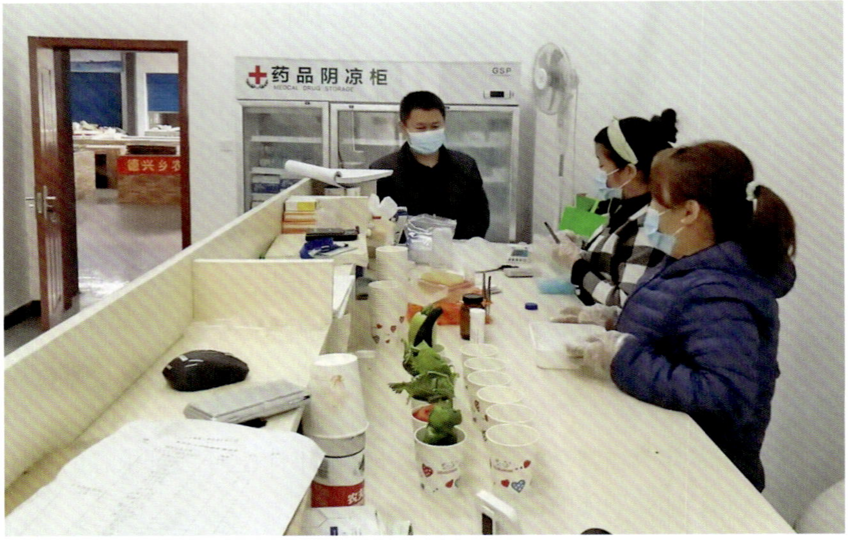

2021年，按照上级统一部署，县市场监督管理局对县城农贸市场上市农产品进行抽检，合格率100%　（县市场监督管理局／提供）

【农产品抽检】 按照林芝市市场监督管理局抽检任务安排，2021年，县市场监督管理局开展食用农产品抽检工作，共抽检农产品43个批次，第三方检测机构出具的检测报告结果显示，43个批次食用农产品全部合格，合格率100%。开展预包装食品抽检20个批次，预包装食品抽检结果均为“合格”，合格率100%。

【“三品一械”抽检】 2021年，县市场监督管理局组织开展药品监督抽检和药械化不良反应监测工作。加大药械流通领域的“双随机”检查。根据国家市场监督管理总局、自治区市场监督管理局、林芝市市场监督管理局的统一部署，全面提升药械质量安全管理水平和质量风险防控能力。截至年末，县市场监督管理局共开展药品专项检查14次，药师“挂证”行为检查4次，开展行政约谈2次，检查药店等市场主体50户次，未发现违法经营行为。

【消费维权】 2021年，县市场监督管理局加大消费维权宣传教育力度，切实提高广大群众的消费维权意识和自我保护意识，引导经营者依法自觉履行消费维权的社会责任，营造全社会共同参与消费维权的良好环境。年内，县市场监督管理局完善“12315”投诉举报处理制度，开展重点领域消费维权工作，投诉服务热线24小时开通。截至年末，受理“12315”投诉举报案件12件，已办结12件，结案率100%。

【特种设备监管】 2021年，县市场监督管理局按照“谁使用，谁监管”的要求，督促特种设备使用单位依法依规严格履行特种设备使用主体责任，持续加强巡查督导力度。开展特种设备使用安全现场培训，提高特种设备使用单位的安全责任意识，特种设备安全负责人和安全管理员掌握基本的安全操作技术。截至年末，累计开展特种设备使用单位排查整治13次（电梯50余台次、压力容器1次、起重机4台次），开展特种设备安全使用知识现场培训1次。排查整治中发现6个问题隐患，已责令立即停用及限期整改特种设备使用单位2家。

【质量监管】 2021年，县市场监督管理局按照上级部门统一安排部署，持续抓好质量安全监管工

县市场监督管理局开展特种设备安全演练工作（县市场监督管理局／提供）

作，重点围绕日常生活用品、学生用品、儿童玩具、建材、加油机等领域，加大抽检和监督力度，切实维护群众利益，保障群众健康生活。截至年末，已开展专项检查14次，出动执法人员50余人，执法车辆10辆次，检查市场主体320余户次。

【“双随机、一公开”监管抽查】全面推行“双随机、一公开”监管抽查，严格按照自治区市场监督管理局下发《西藏自治区市场监管局办公室关于印发〈2021年度全区市场监管系统“双随机、一公开”监管抽查工作计划〉的通知》和《西藏自治区市场监督管理局关于“双随机、一公开”定向抽查情况的通报》的文件要求，认真安排和部署，明确责任主体、细化抽查流程，按照抽查内容扎实开展2021年度“双随机、一公开”抽查工作。年内，全县共抽查各类市场主体32家，其中自治区不定项抽查任务26家，本级定向抽查任务6家；其中企业11家，个体工商户21家。抽查结果已按要求通过西藏自治区“双随机、一公开”监管平台录入和公示抽查检查结果企业共32家，公示率达到100%。

【扫黑除恶打非治乱专项斗争】2021年，县市场监督管理局持续开展扫黑除恶打非治乱专项斗争工作，维护社会和谐稳定。加强组织领导，调整充实由局长任组长的局扫黑除恶打非治乱专项斗争领导小组，结合工作职责。强化市场监督，加大摸排力度。对各市场主体进行宣传和摸排。全年共摸排各类市场主体1600余户，发放宣传资料1700余份，受教育人数达2200余人次。

【新冠肺炎疫情常态化防控】根据“管行业领域必须管防疫、管业务工作必须管防疫、管生产经营必须管防疫”和“外防输入、内抓规范”工作要求，年内，县市场监督管理局持续开展冷链食品专项检查工作。进一步加强冷链食品监管工作，对辖区内冷链食品经营商户进行检查，重点检查冷链食品经营使用单位对溯源管理。落实好每日消毒杀菌、从业人员

4月30日，县新冠肺炎疫情防控工作领导小组办公室联合县市场监督管理局、县卫生健康委员会、县公安局、县文化和旅游局等部门在娱乐场所开展新冠肺炎疫情常态化防控督导检查（县新冠肺炎疫情防控工作领导小组办公室／提供（

个人防护等日常防控工作，排查库存是否存在私自贮藏进口冷链食品等情况。按照新冠肺炎疫情常态化防控工作要求，冷链食品从业人员及物流快递从业人员每周二到县疾病预防控制中心进行核酸检测。加强对市场主体的检查，落实好进店扫码、“一米线”、测量体温与对经营场所进行消毒杀菌工作。安排县农贸市场协管员每天对县农贸市场内外进行2次消毒杀菌，全年共计700余次。

【地理标志商标申报】 2021年，县市场监督管理局为更好地推动“科技兴农、品牌兴农”工作，促进全县品牌战略应用与推广，实现特色产品利用品牌效果推动市场发展。持续完善“墨脱红米”“墨脱石斛”“墨脱花椒”“墨脱红茶”“墨脱绿茶”地理标志商标的申报工作。协助县农业农村局开展墨脱县林果国家地理标志产品保护与申报工作。

【组织机构负责人名录】

局长

次仁顿珠（藏族，4月免）

卓玛央宗（女，珞巴族，4月任）

副局长

张　凯

二级主任科员

李光辉

三级主任科员

达瓦维色（门巴族，4月任）

综合执法队副队长

平　措（藏族）

四级主任科员

德庆拉姆（女，门巴族）

稽查队队长

白玛益西（门巴族）

自然资源管理

【土地管理】 2021年，县自然资源局共办理“三证一书”登记107份，其中用地预审与选址意见书44份，总面积23.99公顷；办理用地规划许可证12份，总面积2.86公顷；办理建设项目工程规划许可证32份，总面积8.9公顷；办理乡村规划许可证19份，总面积1.27公顷。

【不动产登记】 2021年，县自然资源局共办理不动产登记共57本，其中国有建设用地使用权及房屋所有权首次登记5本；国有建设用地使用权首次登记4本；转移登记28本；注销登记3本；变更登记6本；查封登记1本；更正登记1本；不动产登记证明（抵押权登记）9本。

【易地扶贫搬迁户不动产权证书发放】 根据《西藏自治区自然资源厅关于加快推进农村集体土地使用权登记发证工作的通知》要求，2021年，县自然资源局认真开展全县农村集体土地使用权登记工作，共办理不动产权证书238本。

【地质灾害防治】 汛前排查　年内，县自然资源局委托横向合作单位四川冶金地质勘查院在全县范围内开展汛前地质灾害隐患排查工作，形成“一图一表一报告”，全县汛期地质灾害隐患点共354处，其中新增10处。

汛期应急值守　年内，县自然资源局实行汛期值班带班制度、零报告制度和灾情速报制度。制定2021年地质灾害防治方案，修改完善墨脱县突发地质灾害应急预案。

汛期地质灾害知识培训与应急演练　为做好全县汛期地质灾

6月16日，县自然资源局工作人员在达木珞巴民族乡珠村开展易地扶贫搬迁不动产权证书发放工作
（县自然资源局／提供）

4月28日，县应急管理局与县自然资源局联合在墨脱镇墨脱村委会组织开展墨脱县2021年度汛期地质灾害防治和地震避险应急演练（县自然资源局/提供）

害防治工作，年内，县自然资源局组织开展墨脱县2021年度汛期地质灾害防治工作和地震避险知识培训会，墨脱县2021年度汛期地质灾害防治和地震避险应急演练。

汛中巡查　根据2021年地质灾害汛前排查成果，县自然资源局汛中巡查原有地质灾害及隐患点354处（泥石流133处、滑坡78处、崩塌88处、不稳定斜坡54处、地裂缝1处），2021年汛中巡查新增地质灾害隐患点53处（主要位于派墨公路老虎嘴至多雄拉隧道口路段），拍摄照片2849张。通过实地调查，最终核实地质灾害隐患点407处，对每一处地质灾害点均按照“一图一表一报告”进行记录。

地质灾害群测群防员补助兑现　年内，县自然资源局完成2021年度自然资源系统58名地质灾害群测群防员补助22.86万元兑现工作。

【国土执法】　2021年，自然资源部下发墨脱县图斑共22个，总图斑面积30.74公顷，其中2021年第一季度违法用地补充图斑2个，面积0.27公顷；第二季度违法用地补充图斑6个，面积3.89公顷，第二季度矿产图斑2个；第三季度违法用地补充图斑14个，面积26.58公顷。根据《西藏自治区自然资源厅关于开展2021年卫片执法工作的通知》要求，年内，县自然资源局认真开展卫片执法图斑整改工作，完成2021年度第一、二、三季度卫片图斑整改工作。

【农用地转用审批】　年内，县自然资源局开展墨脱县2021年度建设项目用地农用地转用审批工作，截至年末，已完成2021年墨脱县村镇第一批次、2021年墨脱县城镇第一批次组织报件工作。

【国土空间规划编制】　2021年，墨脱县国土空间总体规划重点进行现状基数转换、城镇开发边界划定和永久基本农田核实整改的工作。截至年末，已完成2021年4月版第三次全国国土调查数据现状地类基数转换工作，已梳理完成《2014—2020年农用地转建设用地项目清单》《墨脱县国土空间总体规划》，通过一张底图转换细化、基础资料整理、现状特征分析、目标战略定位、国土空间格局、村庄分类、中心城区方案及九项专题研究等工作，并向县委、县人民政府主要领导汇报，并通报相关各部门。针对反馈意见修改完善后，已完成总报告幻灯片、文本、说明书、图集、各项专题研究报告。墨脱县国土空间总体规划中期阶段性成果的汇报、墨脱县国土空间总体规划公示成果编制并组织专家咨询论证、墨脱县城市体检工作编制、墨脱县信息平台及“一张图”信息系统与市级信息平台系统进行对接等工作。

【项目建设】　地质灾害治理工程3个项目　截至11月末，县城后山N3泥石流治理项目、帮辛乡帮辛村文化站后山滑坡治理项目、墨脱镇米日村村委会后山崩塌治理项目均已通过自治区级终验。

13个地质灾害监测预警点项目　年内，雅鲁藏布江堰塞湖地质灾害应急救灾项目（墨脱段）地质灾害监测预警自动化实时监测项目（6个项目），检测设备采购与安装已全部完成，已完成县级初验；雅鲁藏布江堰塞湖地质灾害应急救灾项目（墨脱段）地质灾害监测预警InSAR监测项目（7个项目），InSAR遥感监测已实时监测，已通过自治区级终验。

应急能力建设项目　年内，墨脱县地质灾害远程会商应急指挥系统和专业监测预警平台建设项目、数据平台建设和硬件会议室系统均已安装完成，并通过自治区级终验；墨脱县地质灾害群测群防体系建设项目已通过自治区级终验。

墨脱县2019年度增减挂钩拆旧复垦项目　项目复垦面积为3.05公顷（加热萨乡龙列村、墨脱镇玛迪村、达木乡珠村）总投资226.5万元，截至年末，项目总体完成率100%，已完成初验工作。

【第三次全国国土调查】　为进一步做好全县第三次全国国土调查，截至年末，县自然资源局正在开展试点更新工作，扎实做好国土空间编制工作，按照相关工作部署要求，县自然资源局开展基本农田核查整改图斑调查举证、成果数据报告、建立数据库等工作。

【组织机构负责人名录】

局长

索朗旺扎（门巴族）

副局长

徐 胜 亮

嘎玛加央（藏族）

执法大队队长

旦增桑珠（藏族）

土地储备中心主任

桑培旺姆（女、藏族）

不动产登记中心主任

强巴次仁

农林水利

2021年6月的果果塘茶园　　（县文化和旅游局／提供）

农业农村

【概　况】2021年，在县委、县人民政府的领导下，墨脱县农业农村局（加挂"墨脱县科学技术局、墨脱县乡村产业局、县农业综合行政执法队"牌子）坚持以习近平新时代中国特色社会主义思想为指导，以全面推进乡村振兴，加快推进农业农村现代化为统领，持续做好"稳定、发展、生态、强边"四件大事，主动探索符合全县发展的优势农牧产业，不断优化产业结构，农业农村各项工作稳步推进，为全县经济社会健康发展提供强有力支撑。

【种植业】2021年，全县粮食播种面积1130公顷，产量约4628.4吨；蔬菜种植196.93公顷，产量约1348吨，建成高标准农田65公顷，良种繁育基地86.67公顷，完成农业社会化服务托管面积133.33公顷。

【畜牧业】2021年，全县藏猪养殖规模6400余头，年末存栏4400余头，全年肉产量220吨，奶产量92.4吨；冬播地饲草复种200公顷。

11月16日，帮辛乡帮果村村民在实施高标准农田建设项目

（县农业农村局／提供）

2021年1月，总面积11.8公顷的墨脱镇亚东村（巴米典）茶叶基地茶叶长势喜人

（匀　昆／摄）

【特色产业】茶产业　年内，县农业农村局牵头成立墨脱县茶叶产业协会，制定《墨脱茶叶产业标准化体系》，并完成18项茶叶技术标准专家评审、网上公示及发布等工作。联合县乡村振兴局建成高山有机茶园103个，总面积1280公顷，可采摘面积574.6公顷，全年采摘茶青22.57万千克，增收1157万元，同比增长44.6%，实现户均增收8287元，人均增收1859元。加强茶园后期管护，引导群众按标准修剪、增施有机肥、及时回收废弃农膜等工作，取得较好效果。

水产养殖　年内，建成玛迪水产养殖项目一期工程，截至年末，养殖的南美对虾已上市销售。

新兴产业培育　近年来，随着墨脱县交通条件改善、基础设施提升，农业产业迎来多元化发展，先后栽种菠萝、蜜柚、火龙果、白肉枇杷、白肉灵芝等特色农作物，为农牧民群众增收致富创造更好的条件，有力助推全县林果产业经济高质量发展。2021年，全县栽种菠萝0.8公顷，主要分布在墨脱镇亚让村；栽种蜜柚14.93公顷，主要分布在墨脱镇、德兴乡等地；栽种火龙果0.16公顷，主要分布在德兴乡、墨脱镇；大部分乡（镇）都有野生白肉灵芝分布，人工栽培面积1.03公顷，主要分布在格当乡、达木乡、背崩乡；全县杂交白肉枇杷良种覆盖率达到90%以上。

【动物防疫检疫】 2021年，墨脱县如期完成春秋两季重大动物疫病疫苗接种工作，全年春、秋两季分别为：春季牛口蹄疫免疫率98%，猪口蹄疫免疫率96%，猪瘟活疫苗免疫率95%；秋季牛口蹄疫免疫率97%，猪口蹄疫免疫率98%，猪瘟活疫苗免疫率95%。

年内，墨脱县保质保量地完成高致病性禽流感强制免疫1年3次的任务，其中第一次高致病性禽流感鸡免疫密度95%；第二次高致病性禽流感鸡免疫密度96%；第三次高致病性禽流感鸡免疫密度96%。

【人居环境整治】 2021年，墨脱县持续开展村庄清洁专项行动，共张贴宣传标语300余条、悬挂横幅20余条及LED电子屏展示30余条次，宣传新冠肺炎疫情防控和环保相关知识累计50余场次，受益群众8000余人次。全面整治私搭乱建、乱堆乱放、畜禽粪污、卫生死角、非正规垃圾堆放点等影响村容村貌现象，严格实行“门前三包”责任制，累计清理农村生活垃圾600余吨、白色垃圾200余吨、村内沟渠400余千米、淤泥200吨，共出动3万余人次，确保村庄清洁工作全覆盖、无死角。年内，墨脱县农村户厕改造稳步推进，及时足额兑现全县2020年41户农村户厕改造奖补资金8.2万元，并如期完成2021年户厕改造19户的目标任务。

【家庭农场培育】 2021年，墨脱县将发展家庭农场作为加快农业产业结构调整，促进农民群众致富的重要途径，制定并下发《墨脱县农牧民专业合作社县级示范社评定及监测办法》《墨脱县家庭农（牧）场名录管理及市级示范家庭农（牧）场管理暂行办法》，并采取提供相应的政策指导及必要的业务技能培训等切实有效的措施加以扶持；结合各乡（镇）种植（养殖）户经营规模，经乡（镇）推荐并充分征求县发展和改革委员会（县商务局）、县财政局、县水利局、县税务局、县市场监督管理局、县林业和草原局意见，评选认定10家农牧民专业合作社县级示范社和3个家庭农（牧）场县级示范社。同时积极对接市农业农村局，申报5家市级农牧民专业合作社示范社和1家市级家庭农（牧）场，予以重点培养。

【农牧民专业合作社培育】 2021年，墨脱县农牧民专业合作社持续壮大，截至年末，全县运营正常的合作社97家，涵盖特色民族产品、种植、养殖及特色手工制品等行业，以茶叶种植合作社和特色林下资源种植合作社为重点培育对象。全年全县农民专业合作社总经营收入共计951万元，成员人均增收6712元。

【农业病虫害防治】 2021年，县农业农村局为做好草地贪夜蛾虫害防治工作，累计为各乡（镇）发放农药240余件，组织专业技术人员开展春耕春播、茶园管理技术指导及草地贪夜蛾等农作物病虫害监测防治培训20余次，受训群众400余人；共计排查玉米673.42公顷，其中草地贪夜蛾发生面积86.36公顷，已累计防治面积618公顷。针对墨脱镇及达木珞巴民族乡的部分茶园发生茶蓑蛾虫害的情况，积极采取生物防治（茶园养鹅）与物理防治（深度修剪）相结合的方式进行茶园虫害防治工作，全年为墨脱镇解决茶园养鹅（生物防治）所需柱子60根，解决微生物农药11件，并积极协助县茶叶种植工作领导小组办公室组织群众开展茶树深度修剪工作。

【农村集体产权制度改革】 年内，全县46个建制村资产清查总额达14745.55万元，其中经营性资产总额4224.33万元，非经营性资产总额10521.22万元；集体土地面积11540公顷，其中农业用地面积11465.67公顷；累计认定农村集体经济组织成员共2532户10380人；量化经营性资产3722.21万元，同时设置成员股

9503股，全县成立46个农村股份经济合作社，并完成登记赋码和发证工作。截至10月末，墨脱县农村集体产权制度改革工作先后通过林芝市和自治区验收，均取得“优秀”等次。

【宅基地管理】 2021年，县农业农村局出台墨脱县宅基地业务办理流程模板。全年累计办理宅基地业务100余件，并联合县自然资源局、各乡（镇）人民政府开展宅基地违法建筑联合执法工作，通过宣讲国家法律法规及思想教育，引导群众自愿拆除违法建筑住宅2处，受教育群众1000余人次。

【玛迪村水产养殖项目】 2020年9月7日，墨脱县与广东省何氏水产有限公司签订水产养殖合作框架协议，2020年末，投资额达600余万元的墨脱县玛迪村水产养殖项目正式实施。2021年5月，玛迪村水产养殖项目一期工程竣工。建有6组共36个养殖池，养殖车间面积1440平方米，养殖水体约720立方米，配备6套水产养殖设备，其中4套养虾，2套养鱼。首批投放罗非鱼、翡翠斑、加州鲈等共计1.8万尾鱼苗及20万尾南美对虾进行试养殖。截至年末，玛迪村水产养殖项目养殖的南美对虾陆续上市，共销售200余千克，带动农户增收4万余元。在此基础上，墨脱县增资1069万元进行二期车间建设。

【茶园种植、养殖结合新模式】 2021年，墨脱县开始探索茶园种植、养殖结合新模式。选取墨脱镇墨脱村、德兴乡德兴村、背崩乡格林村、达木珞巴民族乡卡布村及帮辛乡肯肯村茶园为首批放养家禽示范点，开展生态有机茶园养家禽技术试验，投入县农业农村局科学技术普及经费7万元，通过在茶园里适度规模放养家禽，利用最少的资源，获得绿色优质的家禽产品，同时家禽啄食茶园杂草、虫子，排泄物增加土壤肥力，改善生态环境，减少投入、增产增收，有效解决茶园杂草、病虫害防治和增加土壤肥力三大难题。

【筛选粮食作物新品种】 为解决墨脱县水稻品种老化、产量提升不明显等问题，2021年3月，经县人民政府同意，墨脱县水稻新品种引进试种试验项目成功落地，试验总资金4.2万元，资金来源为本级财政。水稻新品种引进试种试验项目由县农业农村局农技站负责实施，所引进的30个水稻品种是由华南农业大学国家植物航天育种工程技术研究中心、四川成都仲衍种业股份有限公司及四川川种种业有限公司提供。通过产量、植株抗病性等对比，初步筛选出软华优、Y两优、华航56、58号4个水稻品种用于进一步试种推广。

5月23日，墨脱县玛迪村水产养殖基地竣工投产仪式举行

（县农业农村局/提供）

【草地贪夜蛾防治】 4月，墨脱县多个乡（镇）发现草地贪夜蛾虫害，全县仅玉米地草地贪夜蛾发生面积就达86.36公顷。5月25日、29日，县委、县人民政府分别召开关于草地贪夜蛾等农作物病虫害监测防控等工作会议，对草地贪夜蛾等农作物病虫害监测与应急防控工作作出安排部署。为遏制受害农作物面积大幅增长态势，县农业农村局及时联合各乡（镇）组成5个共20余人的病虫害防治排查工作小组，分别奔赴墨脱镇、德兴乡、背崩乡、格当乡、

达木珞巴民族乡、帮辛乡和加热萨乡的45个村，全面开展草地贪夜蛾等农作物病虫害地毯式调研排查工作，为草地贪夜蛾防治攻坚战取得胜利奠定坚实基础。截至年末，墨脱县草地贪夜蛾虫害防治取得较好成效。

【农业机械化推广】 2021年，墨脱县完成“无人机首次喷药”和“双人采茶机首次采茶”作业，在加快全县农机化服务体系建设的同时，促进全县农业产业结构的调整。

【茶叶社会化托管服务】 年内，为缓解全县“茶产业规模与劳动力数量不匹配”等问题，墨脱县积极推广茶叶社会化托管服务，实施并完成全县133.33公顷茶园农业生产社会化服务项目。

【废弃农膜回收】 2021年，墨脱县示范推广农业优质绿色高效技术项目——墨脱县茶园废弃农膜回收工作，项目补助资金为20万元，资金来源为2020年示范推广农业优质绿色高效技术资金，项目由墨脱县达木珞巴民族乡卡布农产品种植加工农民专业合作社承担，先作业后补助。项目结合全县农业面源污染防治和耕地安全利用的实际，通过在全县5个种植茶叶的乡（镇）开展废弃农膜回收作业方式进行，截至年末，已在墨脱镇、德兴乡、背崩乡和格当乡等4个乡（镇）开展废弃农膜回收工作，并建立县级废弃农膜回收点1个，全年累计回收废弃农膜13.9吨。

【组织机构负责人名录】

局长

袁瑜贵

副局长

夏传超

冼伟光（援藏干部）

翁恩维（援藏干部）

洛桑江白（藏族，4月任）

农技推广站站长

扎西罗布（门巴族）

一级主任科员

次仁顿珠（藏族，4月任）

三级主任科员

索朗多杰（藏族，4月任）

农技推广站副站长

桑杰罗布（门巴族）

兽防站站长

久美（藏族）

兽防站副站长

兴玛（女，藏族）

林业和草原

【自然保护区概况及管理】 1985年，设立自治区级墨脱自然保护区。1986年，经国务院批准，墨脱自然保护区升级为国家级自然保护区。总面积6.26万公顷。2000年，墨脱自然保护区扩界更名为雅鲁藏布大峡谷国家级自然保护区，涉及巴宜区、米林县、波密县和墨脱县，总面积达91.68万公顷。

【森林资源基本概况】 墨脱县地处国家重点生态功能区和雅鲁藏布大峡谷国家级自然保护区内，全县林地面积252.93万公顷，林木绿化率81.18%，活立木总蓄积量5.65亿立方米。据不完全统计，国家重点保护动物不少于128种，高等植物3000余种，野生兰科植物300余种，墨脱县特有植物170余种。

【森林资源保护】 2021年，县林业和草原局（加挂“墨脱县自然保护区管理局”牌子）牢固树立绿色发展理念，坚持生态保护优先，坚持把保护环境作为底线、红线、高压线，持续加大森林资源保护力度，筑牢生态安全屏障。加强各乡（镇）公益林专业管护员管理，推动专业管护队伍管理更加制度化、规范化、专业化。加强乡村护林员和管护队队长管理，紧紧依靠当地群众保护森林资源。专业管护员、乡村护林员和管护队队长共同开展森林资源保护工作，基本形成“职责明确、分工合理、协同配合”工作机制，确保在保护森林资源中发挥积极作用。

【自然保护地整合优化工作】 2021年，县林业和草原局对自然保护区进行整合优化调整，召开推进会1次，征求各相关单位意见建议，及时向上级林业和草原局报送自然保护区整合优化意见。

【国家森林城市创建】 2021年，县林业和草原局完成36项指标资料整理，建立一个指标对应一个文件资料盒档案管理制度。如期完成上级部门督导检查3次，开展培训1次。

4 月 18 日，墨脱县创建国家森林城市工作领导小组组织召开 2021 年墨脱县创建国家森林城市推进会　（县林业和草原局 / 提供）

【古树名木调查】 年内，县林业和草原局开展古树名木调查，深入墨脱镇等 5 个乡（镇）16 个村庄开展调查，初步测量记录 52 棵古树，2 个古树群。

【林政执法】 年内，县林业和草原局加强 52K 林业检查站管理，严格依法依规检查过往车辆 2 万余辆次。持续推进 2021 年森林督查暨森林资源管理“一张图”年度更新，实地核查森林督查图斑。

【植树造林】 年内，墨脱县组织开展义务植树，干部、官兵、企业人员、群众、学生等共计 2000 余人参加，种植鱼尾葵、刺桐、蜜柚、墨脱花椒等苗木 1.61 万余株，按照 540 株 / 公顷折算造林面积 29.33 公顷。实施 2021 年庭院经济林果种植项目，投资 300 万元，其中 240 万元用于经济林果苗木采购，截至年末，已种植枇杷 11473 株，其中枇杷大苗 303 株，共涉及枇杷新品种“白雪早”等 5 个；种植龙眼 2725 株，共涉及龙眼新品种“宝石 1 号”等 6 个；种植油桪新品种“晚黄金”大苗 50 株。在墨脱县苗圃基地以营养袋形式种植枇杷新品种 7 个和龙眼新品种 9 个，共计 1.02 万余株，按照 405 株 / 公顷折算造林面积 34.67 公顷。持续推进森林乡村项目建设，完成背崩乡巴登村、西让村调研工作，截至年末，已取得可行性研究报告批复，正在申报初步设计批复。完成 2019 年庭院经济及林木种植绿化项目和墨脱县背崩乡苗圃基地智能温室大棚建设项目验收。实施格当乡德吉村幼儿园绿化项目，投资 32 万元，已完成竣工验收。完成 2021 年度森林抚育 333.33 公顷。

【森林防火暨安全生产】 年内，墨脱县召开森林草原防火工作会议，对森林草原防火工作进行再动员、再部署、再安排。与县森林草原防灭火指挥部成员单位签订《森林草原防火目标管理责任书》共计 21 份，压实工作责任。加强 44 名专业管护员、51 名管护队队长和 2140 名乡村护林员管理，开展森防器材使用培训，培训 300 余人次。联合县人力资源和社会保障局开展乡村护林员持证上岗培训，已完成格当

3 月 12 日，墨脱县绿化委员会办公室组织开展植树节活动，图为植树造林现场　（县林业和草原局 / 提供）

乡、达木乡、德兴乡、加热萨乡乡村护林员培训，参加培训人次达700余人次。强化火险隐患排查，深入各乡（镇）、施工工地、公路沿线以重要火灾沟口及各乡（镇）村庄开展森林草原防火隐患排查检查100次、出动车辆130余辆次、280余人次，发现一般隐患11起，整改11起；乡村护林员开展巡山护林值班6.49万人次，专业管护员开展巡逻210次2300余人次，发现一般隐患7处，下发整改通知书7份，整改隐患6处。清理林下可燃物，组织专业管护员、管护队队长、乡村护林员共计400余人，对公路沿线、森林周边、村边等地枯枝落叶进行清理，清理公路约40千米，清理可燃物约0.3吨。强化森防器材配置，发放森林草原防火服装（头盔、衣服、手套）15套、往复式灭火水枪463支、森林防火铁锹15把、组合工具2套、灭火器10支、护林员配发护林员服装（反光马甲）及袖标2000余套。

4月29日，县林业和草原局协同中国绿化基金会、山水自然保护中心、西子江生态保育中心和格当乡人民政府在格当乡格当村举行“秘境之眼”自然保护区红外相机监测能力培训会

（县林业和草原局／提供）

【野生动植物保护】 年内，县林业和草原局持续开展野生动物救护，救护国家重点保护野生动物6只，救护国家“三有”动物3只。加强野生动物监测，在野外安置红外相机9台，4月29日，县林业和草原局协同中国绿化基金会、山水自然保护中心、西子江生态保育中心和格当乡人民政府，在格当乡格当村举办“秘境之眼”自然保护区红外相机监测能力培训会，全县13名野生动物保护员参加培训。全年共拍摄到国

11月25日，县林业和草原局工作人员救护一只国家二级保护野生动物贡山麂

（县林业和草原局／提供）

家一级保护野生动物金猫、喜马拉雅鬣羚，国家二级保护野生动物黑熊、白颊猕猴、黄喉貂、黑鹇，国家“三有”动物赤麂等视频资料。加大野生植物保护力度，开展极度濒危植物折萼杜鹃就地保护，安装网围栏120米，设置宣传标识牌3个；联合自治区林木科学研究院，培育国家二级保护野生植物千果榄仁约400株、小果紫薇约1万株，有利于扩大、稳定千果榄仁和小果紫薇种群数量。在野生动植物新物种发现上取得新进展，据不完全统计，已发表虞氏长颈负泥虫、格当钩步甲、墨脱鼹等野生动物新物种，首次在自然环境中拍摄到野生灰腹角雉藏南亚种的活体影像；发表墨脱金线兰、雅鲁藏布虾脊兰、墨脱越橘等野生植物新物种。

【惠农政策】 2021年，县林业和草原局落实中央财政森林生态效益补偿基金，安排管护队队长51人，乡村护林员2140人，兑现公益林补助3428.54万元，惠及2637户、10473人。兑现前一轮退耕还林补助62.29万元，惠及1142户、5187人。兑现1—9月野生动物肇事补偿14.58万元。

【生态扶贫】 年内，县林业和草原局精准遴选2021年上半年生态补偿脱贫岗位1322个，兑现岗位补助230.5万元。遴选下半年生态岗位1324人，兑现补助230.91万元。

【经济林果良种引进推广】 2021年，县林业和草原局与福建省农业科学院果树研究所签订成果转化合同，引进特早熟优质大果白肉杂交枇杷新品种“白雪早”，推动墨脱县枇杷、龙眼优质高效栽培新技术落地。全年开展枇杷和龙眼种植培训，培训人数达300余人。

【生态环保宣传】 2021年，县林业和草原局持续开展森林草原防火、野生动植物保护、创建国家森林城市等宣传，积极推进《中华人民共和国森林法》《中华人民共和国野生动物保护法》等普法活动，开展“世界湿地日”“世界野生动植物日”宣传活动，展示野生动植物宣传展板5块，联合墨脱电视台制作播放“世界野生动植物日”公益广告，发送各类宣传短信3.6万条，悬挂横幅12条，发放各类宣传册、宣传单1.15万余份。

【政务服务】 2021年，县林业和草原局充分发挥西藏政务服务网优势，提高便民服务水平和能力，线上线下办理自然保护区修筑设施事项55件，征占用林地手续35件。

（达瓦卓玛）

【组织机构负责人名录】

局长

格桑巴珠（藏族）

副局长、自然保护区管理局局长

旦巴占堆（藏族）

林业工作站副站长

董 鹏 飞

水 利

【概 况】 2021年，墨脱县水利局在县委、县人民政府的领导下和自治区水利厅、林芝市水利局的指导下，围绕县委、县人民政府确定的战略目标和上级水利部门下达的工作任务，全面贯彻落实中共十九大和十九届二中、三中、

3月3日，县林业和草原局组织开展“世界野生动植物日”宣传活动

（县林业和草原局／提供）

四中、五中全会、中央第七次西藏工作座谈会精神、习近平总书记在西藏视察时的重要讲话精神，牢牢把握水利改革等政策待遇，各项工作成效明显，全县水利各项事业发展迅速，为墨脱县社会经济发展打下良好的水利基础。

3月23日，县委副书记、县人民政府县长、县总河长魏长旗（左一）检查亚让电站防汛情况 （县水利局/提供）

【防汛度汛】 2021年，县水利局共开展防汛抗旱宣传活动6次，发放宣传资料480余份，参与群众680余人；开展防汛应急演练9次，参加人数398人。落实防汛资金保障16.72万元；配合做好冰果日泥石流应急抢险事故调查，调拨雨鞋、安全帽、铁锹、编织袋等物资，用于现场救援，抢通救援现场临时供水。全面摸排山口处项目部、临河项目部、重大地质灾害隐患点情况。同时针对雅鲁藏布江水位异常问题，及时掌握雅鲁藏布江水位情况，向县委、县人民政府主要领导上报水位情况5期，紧急调拨编织袋2000条、雨衣10件、雨鞋10双至亚让电站，确保有备无患。投入资金4.4万元，及时采购因冰果日泥石流消耗的救灾物资，确保物资足额足量。完成水旱灾害风险普查数据采集及系统上报任务，并已提交市水利局进行质量检验；投入资金19.2万元，完成2021年山洪灾害非工程措施项目建设任务。投入投资187.16万元，开展2021年水毁修复工程建设，涉及6个项目，截至年末，其中4项已完工，2项正在实施中。

【河（湖）长制工作】 年内，墨脱县县级河（湖）长巡河（湖）74人次，乡（镇）级河（湖）长巡河（湖）733人次，村级河（湖）长巡河（湖）1056人次。清理河（湖）岸沿线垃圾重量约112.9吨，动员干部群众4168人次，清理河（湖）管理范围内“白色污染”约11.59吨，排查“清四乱”问题8个，销号问题8个，整改完成率为100%。完成县、乡（镇）、村（居）委会三级河（湖）长调整。实现河（湖）管护纳入村规民约，形成“全民治河、全民监督”管理新机制。投入资金10.74万元，完成80块河长制公示牌任务。投入68.19万元资金，完成白玛西路、西工河、嘎弄曲3条河流管理范围划定工作，并积极向自治区申报白

11月17日，市委副书记张秀武（左六）在墨脱镇开展雅鲁藏布江墨脱段河长巡河工作 （县水利局/提供）

玛西路编制河流域规划。投入60.6万元资金，积极推进19条县级河（湖）“一河一策”修编。年内，广东省水利水电科学研究院无偿支援2021年墨脱县河湖健康评价项目。完成自治区级河湖长制信息平台录入，实现各级河（湖）长信息化巡河。制定印发《墨脱县推行“河（湖）长制+检察长+警长”协作机制的实施方案》。

【最严格水资源管理制度】 年内，县水利局强化最严格水资源管理制度，强化水资源管理强度的“双控行动”工作，严格控制全县用水总量、万元工业增加值用水量、农田灌溉水有效利用系数在全县水资源“三条红线”控制指标范围内。申请49万元资金用于79个灌渠、农村饮水工程编制水资源论证工作，截至年末，已完成复审。联合市生态环境局墨脱县分局、县住房和城乡建设局等相关部门，完成对县城重要水源地评估任务，评估得分为80分，同时下达整改通知书1份。认真开展2020年度最严格水资源制度考核整改工作。充分利用“中国水周”“世界水日”，积极开展节水活动宣传。

【新建项目】 2021年，县水利局新建项目2项，总投资2821.84万元，分别为投资1684.84万元的墨脱县格当乡兴开提琴曲防洪工程，工程于10月14日开工，截至年末，已完成工程进度的95%；投资1137万元的墨脱县里果荣曼久曲防洪堤工程，工程于10月11日开工，截至年末，已完成工程进度的98%。

【项目前期工作】 2021年，县水利局处于项目前期阶段9项，分别为投资2000万元的墨脱县格当乡兴开搬迁点水土保持工程、可研投资4200万元的墨脱县备用水源工程、批复投资573.83万元的墨脱县达木珞巴民族乡珠村骨干水源工程、批复投资1157.8万元的西藏林芝市墨脱县格当乡上曲那塘防洪工程、批复投资170万元的墨脱县西贡安置点村级饮水工程、批复投资808万元的墨脱县西贡安置点乡级饮水工程、可行性研究报告投资4298万元的墨脱县西贡安置点堤防工程、批复投资413.72万元的墨脱县德尔贡安置点公建饮水工程、三峡集团西藏能源投资有限公司援助投资1089.4万元的墨脱县农村饮用水巩固提升项目。

【组织机构负责人名录】

局长

布　琼

副局长

杨　建

二级主任科员、水利服务站站长

尼玛次仁（藏族）

水利服务站副站长

郭　兴

交通·通信·邮政·电力

西藏林芝墨脱县供电公司党员服务队在墨脱镇墨脱新村检查400伏低压用电设备　（西藏林芝墨脱县供电公司/提供）

交通运输

【概　况】 截至2021年末，墨脱县公路总里程529.24千米，其中通县道137.68千米、通乡道160.53千米、通村道231.03千米。全县下辖8个乡（镇）、45个建制村，乡（镇）公路通达率为100%，通畅率为62.5%，建制村公路通达率为100%，通畅率为71.74%。

【重点项目建设】 国道559线达国桥至帮辛乡公路改建工程　总里程37.4千米，于2020年11月开工建设，四级公路，路基4.5米宽，路面3.5米宽，项目总投资17919.55万元，截至2021年末，完成产值9890万元，完成总投资55.2%。

国道219线米林—墨脱—察隅段　墨脱至察隅段第2合同段建设项目总里程38.82千米，三级公路，路基宽7.5米（局部），路面宽6.5米，总投资88716.7万元。截至2021年末，已基本完工。

【农村公路养护】 2021年，县交通运输局始终坚持"有路必养、养必良好，有路必管、管必到位"的总体管理养护目标，坚决履行好"认识到位、责任到位、作业到位、监督到位"主体职责，切实开展好农村公路养护工作。年初制定2021年农村公路养护工作制度、计划及公路桥梁应急保通预案并予以严格落实，按照保通养护工作计划，积极开展公路养护作业。全年开展保通工作96次，出动机械105台次、人员244人次，清理塌方69660立方米，边沟44950米，清理道路路肩杂草约107.44千米，雇用当地农牧民群众834人次参与道路清理工作，累计创收约34万元。截至年末，墨脱县已完成县、乡（镇）辖区路长组织体系构建，路长制信息牌设置正积极推进中，其中桥梁信息牌设置率为53.8%。6月17—19日，县交通运输局根据上级部门要求，安排工作人员配合市交通运输局委托的第三方专业机构开展国家公路桥梁基础数据库工作，累计检查录入桥梁38座。8月，完成《西藏自治区林芝市墨脱县公路桥梁静（动）态基础数据库建库项目调查测量成果报告》编制。年内，县交通运输局持续加大与林芝公路分局扎木机械化养护队及各在建工程项目部的沟通协调力度，切实增强公路保通养护及排险能力，确保全县公路通行条件稳步提升。

2021年，察墨公路第二合同段基本竣工，图为建成路段（县交通运输局/提供）

【农村公路养护直达资金项目】

德兴乡文朗村水毁修复养护工程　工程资金1649283.56元（其中，160万元为上级下达资金，49283.56元为2021年县级农村公路养护补助配套资金），12月3日，项目通过竣工验收。

德兴大桥维修加固项目　项目于2021年12月初开工，项目总投资634749元，其中50万元为上级下达资金，134749元为县人民政府配套资金，截至年末，已完成总工程量的80%，累计支付工程款70%。

抢险项目　为确保帮辛乡、加热萨乡、甘登乡道路沿线群众生命财产安全，县交通运输局及时向县人民政府争取83.1万元实施抢险项目，11月20日，完成加热萨乡至甘登乡达昂连接线K3修建挡墙项目验收；12月28日，新珠村搬迁点道路整治工程已进场施工，项目整治资金为775195.87元。

【客　运】2019年，墨脱县客运站正式成立。截至2021年末，已开通墨脱县至林芝市巴宜区、墨脱县城至背崩乡、墨脱县城至德兴乡、墨脱县城至格当乡4条客运班线，乡（镇）通客车率达62.5%。3月19日，由县交通运输局牵头完成德兴乡荷扎村、那尔东村、巴登则村、易贡白村与背崩乡格林村、德尔贡村客运班线联合审查工作，10月25日，墨脱县新增开通的2条客运班线延伸到上述6个建制村，实现通客车，截至年末，全县5个乡（镇）20个建制村实现通客车，建制村通车较上年上升13.3%。全年西藏林芝市墨脱县秘境客运有限公司投入运营车辆7辆，其中县际班车4辆，农村客运班车3辆。县客运站全年实现客车发送班次1299台次、客运载客量7734人次，实现营收58.09万元。

【交通运输综合行政执法】为有效维护全县道路运输市场管理和道路交通秩序，2021年，县交通运输局开通监督举报电话及线上举报平台，公开接受群众监督，处理群众举报事项2件，处理率为100%。开展执法工作7次，联合执法工作3次，出动人员28人次，累计检查车辆100余辆，查处非法营运车辆3辆。年内，分别在波墨公路559线52K、80K对货车展开交通管制，全年累计排查货车2000余辆，教育从业人员150余人次，发放路政相关宣传手册200余份。

2021年，县交通运输局对德兴大桥进行维修加固　（勾　昆／摄）

1月8日，武警墨脱中队送给西藏林芝市墨脱县秘境客运有限公司“军拥民　民拥军　军民共建一家亲”的锦旗，对公司给予武警墨脱中队工作的支持表示感谢　（县交通运输局／提供）

3月10日，县交通运输局交通运输综合行政执法队队员在亚东警务站对过往客货车司机进行道路运输安全宣传　（县交通运输局／提供）

8月25日，县交通运输综合行政执法队、县公安局交警大队、县应急管理局在派墨公路出口处开展联合执法（县交通运输局/提供）

【新冠肺炎疫情常态化防控】 2021年，为贯彻落实各级疫情防控会议精神及具体工作要求，县交通运输局始终坚持“教育宣传、协助配合、督导检查”的工作方式，安排专人负责新冠肺炎疫情常态化防控工作，定期汇总上报疫情相关工作情况。多次传达和学习各级党委、人民政府印发的重要文件精神及新冠肺炎疫情防控和应急处置知识，积极协助配合县疫情防控工作领导小组开展各项工作：按照“管行业必须管疫情防控”的工作原则，持续强化对县客运站、出租车行业等市场主体的监管力度，全年累计督导检查6次，发现问题8个，督促整改问题8个。有序开展新冠疫苗接种工作。

【信访工作】 2021年，县交通运输局以贯彻落实各级信访工作要求为目标，坚持以“早发现、早控制、早解决”举措为工作原则，多措并举、多管齐下全力解决信访问题。单位负责人亲自分管信访工作，并成立信访工作领导小组，班子成员分工负责交通运输领域的信访问题处置工作，并专门安排1名工作人员负责做好全局信访登记、协调、统计及信息汇报等日常工作，信访工作制度健全完善。年内，县交通运输局累计受理信访纠纷事项44起，涉及金额共计969.93万元，截至年末，已办结11起，15起已走司法程序（其中4起已解决，11起受理过程中），解决率为81.8%，其余未解决信访事项，县交通运输局已安排专人积极跟进解决中。

年内，县交通运输局通过强化领导、精心组织、狠抓落实等工作举措，确保将矛盾化解在基层、解决在基层。

【安全生产】 2021年，县交通运输局始终坚持以人民为中心的安全生产工作理念，贯彻“安全第一、预防为主、综合治理”的工作方针，全面落实安全生产责任制。年初成立以单位主要负责人为组长的安全生产领导小组，结合实际，科学制定交通运输领域安全生产各类方案、预案，明确工作重点，细化实施措施。以农村公路、在建项目、客运公司、出租行业等主体为检查对象，紧密结合《专项整治三年行动实施方案》及林芝市《安全生产大清理大排查大整治专项行动方案》等重要工作部署，开展交通运输领域安全生产监管工作。出动工作人员对县域内在建交通项目和危险货物运输企业进行安全生产检查共计13次，出动人员43人次，排查出问题12个，下发整改通知书1份，截至年末，涉及主体已完成全部整改工作。为确保全县道路运输市场规范有序，避免出现安全事故，县交通运输局继续加大对西藏林芝市墨脱县秘境客运有限公司、出租车行业的检查力度，全年累计检查15次，提出整改意见13项，截至年末，均已全部完成整改。

【平安建设】 年内，县交通运输局始终坚持把平安建设（综治）工作纳入重要议事日程，紧紧围绕平安建设工作的目标要求，对全年平安交通工作形势进行科学研判，明确职责与任务，研究制定《墨脱县交通运输局2021年平安建设实施方案》，切实做到任务认领到位、责任认识到位。狠抓建材市场整治。以综合检查、专项检查为抓手，深入项目实地排查线索，全年累计检查4次。强化法治宣传力度。紧密结合3月“综治宣传月”、6月“安全生产宣传月”“9·16”宣传日等活动，通过发放资料、张贴标语、悬挂横幅、设置咨询台等方式深入推动交通运输领域法治宣传，在干部群众中营造良好的交通运输法治氛围。全年开展集中宣传9次，发放宣传册200余份，教育群众220余人次。

【组织机构负责人名录】

局长、交通运输综合行政执法队队长

曲　　珠（藏族）

副局长

秦　　滔

盘 雪 宏

四级调研员

晋美扎西（藏族）

二级主任科员

婷　　姆（女，藏族）

交通运输综合行政执法队副队长

米玛次仁（藏族）

四级主任科员

李　　奎

中国电信墨脱县电信局

【概　况】 2021年，中国电信集团公司墨脱县电信局（以下简称“县电信局”）在各级党委、人民政府的领导下，在中国电信集团西藏自治区分公司的指引下，县电信局积极响应国家提速降费政策要求，围绕“以5G高速为引领，网络提速降费为目标，实现高速宽带农牧区全覆盖”的新发展理念，克服困难，开拓进取，勇于创新，拓展工作方法，提升服务质量，积极研究改善全屋Wi—Fi、天翼看家、天翼看店、云回看、平安乡村等多种增值业务，努力满足不同层次用户需求，全年业务持续提升。

【解决墨察公路项目部手机通信问题】 西藏天顺路桥工程有限公司国道219线墨察公路项目部位于墨脱县格当乡往察隅县方向，国道219线墨察公路40余千米处，当地无移动通信基站，无手机信号，项目部工人们轮流每周坐卡车到40千米外的县城给家人报平安，直接影响到项目部施工进度。年内，县电信局和西藏天顺路桥工程有限公司国道219线项目部沟通后，共同达成协议，并与中国电信集团有限公司林芝市分公司领导及中国电信集团有限公司林芝市分公司网发网运部协商后，决定县电信局进行通信光缆传输线路施工，满足国道219线林芝市墨察段建设项目部手机通信需求，由四川天骏通讯工程有限公司布放通信光缆，经过20天施工，11月17日，工程竣工，通信基站开通，国道219线墨察公路项目部无手机通信信号问题得到有效解决。

【安全生产】 2021年，县电信局始终坚持“安全生产、通信畅通”的工作方针，将安全生产工作为全局重点工作之一，为政府抢险救灾、应急指挥提供通信保障。积极主动开展安全生产各项要求自检工作，强调装维人员高空作业按照安全规范佩戴安全防护用具。作业前仔细检查安全防护用具是否完好，配件是否齐全，出行前认真检查通行车辆是否完好，按规定要求确保用车安全，做到工作期间坚决杜绝饮酒操作、带病作业。

11月17日，县委书记魏长旗（右四）调研察墨公路项目部无手机通信信号问题

（县电信局/提供）

【普遍服务项目建设】 2021年，墨脱县电信局实施背崩乡德尔贡村搬迁地区家庭宽带的新建资源建设项目，县城片区某部队搬迁新建通信项目，教育云网项目完成后日常维护事项等。为边境村等偏远地区新建手机基站，以满足沿途重要村庄用网需求。

【解决派墨公路沿线网络通信问题】 派墨公路开工建设后，派墨公路沿线一直无网络通信支持，给派墨公安检查站和派墨公路项目部带来诸多不便。2021年，县电信局多次实地考察调研，征得中国电信集团有限公司林芝分公司领导同意后，县电信局开展派墨公路通信光缆铺设工作。8月15日，从米林县派镇到墨脱县派墨公路沿线铺设约25千米的通信光缆正式开通，解决墨脱县派墨公路沿线的公务Wi-Fi及公安网互联网网络通信问题（语音通信暂时无法解决）。

【解决拉格疫情防控点通信问题】 8月，墨脱县在派墨公路拉格设立新冠肺炎疫情防控卡点，全面查验进入墨脱县人员健康码、行程码、核酸检测报告等相关信息，确保进入墨脱县人员安全可控。但因墨脱县通信条件有限，拉格地处偏远，未覆盖通信网络信号，导致许多游客到此处无法上网查询健康码、行程码、核酸检测报告等信息，无法确定游客行程是否安全，给疫情防控带来诸多不便和困难。为更好地提供通信网络服务，方便开展各项疫情防控工作，在县应对疫情工作领导小组办公室协调下，中国电信集团有限公司林芝分公司积极履行国有企业社会责任，协调相关单位克服交通不便，及时在拉格安装建设手机通信信号基站，为全县新冠肺炎疫情常态化防控工作提供通信保障。

【信息保护和实名制登记】 2021年，墨脱县电信局根据《中华人民共和国反恐怖主义法》《全国人民代表大会常务委员会关于加强网络信息保护的决定》《电信和互联网用户个人信息保护规定》《电话用户真实身份信息登记规定》等法律法规要求，严格执行墨脱县用户在办理固定电话、移动电话等业务入网、过户及其他需要如实登记用户真实身份信息的业务时，必须出示有效证件原件，执行实名制要求操作流程办理。并按规定认真进行用户信息核查并登记。从源头防范和打击电信网络诈骗犯罪案件的发生。

【网络提速】 2021年墨脱县电信局本着“我为群众办实事”实践活动的初衷，全面提升宽带速率，从20M、50M提升到100M、200M、300M、1000M等高速光纤宽带。至此，墨脱县全面进入网络高速时代。

（邓　永）

8月，中国电信墨脱县分公司为派墨公路项目部解决网络通信问题后，收到派墨公路项目部送来的锦旗（中国电信墨脱县分公司／提供）

【组织机构负责人名录】

局长

邓　永（藏族）

中国移动通信墨脱县分公司

【概　况】 2021年，中国移动通信集团西藏有限公司林芝分公司墨脱县移动公司（以下简称“墨脱县移动分公司”）深入学习贯彻中共十九大和习近平新时代中国特色社会主义思想精神，深刻领悟“央企姓党为民”的政治本色，努力践行“为人民服务”宗旨，为墨脱县社会经济发展提供强有力的通信网络保障。切实围绕中国移动通信集团公司、中国移动通信集团西藏有限公司、中国移动通信集团西藏有限公司林芝分公司和墨脱县人民政府的工作精神和工作部署，不断深化5G相关业务推广发展，让墨脱县各族人民共享5G科技信息成果。

截至2021年末，墨脱县移动分公司共有2G基站64个，4G基站89个，5G基站10个。年内，墨脱县移动分公司开通俄玛基站、鲁工河基站、阿尼桥基站，为边境一线官兵和边境一线修路工人提供优质的移动通信服务。

【精准服务】 2021年，墨脱县移动分公司客户份额达56.58%，完成家宽带覆盖2919户，端口利用率达到48.86%。在发展客户和安装家庭宽带的同时，积极与客户沟通，为客户调试家庭宽带网络电视、机顶盒，保证客户能收看到更多的电视节目，能以较快网速享受各种网络服务。

【网络应急保障】 2021年，因墨脱县特殊的地理环境与雨水较多的特殊气象条件，塌方、泥石流等地质灾害频繁，经常冲毁损坏波墨公路559线、县城到各乡村路段的移动光缆，致使墨脱县整体网络陷入瘫痪状态，严重影响墨脱县各族人民的日常生活和网络需求。年内，墨脱县移动分公司组织应急抢修网络38次，出动人员58人次，全面完成在最短时间内恢复全县移动通信网络的通信保障任务。

2021年，中国移动墨脱县分公司共组织通信网络应急抢修38次，图为抢修人员在大雪天抢修通信基站　　（中国移动墨脱县分公司／提供）

中国邮政墨脱县分公司

【概　况】 2021年，中国邮政集团有限公司西藏自治区墨脱县分公司（以下简称“墨脱县邮政分公司”）在县委、县人民政府与中国邮政集团有限公司西藏自治区林芝市分公司党委的领导下，围绕各项方针政策，调动一切积极因素，迎难而上促发展，努力完成各项工作目标。实现业务收入连续三年增长，超额完成中国邮政集团有限公司西藏自治区林芝市邮政分公司下达的任务指标。

【整体经营指标情况】 2021年，墨脱县邮政分公司年度总收入预算224万元，累计完成203.08万元，完成预算的91.07%，比上年同期下降8.59%。其中金融业务累计完成96.82万元，完成预算的108.74%；邮务类业务累计完成46.75万元，完成预算的50.38%；快递类业务累计完成54.89万元，完成预算的142.39%。

【金融类业务】 2021年度收入预算89.04万元，占总收入的39.75%，截至年末，累计完成96.82万元，完成年度收入预算的108.74%，比上年同期增长18.32%。

储蓄业务　2021年度收入预算85万元，累计完成92.26万元，完成预算的108.54%，比上年同期增长12.82%。

汇兑业务　2021年度收入预算0.04万元，累计完成0.03万元，完成预算的75%，比上年同期下降39.69%。

保险业务　2021年度收入

预算4万元，累计完成4.54万元，完成预算的113.5%，比上年同期增长54.8%。

【邮务类业务】 2021年度收入预算93.8万元，占总收入的41.87%，累计完成46.75万元，完成预算的49.84%，比上年同期下降57.49%。

函件业务 2021年度收入预算5万元，累计完成3.06万元，完成预算的61.2%，比上年同期增长43.88%。

商品印制业务 2021年度收入预算1万元，累计完成6.3万元，完成预算的630%。

集邮业务 2021年度收入预算7万元，累计完成1.28万元，完成预算的18.27%，比上年同期下降95.66%。

普包业务 2021年度收入预算1.2万元，累计完成2.98万元，完成预算的248.33%，比上年同期增长154.21%。

报刊业务 2021年度收入预算30万元，累计完成19.45万元，完成预算的64.83%，比上年同期下降20.02%。

分销业务 2021年度收入预算49万元，累计完成13.24万元，完成预算的27.02%，比上年同期下降74.67%。

代理业务 2021年度收入预算0.6万元，累计完成0.45万元，完成预算的75%。比上年同期下降29.12%。

【快递类业务】 2021年度收入预算37.55万元，占总收入的17.2%，累计完成54.89万元，完成预算的146.18%。比上年同期增长95.16%。

标快业务 2021年度收入预算11.55万元，累计完成8.26万元，完成预算的71.52%。比上年同期增长34.15%。

快包业务 2021年度收入预算26万元，累计完成46.63万元，完成预算的179.35%。比上年同期增长112.26%。

8月2日，中国邮政墨脱县分公司邮车正在卸货 （勾 昆/摄）

【石锅寄递业务】 年内，墨脱县邮政分公司将墨脱县特色产品石锅寄递业务确定为“我为群众办实事”实践活动重点项目。3月3日，正式启动墨脱石锅寄递项目，全年新增石锅寄递客户2家，收寄石锅2090口，实现寄递收入23万元，为当地老百姓创收近300万元。

【普遍服务和特殊服务】 2021年，墨脱县邮政分公司牢固树立邮政普遍服务为“根”，客户为“本”的理念，将邮政普遍服务工作作为重要工作抓紧抓好。认真贯彻全国、自治区和全市邮政普遍服务工作会议精神，切实做好十项重点工作，落实国家邮政局“9792”“2582”工程要求，组织开展“扫黄打非”工作，加强营业管理，落实“三个百分百”和“四项业务”办理要求。加强机要通信管理，严格机要从业人员规定，从严落实登记备案制度，确保机要通信万无一失。邮政墨脱县分公司安排业务员多次下乡，为乡邮营业员开展教育培训，学习普遍服务及特殊服务的业务范围、四项基本业务、画像法等内容，并进行现场考试，对未达到合格分数的营业员提出整改时限和要求。年内，开展多次“回头看”，确保整改工作落实落地，实现全体营业员普遍服务和特殊服务学习培训全覆盖。

（白玛次旺）

【组织机构负责人名录】

副总经理

白玛次旺（门巴族）

国网西藏电力有限公司墨脱县供电公司

【概　况】 国网墨脱县供电公司成立于2017年，于2020年11月4日完成国家电网公司“直管”上划协议书的签订工作，2021年6月10日得到国务院的正式批复。按照国网西藏电力有限公司“子公司改分公司”工作要求，于10月12日完成分公司注册，营业执照名称变更为国网西藏电力有限公司墨脱县供电公司（以下简称“县供电公司”），实行国网西藏电力有限公司子公司的经营模式。公司主要负责墨脱县境内电力生产经营、电网建设、电网规划、供电服务等工作，长期服务于墨脱县1镇7乡。

【安全生产】 年内，完成对重大活动的保供电方案编制及保供电物资保障，全年累计安全保供电23次，出动应急发电机共10台次。持续组织开展电力安全“八进”宣传活动，发放宣传页和书籍18类共计625份。开展对文物建筑、宗教场所、临时施工用电，重点负荷用电单位及企业的安全用电检查，有效防止用电火灾、森林火灾的发生。重点对亚让电站、输电线路及变电站开展防洪度汛安全排查。开展“一把手”讲安全课活动，安规考试12次。县供电公司安全监察队采取“四不两直”（不发通知、不打招呼、不听汇报、不用陪同接待、直奔基层、直插现场）方式对作

3月6日，县供电公司党员服务队队员巡视10千伏贡隧线52K警务站变压器
（国网西藏电力有限公司墨脱县供电公司/提供）

3月2日，县供电公司党员服务队队员在仁青崩自然村为当地居民检查用电设备
（国网西藏电力有限公司墨脱县供电公司/提供）

业现场进行督查，强化每个员工的安全意识，杜绝安全事故的发生。开展森林草原防火专项大检查，重点对县供电公司辖区内穿越林区的输电线路，外出作业的外线员工进行集中教育并安排进山入林进行消防隐患排查。开展迎峰度冬工作，针对亚让电站的机组设备、县城环网柜、配电室、箱变，以配网设备、电缆进行“地毯式”全面排查，确保电网安全稳定运行。

【营销管理】 全面落实“三零三省”（针对10千伏及以上大中型企业推出“省力、省时、省钱”服务；针对小微企业提出“零上门、零审批、零投资”服务）服务，简化审批程序，对客户提供“省力、省心、省时”办电便捷服务。按照新冠肺炎疫情常态化防控相关要求，对重点区域、重点防疫检查站进行安全用电专项检查。常态化开展转供电防控工作及转供电治理工作，加强抄表管理，明确职责划分，签订包保责任书和设备主人制。对抄、核、受理不到位、漏抄、估抄、漏计、错计现象建立考核机制，推进管控作用，做好监督工作。积极配合政府重点工程，助力电力脱贫攻坚和推动乡村振兴。

【合规管理】 年内，县供电公司加强普法宣传教育和全员合规意识，强化依法治企，公司干部员工学习法律法规和规章制度，把法制和制度融入本职工作各个方面。严格按照流程规范化开展线下合同管理审批流程。重大事项决策前开展合法合规性审查审核工作。

（白玛玉珍）

【组织机构负责人名录】

总经理、党支部书记

唐　磊

副总经理

付崇权（仡佬族）

副总经理

饶德建

城乡建设·生态环境

2021 年墨脱县城东布路街景　（县住房和城乡建设局／提供）

住房和城乡建设

【概　况】 2021年，在县委、县人民政府的领导下，在上级业务部门的指导下，县住房和城乡建设局围绕年初确定的目标任务，坚持以中共十九大和习近平新时代中国特色社会主义思想为指导，坚决贯彻落实各级党委、人民政府的决策部署，审时度势更新思路，把握关键谋划项目，强化措施务实求效，进一步完善城市功能，提升城市品位，城乡建设各项工作取得显著成效。

【重点项目建设】 2021年，县住房和城乡建设局开复工建设项目共18个，总投资25104.5万元，其中续建项目共11个，新建项目共7个，总投资共14589.88万元，截至年末，共完工10个建设项目，完成投资11540.84万元。完工项目涉及市政道路、保障性住房、污水垃圾设施等基础设施，分别为墨脱县城莲花小区片区、兰花小区片区棚户区改造建设项目、墨脱县墨脱镇基础设施改造提升工程、墨脱县背崩乡2019年5个村级组织活动场所标准化建设项目、墨脱县格当乡桑珍卡人居环境整治建设项目、墨脱县背崩乡污水垃圾处理设施建设项目—污水处理厂、墨脱县80K污水垃圾处理设施建设项目—垃圾转运站、墨脱县80K污水垃圾处理设施建设项目—污水处理厂、墨脱县背崩乡基础设施改造提升工程、墨脱县亚东

3月18日，县住房和城乡建设局召开墨脱县住房和城乡建设项目推进协调会（县住房和城乡建设局/提供）

5月12日，墨脱县县城莲花小区片区、兰花小区片区棚户区改造建设项目通过主体验收（县住房和城乡建设局/提供）

市政道路两侧地块场地平整项目与珠村、朗杰岗安置点道路防护项目，城乡基础设施进一步完善。

年内，县住房和城乡建设局积极谋划开展“十四五”规划项目前期工作，帮辛乡、加热萨乡、甘登乡新址基础设施、边疆明珠小镇建设、城乡污水垃圾处理设施建设、2022年公租房建设、墨脱县商贸物流中心等18个项目方案设计、可行性研究报告、初步设计等前期工作有序开展。

【工程建设项目审批制度改革及政务服务】 2021年，县住房和城乡建设局积极落实工程建设项目审批制度改革要求，不断推动

审批流程优化和标准化，根据工程建设项目审批制度改革平台统计数据显示，墨脱县全年完成西藏政务服务网施工许可办理50件，在林芝市各县（区）中施工许可办理数量排名第一，占林芝市施工许可办理的62%，许可办理数量排名西藏自治区各县（区）第六，占西藏自治区施工许可办理总数的4.3%。

年内，墨脱县完成“互联网+监管”建设工程领域检查行政行为210次；持续推进“放管服”改革进程，公布施工许可证、质量监督手续、消防验收及备案、防雷装置验收、质量监督报告等业务“一码通”二维码，通过扫码即可下载业务办理流程、办事指南及材料清单，为企业、群众办事提供便利。

【建筑市场管理】 2021年，县住房和城乡建设局贯彻落实建筑行业监管职责，持续开展房屋市政工程施工扬尘污染防治提档升级两年行动、严格落实在建工地“六个百分百”“两个全覆盖”及“两个禁止”要求，截至年末，县城在建项目基本实现施工围挡和喷淋设施全覆盖，施工扬尘治理成效显著。年内，继续深入贯彻中共中央扫黑除恶专项斗争重要指示精神，常态化开展建筑施工领域行业乱象整治，不定期对全县在建项目施工现场、砂石场等地进行摸排，未发现恶意欠薪、讨薪，强买强卖、强迫交易等黑恶性质违法情况。发布《墨脱县不公开招标政府投资项目发包规定（试行）》，政府投资基建项目交由农牧民施工企业承包的项目共40个，项目总投资4537万元，转移农牧民就业1052人次，人均增收10792元，累计增收1137万元；积极推动西藏自治区建筑工人实名制管理平台应用，年内完成全县各建筑工地工人实名制管理登记3491名，通过平台完成民工工资发放7328.54万元，涉及33个项目、8821人次，有效减少拖欠民工工资情况。年内，县住房和城乡建设局依法查处建筑领域违法案件4起，罚款2.3万元已上缴国库。年内，依法办理建设项目施工许可证62个（其中，线下12个，线上50个），批准施工建筑面积119935平方米。

【安全生产、质量监督检查】 2021年，县住房和城乡建设局结合“安全生产专项整治三年行动攻坚年”行动方案，牢固树立“安全重于泰山”理念，开展“三大节日”、庆祝中国共产党成立100周年暨西藏和平解放70周年及中秋节、国庆节期间安全生产专项检查；全年共检查260余次，出动执法人员440余人次，车辆195辆次；开展建筑安全生产等法律法规宣传活动20余次，发放宣传册500余册；确保全县连续6年未发生建筑领域质量安全事故。

【人民防空工程建设】 年内，县住房和城乡建设局积极对接市住房和城乡建设局，逐步开展人民防空工程审批等相关工作，按照“应建必建，应收必收”原则，梳理出2013年以后应建人民防空地下室未建项目建设单位共11家，已下发《关于催缴人防易地建设费的通知》11份。完成墨脱县人民防空指挥所建设项目选址工作，并及时开展前期手续办理，截至年末，已完成地质灾害评估、地质勘察、测量工作。

【公有房屋管理】 2021年，县住

11月3日，县住房和城乡建设局组织全县建筑市政工程企业负责人召开2021年房屋建筑市政工程关于安全质量管理制度专题会（县住房和城乡建设局/提供）

房和城乡建设局完成县直属各单位、各乡（镇）办公用房清理整改工作，全县共17栋办公用房，实际使用面积合计12143.83平方米，全县无超标准使用办公用房情况。

【保障性住房管理】 2021年，县住房和城乡建设局完成全县周转房848套、县城公租房360套实名制核查工作，全县不存在违规占用周转房情况。

【住房公积金管理】 年内，县住房和城乡建设局按月完成全县住房公积金汇缴工作，全年完成全县财政未独立单位住房公积金汇缴共计2160余万元。

【“民生实事”工作】 农村房屋安全巩固提升 2021年，墨脱县累计排查全县7乡、1镇2090户农户，核查出帮辛乡3户、格当乡1户、背崩乡1户、德兴乡1户住房存在安全隐患。截至年末，2021年农村房屋安全加固提升工作均已完成。

城镇低收入群体租赁补贴现场摸排 年内，县住房和城乡建设局对2021年全县领取住房租赁补贴的8户群众进行住房情况摸排，经排查，8户群众确实存在家庭收入低、住房困难情况。全年县住房和城乡建设局共发放住房租赁补贴8户、14人，共计5.04万元。

【全国第一次自然灾害综合风险普查】 年内，县住房和城乡建设局向各乡（镇）发放西藏自治区关于全国第一次自然灾害综合风险普查房屋建筑和市政设施调查宣传手册70余份，宣传海报70余份。11月5日，县住房和城乡建设局组织开展墨脱县房屋建筑和市政设施全国第一次自然灾害综合风险普查培训会。截至年末，已完成各试点村普查工作，完成共9条路、2座桥的市政道路、桥梁纸质版调查材料，完成全县450余栋城镇建筑的纸质版调查材料。

11月5日，县住房和城乡建设局开展墨脱县房屋建筑和市政设施全国第一次自然灾害综合风险普查培训工作 （县住房和城乡建设局／提供）

【生态环境建设】 为做好全县生态文明建设工作，落实中央环保督察整改要求，2021年，县住房和城乡建设局进一步加强墨脱县城生活垃圾填埋场的运维和管理，及时更换渗滤液池损耗的MBR膜，保障垃圾填埋场渗滤液池的正常运转；规范渗滤液池运维工作，增加安全标识、建立渗滤液处理药品购买及使用台账；对未能及时填埋的裸露垃圾进行遮盖，并及时做好填埋工作。进一步加强建设项目施工现场施工扬尘治理，制定《2021年墨脱县建筑工地施工现场扬尘治理工作方案》《施工扬尘治理及安全文明施工实施方案》；及时召开建筑工地扬尘治理专题会，进一步强调“六个百分百”“两个全覆盖”扬尘治理要求；对各在建项目进行监督检查，全年共下发整改通知书6份，截至年末，均已整改完毕。

年内，为适应全县经济社会的进一步发展，县住房和城乡建设局建成墨脱县80K污水垃圾处理设施建设项目—污水处理厂、墨脱县背崩乡污水垃圾处理设施建设项目—污水处理厂、墨脱县80K污水垃圾处理设施建设项目—垃圾转运站。谋划实施墨脱县城垃圾无害化处理设施建设项目，截至年末，处于立项阶段。

【“厕所革命”运维监督】 2021年，全县共完成“厕所革命”项目公厕建设28座，由县文化和旅游局、县城市管理和综合执法局、帮辛乡、加热萨乡、背崩乡、德兴乡、达木乡、格当乡、墨脱镇具体负责运营管理，县住房和城乡建设局负责监督检查。年内，县住房和城乡建设局对全县“厕所革命”工作督导检查共150余次，开门率为100%，卫生达标率为95%，年内，县住房和城乡建设局对厕所卫生不达标的运维单位及时下发整改通知，截至年末，均已整改完成。

【组织机构负责人名录】

局长

刘　敖

副局长

耿海龙

林荫辉

普布次仁（藏族）

四级主任科员

巴桑卓玛（藏族）

杨　刘（女）

城市管理和综合执法

【概　况】 2021年，墨脱县城市管理和综合执法局（以下简称“县城管执法局”）在县委、县人民政府的领导下，全面贯彻落实中共十九大和十九届历次全会精神，坚持以习近平新时代中国特色社会主义思想为指导，以“创建国家森林城市”，实现“五个墨脱”（和谐墨脱、幸福墨脱、生态墨脱、美丽墨脱、宜居墨脱）为目标，提升精细化、智慧化城市管理水平，强化执法攻坚，城市管理和综合执法工作取得明显成效。

8月16日晚，墨脱县城市管理和综合执法局与相关部门联手开展县城噪音检查整治 （县城市管理和综合执法局／提供）

【环境卫生】 2021年，县城管执法局严格执行环卫工人分组包片清扫制度。将35名环卫工人分为7组，实施包片区清扫和日间全天候值班相结合制度，进一步将环卫工作做实、做细。垃圾清运实施“生活垃圾定时定点收运，商户经营垃圾上门清运”作业模式，保证每日4次的垃圾清运频次，实现县城区垃圾“日产日清”，截至12月中旬，共清运县城区垃圾2282.76吨。开展大型固体废弃物集中清运等市容综合整治工作64次，通过各类综合整治活动，进一步美化县城市容市貌。年内，为加快推行墨脱县城生活垃圾分类工作，结合全县工作实际，县城管执法局制定并印发实施《墨脱县垃圾分类管控工程实施方案》。

【征求城市管理意见】 年内，县城管执法局通过组织召开城市管理联席座谈会、开展问卷调查活动等方式了解掌握进入墨脱县游客、干部职工及居民关于墨脱县城管工作相关的意见建议，其中组织召开座谈会2次，开展问卷调查活动2次，收到线上反馈问卷49份，线下调查问卷发放300份、收回279份，收集意见建议109条、其中增设垃圾桶相关意见77条，城市管理方式方法相关意见32条。

【市容乱象整治】 2021年，县城管执法局持之以恒对县城区市容乱象进行常态化整治，开展县城范围内户外广告、悬挂横幅条幅、临时占道经营、占道施工、街摊经营等事项备案审批，引导群众有序开展上述活动。截至年末，共办理上述事项备案审批

9月1日，墨脱县城市管理和综合执法局组织开展私搭乱建整治拆除工作
（县城市管理和综合执法局／提供）

件158件，清理店外经营97处，治理流动摊贩4次，清理“僵尸车”27辆，处理机动车违规停车事件120起，累计出动人员650余人次，现场教育违规停车人员35人次，清理乱晒乱挂17处，城市内河清理1次。年内，共查处违反《林芝市市容和环境卫生管理条例》案件3起。通过联合市场监管、公安、交警等部门对烧烤摊点、施工工地、渣土运输车辆等进行检查、管控，加大扬尘油烟噪声污染管控力度，累计开展相关检查13次，治理油烟污染1处，清理噪声污染8处。

是年，县城管执法局组织县城新增商户签订《门前四包责任书》20份，累计签订218份，开展相关宣传32次，发放宣传册300余册，倡导沿街商户严格落实“门前四包”责任，并鼓励环卫工人担任督导员的角色，督促商户保持责任区域内环境卫生。加强城区违法建设治理，截至年末，共受理群众举报违法建设2处，通过劝导教育拆除违法建设9处。

【人民城管员上岗】 年内，为打造人民满意的城市管理工作品牌，县城管执法局招聘7名人民城管员，举行人民城管员受聘仪式并组织召开座谈会，宣读《墨脱县城市管理和综合执法局人民城管员制度》，人民城管员正式上岗，参与城市管理工作。

【市政设施维护】 2021年，县城管执法局以改善人居环境、提升城市品位为目标，切实抓好市政设施维护维修工作，对城管巡查过程中发现的雨水污水流溢严重、井盖破损、路面破损、排水沟淤堵等问题，力争“及时发现，及时维修”，年内共更换破损窨井盖、雨箅17处，疏通污水管网33次，更换老旧电缆线75米。开展城市绿化美化工作，对县人民政府团结楼大院、县人民医院、莲花圣地公园等绿化带进行除草修剪20余次，以创建“国家森林城市”为载体，对县城周边区域进行植树造林，栽种鱼尾葵、三角梅等各类树木30余棵，其他种植苗木105株。加强城市亮化美化，对二环路、三环路路

2021年，县城市管理和综合执法局及时更换县城干道已损坏路灯（勾　昆／摄）

灯进行全面排查维护修理，及时更换已损坏路灯或存在安全隐患的路灯，维修更换各类路灯176盏，保障县城路灯正常发挥功能，同时开展国旗整治工作，更换破损老旧国旗287面，大力提升市容市貌观赏性。进一步完善城区基础设施，积极推进总投资184万元的墨脱县莲花圣地公园全民健身设施提升工程落地实施，截至年末，莲花圣地公园全民健身设施提升项目概算批复已下达，待开工。

【破解县城“停车难”】 2021年，由县城管执法局牵头，联合县公安局交通警察大队开展县城停车位调研、划定工作，并在城区各主干道、重点区域增划机动车停车位64个，非机动车停车位72个。年内，县城管执法局积极与县住房和城乡建设局沟通，申报墨脱县县城停车场建设项目，力争从源头解决城区“停车难”问题。

【燃气领域监管】 2021年，为推动燃气领域各项工作持续开展，县城管执法局进一步理顺燃气领域工作思路，加强燃气安全管理。联合县公安局、县应急管理局、县市场监督管理局、县消防救援大队等相关单位开展燃气领域安全检查活动20余次，出动近200人次。举办燃气安全培训班2次，召开安全生产专题会议6次，开展消防演练1次，收集报废煤气钢瓶443只，督促餐饮经营场所安装燃气报警器。

【新冠肺炎疫情防控】 年内，根据新冠肺炎疫情常态化防控工作要求，县城管执法局强化组织领导，及时成立局领导小组，制定完善疫情防控工作方案及预案；对全县范围内广场、公厕与居民小区、街道路面等重点区域进行消毒；配备新冠肺炎疫情防控物资，认真落实一线环卫工人个人防护要求，配发口罩、84消毒液等；严格按照县委办公室、县人民政府办公室、县疫情防控工作领导小组办公室等相关部门工作部署要求，积极组织全体干部职工接种新冠疫苗；重点区域盯防，及时疏散人群，针对人流量大、流动摊贩多的重点区域，执法人员实行重点盯防，对屡犯不改的流动摊贩通报所在乡（镇），并及时疏导、耐心劝离周边出现的聚集人群。

【为民办实事】 发放乡村垃圾桶 2021年，县城管执法局向各乡（镇）村庄发放垃圾桶562只，用于改善各村环卫状况，增强农牧民环保意识。年内，县城管执法局党支部结合主题党日、“六进六同 党建共建”等活动，先后前往墨脱镇朗杰岗村、仁青崩景区、背崩乡格林村、德兴乡德兴村、拉贡景区、德兴乡民俗文化风景区等地开展垃圾清运和环卫知识宣传教育工作。

净化校园环境 为积极响应新冠肺炎疫情常态化防控相关工作要求，让学生和教师们能够拥有一个更加干净、舒适的学习生活环境，县城管执法局主动履职，积极作为，及时做好县域及周边4所学校的垃圾清运工作，同时加强学校负责人与环卫驾驶组沟通，及时反映垃圾清运需求，做到桶满即运。

（白玛则宗）

【组织机构负责人名录】

局长

杨林鑫（土家族，4月免）

白长云（藏族，4月任）

12月4日，县城市管理和综合执法局工作人员开展普法宣传活动

（县城市管理和综合执法局/提供）

副局长

边巴次仁（藏族）

张 正 长

二级主任科员

扎西平措（门巴族）

多吉索朗(门巴族,4月任职）

三级主任科员

西绕桑姆(门巴族,4月任职）

城管监察大队副队长

旦增顿珠（藏族,4 月任职）

四级主任科员

宁 继 平

生态环境

【概　况】 2021 年，林芝市生态环境局墨脱县分局（以下简称“县生态环境分局”）在县委、县人民政府的领导下，在市生态环境局的指导下，深入贯彻习近平生态文明思想，围绕增强人民群众的环境获得感和幸福感，深入践行“绿水青山就是金山银山”的理念，全面加强生态环境保护工作，突出强化环境污染治理、增加环保基础设施建设、推进生态环境修复等工作，全县生态文明制度体系更加成熟，为墨脱县实现乡村全面振兴提供有力的生态环境支撑。

【县域生态环境质量状况】 环境空气　墨脱县环境空气监测点设立于墨脱县人民政府团结楼六楼，每季度对环境空气中二氧化硫、二氧化氮、可吸入颗粒物、细颗粒物、臭氧及一氧化碳 6 项指标开展监测，监测数据显示监测期间空气指标均达到《环境空气质量标准》（GB 3095-2012）一级标准，优良天数比率为 100%，墨脱县辖内 18 个农村试点环境空气质量监测报告显示，18 个村环境空气指标均达到《环境空气质量标准》（GB 3095-2012）一级标准。

水环境　2021 年，墨脱县设 1 个集中式饮用水水源地监测点，雅鲁藏布江布设 3 个水质监测断面；设 18 个农村试点地表水水源地监测点，每季度监测一次。2020 年 9 月至 2021 年 10 月监测报告显示，集中式饮用水水源地监测点水质达到《地表水环境质量标准》（GB 3838—2002）Ⅱ类标准；3 个监测断面水质均达到《地表水环境质量标准》（GB 3838—2002）Ⅱ类标准；18 个村地表水水源地水质均达到《地表水环境质量标准》（GB 3838—2002）Ⅲ类标准。

土壤环境　根据 18 处农村试点环境质量试点监测报告和土壤污染重点监管企业（墨脱县县城生活垃圾填埋场）监测报告显示，墨脱县土壤环境均符合《土壤环境质量标准　农用地土壤污染风险管控标准（试行）》（GB 15618—2018）和《土壤环境质量标准　建设用地土壤污染风险管控标准（试行）》（GB 36600—2018）风险筛选值标准限值。

生态环境指数　由于各项生态环境保护政策的落实，墨脱县持续实施国土绿化改造工作，积极组织植树造林活动。截至 2021 年末，墨脱县共有林地面积 17120.64 平方千米，灌木林地 7979.01 平方千米，其他林地面积 192.98 平方千米，林草覆盖率达到 80.6%。2020 年度国家重点生态功能区县域生态环境质量监测与评价结果显示，墨脱县生态环境管理指数为 0.31，为基本稳定等级。

2 月 4 日，墨脱县中央生态环境保护督察整改工作会议召开

（市生态环境局墨脱县分局 / 提供）

【生态文明示范村庄创建】 9 月 6 日，根据《西藏自治区人民政府关于印发西藏自治区生态文明

建设示范创建管理办法的通知》要求，墨脱县开始研究部署各项工作，按照可完成进度，编制墨脱镇、德兴乡2个乡（镇）生态文明建设示范乡镇建设规划及下辖14个村生态文明建设示范村建设方案工作，完成墨脱镇、德兴乡及下辖14个村的申报材料，10月10日，经林芝市专家审核后完成资料申报，墨脱镇玛迪村、米日村完成西藏自治区生态文明示范村庄命名工作。

10月15日，生态环境部西南督察局副局长马若飞（前排左二）在墨脱县城生活垃圾填埋场开展检查工作　　（市生态环境局墨脱县分局／提供）

【项目环评审批】 2021年，县生态环境分局严把项目准入门槛，靠前服务提高项目环评审批效率，积极督促建设项目在西藏自治区生态环境厅网站上填报备案建设项目环境影响登记表，全县各建筑单位全年在西藏自治区生态环境保护厅网站建设项目环境影响登记表备案系统共备案40份。年内，按照生态环境部关于强化建设项目环评后督察的管理要求，督促建成项目开展建设项目环保验收。

【生态环境督察反馈问题整改】 2021年，生态环境部西南督察局对墨脱县背崩乡阿苍村茶园建设情况、背崩乡自驾游营地、墨脱县城生活垃圾填埋场渗滤液管理运行情况、格当乡毁林种茶等现场进行检查。并反馈相关问题，墨脱县及时汇总各部门相关资料进行解释。根据《生态环境部西南督察局赴林芝日常督察问题清单》，共6大类、12项问题，墨脱县涉及共性问题3项，县生态环境分局组织制定《墨脱县关于生态环境部赴林芝市日常督察反馈问题整改方案》，并督促县乡村振兴局、县住房和城乡建设局加大对茶叶、垃圾、污水3项内容相关整改措施落实情况的监督。

【生态环境保护宣传】 2021年，墨脱县以“人与自然和谐共生”为宣传主题，结合“6·5”世界环境日、“八月生态文明宣传月”“九月民族团结进步宣传月”等活动，持续开展生态环境法律法规宣传，扎实开展形式多样的宣传教育活动。利用各类节日开展阵地宣传，发放宣传资料，接受环保咨询，深入县城各街道商户、农贸市场开展现场宣传，讲解环保知识，发放宣传单280份，环保袋300个，直接、间接受教育人数达500余人。6月5日，墨脱县组织开展“6·5”世界环境日宣传活动，定制一批群众喜闻乐见的宣传品，向群众开展环保宣传，发放印有环保标语的开瓶器、削皮器、围裙等共计300份，发放垃圾夹100个；深入墨脱县完全小学开展生态环境保护宣传，发放环保麦香杯100个。按照《西藏自治区国家生态文明高地建设条例》规定，组织开展好2021年“生态文明宣传月”宣传工作；以庆祝中国共产党成立100周年和西藏和平解放70周年为契机，墨脱县积极举办宣传活动，向各建筑工地、商户及居民开展生态文明建设宣传，工作人员解读《西藏自治区国家生态文明高地建设条例》相关条款，结合以往的环境事件经典案例等形式，让施工企业负责人深刻认识到落实生态环境保护责任制度的重要性和必要性，提高全县居民对生态环境保护工作的重视度，树立全民环境保护意识。

【生态环境执法】 2021年，墨脱县严格执行“双随机”制度，随机对酒店、垃圾填埋场、景区、交通环境、危险废弃物产生污染单位开展多次现场监察工作，对各现场负责人和工作人员宣讲环境保护相关的法律法规，督促各单位制定环境保护责任制度并积极落实；对现场存在环境问题或环境污染风险的单位，现场提出整改意见并督促落实整改；对明海紫韵春天酒店未批先建的违法行为处以罚款45.67万元；并督促其完成环评手续的办理。要求各排污单位积极主动按环评及排污许可证等相关要求完成自行监测，并定期向林芝市生态环境局墨脱县分局报备。

【生态环境领域工程建设】 林芝市墨脱县生态区工程总投资1500万元，为墨脱县生态环境分局推动“民生十件事”的主要工程，该项目为中央下达资金，是墨脱县重点建设项目。2021年，县生态环境分局根据要求积极办理前期手续，于9月15日完成招标工作。之后项目施工方西藏荣睿建筑工程有限公司在县生态环境分局带领下开展施工点位熟悉工作。11月，县生态环境分局协调完善施工许可证相关材料后，工程已开工。

（熊　肖）

【组织机构负责人名录】

局长

格桑曲久（藏族）

副局长

鲍　庆　阳

县生态环境保护综合行政执法大队副队长

次仁拉珍（女，门巴族）

四级主任科员

尼玛森格（门巴族）

熊　　肖

顿珠措姆（女，门巴族）

应急管理·消防救援

4月28日，县应急管理局与县自然资源局在墨脱村村委会联合组织开展墨脱县2021年度汛期地质灾害防治和地震避险应急演练，图为演练现场

（县自然资源局 / 提供）

应急管理

【概　况】 2021年，墨脱县应急管理局在县委、县人民政府的领导下，牢固树立“人民至上、生命至上、安全第一”的理念，勇于担当，通力协作，真抓实干，主动作为，扎实有效抓好安全生产各项工作，全力保障人民群众生命财产安全，为全面建成小康社会营造良好的安全环境。截至年末，全县安全生产形势总体保持稳定态势，未出现重大险情灾情，道路交通、电力、通信基本畅通，社会面持续稳定，群众生产生活正常有序。

【安排部署】 2021年，墨脱县通过县委常委会会议、县人民政府常务会议、县安全生产委员会专题会议，多次研究部署全县安全生产重点工作，深入学习贯彻习近平总书记关于应急管理、安全生产和防灾减灾工作重要指示批示精神，分析研判安全生产形势，研究部署安全生产工作，科学谋划、周密部署各重点敏感时段、节假日期间全县安全生产和防灾减灾工作。要求全县各级各部门提高政治站位，强化安全思维，牢固树立红线意识和底线思维，进一步强化主体责任，按照“谁主管、谁负责”的原则，自觉主动、下力气抓好安全生产工作。

4月30日，墨脱县召开2021年度安全生产、消防、森林草原防灭火工作暨第一季度安全生产专题会议　（县应急管理局／提供）

12月13日，团县委联合县应急管理局前对墨脱县青年安全生产示范岗单位国网墨脱县供电公司开展安全生产检查，图为检查现场　（共青团墨脱县委员会／提供）

【隐患排查】 2021年，县应急管理局组织各乡（镇）、各行业主管部门，对全县建筑施工、危险化学品、燃气、道路交通、校园安全、消防安全、加油站、烟花爆竹等领域开展安全生产大检查工作，全年共开展各类安全检查1450余次，检查企业1900余家次，排查并整治安全隐患1460项，检查车辆1.33万余辆次，查处各类违法行为300余起，下发责令改正通知书800余份，罚款15.31万元。

【专项整治】 年内，墨脱县持续深入推进安全生产专项整治三年行动，按照“1+2+12”整治方案，以道路交通、建筑施工、消防安全、旅游、森林防火等为重点，继续深化源头治理、系统治理和综合治理，切实在转变理念、狠抓治本上下功夫，完善和落实重在“从根本上消除事故隐患”的责任链条、制度成果、管理办法、重点工程和工作机制，确保专项整治取得积极成效。截至年末，共开展安全检查630余次，检查企业1400家次，查改安全隐患580余项，下发整改通知书150份。

【第一次全国自然灾害综合风险普查】 1月7日，墨脱县第一次全国自然灾害综合风险普查工作推进会召开，就加快推进普查工作进度和经费落实情况进行安排部署，全县建立各行业部门普查专班，定期召开调度会。县第一次全国自然灾害综合风险普查工作办公室根据各单位的资金预算情况，向县人民政府申请2021年普查工作经费252.32万元，并通过县人民政府常务会议研究。截至年末，县应急管理局、县交通运输局、县水利局第一次全国自然灾害综合风险普查工作已基本完成；县住房和城乡建设局正在全面开展数据调查；县林业和草原局正在开展样地数据外业调查。

【防灾减灾】 2021年，墨脱县发生地震4次，分别为3.1级、4.5级、3.0级、3.0级，均无财产损失和人员伤亡。发生雪崩、塌方、泥石流、路基垮塌、火情9次，造成死亡6人、受伤10人、失联4人。各事件发生后，墨脱县委、县人民政府主要领导精心部署，迅速启动应急抢险预案，并结合墨脱县雨季持续时间久，泥石流、塌方等地质灾害多发的实际，采取“三聚焦、三提高”（聚焦隐患排查，提高防灾减灾能力；聚焦应急演练，提高群众避险能力；聚焦监测预警，提高应急响应能力）措施，切实做好灾害防范应对处置各项工作，全力保障人民群众生命财产安全，得到市应急管理局高度评价，并提供给全市各县（区）应急管理部门参考借鉴。

年内，县应急管理局对接中国长江三峡集团有限公司西藏分公司，在全县地质灾害隐患点布设监测设备12台，全面提升全县地质灾害防范能力水平。10月25日，林芝市森林消防支队首次进驻墨脱县，加强在森林草原防火紧要期、重点季节和敏感时段全县森林防火救援力量。

7月28日、30日，墨脱县墨脱镇亚东村冰果日方向、墨脱镇墨脱新村先后突发泥石流，县应急管理局迅速启动三级应急响应，有序有力开展抢险救援工作，组织协调消防救援、武警、卫生健康等部门，成功搜救13人（其中转移11人送往医院救治，2人遇难），转移群众689人。

【防灾安全宣传教育】 年内，县应急管理局以“5·12”全国防灾减灾日、“安全生产月”宣传咨询日为重点，突出“全方位、立体式”，组织开展一系列形式新颖、内容丰富、主题鲜明的特色宣传活动，共展出展板30块、悬挂横幅50条、发放各类宣传资料3万余份，宣传教育5000余人次，出动宣传车3辆，发放扑克牌、背包、手提袋、扇子、水杯等宣传品5000余个，各单位利用LED屏滚动播放安全生产警示教育视频累计20余条，现场解答3000人次，宣传教育人数3万余人次。

【应急演练】 年内，县应急管理

“5·12”全国防灾减灾日墨脱县城宣传活动现场　（县应急管理局/提供）

局组织开展2021年度墨脱县地质灾害应急演练、山洪灾害防御、消防应急演练130余次，参与人数8000余人次，切实提高群众防灾减灾意识、防范应对能力和自救互救能力。

6月16日，由县安全生产委员会办公室牵头，在墨脱县城好日子莲花广场开展以“落实安全责任，推动安全发展”为主题的“安全生产月”宣传咨询日宣传和灭火应急演练活动。在活动现场，通过设置展板、咨询台，悬挂横幅、发放宣传资料、有奖问答等方式，向青年干部群众、建筑工人、个体工商户广泛宣传安全生产方针政策、法律法规、地质灾害防治、应急救援、火灾急救安全常识和地震应急逃生、自救互救方法，面对面解答青年群众关心的安全生产问题，现场接受青年群众咨询，吸引广大群众驻足观看或主动领取资料等，共发放宣传资料100余种、3000余份，悬挂横幅10条，宣传展板10块，宣传品40种、1000份，利用各单位LED屏滚动播放安全生产标语10条，出动人员60人，现场解答300人次，受宣传教育人数达600余人次。

6月16日，墨脱县组织开展灭火应急演练，图为演练现场画面

（县应急管理局/提供）

6月16日，由县安全生产委员会办公室牵头，在好日子莲花广场开展“安全生产月”宣传咨询日宣传活动，图为活动现场　（共青团墨脱县委员会/提供）

之后组织开展消防应急演练，模拟房屋发生火灾，火势蔓延，越来越大。接到火灾报警后，县消防救援大队迅速启动应急预案，消防队员及时赶赴火灾现场进行扑救，利用消防设施进行破拆，控制初期火灾，引导群众进行疏散。演练结束后，县消防救援大队又组织消防队员对干部群众、施工人员、个体工商户等人员“手把手”开展灭火器、水枪等常见消防器材使用培训。

【应急保障】 年内，县应急管理局全面清理应急物资储备情况，储备应急救灾物资45类、4.3万余件，储备防汛救灾物资21类、6.9万余件。

（赵　帅）

【组织机构负责人名录】

局长

杨正勇（苗族，4月免）

局长

高荣华（4月任）

副局长

罗布扎西（藏族）

赵　帅

二级主任科员

曲桑尼玛（门巴族）

三级主任科员

曲　尼（门巴族，4 月任）

四级主任科员

德庆卓玛（女，藏族）

消防救援

【概　况】 2021 年，墨脱县消防救援大队始终以学习贯彻习近平总书记授旗训词精神为指引，牢固树立“四个意识”、坚定“四个自信”、坚决做到“两个维护”，按照“准军事化、准现役”建设要求，以党史学习教育为契机，在县委、县人民政府的领导和关心支持下，全体指战员各项能力素质得到全面提升，辖区消防安全形势平稳。截至年末，县消防救援大队共有执勤车辆 8 辆（抢险救援车 1 辆，水罐消防车 3 辆，总载水量 16 吨），勤务保障车 1 辆，各类装备器材 1149 件套。

【接处警情况】 2021 年，县消防救援大队共接处警 64 次，其中社会救助 13 次，公务执勤 47 次，抢险救援 4 起，共出动车辆 75 辆次、警力 238 人次。

【消防救援训练】 2021 年初，县消防救援大队组织召开全员岗位练兵动员部署会，坚持从消防救援大队主官到消防文员全员全岗位参训，按照每月一考核一评比一总结的工作方法，对实时跟踪问效及时分析总结训练中存在的“困难科目”和“困难人员”，不断

4 月 28 日，县应急管理局与县自然资源局在墨脱村村委会联合组织开展墨脱县 2021 年度汛期地质灾害防治和地震避险应急演练　（县自然资源局／提供）

优化训练方法。严格落实每周车场日和“六熟悉”演练工作，并结合辖区灾害事故特点，适时开展交通事故、地震救援、泥石流等应急演练，全年县消防救援大队开展熟悉演练 48 次。

【“7·28”灾害救援】 7 月 28 日 1 时 45 分，因持续强降雨天气，引发墨脱镇亚东村冰果日方向突发泥石流，导致西藏天顺路桥工程有限公司 ZBL-1 线项目部办公区、墨脱县游客接待中心、利民加油站、亚东警务站被泥石流冲击，有人员被困，多辆车辆被冲毁，情况十分紧急。林芝市消防救援支队接到报警后，立即调派县消防救援大队出动救援

7 月 28 日，墨脱镇亚东村冰果日方向突发泥石流灾害，图为墨脱县消防救援大队搜救现场　（墨脱县消防救援大队／提供）

县消防救援大队工作人员对辖区单位开展消防安全检查

（县消防救援大队／提供）

3月19日，县消防救援大队工作人员到县完全小学开展“开学第一节”消防宣传教育活动

（县消防救援大队／提供）

力量赶赴现场进行施救。在现场指挥部的领导下，在增援力量的精心部署和细致搜救下，经过78小时持续奋战，成功营救出13名被困人员（其中转移11人送往医院救治，2人遇难），转移群众695人（其中包含7月30日3时27分墨脱镇墨脱新村突发泥石流安全转移群众及周边受泥石流威胁人员共计682人）。

【消防执法】 2021年，县消防救援大队始终坚持执法为民的服务理念，不断规范消防执法行为，严格落实“双随机、一公开”要求，遵照消防法律法规开展监督检查工作。全年共检查单位1186家次，发现火灾隐患906处，督促整改火灾隐患910处，下发行政处罚决定书3份，临时查封决定书1份，责令“三停”（停产停业、停止使用、停止施工）单位1家，罚款6.5万元。

【消防宣传】 2021年，县消防救援大队在“5·12”全国防灾减灾日、6月“安全生产月”“119”消防宣传月等时间节点，联合多部门开展消防宣传，全年县消防救援大队累计发放宣传资料10余种、1000余份，悬挂横幅15条，宣传品10余种、800余份，利用各单位LED屏滚动播放消防安全标语100余条，受教育群众3000余人次。

【组织机构负责人名录】

大队长

王红波

政治教导员

刘　杰

财税·金融

3月28日,县财政局党支部与德兴乡那尔东村党支部“结对共建”,共同开展主题党日活动,升国旗,唱国歌

(县财政局/提供)

财　政

【财政收支】 2021年度，墨脱县一般公共预算收入6277万元，比上年增加524万元，同比增长9.11%，完成年初预算目标的173.02%。其中税收收入完成3104万元，占一般公共预算收入的49.45%，比上年减少1315万元，同比下降29.76%。一般公共预算支出完成84608万元，比上年减少27681万元，同比下降24.65%，其中与民生相关的一般公共服务、公共安全、教育、文化旅游体育与传媒、社会保障和就业、卫生健康、节能环保、城乡社区、农林水9项支出累计完成74575万元，占一般公共预算支出的88.14%。

【巩固拓展脱贫攻坚成果】 2021年，墨脱县全面推进乡村振兴战略，支持巩固拓展脱贫攻坚成果同乡村振兴有效衔接，稳步推进涉农资金统筹整合使用，落实产业扶贫、就业扶贫、消费扶贫等政策，促进农牧民增收。全年县财政共投入脱贫攻坚统筹整合财政涉农资金13567.66万元，其中中央财政专项资金10356.09万元，自治区财政专项资金1665.21万元，林芝市财政专项资金648万元，县级专项资金370万元，其他涉农资金418.04万元，盘活资金110.32万元。截至年末，已完成支出12482.25万元，支出进度92%。

【有效防范化解重大风险】 2021年，墨脱县进一步健全债务管理制度和风险防范机制，强化政府债务预算管理、限额管理，坚决遏制政府债务增量，妥善化解存量债务，严禁变相举债，坚决遏制违法违规融资担保等行为，从债务风险源头加强管控，硬化预算约束，不断规范全县债务管理工作，提升政府债务管理水平。年内，全县共有债券资金1.48亿元，其中一般债券2000万元、专项债券2900万元、新冠肺炎疫情防控特别国债9873万元，均为上级财政部门的转贷债券。县财政局结合全县债券情况，制定还本付息计划，及时偿还到期政府债券本息，共偿还一般债券本息105万元、棚户区改造专项债券本息77万元。

【支持生态环境建设】 2021年，县财政局（加挂“县人民政府国有资产监督管理委员会”牌子）践行“绿水青山就是金山银山”理念，认真履行财政在生态环境建设中的职责，坚持方向不变、力度不减，推动生态环境质量持续向好。2021年全县节能环保支出共计完成571万元，其中投入122万元用于支持生态环境保护，投入386万元用于停伐补助，投入62万元退耕还林粮食折合现金补贴，投入1万元用于环境保护管理事务行政运行。

【保障重点领域支出】 2021年，县财政局对一般公共服务、公共安全、教育、科技、文化旅游体育与传媒、社会保障和就业、卫生健康、节能环保、城乡社区、农林水、交通运输、住房保障、粮油物资储备、灾害防治及应急管理等重点领域的支出达到78233万元，占财政总支出的92.47%，保障全县稳定发展大局。

【严格控制一般性支出】 2021年，墨脱县坚持政府过紧日子要求，加强财政支出管理，大力压缩公务接待费、差旅费、会议费、因公出国（境）等一般性支出，加强公务车辆使用管理，降低公务用车运行成本，把节省出来的资金，优先用于保障刚性必保支出，提高财政资金使用效益。2021年，全县“三公”经费支出356.5万元，同比下降15.23%。

【直达资金支出】 2021年，墨脱县共收到中央财政下达墨脱县直达资金5423.48万元，截至12月31日，分配进度为100%，已完成支出4758.96万元，支出进度为87.7%。切实发挥墨脱县直达资金在保居民就业、保基本民生、保市场主体、保基层运转等方面的政策效果。

【深化财政绩效评价】 2021年，县财政局制定《墨脱县预算绩效管理》办法，将一般公共预算资金、政府性基金预算资金以及上级安排的存量资金等纳入预算绩效管理范围，要求各单位对项目支出从投入、支出、效果等方面编制绩效目标，充分发挥绩效目标在预算绩效管理中的先导性作用，进一步向内挖潜，提高财政资源配置效率和使用效益，优化财政资金使用结构和方式，集中资金精准保障民生等重点领域，把钱用在刀刃上。

【深入推进财政投资评审】 2021年，县财政局稳步推进全县财政投资评审工作，围绕节约政府投资，提高财政资金使用效益这一核心，进一步强化财政投资评审工作职能，拓宽评审领域，加大对政府投资项目的监管力度，提高财政资金使用效益。全年县财政局投资评审中心共计完成财政预算审核512次，送审资金16104.99万元，审定资金14475万元，审减资金1629.99万元，审减率10.12%，其中下达审核意见的项目292个，下达照表的项目220个。完成竣工决（结）算项目评审24个，送审资金11970.66万元，审定资金11687.86万元，审减资金282.80万元，审减率为2.36%，上缴国库资金457.64万元。

【规范政府采购行为】 为进一步规范全县政府采购工作，2021年，墨脱县政府采购办公室坚持“规范、高效、公正、廉洁”的工作理念，狠抓管理制度化、程序规范化、采购透明化、服务效率化，确保政府采购“放管服”改革不断深化，政府采购管理工作规范化、科学化。废止《墨脱县政府采购管理办法（暂行）》，全面执行《西藏自治区2021—2022年度政府集中采购目录及采购限额标准》《西藏自治区财政厅关于政府采购意向公开工作的通知》；制定《墨脱县政府采购工作流程指南》，明确确定采购计划、公开采购意向、确定采购限额、确定资金来源、政府采购审批、合同备案公开、采购项目验收、项目档案管理8个中间环节；制定《墨脱县政府采购申请审批表》，通过单位主管、分管领导、县政府采购办公室、县财政局领导四重审批，加强对政府采购项目的审核把关，确保政府采购项目符合工作需要，避免出现采购单位擅自提高采购标准、超标准配备、不执行政府采购政策等问题。

【规范资产管理】 为全面摸清全县行政事业单位家底，掌握全县固定资产“在哪里”“谁在用”“谁在管”等基本信息，建立科学高效的国有资产管理、监督和运营机制，全面推进行政事业性国有资产管理工作高质量发展。年内，墨脱县聘请第三方专业机构对全县行政事业单位开展资产清查，形成《经济鉴证报告》，率先在西藏自治区全面启用“RFID资产标识”。

【组织机构负责人名录】

党组书记、局长

格桑扎西（藏族）

党组成员、副局长、县人民政府国有资产监督管理委员会主任

王　鹏　飞

会计核算中心主任

久美措姆（女，门巴族）

会计核算中心副主任

桑杰玉珍（女，门巴族）

税　务

【概　况】 2021年，国家税务总局墨脱县税务局（以下简称“县税务局”）在林芝市税务局及县委、县人民政府的领导下，认真学习习近平总书记西藏考察系列讲话精神，贯彻落实中共十九届六中全会精神，准确把握经济发展和税收工作新常态，按照“依法治

4月13日，县财政局组织召开全县机关事业单位资产清查动员部署会

（县财政局/提供）

税、改革发展、文化引领”的主线和“提质效、创亮点”的发展要求，在统筹兼顾各项税收工作中突出抓好组织收入、税收法治、党风廉政建设、纳税服务等重点工作，深化税收分析，强化税源监管，大力开展春雨润苗和为民办实事等活动，各项工作取得明显成效。

【税收收入】 2021 年，墨脱县税务局共组织收入 16914.63 万元，其中税收收入 6121.68 万元（中央级收入 3012.43 万元，县级收入 3103.39 万元），社会保险基金收入 9417.34 万元；非税收入 581.24 万元，其中残疾人就业保障金入库 213.16 万元，水土保持补偿费和防空地下室易地建设费入库 138.86 万元。全年墨脱县减免税费共计 2280.93 万元，惠及户数达 2295 户次；社保费降税减免费额 85.5 万元，受惠 159 户次。

年内，墨脱县税务局坚持组织收入原则，严守依法征税底线，坚决不收过头税费。按照“保存量、稳增量、提质量”的思路，强化实体税收、重点税源监管，深入开展税源监控和预测，进行压力有效传导。报送《国家税务总局墨脱县税务局关于“十三五”时期税收对脱贫攻坚贡献情况的分析报告》等送阅材料，获上级主要领导肯定性批示。

【纳税服务】 年内，县税务局精准服务企业。扎实开展社会满意度提升行动、春雨润苗、为民办实事等活动，征集需求并积极解决

7 月 14 日，县税务局开展“雪域惠苗—税费政策进万家”系列宣传活动

（县税务局 / 提供）

问题。召开“雪域惠苗　税费政策进万家”税企恳谈会，联合中国农业银行墨脱县支行、县工商联开展“春雨润苗添活力　小微发展增动力”联合宣讲活动，推出减税降费政策落实和融资服务两个“升级”服务措施。提升办税体验。社保窗口入驻县人民政府政务服务中心，严格落实纳税人缴费人“最多跑一次”要求，压缩办税人平均等候时间，依托税企微信公众号平台，基本实现小微企业网上办税缴费事项全覆盖，“非接触式”发票领用率达 98%。精简办税流程。坚持“软件”“硬件”两手抓，立足“小窗口”演绎“大服务”，简化、优化登记备案、注销程序。

【依法治税】 年内，县税务局扎实推进依法行政，落实税收执法“三项制度”和“首违不罚”清单，深化“双随机、一公开”监管，开展制度落实大检视行动、内部快反（内部风险快速反应）等工作。加强各税费种管理。全面完成 2020 年度个人所得税经营所得汇算工作，在全市范围内率先完成 2020 年度企业所得税汇算清缴工作；完成水土保持补偿费、人民防空地下室易地建设费划转工作；完成契税开征工作。夯实征管工作基础。组建税收风险征管数据小组，充分发挥税收风险管控的纠错功能，做好税收征管质量 5C 监控评价。推行增值税专用发票电子化试点扩围工作，并完善部门岗责配置。加强砂石资源税管理，分批次开展纳税评估。

【征管体制改革】 2021 年，墨脱县税务局紧扣《关于进一步深化税收征管改革的意见》要求，结合“放管服”改革，注重在精确执法、精细服务、精准监管、精诚共治等方面进行探索实践，通过不断培训、测试，持续推动《关于进一步深化税收征管改革的意见》落地生根，在征管模式上，墨脱县

8月31日，为确保契税顺利开征，县税务局组织开展进企业送政策税法宣讲活动

（县税务局／提供）

税务局以数据流为主线重新梳理工作职责，突破功能分割的管理和服务方式，由过去以管业务为核心的方式，转变为“税种＋事项”的方式，由过去的“人治”为主的征管模式，向以“数治”为主的征管模式转变，税收征管效能大幅提升。

【组织机构负责人名录】

党委书记、局长

巴桑次仁（藏族）

党委委员、副局长

纪　翔

纪检组组长

黄婵娟（女）

中国农业银行墨脱县支行

【概　况】 2021年，中国农业银行股份有限公司墨脱县支行（以下简称“农行墨脱县支行”）以习近平新时代中国特色社会主义思想和新时代党的治藏方略为指导，全面贯彻落实中共十九大及十九届系列全会、十九届中央纪委五次全会、中央经济工作会议和中央第七次西藏工作座谈会精神，认真贯彻落实中国人民银行、中国银行保险监督管理委员会2021年工作会议、中国农业银行总行（分行）2021年党建和经营工作会议及县委、县人民政府经济工作会议精神，贯彻新发展理念，服务新发展格局，坚持稳中求进工作总基调和“旗帜鲜明讲政治、加大投放促增长、转型创新抓发展、夯实基础强管理、守住底线防风险、凝聚队伍增活力、一张蓝图绘到底”的工作方针，进一步抓好“强化政治属性、发挥独特作用、构建发展新优势、完善体系建设”四件大事，努力拓展金融业务，为全县经济社会发展做出应有贡献。

【党建工作】 2021年，农行墨脱县支行坚持把党建工作与支行各项业务经营管理同部署同落实，严格落实“三会一课”制度，以党史学习教育“读原著、学原文、悟思想”为依托，以传承发扬“老墨脱精神”为载体，持续开展各项学习教育工作，开展多样化党组织活动。

年内，农行墨脱县支行严格贯彻落实中国农业银行总行、分行2021年年初党建和经营工作会议精神，于年初组织制订《农行墨脱县支行2021年度党建工作计划与方案》和《农行墨脱县支行2021年度党风廉政建设工作考核方案》等规范性制度，截至12月末，全年集中学习29次、党风廉政建设学习9次、上报各类动态30期。

严格落实“三会一课”制度，截至年末，全行共召开党总支委会10次，党员大会3次，组织党总支书记上党课1次，开展为低收入家庭学生捐款、政税银共建、部队共建等主题的党日活动共计9次，全年共培养预备党员1人，积极分子3人。

年内，农行墨脱县支行按照中国农业银行林芝分行党委工作部署，组织全体员工深入学习贯彻习近平新时代中国特色社会主义思想，开展系列集中学习研讨活动，党总支书记带队到中国农业银行背崩二级支行、格当乡、帮兴乡等地走访调研，将学习教育成果充分转化为业务实践。

狠抓党员队伍的建设，增强党组织的战斗力、凝聚力。注重学做合一工作，切实调动党员先锋模范作用发挥，以党员为骨干开展下乡流动金融服务、强基础补短板重点攻关等，亮身份公示党员先锋岗，展现党员风范。班子成员带头强化作风建设，以领导干部作风转变带动全行作风转变。截至12月末，全行共组织班子成员做专题作风建设对照检查报告活动1次，组织形式主义、官僚主义专项排查工作1次，上报排查报告1次。

【巩固拓展脱贫攻坚成果】 2021年，农行墨脱县支行深刻领会中共中央"四个不摘"精神，严格落实六部委金融支持巩固拓展脱贫攻坚成果的意见，保持金融扶贫政策总体稳定。突出做好脱贫县信贷投放工作，确保完成中国农业银行林芝分行党委关于脱贫县信贷增速基本保持稳定的目标。继续做好定点扶贫工作，强化对农牧民"扶智与扶志"的宣传教育。加大贷款投放力度。截至12月末，农行墨脱县支行各项自营贷款余额达3.42亿元，较年初增加3961万元，较年初增加13个百分点。接续对脱贫人口和边缘户金融扶持政策。全年累计发放脱贫户贷款62笔，金额307万元，做到"应贷尽贷、应续尽续"。

【服务乡村振兴暨金融戍边】 截至2021年12月末，农行墨脱县支行各项自营贷款余额达3.42亿元，较年初增加3961万元，其中法人贷款余额6996万元，较年初增加2955万元，增长率73%；非涉农个人贷款余额1.14亿元；"三农"个人贷款余额1.58亿元，较年初净增1791万元，增长率为12.8%。

深耕农牧区市场，做好各个乡（镇）农户信息建档。严格作业规范、强化数据核查，认真落实责任状，确保建档工作高质量开展。组织成立"金融戍边"党员先锋模范队，利用下乡流动服务契机，开展"党建+金融"主题党日活动，持续完善"双基联动"协调机制，常态化走村入户开展金融支持政策、消费者权益保护宣传、农牧户信息建档等系列活动，全年共开展各类金融流动服务60余次，加强贷款投放和贷后管理。投入大量人力物力，结合县、乡（镇）、村三级信用体系建设，对有贷农户定期开展摸排调查，了解贷款使用情况，督促农户将贷款用到提升生产效率、改善生活条件等方面，严防挪用扶贫贷款资金问题发生。强化金融宣传力度。组建党员先锋队、"三农"信息建档突击队，走村入户深入开展金融政策宣传工作。通过电视台、自媒体等渠道，全方位宣传农行墨脱县支行金融扶贫、助力乡村振兴、金融戍边的主要成就、典型做法。切实担负边境金融服务网点社会责任，积极开展金融知识宣传普及活动。年内，组织业务骨干积极参加县域各级机关部门组织的普法宣传活动，并利用农行墨脱县支行厅堂阵地、下乡流动金融服务，广泛发放宣传折页、张贴海报，开展现场宣讲，普及反非法集资、反洗钱、防电信网络诈骗、防养老诈骗、反假币、扫黑除恶、知识产权及个人信息保护法等金融知识法律法规。全年金融知识宣传活动被墨脱电视台报道2次，被上级行信息采用10余次。

【金融服务实体经济】 2021年，农行墨脱县支行全力支持县域实体经济发展，加大普惠民营小微金融扶持力度。积极落实保市场主体政策要求，组织参加县域政、银、企对接交流联席会议，针对性加以辅导，主动对接县域"一带四基地"产业链企业，帮助降低融资难度，切实为小微民营企业解忧纾困，着力推广运用首户e贷、抵押e贷、纳税e贷、e保函等新产品，提升服务便捷度和覆盖面。全年累计发放小微企业贷款14笔，金额6896万元；个体工商户贷款7笔，金额182万元。

【疫情防控】 年内，农行墨脱县支行持续做好新冠肺炎疫情常态化防控工作，严格开展每日网点、周转房消毒，配发防疫物资，及时制定应急预案，每周定时学习疫情防控通知精神及防控措施知识，在做好自身防控的基础上积极保障稳定对外服务，设立防疫金融服务绿色通道，优先办理防疫相关业务，积极加强推送掌上银行、企业网银等线上服务，降低网点客户密度。

（王鸿源）

【组织机构负责人名录】

党总支部书记、行长（正科级）

白玛益西（藏族）

副行长（副科级）

张 晓 欢（女）

教育·科技·文化·广电

11 月 18 日，德兴乡小学趣味运动会开幕　　（县教育局　提供）

教　育

【概　况】 2021年，墨脱县共有各级各类学校40所，在校学生2622人。其中初级中学1所，在校学生506人；小学8所，在校学生1416人；幼儿园31所（县级幼儿园1所，乡小学附设幼儿园5所，村级幼儿园25所），在校幼儿700人。学前三年毛入园率97.8%，小学适龄儿童净入学率99.93%，初中阶段适龄少年毛入学率101.92%，义务教育阶段巩固率100%，义务教育适龄残疾儿童净入学率100%。在编教师290人，其中高级教师21人，中级教师70人，初级教师158人，未评级教师41人；持有教师资格证271人，持证上岗率为96%。全县教育系统有党支部11个，正式党员131人，预备党员3人，积极分子12人。

【校园安全】 2021年，墨脱县各级各类学校积极开展安全教育活动，不断提高校园安全工作水平，给学生创造安全和谐的学习环境。利用主题班会、专题讲座、观看安全宣传片、国旗下讲话、专题宣讲等方式，结合各时间节点，开展新冠肺炎疫情常态化防控、自然灾害预防、网络安全、消防安全、校园欺凌、禁毒、法治安全、防震减灾等各类安全教育活动100余次，组织各类防地震演练、新冠疫情常态化防控演练、消防演练、防暴演练、防溺水演练等140余次。全年通过联合相关单位、组织科室负责人、校园自查等方式，对“三包”及农村义务教育营养改善计划物资供应商、值班带班落实、“三到位”、校园卫生及消毒杀菌、生活物资储备、新冠肺炎疫情防控物资管理、安全隐患排查等情况进行全面的督导检查，全年隐患排查100余次，查摆出56条问题，年内均已整改完成，整改率达100%。在开学、放假时间节点，为确保学生离校返校道路交通安全，县教育局加强同各乡（镇）人民政府、公安、交通运输等部门的沟通协作，全年累计出动工作人员65人，出动警车6辆、专职护送车97辆，共护送948人次。是年，全县各学校（幼儿园）均严格执行校级领导带班、值班人员24小时在岗制度，落实日报告、零报告工作制度，坚持“有事报事、无事报平安”，严把外来人员进校准入关，努力营造良好的校园环境，确保全县广大师生的人身安全。持续加强校园法治宣讲，重点围绕“4·15”全民国家安全教育日、“5·12”全国防灾减灾日、“12·4”国家宪法日及学校春季、秋季开学等时间节点，结合校园自身实际、立足学生特点，通过主题班会、法治讲座、制作法治宣传展板、以案说法及邀请“法治副校长”、法治辅导员和政法干警宣讲等形式，开展“增强法治意识　构建和谐校园”、聆听宪法小故事、“学宪法、讲宪法”黑板报评比、“防灾减灾教育进校园”“宪法进校园　法治伴成长”“法治教育进课堂　护航青春助成长”“树国家安全意识　扬校园新风”系列宣传教育实践活动和法律法规普及工作，全年累计开展各类宣传教育实践活动70余场次，实现师生全覆盖。

【德育教育】 2021年，墨脱县教育局围绕“培养什么人、怎样培养人、为谁培养人”这一根本问题，把“立德树人”作为教育的根本任务，制定全年德育工作计划，严格落实德育课程，发挥课堂主渠道作用，通过主题班会、国旗下讲话等途径，利用黑板报、校园广播、LED显示屏等现有的宣传资源，结合“从小学党史　永远跟党走”主题教育活动，开展习近平总书记5封贺信回信精神和习近平总书记考察西藏的重要讲话精神宣传学习、“红领巾3·28主题寻访”系列活动、“缅怀革命先烈　传承红色精神”“法治教育进课堂　护航青春助成长”“读红色经典讲家乡变化”故事会、“红色精神代代传”国旗下讲话，举办新旧西藏对比图片展、“礼赞新时代”校园文化艺术图片展等宣传教育实践活动，不断强化感恩、法治、新旧西藏对比及习惯养成、文明礼仪等方面的教育，通过召开家长会、家访、优秀家长经验交流分享等方式加强家校联合教育，共同帮助学生“扣好人生第一粒扣子”，努力培养德智体美劳全面发展的社会主义合格建设者和接班人。年内，还抽调“全国最美乡村教师”“感动中国”人物、“中国青年五四奖章”获得者格桑德吉，结合教育部“从小学党史，永远跟党走”主题教育活动，围绕中

5 月 23 日，墨脱县教育局举办“礼赞新时代”校园文化艺术图片展

（县教育局 / 提供）

12 月 13 日，县完全小学开展南京大屠杀纪念日暨南京大屠杀死难者国家公祭日纪念活动，点燃蜡烛摆放“12·13”字样，沉痛悼念在那场惨绝人寰的大屠杀中遇难的同胞

（县教育局 / 提供）

国共产党成立 100 年来的光辉历程和取得的辉煌成就，在全系统范围内开展巡回宣讲活动，在引导青少年学生从小听党话、跟党走的同时，大力弘扬“乐于吃苦、善于忍耐、扎根基层、默默奉献”的“老墨脱精神”，充分发挥青少年教育基地作用，在墨脱县青少年中心开设少儿漫画班、生态小卫士、少儿美术、音乐下午茶、数学文化之旅、科学实验站、小百灵合唱团、青少年体能兴趣等培训班，聘请 9 位集能力、爱心、责任心于一身的教师任教，于每周六、周日免费开展培训。全年教育系统开展各类活动 360 余次，受众 1.7 万余人次。

【教育教学】 2021 年，县教育局持之以恒把提升教育教学质量作为中心任务。年初，组织召开墨脱县 2021 年教育工作会、中小学统考质量分析会、义务教育管理标准化学校评估工作推进会、墨脱县义务教育教学提质研讨会，针对学校管理、教研教改及师资水平等方面存在的不足进行剖析，进一步明确教学质量提升工作思路。组织各校毕业班学生采取“一周一考试、一周一分析”的监测机制，进行统一考试，统一成绩分析，实时掌握毕业班教学情况。2020—2021 学年，全县考取内地西藏初中班（校）共 12 人。加大督导检查力度，通过教学常规管理督导、入校随机开展听课评课、送教下乡、交流研讨、召开学科座谈会和教学视导信息反馈会等途径，了解现状，找准问题，提出解决办法并下发《关于切实加强和改进学校教学常规管理工作促进教学各项工作规范化的意见（试行）》，全年入校听课 30 余节、检查教案 180 余本、检查作业 300 余本。年内，组织各学校（幼儿园）党组织书记、校（园）长、党员骨干教师代表共计 23 人，前往米林县中学、米林县中心小学、巴宜区中学、巴宜区完全小学及巴宜区教育局财务室开展交流学习活动，确定墨脱县第一批教育科研小微课题，共有 10 项课题准予立项，会同佛山市教育局联合开展跨区域“可视化教学研究与实践”主题研究探索课题申报工作，

12 月 26 日，墨脱县 2021 年教育工作交流研讨会议召开 （县教育局 / 提供）

其中墨脱县中学 4 项、县完全小学 2 项申报课题准予立项。年内，首次制定《林芝市墨脱县教育局年度综合考评细则》，成立考核领导小组，年末进入各学校开展检查。

【教师队伍建设】 2021 年，县教育局始终把加强教师队伍建设摆在突出位置，修订印发《墨脱县教师队伍管理暂行办法》，下发《关于墨脱县教师日常监督管理情况的通报》，强化监管力度，举办墨脱县教师思想政治教育培训班（共三期），开展师德师风摸排整改工作，覆盖全县教师，全年引进 23 名大学生到墨脱县支教，2021—2022 学年交流轮岗 17 人次。2021 年乡村教师生活补助共支出 168.57 万元，教师伙食补助共支出 57.36 万元。兑现 2021 年县级激励资金（统考成绩奖）31.93 万元、市级激励资金 20 万元，完成全县 280 名教师“一考三评”（考业务知识水平、评思想政治和师德素养、评课堂教学能力、评信息技术应用能力）工作。

【公平教育】 2021 年，县教育局落实各类资助政策，持续发挥教育保障政策作用。健全完善“两库”，与各乡（镇）人民政府、县公安局户籍、各校（园）等部门沟通协作，梳理健全全县新学期基础数据统计工作，重点核查完成 7—15 周岁适龄儿童少年入学情况，做到义务教育控辍保学工作动态清零。按属地管理的原则划分，各乡（镇）人民政府统筹学校教师、乡（镇）干部及驻村工作队资源，合理开展辖区内残疾儿童的送教上门工作，全年墨脱县 7—15 周岁残疾适龄儿童少年共 32 人，其中市特殊教育学校就读 3 人，随班就读 23 人，送教上门 6 人，7—15 周岁残疾适龄儿童少年净入学率达 100%。年内，累计发放各类资助金 70.62 万元，惠及 160 名师生，县教育局班子成员深入帮扶户家中，实地访亲交友、宣讲扶贫政策 5 次，送达慰问金及帮扶物资价值 2500 元，为驻村工作队解决工作经费 1.14 万元，教育系统工会购买扶贫产品格当辣椒 400 箱共计 4.32 万元。

【教育经费】 2021 年，墨脱县严格落实十五年免费教育政策，按学前教育 3800 元 / 人 · 学年、义务教育阶段 4300 元 / 人 · 学年的标准，将“三包”经费按月足额拨付至各执行学校。严格执行“农村义务教育营养改善计划”经费使用规定，按“每生每天 4 元，每年按 200 天计算”的标准，将“农村义务教育营养改善计划”经费按月足额拨付到各执行学校。全年累计支出“三包”经费 1014.58 万元，“农村义务教育营养改善计划”经费 136.83 万元。

【教育基础设施建设】 2021 年，墨脱县加大教育基础设施建设投入力度，不断完善基础设施建设。年初，下达专项资金 1545.72 万元，其中本级财政对教育投入 1438.25 万元，占比 25%，地方教育费附加 107.47 万元；援藏资金投入教育资金 3000 万元，占援藏资金的 26.67%。全年投入 5347 万元，实施教育项目 12 项，含新建教学楼、综合楼、教师周转房等项目。

【学前教育】 9 月，全县新开村级幼儿园 6 所，全县幼儿园由年初的 25 所增加为 31 所，其中县级幼儿园 1 所，乡（镇）级幼儿园 5 所，村级幼儿园 25 所（较上年增加 6 所村级幼儿园），覆盖 37 个建制村，学前教育覆盖率达

10 月 23 日，由县教育局（体育局）主办的墨脱县第二届“成长杯”中小学足球联赛开幕式在县中学足球场举行　　（县教育局 / 提供）

82.22%（较上年增长 11.11%）。

【体育赛事】 5 月，墨脱县被国家体育总局评为首批“全国县域足球典型”。年内，墨脱县持续举办“三大节日”系列体育活动。成立墨脱县足球志愿者联盟，共有会员 264 人，年初举办第 13 届“雅江杯”足球赛，共有 18 支球队、300 名球员参与，赛事受到新华社《山崖上的足球　西藏墨脱的新年礼物》及《启航 2021—中央广播电视台跨年盛典》关注报道。相继举行“迎新杯”篮球赛、环城徒步比赛、第三届“莲花杯”夏季六人制足球联赛、第二届“成长杯”中小学足球联赛等系列活动，与县文化和旅游局联合举办林芝市第十九届桃花旅游文化节—墨脱徒步文化旅游活动。

（次仁拉姆）

【组织机构负责人名录】

党组书记、局长

胡志彬

党组成员、副局长

肖志伟（援藏干部）

党组成员、副局长、体育局局长

闫　强

党组成员、副局长

平措玉珍（女，藏族）

二级主任科员

次仁拉姆（女，藏族）

教研室（电教馆）副主任（副馆长）

罗　杰（藏族）

教研室（电教馆）副主任（副馆长）

白玛旺堆（门巴族，8 月任）

科　技

【科技项目】 2021 年，墨脱县利用科技特派员农村创业平台，实施达木珞巴民族乡卡布村和背崩乡格林村茶园种植与养殖结合项目、格当乡格当村种植灵芝等名贵药材项目、德兴乡易贡白村古茶树扦插扩繁等项目，为古茶树保护和探索新型产业发展模式打下坚实基础；在巴日村至朗杰岗村之间的废弃公路沿线示范种植脆柿子，合理利用废弃用地，促进生态保护。

【科技特派员管理体制创新】 年内，墨脱县创新科技特派员管理

3 月 18—20 日，福建省农业科学院果树首席专家、研究员郑少泉（左二）一行 3 人，深入墨脱镇、德兴乡、背崩乡等乡（镇）9 个村庄开展实地调研，了解当地气候，调查当地果树种植现状，在墨脱镇米日村、玛迪村和背崩乡江新村开展枇杷、龙眼种植技术指导　　（县农业农村局 / 提供）

4月18日，县农业农村局与佛山科学技术学院共建墨脱县香橼佛山科研基地签约仪式现场

（县农业农村局／提供）

办法，全年共解聘18名不符合条件或不称职的科技特派员、新选聘16名，扣除1名不履职科技特派员的绩效工资，用于奖励表现突出的5名科技特派员。

【科技合作】 2021年，墨脱县加强与自治区内外科研机构、高校交流合作。3月18—20日，福建省农业科学院果树首席专家、研究员郑少泉一行3人到墨脱镇、德兴乡、背崩乡、达木珞巴民族乡和格当乡9个村庄开展实地调研，了解当地气候，调查当地果树种植现状，在墨脱镇米日村、玛迪村和背崩乡江新村开展枇杷、龙眼种植技术指导。4月18日，佛山科学技术学院与墨脱县农业农村局签订“共建墨脱香橼佛山科研基地”合作协议。10月17日，墨脱县人民政府与福建省农业科学院签订战略合作框架协议。

【科普宣传】 “科技工作者日”科普宣传 7月16日，县农业农村局（县科学技术局）组织8名“三区”科技人才和农牧民科技特派员、科技专干组成的科普宣传队到背崩乡地东村、西让村开展“众心向党、自立自强”为主题的“科技工作者日”科普宣传活动。积极宣传优秀科技工作者事迹，并走访慰问优秀科技工作者，发放价值856元的慰问品；根据基层农牧民实际需求，有针对性地开展技能培训，重点就重大动物疫病防控及牦牛经济杂交等农牧业生产知识技能进行科普宣传。此次活动参与群众达189人次，发放宣传单296张，技术咨询49人次。

“全国科普日”集中宣传 9月15—16日，由县科学技术协会、县委宣传部、县农业农村局（县科学技术局）联合牵头举办，以“百年再出发，迈向高水平科技自立自强”为主题的墨脱县2021年度“全国科普日”集中宣传活动在县城东布路举行。

本次“全国科普日”活动共有20余家单位参与活动，共推出4个大项的科普活动服务百姓。活动主现场设置有“服务百姓健康活动”“科普知识与技术宣传”“教育与农业等惠农政策

7月16日，县农业农村局组织科普宣传队到背崩乡地东村、西让村开展“众心向党、自立自强”为主题的“科技工作者日”科普宣传活动，图为活动现场

（县广播电视台／提供）

9月15—16日，墨脱县在县城东布路举行“全国科普日”宣传活动，图为活动现场（县农业农村局／提供）

宣传”3大板块内容，活动中，参加活动各家单位持续开展科普知识宣传讲解，发放各类宣传手册共计1200余份。县人民医院、县藏医院、县疾病预防控制中心除组织医务人员进行卫生健康知识科普宣传外，还组织医务人员免费为群众进行高血压、关节炎等疾病义诊，并免费发放24种常用药品，总价值约3200元。

气　象

【气候概况】 2021年墨脱年平均气温为16.8℃，与历年年平均气温相比低0.8℃；年最低气温2.4℃，出现在1月1日；年最高气温32.5℃，出现在7月20日；年降水量为2088毫米，其中暴雨：7月30日为52.3毫米、8月26日为55.8毫米；全县降水主要集中在3—10月，占全年降水的97%。

【气象管护扶贫公益岗位】 年内，县气象局按照“四个不摘”工作要求，在全县各乡（镇）设置扶贫公益岗位10人，截至7月末，兑现气象观测站管护扶贫公益岗位补助4.67万元。年末，按照市气象局通知要求，及时上报林芝市自动气象站管护扶贫公益岗位排查统计表，2021—2022年，县气象局继续设置安排扶贫公益岗位10人，解决扶贫公益岗位补助资金3.68万元。

【科普宣传】 2021年，县气象局积极参加“3·23”世界气象日、“3·28”西藏百万农奴解放纪念日、“5·12”全国防灾减灾日、“6月安全生产月”宣传活动，到社区、寺庙、乡村、学校进行气象科普宣传，发放气象灾害防御明白卡、墨脱县气象灾害防御指南、防雷知识唐卡挂图、防雷避险知识册，共计发放气象宣传材料1000余份，加大对气象灾害危险性的防御措施宣传，增强农牧民气象防灾减灾意识，提升农牧民气象防灾减灾能力。

【防灾减灾体系建设】 年内，为增加气象预报宣传渠道，扩大气象预报覆盖面，县气象局及时更

3月23日，为迎接第61个以“海洋、我们的气候和天气”为主题的世界气象日，墨脱县气象局组织业务人员赴墨脱县最南边、西藏自治区年降水量最大的边境小康示范村背崩乡西让村进行宣讲活动（县气象局／提供）

新县级气象服务平台信息接收人名单（截至年末，全县共有气象服务信息接收人717人），每日将气象预报转发至墨脱县委、县人民政府工作群等，进一步扩大气象预报信息接收人群。加强管理墨脱县气象信息员，主要人员为墨脱县“双联户”户长、乡村专干和乡（镇）气象信息员。及时更新墨脱县气象灾害应急信息接收人名单（截至年末，全县气象应急信息接收人共203人），将墨脱县各级主要领导纳入名单，并通过墨脱县气象防灾减灾微信平台，向墨脱县委书记、县人民政府县长、县（中央、自治区）直属单位、驻墨脱县部队主要领导发送每日天气预报、预警信息，发挥气象防灾减灾第一道防线作用，有效降低气象灾害带来的群众生命财产损失。

【气象灾害预防】 10月，县气象局组织召开全县气象信息员培训和气象防灾减灾应急演练工作，与多部门签订合作协议。年内，县气象局在国道559线、国道219线沿线气象灾害易发多发区域，设立藏、汉双语气象灾害避险警示牌，为人民群众生产生活和出行安全提供气象服务保障。

【地面气象观测站管理】 年内，县气象局加强地面气象观测站的管理，补充“天元”系统平台站、网信息，确保站、网正常运行，确保观测业务实现“监测精密”。持续开展气象自动站巡护工作，截至年末，县气象局对全县辖区内10个地面气象自动站共开展维护维修60余次。

【配合完成“墨脱超级站”建设】 年内，县气象局积极配合完成中国气象科学研究院风廓线雷达的选址、安装等各项工作，建设目标为“墨脱超级站”，如期完成站点所有设备的运行维护工作。

【协助第二次青藏高原综合科学考察】 雅鲁藏布大峡谷水汽通道考察是第二次青藏高原综合科学考察研究中的藏东关键区，年内，县气象局积极配合协助第二次青藏高原综合科学考察队，在波墨公路559线的24K、52K、80K和墨脱县达木珞巴民族乡卡布村、墨脱镇区域架设地表湍流通量观测等自动气象站，进行维护巡检工作，确保数据稳定。

【气象服务】 服务方案制定 年内，县气象局根据市气象局要求，制定墨脱县气象局决策气象服务周年方案、农业气象服务周年方案、汛期气象保障服务方案、汛期气象服务应急预案，4—5月，更新完善墨脱县各部门气象预警信息接收责任人及各乡（镇）气象信息员信息。

制作专报 为国道219线察墨公路项目部、波墨公路项目部、部队等提供每日天气预报信息及灾害性天气预报预警信息。

预警信息发布 汛期墨脱县降水频繁且降水量大，年内，县气象局及时汇报、积极作为，第一时间发布预报预警信息。全年县气象局共发布交通专报26期、降水消息（天气公告）33期、强降雨蓝色预警3期、强降雨黄色预警7期、强降雨橙色预警1期、山洪地质灾害预警20期、春运专题预报40期，节日专报8期，森林防火专报1期，水利水电专报1期，县委、县人民政府各种活动专报19期，消防应急救援服务专报38期，雪崩专报10期，雨情公告（快报）14期，道路结冰黄色预警4期。

部门联动 在重大、突发天气过程中，县气象局联合县应急管理局、县自然资源局、县水利局、县林业和草原局等签发发布山洪地质灾害风险预警20期、森林火险等级预报1期。

农业气象直通式服务 年内，县气象局开展“定制式”服务，实地了解水稻和玉米收割期的气象服务需求、作物病虫害情况。打造农业气象“直通式”服务，全年提供茶叶专报7期、玉米病虫害防治气象专报5期，截至年末，墨脱县玉米、水稻草地贪夜蛾病虫害防治取得较好成效。对南部乡（镇）茶叶基地、格当乡羊肚菌种植试验基地等农业种植基地进行“直通式”气象服务，开展全县范围内水稻、玉米收割期，茶叶采摘期气象服务，助力乡村振兴和地方特色产业发展。

【安全生产】 2021年，县气象局持续开展防雷安全监管、防雷装置设计审核工作，加大安全生产检查力度。年内，针对近年来墨脱县陆续开工的国家重大项目，县气象局对国道559线、派墨公路、国道219线、各边防公路临时储油库、炸药库进行防雷安全监管工作，与多部门联合开展应急演练。认真贯彻落实深化“放管服”改革要求，对墨脱县新建加气站进行“一网通”受理防雷装置设计审核工作及防雷装置施工监督检查。联合县消防救援大队开展消防安全演练，演练中熟练掌握应对火灾应急处置方法、逃离火灾现场的步骤、正确的自救方法，全年县气象局实现维稳、安全生产零事故。

【业务培训】 年内，县气象局克服人员少、工作任务重的困难，选派业务人员参加自治区内外的预报预警、山洪地质灾害、“三农”服务、防灾减灾、行政管理等各类函授培训和交流学习班。

【气象科研】 2021年，县气象局与中国气象科学研究院青藏高原与极地气象科学研究所签订开放课题合同书《墨脱水汽变化特征及其与气象因子的关系研究》，获批复资金5万元。

年内，县气象局根据《西藏自治区气候中心2021年乡村振兴气象服务专项实施方案》，结合墨脱县工作实际，编制《墨脱县茶叶种植观测实施方案》，与西藏自治区气候中心签订委托业务协议，获批复资金1.7万元，年内完成茶叶种植观测研究的全部工作任务。

年初，县气象局与西藏自治区气象学会签订西藏自治区科学技术协会项目——“墨脱县茶叶种植气候要素及生长期的研究”项目，获批复资金7万元，编写完成《墨脱县茶叶发布气候特征公报》《墨脱县茶叶生长周期公报》，截至年末，项目完成率达80%。

年内，墨脱县气象局荣获“2021年林芝市气象行业重要天气预报劳动技能竞赛”团体第一名。

【组织机构负责人名录】

副局长（主持工作）

扎西索郎（藏族）

副局长

索　朗（藏族）

文化和旅游

【概　况】 2021年，墨脱县文化和旅游局结合墨脱县工作实际，深入学习贯彻中共十九大、十九届二中、三中、四中、五中、六中全会精神与中央第七次西藏工作座谈会精神。因地制宜发展文化和旅游产业，认真落实墨脱县“123456”工作思路，着力推进落实墨脱县委、县人民政府文化旅游工作决策部署，构建“五个墨脱”，持续推进全县文化和旅游产业发展，为全县经济社会发展作出应有贡献。

【旅游收入】 2021年，游客总数为20.58万人次（其中探亲、公务、务工人员、本地游客8.95万人次），同比增长136%，实现旅游总收入7893.07万元，与上年同比增长264%，其中农牧民收入1193.8万元，同比增长152%，旅游产品收入494.22万元，家庭旅馆接待游客3.35万人次，总收入185.32万元。

【文化旅游产业宣传】 2021年，通过“两微（微博、微信）一网（网站）一抖（抖音）”进行墨脱县文化旅游产业宣传，信息发布量达310条（其中微信公众号165条、微博75条、网站27条、抖音42条）；为挖掘开发墨脱特色的门巴族、珞巴族传统文化和旅游特色资源，利用微信公众号，举办墨脱县首届“莲花秘境·文韵墨脱”文旅创意产品设计大赛，通过专业组评选，确定一、二、三等奖及优秀奖；为更好地宣传墨脱文化旅游产业，县文化和旅游局委托西藏同诺商贸有限公司为墨脱县文化、旅游资源制作宣传视频和宣传册，截至年末，正在对视频初稿进行修改与完善，文化旅游宣传册已制作完成；创新旅游宣传推广，5月，广东省第九批援藏工作队墨脱县工作组投入资金13万元，开展广佛地铁“墨脱号”地铁宣传月活动，在广佛地铁“广佛援藏同城号”设置2节“墨脱号”地铁车厢，对墨脱县传统民族文化、自然景观、特产美食进行为期1个月的宣传推广；年内，县文化和旅游局积极配合相关部门，利用“3月法治宣传月”、6月法治宣传周、6月“安全生产月”“9·27”世界旅游日，在全县开展形式多样的法治宣传等活动18次，共发放《墨脱旅行指南》《墨脱旅游安全手册》《中华人民共和国非物质文化遗产法》《扫黑除恶应知应会知识》等宣传材料1838份。

【公共文化服务】 2021年，墨脱县举行庆祝中国共产党成立100周年、西藏和平解放70周年文艺会演与“三大节日”文艺会演、林芝市第十九届桃花旅游文化节——墨脱徒步文化旅游活动。为加强墨脱县民族文化的传承保护和创新交融，完成墨脱县文旅资源系统整理；积极开展文艺“八进”70场和“戏曲进乡村”48场、观看群众达16143人次；开展“送图书下乡”活动，送出图书3400余册，并为县直属各单位送图书4000余册；有序开展“广东国家级历史文化名城、名镇、名村”巡展活动；成功申报达木珞巴民族乡为林芝市特色民间文化艺术之乡，申报德兴乡荷扎村、背崩乡地东村、达木珞巴民族乡卡布村为林芝市群众文化示范村，截至年末，正在创建中；落实县文化活动中心和县图书馆免费对外开放政策，丰富干部群众文化生活；12月，墨脱县举办首届“舞动墨脱”广场舞大赛。退休老干部、广场舞团、县民间艺术团等共计60余人参与，观看群众达600余人；成功申报墨脱县墨脱石锅文化产业有限公司为林芝市第一批市级文化产业示范基地；推广宣传第九批“中国梦”主题新创作歌曲；组织达木珞巴民族乡贡日村、背崩乡背崩村文艺演出队参加林芝市第二届行政村（居）文艺演出队文艺会演暨文艺交流演出，贡

3月31日晚，林芝市第十九届桃花旅游文化节——墨脱徒步文化旅游活动篝火晚会现场 （县文化和旅游局／提供）

11月2日，墨脱县文化和旅游局有序开展“广东国家级历史文化名城、名镇、名村”巡展活动 （县文化和旅游局／提供）

12月24日，墨脱县文化和旅游局举办首届“舞动墨脱”广场舞大赛 （县文化和旅游局／提供）

日村在比赛中获得第三名；对全县寺庙文物保护单位（点）和石器采集点开展安全检查共计20余次，并在各处文物点张贴文物安全责任公示牌。

【非物质文化遗产保护】 截至年末，墨脱县非物质文化遗产项目14项（自治区级3项、县级11项），自治区级非物质文化遗产项目为墨脱石锅制作技艺、门巴族服饰编制技艺、竹编编制技艺，县级非物质文化遗产项目为乌木筷子制作、次真拐杖制作技艺、吊脚楼建造技艺、得过体育竞技、黄酒酿制技艺、薄饼制作、藤跳射箭竞技、滕竹毛编制技艺、藤网桥、红糖制作技艺、门巴老调。

【文物保护】 截至2021年末，墨脱县共有文物保护单位12处，其中自治区级文物保护单位5处，县级文物保护单位7处。

墨脱县自治区级文物保护单位（点）有：墨脱县仁青崩寺、背崩村石器采集点、西亚石器采集点、德尔贡石器采集点、墨脱村石器采集点。

墨脱县县级文物保护单位（点）有：格当寺、曾久寺、白玛维林寺、德尔贡寺、玛尔蚌寺、罗邦寺、墨脱县烈士陵园。

【文化旅游基础设施建设】 年内，完成墨脱县雅鲁藏布大峡谷景区项目、墨脱景区项目、亲江景区项目、仁青崩景区项目建设，配合西藏自治区审计厅工作组完成对拉贡景区项目、墨脱景区项目、墨脱县雅鲁藏布大峡谷景区项目的审计工作；完成波墨公路559线沿线、仁青崩景区旅游交通牌、广告牌及导视系统安装；完成林芝智慧旅游语音讲解系统安装；推进2022年计划开工的仁青崩景区提升项目（一期）和县民间艺术团排练场所项目招标工作；推进2022年拟开工的德兴乡旅游基础设施建设项目、格当乡旅游基础设施建设项目、派墨公路墨脱县境内旅游基础设施建设项目的前期工作。

截至年末，全县共有自治区级文物保护单位5处，图为自治区级文物保护单位——西亚石器采集点 （勾　昆／摄）

【文化和旅游市场执法】 年内，县文化和旅游局对全县范围内景区（点）、歌舞娱乐场所15家、网吧4家开展日常执法监管，重点落实安全生产、扫黑除恶（扫黄打非）专项斗争、新冠肺炎疫情常态化防控等工作。

【安全生产】 安全检查 2021年，县文化和旅游局开展各类安全检查54次，检查企业795家次（包括新冠肺炎疫情常态化防控期间的每日排查），出动执法人员279人次，出动车辆40辆次，查出安全隐患32处，下达责令改正通知书4份，截至年末，均已完成整改。

落实安全生产主体责任 年内，县文化和旅游局通过举办文化旅游行业安全生产培训，强化全县文化旅游经营单位和公共文化服务单位安全生产意识和火灾防控意识；要求文化旅游行业各经营单位和公共文化服务单位全力抓好各项制度、措施的落实，继续做好安全隐患排查整治和新冠肺炎疫情常态化防控工作，落实安全生产主体责任，坚持警钟长鸣、常抓不懈，促进全县文化旅游行业安全生产形势持续稳定好转。

【组织机构负责人名录】

党组书记、局长、文化旅游市场综合行政执法队队长

李　振

党组副书记、副局长、文物局局长、三级主任科员

扎西旺久(门巴族,4月任)

三级主任科员

拉宗卓嘎(女,藏族)

景区管理中心主任

桑杰旺堆(门巴族)

景区管理中心副主任

洛桑索朗(藏族)

县综合文化活动中心主任

色咪娜(女,藏族)

四级主任科员

邓广乾

次仁央前(女,门巴族)

广播电视

【概　况】 2021年,在县委、县人民政府的领导下,在县委宣传部的指导下,县广播电视台学习贯彻习近平总书记"七一"重要讲话精神、习近平总书记视察西藏重要讲话精神、中央第七次西藏工作座谈会精神和中共十九大及十九届历次全会精神,围绕县委、县人民政府中心工作,团结一致,扎实工作,广播电视各项工作健康有序开展,为全县经济社会发展提供舆论支持。

3月28日,县广播电视台记者在现场摄像报道　　(县广播电视台/提供)

【新闻报道】 2021年,县广播电视台始终坚持围绕中心、服务大局的工作原则,围绕县委、县人民政府中心工作开展各项工作,充分发挥县级媒体"引导群众、服务群众"作用,增强县级媒体引导力、传播力、影响力、公信力,加强新闻报道力度。全年共制作播出《墨脱新闻》104期,播出新闻525条,林芝市广播电视台全年采用稿件114篇。新媒体平台发布视频70条,浏览量50万次。全年制作播出《党史我来说》3期,《党史小知识》100期,《我们的家乡》11期。全年购买播放优秀主旋律电视剧130集,电影32部。播放公益广告175条。年内,配合全县新冠肺炎疫情常态化防控工作,县广播电视台共制作播出新冠肺炎疫情防控新闻、知识50余条次。

【安全播出】 2021年,县广播电视台全体人员始终筑牢"安全播出责任重于泰山"防线,坚持"预防为主、安全第一"原则,严格按照《广播电视安全播出管理规定》及实施细则开展工作,保障广播电视安全播出。围绕"庆祝中国共产党成立100周年暨西藏和平解放70周年"广播电视安全播出重点工作,健全各项制度,制定细化方案,加强应急演练,全年未发生安全播出责任事故。

【组织机构负责人名录】

台长

赵　东

卫生健康

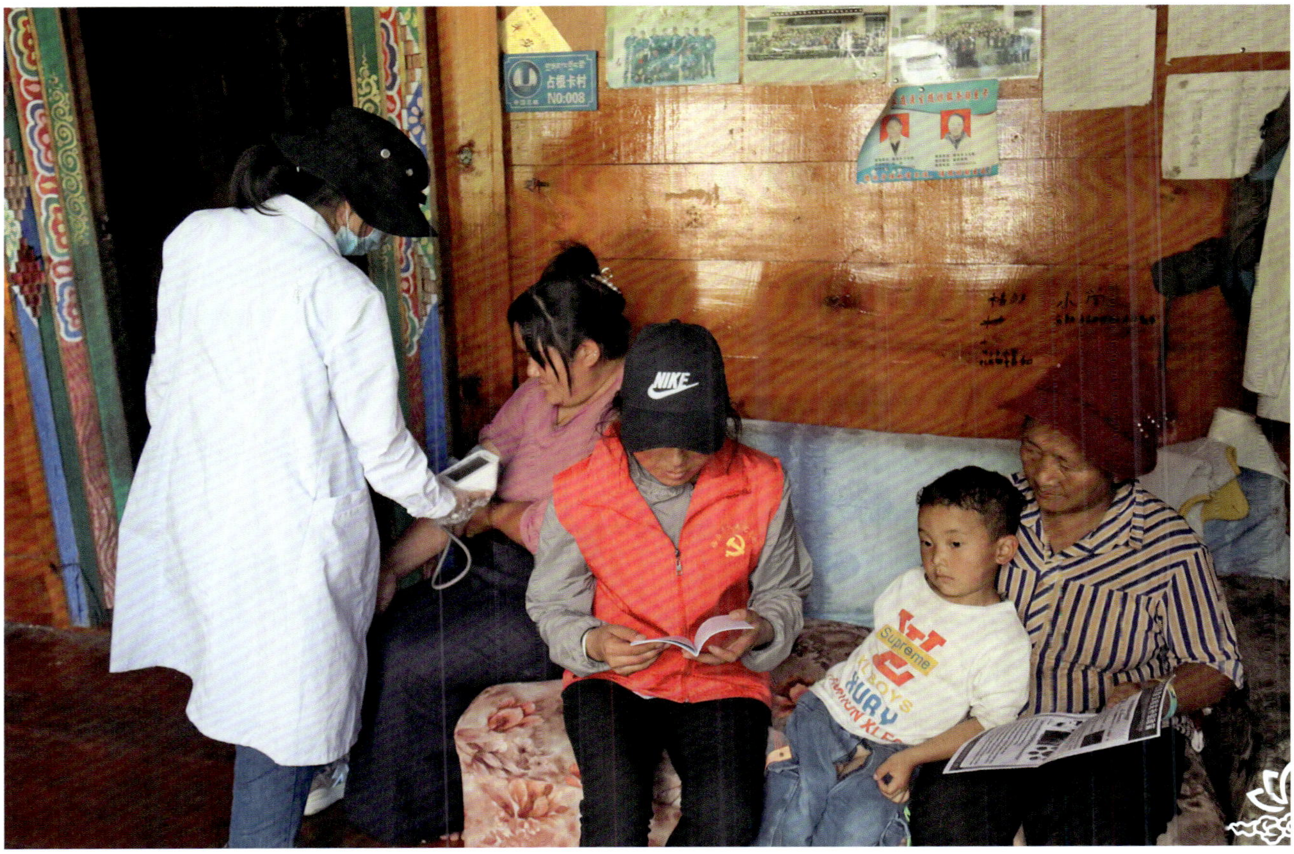

7月19日，格当乡卫生院医务人员走村入户到占根卡村开展家庭医生签约服务——为群众测量血压

（县卫生健康委员会/提供）

卫生健康

【概　况】 2021年，墨脱县共有医疗机构15家，其中公立医院2家，县疾病预防控制中心1家，乡（镇）卫生院8所，诊所4家。县人民医院等级为“二级乙等”医院，2020年通过市级“二级甲等”医院初评评审。县、乡（镇）医疗机构共有专业技术人员166人，医疗机构中持有高级职称2人，中级职称8人。村医93人，其中3名为招录应届毕业大学生。开放床位149张。

【医疗卫生服务】 2021年，全县医疗机构门诊总量达57628人次，开展中小手术2249例，其中中手术61例（异位妊娠3例、剖宫产4例、胃穿孔修补术1例、植皮术1例、VSD负压引流术1例、阑尾切除术16例、内固定术22例、取钢板术2例、开颅术3例、肛肠外科术2例、膀胱破裂修补术1例、卵巢黄体破裂修补术1例、肠系膜破裂修补术2例、肠梗阻2例）。其余如清创缝合术等2188例。安排新分配21名医护人员（不含2名县疾病预防控制中心人员），分2批在县人民医院及县藏医院进行岗前跟班培训；乡（镇）卫生院在县级医疗机构跟班培训30天以上共13人；县、乡（镇）两级医疗机构人员参加市级以上培训30天以上12人；三级医院对口帮扶专家组织为县、乡（镇）两级医疗机构开展各项培训50次，累计1750人次参加。开展县级乡村医生培训1次，为期15天，参加培训乡村医生37人（计划52人，但因道路塌方，交通管制，帮辛乡、加热萨乡、甘登乡乡村医生未能参加）。

【重点项目建设】 2021年，县人民医院术科大楼（总投资1100万元）已完成项目进度80%；县藏医院门诊住院综合大楼附属工程（总投资272万元）已投入使用；背崩乡卫生院（总投资545万元）已投入使用；墨脱镇卫生院（总投资380万元）已完成建设并通过终验；县疾病预防控制中心建设项目（总投资290万元）基本完成待验收；县人民医院负压病房建设项目（总投资181.4万元）已完成建设待验收；县人民医院改善提升工程（总投资200万元）已投入使用；新建县藏医院（总投资850万元）已投入使用。

【医疗卫生服务能力提升】 2021年，墨脱县开展乡村医疗服务能力提升工程（投资255.02万元），为各乡（镇）卫生院配备全自动生化分析仪，为36个村卫生室配备电脑和打印机等基本办公设备。

年内，墨脱县持续推进县人民医院创建“二级甲等医院”工作，通过县人民政府、援藏资金及县人民医院自身投入资金共计595.72万元，配备人体操作培训模型及远程会诊中心、负压病房、核酸快检系统等，县人民医院软硬件设施明显提升；投入76.15万元，为墨脱县第二家PCR实验室采购荧光定量核酸扩增仪、核酸提取仪、超净工作台等设备仪器；投入73.14万元，采购防护服、消毒液、测温仪等新冠肺炎疫情防控应急物资，进一步提高全县新冠肺炎疫情整体防控水平；投资311.7万元，完成新建县藏医院门诊住院综合大楼装饰装修、卡擦室装修并添置设备，实施县

8月18日，县人民医院术科大楼项目地梁钢筋验收现场

（县卫生健康委员会／提供）

藏医院藏汉双语信息化系统（截至年末已完成 90%）、藏药浴熬药系统等项目，全面提高全县藏医藏药服务能力水平。

【落实卫生惠民政策】 2021 年，县卫生健康委员会完成“寿星老人”健康补贴的发放，兑现 93 人、资金 3.14 万元。

年内，墨脱县落实计划生育“两项扶助”政策，其中“一孩双女”困难家庭 74 人、“特殊子女”家庭 13 人，兑现资金 14 万元。

是年，墨脱县产妇共 235 人，其中住院分娩 232 人，非住院分院分娩 3 人（1 人为甘登乡道路塌方被迫在家生产，1 人为墨脱镇家中突然临产，1 人为县人民医院转院上级医院途中生产），住院分娩率达到 98.7%，无新生儿、孕产妇死亡。截至 12 月 31 日，为 119 名农村居民产妇兑现住院分娩补助资金 13.85 万元。

【医养结合】 9 月 26 日，县卫生健康委员会组织县人民医院、县藏医院与县特困人员供养服务中心签订“医养结合”服务协议，县人民医院、县藏医院按照协议内容，结合巡回诊疗、全国“敬老月”等活动，全年共出动 17 名医护人员开展健康服务全覆盖活动 3 次，免费发放价值 3865.5 元的常用药品。

【卫生监督执法】 截至年末，县卫生健康委员会取得卫生监督执法资质人员共有 9 人，各乡（镇）卫生监督协管员 18 人，全年办理卫生许可证 16 件；在重大节假日、重要会议、开学报到等特殊时期开展公共卫生监督检查 40 余次，出动执法人员 80 人次、车辆 5 辆次；各乡（镇）卫生监督协管员开展卫生监督检查 100 余次。检查涵盖县城内医院、学校、娱乐场所、理发店、宾馆等公共场所及个体工商户 100 余家次，督促整改落实卫生许可证过期、健康证未办理、布草间不规范等共 12 项问题，指导公共场所落实新冠肺炎疫情常态化防控措施全覆盖。组织县级医疗机构为基层医疗卫生机构检查指导业务及新冠肺炎疫情常态化防控工作全覆盖 2 次。

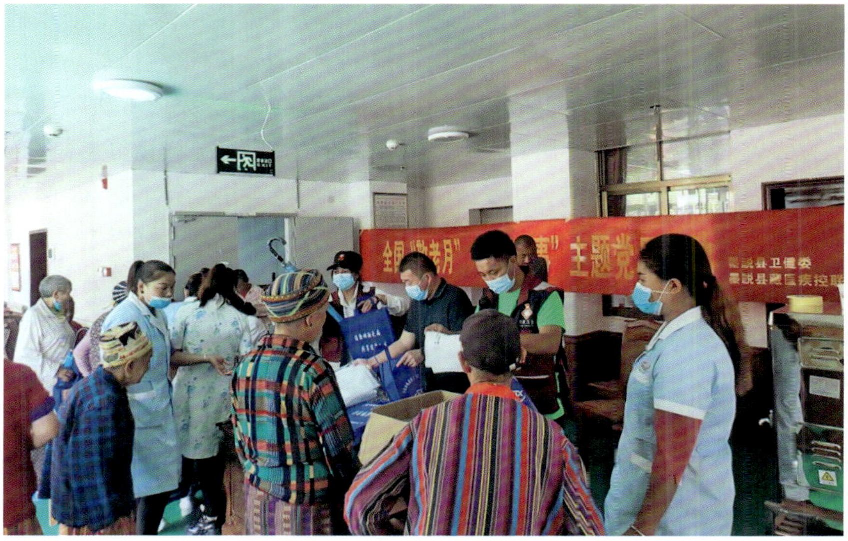

2021 年，墨脱县落实“医养结合”有关政策，组织开展全国“敬老月”主题党日健康宣传义诊活动 （县卫生健康委员会／提供）

【藏医药事业】 9 月 1 日，墨脱县藏医院整体搬迁至新建藏医院门诊住院综合大楼运营，新门诊综合楼总建筑面积 1856.8 平方米，共 3 层。县藏医院开展藏医适宜技术 18 项，各乡（镇）卫生院开展藏医适宜技术 9 项，村卫生室均配有常用藏药；为更好地传承发扬藏医药专业技术，县藏医院统筹安排 2 名藏医药专业技术人员到山南市藏医院开展规范化医师培训，县藏医院为 8 名乡（镇）卫生院藏医药专业技术人员开展藏医馆骨干医师培训。全年藏医门诊 2912 人次；住院人数 25 人次。年内开展藏医适宜技术藏药浴、足浴、熏药 359 人次、放血治疗 61 人次、拔罐 93 人次、艾灸 135 人次、针灸治疗 653 人次、电针治疗 486 人次、颈椎腰椎牵引 62 人次、久巴（涂擦）治疗 536 人次、烤电 461 人次、颈椎腰椎间盘突出推拿 56 人次、藏医熏药疗法 163 人次、盐敷疗法 162 人次、肝复位镜治疗 6 人次、霍尔梅疗法 253 人次、新增天灸疗法和蜂刺疗法 62 人次。

【疾病预防控制】 健康教育 认真开展疾病预防控制及健康教育

工作，截至年末，各医疗卫生机构在辖区内开展“健康教育进校园”活动71次，受教育群众8112人次，“健康教育进村居”活动211次，42908人次参与，共发放宣传手册及海报3万余份。年内，开展健康教育宣传讲座10次，受教育群众达2800余人次。利用“健康墨脱”微信公众号等网络媒体发送4次原创健康知识宣传作品，阅读量600人次。县城好日子莲花广场宣传栏全年更换6期健康知识内容。

计划免疫　全县儿童卡介苗应接种141剂次，实接种135剂次，接种率95.74%，乙肝疫苗应接种453剂次，实接种381剂次，接种率为84.1%，脊髓灰质炎疫苗应接种583剂次，实接种421剂次，接种率为72.21%，百白破疫苗应接种561剂次，实接种431剂次，接种率为76.83%，含麻类疫苗应接种349剂次，实接种233剂次，接种率为66.76%，白破疫苗应接种243剂次，实接种70剂次，接种率为28.81%，A群流脑疫苗应接种303剂次，实接种204剂次，接种率为67.33%，甲肝疫苗应接种208剂次，实接种100剂次，接种率为48.08%，A+C流脑疫苗应接种327剂次，实接种152剂次，接种率为46.48%。部分疫苗接种率达到国家相关标准，部分未达到。

AFP监测　1月1日至10月15日，全县AFP应监测12次，实际监测12次，监测率100%。年内，墨脱县无脊髓灰质炎病例发生。

慢性病管理　年内，全年精神卫生系统管理重症精神病确诊病例患者26人，完成6次随访工作，患者治疗情况均良好。

死因监测　全年对38例死亡人员信息进行死因监测。

高血压　全年共收集1.3万人次35岁以上血压监测数据并据此开展诊断随访。

水质监测　2021年，完成全县4乡1镇20个监测点枯水期、丰水期农村饮用水水质卫生监测工作，采集市政供水、农村集中式供水、学校供水水样共109份，送市疾病预防控制中心检验，反馈数据进行网络直报。

健康证办理　全年为全县公共场所及餐饮行业、涉及食品类从业人员办理健康证共829人。

鼠疫防控　4月，县疾病预防控制中心开展以预防监测为主，每日、每周实行日报、周报制度，截至年末，已上报周报23份，与各乡（镇）签署首诊医生责任书共7份，为各乡（镇）提供鼠疫应急药1次（各乡镇1盒），鼠密度调查10余次（小型啮齿类动物），5米布夹法放置270夹，有效夹为40夹，未发现宿主。截至年末，开展鼠疫疾病预防知识宣传2次，发放宣传册200份，受教育人数500余人。

大骨节、碘缺乏病氟骨病防控　全年开展大骨节病人随访1次，随访大骨节病人34人，开展大骨节病患者集中筛查及救治，符合手术指征20名患者，自愿参加免费手术共3人。开展碘缺乏病筛查1次，甲状腺B超检查5所学校的230名学生（8—10岁），采集尿样226份，采集土样16份、大米8份、青稞小麦面各3份、茶叶3份、水样8份。开展四肢关节X线拍片检查氟骨症55人。共筛查230人，其中单纯性甲状腺肿人数1人，甲状腺肿率0.43%，单纯性甲状腺肿1人为德兴乡小学学生，已向德兴乡小学教授碘盐储藏、使用合格碘盐、食用方法等预防方法，样品采样及X线拍片结果待上级实验室检测后上报，居民食用盐实验室质量抽查检测300份均为合格碘盐。

包虫病防治　截至年末，墨脱县共有包虫病现症病例3人，发放药品阿苯达唑片剂800盒，随访6人次，服药治疗有效。开展B超筛查267人，无新增病例，完成全县40份狗粪采样送检工作。

【公共卫生服务】　城乡居民健康体检　全年开展城乡居民暨在编僧尼免费健康体检7048人，其中在编僧尼体检25人。

妇女“两癌”筛查　截至年末，全县已完成乳腺癌筛查516人，完成上级任务的172%；宫颈癌筛查354人，完成上级任务的118%。

家庭医生签约随访服务　全县组建家庭医生团队45个，组织156名县、乡（镇）、村三级医务人员，提供上门诊疗、咨询等医疗卫生健康服务，做到应签尽签。对慢性病患者、老年人、0—6岁儿童等重点人群签约5426人次，签约率87.38%，健康管理率77.61%；组建8个基层巡回诊疗责任团

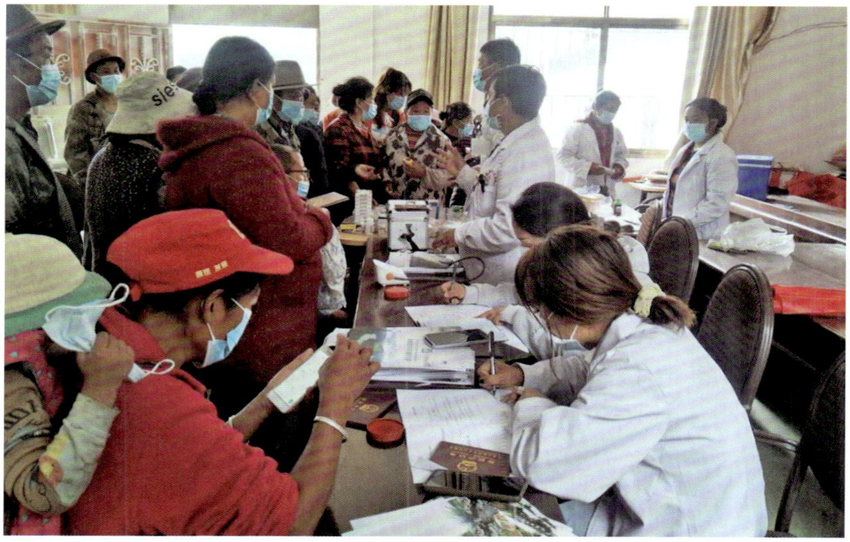

2021年，墨脱县医疗机构开展巡回诊疗、家庭医生随访工作

（县卫生健康委员会/提供）

队，分设44个小组，巡回诊疗责任团队和车辆覆盖8个乡（镇），截至年末，开展巡回诊疗40余次，受益群众12806人次，免费发放药品价值15.04万元。

儿童保健　2021年，出资8220元为各医疗机构及幼儿园、小学购买血红蛋白监测试剂及儿童视力测试图。各医疗卫生机构开展0—6岁儿童视力检测645人，并进行儿童视力保健健康教育，认真开展孕产妇及5岁以下儿童血红蛋白监测748人（孕妇185人、5岁以下儿童563人），为6个月至3岁儿童发放儿童营养包827人次、1374盒。

孕产妇系统管理　全年孕产妇建档人数232人，系统管理人数159人，免费发放叶酸103人、274瓶。

【医改工作】　年内，先后制定下发《墨脱县医共体业务管理办法》《墨脱县医共体人员管理办法》《墨脱县医共体财务管理办法》《墨脱县医疗卫生机构绩效考核办法》《墨脱县建立基层医疗卫生机构绩效工资政策保障实施意见》等，组织各乡（镇）人民政府卫生分管领导及各乡（镇）卫生院负责人召开医改工作推进会1次，培训1次，为进一步提高各乡（镇）卫生院医疗卫生诊断水平，安排乡（镇）卫生院医护人员到县人民医院培训B超、心电图、检验、临床科室学习，共计培训37名医护人员。

【对口帮扶】　2021年，中国人民解放军陆军第956医院安排1名专家前来帮扶指导工作，佛山市中医院安排3名专家前来帮扶指导工作；三级医院对口帮扶专家组织开展各项培训50次，累计1750人次参加。指导县级医疗机构新开展手术5项：首例绞窄性肠梗阻手术、左侧颅骨去骨瓣减压+血肿清除+静脉窦修补术、黄体破裂修补术、骨折髓内固定术、独立在1天内开展2台手术。指导新开展检查3项：24小时动态心电图、核酸快速检测、移动式平板C型臂X射线机辅助检查。指导新开展中医康复项目39项：中药饮片辨证使用、三伏贴、三九贴、中药膏方制剂、蜂疗（蜂蜡）技术、中医体质辨识、中医体质调理、督脉灸（火龙灸、隔物铺灸）技术、热敏灸技术、平衡罐技术、扶阳罐技术、火龙罐技术、子午升阳温通罐技术、健脾益气脐疗技术、温阳贴技术、通通贴技术、调经贴技术、电针疗法、温针疗法、小儿推拿手法、刺络放血技术、中药粗盐热熨技术、中药泥灸疗法、中药熏洗/熏蒸、膳食调理、产后康复综合技术、运动损伤康复综合技术、慢性劳损康复综合技术、吐纳功传统功法、六字诀传统功法、耳穴贴压技术、刮痧技术、中药涂擦技术、中药湿敷技术、穴位注射技术、揿针技术、腕踝针技术、肌内效贴扎技术、筋膜枪技术。

【等级医院创建】　2020年7月3—4日，墨脱县人民医院通过林芝市卫生健康委员会等级医院评审专家组"二级甲等综合医院"初评评审。2021年，县人民医院重点完成林芝市初评专家组提出的43项问题整改，持续推进创建"二级甲等综合医院"工作。

【"优质服务基层行"活动】　2021年，墨脱县贯彻落实新时期以基层为重点的卫生健康工作方针，建立分级诊疗制度，认真开展“优质服务基层行”活动。年内，按照上级要求，申报格当乡卫生院、背崩乡卫生院、达木珞巴民族乡卫生院为“优质服务基层行”推荐单位，先后投入“优质服务基层行”相关经费90万元为背崩乡卫生院（购买新建卫生院设备）、达木珞巴民族乡卫生院（业务用房维修）、格当乡卫生院（截至年末，正在落实采购设备程序）；组织县级医疗机构业务骨干到各乡卫生院开展业务指导全覆盖2次，县人民医院派出2名业务骨干到背崩乡卫生院、格当乡卫生院开展业务指导帮扶工作，林芝市人民医院派出2名业务骨干到格当乡卫生院开展业务指导帮扶工作，组织县级医疗机构定期开展服务能力标准评价工作。

【组织机构负责人名录】

主任

布　　穷（藏族）

副主任

周 庆 仁

王 文 会（援藏干部）

二级主任科员

白玛次仁（门巴族）

四级主任科员

格桑德吉（女，藏族）

墨脱县人民医院

【概　况】 2021年，县人民医院编制床位35张，实际开放床位100张。设有14个临床科室（内科、外科、妇产科、儿科、感染疾病科、急诊科、麻醉手术室、口腔科、重症医学科、眼科、中医科、疼痛科、康复医学科与精神卫生科），4个医技科室（放射科、检验科、功能科、消化内镜中心），医院占地面积约为2.1万平方米，业务用房面积8053.32平方米（其中综合楼建筑面积为1400平方米，建于2004年5月。住院楼建筑面积为844平方米，建于2008年12月；传染楼建筑面积为390平方米，建于2003年12月；门诊医技综合大楼2191.05平方米，建于2011年9月；新建住院楼1281.81平方米，建于2014年9月；感染疾病科楼1495.85平方米，建于2020年6月；妇幼保健站450.61平方米，建于2020年6月）。

【安全生产】 2021年，县人民医院积极开展医务人员医疗安全教育和医疗服务培训演练，学习《中华人民共和国执业医师法》《护士条例》《病历书写规范》及相关操作技术等，不断提升医务人员安全意识，医疗服务能力。

药械管理　对精神病药品、麻醉药品等特殊药品进行保险柜管理，专人配备钥匙。加强不合格药品、医疗器械的管理，防止不合格药品、医疗器械进入临床。如有药品、医疗器械不良事件发生，查清事发地点、时间、不良反应或不良事件基本情况，并做好记录，及时上报县市场监督管理局。

医疗质量管理　进一步健全医疗安全和医疗质量管理责任制，切实做到制度健全，管理到位，责任到人，做好个人防护和职业暴露安全管理工作，有效防范和杜绝医疗安全事故发生。

医疗废物、污水安全工作　由西藏国策环保科技股份有限公司林芝分公司定期到医院收集医疗废物，安全、妥善处理医疗废物，落实医疗废物处理登记制度，

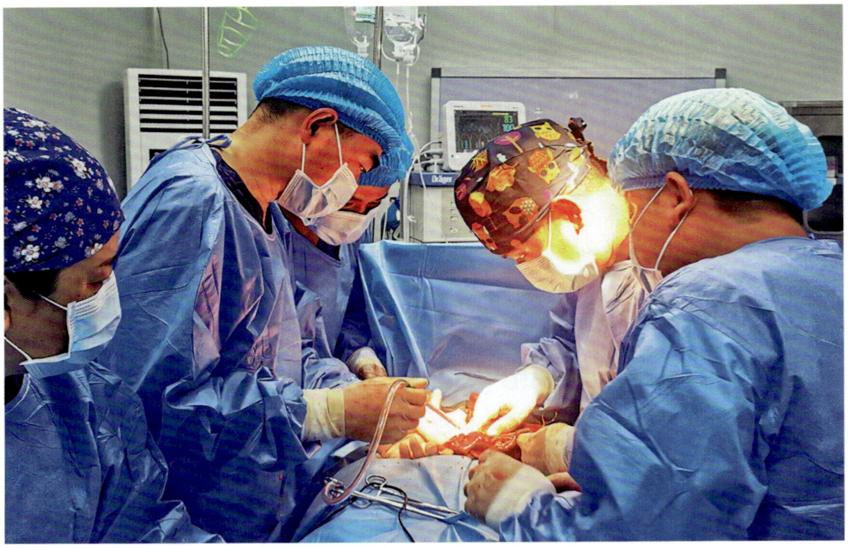

6月2日凌晨，县人民医院院长邓声敏（左二）带领外科医生成功实施墨脱县首例绞窄性肠梗阻手术　（县人民医院／提供）

防止医疗废物外流引起的重大疫情。2019年3月，县人民医院建成医疗污水处理系统，所有医疗污水均处理后按规定排放。

消防安全　按照县消防救援大队要求，县人民医院安排专人负责定期检查消防器材、用火、用电、消防通道疏通等情况，做到心中有数。年内，全院持续开展消防安全知识学习与消防、地震应急演练，认真排查消防安全隐患，杜绝火灾发生。

车辆安全　年内，持续开展驾驶员安全教育活动，强化驾驶员自觉遵守交通法和维护道路交通安全的意识，严禁公车私用，车辆定期进行维护保养，严禁车辆带病上路，确保生命财产安全。

院内治安　院内设置一整套视频监控设备，在重点部位和要害部门均安装监控器，确定专人负责管理和使用，将“人防”和“物防”紧密结合，保证县人民医院全年和谐稳定。

矛盾纠纷排查　县人民医院在院内显眼处设立意见箱，方便患者投诉医务人员。将每周五下午定为院长接待日，方便职工、患者前来排除矛盾，维护自身合法权益，避免产生矛盾，及时合理处理矛盾，避免引发更大纠纷。全年县人民医院未发生一例医疗事件、治安事件、医患纠纷。

【业务开展】门诊及住院诊治　2021年，县人民医院门诊诊治患者37585人次，住院病人628人次，急诊8833人次，门诊及住院患者转院487人次，住院死亡6人，住院患者平均住院7.47天。彩超检查10598人次、心电图检查3906人次，检验56225人次，核酸检测15416人次（包括边民核酸检测1732人次），未出现疑似阳性，放射检查2695人次。妇产科门诊诊治患者3695人次，住院分娩52人（其中剖宫产4人）。全年开展中、小手术共2116例，其中中手术61例，小手术2055例（如清创缝合术等）。

疫苗接种　计划免疫儿童乙肝疫苗接种166人次，新生儿24小时内首针乙肝疫苗接种54人次，新生儿首针卡介苗接种54人次。乙肝免疫球蛋白1人次，卡介苗接种11人次，脊髓灰质炎疫苗接种127人次，百白破疫苗接种322人次、白破疫苗接种10人次，麻疹疫苗282人次。A群流脑疫苗接种194人次，A+C群流脑疫苗接种60人次，甲肝减毒疫苗接种75人次，补充免疫脊髓灰质炎疫苗接种1人次，含麻类补充免疫1人次，脊髓灰质炎灭活疫苗接种142人次。

医疗治疗质量　住院治愈率、好转率、未愈率、死亡率分别为59.48%、34.67%、4.89%、0.96%。

巡回义诊　按照县人民医院工作计划，全年开展巡回义诊59次，派出医务人员365名，诊治4520人，免费发放药品105种，价值62321.11元，发放宣传资料500份。

城乡居民暨在编僧尼健康体检档案建立　年内，全县实现城乡居民暨在编僧尼免费健康体检全覆盖，出动医务人员376人次，开展城乡居民暨在编僧尼免费健康体检并完成电子建档7048人次，其中在编僧尼体检24人次。并完成墨脱镇城乡居民健康体检电子档案建档工作，其他乡（镇）城乡居民健康体检电子档案建档工作由乡（镇）卫生院负责完成。

包虫病筛查　全县共计开展包虫病筛查7048人，无疑似包虫病患者。

家庭医生签约及随访服务　县人民医院负责墨脱镇家庭医生签约及随访服务工作，对建档立卡脱贫户与高血压、糖尿病、冠心病、65岁以上老年人、0—6岁儿童、孕产妇、残疾人、精神病、常见病患者等重点人群进行签约，重点人群签约率达100%，重点人群签约随访服务率达到100%。

适龄妇女“两癌”筛查　积极开展适龄妇女“两癌”筛查工作，乳腺癌筛查500人，完成率167%；宫颈癌筛查354人，完成率118%，宫颈癌高危人群30例。

免费孕前优生健康和出生缺陷干预检查　开展免费孕前检查5对、出生缺陷检查5对，免费发放叶酸297瓶。

免费为儿童进行体格检查，发放营养包　为墨脱县184名0—7月儿童进行体格检查，测量血红蛋白、身高体重，对家长进行儿童健康培养指导。为184名0—7月儿童免费发放营养包248盒（1盒/30小包/月/人量）。

“两会、小升初、中考”医疗保障　年内，县人民医院如期完成2021年全县“两会、小升初、中考”医疗保障任务，出动救护车10辆次，共接诊患者200余人。

【创建“二甲医院”工作】 2021年，在2020年已完成初评问题整改的基础上，县人民医院持续推进创建“二级甲等医院”工作，第九批广东省援藏工作队墨脱县工作组、县人民政府及县人民医院共计投入“二级甲等医院”创建资金595.72万元，建成墨脱县人民医院远程医疗和操作技术培训中心，完成医院外观环境改造、院内部分路面硬化、院内亮化等，购买麻醉呼吸机、快速实时荧光定量PCR仪、超声腹部探头等医疗设备，医疗服务安全与质量得到明显提升。

【新业务、新技术开展应用】 11月30日，县人民医院成功建立标准化远程会诊中心并运行。

新开展手术 首例绞窄性肠梗阻手术、左侧颅骨去骨瓣减压+血肿清除+静脉窦修补术、黄体破裂修补术、骨折髓内固定术、独立在1天内开展2台手术。

新开展检查 24小时动态心电图、核酸快速检测、移动式平板C型臂X射线机辅助检查。

新开展中医康复项目 中药饮片辨证使用、三伏贴、三九贴、中药膏方制剂、蜂疗（蜂蜡）技术、中医体质辨识、中医体质调理、督脉灸（火龙灸、隔物铺灸）技术、热敏灸技术、平衡罐技术、扶阳罐技术、火龙罐技术、子午升阳温通罐技术、健脾益气脐疗技术、温阳贴技术、通通贴技术、调经贴技术、电针疗法、温针疗法、小儿推拿手法、刺络放血技术、中药粗盐热熨技术、中药泥灸疗法、中药熏洗/熏蒸、膳食调理、产后康复综合技术、运动损伤康复综合技术、慢性劳损康复综合技术、吐纳功传统功法、六字诀传统功法、耳穴贴压技术、刮痧技术、中药涂擦技术、中药湿敷技术、穴位注射技术、揿针技术、腕踝针技术、肌内效贴扎技术、筋膜枪技术。

【医疗援藏、三级医院对口帮扶】 年内，中国人民解放军陆军第956医院安排1名专家、佛山市中医院安排3名专家到墨脱县人民医院开展帮扶指导工作。对口帮扶专家组织开展各项培训50次，累计1750人次参加。坐诊诊治患者2000余人次，开展手术带教50余例。帮助县人民医院开展新技术45项：左侧颅骨去骨瓣减压+血肿清除+静脉窦修补术、骨折髓内固定术、独立在一天内开展2台手术（骨折内固定物放置、取出术）、动式平板C型臂X射线机辅助检查、24小时动态心电图；39项中医特色治疗项目，包括中药饮片辨证使用、三伏贴、三九贴、中药膏方制剂、蜂疗（蜂蜡）技术、中医体质辨识、中医体质调理、督脉灸（火龙灸、隔物铺灸）技术、热敏灸技术、平衡罐技术、扶阳罐技术、火龙罐技术、子午升阳温通罐技术、健脾益气脐疗技术、温阳贴技术、通通贴技术、调经贴技术、电针疗法、温针疗法、小儿推拿手法、刺络放血技术、中药粗盐热熨技术、中药泥灸疗法、中药熏洗/熏蒸、膳食调理、产后康复综合技术、运动损伤康复综合技术、慢性劳损康复综合技术、吐纳功传统功法、六字诀传统功法、耳穴贴压技术、刮痧技术、中药涂擦技术、中药湿敷技术、穴位注射技术、揿针技术、腕踝针技术、肌内效贴扎技术、筋膜枪技术；建立标准化远程会诊中

4月13日，佛山市中医院党委书记张斌（前排右一）带领佛山市中医院对口帮扶专家到县人民医院调研、帮扶、交流指导工作 （县人民医院/提供）

心。佛山市中医院帮扶专家开展“糖代谢状况流行病学调查”，共调查当地群众1000例，对提升当地居民健康水平意义重大。2021年9月，第九批广东援藏工作队墨脱县工作组投入援藏资金188465.33元，建设墨脱县人民医院远程会诊中心和技能操作培训中心，作为配套，墨脱县人民医院投入362730元，购买操作训练模型和智能化心肺复苏人体模型等。11月30日，完成验收并投入使用。截至年末，县人民医院正努力建设标准化远程医疗系统，远程对接自治区内外三级甲等医院，从根源上解决全县人民就医难问题。

7月12—13日，墨脱县人民医院举办墨脱县县域医共体业务管理培训班

（县人民医院/提供）

【县域医共体建设、医改工作】2020年7月14日，墨脱县正式启动县域综合医改工作，县人民医院与各乡（镇）卫生院签订“医共体”协议。截至2021年末，已初步建立医共体内部“人事、资产财务、业务、绩效考核、药械供应保障管理”五个一体化管理，“党建管理”交由乡（镇）党委管理。

按照县医改领导小组要求，自县人民医院成立医共体以后，中心医院（县人民医院）班子成员不定期到乡（镇）卫生院指导工作20余次。派出3名骨干医生到偏远、技术薄弱的乡（镇）卫生院驻地指导，重点指导新冠肺炎疫情常态化防控、妇幼保健、家庭医生签约随访、财务、绩效考核、药品、基本公共卫生服务等工作，并召开座谈会，收集乡（镇）卫生院工作中存在的问题、困难，中心医院可以帮助解决的及时落实。

9月26日，县人民医院无偿赠与德兴乡卫生院转运型救护车1辆，整体移交德兴乡卫生院车辆所有手续及责任权限。12月14日，县人民医院向背崩、德兴2乡乡卫生院捐赠2台彩色超声多普勒诊断仪，加强相关学科建设，全面提升乡（镇）卫生院的医疗服务能力。

自2020年7月至2021年末，县人民医院已免费为乡（镇）卫生院培训B超、心电图、检验各临床科室医护人员共计51名（其中培训B超、检验、心电图等医技人员7名）。2021年，组织开展1次墨脱县乡村医生基本技能培训，共计52人参加。

2021年，县中心医院指导背崩乡、德兴乡、格当乡、达木珞巴民族乡及帮辛乡5家乡卫生院建设预检分诊点、发热门诊及隔离病房，确保全县新冠肺炎疫情常态化防控工作落到实处，如期完成疫情防控和新冠疫苗接种工作，确保不发生院感及新冠肺炎疫情。

【新冠肺炎疫情常态化防控】年内，县人民医院先后对全院医护人员进行新冠肺炎疫情防控应急救治演练、医疗废物处置等演练60次，医护人员参与2131人次。加强基层疫情防控和新冠疫苗接种宣传、培训。累计出动医护人员879人次，下基层宣传场次150次，受教育干部职工及群众26804人，发放2.6万余只医用一次性口罩。配备2台核酸检测仪，其中1台为快速核酸检测仪，发热患者和急需检查的核酸检测可做到2小时出报告。全面开展全员新冠疫苗接种工作，18岁以上人员接种第一剂次13733人，接种第二剂次12361人，接种第三剂次7139人。12—17岁人员接种第一剂次906人，接种第二剂次780人，接种第三剂次2

人。3—11岁人员接种第一剂次2076人，接种第二剂次1934人。12月末，县人民医院初步建成可以更好抢救新冠肺炎等重症患者，大大减少医务人员被感染风险的负压病房，病房有2间，设置3张床位，配备相应设备。

【医养结合工作】 2020年10月，县人民医院与县特困人员集中供养服务中心建立双向转诊、就诊绿色通道，并减免县特困人员集中供养服务中心人员就医挂号费、诊疗费。2021年9月27日，县人民医院与县特困人员集中供养服务中心签订3年医养结合服务协议。截至年末，县人民医院门诊导医台设置专门为老年人提供服务的导医人员，为老年患者提供咨询便利，为失能、失智老年人提供移动、如厕等无障碍环境，在公共场所配置辅助移动器具，公示服务信息也置于明显位置，便于老年患者阅读和理解。

【接受捐赠】 4月13日，佛山市中医院向县人民医院捐赠一批药品，价值3855.7元。

10月19日，在林芝市人民医院的协调下，浙江省台州市仙居县慈善总会携浙江优亿医疗器械股份有限公司向墨脱县人民医院捐赠价值20余万元的远程气道管理设备。

（曹　恒）

【组织机构负责人名录】

党组书记、院长
　　邓声敏

党组成员、支部书记、副院长
　　拉　　珍（女，藏族）

党组成员、支部副书记、副院长
　　加　　央（藏族）

党组成员、副院长
　　白玛央宗（女，门巴族）

墨脱县藏医院

【县藏医院整体搬迁】 2021年9月1日，县藏医院整体搬迁入新建县藏医院门诊住院综合大楼，新门诊综合楼总建筑面积1856.8平方米，共3层。设立有藏医门诊、专家门诊、藏医治未病科、藏医基层指导科、藏药房、藏药卡擦室、藏医外治科、藏医放血室、理疗室（颈腰椎牵引、疼痛治疗、微波治疗、电脑中频治疗）、藏医病房（设立18张床位）、藏药浴专科、检验室、超声室、住院部、治未病专科、院感科、重点专科、财务科、收费室等科室，拥有符合现代化操作的模块信息化机房。

【配套项目设施建设】 年内，县藏医院完成自治区远程系统和重症监护系统建设安装、调试与人员培训。10月21日，投资19.8万元的藏药浴熬药系统建设完成，正式投入使用。截至年末，投资195.7万元的县藏医院藏、汉双语信息化系统建设项目正在持续推进中，建设进度完成90%。

【藏医业务】 2021年，藏医门诊2912人次；住院人数25人次。开展藏医适宜技术20项：藏药浴、足浴、熏药359人次、放血治疗61人次、拔罐93人次、艾灸135人次、针灸治疗653人次、电针治疗486人次、颈椎腰椎牵引62人次、久巴（涂擦）治疗536人次、烤电461人次、颈椎腰椎间盘突出推拿56人次、藏医熏药疗法163人次、火龙灸疗法83人次、刮痧疗法74人次、盐敷疗法162人次、肝复位镜治疗6人次、霍尔梅疗法253人次、新增天灸疗法和蜂刺疗法62人次。

【医务人员培训】 2021年，县藏医院完成自治区藏医骨干医生培训2人。选派2名执业医师在市人民医院进行3个月急诊急救能力培训。年内，县藏医院对各乡（镇）卫生院藏医馆推广藏医适宜技术，完成8名乡（镇）卫生院藏医药专业技术人员跟班培训。安排1名执业医师到市人民医院参加核酸检测培训。

【义诊情况】 2021年，县藏医院共开展“我为群众办实事”实践活动义诊12场次，出动医务人员29人次，发放免费药品169种，价值15545.52元，共为1006名群众及乡（镇）、驻村干部诊治常见病、多发病、藏医健康咨询、宣传藏医“治未病”知识；发放藏医保健、特色治疗宣传折页1582份。

【健康管理服务】 2021年，县藏医院依据《藏医药公共卫生健康管理服务技术规范》，结合深入开

11月29日，县藏医院举办墨脱县地道药材生态种植及质量保障项目培训，图为培训现场 （县藏医院／提供）

展藏医药服务实际情况，制作65岁以上老人和0—3岁小孩藏医药公共卫生健康管理服务技术规范手册共1000本，全年为65岁以上老人345人和0—3岁小孩356人提供藏医药管理服务和建立藏医药健康档案工作，发放免费药品价值3943元，发放藏医常见病、多发病预防和治疗保健基本知识、长寿养生篇宣传材料、藏医特色治疗、“治未病”宣传折页1000余份。

【专科建设】 2021年，县藏医院结合自身发展情况，持续推进藏药浴专科、外治科、治未病专科建设。年末，佛山市援藏医疗队进驻墨脱县藏医院，新建县藏医院“藏医治未病专科”门诊及住院部，并积极申报林芝市重点专科。

【新冠肺炎疫情防控】 2021年，县藏医院开展新冠疫苗接种不良反应处置培训2次，参训6人；新冠疫苗接种不良反应处置培训4次，参训8人次；急救专业医生培训2次，参训8人次；组织开展新冠肺炎疫情防控应急救治、医疗废物处置等演练2次，参加演练医护人员达12人次。组织新冠肺炎疫情防控等相关培训28场次，参加人数126人次。

年内，为确保全县新冠疫苗接种工作如期完成，县藏医院积极主动参与流动接种组下乡接种新冠肺炎疫苗、定点接种组接种新冠肺炎疫苗156人次；县藏医院派出4名医务人员配合县疾病预防控制中心对边民核酸采样6次。

年内，县藏医院派出医务人员24人（共计356天）到80K疫情防控监测点，开展进出墨脱县人员体温监测，重点检查中高风险区人员的持健康码情况，与县人民医院共同开展预检分诊工作80天，出动医务人员80人。

【医养结合服务】 年内，墨脱县藏医院在县卫生健康委员会统筹协调下，与墨脱县特困人员集中供养服务中心签订3年医养结合服务协议，截至年末，县藏医院共为墨脱县特困人员集中供养服务中心老年人提供2次藏医药健康服务。

9月27日，县藏医院医生在县特困人员集中供养服务中心指导老人服用熬制藏药 （县藏医院／提供）

【三级医院对口帮扶】 4月13日，三级对口帮扶医院佛山市中医院3名专家对县藏医院开展对口帮扶工作，3名专家针对县藏医院实际医疗情况进行调研，与县藏医院医务人员建立学习微信群，通过实地业务指导和“每日一课”方式开展对口帮扶工作。全年帮扶专家为县藏医院医务人员讲授32次“每日一课”，通过微信、现场教学等方式，讲授22项传统康复基础知识培训、中医适宜技术、穴位定位、经络的知识等，全院参学人数达82人次。为县藏医院制定实施院内制剂工作方案，推进院内制剂各项工作的开展。

【组织机构负责人名录】

院长

杨 东 山

副院长

格桑卓玛（女，藏族）

新冠肺炎疫情防控

【概　况】 2021年，在林芝市委、市人民政府的领导下，墨脱县坚决贯彻落实习近平总书记关于新冠肺炎疫情常态化防控工作的系列重要讲话精神和批示指示精神，全面贯彻落实中共中央和自治区、林芝市的各项决策部署，坚决扛起新冠肺炎疫情常态化防控工作重大责任，把做好新冠肺炎疫情常态化防控工作作为自觉增强“四个意识”、坚定“四个自信”、做到“两个维护”的具体实践，按照“外防输入、内防反弹”的总体要求，全力开展疫情防控各项工作，压实属地、部门、单位、个人“四方”责任，抓实抓细各项疫情防控措施，严堵疫情输入传播风险，用实际行动保障墨脱县人民健康安全，保障墨脱县社会经济高质量发展和长治久安。

【组织保障】 2021年，墨脱县及时调整充实由县委书记、县人民政府县长担任双组长的墨脱县应对新型冠状病毒感染的肺炎疫情工作领导小组（以下简称“县应对疫情工作领导小组”），组建综合协调组、防控医疗组、物资保障组、宗教领域组、社会稳定组、宣传引导组、景区管理组、督导检查组、重点项目组、农牧区防控组、边境地区疫情防控组、一线医务人员及家属保障组等12个专项组，并抽调工作人员全力投入疫情防控工作。制定墨脱县疫情防控工作“三包”责任方案，形成“县包乡、乡包村、村包联户、联户包户到人”的县、乡（镇）、村（社区）三级网格化疫情防控工作体系，进一步织密疫情防控防线、筑牢防控屏障，扎实开展外来人员排查和健康管理、重点领域疫情防控、边境地区疫情防控等各项防控工作。

【新冠疫苗接种】 年内，墨脱县坚持科学统筹、精准谋划、高位推进全县新冠疫苗接种工作，制定计划、倒排工期，在县人民医院设置新冠疫苗接种服务点的同时，在确保安全的情况下组织2个临时疫苗接种小组下到各乡（镇）、各领域开展新冠疫苗接种工作。年内，全县完成接种第一剂次16715人，完成接种第二剂次15575人，完成接种第三剂次7163人，其中完成3—11岁人员接种2076人，完成第二剂次1934人；完成12—17岁人员接种第一剂次906人，第二剂次780人；完成边民接种第一剂次

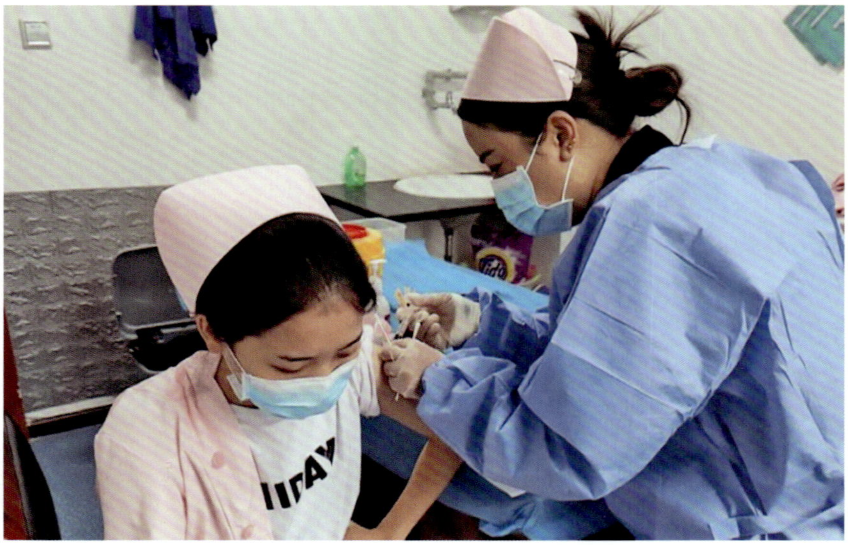

10月19日，墨脱县全面启动新冠疫苗第三针“加强针”接种工作

（县人民医院/提供）

7229人，第二剂次6656人次。

【核酸检测】县人民医院核酸检测实验室投入使用以后，墨脱县严格落实“应检尽检、愿检尽检”原则，共开展核酸检测17279人份，其中开展抵边村民抽检2417人份、物品检测173件份，结果均为“阴性”。9月29日，县疾病预防控制中心实验室基本通过林芝市验收组初验。11月18日，通过林芝市验收组终验并投入使用。年内，墨脱县投入34.5万元采购1套核酸检测快检设备以满足核酸检测应急处置工作需要，积极备足48小时全员核酸检测耗材。根据全员核酸检测能力验收工作要求，及时调整充实全员核酸检测组织架构，建立完善网格化管理体系，科学设置核酸检测采样点54个。

【进入墨脱县人员健康监测】年内，墨脱县充分发挥国道559线80K和派墨公路拉格2个疫情检查点筛查过滤作用优势，加强进入墨脱县人员排查防控，特别是加强对自治区外重点新冠肺炎疫情地区旅居史人员筛查防控，严格落实人员健康码、行程码、核酸检测报告查验、体温检测等工作，确保进入墨脱县人员安全可控。截至年末，全县累计健康监测37615人。

【重点领域疫情防控】年内，墨脱县对医疗卫生机构、学校、农贸市场、娱乐场所、客运站、窗口单位等人员密集场所，严格按照要求落实佩戴口罩、体温检测、场所消毒杀菌、通风、场所码设置等防控措施；加强对私立诊所就诊情况监管，加强对药店退烧药、咳嗽药销售情况监管，研究制定工作联动机制，确保私立诊所发现发热病人能及时报告、及时送到县人民医院分诊就诊。加强对进口冷链食品排查和管理，严禁进口冷链食品在全县流通、销售，清查进口冷链食品12500余千克，进口食品（含国产冷链食品）外包装核酸采样检测200份、食品环境监测50处，冷链食品从业人员核酸检测700人，检测结果均为“阴性”；加强对全县邮政、物流行业的监管，严格落实物品、车辆消毒杀菌等相关防控措施，降低疫情通过物流货物输入风险。严格落实卫生医疗机构发热门诊分诊就诊工作，设置发热病人分诊、就诊专用通道。为推动各项疫情防控常态化措施落实，全县累计深入各乡（镇）、各领域开展督导检查200余场次，针对检查中发现的问题全部按要求整改到位。

【严防边境疫情输入】年内，墨脱县成立以县人民政府县长为组长的墨脱县边境地区疫情防控专项工作组，制定《墨脱县边境通道管控防范工作方案》，建立完善边境通道管控和疫情防控工作机制，加强多方联动，形成“军守线、警守点、民守片”的党政军警民联防联控工作格局，强化边境通道、山口的封控、管控力度，强化边境村外来人员动态监控，严堵疫情通过边境一线传播。按照边境地区“一个山口一个工作预案、一套工作专班、一名县级领导”工作要求，完成10个山口应急预案制定工作；分别在背崩乡地东村和西让村方向开展军地联合演练各1次，不断提升应急处置工作能力。

全县各驻村工作队积极协助村“两委”开展新冠肺炎疫情常态化防控知识宣传860场次，受教育群众23001人次，协助16747人接种新冠疫苗第一针，新冠疫苗两针均接种完毕15722人，按照“部、查、防、控、导”五字方针，扎实做好村内新冠肺炎疫情常态化防控工作，实现全县“零”病例，有效确保农牧民群众健康安全。

年内，墨脱县在边境前沿背崩乡德尔贡村、西让村方向设置2个隔离点，每个隔离点配有13间隔离房间和5个功能室，配齐防护物资和生活物资，确保一旦发生境外疫情输入能就地安置处理。

严格落实巡边护边、值班值守等各项防控措施，组织基层力量3.4万余人次开展巡边护边工作。加强教育管理，严格按照“上山要禁止、接触要隔离、发热要监测、隐瞒要追责、管理要到位、应急要加强”要求，加强群众上山管理，禁止群众到边境实控线私自活动，完成边民签订不上山责任书3998份，告知书5511份。

【疫情防控保障】强化专业力量保障　县医疗机构组织开展新型冠状病毒肺炎疫情防控应急救治、自我防护措施落实、穿脱隔离服防护服以及新冠疫苗接种等相关培训55场次、演练35场次，参与医护人员2131人次。各级各部门开展新冠肺炎疫情防控应急演练25场次，不断提升应急处置能力。

强化物资经费保障　安排新冠肺炎疫情防控专项工作经费180.98万元，实际支出565.17万元，其中边境地区疫情防控支出95万余元。库存N95口罩15656只，普通医用口罩342836只，隔离服5402套，防护服23805套，护目镜2904副，红外测温仪534台，84消毒液1731瓶，PE手套59192双，抗菌洗手液2260瓶等防控物资，基本满足疫情防控工作需求。

强化关心关怀保障　根据《关于为疫情防控一线城乡社区工作者发放工作补助的通知》文件要求，墨脱县及时足额为疫情防控一线工作人员1312人发放补助407710元。积极开展疫情防控一线工作人员慰问10余场次，及时送去县委、县人民政府的关心关怀，同时送去慰问品、慰问金价值2万余元。合理安排一线人员轮岗轮休，各卡点原则15天轮换一次，保障一线人员得到合理休息时间。

强化防控意识保障　建立县、乡（镇）、村三级宣传体系，利用“四讲四爱”微宣讲微信群、红色广播系统、“网信墨脱”微信公众号、墨脱新闻网等载体，开展线上线下疫情防控宣讲5400余次，覆盖人群8.2万人次；墨脱电视台制作播出疫情防控新闻50余条次；悬挂横幅400余条；在超市、批发市场等人流量较为集中地循环播放防控要求1000余次；设置检查宣传版面、LED电子屏70余处。加强网络舆情管控，坚持24小时值班制度，及时发现查处网络不良信息。

【疫情防控成效】 2021年，墨脱县新冠肺炎疫情常态化防控工作做到零输入、零感染，全县社会面持续稳定和谐。疫情防控可防可控，边境地区安全稳定。

8月16日，墨脱县举行医务人员穿脱防护服技能竞赛

（县疫情防控工作领导小组办公室／提供）

医疗保障

【概　况】 2021年，在县委、县人民政府的领导和市医疗保障局的指导下，墨脱县医疗保障局以习近平新时代中国特色社会主义思想为指导，深入学习贯彻中共十九大、十九届二中、三中、四中、五中、六中全会及中央第七次西藏工作座谈会精神，结合墨脱县医疗保障局工作实际，扎实开展各项工作，较好地完成利民、便民、惠民医疗保障服务工作。

【新冠疫苗接种资金拨付】 年内，县医疗保障局根据各级党委、人民政府关于新冠肺炎疫情常态化防控的要求，严格按照“两个确保”（做好救治保障，确保患者不因费用问题得不到及时救治，确保收治医院不因基金支付政策影响救治）工作要求，向县定点新冠疫苗接种医疗机构及时拨付新冠疫苗接种资金253490元。

【城乡居民医保缴费登记】 2021年1月1日，县医疗保障局完成2021年度城乡居民医疗保险登记11177条。在县委、县人民政府的支持指导下，经过与县民政局、县财政局、县乡村振兴局等部门对接，完成财政代缴85人，医疗救助代缴2481人。解决2021年城乡居民6065人个人代缴基本医疗保险资金471265.25元。其中县级财政承担49560元，县

12 月 30 日，县医疗保障局工作人员前往定点药店检查新冠肺炎疫情防控资金拨付情况　　（县医疗保障局 / 提供）

级财政配套补助资金 421705.25 元。根据林芝市医疗保障局《林芝市 2022 年度城乡居民基本医疗保险参保登记公告》的要求，积极协调县税务局、各乡（镇）、县直属各职能部门做好城乡居民医疗保险 2022 年登记和缴费工作，截至 2021 年 12 月 31 日，完成 2022 年度墨脱县城乡居民医疗保险登记 10943 条。

【医疗保险报销】 年内，全县城乡居民、城镇职工医疗保险享受待遇报销 18669 人次、统筹基金支出 19279186.71 元。

【城乡居民基本医疗报销】 2021 年，全县城乡居民基本医疗报销 6463 人次，报销资金 14910765.68 元。其中城乡居民住院治疗 2305 人次，基本医疗报销 13309861.65 元（墨脱县定点医疗机构治疗 411 人次，基本医疗报销 866567.83 元）；普通门诊治疗 3068 人次，基本医疗报销 323324.13 元（墨脱县定点医疗机构治疗 786 人次，基本医疗报销 60861.77 元）；医保特殊门诊治疗 715 人次，基本医疗报销 256576.37 元（墨脱县定点医疗机构治疗 563 人次，基本医疗报销 80860.17 元）；生育保险报销治疗 130 人次，基本医疗报销 990029.78 元（墨脱县定点医疗机构治疗 42 人次，基本医疗报销 97925.22 元）；墨脱县定点医疗机构其他治疗 245 人次，基本医疗报销 21973.75 元。城乡居民医疗救助报销 1765 人次，救助资金 1485936.63 元。其中城乡居民住院治疗救助 692 人次，救助资金 1151888.34 元。普通门诊救助 936 人次，救助资金 299009.08 元；特殊门诊救助 175 人次，救助资金 10131.3 元；经济困难妇女生育救助 25 人次，救助资金 24007.91 元。城乡居民大病保险报销 214 人次，基本医疗报销 124821.48 元。其中城乡居民大病住院治疗 190 人次，基本医疗报销 124380.14 元。医保特殊病种门诊治疗 24 人次，基本医疗报销 4400.34 元。

【职工医疗保险报销】 2021 年度，全县职工就医、住院、刷卡、购药、结算等享受待遇 12206 人次、

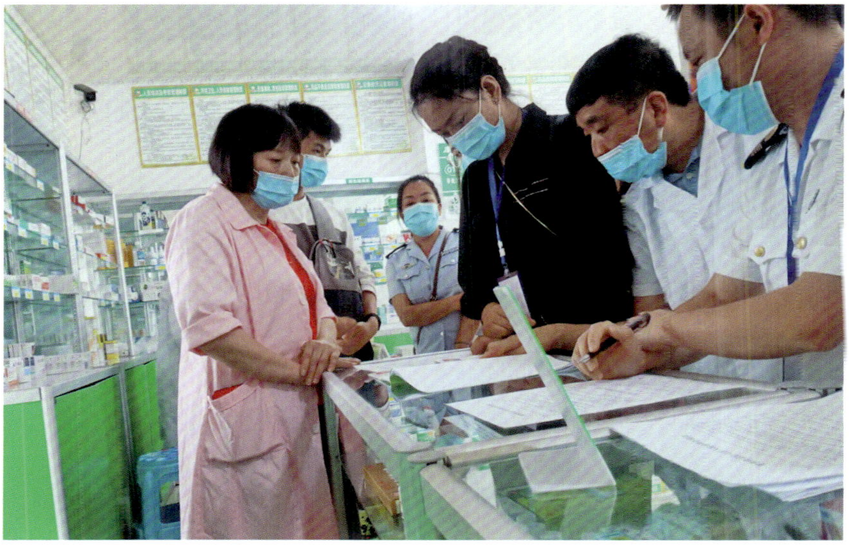

9 月 29 日，县医疗保障局组织县市场监督管理局、县卫生健康委员会、县人民医院工作人员前往康鸿大药房进行医保定点药店考核　　（县医疗保障局 / 提供）

统筹基金支出4368421.03元。住院治疗397人次，基本医疗报销3959961.7元，其中墨脱县定点医疗机构治疗32人次，基本医疗报销69726.05元。医保特殊病种门诊治疗417人次，基本医疗报销408459.33元，墨脱县定点医疗机构治疗135人次，基本医疗报销42561.83元。普通门诊治疗4685人次，个人账户支出1628451.72元。定点零售药店刷卡结算6706人次，个人账户支出2917963.25元。

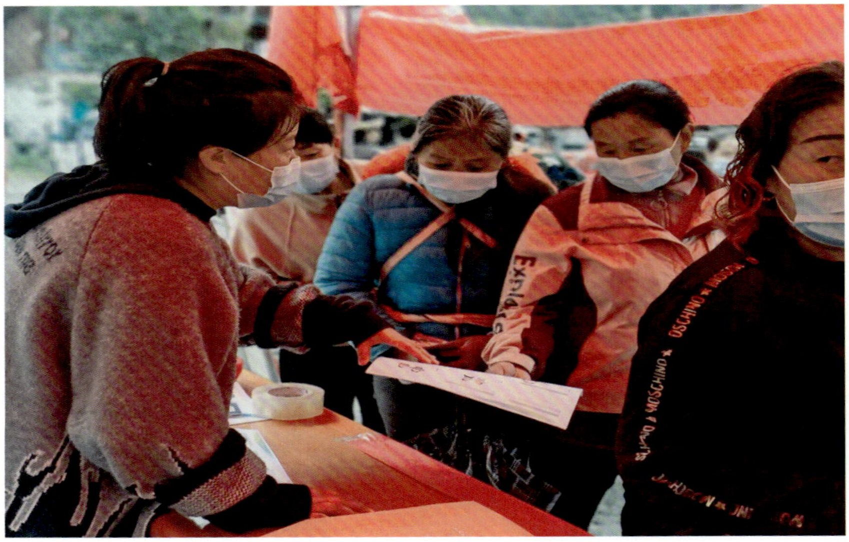

4月23日，县医疗保障局工作人员在背崩乡开展宣传医保政策暨打击欺诈骗保专项宣传活动　（县医疗保障局/提供）

【职工医疗保险参保】2021年，全县新增职工医疗保险参保企业9家，新增参加职工医疗保险106人（包含企业职工、大学生岗位）；完成1753人职工医疗保险、生育保险、大病保险、公务员医疗补助资金参保登记工作；完成165名离退休干部1—10月职工医疗保险资金到账处理工作。

【助推医共体改革】2021年，县医疗保障局围绕县域医共体建设工作，按照市级统筹的部署安排，着力保障参保群众的医疗需求，建立规范化医保支付方式。年内，墨脱县2家定点医疗机构、1家定点药店均实现“一站式一单制”结算，在市医疗保障局现场指导和帮助下，新增定点药店1家。为切实做好新冠肺炎疫情期间医疗保障服务工作，依托“国家医保服务平台”App、“林芝市医疗保障局公共服务平台”微信公众号，主动公开墨脱县医疗保障服务中心异地就医备案电话，扎实开展异地就医备案“不见面服务”登记工作，全年共受理城乡居民、城镇职工异地就医电话备案130余人次。

【重大病情医疗救助】年内，县医疗保障局共接待城乡居民、职工医疗救助咨询10起，经召开医疗救助联席会，办结1起，涉及医疗救助金额170473.97元。

【医保督查】全年对全县医疗机构和定点药店通过定期、不定期的方式进行督查，走访调研5次、药品零差价检查1次，未发现欺诈骗取基本医疗保险基金的现象。

【医保政策宣传】年内，县医疗保障局通过医保政策进定点医药机构、进乡（镇）、进机关、进企业，开展走访调研、集中宣传，向各乡（镇）发放医保政策讲解视频、宣传册、海报等，并前往4个乡（镇）进行集中宣传、到5个乡卫生院开展走访。现场答疑300余人次，发放宣传资料1300余份，张贴海报54张。

【组织机构负责人名录】

局长

陈　冠　羽（5月任）

副局长

帅　　令

医保中心主任

多　日　吉（女，藏族，10月任）

四级主任科员

扎西顿珠（门巴族）

社会民生

9月2日，墨脱县退役军人事务局组织全县退役军人及全体干部职工300余人观看《英雄回家·第八批在韩志愿军烈士遗骸回国交接仪式》，图为德兴乡机关退役军人观看现场

（县退没军人事务局/提供）

民　政

【概　况】2021年，墨脱县民政局在县委、县人民政府的领导下，以习近平新时代中国特色社会主义思想为统领，以深入学习中共十九届四中、五中、六中全会精神、习近平总书记在庆祝中国共产党成立100周年大会上的重要讲话、习近平总书记视察西藏时的重要讲话精神为契机，以“保发展、保民生、保稳定”为主线，秉承“以民为本、为民服务、为民解困”的宗旨，解决困难群众最关心、最直接、最现实的利益问题，为全县经济社会发展和构建和谐社会作出应有贡献。

【城乡低保】2021年，县民政局按动态管理要求，新增农村低保户7户、19人，新增城镇低保户1户、5人；清退农村低保户10户、45人，实现应保尽保、应退进退。截至年末，墨脱县共有农村低保户114户、341人，城镇低保户10户、22人。

是年，墨脱县城镇低保标准由2020年的847元/人·月调整到910元/人·月，农村低保标准由2020年的4713元/人·年调整到5060元/人·年。

2021年，全县低保资金按月发放，全年发放城乡低保资金共计137.76万元，其中，发放农村低保资金123.45万元；发放城镇低保资金14.31万元。

3月8日，县民政局工作人员深入全县各乡（镇）、村开展民政工作调研
（县民政局/提供）

【低收入群体排查和监测】2021年，县民政局深入开展低收入人群排查和监测工作。截至年末，全县共有低收入人口84户、357人，并建立数据库，实行动态监测和救助保障机制。

【特困人员集中供养】2021年，县民政局严格按照《西藏自治区特困人员救助供养办法》相关规定开展特困人员识别认定和救助工作。截至年末，全县共有75名特困供养人员（集中供养34人，分散供养41人）。

是年，墨脱县集中供养护理标准由2020年的13213.2元/人·年调整到14196元/人·年，分散供养护理标准由2020年的7069.5元/人·年调整到7590元/人·年。全年共发放特困人员生活补助及护理补贴89.98万元。

【临时救助】2021年，县民政局围绕新冠肺炎疫情常态化防控工作要求，充分发挥临时救助在新冠肺炎疫情防控中的兜底保障作用，切实加大救急救难力度，不断扩展救助对象覆盖面，对因灾、因病、因学、因突发事件等原因造成的临时困难或致贫、返贫群众加大临时救助力度。

全年共受理临时救助申请46起，累计为173名困难群众解决救助资金38.6万元。

年内，县民政局持续推动临时救助备用金制度建设，根据各乡（镇）2020年临时救助备用金使用情况和结余情况，县民政局为各乡（镇）补充临时救助备用金18.5万元。

【流浪乞讨人员救助】2021年，县民政局共受理9起流浪乞讨人员救助申请，提供一站式救助资金共计6400元。

【精神病患者监护人补贴】年内，县民政局共为26名精神病患者监护人发放补贴6.24万元。

【婚姻登记】 2021年，县民政局按照《中华人民共和国民法典》《婚姻登记管理工作条例》规定，严格执行办证流程，共办理结婚登记402对，离婚登记25对，补发结婚登记证书30对，补发离婚登记证书1对，撤销婚姻登记0对。登记合格率为100%。

【老年人福利】 2021年，县民政局积极落实老年福利政策规定，对于低保家庭60岁以上的高龄、失能老人发放老年人“两项补贴”，按照50元/人·月的标准，共为37名低保家庭高龄、失能老人发放老年人“两项补贴”2.22万元。

【儿童福利】 2021年，根据《关于同步建立地、县两级未成年人保护工作协调机制的通知》及上级民政部门要求，县民政局积极协调县人民政府办公室及相关部门成立“墨脱县未成年人保护工作领导小组”，作为县人民政府议事协调机构，并明确主要工作职责和部门分工任务。

年内，县民政局积极走访调研，扎实开展事实无人抚养儿童走访排查工作，截至年末，全县共有1名符合条件的儿童，县民政局及时将此儿童信息录入系统，并按照720元/人·月的标准发放事实无人抚养儿童生活补助5760元。

【社会团体】 2021年，县民政局按照社会团体组织登记相关规定及流程，依法依规登记3个社会团体，分别是墨脱县商会、墨脱县茶叶协会和墨脱县志愿者协会，均已完成证书发放。并主动加强与各社会团体相应行业部门的沟通联系，指导、督促社会团体工作的开展。

【基层政权建设】 村“两委”换届选举 2021年，县民政局积极配合县委组织部，认真开展新一届村“两委”换届选举工作，并完成45个建制村、146人新一届村民委员会成员系统更新及村级组织机构代码证书更换工作，确保基层工作依法、有序开展。

村规民约修订完善 年内，根据上级部门要求，县民政局组织各村按步骤按规定积极开展村规民约修订完善工作，积极指导和督促各村结合当地生活习俗以及实际情况，完善切合实际和具有地方特色的村规民约。截至年末，全县45个村均已完成村规民约修订完善工作，并报市民政局备案。

【东布路社区成立】 2021年上半年，县民政局积极协调墨脱镇人民政府及相关部门，主动推进墨脱镇东布路社区成立方案的拟稿、整理及前期筹备、征求各方意见等工作。截至6月末，完成墨脱镇东布路社区的申报及备案工作。

【节日慰问】 2021年，县民政局在“三大节日”期间，慰问124户低保户、75名特困集中供养人员、25名孤儿，共计支出11.2万元。

（席彬峰）

【组织机构负责人名录】

局长

南效鹏

副局长

次仁措姆（女，门巴族）

核对中心主任

东　姑（女，门巴族）

核对中心副主任

丁爱香（女）

2月10日，县人民政府副县长顿珠次仁（左三）到县特困人员集中供养服务中心，代表县委、县人民政府探望慰问集中供养老年人　（县民政局/提供）

二级主任科员

罗桑次仁(门巴族)

四级主任科员

王冬梅(女,门巴族,4月任)

张　伟

墨脱县人力资源和社会保障局

【概　况】 2021年,墨脱县人力资源和社会保障局(以下简称"县人社局")以习近平新时代中国特色社会主义思想为指导,全面贯彻落实中共十九大、十九届历次全会、中央第七次西藏工作座谈会、中国共产党西藏自治区第十次代表大会精神,在县委、县人民政府的领导下,在上级部门的指导下,在各乡(镇)、各部门的配合下,紧扣在发展中保障和改善民生主题,把"六稳""六保"作为工作重点,统筹推进就业创业、社会保险、劳动监察、人事人才等各项工作,确保全县人力资源和社会保障事业稳中向好持续发展。

【转移就业】 2021年,县人社局主动服务经济社会发展大局,围绕全县产业发展实际,对全县农牧民劳动力开展技能培训35期、1699人次(其中订单定向式培训874人次),完成任务指标的121.35%;开展建档立卡脱贫人口培训1407人次;依托县、乡(镇)、村三级劳务输出组织,实现农牧民转移就业3755人,转移就业增收3606.53万元,分别完成全年任务指标的102.88%、109.79%,带动农牧民组织化劳务输出2490人,占转移就业总人数的66.3%,促进50名农牧民跨省实现转移就业。认定2家农牧民转移就业基地,带动就业53人增收86万元;应用微信公众号、新闻网站、电视媒体推送招聘信息65期,推荐就业岗位1231个,推动和鼓励全县农牧民群众外出就业,全县新增城镇就业350人,完成任务指标的100%,城镇失业率控制在2.5%以内。

年内,墨脱县申报创立劳务品牌"墨脱采茶人"入选西藏自治区典型劳务品牌,被纳入人力资源和社会保障部新公布全国劳务品牌建议名单。10月,"墨脱采茶人"劳务品牌被列为第三届全国创业就业服务展示交流活动"创新发展类"劳务品牌。

是年,墨脱县引导农牧民有序参与项目建设,落实国家投资项目中农牧民用工总量不低于45%,400万元以下项目尽量交由本地农牧民施工企业(队)实施并确保农牧民用工量占用工总量80%以上的要求。2021年全县开复工项目95个,总用工4545人,吸纳农牧民2135人,吸纳比例为46.97%;其中400万元以下项目开复工73个,交由农牧民施工队建设54个,总用工1013人,吸纳农牧民835人,吸纳比例为82.43%。

【高校毕业生就业创业】 2021年,县人社局全方位开发高校毕业生就业岗位232个,完成上级下达岗位开发任务指标的155.5%,累计收集近1000个自治区内外岗位;举办高校毕业生专场招聘会,参与高校毕业生80人,51人现场签订就业意向协议,最终实现2021年应届高校毕业生初次就业158人,就业率99.37%;辅助审核自治区级高校毕业生创业启动资金51人,申请经营场地补贴5人;通过开展"一对一、一对多"科级及以上领

10月,"墨脱采茶人"劳务品牌被列为第三届全国创业就业服务展示交流活动"创新发展类"劳务品牌　　(县人力资源和社会保障局/提供)

导帮扶，进一步落实帮扶人员帮扶责任，结合“五进一送”等宣传教育活动，引导其家长及高校毕业生转变观念；加强建设墨脱县就业创业孵化基地，优化就业环境，充分发挥“创业带动就业”作用，有效促进高校毕业生就业创业。年内，县人力资源和社会保障局制定《墨脱县高校毕业生创业扶持资金实施办法（试行）的通知》，每年将150万元高校毕业生创业扶持资金纳入本级财政预算安排。

【社会保险】 2021年，县人社局贯彻执行兜底线、织密网、建机制要求，加快推进全民参保工作，逐步构建覆盖全民、城乡统筹、权责清晰、保障适度、可持续的多层次社会保障体系。全年完成全县企业职工基本养老保险参保554人，机关事业单位养老保险参保1355人，失业保险参保1182人，工伤保险参保1908人，城乡居民社会养老保险参保人数6079人（含待遇领取885人）。认真落实各项社会保障惠民政策、加大社保卡发行力度，推行干部职工工资、养老金待遇、惠农资金、民工工资等通过社保卡发放工作，全年全县共计发放社保卡1.19万张，使用率超过90%。

【工资福利与人事工作】 2021年，县人社局不断充实人才队伍，结合事业单位岗位及人员配备实际情况，完成政府部门事业单位岗位设置方案；报送专业技术人员招录计划岗位85个、“三支一扶”人员需求14个、专招大学生事业编制人才需求3人；批准退休3人（含工勤人员）、调出6人、调入7人，新招录事业单位工作人员53人、非西藏自治区生源定向生2人、“三支一扶”人员13人。不断加强人才建设，全年申报、确认事业单位“定向评价、定向使用”任职资格6人，推荐自治区“最美基层高校毕业生”1人，推荐自治区内高校专业技术人才特殊培养6人、入选1人；持续保障工资福利，全年完成412名事业单位工作人员津贴补贴预发核算工作，金额836.97万元；完成123人工资套改，365人正常晋升。

2021年，县人力资源和社会保障局组织开展社保政策巡讲活动

（县人力资源和社会保障局/提供）

【劳动保障监察】 2021年，县人社局紧盯实现根治欠薪目标，全面构筑具有墨脱县特色的保障农民工工资支付体系，充分发挥劳动监察工作保障作用，有效遏制欠薪态势，保障农民工劳动权益，维护社会和谐稳定。全年共摸排检查用人单位34家，接待来电来访2800余人次。县劳动保障监察大队共收到投诉134起，其中立案查处17起，协调解决117起，为1512名劳动者追讨劳动报酬3357.99万元。在全县范围内实施农民工工资专用账户、农民工实名制管理、农民工工资保证金或第三方担保制度等措施，督促施工总承包企业实行人工费用与其他工程款分账管理。年底，全县在建项目落实线上实名制覆盖率100%，农民工工资专用账户70余个，通过银行代发农民工工资6633.42万元，通过担保形式缴纳工资保证金804.73万元。依托户外LED显示屏、手机短信等媒体开展常态化宣传，主动深入用人单位和一线施工现场，通过悬挂横幅标语、发放藏汉双语宣传册、面对面宣传等方式系统解读相关条款，累计宣传90余次，基本实现用人单位主体和农民工宣传全覆盖，进一步健全劳

动人事争议裁审衔接机制，确保劳动监察、仲裁案件结案率均达到100%。

【深化“放管服”改革】 2021年，县人社局积极落实进一步深化“放管服”改革工作要求，优化工程建设项目审批流程，将工程建设项目审批拨款流程材料收取由原来的48项精简为24项。

年内，在社会保险办理环节，县人社局将社会保险经办机构分设的业务窗口整合为综合窗口，变“多头受理”为“一口受理”，实现综合柜台社保业务通收通办，规范各项业务办理，及时讲明相关政策，做到所有业务政策依据明确、流程清楚，让参保人少跑“冤枉路”，切实提高服务效率、服务质量。

【组织机构负责人名录】

局长

张 鹏 飞

四级调研员

罗布次旺（藏族）

二级主任科员

仓　　木（女，藏族）

副局长

桑杰旺堆（门巴族）

社会保险管理中心主任

珍　　嘎（女，珞巴族）

四级主任科员

格桑曲珍（女，门巴族）

乡村振兴

6月1日，墨脱县乡村振兴局正式挂牌　（县乡村振兴局/提供）

【概　况】 6月1日，墨脱县乡村振兴局正式挂牌，县委书记魏长旗和县委常务副书记叶敏坚为墨脱县乡村振兴局揭牌，参加仪式的有县脱贫攻坚指挥部各专项组负责人及原县扶贫开发领导小组办公室全体干部职工共计50余人。在完成脱贫攻坚历史使命后，原墨脱县扶贫开发领导小组办公室不再保留。墨脱县乡村振兴局主要职责任务是在墨脱县委、县人民政府领导下，承担全县巩固拓展脱贫攻坚成果同乡村振兴有效衔接，推进乡村全面振兴等工作。推动脱贫攻坚政策举措和工作体系逐步向乡村振兴平稳过渡，推动乡村振兴开新局、见实效。

【强化防止返贫致贫动态监测】 2021年，墨脱县制定下发《墨脱县建立防止返贫致贫监测和帮扶机制实施方案》，建立防止返贫动态监测帮扶联席会议机制，完善县、乡（镇）、村三级防止返贫致贫常态化监测网络体系，采取预防性措施和事后帮扶相结合，精准分析返贫致贫原因，分层分类，及时将农村低保对象、农村特困人员、农村易返贫致贫人口、易地搬迁群众及因病因灾因意外事故等刚性支出较大或收入大幅缩减导致基本生活出现严重困难人口等纳入重点监测范围，截至年末，全县共有“三类人群”25户96人。

【对口支援】 2021年，墨脱县紧盯“十四五”规划经济社会发展目标任务，主动对接中央第七次西藏工作座谈会各项决策部署，认真贯彻粤、藏2省、自治区对口支援工作座谈会精神，做好对口支援规划，推进援藏资金、项目、人才向基层偏远农村倾斜、向边境地区倾斜。全年共实施援藏项目5个，投资3750万元全部用于保障改善民生。

【驻村定点帮扶】 2021年，墨脱县适度调整“四对一”结对帮扶

县乡村振兴局工作人员在达木珞巴民族乡卡布村入户了解返贫“监测户”收入来源（县乡村振兴局／提供）

方式，由原来的一对一到户帮扶转向驻村定点帮扶，接续开展常态化帮扶。继续组织实施“百企帮百村”行动，动员社会各界力量参与帮扶。

【易地扶贫搬迁后续帮扶】 年内，墨脱县紧盯易地扶贫搬迁群众生产生活需求，围绕就医就学、就业创业、产业发展等方面持续加大投入力度，确保实现“搬得出、稳得住、能致富”的目标，全年落实易地扶贫搬迁后续帮扶资金1357.13万元。以村“两委”班子换届为契机，如期完成格当乡德吉村（原下那巴回迁安置点）、多龙岗村（原岗玉村、龙列村、多卡村）村“两委”换届选举工作，通过“红色夜校”大讲堂、支部结对共建等方式开展帮扶引导，有效解决搬迁群众“等靠要”思想，切实增强搬迁群众自我发展动力。

【强化扶贫项目资产监管】 年内，墨脱县认真落实《国务院办公厅转发国家乡村振兴局　中央农办　财政部关于加强扶贫项目资产后续管理指导意见的通知》精神，严格落实行业部门监管责任和属地直管责任，健全完善扶贫项目资产管理和监督机制，重点摸清资产底数、资产确权登记、落实后续管理责任、规范后续管护运营、规范收益分配使用、严格项目资产处置等工作，确保项目发挥最大效益。截至年末，已完成“十三五”规划期间197个扶贫项目、12亿元资产确权登记工作。

【乡村振兴战略部署】 2021年，墨脱县严格落实“五年过渡期”“四个不摘”要求，根据中共中央和自治区党委、市委关于推动全面巩固拓展脱贫攻坚成果同全面推进乡村振兴有效衔接的决策部署和具体要求，6月1日，成立以县委书记任组长的墨脱县农村工作领导小组（乡村振兴战略领导小组），下设10个专项组，各负其责、牵头有力、配合紧密、高效运转，充分发挥村“两委”、驻村工作队、第一支部书记、乡村振兴专干等基层力量作用，强力推进工作落实。

紧盯墨脱县“十四五”规划经济社会发展主要目标，贯彻落实中央第七次西藏工作座谈会

11月28日，县委副书记、县人民政府县长李继承（右三）一行在背崩乡地东村调研乡村振兴重点项目（县乡村振兴局／提供）

各项决策部署，将实现巩固拓展脱贫攻坚成果同乡村振兴有效衔接的重大举措和重大工程项目纳入“十四五”规划和部门规划，确保工作统筹布局、整体推进。按照“四通九有五覆盖”建设标准要求，结合各村区位特征和资源优势，完成“一村一方案”编制工作。

年内，墨脱县依托县委理论学习中心组学习会议、县委常委会会议、“学习强国”平台，认真学习贯彻习近平总书记关于乡村振兴的重要论述、重要讲话、重要指示批示精神，及时学习贯彻中共中央和自治区党委、市委重要会议精神、相关法律法规、政策文件精神，全年县委、县人民政府学习研究部署乡村振兴工作20余次；拟定《墨脱县巩固拓展脱贫攻坚成果同乡村振兴有效衔接的实施意见（征求意见稿）》，进一步明确工作目标和具体措施，保障乡村振兴各项政策措施落地落实。

【完善基础设施】 年内，墨脱县统筹抓好农村水、电、路、讯、网等基础设施建设，全面改善农村生产生活条件。派墨公路实现全线连通，波墨公路559线全面改造升级，全县公路总里程达529.24千米，乡（镇）和建制村通达率均为100%，通畅率分别为62.5%、71.74%，具备条件的乡村开通农村客运班线；墨脱县与藏中电网联网工程建成投运，主电网覆盖全县所有乡村；农村安全饮水工程实现全覆盖；建制村通信全覆盖。实施13个建制村乡村振兴示范工程，提升改造基础设施和公共服务。

【项目建设】 2021年，墨脱县统筹整合资金13567.66万元，实施项目37个，其中产业发展类项目14个，总投资8102.03万元；基础设施类项目18个，总投资4505.71万元；生态保护和建设类项目1个，总投资528.36万元；其他类项目4个，总投资431.56万元。截至年末，资金支出12387.24万元，支出率95%。

【改善民生福祉】 转移就业 2021年，全县实现群众转移就业3755人，收入3606.53万元；高校毕业生就业158人，就业率99.37%。农牧民转移就业组织化程度不断提高，2021年，全县交由农牧民施工企业参与建设项目40个，促进群众就业1052人次，累计增收1137万元，人均增收1万余元。10月，“墨脱采茶人”劳务品牌在第三届全国创业就业服务展示交流活动中，被列入“创新发展类”劳务品牌。

教育体育 2021年，新增幼儿园6所，全县共有幼儿园31所，覆盖率达82.22%。全年实施教育项目12项，总投资5174万元。累计支出“三包”经费584.1万元，“农村义务教育营养改善计划”经费98.23万元。2020—2021学年，全县考取内地西藏初中班（校）12人。广泛开展全民健身事业，县公共体育设施项目投入使用，墨脱耐力项目高原训练场挂牌，荣获“全国县域足球典型”荣誉称号。在林芝市桃花旅游节期间举办墨脱徒步活动，吸引自治区内外600名徒步爱好者参与，带动农特产品销售额6万余元。

医疗 年内，墨脱县持续加

6月8日，墨脱县总工会联合背崩乡工会委员会在背崩乡巴登村竹编合作社开展以“编织新生活、发扬劳模精神，庆建党百周年、助力乡村振兴”为主题的竹编编织技能竞赛活动 （县总工会／提供）

大医疗卫生投入，实施县人民医院术科大楼、县藏医院门诊住院综合大楼附属工程、背崩乡卫生院、墨脱镇卫生院等一批重点项目。发挥三级医院对口帮扶和援藏柔性人才作用，医疗卫生服务水平和人才队伍素质不断提高，重大疾病综合防治工作成效显著，新冠肺炎疫情防控取得阶段性成效，实现零输入、零感染。

社保体系　全面落实城乡居民基本医疗、大病保险、医疗救助"一站式、一单制"结算，社会保险征缴率达100%，居民医保财政补助标准提高至645元/人·年，城镇低保标准提高至910元/人·月，农村低保标准提高至5060元/人·年。

边境地区小康村建设　全县34个边境地区小康村建设项目全部完工，累计完成投资8.32亿元。实施3个抵边搬迁安置点建设，计划搬迁群众186户660人，概算总投资2.45亿元，完成投资1.54亿元，完成总工程量的68%。西贡安置点建设估算总投资4.29亿元，截至年末，正在有序开展前期工作。

消费扶贫　年内，墨脱县组织党政机关、企事业单位帮助销售农副产品及协调推进援藏消费帮扶228.75万元，其中协调援藏帮助消费帮扶73.86万元。

【特色产业培育】茶产业　制定印发《墨脱县茶产业标准管理手册》，并纳入乡（镇）年终考核内容，委托第三方机构制定《墨脱茶叶标准化体系》。林芝墨脱茶业有限公司生产的红茶、绿茶均持有《质量管理体系认证证书》，企业标准化建设日渐完善。采取"政府+企业+基地+农户"模式，建成高山有机茶园103个，面积达1280公顷，覆盖6个乡（镇）39个村，建成标准化茶叶加工厂3个，茶叶杀青点3个，可采摘面积574.6公顷。全年累计采摘茶青22.57万千克，群众增收1157万元，户均增收8287元，人均增收1859元。

旅游业　推进实施雅鲁藏布大峡谷景区、果果塘景区、仁青崩景区建设，旅游基础设施不断完善，旅游接待能力显著增强。开展2021年首届"莲花秘境　文韵墨脱"文化旅游创意产品设计大赛，提升墨脱知名度。前三季度累计接待游客17.85万人次，同比增长168%；销售门票2.96万张，门票收入468.87万元；实现旅游收入7229.83万元，同比增长234%，其中农牧民收入1061.09万元。

水产养殖　年内，建成墨脱镇玛迪村水产养殖基地，填补西藏自治区高端水产养殖空白，11月，养殖的首批南美对虾上市，广受市场好评。

【文化惠民】年内，墨脱县成立以县委书记任主任的文明实践中心领导机构，高位、高效、高规格推动新时代文明实践中心建设。截至年末，全县共有县新时代文明实践中心1个、乡（镇）新时代文明实践所8个、村新时代文明实践站45个，全部实行挂牌管理，每年安排村级新时代文明实践站活动经费5万元/村。建立以县委书记、县长任总队长的志愿服务总队，组建150支文明实践志愿服务队，共有志愿者2000余人，开展各类志愿服务2200余场，覆盖辖区群众4.3万人次，重点开展以"讲法治、传正气"为主导，围绕巩固提升脱贫攻坚成果、助力乡村振兴，充分利用农民夜校、上门走访等方式开展法律法规宣传宣讲活动400余场次，发放宣传材料5万余份。以"讲文化、传文明"行动为主题，以庆祝中国共产党成立100周年和西藏和平解放70周年为契机，组织开展各类文艺会演活动80余场，服务群众近1.4万人次，丰富群众精神文化生活。人民网、"学习强国"平台等主流媒体报道《亚东村：旧貌换新颜　摇身变成文明示范村》《西藏林芝市墨脱县乡风文明建设的"亚东村样本"》等典型经验做法。

【生态治理】年内，墨脱县持续开展扬尘污染防治、农业面源污染防治、农村生活污水和生活垃圾治理。扎实推进自然保护地整合优化工作，实行最严格水资源管理制度，积极推进国家森林城市创建工作，空气质量、地表水质量、农村土壤环境质量均达标。持续开展国土绿化行动和重点生态功能区修复工作，实施义务植树、重点区域生态公益林、庭院经济等国土绿化工程。积极开展城乡环境卫生综合整治活动，27座"厕所革命"项目实施厕所正常运维，全县6个乡（镇）43个村庄成功创建自治区级生态乡镇、生态村。充分发挥公益林专业管护员、乡村护林员、生态补偿脱贫岗位、河（湖）长的作用，加大生态环境保护宣传管控力度，深入推进生态扶贫，兑现生态岗位补助资金461.41万元。

【发展村集体经济】 2021年，墨脱县采取“一村一品”“一村一策”发展模式，实现45个村级集体经济产生效益，年产值100万元以上的有1个（墨脱村），50万—100万元的有3个（背崩村、珠村、巴登村），申请中央扶持村集体经济项目扶持资金450万元，全面消除村级集体经济“空壳村”。

【乡村振兴基层干部队伍建设】

换届选举 坚持政治导向，严格换届纪律，选举产生村干部324人，进一步夯实乡村振兴基层干部队伍基础。

推广国家通用语言文字 墨脱县自编村干部国家通用语言文字培训教材，分为基础册、提升册、巩固册，采取“一对一”“一对多”结对方式，组织190余名第一书记、乡村振兴专干、驻村工作队队员与300余名村干部结对开展国家通用语言文字培训，开展各类教学培训720场次，全县村“两委”班子成员国家通用语言文字普及率达到100%。

深化“五共五固”活动 抽调军地精干人员6人成立“五共五固”工作联席会议办公室，安排16名驻地部队政工干部与村党支部进行帮扶帮建，16名村党支部书记任部队党组织边境顾问，军地双方开展“五共五固”座谈14次，召开推进会4次，沟通共建问题21条；开展“党在心中”“我为群众办实事”“党旗在雪域高原高高飘扬”“永远跟党走”各类主题活动，全年全县各机关党支部与村党支部结对开展主题党日活动73次，结对上党课45次，联合召开支委会45次，帮助村“两委”厘清发展思路30余条，规范村党支部组织生活问题12个，基层党组织战斗堡垒作用更加巩固。

【组织机构负责人名录】

县扶贫开发领导小组办公室
（2021年1—5月）

主任

白玛扎巴（藏族）

县乡村振兴局
（2021年6—12月）

局长

白玛扎巴（藏族，8月任）

副局长

王　超（10月任）

二级主任科员

索朗央金（女，藏族，8月任）

四级主任科员

泽旺江村（藏族，8月任）

退役军人事务

【全国示范型退役军人服务中心（站）创建】 2021年，按照全国示范型退役军人服务中心（站）年度验收标准及“五有要求”，墨脱县围绕组织领导、场所文化建设、工作运行保障、基础业务开展、思想政治引领、就业创业、矛盾纠纷排查化解、走访慰问、帮扶援助等重点，持续开展全国示范型退役军人服务中心（站）创建工作。11月12日，墨脱县退役军人服务中心、墨脱镇退役军人服务站、背崩乡退役军人服务站创建全国示范型退役军人服务中心（站）工作通过市级验收。

【思想政治教育引导】 2021年，县退役军人事务局组织全县退役军人事务系统工作人员和退役军人观看《闪亮的名字——2021年度最美退役军人发布仪式》《英雄回家——赴朝鲜作战志愿军遗骸交接仪式活动》。加强退役军人工作宣传平台建设，广泛运用广播电视、电子屏、微信公众号、宣传栏等多种途径，宣传退役军人政策法规和先进典型，教育引导退役军人退伍不褪色，保持革命军人优良传统和军人本色。2021年，墨脱县被命名为“西藏自治区双拥模范县”，高荣、为军2人被评为“西藏自治区模范退役军人”。年内，县退役军人事务局深挖先进典型事迹，树立学习榜样和先进标杆，引导广大退役军人在全县经济社会建设中发挥作用。组织“全国模范退役军人”深入背崩乡小学、基层党支部宣讲先进典型事迹，进一步增强大家守边固边意识和为民服务思想。8月20日，组织协调驻军部队官兵，分批次参观学习西藏和平解放70周年墨脱成就展。3月6日，墨脱县军地联合开展以

3 月 6 日，墨脱县军地联合开展以“清澈的爱，只为中国”为主题的爱国主义教育（县退役军人事务局 / 提供）

“清澈的爱，只为中国”为主题的爱国主义教育，共计 248 人参加。

【优抚政策落实】 2021 年，县退役军人事务局及时落实各项优抚政策，按时足额发放优抚对象抚恤补助金。深入开展各类优抚对象核查工作，做到底子清、情况明。2021 年，墨脱县对享受政策优抚对象及时足额发放抚恤和生活补助资金。县退役军人事务局及时制定困难退役军人关爱制度，全局 5 名党员干部与经济困难家庭退役军人开展结对帮扶，在重大节日期间开展联系帮扶活动，全年共开展帮扶 5 场次。

年内，积极申请本级财政解决 2020 年义务兵家属优待金及一次性自主就业经济补助金，及时足额兑现到退役士兵手中。

年内，墨脱县有退役军人去世，县退役军人事务局及时组织工作人员对其家属开展走访慰问、心理疏导、安抚等工作，发放慰问金。

年内，墨脱县现役军人先后有多人在部队获奖，县人民政府主要领导带队对获奖家庭开展送喜报活动，发放慰问金。

【接收退役军人】 2021 年，县退役军人事务局做好退役士兵社会保险接续、户口迁移、党（团）组织关系转接等，并按要求做好退役士兵报到接收工作。

【退役军人就业创业】 2021 年，县退役军人事务局组织开展全县退役军人基本情况信息调查统计摸底，为退役军人就业提供精准服务。

抓好各乡（镇）、村级退役军人服务站积极组织退役军人就地就便参加县人力资源和社会保障局组织的护林员、烹饪技术、厨师等项目培训，进一步增强退役军人的职业技能，促进广大退役军人就业。引导退役军人多渠道就业，多门路创业，鼓励退役军人参加墨脱县人民政府专职消防员招录，全县推荐退役军人多人参加。2021 年全县退役士兵就业率达 100%。积极鼓励退役军人到村、社区担任村“两委”班子成员，引导退役

2021 年，县退役军人事务局联合县人力资源和社会保障局举办“墨脱县 2021 年政府专职消防队员招聘会”，组织退役军人参加招聘会，图为招聘会现场（县退役军人事务局 / 提供）

军人积极参与脱贫攻坚战略、乡村振兴战略实施和边境小康村建设，为巩固基层基础发挥积极作用。

【拥军优属】 2021年在“三大节日”、庆祝“中国共产党成立100周年”“八一”建军节期间，县四大班子主要领导带队走访慰问驻军部队、烈属、军属、重点优抚对象、退役军人等，发放慰问金及慰问品。

送政策进军营活动　为帮助即将退役的部队官兵了解相关法律法规及优待政策，帮助退役士兵将就业创业关口前移，年内，县退役军人事务局积极组织工作人员到驻军部队开展宣讲活动5场次，现场采取集中宣讲、座谈交流、现场解答等形式，对《中华人民共和国退役军人保障法》出台背景及意义、退役士兵接收安置、抚恤优待、就业创业等具体条款进行详细解读并与官兵进行互动交流，细心解答官兵提出的相关政策问题。累计发放宣传资料300余份、解答问题30余个。

协助开展征兵工作　2021年，县退役军人事务局积极配合县人民武装部开展征兵宣传活动2场次，通过设置咨询台、悬挂宣传标语，发放宣传册等，全年为部队输送应征入伍合格青年多名，并选派工作人员配合县人民武装部专程到巴宜区为入伍新兵举行欢送仪式。

配合驻军部队举行老兵欢送仪式　年内，在退役军人返乡季，县退役军人事务局积极配合驻军部队举行欢送仪式，县委、县人民政府主要领导参加欢送仪式并致辞。积极协调客运班车参与退役士兵运送工作，解决运输资金。

【褒扬纪念】 年内，组织开展清明节线上线下祭扫活动，举办“9·30”烈士纪念日向烈士敬献花篮活动，积极组织机关干部职工、农牧民群众、中小学生、退役军人、青年志愿者、驻墨脱县部队、公安政法干警、企业及社会各界人士代表等开展烈士祭奠活动2场次，其余各级党组织、单位及志愿组织组织祭奠活动120余场次，全年累计受教育人数达2000余人，参与网上祭扫人数达1571人次。开展烈士名录编纂，已录入32人。

【组织机构负责人名录】
局长
　　罗　布（藏族）
副局长
　　张　洪（穿青人）

乡　镇

7月16日，墨脱镇田园风光　　（匀　昆/摄）

墨脱镇

【概 况】 墨脱镇为县城所在地，国土面积1050平方千米，平均海拔1200米，东与察隅县相邻，南与背崩乡相接，西与德兴乡隔雅鲁藏布江相望，北与达木珞巴民族乡毗邻。

墨脱镇地处亚热带湿润气候带，冬季温暖、小雨多雾、夏季雨量充沛，降水集中、空气湿润，湿度较高；冬无严寒，夏无酷暑，年无霜期约300天，年均气温16℃。盛产七叶一枝花、铁皮石斛等10余种珍贵藏药材；香蕉、蜜柚、菠萝、茶叶、香橼、西瓜等水果深受消费者喜爱。独特的自然环境为脆蛇、墨脱树蛙等珍稀野生动物提供良好的栖息地。

全镇下辖7个建制村（含仁青崩自然村），分别为墨脱村、亚东村、亚让村、玛迪村、米日村、巴日村、朗杰岗村，1个社区（东布路社区）。波墨公路、察墨公路穿境而过。截至2021年末，全镇7个村户（人）数共有642户、2467人（不含东布路社区）；2021年全镇农作物总播种面积269.25公顷；农作物产量1634.05吨，水果产量830.01吨。全镇下辖9个党支部，共有党员328名。

【经济发展】 2021年，墨脱镇农村经济总收入达5038.76万元；农牧民人均纯收入达17039.52元；农牧民人均现金收入达15293.92元；粮食播种面积219.61公顷，粮食产量达1100.45吨；年末牲畜存栏数1632头（匹、只）。

【特色产业】 2021年，墨脱镇按照“产业兴旺、生态宜居、乡风文明、治理有效、生活富裕”的总要求，立足全镇七大发展优势，加快开发“茶、果、畜、文”优势资源，不断发展壮大产业基地、茶叶开发产业基地，争取在茶叶产业链上求突破。

茶产业 2021年，墨脱镇贯彻落实县委、县人民政府扩大茶叶种植面积部署安排，强调实施好茶叶种植项目，努力提升茶叶管理水平。年内，全镇茶叶种植面积达246.49公顷，可采摘面积211.83公顷，入户率达93.9%，全年累计采摘茶青92049.95千克，销售茶青款为591.94万元，户均增收1.01万元。

热带水果 2021年，墨脱镇以香蕉、柠檬、蜜柚、菠萝等为基础，狠抓巩固提高，辐射带动，不断提升林果管理水平，提高经济收入。年内，米日村蜜柚基地扩大种植至10.8公顷，挂果8.8公顷，收入达11.2万元；玛迪村以香蕉为主的热带水果及手工艺品生产销售产业链，2021年实现收入30万元。

蔬菜种植 2021年，亚东村稻田闲季蔬菜种植已扩建至13.33公顷，全年销售额已达30万元。

藏医药产业 截至2021年末，全镇共有藏药材种植基地3处，分别位于墨脱村、亚让村、朗杰岗村，规模达2.87公顷，种植铁皮石斛、七叶一枝花等名贵药材。

民俗文化产业 年内，墨脱镇以办好达羌民俗文化节和门珞服装加工销售合作社等为契机，深度开发以服装、饮食等为重点的民俗文化产业，扩大门巴族、珞巴族传统民族服装营销规模，提

3月23日，县林业和草原局、福建省农业科学院专家到墨脱镇玛迪村指导枇杷、香蕉种植管理
（墨脱镇人民政府／提供）

升生产档次，力争文化产业销售收入持续增长。由墨脱村妇女经营管理的墨脱镇门巴族、珞巴族服饰租赁销售点效益持续提升，制作销售租赁门巴族、珞巴族传统民族服装与民族传统手工艺品等。年内，成功申请注册商标，截至年末，营业额达20余万元。

旅游　2021年，墨脱镇依托仁青崩景区、墨脱民俗文化村等风景名胜资源，深挖第三产业开发潜力，做强做大文化旅游产业。年内，依托镇域旅游资源，全镇实现旅游收入706710元。

【党风廉政建设】　2021年初，墨脱镇召开党风廉政建设动员部署会，细化工作措施，落实责任到人；梳理廉政风险点21个，制定防范措施28条，做到预防为先；严格落实"一岗双责"，形成以镇党委主抓、纪委协助、各科室负责、各村同步推进的党风廉政责任体系，进一步细化工作方案、计划等，定期召开党风廉政推进会，听取各分管领导的工作汇报，推动工作落实；认真传达学习中共西藏自治区第十次代表大会精神及作风建设等相关文件精神；加大对村务监督委员会的培训力度，组织开展培训3次，切实发挥村务监督员监督作用；以习近平新时代中国特色社会主义思想为根本遵循，严格贯彻落实上级党委安排部署，定期对工作完成情况开展"回头看"，不断提高全镇党员干部担当作为意识；认真开展好林芝市第26个"党风廉政建设宣传月"活动，通过开展廉政宣讲、案例剖析、观看教育警示片、参观教育警示基地等方式，引导教育全镇党员干部始终对党忠诚老实，遵守党的纪律和规矩，依法履行职责，自觉接受监督；有效运用监督执纪"四种形态"，开展监督检查60余次；全年召开组织生活会2次，民主生活会1次；进一步加强廉政教育，全年组织学习廉洁知识、典型案例等50余次，提高全镇干部职工拒腐防变的能力，营造风清气正的政治生态。

【基层党建】　2021年，墨脱镇召开镇党委会议专题研究部署党建工作，加强政治意识、组织建设、作风建设、执政能力、意识形态等方面的教育管理。依法有序开展换届工作，如期完成7个建制村、镇机关党支部换届和东布路社区选举成立工作；开展文化素质提升工程，以新时代文明实践站等为载体，积极探索创新"3+N"国家通用语言培训模式，累计开展专题课堂175场次；规范党员发展程序，召开专题部署会议2次，排查党员档案328份，实现100%全覆盖；多举措宣讲习近平新时代中国特色社会主义思想、中央第七次西藏工作座谈会、中共十九届六中全会精神100余次，受教育党员群众4200余人次。深入推进"六进六同"。镇机关党支部与亚让村党支部建立结对关系，制订结对共建工作计划，开展结对帮扶4次，帮助亚让村党支部制订5年发展规划和年度工作计划，完善村规民约，结对开展支部主题党日活动。全面实施推广"五共五固"。在墨脱村、亚东村、巴日村、朗杰岗村推广"五共五固"军地党建红色强边工程，整合军地资源力量，强化沟通衔接，建立工作机制，创新活动载体，增强党建活力。以"志愿服务解民忧，携手同心办实事；走访慰问暖人心，结对共叙军民情；互帮互助

5月28日，墨脱镇党委联合驻军某部官兵赴朗杰岗村幼儿园，开展以"关爱儿童，庆祝'六一'"为主题的军地共建活动　（墨脱镇人民政府/提供）

聚合力，同心协作促团结；壮大集体经济，增进民生福祉；共筑防控屏障，维护稳定大局”的“五步走”措施，助力“五共五固”活动走深走实。实施“十共建六共享”具体举措，强化军民融合，党建指导员和边境顾问定人定责，召开共建联席会议4次，制作专项宣传栏4个，组建“村居流动夜校”，建立军地图书专柜，亚东村党支部免费向驻军某部队提供3座温室大棚（巴米典蔬菜大棚），联合县人民医院开展“军地共建送医送药送健康”义诊活动，发放5类20余种药品，开展共建主题党日活动，帮助搬运“儿童快乐家园”设备；在朗杰岗村幼儿园开展“关爱儿童，庆祝‘六一’”军地共建活动，持续推进军地党建共建和党建标准化建设。

2月25日，墨脱镇人民政府被中共中央、国务院评为“全国脱贫攻坚先进集体”（墨脱镇人民政府／提供）

【乡村振兴】 2021年，墨脱镇建档立卡脱贫户共计134户534人，贫困发生率由2015年末的17.4%下降至2019年末的0。2月25日，墨脱镇人民政府荣获中共中央、国务院授予的“全国脱贫攻坚先进集体”荣誉称号。年内，墨脱镇围绕抗击新冠肺炎疫情、补短板、促脱贫、振乡村核心思路开展各项工作。申报乡村振兴项目22项，涉及补助资金1707.55万元，争取600余万元财政扶贫资金实施墨脱县水产养殖基地项目；完成玛迪村蜜柚基地建设、巴日村机耕道硬化、亚东村扶贫商住楼一期建设、墨脱村老村饮水维修工程等；上报《墨脱镇以工代赈项目需求表》惠及全镇7个建制村，合计资金12405万元；“一村一品”发展日渐完善：米日村蜜柚销售户均增收3700元，玛迪村香蕉销售户均增收3000余元。墨脱镇门巴族、珞巴族服饰租赁销售点营业额达6万元，带动22户建档立卡脱贫户增收。

【民生改善】 教育 严格执行“控辍保学”法定职责，建立健全适龄儿童和青少年信息库，全面落实“控辍保学”四书制——新生入学通知书、困难学生缓（免）入学通知书、辍学学生督促通知书、不按时入学学生家长处罚通知书，严格执行“控辍保学”报告和通报制度；开展“护苗”行动，及时组织各村村“两委”、驻村工作队，完成7个村中小学生接送工作任务；做好应届经济困难家庭大学毕业生统计和助学金申报工作。

社会保障 2021年，组织各村足额收缴2057人新型农牧区合作医疗费用，建档立卡脱贫户和边缘易致贫户参合率达100%，覆盖率100%。

新冠肺炎疫情常态化防控 2021年，墨脱镇坚持人民至上、生命至上，狠抓外防输入、内防反弹，持续打好新冠肺炎疫情常态化防控人民战争，取得零输入病例、零疑似病例、零确诊病例的良好成绩。

基础设施建设 年内，墨脱镇先后实施完成墨脱村老村饮水维修工程、墨脱村向国荣灌溉水渠挡墙改扩建项目、巴日村农田灌溉水渠管道搭建项目及入户主干道硬化等民生项目。

文化 年内，墨脱镇文化活动广泛开展，墨脱镇文化站组织“岗拉梅朵”农牧民演艺队开展各类文艺汇演和庆祝中国共产党成立100周年暨西藏和平解放70周年文艺汇演。

救济 年内，墨脱镇为6户困难户申请临时救助资金5.5万元。

6月25日，墨脱镇举办以“讴歌新时代，奋进新征程”为主题的庆祝中国共产党成立100周年暨西藏和平解放70周年文艺汇演　（墨脱镇人民政府/提供）

【基层治理】 年内，墨脱镇试点推广发展新时代“枫桥经验”。以亚东村为试点，通过实施“加强基层党组织建设；依托网格化治理模式；以法治为武器，依法治村；有效发挥德治作用，固本培元；夯实社会治理根基；积极发展社会组织力量，将智治作为社会治理的重要支撑”的“六项举措”，将“枫桥经验”作为实现村级社会治理现代化的首要抓手，不断促进基层治理能力的全面提升，逐步探索出一条基层自治的“亚东经验”。

【东布路社区成立】 12月30日，东布路社区成立，东布路社区隶属墨脱县墨脱镇，位于墨脱县城所在地，下设墨脱路、东布路、白玛岗路、金珠路4个片区，有汉族、藏族、门巴族、珞巴族、回族、苗族等，社区共有4695人，其中户籍人员1010户、2146人（其中墨脱路47户、100人，东布路693户、1442人，白玛岗路175户、395人，金珠路95户、209人）；常住人员2549人。城镇低保户7户、18人（含八一办事处3户、8人），残疾人23人（其中女性2人），党员人数23人，社区“两委”共9人，居务监督委员3人（其中1人在社区“两委”和居务监督委员会均担任职务），辖区内共包括1个城镇派出所、4个警务站、88个“双联户”联户单位。

【组织机构负责人名录】

党委书记

白玛占堆（门巴族，4月任）

党委副书记、镇长

杨 林 鑫（土家族，4月任）

党委副书记、人大主席

卫　东（门巴族，4月任党委副书记）

党委副书记、组织委员

赵 德 波（12月任）

党委副书记

吴 冠 生（4月任）

党委委员、纪委书记、县监委派出墨脱镇监察室主任

娄 发 才（4月任）

党委委员、宣传委员

郭 国 亮

党委委员、统战委员、政法委员

温 二 飞（4月任）

党委委员、副镇长

桑杰平措（门巴族）

党委委员、人民武装部部长

王　强（4月任）

党委委员、墨脱镇边境派出所教导员

冯 海 涛

副镇长

索朗玉珍（女，藏族，4月任）

罗布扎西（门巴族）

二级主任科员

桑杰拉姆（女，门巴族）

三级主任科员

加　措（藏族，4月任）

四级主任科员

边巴片多（女，藏族）

卓　嘎（女，藏族）

罗布央宗（女，门巴族）

李　强

贡桑仁青（门巴族）

德兴乡

【概 况】 德兴乡位于墨脱县西北方雅鲁藏布江畔，与县城隔江相望，相距7.8千米，平均海拔1200米，全乡国土面积1100平方千米，属亚热带气候带，温暖、湿润，年降水量2500—3900毫米，平均气温18℃，无霜期达350天。德兴乡是以门巴族为主的少数民族聚居乡，全乡辖7个

建制村，分别为德兴村、德果村、文朗村、荷扎村、那尔东村、巴登则村、易贡白村，共401户、1694人(含城镇户口7户、9人)，劳动力人口705人。其中德兴村97户、388人，文朗村68户、264人，德果村56户、223人，荷扎村57户、256人，那尔东村56户、273人，巴登则村35户、160人，易贡白村32户、130人。

【经济概况】 2021年，全乡农村经济总收入3018.63万元(其中建筑业收入573.2万元，占比18.99%；交通运输业收入487.64万元，占比16.15%)，农牧民人均纯收入14730.46元(其中人均政策性收入为8038.66元，占比54.57%)，同比增长19.26%；人均现金收入12600.25元，同比增长16.77%。

【产业发展】 2021年，全乡共种植茶叶192.17公顷，5个建制村实现茶叶可采摘，可采摘面积达到124.47公顷，全年茶叶销售收入达282.95万元，其中文朗村茶叶收入再创新高，累计达120.12万元。

年内，依托庭院经济产业模式，结合生态旅游品牌打造，德兴乡鼓励农牧民群众扩大枇杷、蜜柚、芭蕉种植规模，改良现有枇杷品种，实现产量与品质双丰收。德兴村自主创业大学生罗布次仁利用村集体提供用地的便利，自学火龙果种植技术，种植火龙果等亚热带水果1.27公顷，通过“线上+线下”营销模式，实现经济收入6.3万元。

年内，德兴乡引进西藏依尔意农业科技有限公司，联合开展本地水稻品牌打造工作，通过高价收购农牧民群众有机稻米原料，经过高标准脱粒和包装后，面向广东省等地沿海城市销售，全年收购水稻20余吨，群众创收约10万元。

2021年，德兴乡通过承租形式引进种植能手外包蔬菜种植大棚6座，全年分季节种植辣椒、白菜、黄瓜、叶菜、西瓜、百香果等蔬菜瓜果10余种，累计创收22万余元，带动农牧民群众利用自家庭院开展蔬菜瓜果种植销售20余户。

【大学生就业创业】 2021年，德兴乡加大返乡毕业大学生就业引导力度，召开大学毕业生“激昂青春，放飞梦想”主题交流座谈会，组织12名大学毕业生参加2021年墨脱县高校毕业生专场招聘会，6人实现稳定就业；助推8名高校毕业生开展自主创业，累计帮助申请创业启动资金48万元，自主创办水果种植基地、乡村养殖合作社、便民服务超市、民宿客栈等。

【基础设施建设】 2021年，德兴乡围绕乡村振兴战略谋篇布局，推动全乡基础设施建设不断完善。年内，落实新建待建项目11个，推进续建项目4个，已完工项目8个，涉及基础设施建设、地质灾害防治、村容村貌提升、校园安全防范、乡村产业发展等民生领域，累计投入资金1906.44万元。全年落实乡村振兴重点帮扶村人居环境提升工程项目4个，预算内投资累计达850万元。

【教 育】 墨脱县德兴乡小学共有在编专任教师31人；正式在岗教师24人，共有在校生198人，其中女生85人，占比42.9%，其

2021年，德兴乡召开毕业大学生“激昂青春　放飞梦想”主题交流座谈会

(德兴乡人民政府/提供)

中走读生47人，住校生151人。幼儿园7所，共有学生64人（其中乡小学附属幼儿园17人、荷扎村10人、德果村6人、文朗村8人、巴登则村7人、那尔东村11人、易贡白村5人）。年内，德兴乡党委、乡人民政府全面加强属地管理，统筹推进新建村级幼儿园设施采购及开园招生等各项事宜，进一步完善乡村教育体系，夯实幼儿教育基础知识水平，实现乡村教育全覆盖；通过落实“护苗”行动，强化交通执法管理，全面排查校园及周边食品、药品安全隐患，推进灾害科普演练、“法治副校长”进课堂等，营造安全有序的教学环境；对接广东省佛山市慈善团体和个人，累计接受捐款捐物价值10万元。

【医疗卫生】 2021年，德兴乡选派或抽调医生、护士、村医参加短期培训、跟岗学习16人次，不断提升乡卫生院整体医疗水平。定期组织开展卫生宣传指导、食品安全检查等活动21场次，发放各种宣传资料200余份，受教育群众达600余人次。乡卫生院全年门诊核销诊疗1142人次，家庭医疗账户核销34983.52元；门诊就诊1007人次，门诊零售现金收入14200元；无住院患者。共随访946人次，发放药品42种，价值7492.8元，开展巡回诊疗共3次，服务243人，发放药品23种，价值6085.99元。结合各种宣传日深入乡小学开展健康教育活动2场次、出动医务人员6人，受教育学生223人次，7个建制村开展健康教育活动4场次，受教育群众1174人次，发放宣传资料324份，免费发放药品14种，价值1109.81元。藏医门诊核销诊疗240人次，家庭医疗账户核销26653.79元，门诊就诊208人次，门诊零售现金收入8081元，技术治疗116人次。

【惠民政策】 2021年，德兴乡紧盯临时性突发困难家庭的帮扶补助工作，累计拨付临时生活救助资金4万元，惠及4户、4人；全面保障残疾人群体社会权益，截至年末，已建立村级残疾人协会3个，帮助荷扎村1名残疾人实现稳定就业；强化社会帮扶救助，落实社会兜底救助机制，全乡享受低保政策人群7户、27人，“五保”政策5户、5人，落实补助资金153778元。为4名经济困难家庭大学生争取到持续3年1500元/人·月的捐资助学款21.6万元。

【新冠肺炎疫情防控】 2021年，德兴乡始终坚持贯彻落实上级联防联控、群防群治部署要求，严格登记排查。针对疫情中、高风险地区返乡人员，严格落实14天医学隔离观察管控举措并持续开展体温跟踪测量，重点对123名外来务工人员和1名次密切接触者进行摸排调查、隔离观察及体温测量，全面形成日报告、零报告制度。严格辖区管控。统筹各方力量，对村庄道路、房前屋后、建筑工地、村口通道及德兴大桥等逐日开展防疫巡逻、场所消毒杀菌，累计出动2470余人次。对外来人员一律登记备案和体温监测，筑牢全乡健康安全的“桥头堡”。严格开展演练。突出应急处突快捷反应能力，以边境群防群治力量为抓手，坚持“以练代战”的指导思想，联合德兴村开展疫情防控演练1场次，参与干部群众29人次；各村开展疫情防控应急演练6场次，参与群众共230余人次，全面提升全乡新冠肺炎疫情常态化防控工作中外防输入的应急反应能力；积极响应上级关于全民接种新冠疫苗的部署要求，广泛动员18周岁以上人员主动接种新冠疫苗981人，协助3—17周岁未成年人接种新冠疫苗312人。

【党的建设】 政治教育　年内，德兴乡党委以党史学习教育、“三更”专题教育为契机，开展集中培训30场次，下村开展宣讲16场次，实现党员教育全覆盖；开展党员信教排查，劝退信教党员1名；举办中国共产党成立100周年和西藏和平解放70周年庆祝活动9场次，张贴党员“三包”服务卡401张。深入贯彻落实中央八项规定精神，全年开展干部党风廉政教育14场次，学习典型案例17次，开展违规收受礼金、公车私用等专项整治8次，利用周二、周五下午乡党委理论学习中心组学习（扩大）会议、“红色夜校”大讲堂，组织开展集体学习25场，交流研讨8场，参加党员人数400余人次。狠抓提前预警。充分运用监督执纪“第一形态”，注重及时提醒，发现苗头问题就及时“拉警报”“踩刹车”，防止党员干部由小错酿成大错。

干部队伍建设　年内，德兴乡培养村后备干部49人，致富带头人9人，设立“一日村官”11人，包片、包点党建督导指导员11人，明确党支部抓党建人员21人（每个支部3人），组建党员突击队8支。以国家通用语言文字培训为契机，安排专项帮扶112人次，开展集中培训4次、测试1次，持续提升村干部能力素质。严把党员“出入关”。对全乡中共十八大召开以后入党的112名党员逐一排查，形成排查台账；对年内发展的8名预备党员和年内8名转正党员材料由村党支部、乡党群办公室、乡党委会议逐层审核把关。全年针对“后进支部”整顿等问题召开安排部署会3场次，精准撰写整改方案，及时研究制定措施4个，建立整改台账并持续跟进；各包村领导分别参加所在支部专题组织生活会1次，严肃开展批评与自我批评。

基层党建　2021年，德兴乡党委召开13次乡党委会议，专题研究部署基层党建工作；开展党建专题调研8次，调整充实包村党建指导员14人，开展包村督导工作累计44次，指导解决实际问题30项，提供意见建议50余条，督促指导各党支部规范“三会一课”、落实坐班制度等问题30余个；对班子成员和各村党支部书记就党风廉政建设进行“一对一”约谈，提出明确要求。以党史学习教育为抓手，持续开展党史宣讲，自制门巴语党史小故事和重要讲话宣讲精神音频、视频共11期；年内，德兴乡宣讲团开展中共十九届六中全会精神宣讲102场次，受教育人数1323人次；宣讲实践活动开展38次，参与群众588人，开展巡回督导15次，制作宣传栏7个、悬挂宣传横幅14条、张贴宣传标语7条、海报50余张，发放宣传资料200余份。播放党史专题视频32次，借力“三微一端”分享党史知识85次，宣讲简报信息，微视频被上级采用36篇。

【乡村振兴】　年内，德兴乡建立“三个全面”（政策红利全面争取、内生动力全面激发、凝聚多方力量全面帮扶）防返贫致贫精准帮扶机制。由包乡、包村领导与村干部定期开展结对帮扶活动，走访入户帮助解决生活难题，防止各村“三类人员”返贫；定期走访上门宣传惠农惠民政策，全年累计宣讲99场次，受教育群众985人次。坚持“农户主动申请、部门信息比对、干部定期回访”相结合的“三位一体”监测网络，每月跟踪监测，对重点对象定期检查、动态管理，持续跟踪收支、“两不愁三保障”及饮水安全变动状况，确保有问题及时发现、快速响应、动态清零，全年新纳入突发严重困难户1户、6人。强化帮扶救助措施，落实兜底救助机制，全年将27人纳入低保、5人纳入特困供养人员，分类实施救助。2021年度全乡建档立卡脱贫户年人均纯收入为18012.07元，增长率为15.03%。年内，与西藏依尔意农业科技有限公司建立“公司+集体+农户”有机水稻发展机制；围绕果果塘景区，德兴村与荷扎村2个乡村振兴示范点，争取到20万元资金扩大德兴村火龙果种植规模，投入298.6万元资金建设德兴村“海螺e”民宿项目。

【驻村工作】　2021年，德兴乡党委制定驻村工作队管理办法，推动驻村七项工作落地落实。全年驻村工作队入户走访3200余人次，入户率100%，组织党员群众座谈2006人次，收集意见建议50余条。积极开展感党恩教育。精心筹备视频拍摄，其中《“声”情告白，献礼建党百年》视频短片在“中国西藏新闻网”“林芝市强基惠民”“网信墨脱”“墨脱县共青团”“墨脱女性”等网络平台和媒体刊发，门巴语党史小故事音频被多个微信公众号转发。集中开展“优秀影视作品展播活动”，累计播放优秀影视作品29部，播放时长约30小时，观看群众达800余人次。依托乡新时代文明实践中心，在“三大节日”“三八”国际劳动妇女节、“3·28”西藏百万农奴解放纪念日、“五四”青年节、“七一”、国庆节组织文艺会演庆祝活动6次；以“党员不得信仰宗教，整治打架斗殴、酗酒赌博”为重点，组织群众讨论修订完善村规民约12条，对村干部、后备干部开展夜校培训和村干部文化素质培训254场次；协助村“两委”深入开展“七五”普法工作，悬挂宣传标语400余条、召开座谈会32场次，受教育群众943人次；各驻村工作队协调4.33万元购买水泥进行道路硬化、购买家用电线、电线管等辅助设施并为23户群众维修电路，购买电饭煲分发给53户群众。

【党风廉政建设】 2021年，德兴乡深入贯彻中共中央和自治区党委、市委、县委全面从严治党的部署要求，充分发挥纪委协助和监督职责，认真开展好“县、乡（镇）、村”三级换届纪律监督工作，设立换届风气监督举报箱8个，张贴换届风气宣传标语100余条、悬挂严肃换届纪律横幅7条、LED显示屏循环滚动播放严肃换届纪律标语80余条次，发放换届纪律宣传手册70余册，发放换届明白卡100余张，累计宣传10余场次，受教育500余人次。加强政治纪律监督，对全乡7个建制村和2座寺庙开展明察暗访，重点对党员家中是否设立佛像、党员是否参与宗教活动等情况进行监督检查，累计入户53户、检查121人次。对7个建制村、乡卫生院、乡小学落实新冠肺炎疫情常态化防控各项工作开展监督检查20次。协助乡党委分层次完成廉政提醒谈话工作任务，分层次组织全乡领导干部开展廉政谈话7人次。利用乡党委理论学习中心组学习（扩大）会议和“红色夜校”大讲堂，组织干部观看廉政教育警示片8场次，通报典型案例20余次。全年开展节前廉政教育5场次，受教育群众500余人次，全年开展节前廉政监督检查工作32次。

【换届选举】 2021年，德兴乡成立乡换届选举工作领导小组与村级换届领导小组，成立乡选举委员会，派出3个指导检查组和1个换届风气监督组对换届工作进行全程指导和监督。

村“两委”换届 在扎实开展好村组织换届前期调研、“三资”审查、软弱涣散基层党组织整顿及村组织班子届末考核后，采用“两推一选”方式选出新一届村组织班子成员51名，在换届选举中实现“村组织班子换届选举参选率高、当选候选人得票率高”。有序开展村组织换届选举后续工作。完成资产、资源、资金及文书、公章和未尽事宜等交接工作；指导各建制村制定资料归档目录，为各建制村复印相关文书资料110余份，整理和收集与换届相关的图片资料200余份并装订成册；建立健全村级班子成员个人档案，包括班子成员个人基本情况、家庭成员基本情况、政治审查情况、工作开展情况、获奖和培训情况等；乡党委组织开展新一任村干部岗前培训，为新一届村组织班子成员设岗定责。

乡领导班子换届 年内，德兴乡完成乡领导班子换届选举工作，把好时间关、把好代表资格认定关、把好干部推选关、把好会议日程关、把好投票选举关，严格规范选举程序。6月4—5日，召开中共德兴乡第九次代表大会、第九届党委一次会议、乡纪委第九届一次会议，选举中共德兴乡第九届委员会委员8名、纪律检查委员会委员3名、出席中国共产党墨脱县第九次代表大会代表15名及中共德兴乡第九届委员会书记1名、副书记3名，纪委书记1名、副书记1名。6月4—5日，召开德兴乡第十届人民代表大会第一次会议，依法选举乡人大主席团主席1名、乡人民政府乡长1名和乡人民政府副乡长3名。

6月4—5日，中共德兴乡第九次代表大会召开，图为当选领导班子成员会后合影留念

（德兴乡人民政府／提供）

9月8日，德兴乡正式启动“我是民兵·爱国强边”大练兵活动

（德兴乡人民政府/提供）

【综治维稳】维护社会稳定　2021年，德兴乡贯彻落实中共中央、自治区党委、市委、县委维稳工作部署，及时召开部署会议传达上级文件精神，及时完善工作方案、预案，深入开展督导检查等措施，全力保障庆祝中国共产党成立100周年、西藏和平解放70周年等重要时间节点辖区社会面和谐稳定，全年共计召开部署会议6次，开展督导检查10余次。发挥基层群防群治队伍力量的作用，累计开展巡逻2500余次，出动6800余人次。

平安建设　德兴乡以“平安德兴”建设为宗旨，持续推动“两会一队”（治安保卫委员会、矛盾纠纷调解委员会、治安联防队）、“双联户”“平安守护队”等群防群治力量建设。积极培养“法律明白人”，全年共计开展普法宣传24次，受教育人数1800余人次。学习推广新时代“枫桥经验”，依托“送访上门·一日村官”主题活动，建立领导干部定期下村接访制度，全年共调解纠纷5起，调解处理率达100%；创新性开展“我是民兵·爱国强边”大练兵活动，14天共覆盖全乡民兵；统计汇总全乡18—35岁的男青年，从中优先选拔政治过硬、体质过关的人员编入民兵队伍，并将符合条件的退役军人、村“两委”成员、农牧民党员编入其中。

【文化建设】2021年，德兴乡通过加大基础设施投入，狠抓文化载体建设，在7个建制村建成村民文化广场、篮球场、图书室、文艺演出队，实现广播电视入户全覆盖。加强农村文化宣传教育。建立“舞动门巴·唱响德兴”文艺演出队跨村会演新机制，开展文艺表演活动30余场次；播放爱国主义及新时代农村题材电影100余部，观看人数达11300余人次；新时代文明实践中心所（站）成立4支志愿服务队伍共112人，开展各类志愿活动12次，出动1000余人次。

【生态环保】2021年，德兴乡坚守“绿水青山就是金山银山”和“生态立乡，产业富乡，旅游强乡”发展理念，年初将《重点公益林管护合同》《德兴乡森防安全目标责任书》等目标责任细化分

9月26日，德兴乡组织开展“舞动门巴　唱响德兴”新生活文艺演出交流活动

（德兴乡人民政府/提供）

9月28日，德兴乡开展“党建带团建，保护母亲河”志愿活动

（德兴乡人民政府/提供）

解，层层落实，各村成立森林防火突击队，累计开展巡山护林值班25550人次。全年累计开展环保专项宣传12次，超过800人次参与。以中央第一轮环保督察为契机，主动认领环保督察反馈清单问题7项，制定整改措施13项，全面完善乡环保工作机制和工作流程。以“三个全县率先”推进农村生活垃圾转运体系建设，率先开展农村垃圾绿色分类转运，率先签订合同给予转运群众相应的运转资金，切实把农村生活垃圾转运行动变成组织群众、引导群众、教育群众的过程，率先形成政府主导与群众主体相结合的模式，在经费保障、人员配置、技术指导方面给予大力支持，明确垃圾转运责任人责任，确保生活垃圾废弃物收运队伍建设得力，加强全乡村庄生活垃圾管理，有序开展生活垃圾废弃物收运处理工作，每周组织群众清洁村庄周边、旅游景点、卫生死角等地方，形成长期有效的大清洁机制。

【组织机构负责人名录】

乡党委书记

　　郭 晓 峰

乡党委副书记、政府乡长

　　扎西顿珠（藏族）

乡党委副书记、人大主席

　　白玛曲珍（女，门巴族）

乡党委副书记、组织委员、三级主任科员

　　杜 太 永（土家族）

乡党委委员、人民武装部部长

　　李　　波

乡党委委员、纪委书记、县监察委员会派出德兴乡监察室主任

　　陈 正 道

乡党委委员、宣传委员

　　贡觉加措（藏族）

乡党委委员、政法委员、统战委员

　　旺青扎堆（门巴族）

乡政府副乡长

　　其　　米（女，藏族）

　　米玛次仁（藏族）

　　王　　鹏

文化服务中心主任

　　桑杰绕登（门巴族）

后勤服务中心主任

　　普　　布（藏族）

二级主任科员

　　旺　　堆（门巴族）

　　杜 会 生

四级主任科员

　　刘 玲 凤（女）

　　西　　绕（藏族）

　　郝 迎 春（女）

　　彭 月 欣（女）

背崩乡

【概　况】 背崩乡位于墨脱县西南部，雅鲁藏布江下游，地处边境前沿，距墨脱县人民政府驻地27.8千米，乡人民政府驻地背崩村海拔860米，全乡国土面积3750平方千米，处于雅鲁藏布大峡谷印度洋暖湿气流北进青藏高原的通道上，雨水充沛，属亚热带气候，有热带雨林。全乡下辖9个建制村，共616户、2560人；全乡11个党支部，1个机关党支部、1个乡小学党支部、9个村党支部，共有党员364人。2021年，背崩乡在各级党委、人民政府的领导下，获得自治区级奖项2个、林芝市级奖项2个、墨脱县级奖项4个。

【经济指标】 2021年，背崩乡紧紧把握发展第一要务，围绕经济建设中心任务，积极调整优化产业结构，努力开拓经济发展空间。全年全乡生产总值达5793.42万

元，同比增长16.72%；农牧民人均纯收入达15792.32元，同比增长9.17%；农牧民人均现金收入达12574.16元，同比增长16.52%。全乡实现粮食产量809.49吨，兑现各类农牧业补贴资金共计25.6万余元，全乡牲畜存栏牛563头，藏猪1055头。

【产业发展】 2021年，背崩乡茶叶种植面积不断增大，持续带动群众增收。全乡茶叶种植面积达403.57公顷，可采摘茶叶基地面积达190.2公顷，累计采摘茶青共计21461.55千克，带动群众增收131.72万元。

巴登村竹编加工厂总投资215.4万元，全年共编制竹编产品1500余个，带动群众增收30万余元。年内，为延续传统竹编技艺传承和扩大竹编产品的知名度，巴登村竹编已成功申报自治区级非物质文化遗产。

旅游产业多点开花。借助派墨公路沿线的独特地理优势，巴登村打造"门巴厨房"和"门巴小院"，帮助群众创收3万余元。地东村持续挖掘红色旅游资源，累计吸引游客600余人。格林村以南迦巴瓦峰观光为主线，改造农家小院，打造住宿旅游一条龙服务，在游客带动下，当地群众通过销售红米、食用菌、蜂蜜等增收45万余元。

2021年，巴登村竹编"休差"已成功申报自治区级非物质文化遗产
（县文化和旅游局／提供）

2021年，建成后的背崩乡巴登边境地区小康村玛尼翁新村全景
（县广播电视台／提供）

【基础设施建设】 2021年，背崩乡交通、电力、通信、饮水等设施全面升级，连接县城和背崩乡的主干道墨背公路实现全程硬化，9个建制村均实现道路硬化；9个建制村全部接通生产生活用电；全乡各村移动通信信号通畅且多数村已经实现网络通达；全乡各村农村饮水工程全面完工，实现安全饮水全覆盖。

年内，背崩乡边境小康村建设项目稳步推进。地东村、西让村、阿苍村、德尔贡村、巴登村群众先后实现搬迁，入住新房。截至年末，波东村边境小康村建设基本完工。

【民生改善】 义务教育 切实巩固提高义务教育成果，通过入村宣讲、检查指导等多种方式使全乡适龄儿童入学率达100%，同时，与各村签订控辍保学责任书

40余份，党政主要领导亲自带头劝学保学，年内，成功劝说1名中等职业学校学生返校就读。

医疗卫生　年内，背崩乡新建卫生院完工并投入使用，积极落实医疗保障政策，实现新生儿和孕产妇死亡率为零，住院分娩率100%，常态化开展家庭医生随访服务500余户、2000余人。

转移就业　2021年，背崩乡结合农牧民转移就业实际需求，劳动技能培训力度不断加大。全面落实各项相关技能培训政策，围绕茶叶种植、机械操作、电子商务等实用技能，组织开展农牧民参加技能培训7期，培训453人，培训合格率达到100%，并积极联系用工单位，全年累计转移劳动力961人。

【生态文明建设】　2021年，背崩乡牢固树立“绿水青山就是金山银山”的发展理念，坚持保护优先，坚决扛起生态文明建设的政治责任，筑牢生态屏障。

加强林业法规宣传。前往各村开展摸底排查和政策宣传20余次，对排查出的问题进行全面整改；严厉打击乱砍滥伐、毁林开垦、盗砍私运等破坏森林资源的违法行为，积极宣传生态环保政策；做好森林防火相关工作，坚持值班值守，加大巡查力度，早发现，早处理，确保林区不冒火烟，不发生森林火灾事件，全年组织开展森林防火演练10余次，督促护林员坚守日常岗位，不断推进森林防火工作稳固开展。

紧抓环境卫生整治。坚持乡村统筹，推进生态建设，持续开展环境卫生整治工作，确定每周一、三、五为干部群众统一打扫卫生时间，保障4辆垃圾转运车正常运行，乡域内垃圾明显减少。

扎实推进河（湖）长制工作，成立河（湖）长制工作领导机构和河（湖）长制办公室，建立目标、问题、任务、责任四个清单，制定《背崩乡全面推行河（湖）长制实施方案》，全年组织乡级河（湖）长巡河90余次、村级河（湖）长巡河390余次，印发河（湖）长制宣传册100余份，全年清理河道岸边垃圾10.13吨。

【乡村振兴】　2021年，背崩乡将巩固拓展脱贫攻坚成果放在突出位置，全面推动乡村振兴工作。建立健全防返贫动态监测和帮扶机制。继续保持帮扶政策总体稳定，调研“十二五”规划期间认定贫困户家庭基本情况21户106人，核实更改2021年建档立卡脱贫户家庭最新人口数49户215人，开展建档立卡脱贫户2021年度人均纯收入前期准备工作及系统录入工作，共计录入71户。健全防返贫动态监测和帮扶机制，完善更新全乡“三类人”2户、5人基本信息，对全乡所有农户开展随机排查、动态管理，重点监测其收入支出状况、“两不愁三保障”及饮水安全状况，合理确定监测标准。年内，背崩乡随机排查135户、412人，未发现符合监测指标返贫户。

是年，背崩乡持续开展结对帮扶工作。乡主要领导和各包村领导积极开展入户活动，大力宣讲党的惠农政策，进一步强化群众感党恩意识，依靠党的好政策，依靠自己勤劳的双手，创造今生幸福生活。共开展宣讲20余次，涉及村干部群众3000余人次。

年内，背崩乡扎实落实生态转移就业政策。按照“定岗、定员、定责、定酬”原则，将能胜任生态岗位工作的建档立卡脱贫人口纳入生态岗位序列。2021年上半年落实生态岗位人员111人，发放工资19.43万元；下半年落实生态岗位人员112人，发放工资19.45万元。

【基层党建】　2021年，背崩乡党委全面履行全面从严治党主体责任，抓好党员常态化教育，扎实开展党史学习教育，全年全乡开展各类学习活动400余场次，开展宣讲活动90余次，覆盖党员群众1800余人。深入开展“三更”专题教育，全年开展专题研讨9场次，撰写发言材料3篇，深入基层调研26次，形成调研报告3份，检视并完成整改问题15个，讲党课2次，累计为民办实事24件。

开展违规违纪发展党员排查工作，指派专人针对2012年以后发展的162名党员开展深入排查，对存在问题进行专项整治。严格党员发展程序，2021年，党员转正12人，发展预备党员12人。

做好乡、村两级换届选举工作，严格规范程序，严肃换届纪律，年内，背崩乡成功选举乡党代表53名、县党代表12名、乡人大

4月27日，背崩乡召开中国共产党墨脱县背崩乡第九次代表大会，选举产生第九届中共墨脱县背崩乡委员会　（背崩乡人民政府/提供）

代表46名、乡党政领导班子11名、村“两委”班子48名、村务监督委员会班子27名。

强化村干部教育培训，常态化举办国家通用语言文字培训班，全年累计开展乡级培训11场次、村级培训400场次。

推进村级活动场所标准化建设，改造优化地东村活动场所，在格林村、地东村分别打造完成军地共建“五共五固”和“传承戍边基因　建设红色地东”爱国红色教育陈列室。

以品牌建设为引领，深入推进军地融合发展。年内，乡军民政治辅导员到村参加组织生活8次，指导基层党建工作5次，讲党课4次，组织开展军地共建活动14次，党员群众积极参与巡边300余人次。扎实开展“整乡推进、整村提升”示范乡村创建工作，在抓实“六个基本”的基础上，按照“一村一品”要求，全力完成示范乡村创建工作。

做好巡察问题整改，背崩乡党委全面认领县委巡察一组的巡察反馈意见，针对县委巡察反馈的26项问题，制定68项整改措施，健全完善6项制度，年内，完成整改。

年内，结合换届工作更新调整“三包”人员163人次，组织党员开展“我为群众办实事”实践活动、志愿服务、理论宣讲200余场次。抓实支部结对共建，开展义务劳动、基层调研、理论学习活动4次，提醒县直属机关开展结对活动24次。组建防疫治安巡逻队、防疫卫生宣讲队、党员先锋模范队，开展日常巡逻140余次、环境大整治大清洁行动60余次、消毒90余次、防疫知识宣传200余次。

【党风廉政建设】 2021年初，背崩乡党委研究制定《背崩乡2021年党风廉政建设和反腐败工作实施方案》，修订完善党风廉政建设党委主体责任清单、纪委监督责任清单。认真履行“第一责任人”职责，督促班子成员按照“一岗双责”要求，切实履行好分管范围内党风廉政建设“第一责任人”的责任。

常态化开展警示教育。组织机关干部观看《失守》《镜鉴》等警示教育片，及时传达自治区、

5月13日，共青团西藏自治区委员会、自治区教育厅党史学习教育青年宣讲团第三组组长贺骥一行赴背崩乡开展党史学习宣讲　（共青团墨脱县委员会/提供）

市、县各级纪委通报的典型案例，组织机关党员干部到墨脱县廉政警示教育基地开展警示教育。组织全体党员干部开展党纪法规线上测试活动，全面检验学习成效。开展廉政文化进乡村活动，组织班子成员深入各村宣传优良的党风、政风和家风。结合廉政教育和党史学习教育，拍摄制作《党史教育明初心，廉政教育筑防线》廉政宣传微视频。

严格执行换届工作“十个严禁”要求，累计开展换届监督检查20余次。持续强化经费使用、新冠肺炎疫情常态化防控、乡村振兴领域监督检查，全年累计开展乡经费支出使用情况、干部报销情况监督检查3次，新冠肺炎疫情常态化防控监督检查8次，乡村振兴领域监督检查11次。开展党员信仰宗教问题摸排工作4场次，进行谈话询问50余人次，严明党的政治纪律和政治规矩，引导并督促全体党员严格遵守党章党规。

持续整治“四风”问题。在“三大节日”、端午节、中秋节、国庆节等重要节假日来临前，组织在家干部召开节前教育会议7次，引导机关党员崇廉拒腐、廉洁过节。严格执行中央八项规定精神，全年累计开展违反中央八项规定精神问题、“四风”问题监督检查5次。

【综治维稳】 2021年，背崩乡党委始终把反对分裂和维护稳定作为第一责任，牢固树立“稳定压倒一切”的意识，时刻紧绷维稳安全这根弦不放松，奋力实现背崩乡社会大局持续和谐稳定。

全力打好维稳攻坚战。始终把维稳工作作为一项重要政治任务来抓，建立“乡党委全面抓、分管领导亲自抓、党委班子共同负责、各部门联动协调、军警民共同合作”的维稳工作机制，全年累计召开专题部署会议5次，派出包村督导干部40余人次，各类群众群治力量参与巡逻1500余人次，以“三无、三不出”的成绩打赢重点时段的维稳攻坚战。

处理好群众反映强烈的重点问题。组织对全乡拖欠民工工资、机械租赁费、砂石款等各类款项进行深入排查，逐一登记，对存在大量拖欠民工工资的公司逐个约谈，督促相关企业、施工单位拿出具体解决办法，不断压实施工单位主体责任，全年累计帮助农民工追讨工资款项500余万元。

加强各村人民调解委员会建设。结合换届工作，及时吸纳退休干部、老党员、优秀妇女代表进入人民调解组织，依托乡、村两级妇联组织开展妇女维权、婚姻家庭法律法规宣传，让大事化小，小事化无的理念深入人心。年内，背崩村、波东村、德尔贡村人民调解委员会成功调解处理各类纠纷4起。

推进守边固边。围绕“五共五固”系列活动，邀请部队军官讲“红色故事”、英雄故事4次，开展国防教育活动6次。组织民兵积极配合驻地部队执行多次巡逻执勤任务，参与人数若干人次，转运各类物资。全年筛选巡边员多人，并签订合同，对巡边任务进行明确。

【安全生产】 年内，背崩乡加强安全隐患排查。组织各驻村工作队队员、村“两委”班子成员、“双联户”户长到每家每户，对农户家日常用火、大功率电器、电线布局、柴薪使用进行细致排查，做到不留盲点、不留死角，对广大群众宣讲安全用火、安全用电的重要性，提高群众自防自救能力；在雨季加强道路交通隐患排查，狠抓安全出行，共排查群众家庭600余家次，召开宣讲会议30余次，检查并消除隐患100余个。乡党委、乡人民政府加大资金投入，投入资金3000余元对波东村进行统一电路改造，惠及群众37户。

【人大工作】 年内，背崩乡人大依法组织换届选举，完成第十届背崩乡人大换届选举工作，选举产生乡人大代表46名、县人大代表20名。4月，召开背崩乡第十届人民代表大会第一次会议，选举产生新一届乡人民政府乡长1名、副乡长3名、人大主席1名。

年内，乡人大主席团贴近重点，开展民主监督。就群众普遍关心的惠农政策落实、环保、安全生产、精准扶贫等工作听取乡人民政府汇报。

抓好选民接待工作。坚守“为乡党委分忧、对人民负责”的原则，把做好选民接待工作作为密切联系服务群众的桥梁和纽带，坚持每月20日为选民接待日，认真处理群众来信来访，督促乡人民政府及时解决群众问题。利用“人大代表之家”平台，全年共参与接待选民

4月30日，背崩乡召开第十届人民代表大会第一次会议第二次全体会议
（背崩乡人民政府/提供）

30人次，受理和督促办结群众实事10余件，确保群众来信来访件件有结果、事事有回音。

组织人大代表外出学习交流促提升。年内，乡人大主席团先后组织乡人大代表赴巴宜区、工布江达县、米林县和朗县开展参观考察和交流学习。

【组织机构负责人名录】

党委书记

王 海 斌（4月免）

扎西曲扎（门巴族，4月任）

党委副书记、乡长

扎西曲扎（门巴族，4月免）

段 世 宾（4月任背崩乡党委副书记、政府乡长）

党委副书记、人大主席

次 仁 乔（藏族，4月任党委副书记）

党委委员、边境派出所所长

喻 于 一

党委委员、政府副乡长

谭 建 伟（土家族，4月免）

党委委员、政府副乡长、三级主任科员

次仁朗杰（藏族，4月任）

党委委员、政法委员、人民武装部部长

索朗杰参（藏族，4月免）

党委委员、统战委员、政法委员

李　　婷（4月兼任政法委员）

党委委员、组织委员

褚 召 军

党委委员、宣传委员

次仁曲珍（女，门巴族）

党委委员、纪委书记、县监察委员会派出背崩乡监察室主任

金　　海（4月免）

李 国 鸿（4月任）

党委委员、人民武装部部长

李　　良（4月任）

政府副乡长

索朗多杰（藏族，4月免）

高　　荣（门巴族，4月任）

桑杰仁增（门巴族，4月免）

李　　江（4月任）

三级主任科员

桑杰仁增（门巴族，4月任）

农牧服务中心主任

次仁曲珍（女，藏族）

文化服务中心主任

尼玛索朗（女，藏族）

四级主任科员

旺秋卓玛（女，门巴族）

徐 晨 旭

殷 玲 梅（女，11月任）

燕　　娇（女）

宋 静 晓

达木珞巴民族乡

【概　况】 达木珞巴民族乡是墨脱县唯一一个珞巴族聚居的民族乡，下辖达木村、卡布村、珠村、贡日村4个建制村，国土面积800余平方千米，平均海拔1860米，东邻察隅县，南接墨脱镇，西隔嘎隆拉雪山与波密县毗邻，北与格当乡为邻，距墨脱县城39.1千米。

2021年，达木珞巴民族乡共有281户、1110人，其中珞巴族668人、门巴族406人、藏族25人、其他民族1人。

【经济指标】 2021年，全乡农村经济总收入2963.57万元，同比增长14.56%；农村居民人均可支配收入16940.7元，同比增长18.95%；农村居民现金收入14298.29元，同比增长20.58%。第一产业总产值491.69万元，第二产业总产值376.22万元，第三产业总产值2095.66万元。

【产业培育】 茶产业　全乡茶叶

种植面积达 116.27 公顷，投产茶园 53.33 公顷，带动群众增收 36 万余元。

林下经济　达木村大力发展藏红花、羊肚菌、黑木耳、白肉灵芝种植等林下经济，带动农牧民增收 53 万余元。

旅游业　依托达木珞巴民族乡地处波墨公路 559 线沿线的区位优势，以小康示范村为引领，充分利用 52K 到黑日桥沿线丰富的旅游资源，结合珞巴族传统民族文化发展农家乐、家庭旅馆、土特产销售等旅游项目，引导群众参与到旅游产业中，全乡共有农家乐、藏餐馆、家庭旅馆、土特产商铺共 18 家，实现增收 30 余万元。8 月 30 日，《人民日报》第 5 版（要闻版）刊登记者琼达卓嘎撰写的《西藏墨脱县达木乡　现在生活更幸福》，报道达木珞巴民族乡群众靠发展旅游致富，生活越来越幸福，“目前，达木乡已有 18 家民宿，今年（2021 年）上半年旅游收入达 51 万元”的新闻。

【动物防疫】　年内，达木珞巴民族乡持续深入开展非洲猪瘟防控工作，加强对动物防疫相关法律法规培训，发放动物疫病防控物资。持续加大动物防疫知识宣传普及力度，实现全乡群众防疫知识宣传全覆盖。持续开展畜禽疫苗注射，畜禽疫苗注射率达 96%。

【乡村振兴】　2021 年，达木珞巴民族乡有序推进达国大桥至帮辛乡改扩建项目、达木村后山泥石流治理项目、茶叶加工厂等项目，卡布村幼儿园、珠村幼儿园项目均已完工，通过积极配合完成各村乡村振兴项目前期调研及总体规划工作，各项基础设施建设逐步提升，群众通过参与项目建设，增收 180 余万元。

年内，按照“一村一方案”要求，制定乡级乡村振兴方案 1 个、村级乡村振兴方案 4 个，与县乡村振兴局及第三方专业机构对接，提出卡布村“智慧村落”打造方案，探索形成以“高山有机茶产业”为主导，特色农副产品、生态旅游观光、民俗文化体验、藏药材培育等配套产业统筹协调发展的良性生态产业发展格局。开展挖掘机、装载机、餐饮、舞蹈等技能培训 8 场次，260 余人参加，通过技能培训引导群众就业。开展“三类”人员排查 367 场次，开展扶贫扶志教育 540 余次，受教育群众达 1670 余人次。深入开展结对帮扶 70 余场次，解决困难群众生活资金及生活用品价值 27.64 万元。

全年全乡共安排生态岗位 287 个，落实生态岗位补助资金 100.45 万元。

11 月 16 日，县人民政府常务副县长、广东省第九批援藏工作队墨脱县工作组副组长张巍巍（右一）调研达木珞巴民族乡藏红花基地　（县人民政府办公室 / 提供）

【农村集体产权制度改革】　年内，达木珞巴民族乡清查账面资产总额 1229.82 万元，其中经营性资产 241 万元，非经营性资产 988.82 万元；资源性资产 953.33 公顷，其中农业用地 173.42 公顷。农村集体产权制度改革第四阶段成立经济组织股份经济合作社选举工作已完成，全面完成农村集体产权制度改革工作。

【社会事业】　教育　达木村后山泥石流严重威胁乡小学安全，年内，达木珞巴民族乡及时将乡小学师生转移至格当乡小学开展临时教学，确保师生安全。全面开展法治、国防、健康、爱国主义等思想政治教育，青少年发展更加全面。加强控辍保学数据库动态管理，深入开展控辍保学活动13次，有效保证学生在校率100%，落实教育政策宣讲76场次，参加群众达876人次，乡人民政府、家长、学校三方面护学促学合力得到加强，落实教育资助资金1.2万元，惠及11户、12名学生。年内，乡小学被评为林芝市民族团结进步模范学校。

医疗卫生　完成2021年度城乡居民基本医疗保险费征缴申报工作，全乡应参保人数1061人，实际参保人数1058人，参保率达99.72%。扎实开展妇幼保健、"两癌"、儿童预防接种等宣传及免费体检活动，组织每月免费为儿童接种疫苗，持续推进家庭医生签约服务，切实把基本公共卫生服务项目落到实处。实现家庭医生签约服务建档立卡脱贫户签约率100%，一般群众签约率90%以上，随访率100%，慢性病签约服务率100%，65岁以上老人及0—6岁儿童签约率100%、孕产妇签约服务率100%。

社会保障　社会保障准确到位。低保、"五保"资金足额按月发放，乡人民政府帮助解决残疾人就业1人，帮助解决大学毕业生就业3人，鼓励大学毕业生创业4人，落实乡级临时救助7户、3.5万元，县级临时救助1户、6万元，市级临时救助1户、5000元。

文化惠民　文化惠民工程深入人心。举行庆祝中国共产党成立100周年、西藏和平解放70周年等一系列重大节日文艺会演活动，加强对各村文艺演出队培训，积极组织文艺演出队参加市、县文艺演出，年内，达木珞巴民族乡贡日村文艺演出队在林芝市各行政村文艺演出舞蹈比赛中荣获第二名。加大珞巴族传统文化挖掘力度，卡布村群众文化示范村投入资金57万元，建设珞巴文化长廊。2021年，达木珞巴民族乡被评为林芝市第三批特色民间文化艺术之乡。

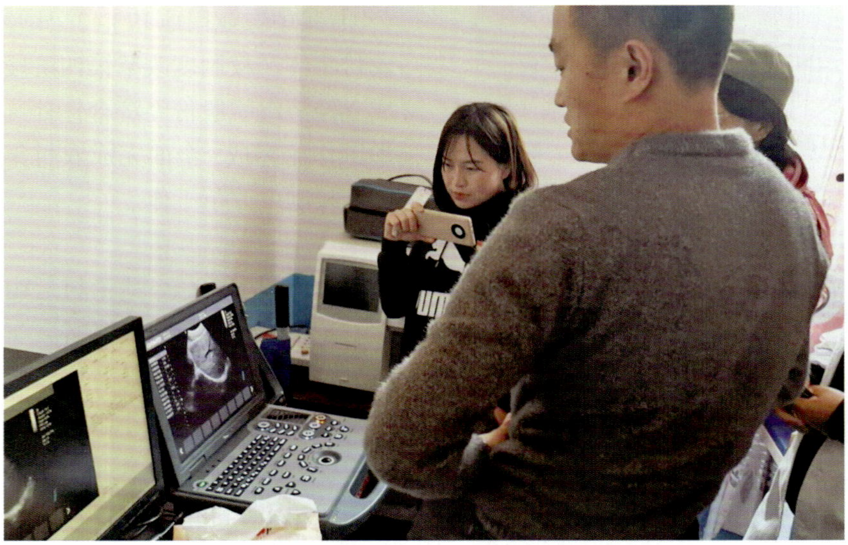

2021年，县卫生健康委员会工作人员为达木珞巴民族乡卫生院安装调试彩超系统设备并开展人员培训　　（县卫生健康委员会／提供）

新冠肺炎疫情防控　新冠肺炎疫情常态化防控更加严密。坚持开展疫情防控常态化工作，加强属地管理，严格做好全年返乡务工、探亲等外来人员登记、排查、监测工作，及时组织群众接种新冠疫苗第一、二、三剂次，坚决筑牢安全防线和免疫屏障，有效确保全乡零输入病例、无风险，持续打好疫情防控阻击战。

【生态环保】　2021年，达木珞巴民族乡严守生态保护红线，坚决打好蓝天、碧水、净土保卫战，大力开展生态文明建设工作，生态文明建设成效明显。充分利用微信、警示标语、横幅、村民大会等形式，深入各村开展生态环境保护相关法律法规宣传30余次，发放森林防火、野生动植物保护等宣传册700余份，受教育人数900余人，全面提高群众环境保护意识。积极推动达木垃圾填埋场、80K垃圾填埋场运行工作，有序推行垃圾分类，强化"厕所革命"项目公厕运行管理。全年组织干部、群众开展环境卫生整治行动累计150余次，累计清理垃圾6.8吨，乡村环境干净整洁，人居环境整治效果显著。全面落实河（湖）长制，全年召开河（湖）长工作部署会议2次，乡、村两级河（湖）长开展定期巡河共计116次，实施河流沿线垃圾清理行动8次，累计清理垃圾1.8吨，出动人员150余人次，规范河道采砂运作。

9月28日，达木珞巴民族乡“河小青”志愿者开展“‘河’我一起，保护母亲河”行动
（共青团墨脱县委员会/提供）

【社会稳定】 树牢总体国家安全观，持续巩固扫黑除恶打非治乱专项斗争成果，扎实开展安全生产专项整治三年行动，广泛开展民族团结进步教育，铸牢中华民族共同体意识。依法管理宗教事务，积极引导藏传佛教与社会主义社会相适应。妥善处理化解各类矛盾纠纷，全年排查调解矛盾纠纷14起，针对群众合理利益诉求及“双拖欠”等复杂问题，积极协调县级有关部门协助解决，帮助群众追讨拖欠资金62.5万元，及时化解问题隐患。持续开展普法宣传教育，群众法治观念显著增强。

【应急处置】 年内，达木珞巴民族乡有效应对自然灾害，针对达木村后山泥石流自然灾害，启动应急预案开展应急演练5次，及时做好人员疏散和道路疏通工作，转移安置师生，有效保障学校师生及过往人员的生命财产安全和教育需求。

【人民武装】 2021年，达木珞巴民族乡始终站在政治和战略的高度，把党管武装这一根本原则同全乡经济社会发展统筹结合起来，落实到“四件大事”中去，以强烈的政治责任感和时代使命感，不断加强国防后备力量建设。年内，完成民兵整组工作，共有普通民兵若干名、基干民兵多名。发放“光荣之家”牌匾4块，回访新入伍军人家庭多次。开展国防教育23次，开展征兵动员多次，多名适龄青年应征入伍，《中国民兵》刊载达木珞巴民族乡征兵宣传工作简报1次，《西藏日报》刊载2次。

【人大工作】 年内，达木珞巴民族乡以“人大代表之家”建设为抓手，开展收集民意、知情知政、履职尽责、学习培训等工作，着力发挥代表履职尽责、联系群众的主体作用。全年召开乡人大会议1次、主席团会议3次，召开座谈会，讨论、交流3次；开展县、乡级人大代表培训2次；开展代表谈心走访和联系接待选民活动19次，为墨脱县十二届人大三次会议征集意见建议12条；开展接待选民活动6人次，为民办实事、解难事12件；开展执法检查8次，确保法律法规在辖区内得到全面贯彻实施。

【基层党建】 思想建设 深入开展党史学习教育，持续开展庆祝中国共产党成立100周年和西藏和平解放70周年系列活动，广泛宣传中国共产党的百年光辉历程和伟大成就，全乡上下“四个意识”更加牢固、“四个自信”更加坚定、“两个维护”更加自觉，当好“神圣国土守护者、幸福家园建设者”的共同意志更加坚定统一。

组织建设 年内，完成乡、村两级领导班子换届工作，选优配强乡、村两级领导班子。组织开展村干部能力素质、入党积极分子培训班4次，开展村干部县内外交流学习22人次，培养后备干部26名。梳理村组织党建发展思路4条，以特色党建有效发挥各建制村区位优势，着力构建大党建工作体系，用珞巴文化挖掘传承和边境红色党建来凝聚起各族人民同心共筑中国梦的精神伟力。以“政治铸心强堡垒 党建领航促振兴”为主题开展作风整顿提升活动，开展党员谈心谈话30余次。严格按照发展党员程序发展党员8名。实行“上述下

4月25日，达木珞巴民族乡机关党支部、团支部组织党员、团员开展“学党史办实事·关爱住校学生”活动，为学生义务理发 （共青团墨脱县委员会/提供）

评”制度，每季度组织村“两委”班子向乡党委和农牧民群众分别述职，接受乡党委点评和群众评议5次，明确整改事项4条，切实提升村班子成员的责任担当意识和服务水平。组建党员志愿服务队5支，开展志愿服务7次，以党建带团建带妇建，进一步密切党群关系。

党风廉政建设和反腐败斗争 制作政治纪律公开承诺宣传栏1个、打造机关廉政文化长廊1条，组织“强边固边”“划清界限”“党员行为规范”宣誓3场次60余人次。把纪律建设融入到日常，开展节点、节庆明察暗访5次，围绕村班子履职、提升服务质量、提高机关效率开展作风素质提升2次。选聘8名党性素养高、责任心强的党员作为村“两委”党建监督指导员，发挥老干部、老党员在维护纪律、改进作风、提升服务方面的“啄木鸟”作用。

【组织机构负责人名录】

乡党委书记

杨　郓（4月免）

胡新祥（4月任）

党委副书记、政府乡长

卓玛央宗（女，珞巴族，4月免）

布姆曲珍（女，珞巴族，4月任）

乡党委副书记、组织委员

次多益西（门巴族，4月免去组织委员）

西　洛（珞巴族，4月任）

人大主席

罗　布（藏族，4月免）

次多益西（门巴族，4月任）

党委委员、纪委书记

孟兆国（4月免）

尚　青（4月任）

乡党委委员、政法委员

黄初孟（4月离任）

乡党委委员、统战委员

布姆曲珍（女，珞巴族，4月离任）

乡党委委员、政法委员、统战委员

陈永松（4月任）

乡党委委员、宣传委员

井　次（珞巴族）

乡党委委员、副乡长

何　浩（3月离任）

次仁旺堆（门巴族，4月任）

副乡长

西绕桑姆（门巴族，3月离任）

次仁拉姆（门巴族，4月任）

薛建科（4月任）

乡农牧服务中心主任

桑杰多吉（门巴族）

文化服务中心主任

次仁央宗（女，藏族）

（杨兴文）

格当乡

【概　况】 格当乡位于墨脱县东北部，乡人民政府驻地距县城66.3千米，国土面积940平方千米，平均海拔1900米，属于亚热带气候，平均气温14℃，年降雨主要集中在6—8月。下辖格当村、布龙村、占根卡村、桑珍卡村、德吉村、多龙岗村6个建制村。

截至2021年末，全乡总人口342户、1404人，居民以藏族为主，生产以农业为主，兼营牧业。乡内有1所派出所、1所乡卫生院、1所乡小学及附属幼儿园、2所村级幼儿园。全乡共有8个党支部，党员187名，其中农牧民党员144名。

【经济指标】 2021年，全乡经济总收入3715.5万元（第一产业收入348.01万元、第二产业收入 100.7 万元、第三产业收入 3266.79 万元），同比增长 5.23%，农牧民人均可支配收入 12593.89 元，人均现金收入 10114.76 元，分别同比增长 18.76%、16.38%。

【农牧业工作】 2021 年，全乡耕地面积 134.16 公顷，农作物播种面积 126.03 公顷，农作物总产量 417.53 吨，牲畜总头数 1421 头，蔬菜大棚 158 个，总面积 1.44 公顷。

【特色产业】 辣椒产业 2021 年，全乡辣椒种植面积 7.6 公顷，产量 30.12 吨，为格当村辣椒合作社运营提供充足原料。格当村辣椒合作社产品采取“互联网 +”模式开展营销，实行按户分红、发放生活必需品的方式，让合作社社员享受实惠。全年辣椒合作社经济效益 15 万余元，带动社员增收 200 余人，人均增收 1500 余元，为近 30 户入股群众分红近 4 万元。

茶产业 在巩固传统农业地位的基础上，以茶产业为主导的农牧特色产业实现新突破，建成高山有机茶园 8 个，总面积 115.47 公顷，尼木登茶园实现茶青采摘 1 次 93.5 千克，为群众增收 5600 元，茶产业逐渐成为促进全乡经济社会发展、带动群众增收致富的主导产业。

【教　育】 2021 年，格当乡小学设有 1—6 年级，在编教师 13 名，在校生 111 名，实现适龄儿童入学率 100%。乡小学附属幼儿园、

格当乡村民正在采摘辣椒　（格当乡人民政府 / 提供）

德吉村幼儿园、多龙岗村幼儿园各配备教师 1 名、保育员 1 名，在园幼儿共计 84 名。

年内，乡人民政府按照有关要求，认真开展“护苗行动”，完成学生接送工作，全年共组织接送学生 4 次、175 人次。严格落实“三免一补”政策，年内积极争取其他相关资金，保障经济困难家庭大学生如期完成学业。

【文化建设】 2021 年，格当乡文化站在“3·28”西藏百万农奴解放纪念日、庆祝中国共产党成立 100 周年、国庆节等节日，积极开展各类文艺会演及文体活动 12 场次，参与群众 1200 余人次。组织人员不定期对辖区内文物场

6 月 30 日，“格当乡庆祝建党 100 周年和西藏和平解放 70 周年文艺会演”举行（格当乡人民政府 / 提供）

所进行防火、防盗、防破坏、清点等专项工作 6 次，播放电影及政策宣讲 20 余场次，受教育群众 1100 余人次。

【医疗卫生】 **新冠肺炎疫情常态化防控** 年内，格当乡组织全乡医护人员和村医集中学习新冠肺炎疫情防控知识 32 场次、180 余人次参加，进行新冠肺炎疫情防控宣传教育 26 场次、受教育群众 2100 余人次，在公共场所、寺庙、项目部等人员密集区域进行预防性消毒 150 余次，对重点地区和重点人群进行全方位排查并将管控责任具体落实到人，实行属地包保原则，做到信息透明，联防联控。有序完成新冠疫苗接种工作。全年全乡累计接种新冠疫苗 2935 剂次。219 国道、边防公路等辖区各施工单位累计接种 652 人次，基本实现应接尽接。

疾病预防控制 全年共开展 12 次集中疫苗接种，接种 394 人次；全年开展健康教育宣传 17 次，宣传内容包含疟疾、艾滋病、手足口病、肺结核、大骨节病和鼠疫等疾病防控相关知识。

卫生监督协管 积极配合有关部门进行从业人员健康体检，对辖区内个体工商户、学校进行卫生和食品安全随机抽检 14 次。

家庭医生签约服务 持续推进“健康中国”战略部署，疟疾、包虫病和“三病”（乙肝、梅毒和艾滋病）等重大疾病综合防治工作成效显著。家庭医生签约率达 100%，随访率 80%。

临床业务 全年乡卫生院门诊核销人次 2157 人，藏药、西药核销金额总收入 100321.5 元；门诊现金人次 3085 人，藏药、西药现金总收入 101419.3 元。

居民健康建档 抓好档案质量、制定建档计划和随访方法，及时更新档案内容，让服务工作真正落到实处，建档覆盖率达 99%。

【林政管理】 2021 年，格当乡深入践行习近平总书记“绿水青山就是金山银山”重要指示精神，进一步加大林业政策、法律法规宣传工作力度，广泛宣传生态文明建设的重要作用，宣传党和国家扶持林业发展各项优惠政策，激励广大群众积极参与林业建设；年内，格当乡做好森林防火工作，在森林防火期和森林防火紧要期安排好乡村护林员和专业管护队，持续开展森林防火宣传工作，提高全民防火意识，把森林防火宣传工作重心放在学校、寺庙，采用悬挂横幅、张贴标语、发放宣传册、召开专题会议等多种方式，强化对《中华人民共和国森林法》《中华人民共和国森林法实施条例》的宣传教育。

是年，林芝市森林消防支队驻墨脱分队在格当乡驻防后，驻防分队围绕“山里通、铁脚板、活地图”素质要求和“打早、打小、打了”任务需求，主动与乡人民政府、县应急管理局、县林业和草原局等部门建立情况互通互联机制，积极对接请领任务。全年共开展巡护工作 3 次，组织指战员对执勤地区进行勘察，清理进山道路两边枯木、干草等可燃物；开展清山巡查巡护 2 次，邀请格当乡护林员当“导游”，勘察格当乡地形、地貌和植被情况，消除火灾隐患点和制止破坏森林资源的行为。把防火宣传教育与党史学习教育“我为群众办实事”

9 月 14 日，市、县两级疾病预防控制中心与广州中医药大学第三附属医院医务人员在格当乡联合开展大骨节病筛查、复诊工作 （县卫生健康委员会 / 提供）

11 月 9 日，格当乡组织各村村干部、护林员开展割草机使用技能培训

（格当乡人民政府 / 提供）

实践活动紧密结合，开展全方位、多层次、多形式的森林安全教育活动，让森林防火科普宣传进入校园、进入每一村每一户，并为学生们义务理发，为孤寡老人劈柴担水打扫卫生，切实增强森林防火安全宣传渗透力和影响力，为全乡森林防火安全形势稳定保驾护航。

【社会保障】 2021 年，全乡城乡医保参保人数 1354 人，城乡医保报销共 150 人，其中建档立卡脱贫人员 123 人，大病统筹报销金额为 115.47 万元；非建档立卡户 27 人，大病统筹报销金额为 11.88 万元；门诊报销金额为 7698 元，均能做到及时结报。

是年，全乡社保养老保险参保人数 448 人，养老保险做到应参尽参，并收缴齐 2021 年养老保险保费共计 12.3 万元，追缴死亡冒领养老保险待遇人员共计 7 人、3.5 万元。全年为 16 户“五保户”兑现资金 12.94 万元，35 户低保户兑现资金 14.38 万元；为 8 户生活困难群众发放临时救助资金 6.6 万元，为 7 名残疾人办理第二代残疾人证。

【就业创业】 2021 年，格当乡应届高校毕业生共计 7 人，自主就业 4 人，2 人通过墨脱县人力资源和社会保障局举办的招聘会等实现就业。年内，格当乡人民政府协助县人力资源和社会保障局，帮助 1 名高校毕业生实现创业。年内，全乡完成年初转移就业目标 350 余人次。

【安全生产】 格当乡全年召开部署会 4 次，签订责任书 20 份。在保障食品药品安全、消防、建筑施工等领域绝对安全的同时，紧紧围绕道路交通隐患、地质灾害隐患、森林防火隐患排查主线，推动 219 国道、边防公路等重点领域安全生产专项督查行动和隐患排查治理工作，全年共开展各类安全检查 60 余次。

【乡村振兴】 年内，格当乡巩固拓展脱贫攻坚成果同乡村振兴有效衔接。严格落实“四个不摘”要求，持续跟踪收入变化和巩固“两不愁三保障”，支持特色产业发展壮大，拓展销售渠道，并加强对易地搬迁群众的后续扶持，确保搬迁群众稳得住、有就业、能致富。完成德吉村总投资 523.13 万元的围墙、大门建设，投资 78 万元为 2 个搬迁村新建牛棚，完成多龙岗村 5.8 公顷农田分田到户工作，县农业农村局为全乡 160 户建档立卡脱贫户发放生猪 160 头，兑现扶贫商住楼分红资金 17 万余元。积极沟通对接 219 国道等重点项目建设，协调施工单位优先使用本地群众的运输车辆、工程机械，吸纳当地剩余劳动力，依托项目建设带动群众快速增收约 1000 万元。落实乡村振兴重点帮扶（桑珍卡）项目 2 个、总投资 414.75 万元，完成乡村振兴“一村一策”前期规划工作。

【综治维稳】 2021 年，乡党委、乡人民政府进一步健全完善工作机制，做到有计划、有检查、有总结，全力以赴确保边境稳定、边境巩固，为各项事业发展奠定基础。加强组织领导，提高思想认识。成立维稳工作领导小组，制定并完善各类方案、预案，明确责任分工，层层传导压力，切实把反分裂斗争和维护稳定工作作为首要政治任务。强化社会面防控。健全

12月2日，格当乡召开“枫桥经验”示范推广建设先进评选表彰大会

（格当乡人民政府／提供）

完善党政军警民协调联动机制，发挥各方优势开展维稳联合行动，常态化制度化开展值班巡查，并及时上报维稳工作动态。深化“两边一线”管控措施。坚持军民联防，设立卡点，特别针对新冠肺炎疫情常态化防控的严峻形势，全面加强对外来人员、车辆的管控力度，严密防范“输入型”安全隐患，确保不漏一车一人一物，全年共排查外来人员1000余人。持续推进“双联户”工作。开展矛盾纠纷排查、重点人员管控等工作。全年共开展矛盾纠纷排查2208次，成功调解各类矛盾纠纷6起。在2个搬迁点成立建制村的基础上，年内，全乡新增15个“双联户”联户单位，进一步完善搬迁群众的教育管理，最大程度实现村民自治。扎实开展民族团结进步创建工作。深入学习宣传贯彻落实中共中央关于加强民族团结的指示精神，定期进行集中巡回宣讲，确保“五个认同”思想入脑入心。结合“我为群众办实事”实践活动，贯彻民族政策。通过集中动员、重点培训、入校入户宣讲等形式，大力宣传民族团结相关知识，教育引导干部群众自觉维护民族团结，旗帜鲜明维护祖国统一和民族团结。

【党的建设】 年内，格当乡党委始终把学懂弄通做实习近平新时代中国特色社会主义思想作为首要政治任务，认真学习研讨习近平总书记系列重要讲话、指示批示精神，自觉增强推动发展、维护稳定的本领。常态化抓学习，结合习近平总书记关于西藏工作的重要论述及新时代党的治藏方略精神学习、党史学习教育、“三更”专题教育，组织乡党委理论学习中心组学习12次，支部学习40余次，领导干部讲党课7次，知识竞赛6次。规范化抓组织建设，基层基础不断夯实。持续抓好发展党员、交纳党费等常规工作，全年共发展党员7名，交纳党费3098元。开展违规违纪发展党员专项整治工作，清查党员档案4次，发现违规发展党员问题127个。规范党内政治生活，严格落实“三会一课”、组织生活会、民主评议党员、“主题党日”等党内生活制度，签订党建工作目标责任书14份，召开民主生活会1次、组织生活会7次、党员大会50余次、支部会议84次、党小组会22次，为民办实事20次。完善“三重一大”等制度7项，制作更新宣传栏内容78次，加强文化墙建设9处，投入资金20余万元。标准化抓乡党政班子、村“两委”换届选举工作，组织保障进一步加强。深入调研、周密部署，扎实做好前期准备工作，严格任选条件，严格选举程序，借助红色广播、“两微一端”广泛宣传政策措施，保障全乡932名选民行使民主权利。经过4个多月努力，通过选举产生新一届村干部43名，6个建制村完成换届工作。年内，格当乡党委充分征询格当村、驻格当乡部队、占根卡村、边境派出所党组织意见，摸清情况，实事求是分析总结格当乡“五共五固”军地党建红色强边工作现状，强化组织领导，提出切合格当县实际，切实可行的“五共五固”实施细化方案。全年共计开展共建共享活动34场次，1000余人次参与，为群众办实事解难事15起，投入资金40余万元，支持乡边境派出所党建资金1万余元。

【人大工作】 2021年，格当乡组织人大代表在“人大代表之家”集中学习、讨论4次、80人次，学习、讨论乡十届人大一次会议议程各项内容、相关法律法规和有关人大业务；讨论人大主席团工作报告、政府工作报告2次、50人次；讨论意见建议2次、50人次，共整合归纳出18条意见建议；接待选民12次、20人次，并认真处理所提问题；开展“我为群众办实事”实践活动（含代表为群众办实事）15次。在格当乡第九届人民代表大会第六次会议上，人大代表共提出意见建议5条；在格当乡第十届人民代表大会第一次会议上，乡人大代表共提出意见建议13条；两次会议共收到人大代表意见建议18条，内容涉及交通、教育、水利、医疗等生产生活各方面，人大代表意见建议交由乡人民政府答复后，及时逐一向人大代表传达答复情况，答复率为100%，人大代表满意度达100%。

2021年，乡人大主席团组织召开格当乡第十届人民代表大会第一次会议，会议听取并审议通过《格当乡人民政府工作报告》及《格当乡人大主席团工作报告》；依法选举产生人大主席1名、乡人民政府乡长1名、乡人民政府副乡长3名，并组织新当选人员向宪法宣誓，进行表态发言。

【群团工作】 工会　年内，格当乡工会按时完成县总工会安排的日常工作，在“五一”国际劳动节等节日节点积极开展主题鲜明的各类活动，全年发放工会福利7次、308人次，组织全乡干部职工开展1次集体“生日会”；争取乡党委、乡人民政府的支持，实地查看可选地址，广泛征求会员的意见建议，根据实际设计方案，积极与县总工会沟通协调，尽力打造格当乡“职工之家”。

共青团　5月，召开共青团格当乡委员会代表大会，选举产生共青团格当乡新一届委员会委员、书记、副书记。在充分利用已有文化设施设备的基础上，各团支部组织带领青年团员在茶余饭后读书，组织开展形式多样、内容丰富的“献爱心送温暖”活动，在各团支部带领下广泛地发动青年团员积极投身环境整治、帮扶救助、慰问等活动。

妇联　6月，选举产生新一届妇联执委委员26名，村妇联主席6名，村妇联副主席9名，委员11名；乡机关执委委员9名，乡妇联主席1名，乡妇联副主席2名，委员6名，完成乡、村两级妇联换届选举工作。年内，乡妇联与乡工会联合开展“党建引领圆梦未来　真情传递兴学育才”捐资助学活动，共设5处活动点，活动中100余位爱心人士共计捐献爱心助学金29990元，帮助经济困难家庭学生9名。联合县妇联、德吉村妇联开展“幸福德吉　爱在中秋　家的味道”中秋节妇女厨艺技能大赛。

（李　哲）

【组织机构负责人名录】

党委书记

张志强（4月免）

贺　伟（4月任）

党委副书记、政府乡长

索朗旺秋（藏族）

党委副书记、人大主席

普　琼（藏族）

党委副书记、组织委员

王　洁（女，蒙古族）

党委委员、纪委书记

刘　通

党委委员、政法委员、统战委员

平措卓嘎（女，藏族）

党委委员、宣传委员

张　波

党委委员、人民武装部部长

陈　杰

党委委员、政府副乡长

次仁多吉（藏族）

政府副乡长

康海波

扎西列珠（藏族）

二级主任科员

罗明春（女，藏族）

四级主任科员

杨　全

寇志富

赵　慧（女，8月转正定级）

次仁平措（门巴族）

农牧综合服务中心主任

罗布占堆（门巴族）

文化服务中心主任

曲拉姆（女，门巴族）

帮辛乡

【概　况】 帮辛乡位于墨脱县北部，全乡国土面积776.95平方千米，实有耕地面积115.6公顷，平均海拔1200米，距离县城59.6千米，下辖帮辛村、根登村、帮果村、肯肯村、西登村、宗荣村6个村，全乡294户、1249人。

【经济指标】 2021年，全年固定资产投资达4000万元，同比增长300%；经济总收入2935.63万元，同比增长28%；农牧民人均纯收入13407.7元，同比增长13.9%；农牧民人均现金收入11092.9元，同比增长10.4%。

【产业发展】 产业结构不断优化调整，传统农作物种植面积持续降低，高附加值农作物种植面积不断扩大，传统石锅产业比例逐渐降低，绿色可持续发展产业比例不断攀升。受新冠肺炎疫情常态化防控影响，石锅和石锅原石市场表现不佳，全年售出石锅约3900口，销售金额约400万元；建成高山有机茶园163公顷，采摘茶青1.54万千克，增收99.7万元；建成果蔬和育苗基地13.33公顷，增收39万元；畜牧业稳步提升，年末大牲畜存栏量1030头，同比增长95.8%；全年牛出栏56头，猪出栏148头，增收87.2万元，同比增长27.9%，蛋禽产量60千克，同比增长11.2%，肉奶产量29.96吨，同比增长21.2%。依托G559线达国桥至帮辛乡公路改扩建项目，群众出租挖掘机、装载机和运输车辆，实现收入440万元，通过劳务输出获得劳务收入420万元。

【民生事业】 教育 年内，“控辍保学”行动扎实推进，“5个100%”持续巩固，教育教学质量不断提升，1人考入内地西藏班初中班。

医疗 年内，改造乡卫生院建筑面积500平方米，药品品种新增12种，保有住院床位8个，B超机等检验类医疗设备新增4套；新招录医护人员5人，其中专科学历1人、本科学历4人，3人新考取执业资格证（2人护士资格证），1人被评为初级医师。妇幼保健和预防接种扎实推进，全年开展妇科病普查2次，预防接种筛查2次，儿童预防接种率达98%；居民健康普查工作扎实推进，建立健康档案1136份，建档率92%。

农牧民转移就业 年内，帮辛乡持续开展农牧民就业技能培训，开办挖掘机、装载机驾驶技能培训班2期，取得技能培训结业证80人；开展种植（养殖）技能培训6次，培训383人次。

社会保障 2021年，全乡新型农牧区医疗、新型农牧区社会养老保险工作扎实开展，新型农牧区医疗参合率和新型农牧区社会养老保险参保率均达100%。

惠民惠农政策兑现 年内，帮辛乡惠民惠农资金全部落实到位，全年兑现城乡低保资金11.4万元，生态岗位资金93.9万元，森林草原效益资金235.9万元，野生动物肇事资金6000元，农牧业保险理赔14起，赔付资金6.3万元。

精神文化生活 全年开展送电影下村90场次，观众人数3600人次；举办“3·28”西藏百万农奴解放纪念日、庆祝西藏和平解放70周年、庆祝中国共产党成立100周年、庆祝中华人民共和国成立72周年等大型纪念活动，参与群众3400人次；乡文化站图书室、各村农家书屋补充书籍261本，全年乡文化站开馆1220小时。

【环境生态】 年内，乡、村两级河（湖）长巡河300次，开展环境卫

9月28日，帮辛乡“河小青”志愿者开展“‘河’我一起，保护母亲河”行动
（共青团墨脱县委员会／提供）

生大扫除900次，清理流域和村庄周边污染物42吨；全年开展植树造林活动7次，植树282棵，新增绿化面积0.28公顷。

【维稳综治】 全面落实各项维稳安保措施，如期完成维稳任务，实现"三稳定"目标任务；持续深化社会治理，有序推广"枫桥经验"，扎实开展矛盾纠纷排查化解，调解矛盾纠纷4起；全面贯彻党的民族宗教政策和国防教育工作要求，若干名适龄青年应征入伍；深入开展民族团结进步和反分裂斗争教育，深化民族团结进步先进创建评选工作，评选先进集体1个，先进个人（家庭）3人。

【安全生产】 年内，帮辛乡扎实推进安全生产专项整治三年行动，严格落实"党政同责，一岗双责"责任制，抓好道路交通运输、森林草原防灭火、建筑施工和食品药品安全专项整治，开展督导检查17次，争取资金11.3万元，排查治理安全隐患18个；强化应急体系建设，设立乡级应急指挥中心，组建以民兵、退伍军人为主的乡级应急抢险队1支；加强应急演练工作，开展地震、山洪、消防和新冠肺炎疫情防控应急演练12场次，参与群众600人；强化安全生产教育，举办安全生产知识讲座4次，集中宣传24场次，参与群众2400人次。

【乡村振兴】 2021年，帮辛乡巩固拓展脱贫攻坚成果同乡村振兴有效衔接稳步推进，出台《帮辛乡关于巩固拓展脱贫攻坚成果同乡村振兴有效衔接实施方案》，项目利益链接机制持续完善，扶贫产业项目实现分红10.3万元；持续培育壮大村集体经济，引导西登村发挥资源优势，开展林下仿野生灵芝种植，集体增收14万元；帮辛村、根登村依托G559线达国桥至帮辛乡公路改扩建项目临时采砂点，就近出租大型机械，集体增收90万元，肯肯村、根登村探索发展生态养殖，宗荣村、帮辛村探索发展果蔬基地，集体增收9.6万元；乡风文明建设不断加强，"新时代文明实践活动"扎实推进，"两个全覆盖"目标全部实现；村风民俗持续改善，修订村规民约6次，开展集中宣讲112场次，送教到户26次，移风易俗工作扎实推进；人居环境明显改善，垃圾集中处理、交通沿线风貌治理工作扎实推进，基层治理更加有效，引导群众主动参与乡村治理，宗荣村"新时代枫桥经验"有序推广，西登村"五堂共治"、根登村"5321"自治新模式全面铺开，基层自治群众满意度显著提升。

【基层党建】 帮辛乡党委始终把落实全面从严治党作为重要政治任务，把学习运用党的创新理论作为提升基层党组织"三个能力"和党员干部政治素养，破解区域发展难题，提升"四件大事"工作的重要抓手，以党史学习教育、"三更"专题教育为契机，依托"三会一课""红色夜校""学习强国"等学习平台，探索形成"党委理论学习中心组集体学、党委班子成员示范讲、党支部书记引导学、党员干部线上自学"的多元学习模式，开展学习研讨活动140次，送教下村20次，集中培训班1期，推动中共十九届六中全会和习近平总书记系列重要讲话精神落地落实。健全基层党建责任制，建立"党委、党支部、党小组"3个党建责任清单；优化

5月23日，华能西藏雅鲁藏布江水电开发投资有限公司加查水电站党委派驻帮辛乡宗荣村驻村工作队帮助村民采茶，助力群众致富（帮辛乡人民政府/提供）

12 月 14 日，帮辛乡党委举行学习会，宣讲中共十九届六中全会、中共西藏自治区第十次代表大会、中共林芝市第二次代表大会精神（帮辛乡人民政府／提供）

党的组织建设，突出责任贯穿、强化末端治理、促进过程监督，主持召开基层党建专题会议 2 次，指导制定各类责任清单 18 项，带头推行“党建观察员”工作制度，向下设 8 个党支部选派 24 名党务干部担任“党建观察员”、8 名党员干部担任“一日支书”，规范完善基层党支部工作，推动基层党支部全面进步。党员队伍建设持续加强，将 42 名党性修养高、群众基础好、文化素质高的农牧民党员选进村“两委”班子，将 55 名热心群众工作、有科学文化知识的年轻农牧民党员列为村级后备干部重点培养，组建党员突击队 6 支，劝退 1 名信教党员。整改巡察反馈 3 大类 25 个问题、2020 年党建述职反馈问题 2 个，整顿肯肯村后进村党组织，完善民主议事、干部管理、经费使用、党政务公开等制度 11 项。

（马　雄）

【组织机构负责人名录】

党委书记

王　根（4 月任）

党委副书记、乡长

米玛次仁（藏族，4 月任）

党委副书记、人大主席

白玛遵珠（门巴族，4 月任党委副书记）

党委委员、宣传委员

登增罗布（藏族）

党委委员、政法委员、统战委员

赖子龙

党委委员、纪委书记

陈明亮

党委委员、组织委员

刘　凯（4 月任）

党委委员、人民武装部长

张仁坤（4 月任）

党委委员、副乡长、三级主任科员

多吉扎西（藏族，4 月任）

副乡长

贺文杰（4 月任）

白玛曲珍（女，门巴族，4 月任）

四级主任科员

张　亮

加热萨乡

【概　况】 加热萨乡位于墨脱县北部，国土面积 790 平方千米，平均海拔 1650 米，距县城 85 千米，东与帮辛乡相接，西与甘登乡为邻，是一个以珞巴族为主的多民族聚居乡，下辖 5 个建制村，总人口 133 户、505 人，农牧民党员 73 名。乡小学教师 13 人（包括支教教师 2 人），小学生 96 人，初中生 35 人（1 人在内地西藏班就读），高中生 9 人，大学生 5 人。

加热萨乡是以农业生产为主、牧业生产为辅的半农半牧乡。2021 年，全乡耕地总面积 79.05 公顷，玉米、蔓稼等农作物播种面积 73.96 公顷，粮食产量 321.26 吨。牲畜 672 头。群众收入来源以国家政策性补贴、采集石锅皂石、转移性就业及经营性商店为主。2021 年，全乡农村经济总收入 927.91 万元，同比增长 5.29%；农村居民人均纯收入 13691.29 元，同比增长 13.69%；人均现金收入 9574.26 元，同比增长 13.94%。全乡共有大型运输车辆 7 辆，皮卡车 15 辆，挖掘机 4 辆，经营性小商店 12 家。

【产业发展】 2021 年，加热萨村集体农家乐对外承包年收入 1.2 万元。扶贫项目蔬菜大棚 7 座（加热萨村 3 座，更帮村 4 座），能一定程度解决部分群众吃菜难问题，经济效益不明显。全乡共有石锅加工机床7台，全年采集制作石锅的原料皂石，生产约6万口石锅，销售20%以上（销售1.2万余口）。

【综治维稳】 2021年，加热萨乡党委、乡人民政府树牢“稳定压倒一切”的思想，切实把维护稳定工作作为首要任务，制定特殊敏感时期的维稳方案和应急处置预案，严格执行带班值班制度，在重要时间节点值班巡逻30余次，出动人员600余人次，开展矛盾隐患排查105次，调解纠纷3起，调解率达100%，切实做到将矛盾隐患扼杀在萌芽，消除在基层。树牢安全生产意识。持续开展食品药品安全、医疗卫生、校园安全、交通安全、用电用火安全、地质灾害隐患排查70余次，发现安全隐患10余处，整改完成率达100%。组织全乡干部群众以“桌面推演”与“现场演练”双结合方式开展应急处突能力大演练，切实有效提高应急处置和防范风险能力。召开森林防火专题会议4次，组织105名护林员培训30天。

【党的建设】 2021年，加热萨乡突出村干部履职能力建设。包村领导依托“一岗双责”、党员“三包”活动形式，采取座谈交流、个别谈话的方式与村干部交流54次。着力文化素质提升，邀请2名小学教师作为教学教研技术指导员，传授教学经验3次，确认“一对一”驻村工作队队员与村干部结对，进行国家通用语言文字培训“五个一”活动，推动每日、每周、每旬、每月、每季度学习提升常态化，组织支部集中培训86场次。严格党员队伍的管理。压实党员纯洁性建设，组织74名农牧民党员签订不信仰宗教承诺书，成立加热萨乡党员信教查处工作领导小组，进村入户排查74人次。持续开展违规违纪发展党员整顿工作，排查出41人在党员发展中程序不规范、资料缺失等问题，并针对个人不同情况制定相应的处理意见。

年内，加热萨乡党委持续推动机关党史“每周一学”，各村开展观看主旋律电影、学唱革命歌曲、讲革命故事等多元化学习共计63场次，参与人数873人次，科级干部撰写心得体会14篇。广泛开展习近平总书记“七一”重要讲话精神、习近平总书记考察西藏重要讲话精神、中共十九届六中全会精神、中国共产党西藏自治区第十次代表大会精神及中国共产党林芝市第二次代表大会精神学习47场次。

抓实干部队伍作风建设，采取主要领导上讲台、“每周一课”等举措，讲授以政治担当、职场素养、职业技能为内容的专题党课10次，领导干部带头开展为民排忧解难志愿服务15次，发挥以上率下作用，促使干部转作风。帮助村“两委”班子厘清发展思路15条，完善规章制度12项、补齐短板漏洞3个。较村组织换届前，村干部在政治意识、责任担当、创业热情、干事本领四个方面有明显提升。弱化农牧民“等靠要”消极思想，组织23人挖掘机技能培训近2个月，21名学员获得结业证书，开展蔬菜瓜果种植技术进村入户活动，引导群众掌握劳动致富本领。开展“机关帮带”助推活动，机关党员干部走在志愿服务、防汛减灾一线，带头开辟菜园2个、义务维修村道约5千米，志愿维修水电16次、组织爱

4月30日，县人民政府常务副县长、广东省第九批援藏工作队墨脱县工作组副组长张巍巍（左二）在加热萨乡调研并慰问建档立卡脱贫户

（县人民政府办公室／提供）

心募捐 1 次。

【文化宣传】 2021 年，加热萨乡本着“条件虽落后、思想不能落后、干事创业坚决不能停歇”的工作作风，大力弘扬社会主义核心价值观。在庆祝中国共产党成立 100 周年和西藏和平解放 70 周年系列活动中，加热萨乡录制的文艺作品《共产党来了苦变甜》荣获县级优秀文艺作品奖；组织机关党员、5 个村党员及群众开展唱革命歌曲、红色故事会、文艺演出 10 余场次，抒发感谢党、热爱党之情，积极营造庆祝中国共产党成立 100 周年暨西藏和平解放 70 周年浓厚氛围。充分利用网络媒体优势，搭建运营“加热萨之窗”微信公众平台，全面展现全乡历史文化民风民俗与亮点动态新讯息，打开外界了解加热萨的“窗口”。以“加强民族团结，建设美丽西藏”为主题，开展宣传教育与环境保护等志愿活动 30 余场次，参与人数达 875 人次。

【服务型政府创建】 年内，加热萨乡以“我为群众办实事”实践活动为抓手，领导干部带头走基层、到一线、访民情、解民困，实施 2 个村饮水巩固提升工程、维修全乡牧场道路 5 条，为 5 户特困家庭提供临时救助 5 次、申报村级集体项目 1 个，办实事解难题 30 余件。新一届班子开展实地调研 7 次，详细掌握全乡发展状态，围绕工作重心，集思广益理清易地扶贫移民搬迁后发展新思路，探索性提出“165”工作思路，即以党建为引领，巩固提升 6 项引领工程，实现“5 个兴乡”发展思路。

【社会民生】 新冠肺炎疫情防控 强化风险人群的排查，登记外来人员 20 人次，监测僧尼、大学生、外出务工等流动人员 40 余人次。完善“三包”工作机制，悬挂、张贴新冠肺炎疫情防控横幅 6 条、标语 60 余条，组织新冠肺炎疫情应急处置演练 1 次，动员干部群众接种新冠疫苗第一针 285 人，接种第二针 264 人，接种第三针 20 人。

巩固拓展脱贫攻坚成果同乡村振兴有效衔接 加热萨乡建档立卡脱贫户 72 户 246 人；监测户共 10 户 36 人，其中脱贫后收入不稳定户 9 户 32 人；边缘户 1 户 4 人。召开巩固拓展脱贫攻坚成果巩固同乡村振兴有效衔接工作部署会 2 次，开展“三类人”排查 3 次，涉及排查 133 户、505 人，实现“三类人”零增长。

持续落实教育帮扶政策 年内，加热萨乡严格落实义务教育、控辍保学、护苗行动、经济困难家庭学生资助等政策，适龄儿童入学率持续保持 100%，1 名考生考取内地西藏班初中班，2 名考生考取大学。

民政救助动态管理 严格执行特殊困难群体救助工作制度，把关特殊困难群体审核标准，摸排“五保户”13 户、13 人（年内去世 2 户、2 人），低保户 10 户、30 人（年内去世 1 人），全年发放各类生活补贴保障金 183081 元。

【农 业】 年内，加热萨乡严格执行动物疫情和病虫害防控工作日报、月报、季报工作制度，认真开展非洲猪瘟、草地贪夜蛾、犬类驱虫等排查 85 次，积极组织村级防疫员、科技特派员进行动物疾病防控知识与病虫害防治专题培训 4 场次，发放宣传册

4 月是第 33 个“全国爱国卫生月”，加热萨乡团总支组织青年志愿者清理雅鲁藏布江（加热萨乡段）河道垃圾 （共青团墨脱县委员会 / 提供）

200份、各类兽药1148盒（瓶）、消毒液120余瓶和防护服（隔离服）、一次性鞋套、口罩、帽子、医用手套450套（双、只、顶、双）。深入贯彻农牧保险惠农政策，为81头死亡牲畜及野生动物肇事4.8公顷农作物申领农牧保险金。

【组织机构负责人名录】

乡党委书记

白 长 云（藏族，4月免）

张　　岗（4月任）

乡党委副书记、政府乡长、一级主任科员

张　　岗（4月免）

乡党委副书记、政府乡长

索朗达杰（门巴族，4月任）

乡党委副书记、人大主席

拉　　巴（藏族，4月任）

多吉索朗（门巴族，4月免）

乡党委副书记、组织委员、二级主任科员

扎西顿珠（藏族，4月免）

乡党委副书记、组织委员

白玛次旺（藏族，4月任）

乡党委委员、纪委书记、县监委派出加热萨乡监察室主任

李 利 剑

乡党委委员、政法委员、人民武装部部长

盘 雪 宏（壮族，4月免）

乡党委委员、人民武装部部长

刘　　毅（4月任）

乡党委委员、统战委员、政法委员

尹 荣 毕（4月任）

乡党委委员、宣传委员

王 冬 梅（女，门巴族，4月免）

张　　达（4月任）

乡党委委员、政府副乡长、二级主任科员

拉　　巴（藏族，4月免）

乡党委委员、政府副乡长、三级主任科员

姑姑措姆（女，门巴族，4月任）

政府副乡长

洛桑江白（藏族，4月免）

旦增桑珠（藏族，4月免）

建阿扎西（门巴族，4月任）

黎　　唯（5月任）

农牧综合服务中心主任

苏　　龙

文化服务中心主任

仁增加措（门巴族）

甘登乡

【概　况】 甘登乡位于墨脱县东北部，雅鲁藏布江下游，与加热萨乡为邻，距县人民政府驻地112千米，海拔2040米，年平均气温10℃，年平均降雨量2350毫米。甘登乡辖1个建制村1个自然村，分别为甘登村、加崩岗自然村。截至2021年末，甘登乡共有63户、186人，人口结构以门巴族、珞巴族、藏族为主。甘登乡主要农作物有玉米、鸡爪谷、花椒、辣椒、油菜、香蕉，畜牧业主要养殖牛、骡马、藏鸡、藏猪等；森林资源丰富，主要林木品种有楠木、红豆杉等；药材种类主要有石斛、七叶一枝花等；野生动物有狗熊、獐子、野羊、猴子等。

【经济指标】 2021年，全乡农作物播种面积41.98公顷，农作物产量154.34吨，粮食作物总产量125.88吨，蔬菜产量26.06吨，牲畜总数362头（匹、只），其中大牲畜187头（匹）。是年，甘登乡农村经济总收入440.46万元，农村居民人均可支配收入11710.09元，同比增长12%，人均现金收入10203.23元，同比增长10%。

【基层党建】 2021年，甘登乡党

2021年，甘登乡党委举行党员政治教育培训　（甘登乡人民政府/提供）

委以乡、村换届工作为契机，以党史学习教育、“三更”专题教育为平台，以“三会一课”、国家通用语言培训、“红色夜校”大讲堂为抓手，以“四强”（强组织、固堡垒；强管理、重学习；强阵地、重宣传；强引领、重实效）为主线，以把基层党组织建设成为铸牢中华民族共同体意识、带动群众致富、维护社会稳定、守卫边疆领土、开展反分裂斗争的坚强堡垒为目标。始终坚持以习近平新时代中国特色社会主义思想为指导，深入学习贯彻中共十九大和十九届历次全会精神、中央第七次西藏工作座谈会精神和习近平总书记在西藏考察重要讲话精神，严格落实县委“246”基层党建工作思路，深入开展“六好一满意”活动，紧密联系广大干部群众，发挥党建引领作用，坚持以党建保稳定、促发展、强生态、固边疆的工作格局，落实好甘登乡“146”基层党建工作思路，持续推进甘登乡各项工作开展。

年内，甘登乡党委选优配强村级班子，按照100%党员的标准要求，选配新一届村“两委”班子成员5人、村务监督委员会班子3人。开展“红色夜校”、国家通用语言文字、新一任村“两委”班子等培训共10余次，进一步提升新一届村干部履职能力。深化“党建+团建”工作举措。乡机关党支部牵头，群团组织配合，持续开展以“固守人民至上服务理念　解决群众之所急”为主题的志愿服务活动。乡机关党支部组织党员干部帮助困难群众犁地翻土、打扫卫生、种植玉米等系列“与民同作　与民同乐”主题活动。

以党史学习教育、“三更”专题教育为契机，甘登乡党委制定并严格执行每周集中学习不少于2次的制度。抓实理论学习。通过“三会一课”、乡党委理论学习中心组学习会、“主题党日”“六进六同”，组织全乡党员干部系统学习习近平新时代中国特色社会主义思想、中国共产党简史、习近平总书记关于治边稳藏的重要论述、习近平总书记在不同场合重要讲话精神等内容。全年全乡共开展集中学习80余次、受教育党员干部1200人次，撰写学习心得体会50余篇。持续开展党员专项整治工作，机关党员干部带头签订《党员不信仰宗教承诺书》，共签订37份，签订率为100%。

年内，甘登乡党委增设党史宣传墙2面，党建及相关业务宣传栏6个，机关党支部宣传栏1个，制作各类宣传展板10块。以党课为依托，巩固深化“学党史、悟思想、办实事、开新局”主题，持续开展以党史学习教育为内容的领导干部上党课活动，教育引导广大党员干部牢固树立“学史明理、学史增信、学史崇德、学史力行”，不断增强“四个意识”、坚定“四个自信”、坚决做到“两个维护”，自觉履职践行、担当作为、真抓实干。

年内，甘登乡以党建工作为依托，以乡新时代文明实践所为平台，在“五四”青年节、庆祝中国共产党成立100周年暨西藏和平解放70周年期间，先后举办演讲比赛、书法比赛、知识竞赛、文艺会演。乡机关、乡卫生院、派出所、乡小学和广大农牧民群众、僧人约500人次参与。年内，结合党史学习教育，举办庆祝西藏民主改革62周年文艺会演、庆祝中国共产党成立100周年文艺会演，组织全乡党员干部群众共同在甘登乡小学开展升国旗、重温入党誓词、强边宣誓、邀请老党员讲述甘登乡近年来发展成就等系列活动，教育引导全乡党员牢记初心使命，继续弘扬党的优良传统和作风，在抵边搬迁过程中充分发挥党员先锋模范作用，共为谱写甘登乡乡村振兴篇章奋力向前。

【党风廉政建设】 2021年，甘登乡党委以廉政警示教育为主线，以乡党委理论学习中心组学习会、机关党支部学习为抓手，深入开展党风廉政工作。每周至少开展2次理论学习活动，教育引导全乡党员干部学党史、守纪律、担使命、促发展。全年共开展党纪党规学习20余场次、受教育党员240余人次，讲党史廉政小故事10余场次、受教育党员130余人次。年内，在第26个林芝市“党风廉政宣传教育月”期间，乡党委指导乡纪委以主题党日活动为契机，在乡党员活动室组织开展廉政知识测试活动。根据乡党委工作安排，甘登乡组织全乡干部学习典型案例通报、党史廉政小故事等内容，教育引导全乡党员干部充分认识到敬畏权力、管好权力、慎用权力的重要性；坚持用身边事教育身边人，组织党员干部集中观看黄羽天违纪违法案例警示录《贪欲·黑洞》，教育引导党员干部坚守初心、筑牢防线、担当使命、严守底线。年内，乡党委牵头，乡纪委、村“两委”、驻村工作队积极配合，入户宣讲党的廉政纪律、发放廉政宣传单、悬挂横幅等系列活动，教育引导全乡农牧民群众敢于主动监督各级公职人员是否严格遵守党的“六大纪律”，并鼓励农牧民群众积极向乡纪委提供党员干部违规违纪问题线索。截至年末，共入户开展廉政纪律宣传10余场次、受教育群众500余人次、悬挂廉政横幅2条、张贴标语10条、发放廉政宣传单30余份、发放《甘登乡党史廉政小故事》20余册。

【巩固拓展脱贫攻坚成果同乡村振兴有效衔接】 2021年，甘登乡以灾后重建搬迁为主线，持续做好整乡搬迁前期动员工作，积极鼓励群众前往搬迁点务工，拓展群众增收渠道。截至年末，全乡转移劳动力180余人次，农牧民增收约166.35万元。对27户、68名建档立卡脱贫户建立完善跟踪监测机制，筛选出“三类人”3户、10人。

【综治维稳】 2021年，甘登乡组织召开综治维稳、安全生产工作会议4次，组织开展安全隐患排查95场次，出动人员600余人次，发现并整改安全隐患16个；开展地质灾害排查56次，出动人员125人次，发现并完成安全隐患整改4个；开展综治维稳和安全生产专项宣传49场次，出动人员260余人次，全年受教育干部群众1300余人次；组织开展应急演练4场次，出动干部群众120余人次；让广大干部群众切实参与到社会综合治理工作中来，构筑起国家安全人民防线。持续深化甘登村“党小组+双联户”创先争优评比活动成果应用，结合党史学习教育“我为群众办实事”实践活动，深入开展“党小组+双联户”为民办实事解难事工作，甘登村5个“双联户”联户单位在党小组的带领下开展为民办实事解难事活动10余件次，参加支部联建为民办实事活动5件次。

【新冠肺炎疫情常态化防控】 2021年，甘登乡严格落实县委、县人民政府安排部署，积极应对新冠肺炎疫情，统筹抓好全乡新冠肺炎疫情常态化防控工作。累计组织开展入户宣讲35次，受益群众1050余人次，发放预防疫情宣传资料600余份，组织全面消毒26次、重点区域和人流量频繁地区消毒50次。年内，甘登乡积极组织乡干部、农牧民做好新冠疫苗接种工作，全乡两剂次接种新冠肺炎疫苗共计350余剂次。并配合县卫生健康委员会、县人民医院、县疾病预防控制中心做好全乡新冠疫苗接种人员统计工作。

【人大工作】 2021年，甘登乡人大主席团组织召开乡人大九届七次会议、乡人大十届换届选举大会、乡人大十届一次会议，完成乡级人大、乡人民政府换届选举工作，收集代表议案、建议5件并完成督办。充分发挥“人大代表之家”平台阵地作用，认真组织代表学习法律法规，培训代表35人次；组织乡人大代表考察团赴米林县、朗县就人大工作、乡村振兴产业建设、特色农作物种植等情况进行学习考察，并召开群众座谈会，拓宽群众视野、增强干事创业的信心；发挥乡人大代表在德尔贡搬迁点的监督作用，不定期到施工现场监督指导，为乡党委、乡人民政府谋划全乡新的发展思路提供依据。

【教 育】 2021年，甘登乡有1所乡小学，共有教职工8人（含2名支教人员），在校生20名，全乡共有学生49名，其中小学生26名、初中生7名、高中生10名、大学生6名。适龄儿童小学入学率100%，初一入学率100%。

年内，乡党委召开教育工作专题会议研究部署全乡教育工作，梳理全乡教育工作存在的短板弱项，建立不定期前往乡小学指导教学管理工作机制，促进平安校园建设和巩固义务教育均衡发展成果。积极开展18岁以下人员和在校学生学籍确认及疑似失学儿童摸排工作，对疑似失学儿童进行劝学工作。采取定期与不定期结合的方式，联合派出所对学校及周边安全隐患、食品卫生安全进行排查，督促强化管理。截至年末，共开展校园安全隐患排查20余次。严格落实“护苗”行动部署，兑现“护苗”资金1.3万余元。

【医疗卫生】 年内，甘登乡加强医保政策宣传，鼓励建档立卡脱贫家庭病人按照医保相关政策要求外出就医。乡卫生院每月走村入户开展送药送健康活动和家庭医生签约服务随访工作，为老人、妇女、儿童开展身体检查及发放药品，定期上门问诊散居“五保户”，累计开展工作9次。组织开展血红蛋白常态检测工作1次，检测7岁以下儿童22人。

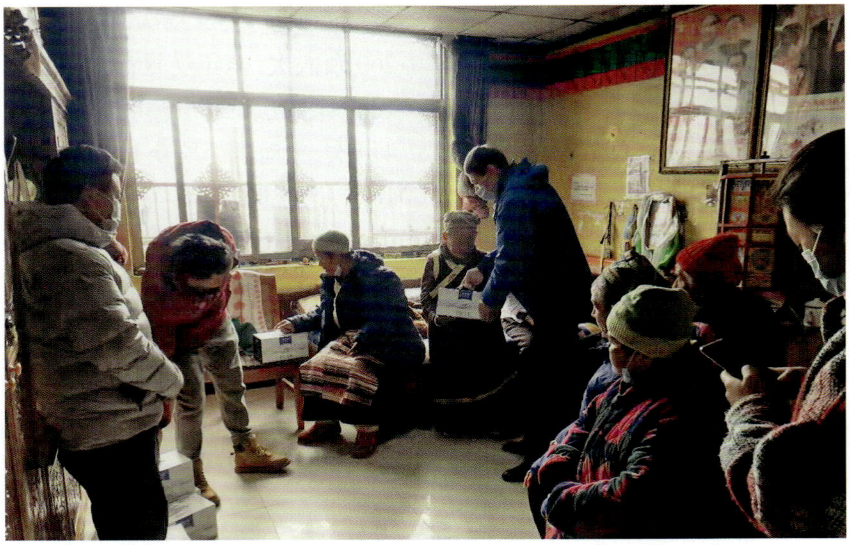

2021年，甘登乡党委、乡人民政府对“五保”老人进行集中探望慰问

（甘登乡人民政府/提供）

【落实惠民政策】 年内，通过入户访谈、村民大会等形式积极宣传各项惠民政策。全年落实兑现生态岗位补助45人、15.75万元；低保户8户、32人、25.24万元；“五保户”10户、13.91万元；残疾人“两项补贴”1.68万元；教育补助1.5万元。及时兑现各部门帮扶资金和临时救助资金，为全乡“三类人”发放兑现帮扶资金10.6万元。

【组织机构负责人名录】

乡党委书记

姚 关 平

党委副书记、乡长

西绕多吉（门巴族）

乡党委委员、人大主席

扎西罗布（门巴族）

党委副书记、人大主席

扎西罗布（门巴族，4月任）

党委委员、统战委员、副乡长

李　　军（4月免）

党委副书记、组织委员

李　　军（4月任）

党委委员、组织委员、政法委员、人民武装部部长

李 红 潇（4月免）

党委委员、宣传委员

次旺贡布（藏族）

党委委员、纪委书记

普布次仁（藏族）

党委委员、统战委员、政法委员

杨 廷 府（4月任）

党委委员、人民武装部部长

范　　伟（4月任）

党委委员、副乡长

平措南加（藏族，4月任）

副乡长

邹 武 良

姚 克 利（女，4月任）

附　录

5 月 4 日，由中共墨脱县委员会、墨脱县人民政府主办，共青团墨脱县委员会承办的庆祝建党 100 周年、西藏和平解放 70 周年，纪念五四运动 102 周年，“唱响墨脱”首届莲花杯青年歌手大赛决赛在莲花湖公园举行，图为县民间艺术团助兴表演

（团县委 / 提供）

荣誉·人物

2021年墨脱县受中共中央、国务院表彰集体名录

表1

获奖单位	荣誉称号	授奖单位	授奖时间
墨脱镇人民政府	全国脱贫攻坚先进集体	中共中央、国务院	2021年2月25日

2021年墨脱县受自治区（部、委）表彰集体名录

表2

获奖单位	荣誉称号	授奖单位	授奖时间
墨脱镇玛迪村	第八批“全国民主法治示范村”	民政部、司法部	2021年2月7日
墨脱县疾病预防控制中心	西藏自治区抗击新冠肺炎疫情先进集体	中共西藏自治区委员会、西藏自治区人民政府	2021年4月9日
墨脱县扶贫开发领导小组办公室	西藏自治区脱贫攻坚先进集体	中共西藏自治区委员会、西藏自治区人民政府	2021年4月28日
背崩乡人民政府	西藏自治区脱贫攻坚先进集体	中共西藏自治区委员会、西藏自治区人民政府	2021年4月28日
墨脱县	全国县域足球典型	国家体育总局	2021年5月21日
中共墨脱县委办公室	一等功	中共西藏自治区委员会、西藏自治区人民政府	2021年7月5日
“墨脱采茶人”劳务品牌	创新发展类劳务品牌	第三届全国创业就业服务展示交流活动组委会	2021年10月
墨脱县	西藏自治区双拥模范县	中共西藏自治区党委、西藏自治区人民政府、西藏军区政治工作部	2021年11月4日
墨脱县工商业联合会	2020—2021年度全国“五好”县级工商联	中华全国工商业联合会	2021年12月27日

2021年墨脱县受市（厅）级表彰集体名录

表3

获奖单位	荣誉称号	授奖单位	授奖时间
墨脱县人力资源和社会保障局	全区社会保障工作先进集体	西藏自治区人力资源和社会保障厅	2021年1月
墨脱县	自治区“七五”普法先进县	自治区党委宣传部、自治区司法厅、自治区法制宣传教育工作领导小组办公室	2021年5月
德兴乡人民政府	2020年度林芝市就业促进工作先进集体	中共林芝市委、市人民政府	2021年5月
背崩乡人民武装部	“林芝市先进基层人武部”	中共林芝市委员会、林芝市人民政府、林芝市军分区	2021年6月
中共墨脱县委员会政法委员会（县扫黑办）	西藏自治区扫黑除恶专项斗争 2018—2020年先进集体	西藏自治区扫黑除恶专项斗争领导小组	2021年6月

续表 3

获奖单位	荣誉称号	授奖单位	授奖时间
中共背崩乡委员会	林芝市 2021 年度先进基层党组织	中共林芝市委员会	2021 年 6 月
墨脱县委组织部党支部	林芝市 2021 年度先进基层党组织	中共林芝市委员会	2021 年 6 月
墨脱县乡村振兴局党委	林芝市 2021 年度先进基层党组织	中共林芝市委员会	2021 年 6 月
墨脱镇玛迪村党支部	林芝市 2021 年度先进基层党组织	中共林芝市委员会	2021 年 6 月
中共墨脱县背崩乡地东村支部委员会	全区基层党建示范点	中共西藏自治区委员会组织部	2021 年 7 月

2021 年墨脱县受县（处）级表彰集体名录

表 4

获奖单位	荣誉称号	授奖单位	授奖时间
背崩乡人民政府	2020 年度乡镇综合考评第一名	中共墨脱县委员会、墨脱县人民政府	2021 年 1 月
墨脱镇人民政府	2020 年度乡镇综合考评第三名	中共墨脱县委员会、墨脱县人民政府	2021 年 1 月
德兴乡人民政府	墨脱县创先争优强基础惠民生活动 2020—2021 年度先进单位	中共墨脱县委、县人民政府	2021 年 4 月
德兴乡人民政府	墨脱县创先争优强基础惠民生活动 2020—2021 年度优秀组织单位	中共墨脱县委、县人民政府	2021 年 4 月
墨脱镇人民政府	墨脱县创先争优强基础惠民生活动 2020-2021 年度优秀组织单位	中共墨脱县委员会、墨脱县人民政府	2021 年 4 月
县人大常委会机关党支部	墨脱县 2021 年度先进基层党组织	中共墨脱县委员会	2021 年 7 月
县人民政府办公室党支部	墨脱县 2021 年度先进基层党组织	中共墨脱县委员会	2021 年 7 月
中共墨脱县委员会政法委员会党支部	墨脱县 2021 年度先进基层党组织	中共墨脱县委员会	2021 年 7 月
县公安局机关党支部	墨脱县 2021 年度先进基层党组织	中共墨脱县委员会	2021 年 7 月
墨脱县人民检察院党支部	墨脱县 2021 年度先进基层党组织	中共墨脱县委员会	2021 年 7 月
墨脱县市场监督管理局党支部	墨脱县 2021 年度先进基层党组织	中共墨脱县委员会	2021 年 7 月
中共墨脱县人民医院支部委员会	墨脱县 2021 年度先进基层党组织	中共墨脱县委员会	2021 年 7 月
墨脱镇亚东村党支部	墨脱县 2021 年度先进基层党组织	中共墨脱县委员会	2021 年 7 月
墨脱镇墨脱村党支部	墨脱县 2021 年度先进基层党组织	中共墨脱县委员会	2021 年 7 月
背崩乡机关党支部	墨脱县 2021 年度先进基层党组织	中共墨脱县委员会	2021 年 7 月
背崩乡背崩村党支部	墨脱县 2021 年度先进基层党组织	中共墨脱县委员会	2021 年 7 月

续表 4

获奖单位	荣誉称号	授奖单位	授奖时间
背崩乡格林村党支部	墨脱县 2021 年度先进基层党组织	中共墨脱县委员会	2021 年 7 月
达木珞巴民族乡小学	林芝市民族团结进步模范学校	林芝市民族团结进步模范创建评选活动领导小组	2021 年 9 月
县人民政府办公室	墨脱县民族团结进步示范单位	中共墨脱县委员会、墨脱县人民政府	2021 年 9 月
县人大常委会办公室	墨脱县民族团结进步示范单位	中共墨脱县委员会、墨脱县人民政府	2021 年 9 月
墨脱县政协办公室	墨脱县民族团结进步示范单位	中共墨脱县委员会、墨脱县人民政府	2021 年 9 月
墨脱县寺庙管理委员会	墨脱县民族团结进步示范单位	中共墨脱县委员会 墨脱县人民政府	2021 年 9 月
墨脱县人民医院	墨脱县民族团结进步示范单位	中共墨脱县委员会、墨脱县人民政府	2021 年 9 月

2021 年墨脱县受自治区（部、委）表彰人员名录

表 5

姓名	性别	民族	工作单位	荣誉称号	颁奖单位	颁奖时间
罗布央宗	女	门巴族	墨脱镇墨脱村	全国“三八”红旗手	中华全国妇女联合会	2021 年 2 月
叶敏坚	男	汉族	广东省第九批援藏工作队墨脱县工作组	西藏自治区脱贫攻坚先进个人	中共西藏自治区委员会、西藏自治区人民政府	2021 年 4 月 28 日
央宗	女	藏族	林芝市墨脱县扶贫开发领导小组办公室	西藏自治区脱贫攻坚先进个人	中共西藏自治区委员会、西藏自治区人民政府	2021 年 4 月 28 日
洛桑扎西	男	藏族	林芝市墨脱县墨脱镇人民政府	西藏自治区脱贫攻坚先进个人	中共西藏自治区委员会、西藏自治区人民政府	2021 年 4 月 28 日
格桑扎西	男	藏族	林芝市墨脱县财政局	西藏自治区脱贫攻坚先进个人	中共西藏自治区委员会、西藏自治区人民政府	2021 年 4 月 28 日
张志强	男	汉族	林芝市墨脱县格当乡党委	西藏自治区脱贫攻坚先进个人	中共西藏自治区委员会、西藏自治区人民政府	2021 年 4 月 28 日
植达峰	男	汉族	林芝市墨脱县帮辛乡人民政府	西藏自治区脱贫攻坚先进个人	中共西藏自治区委员会、西藏自治区人民政府	2021 年 4 月 28 日
王海斌	男	汉族	中共背崩乡委员会	全国优秀河（湖）长	水利部	2021 年 6 月 4 日
桑杰罗布	男	门巴族	中共墨脱县委员会政法委员会	全国扫黑除恶先进工作者	全国扫黑除恶专项斗争领导小组	2021 年 7 月
贡吉卓玛	女	藏族	帮辛乡小学	全国乡村优秀青年教师	教育部	2021 年 9 月
高荣	男	门巴族	背崩乡地东村党支部	自治区模范退役军人	中共西藏自治区党委、西藏自治区人民政府、西藏军区政治工作部	2021 年 11 月 4 日
为军	男	门巴族	背崩乡德尔贡村村委会	自治区模范退役军人	中共西藏自治区党委、西藏自治区人民政府、西藏军区政治工作部	2021 年 11 月 4 日
央宗	女	门巴族	帮辛乡根登村妇联	全国妇联系统劳动模范	人力资源和社会保障部、全国妇联	2021 年 12 月 30 日

2021 年墨脱县受市（厅）级表彰人员名录

表 6

姓名	性别	民族	工作单位	荣誉称号	颁奖单位	颁奖时间
旦增多吉	男	门巴族	墨脱县委宣传部	2020 年度全区“优秀宣讲员”	自治区党委宣传部	2021 年 1 月
侯鹏飞	男	汉族	县委宣传部	2020 年度宣传思想文化系统先进工作者	自治区党委宣传部	2021 年 2 月
洛桑多吉	男	门巴族	县寺庙管理委员会	林芝市“遵行四条标准争做先进僧尼”教育实践活动先进寺管干部	中共林芝市委员会、林芝市人民政府	2021 年 2 月 26 日
潘成	男	汉族	林芝市人力资源社会保障局驻墨脱县德兴乡荷扎村工作队	西藏自治区先进驻村工作队队员	自治区创先争优强基础惠民生活动领导小组办公室	2021 年 3 月 31 日
龙桑次仁	男	藏族	林芝市公安局驻墨脱县背崩乡背崩村工作队	西藏自治区先进驻村工作队队员	自治区创先争优强基础惠民生活动领导小组办公室	2021 年 3 月 31 日
次仁央宗	女	藏族	墨脱县达木珞巴民族乡驻卡布村工作队	西藏自治区先进驻村工作队队员	自治区创先争优强基础惠民生活动领导小组办公室	2021 年 3 月 31 日
葛蓓蓓	女	汉族	墨脱县墨脱镇驻玛迪村工作队	西藏自治区先进驻村工作队员	自治区创先争优强基础惠民生活动领导小组办公室	2021 年 3 月 31 日
温二飞	男	汉族	墨脱镇人民政府	全区第三批优秀村（社区）党组织第一书记	中共西藏自治区委员会组织部	2021 年 3 月
郝迎君	女	汉族	德兴乡人民政府	林芝市创先争优强基础惠民生活动先进驻村工作队队员	中共林芝市委员会、林芝市人民政府	2021 年 4 月
朱艳虹	女	汉族	墨脱县达木络巴民族乡小学	第二批自治区小学骨干教师	西藏自治区教育厅	2021 年 4 月
杨帆	男	汉族	德兴乡人民政府	全区优秀共青团员	共青团西藏自治区委员会	2021 年 5 月
次吉	女	门巴族	帮辛乡根登村	2021 年西藏自治区“最美家庭”	自治区妇联	2021 年 5 月
索朗多杰	男	门巴族	墨脱县人力资源和社会保障局	2020 年度林芝市就业促进工作先进个人	中共林芝市委员会、市人民政府	2021 年 5 月
米玛卓玛	女	藏族	墨脱县背崩乡小学	2020 年度西藏广播电视台汉语广播《金色童年》节目优秀指导教师	西藏广播电视台	2021 年 5 月
林荫辉	男	汉族	县住房和城乡建设局	林芝市 2021 年度优秀共产党员	中共林芝市委员会	2021 年 6 月
马慧荣	男	汉族	墨脱县达木珞巴民族乡中心完全小学	林芝市 2021 年度优秀党务工作者	中共林芝市委员会	2021 年 6 月
巴桑次仁	男	藏族	国家税务总局墨脱县税务局	西藏税务系统十佳税务干部	国家税务总局西藏自治区税务局	2021 年 6 月
纪翔	男	汉族	国家税务总局墨脱县税务局	2021 年度优秀党务工作者	国家税务总局西藏自治区税务局	2021 年 6 月
夏禹	男	汉族	墨脱县背崩乡党群办公室	优秀党务工作者	中共林芝市委员会	2021 年 7 月

续表 6

姓名	性别	民族	工作单位	荣誉称号	颁奖单位	颁奖时间
向久旺姆	女	藏族	墨脱县中学	2020 全区中小学优质教育教学资源征集活动（课件）二等奖	西藏自治区教育厅	2021 年 7 月
万 政 知	男	汉族	墨脱县中学	2020 全区中小学优质教育教学资源征集活动（课堂实录）三等奖	西藏自治区教育厅	2021 年 7 月
肖 志 伟	男	汉族	墨脱县教育局	突出贡献奖	广东省第九批援藏工作队临时党委	2021 年 7 月
旦增拉姆	女	藏族	墨脱县完全小学	优秀学员	四川师范大学	2021 年 7 月
旦巴平措	男	藏族	墨脱镇退役军人服务中心站	西藏自治区 2021 年度示范型退役军人服务中心（站）创建工作党员示范岗	西藏自治区退役军人事务厅、西藏自治区退役军人服务中心	2021 年 11 月
伍 小 英	女	门巴族	墨脱县退役军人服务中心	西藏自治区 2021 年度示范型退役军人服务中心（站）创建工作岗位标兵	西藏自治区退役军人事务厅、西藏自治区退役军人服务中心	2021 年 11 月
李 瑞	女	汉族	墨脱县中学	2021 年全区初中教师教学竞赛决赛二等奖	西藏自治区教育厅	2021 年 11 月

2021 年墨脱县受县级表彰人员名录

表 7

姓名	性别	民族	工作单位	荣誉称号	颁奖单位	颁奖时间
王 娜 娜	女	汉族	达木珞巴民族乡小学	优秀学籍管理人员	林芝市教育局	2021 年 1 月
吉 梅	男	藏族	县民族宗教事务局	三等功	中共墨脱县委员会墨脱县人民政府	2021 年 1 月
格桑达瓦	男	藏族	县寺庙管理委员会	三等功	中共墨脱县委员会墨脱县人民政府	2021 年 1 月
李 继 承	男	藏族	县人民政府	2020 年度优秀公务员	中共墨脱县委员会墨脱县人民政府	2021 年 1 月
叶 敏 坚	男	汉族	中共墨脱县委	2020 年度优秀公务员	中共墨脱县委员会墨脱县人民政府	2021 年 1 月
张 巍 巍	男	汉族	县人民政府	2020 年度优秀公务员	中共墨脱县委员会墨脱县人民政府	2021 年 1 月
同 宇 放	男	汉族	县人民政府	2020 年度优秀公务员	中共墨脱县委、墨脱县人民政府	2021 年 1 月
高 功 强	男	汉族	县委政法委员会	2020 年度优秀公务员	中共墨脱县委、墨脱县人民政府	2021 年 1 月
陈 金 鑫	男	汉族	县委组织部	2020 年度优秀公务员	中共墨脱县委、墨脱县人民政府	2021 年 1 月
扎西顿珠	男	门巴族	县委宣传部	2020 年度优秀公务员	中共墨脱县委、墨脱县人民政府	2021 年 1 月
白玛多吉	男	门巴族	县委统战部	2020 年度优秀公务员	中共墨脱县委、墨脱县人民政府	2021 年 1 月
傣 青 红	女	汉族	县纪委监委	2020 年度优秀公务员	中共墨脱县委、墨脱县人民政府	2021 年 1 月

续表 7

姓名	性别	民族	工作单位	荣誉称号	颁奖单位	颁奖时间
周　军	男	汉族	县人民政府	2020 年度优秀公务员	中共墨脱县委、墨脱县人民政府	2021 年 1 月
边巴索朗	男	藏族	政协墨脱县委员会	2020 年度优秀公务员	中共墨脱县委、墨脱县人民政府	2021 年 1 月
王海滨	男	汉族	县人民政府	2020 年度优秀公务员	中共墨脱县委、墨脱县人民政府	2021 年 1 月
扎西曲扎	男	门巴族	背崩乡党委	2020 年度优秀公务员	中共墨脱县委、墨脱县人民政府	2021 年 1 月
米玛次仁	男	藏族	县纪委监委	2020 年度优秀公务员	中共墨脱县委、墨脱县人民政府	2021 年 1 月
达　穷	男	藏族	县委政法委员会	2020 年度优秀公务员	中共墨脱县委、墨脱县人民政府	2021 年 1 月
顿　珠	男	门巴族	县直机关工委	2020 年度优秀公务员	中共墨脱县委、墨脱县人民政府	2021 年 1 月
欧珠江村	男	藏族	县人民政府办公室	2020 年度优秀公务员	中共墨脱县委、墨脱县人民政府	2021 年 1 月
桑杰顿珠	男	门巴族	县发展和改革委员会	2020 年度优秀公务员	中共墨脱县委、墨脱县人民政府	2021 年 1 月
格桑扎西	男	藏族	县财政局	2020 年度优秀公务员	中共墨脱县委、墨脱县人民政府	2021 年 1 月
杨林鑫	男	汉族	墨脱镇人民政府	2020 年度优秀公务员	中共墨脱县委、墨脱县人民政府	2021 年 1 月
郭晓峰	男	汉族	德兴乡党委	2020 年度优秀公务员	中共墨脱县委、墨脱县人民政府	2021 年 1 月
扎西顿珠	男	藏族	德兴乡人民政府	2020 年度优秀公务员	中共墨脱县委、墨脱县人民政府	2021 年 1 月
胡新祥	男	汉族	达木珞巴民族乡党委	2020 年度优秀公务员	中共墨脱县委、墨脱县人民政府	2021 年 1 月
王　根	男	汉族	帮辛乡党委	2020 年度优秀公务员	中共墨脱县委、墨脱县人民政府	2021 年 1 月
米玛次仁	男	藏族	帮辛乡人民政府	2020 年度优秀公务员	中共墨脱县委、墨脱县人民政府	2021 年 1 月
索朗达杰	男	门巴族	加热萨乡人民政府	2020 年度优秀公务员	中共墨脱县委、墨脱县人民政府	2021 年 1 月
姚关平	男	汉族	甘登乡党委	2020 年度优秀公务员	中共墨脱县委、墨脱县人民政府	2021 年 1 月
西绕多吉	男	门巴族	甘登乡人民政府	2020 年度优秀公务员	中共墨脱县委、墨脱县人民政府	2021 年 1 月
次旦卓玛	女	门巴族	县纪委监委	2020 年度优秀公务员	中共墨脱县委、墨脱县人民政府	2021 年 1 月
冉雪原	男	汉族	县纪委监委	2020 年度优秀公务员	中共墨脱县委、墨脱县人民政府	2021 年 1 月
格桑曲培	男	藏族	县委办公室	2020 年度优秀公务员	中共墨脱县委、墨脱县人民政府	2021 年 1 月
牛明亮	男	汉族	县委办公室	2020 年度优秀公务员	中共墨脱县委、墨脱县人民政府	2021 年 1 月
张兴军	男	汉族	县委组织部	2020 年度优秀公务员	中共墨脱县委、墨脱县人民政府	2021 年 1 月

续表 7

姓名	性别	民族	工作单位	荣誉称号	颁奖单位	颁奖时间
黄正阳	男	汉族	县委组织部	2020 年度优秀公务员	中共墨脱县委、墨脱县人民政府	2021 年 1 月
白杨	男	汉族	县委组织部	2020 年度优秀公务员	中共墨脱县委、墨脱县人民政府	2021 年 1 月
刘斌	男	汉族	县委宣传部	2020 年度优秀公务员	中共墨脱县委、墨脱县人民政府	2021 年 1 月
张伟钢	男	汉族	县委宣传部	2020 年度优秀公务员	中共墨脱县委、墨脱县人民政府	2021 年 1 月
吉梅	男	藏族	县民族宗教事务局	2020 年度优秀公务员	中共墨脱县委、墨脱县人民政府	2021 年 1 月
列格卓玛	女	门巴族	县委政法委员会	2020 年度优秀公务员	中共墨脱县委、墨脱县人民政府	2021 年 1 月
刘杰	男	汉族	县委巡察工作领导小组办公室	2020 年度优秀公务员	中共墨脱县委、墨脱县人民政府	2021 年 1 月
索朗曲珍	女	藏族	县人大常委会办公室	2020 年度优秀公务员	中共墨脱县委、墨脱县人民政府	2021 年 1 月
扎西顿珠	男	门巴族	县人民政府办公室	2020 年度优秀公务员	中共墨脱县委、墨脱县人民政府	2021 年 1 月
张文清	男	汉族	县人民政府办公室	2020 年度优秀公务员	中共墨脱县委、墨脱县人民政府	2021 年 1 月
索朗卓玛	女	藏族	县人民政府驻八一镇办事处	2020 年度优秀公务员	中共墨脱县委、墨脱县人民政府	2021 年 1 月
覃业在	男	汉族	县发展和改革委员会	2020 年度优秀公务员	中共墨脱县委、墨脱县人民政府	2021 年 1 月
黄德祥	男	汉族	县发展和改革委员会	2020 年度优秀公务员	中共墨脱县委、墨脱县人民政府	2021 年 1 月
平措玉珍	女	藏族	县教育局	2020 年度优秀公务员	中共墨脱县委、墨脱县人民政府	2021 年 1 月
魏海东	男	汉族	县公安局	2020 年度优秀公务员	中共墨脱县委、墨脱县人民政府	2021 年 1 月
杨如俊	男	汉族	县公安局	2020 年度优秀公务员	中共墨脱县委、墨脱县人民政府	2021 年 1 月
普布扎西	男	藏族	县公安局	2020 年度优秀公务员	中共墨脱县委、墨脱县人民政府	2021 年 1 月
旦罗	男	藏族	县公安局	2020 年度优秀公务员	中共墨脱县委、墨脱县人民政府	2021 年 1 月
索朗平措	男	门巴族	县公安局	2020 年度优秀公务员	中共墨脱县委、墨脱县人民政府	2021 年 1 月
樊建松	男	汉族	县公安局	2020 年度优秀公务员	中共墨脱县委、墨脱县人民政府	2021 年 1 月
扎西罗布	男	门巴族	县公安局	2020 年度优秀公务员	中共墨脱县委、墨脱县人民政府	2021 年 1 月
扎西	男	门巴族	县公安局	2020 年度优秀公务员	中共墨脱县委、墨脱县人民政府	2021 年 1 月
卢春涌	男	汉族	县公安局	2020 年度优秀公务员	中共墨脱县委、墨脱县人民政府	2021 年 1 月
贡桑多杰	男	门巴族	县公安局	2020 年度优秀公务员	中共墨脱县委、墨脱县人民政府	2021 年 1 月

续表 7

姓名	性别	民族	工作单位	荣誉称号	颁奖单位	颁奖时间
李　江	男	汉族	县公安局	2020年度优秀公务员	中共墨脱县委、墨脱县人民政府	2021年1月
才巴贡布	男	藏族	县公安局	2020年度优秀公务员	中共墨脱县委、墨脱县人民政府	2021年1月
西　洛	男	藏族	县公安局	2020年度优秀公务员	中共墨脱县委、墨脱县人民政府	2021年1月
扎西旺杰	男	藏族	县公安局	2020年度优秀公务员	中共墨脱县委、墨脱县人民政府	2021年1月
丁　增	男	门巴族	县公安局	2020年度优秀公务员	中共墨脱县委、墨脱县人民政府	2021年1月
次仁曲登	男	藏族	县公安局	2020年度优秀公务员	中共墨脱县委、墨脱县人民政府	2021年1月
久美才旦	男	门巴族	县公安局	2020年度优秀公务员	中共墨脱县委、墨脱县人民政府	2021年1月
桑杰罗布	男	门巴族	县公安局	2020年度优秀公务员	中共墨脱县委、墨脱县人民政府	2021年1月
扎西顿珠	男	藏族	县公安局	2020年度优秀公务员	中共墨脱县委、墨脱县人民政府	2021年1月
央　前	男	门巴族	县法律援助中心	2020年度优秀公务员	中共墨脱县委、墨脱县人民政府	2021年1月
白玛卓嘎	女	藏族	县会计核算中心	2020年度优秀公务员	中共墨脱县委、墨脱县人民政府	2021年1月
桑杰旺堆	男	门巴族	县人力资源和社会保障局	2020年度优秀公务员	中共墨脱县委、墨脱县人民政府	2021年1月
旦增桑珠	男	藏族	县自然资源局	2020年度优秀公务员	中共墨脱县委、墨脱县人民政府	2021年1月
巴桑卓玛	男	藏族	县住房和城乡建设局	2020年度优秀公务员	中共墨脱县委、墨脱县人民政府	2021年1月
李　奎	男	汉族	县交通运输局	2020年度优秀公务员	中共墨脱县委、墨脱县人民政府	2021年1月
杨　建	男	汉族	县水利局	2020年度优秀公务员	中共墨脱县委、墨脱县人民政府	2021年1月
夏传超	男	汉族	县农业农村局	2020年度优秀公务员	中共墨脱县委、墨脱县人民政府	2021年1月
拉宗卓嘎	男	藏族	县文化旅游局	2020年度优秀公务员	中共墨脱县委、墨脱县人民政府	2021年1月
格桑德吉	男	藏族	县卫生健康委员会	2020年度优秀公务员	中共墨脱县委、墨脱县人民政府	2021年1月
罗布扎西	男	藏族	县应急管理局	2020年度优秀公务员	中共墨脱县委、墨脱县人民政府	2021年1月
尼玛森格	男	门巴族	县统计局	2020年度优秀公务员	中共墨脱县委、墨脱县人民政府	2021年1月
央　宗	女	藏族	县扶贫开发办公室	2020年度优秀公务员	中共墨脱县委、墨脱县人民政府	2021年1月
泽旺江村	男	藏族	县乡村振兴局	2020年度优秀公务员	中共墨脱县委、墨脱县人民政府	2021年1月
达瓦卓玛	女	藏族	县林业工作站	2020年度优秀公务员	中共墨脱县委、墨脱县人民政府	2021年1月

续表 7

姓名	性别	民族	工作单位	荣誉称号	颁奖单位	颁奖时间
扎西顿珠	男	门巴族	县医疗保障局	2020 年度优秀公务员	中共墨脱县委、墨脱县人民政府	2021 年 1 月
多 日 吉	女	藏族	县医疗保障服务中心	2020 年度优秀公务员	中共墨脱县委、墨脱县人民政府	2021 年 1 月
张 正 长	男	汉族	县城市管理和综合执法局	2020 年度优秀公务员	中共墨脱县委、墨脱县人民政府	2021 年 1 月
嘎玛措姆	女	门巴族	政协墨脱县委员会	2020 年度优秀公务员	中共墨脱县委、墨脱县人民政府	2021 年 1 月
安 许 鹏	男	汉族	县人民法院	2020 年度优秀公务员	中共墨脱县委、墨脱县人民政府	2021 年 1 月
白玛玉珍	女	门巴族	县人民法院	2020 年度优秀公务员	中共墨脱县委、墨脱县人民政府	2021 年 1 月
尼玛永宗	女	藏族	县人民法院	2020 年度优秀公务员	中共墨脱县委、墨脱县人民政府	2021 年 1 月
边 珍	女	藏族	县人民检察院	2020 年度优秀公务员	中共墨脱县委、墨脱县人民政府	2021 年 1 月
李 仁 阳	男	汉族	县工商联	2020 年度优秀公务员	中共墨脱县委、墨脱县人民政府	2021 年 1 月
白玛曲珍	女	门巴族	共青团墨脱县委员会	2020 年度优秀公务员	中共墨脱县委、墨脱县人民政府	2021 年 1 月
次仁桑培	男	藏族	县残疾人联合会	2020 年度优秀公务员	中共墨脱县委、墨脱县人民政府	2021 年 1 月
多吉扎巴	男	门巴族	县寺庙管理委员会	2020 年度优秀公务员	中共墨脱县委、墨脱县人民政府	2021 年 1 月
桑杰尼玛	男	门巴族	县寺庙管理委员会	2020 年度优秀公务员	中共墨脱县委、墨脱县人民政府	2021 年 1 月
赵 德 波	男	汉族	墨脱镇人民政府	2020 年度优秀公务员	中共墨脱县委、墨脱县人民政府	2021 年 1 月
温 二 飞	男	汉族	墨脱镇党委	2020 年度优秀公务员	中共墨脱县委、墨脱县人民政府	2021 年 1 月
索朗玉珍	女	藏族	墨脱镇人民政府	2020 年度优秀公务员	中共墨脱县委、墨脱县人民政府	2021 年 1 月
贡桑仁青	男	门巴族	墨脱镇人民政府	2020 年度优秀公务员	中共墨脱县委、墨脱县人民政府	2021 年 1 月
杜 太 永	男	汉族	德兴乡党委	2020 年度优秀公务员	中共墨脱县委、墨脱县人民政府	2021 年 1 月
李 波	男	汉族	德兴乡党委	2020 年度优秀公务员	中共墨脱县委、墨脱县人民政府	2021 年 1 月
其 米	男	藏族	德兴乡人民政府	2020 年度优秀公务员	中共墨脱县委、墨脱县人民政府	2021 年 1 月
王 鹏	男	汉族	德兴乡人民政府	2020 年度优秀公务员	中共墨脱县委、墨脱县人民政府	2021 年 1 月
次仁朗杰	男	藏族	背崩乡人民政府	2020 年度优秀公务员	中共墨脱县委、墨脱县人民政府	2021 年 1 月
李 婷	女	汉族	背崩乡党委	2020 年度优秀公务员	中共墨脱县委、墨脱县人民政府	2021 年 1 月
徐 晨 旭	男	汉族	背崩乡人民政府	2020 年度优秀公务员	中共墨脱县委、墨脱县人民政府	2021 年 1 月

续表 7

姓名	性别	民族	工作单位	荣誉称号	颁奖单位	颁奖时间
西　洛	男	珞巴族	达木珞巴民族乡党委	2020 年度优秀公务员	中共墨脱县委、墨脱县人民政府	2021 年 1 月
陈永松	男	汉族	达木珞巴民族乡党委	2020 年度优秀公务员	中共墨脱县委、墨脱县人民政府	2021 年 1 月
旦　增	男	藏族	达木珞巴民族乡人民政府	2020 年度优秀公务员	中共墨脱县委、墨脱县人民政府	2021 年 1 月
平措卓嘎	女	藏族	格当乡党委	2020 年度优秀公务员	中共墨脱县委、墨脱县人民政府	2021 年 1 月
陈　杰	男	汉族	格当乡党委	2020 年度优秀公务员	中共墨脱县委、墨脱县人民政府	2021 年 1 月
刘　通	男	汉族	格当乡党委	2020 年度优秀公务员	中共墨脱县委、墨脱县人民政府	2021 年 1 月
多吉扎西	男	藏族	帮辛乡人民政府	2020 年度优秀公务员	中共墨脱县委、墨脱县人民政府	2021 年 1 月
刘　凯	男	汉族	帮辛乡党委	2020 年度优秀公务员	中共墨脱县委、墨脱县人民政府	2021 年 1 月
白玛次旺	男	藏族	加热萨乡党委	2020 年度优秀公务员	中共墨脱县委、墨脱县人民政府	2021 年 1 月
姑姑措姆	女	门巴族	加热萨乡人民政府	2020 年度优秀公务员	中共墨脱县委、墨脱县人民政府	2021 年 1 月
张　达	男	汉族	加热萨乡党委	2020 年度优秀公务员	中共墨脱县委、墨脱县人民政府	2021 年 1 月
李　军	男	汉族	甘登乡党委	2020 年度优秀公务员	中共墨脱县委、墨脱县人民政府	2021 年 1 月
范　伟	男	汉族	甘登乡党委	2020 年度优秀公务员	中共墨脱县委、墨脱县人民政府	2021 年 1 月
朱　桃	男	汉族	县纪委监委	2020 年度优秀公务员	中共墨脱县委、墨脱县人民政府	2021 年 1 月
母太行	男	汉族	县委办公室	2020 年度优秀公务员	中共墨脱县委、墨脱县人民政府	2021 年 1 月
解广汉	男	汉族	县委组织部	2020 年度优秀公务员	中共墨脱县委、墨脱县人民政府	2021 年 1 月
王世超	男	汉族	县委组织部	2020 年度优秀公务员	中共墨脱县委、墨脱县人民政府	2021 年 1 月
赵　艳	女	汉族	县委组织部	2020 年度优秀公务员	中共墨脱县委、墨脱县人民政府	2021 年 1 月
王亚民	男	汉族	县委统战部	2020 年度优秀公务员	中共墨脱县委、墨脱县人民政府	2021 年 1 月
谭　梅	女	汉族	县委国家安全委员会办公室	2020 年度优秀公务员	中共墨脱县委、墨脱县人民政府	2021 年 1 月
夏贵东	男	汉族	县委巡察工作领导小组办公室	2020 年度优秀公务员	中共墨脱县委、墨脱县人民政府	2021 年 1 月
李庆东	男	汉族	县委机要局	2020 年度优秀公务员	中共墨脱县委、墨脱县人民政府	2021 年 1 月
金小玲	女	汉族	县政府办公室	2020 年度优秀公务员	中共墨脱县委、墨脱县人民政府	2021 年 1 月
张淳焕	男	汉族	县发展和改革委员会	2020 年度优秀公务员	中共墨脱县委、墨脱县人民政府	2021 年 1 月

续表 7

姓名	性别	民族	工作单位	荣誉称号	颁奖单位	颁奖时间
旺　久	男	门巴族	县公安局	2020 年度优秀公务员	中共墨脱县委、墨脱县人民政府	2021 年 1 月
扎西桑布	男	藏族	县公安局	2020 年度优秀公务员	中共墨脱县委、墨脱县人民政府	2021 年 1 月
旦增扎西	男	藏族	县公安局	2020 年度优秀公务员	中共墨脱县委、墨脱县人民政府	2021 年 1 月
扎西斯朗	男	藏族	县公安局	2020 年度优秀公务员	中共墨脱县委、墨脱县人民政府	2021 年 1 月
许　琴	女	汉族	县民政局	2020 年度优秀公务员	中共墨脱县委、墨脱县人民政府	2021 年 1 月
扎西玉珍	女	门巴族	县司法局	2020 年度优秀公务员	中共墨脱县委、墨脱县人民政府	2021 年 1 月
刘　念	男	汉族	县人力资源和社会保障局	2020 年度优秀公务员	中共墨脱县委、墨脱县人民政府	2021 年 1 月
陈晓云	男	汉族	县人力资源和社会保障局	2020 年度优秀公务员	中共墨脱县委、墨脱县人民政府	2021 年 1 月
郎　色	女	门巴族	县自然资源局	2020 年度优秀公务员	中共墨脱县委、墨脱县人民政府	2021 年 1 月
许东方	男	汉族	县住房和城乡建设局	2020 年度优秀公务员	中共墨脱县委、墨脱县人民政府	2021 年 1 月
陈伟杰	男	汉族	县住房和城乡建设局	2020 年度优秀公务员	中共墨脱县委、墨脱县人民政府	2021 年 1 月
陈贤进	男	汉族	县水利局	2020 年度优秀公务员	中共墨脱县委、墨脱县人民政府	2021 年 1 月
泽仁拉西	女	藏族	县文化和旅游局	2020 年度优秀公务员	中共墨脱县委、墨脱县人民政府	2021 年 1 月
张华顺	男	汉族	县卫生健康委员会	2020 年度优秀公务员	中共墨脱县委、墨脱县人民政府	2021 年 1 月
刘卓涛	男	汉族	县审计局	2020 年度优秀公务员	中共墨脱县委、墨脱县人民政府	2021 年 1 月
陈启娟	女	汉族	县市场监督管理局	2020 年度优秀公务员	中共墨脱县委、墨脱县人民政府	2021 年 1 月
拉巴次仁	男	珞巴族	县乡村振兴局	2020 年度优秀公务员	中共墨脱县委、墨脱县人民政府	2021 年 1 月
胡瑞茹	女	汉族	县城市管理和综合执法局	2020 年度优秀公务员	中共墨脱县委、墨脱县人民政府	2021 年 1 月
熊　杰	男	彝族	县政协办公室	2020 年度优秀公务员	中共墨脱县委、墨脱县人民政府	2021 年 1 月
王慧勤	女	汉族	县人民法院	2020 年度优秀公务员	中共墨脱县委、墨脱县人民政府	2021 年 1 月
索娜卓玛	女	门巴族	县人民检察院	2020 年度优秀公务员	中共墨脱县委、墨脱县人民政府	2021 年 1 月
吴承志	男	汉族	墨脱镇人民政府	2020 年度优秀公务员	中共墨脱县委、墨脱县人民政府	2021 年 1 月
李燕宁	妇	汉族	墨脱镇人民政府	2020 年度优秀公务员	中共墨脱县委、墨脱县人民政府	2021 年 1 月
黄芷君	女	汉族	墨脱镇人民政府	2020 年度优秀公务员	中共墨脱县委、墨脱县人民政府	2021 年 1 月

续表 7

姓名	性别	民族	工作单位	荣誉称号	颁奖单位	颁奖时间
何维康	男	汉族	墨脱镇人民政府	2020 年度优秀公务员	中共墨脱县委、墨脱县人民政府	2021 年 1 月
郭占全	男	汉族	墨脱镇人民政府	2020 年度优秀公务员	中共墨脱县委、墨脱县人民政府	2021 年 1 月
张珊珊	女	汉族	德兴乡人民政府	2020 年度优秀公务员	中共墨脱县委、墨脱县人民政府	2021 年 1 月
杨　帆	男	汉族	德兴乡人民政府	2020 年度优秀公务员	中共墨脱县委、墨脱县人民政府	2021 年 1 月
罗小弟	男	汉族	背崩乡人民政府	2020 年度优秀公务员	中共墨脱县委、墨脱县人民政府	2021 年 1 月
崔利珍	女	汉族	背崩乡人民政府	2020 年度优秀公务员	中共墨脱县委、墨脱县人民政府	2021 年 1 月
夏　禹	男	汉族	背崩乡人民政府	2020 年度优秀公务员	中共墨脱县委、墨脱县人民政府	2021 年 1 月
曾银津	男	汉族	背崩乡人民政府	2020 年度优秀公务员	中共墨脱县委、墨脱县人民政府	2021 年 1 月
冯景辉	男	汉族	达木珞巴民族乡人民政府	2020 年度优秀公务员	中共墨脱县委、墨脱县人民政府	2021 年 1 月
顾聪聪	男	汉族	达木珞巴民族乡人民政府	2020 年度优秀公务员	中共墨脱县委、墨脱县人民政府	2021 年 1 月
王　凯	男	汉族	格当乡人民政府	2020 年度优秀公务员	中共墨脱县委、墨脱县人民政府	2021 年 1 月
周　颖	女	汉族	格当乡人民政府	2020 年度优秀公务员	中共墨脱县委、墨脱县人民政府	2021 年 1 月
植达峰	男	汉族	帮辛乡人民政府	2020 年度优秀公务员	中共墨脱县委、墨脱县人民政府	2021 年 1 月
李　阳	男	汉族	帮辛乡人民政府	2020 年度优秀公务员	中共墨脱县委、墨脱县人民政府	2021 年 1 月
余　雪	男	汉族	加热萨乡人民政府	2020 年度优秀公务员	中共墨脱县委、墨脱县人民政府	2021 年 1 月
次仁卓嘎	女	门巴族	甘登乡人民政府	2020 年度优秀公务员	中共墨脱县委、墨脱县人民政府	2021 年 1 月
廖宝中	男	汉族	德兴乡人民政府	墨脱县创先争优强基础惠民生活动先进驻村工作队队员	中共墨脱县委员会、墨脱县人民政府	2021 年 4 月
辜晓蓉	女	汉族	墨脱县中学	教学能手	西藏自治区教育厅	2021 年 4 月
张珊珊	女	汉族	德兴乡人民政府	墨脱县创先争优强基础惠民生活动先进驻村工作队队员	中共墨脱县委员会、墨脱县人民政府	2021 年 4 月
朱　彤	女	汉族	墨脱县幼儿园	林芝市第五届幼儿教师教学竞赛暨全区第三届幼儿教师教学竞赛初赛语言领域二等奖	林芝市教育局	2021 年 4 月
次　吉	女	门巴族	帮辛乡根登村	林芝市五好文明家庭	林芝市妇联	2021 年 5 月
罗布占堆	男	门巴族	墨脱县人民医院	林芝青年五四奖章	共青团林芝市委员会	2021 年 5 月
吴　美	女	汉族	国家税务总局县税务局	林芝市优秀团员	共青团林芝市委员会、林芝市青年联合会	2021 年 5 月

续表 7

姓名	性别	民族	工作单位	荣誉称号	颁奖单位	颁奖时间
才旦卓玛	女	门巴族	墨脱镇墨脱村	林芝市第一届“十大致富女能手”	林芝市妇联	2021 年 5 月
白玛央金	女	藏族	墨脱县帮辛乡小学	林芝市小学音乐教学竞赛三等奖	林芝市教育局	2021 年 5 月
王 亚 民	男	汉族	县委统战部	墨脱县 2021 年度优秀共产党员	中共墨脱县委员会 墨脱县人民政府	2021 年 7 月
刘　震	男	汉族	墨脱县林业和草原局	墨脱县 2021 年度优秀共产党员	中共墨脱县委员会	2021 年 7 月
扎西旺姆	女	藏族	墨脱县统计局	2021 年度优秀党务工作者	中共墨脱县委员会	2021 年 7 月
郝 迎 君	女	汉族	德兴乡人民政府	2021 年度林芝市“双百计划·工布英才赴广东省跟岗学习“优秀学员”	中共林芝市委组织部	2021 年 10 月
郝 迎 君	女	汉族	德兴乡人民政府	林芝市第四期青年人论坛优秀主讲员	中共林芝市委组织部、中共林芝市委党校、共青团林芝市委员会	2021 年 11 月
王　娅	女	汉族	德兴乡小学	优秀指导老师	林芝市教育局	2021 年 12 月
李　博	男	汉族	德兴乡小学	优秀指导老师	林芝市教育局	2021 年 12 月

2021 年墨脱县晋升副高以上职称人员名单

表 8

姓名	工作单位	性别	民族	籍贯	最高学历	职称	评定时间
邓 声 敏	墨脱县人民医院	男	汉族	云南镇雄	本科	副主任医师	2021 年 6 月
新　卫	墨脱县中学	男	门巴族	西藏墨脱	大专	高级教师	2021 年 8 月
李　明	墨脱县中学	男	汉族	陕西渭南	本科	高级教师	2021 年 8 月
姑姑卓玛	墨脱县中学	女	门巴族	西藏墨脱	本科	高级教师	2021 年 8 月
嘎玛拉姆	墨脱县中学	女	门巴族	西藏墨脱	本科	高级教师	2021 年 8 月
扎西央宗	墨脱县格当乡小学	女	门巴族	西藏墨脱	本科	高级教师	2021 年 8 月
丁 会 议	墨脱县完全小学	男	汉族	河南鲁山	本科	高级教师	2021 年 8 月
肖 多 吉	墨脱县背崩乡小学	男	门巴族	西藏墨脱	大专	高级教师	2021 年 8 月

报告公报

墨脱县人民法院工作报告

——2022年1月26日在墨脱县第十二届人民代表大会第三次会议上

墨脱县人民法院院长 云 登

2021年主要工作

过去一年，在县委的坚强领导、县人大及其常委会和上级法院的监督指导下，我院坚持以习近平新时代中国特色社会主义思想为指导，深入贯彻习近平法治思想，深入贯彻党的十九大和十九届历次全会精神；深入贯彻中央第七次西藏工作座谈会精神、习近平总书记“七一”重要讲话精神、习近平总书记视察西藏时的重要讲话精神；认真贯彻落实自治区第十次党代会、林芝市第二次党代会精神，坚持服务大局、聚焦主责主业，为墨脱长治久安和高质量发展提供了坚实有力的司法服务和保障。截至12月31日，我院共受理各类案件471件(旧存2件、新收469件)，审、执结419件，综合结案率88.96%。新收案件数量与去年同期相比增长369%，审、执结案件数量与去年同期相比上升310%。

一、加强政治建设，坚定中国特色社会主义法治道路

强化思想政治教育。把学习贯彻习近平新时代中国特色社会主义思想作为首要政治任务，扎实开展党史学习教育、政法队伍教育整顿、“三更”专题教育，不断坚定理想信念、筑牢政治忠诚、强化责任担当。组织开展党组理论学习中心组和党支部集中学习30余次，专题党课5次，撰写心得体会180余篇。

坚持党的绝对领导。旗帜鲜明讲政治，坚决落实党中央、区党委、市委、县委决策部署。认真履行党组把方向、管大局、抓落实职责，组织开展谈心谈话、专题研讨等20余场次，不断提高政治判断力、政治领悟力、政治执行力。严格执行重大事项请示报告制度，向同级党委、政法委请示报告工作13次，确保党的决策部署得到不折不扣落实。

自觉主动接受监督。主动走访代表委员5人次，汇报工作5次；邀请代表、委员视察、座谈，旁听庭审、见证执行14人次；邀请组织、纪检部门列席民主生活会7次；邀请检察长列席审委会会议2次。拓宽人民群众监督、参与司法工作渠道，通过互联网直播庭审44场次、发布裁判文书113篇，16名人民陪审员参审案件221件。

二、依法履职尽责，围绕“四件大事”实现“四个确保”

全面贯彻总体国家安全观。依法打击犯罪、保障人权，服务平安墨脱建设。共受理刑事案件13件，审结12件，未结1件，结案率92.31%。依法惩治犯罪。严惩危害国家安全、公共安全犯罪，维护国家安全和社会稳定，严厉打击侵害人民生命财产犯罪，保障人民安居乐业。审结故意伤害、盗窃、危险驾驶等

案件8件。组织全县70余名党员干部参加旁听，以案释法、以案示警。加强司法人权保障。认真落实宽严相济刑事政策和认罪认罚从宽制度，对9名轻微犯罪被告人适用缓刑，驳回自诉1件。加强未成年人司法保护。组织开展法律进校园普法宣传活动5场次，组织开展模拟法庭、普法课堂等活动4场次，受教育师生达1000余人。推动扫黑除恶专项斗争常态化。对全年办理的419件案件进行全面核查，派出干警5人次参与县扫黑办3条线索专项摸排，确保审判领域涉黑涉恶线索核查全覆盖。

全面贯彻新发展理念。坚持服务党委政府工作大局，发挥司法审判固根本、促发展、稳预期作用，全年受理民商事案件314件，受案标的74811527.39元，审结288件，未结26件，结案率91.72%。营造法治化营商环境。依法保护各类市场主体，促进经济社会发展。审结建设工程合同纠纷22件，审结买卖、租赁、运输等经济合同类案件68件。服务乡村振兴。轮派2名干警积极开展驻村工作，落实各级党委驻村工作部署要求。驻村干警发挥司法职能作用，协助指导人民调解、村“两委”班子化解矛盾纠纷16件，开展普法活动12场次；为民办实事100余件；组织干警深入驻村点开展支部共建活动6场次，全面宣讲了习近平总书记“七一”重要讲话精神、党的十九届六中全会精神、中央第七次西藏工作座谈会精神、自治区第十次党代会精神、林芝市第二次党代会精神。

全面贯彻生态优先绿色发展理念。加强生态环境司法保护，服务保障生态文明高地建设。依法惩处破坏生态环境行为。审结非法猎捕、杀害野生保护动物案件1件，判处罪犯3人；审结县人民检察院提起的刑事附带民事公益诉讼案件1件，挽回国家和人民经济损失30000元。提升环境保护法治意识。深入社区、村居开展《环境保护法》等法治宣传3场次，在案件办理中以案释法5场次，教育引导群众树立“绿水青山就是金山银山，冰天雪地也是金山银山”的理念，积极参与生态环境保护，厚植建设生态文明高地的法治基础。

全面贯彻守边固边强边兴边理念。坚持司法职能向边境一线延伸，服务保障边境地区建设。选派业务骨干、双语法官深入边境乡镇、行政村开展法治宣传6场次，受教育群众800余人次，教育引导群众铸牢中华民族共同体意识。依法服务边境建设，审结边境乡村重点项目工程系列案40余件。维护军人军属合法权益，开展送法进军营活动1场次，审结涉军案件1件。

三、践行司法为民，服务高质量发展和改善民生

强化便民利民服务措施。以政法队伍教育整顿为契机，严肃整治人民群众反映强烈的“有案不立”“年底不立案”的顽瘴痼疾，对追索劳动报酬、赡养抚养费等涉民生案件快立快审，及时兑现合法权益。加大巡回审判力度，利用“车载流动法庭”下乡执法办案31次，同步开展以案释法。建立《院领导接访日工作制度》，将每周星期四设为院长接访日，接待来访群众12人次。

妥善化解民生领域纠纷。依法维护农民工合法权益，妥善审理涉农民工劳动争议案件11件、农民工讨薪案件9件，为农民工追讨工资68.70万元。认真落实司法救助制度，依法对经济确有困难的当事人减、免、缓诉讼费1234元。

助推诚信社会体系建设。巩固“基本解决执行难”成果，不断完善执行联动机制。受理执行案件142件，受案标的42879047.87元，执结117件，未结25件，结案率82.39%；调查被执行人财产状况180人次，约谈被执行人5人次，执行到位资金2263.13万元，曝光失信被执行人8人次；积极配合组织部门开展干部选拔任用诚信核查744人次。

四、坚持深化改革，提升司法服务能力和水平

持续深化司法责任制综合配套改革。严格落实司法责任制，进一步规范审判权运行机制，强化审判质量监督管理，院庭长带头办理重大疑难复杂案件；完善内设机构改革和人员分类管理，探索推进机构改革，内设机构由10个精简为4个，1名法官入额定级，2名法官职级晋升，招录4名聘用制书记员。

推进现代诉讼服务体系建设。全力推进一站式多元解纷和诉讼服务体系建设，开通12368诉讼服务热线，为群众提供咨询200人次，将人民调解、律师服务、道交一体化及网上智能保全等平台与法院

内网对接，网上立案37件、跨域立案12件、电子送达300人次、音视频调解4件、司法确认1件。

五、建强队伍素质，打造新时代忠诚干净担当的法院队伍

加强基层党组织建设。认真贯彻新时代党的建设总要求，严格落实“三会一课”、支部书记述职等制度，组织开展庆祝建党100周年、西藏和平解放70周年、宪法宣誓、重温入党誓词等主题党日活动4场次，组织参观红色教育基地2场次，观看爱国主义影片、聆听英模事迹报告6场次。累计为民办实事17件，惠及群众40余人。

加强人才队伍建设。紧紧围绕“五个过硬”要求，着力提升“七种能力”，加强干警教育培训，聚焦干部思想政治历练、增强党性修养、提升专业能力，组织开展理论中心学习12次、党支部集中学习18次，组织开展领导干部上讲台讲党课5场次，组织干警集中学习42场次，选派干警参加业务培训3人次，参加党校、法官学院轮训4人次，前往广东法院开展跟班学习2批3人次，广东省三级法院派3批工作组12余人次莅临墨脱调研指导工作。

加强廉洁司法建设。认真履行党风廉政建设主体责任，严格落实防止干预司法“三个规定”，干警通过人民法院“三个规定”记录报告平台中填报记录275人次，院领导班子填报21条，其中如实报告记录反馈45件次。扎实开展政法队伍教育整顿，聚焦“六大顽瘴痼疾”整治整改各类问题8人10条，推出12项为民办实事措施，健全完善各项制度10项。

在司法实践中锤炼办案队伍。2021年来，在所有471件案件中，我院5位员额法官平均办案94件，党组书记、院长带头办理疑难复杂案件31件，占办案总数的6.6%，作为院领导的员额法官办案388件，占案件总数的82.17%。院党组带头聚焦主责主业，党建对执法办案的引领作用得到进一步发挥。

各位代表，回顾法院工作取得的进步和发展，根本在于习近平新时代中国特色社会主义思想和习近平法治思想的科学指引，是县委坚强领导、人大有力监督、上级法院正确指导和政府、政协、对口援藏法院、社会各界关心支持的结果，凝结着各级人大代表、政协委员的关心支持和辛勤付出。在此，我代表墨脱法院表示衷心的感谢、致以崇高的敬意！

在看到成绩的同时，我们也存在一定的问题和不足：一是案件数量增长过快，审判资源供给不足，审判工作还不能完全满足人民群众司法需求；二是运用信息化辅助司法审判、便利群众诉讼的广度和深度不够，智慧法院建设还需进一步深化；三是诉与非诉衔接不够紧密、多元解纷工作协调联动不足，参与社会治理工作机制需要进一步完善。对于这些问题，我们将紧紧依靠党委领导，积极请示汇报，采取有力措施，努力加以解决。

2022年工作安排

2022年是实施“十四五”规划承上启下的关键之年，我院将高举习近平新时代中国特色社会主义思想伟大旗帜，深入贯彻习近平法治思想，认真贯彻党的十九大和十九届历次全会精神、中央第七次西藏工作座谈会精神，认真贯彻自治区第十次党代会精神，林芝市第二次党代会精神、墨脱县第九次党代会和九届二次全会精神，认真落实党中央、区党委、市委、县委决策部署，为抓好“四件大事”、实现“四个确保”提供有力的司法服务和保障。

一、在坚持和加强党的领导上持续用力

持续深入学习贯彻习近平新时代中国特色社会主义思想，笃行习近平法治思想，坚定不移走中国特色社会主义法治道路，自觉将法院工作置于党的绝对领导之下。对标对表党中央决策部署和区党委、市委、县委具体要求，紧扣法院职能定位，扎实做好司法审判工作，积极服从和服务于党和国家工作大局。

二、在服务高质量发展上持续用力

全面贯彻新时代党的治藏方略，发挥司法审判职能作用，为常态化疫情防控和经济社会发展提供更加优质、更可预期的司法服务。依法严惩危害国家安全、破坏社会稳定、破坏市场经济秩序、破坏生态环境犯罪，为高质量发展营造良好营商环境，保障各族群众在健康、舒适、优美生态环境中生存发展的权利。坚持诉讼服务向边境群众延伸，加大边境村居普法力度，依法妥善处理边境建设中的各类矛盾

纠纷，严厉打击跨境违法犯罪活动，保障边境群众合法权益，促进边防巩固、边境安全。

三、在践行司法为民上持续用力

始终把司法保障民生摆在突出位置，紧盯人民群众对公平正义更高层次的需求，进一步加强对老弱妇幼、农牧民工等特殊群体的司法保护，加大人身损害、教育医疗、社会保障、消费权益、婚姻家庭等涉民生案件审判力度，依法妥善处理“三农”领域矛盾纠纷。进一步提升执行工作质效，精准适用惩戒措施，努力推动不敢失信、不能失信、不愿失信的社会诚信体系建设。加快推进派出人民法庭常态化运转，创新发展新时代“枫桥经验”，服务保障实施乡村振兴战略。

四、在提升司法服务能力上持续用力

全面落实司法改革主体责任，在促进司法公正、提高审判质效、强化服务保障等方面持续发力。持续深化一站式多元解纷和现代化诉讼服务体系建设，为群众提供更加高效便捷的诉讼服务。坚持将法院工作融入社会治理体系，充分发挥司法规范和保障社会治理作用，为法治墨脱建设贡献司法智慧和力量。

五、在加强新时代法院队伍上持续用力

坚持“抓党建带队建促审判”工作思路，以政治建设为统领，一体推进从严治党、从严治院、从严治警，巩固深化党史学习教育、政法队伍教育整顿、“三更”专题教育成果，不断坚定政治信仰、筑牢政治忠诚、提高政治能力，围绕“五个过硬”要求，着力打造党和人民信得过、靠得住、能放心的高素质法院铁军，坚决扛起新时代党和人民赋予的神圣职责和光荣使命。

各位代表，新的一年，我们将在县委的坚强领导下，在人大及其常委会有力监督和县政府、县政协及其社会各界的大力支持下，坚定理想信念，坚守法治精神，坚持人民至上，依法履职尽责，认真落实本次大会决议，以更加昂扬的精神风貌、更加坚定的使命担当、更加务实的工作举措，服务保障大局、回应人民期盼、守护公平正义，为努力开创墨脱高质量发展新局面作出更大贡献！

墨脱县人民检察院工作报告

——2022 年 1 月 26 日在墨脱县第十二届人民代表大会第三次会议上

墨脱县人民检察院检察长　秦孟军

2021 年主要工作回顾

2021 年以来，墨脱县人民检察院在县委和上级检察机关的坚强领导下，在县人大及其常委会的依法监督下，在县政府、政协和社会各界关心支持下，坚持以习近平新时代中国特色社会主义思想特别是习近平法治思想为根本遵循，全面贯彻落实党的十九大和十九届历次全会精神和中央第七次西藏工作座谈会精神，贯彻落实区党委、市委和县委系列决策部署，增强“四个意识”、坚定“四个自信”、做到“两个维护”，围绕最高人民检察院“讲政治、顾大局、谋发展、重自强”的总要求，坚持“一个引领”、把握“两个紧扣”、突出“三个围绕”的西藏检察工作总思路，以贯彻落实好“稳定、发展、生态、强边”四件大事为抓手，以党史学习教育、“三更”专题教育和政法队伍教育整顿为契机，结合墨脱实情和区情，谋划推进检察工作高质量发展，为维护墨脱长治久安和高质量发展作出了新贡献。

一、将坚持党的绝对领导作为墨脱检察事业发展的根本保证

始终坚定党对检察工作的绝对领导，在夯实党的执政根基，夯实党的基层建设，夯实党员思想建设上努力，为推动检察事业沿着正确方向前进奠定坚实基础。

一是强化政治自觉，筑牢政治忠诚的根和魂。坚持把学习贯彻党的十九届六中全会精神、中央第七次西藏工作座谈会精神、习近平总书记“七一”重要讲话精神、习近平总书记在林芝考察调研时的指示精神作为重中之重。认真学习贯彻落实墨脱县委经济工作会议、九次党代会精神及各项决策部署，坚定不移在县委的坚强领导下，把培根铸魂的精神事业做细做实，把推动检察文化事业发展做好做精。结合庆祝中国共产党建党 100 周年，开展“初心向党・礼赞百年”系列活动，结合林芝检察机关“知信行・检察蓝”文化品牌创建，开展读红色经典、讲红色故事、写感悟体会等提笔练文、读书分享活动，进一步筑牢检察干警初心使命，坚定忠诚于党、忠诚于人民的理想信念，以及为党的事业奋斗终身的信心决心。

二是强化班子建设，走好“第一方阵”。坚持将党组班子建设和班子成员能力素质建设作为首要任务。年内共组织召开党组理论中心组学习 15 次。自觉主动落实请示报告制度，坚持重大事项、重要工作、重要问题向县委和上级院党组请示报告，年内共请示报告各项工作 60 余项。认真贯彻民主集中制，坚持“三重一大”事项上党组会议，院党组共研究重大事项 56 项。压实领导干部带头办案制，进入员额检察官的班子成员共办理案件 22 件，占受理案件总数的 75%。

三是强化思想教育，狠抓干部队伍理论建设。坚持用政治理论教育武装头脑、指导实践，切实抓好党史学习教育、“三更”专题教育、政法队伍教育整顿，制作政治理论知识学习教育资料汇编 20 本，应

知应会知识汇编20本。依托理论中心组学习、"三会一课"、每周例会，开展党史教育、政治教育、中华民族共同体意识教育、警示教育、英模教育等50余次。党组班子成员上专题党课4次。抓好县委"红色夜校大讲堂"学习平台，组织干警积极参加学习教育。注重对学习效果的检验，开展大研讨、大讨论10余次；开展党史学习教育、"三更"专题教育、政法队伍教育整顿知识测试；注重在学习中贯穿党性修养，组织撰写"我的政法故事"和学习教育心得体会40余篇。

四是强化廉政教育，推进全面从严治检向纵深发展。坚持把党风廉政建设和反腐败工作纳入检察整体工作中部署，研究制定党组落实全面从严治党主体责任清单。积极向县委汇报履行全面从严治党主体责任情况，并按照县委部署要求抓好检察内部廉洁从检各项工作。年内采取开展思想教育、廉政谈话、警示宣传等多种形式，筑牢检察干警廉洁从检思想防线。严格落实重大事项月报制度，全年共补报14条过问案件情况。履行反腐败斗争政治责任，办理上级院交办的司法人员涉嫌职务犯罪线索排查案1件，做好证据收集、整理和移送等工作。

五是强化检务公开，积极打造"阳光检察"。加强与代表委员的联络，走访全国人大代表，征求对检察工作的意见建议。邀请人大代表、政协委员、人民监督员参加检察开放日、检察听证、教育整顿座谈会等，自觉主动接受监督。用好"两微一端一网"，讲好墨脱检察故事，年内共发布信息1447条。

二、将坚持服务中心大局作为检察事业的永恒主题

始终坚定治国必治边、治边先稳藏的新时代党的治藏方略，坚定不移将稳定、发展、生态、强边"四件大事"与检察监督职能紧密结合起来，发挥好检察服务中心大局工作职责使命。

一是抓好检察助力社会治理现代化。发挥检察职能在推动社会和谐稳定，推进社会治理中的作用，严格落实敏感节点24小时值班带班、日报告制度。坚决服从县委统一安排，深入背崩乡、墨脱镇及下辖各村、寺庙开展维稳督导。先后投入检力300余人次参与值班备勤。圆满完成建党100周年、西藏和平解放70周年等敏感节点维稳安保工作。认真开展综治平安建设、安全生产、禁毒、电信诈骗、国家安全等内容丰富的宣传活动27次，与去年同期相比，宣传次数增长58%。开展矛盾纠纷排查化解，以"检察长接待日"和12309检察服务中心为平台，接待来访群众7人次，办理涉法涉诉案件2件，其中上级院交办1件。

二是抓好检察助力乡村振兴。发挥检察职能作用在推进乡村振兴中的优势，将结对帮扶工作与践行全心全意为民服务宗旨相结合。年内共结对慰问10户，送去3000余元慰问金慰问品。加强与驻村点的联系，结合"我为群众办实事"实践活动，帮助协调解决存在的问题困难4件。院驻村工作队认真落实驻村工作任务，组织开展支部委员专题培训，为村委会培养后备干部10人，为乡村振兴奠定人才基础。组织开展各类专题学习宣传40余次。充分发挥检察专业优势，开展法治宣传12次。了解群众所需所急所盼，帮助村民成功追回2万元游戏消费金。

三是抓好检察助力美丽墨脱建设。在贯彻落实县委"将墨脱县打造成喜马拉雅南麓最靓丽的边境县"总定位中体现检察担当，联合县河长办和县公安局签订了"检察长+河湖长+警长"协作机制，按照机制精神，深入西工河段开展巡河，察看河水水质、水域环境、沿线河岸生态环境等情况。前往县河长办调研河湖长履职情况，了解河湖管理日常工作开展情况，助力推进河湖生态环境保护工作。在县林草、文旅挂牌"公益诉讼检察联络站"，在地东村和果果塘景区设置"生态检察宣传点"。年内共办理9件涉生态环境和资源保护领域公益诉讼诉前案，占公益诉讼案件总数的64%。其中，依法保护仁青崩景区生态环境检察建议，被评为自治区检察机关2021年第一季度公益诉讼典型案例。

四是抓好检察助力强边固防。按照县委"确保墨脱县成为祖国西南边陲戍边卫国的前沿阵地、边民生活的幸福家园"的工作思路，延伸检察监督触角到强边固防中，加大边境检察工作开展力度。与中国人民解放军驻墨某部队、县边境管理大队、国家安全局墨脱站、县人民法院等部门签订了涉边境案件线索通报、移送、联席等六个试行机制。加强涉边

境安全案件办理，年内共办理偷越国边境案1件1人、非法狩猎案1件1人，为打击犯罪形成震慑。扩大检察服务固边兴边范围，在33个抵边村挂牌派驻检察联络站，分别指定1名检察官，邀请1名村“两委”班子担任驻村检察官助理。结合派驻工作实际，建立了联络站工作职责、管理办法等六项机制。挂牌以来深入边境乡村开展法治宣传3次、调研摸底5次，采取每月电话联络形式，了解各村在法治建设中需求。实现了边境检察有牌子、有人员、有制度、有成效的“四有”目标。

三、将坚持人民利益作为检察事业的根本属性

始终坚持“人民检察为人民”的主基调，认真贯彻落实《中共中央关于加强新时代检察机关法律监督工作的意见》，狠抓“四大检察”“十大业务”，把维护人民利益，维护公共安全，提升人民群众安全感、幸福感放在首位。

一是做强刑事检察，维护社会和谐稳定。紧紧立足刑事检察职能，依法严厉打击各类违法犯罪行为。全年共受理审查逮捕案件5件5人，与去年同期相比增长67%；批准逮捕5件5人，与去年同期相比增长400%；在审查起诉阶段决定逮捕1件1人。共受理审查起诉案件24件33人，与去年同期相比案件量增长500%；起诉12件14人，与去年同期相比案件量增长500%；不起诉7件8人，与去年同期相比案件量增长250%；正在办理5件11人。提前介入3件重大、疑难复杂案件，引导侦查机关取证，与去年同期相比提前介入案件量增长300%。抓好认罪认罚从宽制度的落实，认罪认罚适用率达到100%。优化案－件比，案－件比为1∶1。做好刑事检察和刑事执行检察监督，共发送《纠正违法通知书》2份，与去年同期相比案件量增长100%，制发检察建议2份，开展羁押必要性审查1件1人，监督社区矫正入矫和解矫宣告4次。

二是做好民事行政检察，维护社会公共利益。正视民事行政检察基础薄的问题，努力破解民事行政检察监督难的措施办法，主动对接审判机关和行政执法机关，对办结生效民事裁判文书和行政机关作出的行政处罚决定进行审查，针对发现的问题，发送检察建议2份，为促进行政执法规范化，推进法治政府建设发挥作用。

三是做优公益诉讼检察，维护国家和公共利益。始终坚定做公共利益的捍卫者和代言人，采取走访调研、摸排线索等形式，加大公益诉讼监督力度。年内共立案公益诉讼案件13件，发送诉前检察建议10件，磋商结案3件，其中涉生态环境和资源保护领域9件，涉食品药品安全领域4件，与去年同期相比案件量持平。

四是做细未成年人检察工作，维护未成年人健康成长。精心呵护未成年人健康成长，开展“检爱同行、共护未来”未成年人保护专项执法检查，深入县城辖区内宾馆、网吧、娱乐场所，采取查阅登记表、查看监控视频、询问负责人等方式对有无接纳未成年人、招用未成年人，是否严格落实未成年人入住宾馆询问和报备制度、设置明显的未成年人禁止进入警示标志等情况进行检查。对检查中发现的问题，当场指出并要求立即整改，号召各商家积极落实未成年人强制报告规定，主动承担保护未成年人健康成长社会责任，积极营造安全和谐未成年人成长环境。持续落实高检院“一号检察建议”，深入2所小学开展“开学季法治宣传进校园”活动。结合涉未成年人刑事案件办理，携手审判、侦查、团委、民政等部门签订《关于在办理未成年人刑事案件中推行合适成年人到场的工作机制（试行）》，未成年人刑事检察司法制度创新迈出了新的一步。

五是做实检察为民服务，积极践行为民办实事。结合党史学习教育和政法队伍教育整顿，结合检察工作实际，制定为民办实事工作措施10条。年内组织开展法治宣传进校园进乡村、提供法律援助等实事，帮助群众解决法律疑问，做好释法说理。实地走访10家超市、小卖部和1家净水公司，深入县城7家诊所药店开展食品药品安全领域监督检查，保障群众“舌尖上的安全”。积极开展窨井盖专项整治，排查县城内窨井盖设施328个，保护群众“脚底下的安全”。坚持把“小案”当做群众的“大事”来办，针对群众来访，在做好登记备案、实际调查、答疑解惑等基础工作上，按照高检院要求，坚决做到7日内程序性回复、3个月内办理过程或结果答复。全面推开公开听证，对3起拟不起诉案件、1起行政检察

监督案件召开公开听证会议，广泛听取代表委员、人民监督员、法律援助中心等各方意见，与去年同期相比听证案件量增长300%，公开听证让公平正义更加可触可感，更解民怨、暖民心。

四、将坚持队伍规范化建设作为检察事业的根基保障

始终以检察队伍革命化、正规化、专业化、职业化建设为方向，统筹推进内设机构改革、干部队伍建设、基层基础建设，厚植检察事业稳步推进根基。

一是推进内设机构改革。按照内设机构改革“三定方案”，整合人员力量，完成了改革方案的拟定和报送。统一业务应用2.0系统正式上线运行，进一步规范了案件的办理。落实好检察人员职业保障和考核问责，完成了年度业绩考核工作，激励干警担当作为。

二是提升检察队伍素质。年内共选派11人次参加各类业务专题培训，组织收听收看业务讲座80余场次，落实“双百计划”智力援藏，选派1名干警前往广东省参加岗位锻炼。用好“学习强国”App、中国检察教育网等平台，组织干警积极参加线上学习。结合林芝检察机关“知信行·检察蓝”文化品牌创建，组织开展提笔练文、读书分享活动12场次，全院干警和书记员报送文章、分享感言100余篇，积极参加全市检察机关演讲、知识竞赛、征文比赛、法律文书竞赛、检察青年说等活动，为提高干警能力素质奠定基础。

三是抓好检察队伍教育整顿。坚持把政法队伍教育整顿作为检视问题、磨砺队伍、强化监督的重大机遇，以筑牢政治忠诚、清除害群之马、整治顽瘴痼疾、弘扬英模精神为主要任务，整治检察队伍存在的顽瘴痼疾18条，11名干警按照自查从宽、被查从严的政策给予批评教育、谈话提醒。注重整顿成果的运用，建立健全各类制度4个。教育整顿以来，以学习教育促整顿，洗礼和锤炼了干警思想政治；以自查自纠促整顿，解决和查改了干警顽瘴痼疾；以为民办实事促整顿，强化和树牢了干警宗旨意识；以推动教育整顿成果转化，提高和深化了干警担当能力。

四是推进基层基础建设。年内以推进检察业务建设专业化为方向，完成了党组会议室、视频会议室、多功能会议室、赃证物室的改造。以推进拴心留人工程为方向，完成了阳光房、旧周转房维修、干警之家改造等项目。基层基础建设更趋完善，检察办案条件更加完善，为推动检察监督职能的全面开展奠定坚实基础。

各位代表，过去一年，墨脱县人民检察院坚持党的领导，坚持以人民为中心的发展思想，推动检察工作融入稳定、发展、生态、强边“四件大事”，依法忠实履行法律监督职责，全面完成年度各项工作目标任务，竭力服务墨脱长治久安和高质量发展。

各位代表，过去一年，墨脱检察工作取得的成绩，得益于县委的坚强领导，得益于人大及其常委会的有力监督、政协的民主监督和政府、社会各界的关心支持。在此，我代表县人民检察院，向县委、人大、政府、政协以及各位代表、委员表示诚挚的敬意和衷心的感谢！

同时，我们也清醒地认识到，工作中还存在一些突出问题：一是检察工作深度融入“四件大事”还不够，服务保障墨脱高质量发展上措施办法还不多；二是民事、行政检察监督力度还不够，破解民事行政检察监督难问题上措施办法还不多；三是检察队伍能力素质不适应高质量发展要求，业务能力综合素质跟不上新时代新要求。对于这些问题，我们将高度重视，下大力气加以解决。

2022年工作安排

各位代表，2022年党的二十大召开之年，是实施“十四五”规划承上启下的关键之年。墨脱县人民检察院将始终以习近平新时代中国特色社会主义思想为指导，全面贯彻落实党的十九届六中全会精神，贯彻落实《中共中央关于加强新时代检察机关法律监督工作的意见》，贯彻落实自治区第十次党代会、林芝市第二次党代会、墨脱县第九次党代会精神，聚焦“四件大事”“四个创建”和“四个走在前列”，围绕县委“将墨脱打造成喜马拉雅南麓最靓丽的边境县”的总定位，着力在打造“七个边境样板”上发挥检察职能作用，切实担负起服务保障墨脱长治久安和高质量发展的政治责任、法治责任、检察责任，扎实推进检察工作深度融入、全面服务保障墨脱长治久安和高质量发展。

一是强化思想引领，不断加强党的建设。要学深悟透习近平新时代中国特色社会主义思想，学深悟透习近平法治思想和新时代党的治藏方略，学深悟透党的十九届六中全会、自治区第十次党代会、区党委十届一次全会、林芝第二次党代会，学深悟透墨脱县委第九次党代会精神、县委经济工作会议、全委会精神和本次会议决议，始终坚持党对检察工作的绝对领导，自觉贯彻落实党中央、区党委、市委、县委和上级院决策部署，不断加强向县委的请示报告，坚决同县委保持同心同德、同频共振、同向发力，自觉把党的绝对领导和县委决策部署落实到检察工作各方面全过程。坚持全面从严管党治检，坚持维护稳定和党风廉政建设"两手抓"，牢牢守住检察队伍廉洁底线，着力营造风清气正的检察政治生态。

二是强化大局意识，全面服务保障墨脱长治久安和高质量发展。始终紧扣"四件大事"和打造"七个边境样板"，充分发挥刑事检察职能作用，依法严厉打击危害国家安全、危害公共安全、破坏市场经济秩序、侵犯财产、妨害社会管理等犯罪，切实担负起维护社会大局稳定的政治责任。积极探索民事诉讼活动法律监督有效方式，为保障依法行使审判权，正确审理民事案件，保护当事人合法权益，维护社会公平正义发挥检察作用。持续加大行政检察监督力度，为进一步规范行政执法，推动建立法治政府发挥检察作用。全面加强生态检察，依法严厉打击破坏环境资源犯罪，切实加强生态公益诉讼工作。谋划推动边境检察，深刻认识反分裂斗争新形势和新任务，推动边境地区法治建设作为重要职责使命，为边境地区稳定发展提供有力法治保障。统筹落实民生检察，持续加强群众来信来访"七日回复"、检察建议、公开听证、支持起诉等工作，依法治护大局、系人心。

三是强化基础建设，扎实推进检察自身工作高质量发展。坚持问题导向，抓住检察队伍能力素质不适应高质量发展要求，业务能力综合素质跟不上新时代新要求，抓班子、抓队伍、抓业务、强质效，扎实开展改进作风狠抓落实工作、政治轮训和业务培训。坚持改革导向，抓住检察内设机构改革契机，推进检察队伍革命化、正规化、专业化、职业化建设，推动执法司法规范化建设，推动检务管理科学化建设。坚持严管厚爱结合，抓住政法队伍教育整顿成果转化，始终以最"严"的要求培养干部，以最"实"的举措推动干部队伍建设，以最"高"的标准激发干部担当作为。

各位代表，大盘取厚势，落子开新局。墨脱县人民检察院将更加紧密团结在以习近平同志为核心的党中央周围，大力弘扬建党精神，以"两个确立"统一思想行动，在县委和上级院党组的坚强领导下，在县人大及其常委会的有力监督下，在县政协的民主监督和政府、社会各界的关心支持下，锚定目标，意气风发，以更优的检察履职助力实现墨脱长治久安和高质量发展！

墨脱县2021年国民经济和社会发展计划执行情况与2022年国民经济和社会发展计划报告

——2022年1月25日在墨脱县第十二届人民代表大会第三次会议上

墨脱县发展和改革委员会

各位代表：

受县人民政府委托，现将墨脱县2021年国民经济和社会发展计划执行情况与2022年国民经济和社会发展计划草案报告提请墨脱县第十二届人民代表大会第三次会议审议，并请各位政协委员和列席人员提出意见。

一、2021年国民经济和社会发展计划执行情况

2021年，面对"十四五"开局起步的新任务，启航全面建设社会主义现代化的新征程，在区党委、政府，林芝市委、市政府，县委、县政府的坚强领导下，坚持以习近平新时代中国特色社会主义思想为指导，深入贯彻落实党的十九大和十九届历次全会精神以及第七次西藏工作座谈会精神、习近平总书记考察西藏时重要讲话精神和中央、区党委、市委、县委经济工作会议精神，坚持新发展理念，构建新发展格局，正确处理好"十三对关系"，扎实做好"六稳"工作，全面落实"六保"任务，聚焦"四件大事"，扎实推进美丽、和谐、幸福、生态、宜居墨脱建设步伐，主动适应经济发展新常态，以国家发改委（国家能源局）定点帮扶墨脱县为重大历史机遇，紧紧围绕年度发展目标任务，奋力夺取疫情防控和经济社会发展"双胜利"，较好地完成了全年各项经济指标任务，实现"十四五"良好开局。

（一）聚焦经济指标，全力稳增长促发展

全县地区生产总值完成8.52亿元，同比增长7.1%；固定资产投资突破14亿元，同比增长44.7%；城乡居民可支配收入达41346元、15278元，分别同比增长13.3%、18.7%；社会消费品零售总额达7281万元，同比增长11.9%；一般公共财政预算收入6277万元，同比增长9.11%；城镇调查失业率控制在5%以内；居民消费价格指数涨幅控制在3%以内。经济运行保持在合理区间，呈现出稳中有进、进中向好的发展态势。

（二）聚焦项目建设，全力稳投资增动能

持续强化"重点项目挂图作战""基建会""重点项目推进会"等措施，推进项目早落地、早建成、早受益。固定资产投资实现新突破，全年完成固定资产投资14.46亿元，同比增长44.71%，完成年度目标任务（11.04亿元）的130.98%。市级重点项目全力推进，总投资5.74亿元的21个市级重点项目，年内全部开复工，累计完成投资3亿元。县级重点项目扎实推进，年内开复工69个，完工43个，累计完成投资4.11亿元。切实做好重点项目储备，初步形成《墨脱县"十四五"项目储备表》涉及44大类108个项目，总投资110亿元。扎实做好项目审批，全年下达初步设计及概算批复98个，总投资5.47亿元，

涉及民生福祉、产业发展、乡村振兴等领域。重大项目支持作用成效凸显，派墨农村公路实现全线贯通，国道219线墨脱至察隅段新建工程、国道559线达国桥至帮辛乡公路改扩建工程进展顺利，雅江下游水电开发前期工作稳步推进，墨脱主电网延伸工程全面完成，建成电子政务外网点位55个，实现全覆盖。

（三）聚焦产业发展，全力育产业增质效

农牧产业稳步发展，完成粮食播种1.84万亩，建成高标准农田1000亩，良种繁育基地1300亩，完成农业社会化服务托管任务2000亩，建成特色林果经济基地30个，面积2252亩。推广农业“机械化”种植，完成“无人机首次喷药”和“双人采茶机首次采茶”作业。藏猪养殖规模0.64万头，能繁母猪0.21万头。玛迪村水产养殖项目一期竣工投产，填补全区水产养殖空白，首批对虾养殖上市销售，广获市场好评。茶产业提质增效，制定《墨脱茶叶产业标准化体系建设工作方案》，印发《墨脱县茶产业标准化管理手册》，成立墨脱县茶叶产业协会，建成高原有机茶园103个，面积达2.59万亩，覆盖6个乡（镇）39个村，全年累计采摘茶青45.14万斤，带动群众增收1157万元。旅游产业再攀高峰，全年接待游客20.58万人次，同比增长136%，实现旅游总收入7893.07万元，同比增长264%；完成墨脱县雅鲁藏布大峡谷景区、墨脱景区、亲江景区、仁青崩景区项目建设。文化产业成效显著，隆重举行庆祝建党100周年、西藏和平解放70周年文艺会演，开展文艺“八进”等活动188场，观看群众1.6万余人；达木乡成功申报为林芝市特色民间文化艺术之乡，墨脱石锅文化产业有限公司成功申报为林芝市第一批市级文化产业示范基地。清洁能源产业持续发展，全年累计发电量2729万千瓦时，供电量2325万千瓦时，售电量2036万千瓦时。

（四）聚焦乡村振兴，全力固成果抓提升

始终把巩固拓展脱贫成果同乡村振兴有效衔接作为重大政治任务和第一民生工程，严格落实“五年过渡期”“四个不摘”要求，顺利实现脱贫攻坚指挥部向乡村振兴局职责过渡，拟定《墨脱县巩固拓展脱贫攻坚成果同乡村振兴有效衔接的实施意见（征求意见稿）》，有力保障乡村振兴各项政策措施落地落实，完成“十三五”时期197个项目12亿元资产确权登记工作，完成“一村一方案”编制工作。强化25户96人“三类人群”防止返贫致贫动态监测机制，落实易地扶贫搬迁后续帮扶资金1357.13万元，切实增强搬迁群众自我发展动力。实施13个行政村乡村振兴示范工程，有效缩小发展差距，增强发展后劲。统筹整合资金1.36亿元，实施项目37个，全年支出1.24亿元。项目带动就业不断发力，全年交由农牧民施工企业（施工队）实施项目54个，总用工1013人，吸纳农牧民835人，吸纳农民工比例82.43%。

（五）聚焦共建共享，全力保障民生福祉

基础设施日趋完善。乡（镇）、村通水率达100%，安全饮水实现全覆盖；全县公路总里程529.24公里，乡镇通达率100%，通畅率62.5%；行政村通达率100%、通畅率71.74%；乡、村通电率均达100%，电视、广播综合人口覆盖率均为100%，移动信号覆盖率100%，行政村网络覆盖率100%；全县5个乡镇20个行政村实现通客车，全年累计发车1299班次，客运量7734人次。有序推进农村饮水维修养护力度，保障13个村庄供水安全，完成德兴、背崩乡17个行政村农村供水设施维修器材采购，切实解决村级供水维修设备短缺问题。边境村镇建设力度不断加快，总投资8.32亿元的34个小康村全部完工；总投资2.45亿元的康卓登、兴开、德尔贡3个抵边安置点建设项目全力推进，完成158栋房屋主体建设任务，边境一线地区人口聚集能力进一步增强。疫情防控有力有序。新冠疫情“零感染、零输入”防控成果持续巩固，从严落实防疫物资保障，强化重点人群、重点领域、进口冷链食品管控，全面推广健康码+行程码+场所码防疫体系，开展核酸检测1.73万人次，接受健康监测526人，累计完成疫苗接种3.95万人次，建立完善边境通道管控和疫情防控工作机制，形成“军守线、警守点、民守片”的党政军警民联防联控工作格局，全面织牢织密墨脱疫情防控安全屏障。卫生服务优质发展。创建“二甲医院”持续推进，远程会诊中心、负压病房、核酸快检系统、核酸提取仪等设施设备完成配备，藏医院、背崩乡、墨脱镇卫生院竣工验收，人民医院术科大楼项目有序推进，软硬件设施得到明显提升。卫生惠民政策有效落实，分别兑现寿星老人健康补贴、住院分娩补助资金3.14万元、13.85万元，完成乳腺癌筛查516人，宫颈癌筛查354人，开展中小手术2249例，完成城乡居民和在编僧尼免费健康体检5660人，组建家庭医生团队45个，开展巡回诊疗40余次，受益群众1.28万人次，免费发放药品价值15.04万元。教育体育事业蓬勃发展。共有各级各类学校40所，在编教师288人，在校学生2622人。学前三年毛入园率达97.80%，小学适龄儿童净入学率达99.93%，初中阶段毛入学率达101.92%，义务教育阶段巩固率达100%，义务教育适龄残疾儿童净入学率达100%。全年实施教育项目12项，总投资5347万元，含教学楼、综合楼、教师周转房等项目。全年累计支出“三包”经费1405.69万元，“农村义务教育学生营养改善计划”经费132.08万元，兑现乡村教师生活补助168.57万元。举办首届干部职工趣味运动会，受到全县干部职工广泛关注和踊跃参与。先后组织第三届“莲花杯”夏季六人制足球联赛，第二届“成长杯”中学组足球赛，及环城徒步比赛等“三大节日”系列体育庆祝活动。2021年被国家体育总局评为全国县域足球典型县。基本民生保障不断加强。坚持就业优先，新增城镇就业350人，完成目标任务的100%；实现农牧民转移就业3755人，转移就业增收3606.53万元，分别完成全年任务的102.88%、109.79%。开展技能培训35期、1699人次，完成目标的121.35%。开发县级就业岗位232个，实现就业158人。实现城乡居民社会养老保险参保6079人，发放社保卡1.19万张，使用率超90%以上。大力开展根治欠薪行动，收到欠薪投诉134起，追讨劳动报酬3357.99万元。完成城乡居民医疗保险登记1.12万条，解决6065人基本医疗保险47.13万元。享受城乡居民、城镇职工医疗保险待遇报销1.87万人次，统筹支出1927.92万元。发放城乡低保资金137.76万元，为困难群众解决临时救助金38.6万元，发放生活补助和护理补贴89.98万元。不断优化婚姻登记程序，全年办理结婚登记402对。发放退役士兵家属优待金及一次性自主就业经济补助金60.8万元，兑现优抚资金14万余元。

（六）聚焦新型城镇化，全力增投入提品质

城市建设迈开新步伐，国土空间总体规划编制扎实开展，水利改革发展“十四五”规划完成编制，特色小镇、边疆明珠小镇、污水垃圾处理设施、公租房建设等18个项目有序开展，莲花湖公园全民健身设施提升工程落地实施，督导检查全县“厕所革命”工作150余次，卫生达标率95%，完成户厕改造19户，市政基础设施、服务功能持续完善。配备垃圾车、洒水车、扫地车等17辆，清运城区垃圾2282.76吨，实现城区垃圾“日产日清”，维修更换路灯176盏，城市人居环境明显提升。持续开展市容乱象整治行动，清理店外经营97处，“僵尸车”27辆，处理机动车违规停车120起，增划机动车停车位64个，非机动车72个，市容秩序逐步规范。

（七）聚焦绿色发展，全力抓保护强生态

环境治理坚决有力，生态环境部西南督察局反馈问题扎实有效整改，建设项目环境影响登记表备案131份，全年接到环保举报投诉3件，处理1件，转办2件，处理率100%。全县空气质量达标天数比例100%，水环境、土壤环境持续向好，现有林地面积1.71万平方公里，灌木林地0.8万平方公里，林草覆盖率达80.6%。创建国家森林城市建设有力推动，野生动植物保护、监测有力开展，首次在自然生境中拍摄到野生灰腹角雉藏南亚种活体影像。落实生态补偿脱贫岗位1322个，兑现资金461.41万元；兑现公益林补助3428.54万元，惠及2637户10473人。河（湖）长制全面落实，全年开展巡河（湖）1747人次，清理沿线垃圾112.9吨，全面推行“河（湖）长制+检察长+警长”协作机制。

（八）聚焦改革创新，全力增活力添动力

“互联网+政务服务”有序开展，设置政务服务窗口32个，进驻单位21家，进驻事项355项，发布实施清单918条，受理办件9.27万件，电子证照签发总量9.26万件。厘清权责边界，动态调整权责清单，现有行政权力事项3871项，梳理取消行政许可事项3项。精简审批环节，提升办理事项效率，工程建设项目审批拨款流程材料收取由原来的64项精简为24项。全面开展“减时限、减材料、减跑动”专项行动，承诺时间压缩比例达50.84%。现有各类市场主体1604户，注册资本（金）17.1亿元；商标档案330枚。国有企业改革三年行动扎实推进，以管资本为主的国有资产管理体制机制进一步完善。电力体制改革有序推进，完成公司注册和“子改分”工作。墨脱县供销合作社挂牌成立，制定《墨脱县供销合作联合社关于探索开展生产、供销、物流、资金“四位一体”综合改革试点工作实施方案》，探索开展供销合作社“四位一体”综合改革试点工作。农村集体产权制度改革以优秀等次顺利通过区、市两级验收，资产清查总额达1.47亿元。落实招商引资项目13个，完成投资1.55亿元，完成年度目标任务的103%。援藏支持力度创新高，国家发改委首次定点帮扶墨脱，申报项目24个，总投资9.88亿元；实施援藏项目5个，完成投资4257万元。落实边境地区外事巡边员制度，大力开展外事巡边员试点建设，守边固边钢铁长城持续巩固。

各位代表，回顾过去一年的工作，成绩来之不易，根本在于以习近平同志为核心的党中央高度重视、关心关怀，根本在于习近平新时代中国特色社会主义思想科学指引，根本在于习近平总书记关于西藏工作的重要论述和新时代党的治藏方略的坚决贯彻，得益于国家发改委（国家能源局）、广东省人民和社会各界的长期关心、鼎力支持，离不开县委、县政府的统揽全局、科学决策、坚强领导，离不开县人大、县政协的监督与支持，离不开各部门的奋发攻坚、主动作为，也离不开全县各族人民团结奋斗、努力拼搏。

在充分看到成绩的同时，我们也要清醒认识到，对照高质量发展要求，全县经济和社会发展中面临困难挑战，主要表现为：全县发展不充分、不平衡、不协调的问题仍比较突出，县域经济总量偏弱；全球新冠肺炎疫情持续蔓延，常态化疫情防控任务艰巨；产业基础薄弱，发展质量不高，土地资源要素制约矛盾日益突出；巩固拓展脱贫攻坚成果与乡村振兴有效衔接、污染防治、风险防控任务繁重；教育、医疗、养老等公共服务供给与群众期盼仍有差距。对此，我们将直面问题，采取有力措施，一件一件解决问题，破解难题。

二、2022年国民经济和社会发展计划草案

2022年是全面实施“十四五”规划的重要之年，是全面贯彻落实自治区第十次党代会和林芝市第二次党代会精神的开局之年，是党的第二十次全国代表大会召开之年，我们要紧紧围绕习近平总书记在林芝视察时作出的重要指示精神，紧紧围绕区党委“四个创建”“四个走在前列”目标定位和王君正书记在墨脱调研期间作出的指示要求，紧紧围绕市委“11364”发展思路，着力打造“七个样板”，坚持稳中求进，进中向好的工作总基调，以推动高质量发展为主题，以深化供给侧结构性改革为主线，以改革创新为根本动力，以满足人民日益增长的美好生活需要为根本目的，巩固拓展疫情防控和经济社会发展成果，做好“六稳”工作，落实“六保”任务，努力保持经济运行在合理区间，以优异成绩迎接党的二十大胜利召开。

2022年经济增长的主要预期目标是：地区生产总值增长8.5%以上；全社会固定资产投资增长12%以上；社会消费品零售总额增长10%；城乡居民人均可支配收入分别增长8.5%、14%以上；居民消费价格总水平涨幅控制在3%以内，城镇调查失业率控制在5%以内。

实现以上预期目标，要重点抓好以下几方面工作：

（一）在规划引领上再发力，夯实跨越发展新基础。一是纵深推进“十四五”规划及有关规划实施。聚焦“五期叠加”的新特征，紧扣自治区“四个创建”“四个走在前列”决策部署和林芝市“11364”发展战略，扎实推进“十四五”时期项目实施，持续推进墨脱县国土空间总体规划编制工作，做好巩固拓展脱贫攻坚成果与乡村振兴的有效衔接，用大规划落实发展的大思路。二是认真落实国家部委帮扶及援藏对口支援政策。以国家发改委（国家能源局）明确的7个方面25条具体帮扶任务为导向，以向国家发改委申报的24个项目为基准，进一步加强同上级部门汇报衔接，形成工作合力，确保定点帮扶工作有序推进。不断完善经济援藏、教育援藏、科技援藏、干部人才援藏等受援机制，积极与援藏工作队墨脱工作组对接，加快推进援藏项目建设进度，促进

2022年投资计划实施项目按时完成，确保援藏项目在援藏期间圆满完成建设任务。三是强化经济运行分析。紧盯年度经济指标任务，完善分析调度制度，强化监测研判深度，采取月调度、季调度等方式，加强经济运行分析研判，解决经济运行中重要领域出现的困难问题，确保全县经济运行在合理区间。

（二）在项目建设上再发力，锻造跨越发展新引擎。一是全力推进重点项目建设。坚持"项目跟着规划走、资金要素跟着项目走"的原则，切实发挥投资拉动的关键作用，在"稳投资"上再发力。全力推进水仙花大街棚户区改造、茶叶杀青点、抵边搬迁种茶等项目建设，协调推进国道219线墨脱至察隅公段新改建工程、国道559线达国桥至帮辛乡公路改扩建工程建设，推动墨脱县商贸物流集散中心建设项目、墨脱县军民一体化建设项目——背崩乡军地应急力量训练基地建设项目全面开工建设，加快实施墨脱县直2021年周转房建设项目，解决干部职工后顾之忧。二是全力抓好项目储备。进一步强化"抢"和"争"的意识，结合墨脱实际，储备一批符合国家、自治区、市级政府投资导向的项目，为长远发展打基础、增后劲，努力形成项目"储备一批、推进一批、实施一批、建成一批"的滚动发展格局。三是全力加强项目管理。严格按照项目建设基本程序，牢固树立精品意识，认真落实建设质量五方终身责任制，把保证质量落实到重点项目建设每一个角落、每一个环节，从项目实施管理、阶段目标、质量安全等环节全程跟进，全力打造精品工程、样板工程，确保建设项目经得起历史检验。

（三）在产业发展上再发力，厚植跨越发展新优势。一是大力发展特色农牧业。坚持把稳定粮食产量作为农业发展的首要任务，严守耕地保护红线，严格落实粮食安全县长责任制，统筹做好春耕春播和病虫害防治工作。进一步扩大藏猪、能繁母猪养殖规模，确保完成年度目标任务。有序扩大茶叶种植规模，强化茶叶基地土地开发项目建设，全力推动墨脱镇亚让村果果塘茶产业业务用房配套设施项目、德兴乡荷扎村蜜柚基地提质增效项目、背崩乡西让村边境小康产业配套项目等15个产业基础设施配套项目开工建设，培育以茶叶种植、水产养殖、畜禽养殖、茶园种养结合、茶旅融合的农牧特色产业，确保产业做大做强，打造一张面向区内外的"新名片"。二是加快推动文旅产业发展。加快发展全域旅游，以G219旅游大通道为支撑，构建精品旅游环线。大力发展"旅游+""+旅游"，持续推进拉贡景区、背崩自驾营地招商引资项目开发建设，完成墨脱县果果塘旅游产业基础设施、果果塘景区栈道观景台改建、仁青崩景区提升项目建设，启动旅游观光车，安装景区人脸识别系统，开通网上预订景区门票等业务，力争年底将果果塘景区创建成4A级景区，仁青崩景区创建成3A级景区。继续加大农家乐、家庭旅馆扶持力度，在做好常态化疫情防控的前提下，全年接待游客超22万人次，旅游收入突破1个亿。进一步加大门珞文化挖掘、收集、整理、宣传工作，不断创作新文艺作品，加快文创产品设计制作、销售。三是加快推进清洁能源产业发展。加快推进墨脱县亚让电站闸首改造及城区变电提升项目、墨脱县中低压配电网工程项目建设，进一步升级改造县城电网，提升电力保障能力。全力打造清洁能源接续基地，配合上级部门和相关行业主体，加快推进雅鲁藏布江下游水电开发，强化水电开发对墨脱县产业、基础设施、公共服务的带动作用，积极争取水电项目在投产时能够对墨脱有所倾斜。

（四）在民生保障上再发力，谱写跨越发展新篇章。一是坚决抓好疫情防控。全面做好"外防输入、内防反弹"，坚决落实"机制不变、力度不减、标准不降"的要求，强化流调排查、核酸检测等能力建设和物资保障，强化进口冷链食品全链条监管和预防性消毒，抓实农贸市场、大型商超、餐饮住宿、文化娱乐、公共交通等重点人群、重点场所、重点领域疫情防控措施。持续推进疫苗接种工作，不断完善党政军警民联防联控机制，加强边境通道、山口防控管控，确保墨脱人民安全和边境一线稳定。二是坚定不移实施乡村振兴战略。贯彻落实中央农村工作会议精神，坚持把解决好"三农"问题作为当下工作的重中之重，做好巩固拓展脱贫攻坚成果同乡村振兴有效衔接，编制完善《墨脱县"十四五"乡村振兴规划》和"一村一策"，促进农牧业高质高效、农牧区宜居宜业、农牧民富裕富足，奋力开展全面推进乡村振兴工作新局面。进一步加大易地搬迁特别是三岩搬迁的后续扶持力度，强化思想政策宣传、产业扶持就业、乡村邻里融入等工作，抓好朗杰岗村、德吉村3个1050万元的产业基础设施配套建设，促进扶贫产业提档升级。严格落实主体责任和“四个不摘”政策，抓好防返贫致贫监测预警和常态化帮扶，让脱贫群众生活更上一层楼。三是坚定不移抓好就业数量质量双提升。正确处理好高校毕业生政府就业和市场就业的关系，强化政策协同，推动多渠道市场就业，逐步构建多元化、多层次、多保障的就业创业新格局。全年实现城镇新增就业350人以上，城镇登记失业率控制在2.5%以内，应届高校毕业生就业率保持在98%以上，力争实现就业率100%。正确处理好农牧民城镇就业和就近就便、不离乡土、能干会干的关系，创新“以工代赈、以工代训、以工代培”模式，打造“订单+定向”转移就业模式。进一步发挥项目带动就业作用，引导农牧民从土地走向工地。全年实现农牧民转移就业3500人以上，劳务收入3500万元以上。四是坚定不移推动社会事业均衡发展。始终坚持以人民为中心的发展思想，把改善民生、凝聚人心作为经济社会发展的出发点和落脚点。优先发展教育事业，把提升教育教学质量作为教育工作的生命线，努力培养和打造理念新、品德高、业务精、能力强的师资队伍，进一步提高全县教学质量整体水平。持续抓好校园安全，确保校园和谐稳定。开展学前教育软硬件巩固提升，确保年内新开2所幼儿园。持续巩固提升健康墨脱发展，力争县人民医院“创二甲”通过自治区验收，加快实施帮辛乡、加热萨乡、甘登乡卫生院抵边搬迁项目建设和县人民医院术科大楼项目建设。积极推进县域综合医改，进一步提高计划免疫接种率、居民健康体检率、妇女两癌筛查、家庭医生签约服务等基本公共卫生服务工作。进一步发挥社会保险保障和兜底作用，加大城乡低保、特困供养、居民基本医疗保险等工作力度。全面落实“菜篮子”“米袋子”责任制，加强市场监测，做好价格稳控工作，密切关注蔬菜、肉类等生活必需品动态，及时做好市场供求和价格预测分析，确保生活必需品供应充足、价格稳定。

（五）在城市更新上再发力，绘就跨越发展新画卷。一是优化国土空间布局，推进区域协调发展和新型城镇化。以老旧市政道路改造为契机，完善县城市政道路及地下管网等基础设施建设。

加快推进卓玛拉市政道路改扩建、墨苟市政道路、三叠泉路改造提升工程等项目，不断完善县城路网建设。启动县城城西连接新村老村之间市政道路建设前期工作，积极申报县城市政管网整治项目，加快完成雨污分流管网改造工程；着力推进县城强弱电入地改造项目，清除空中“蜘蛛网”，进一步提升城市面貌。二是健全城乡污水处理及垃圾收集设施，促进生态文明。加大县城污水处理及收集系统工程建设进度，确保按期建成投运，积极对接抵边搬迁乡镇和重点乡镇污水处理设施建设，确保加热萨乡（新址）、甘登乡（新址）污水处理厂9月前落地建设。解决县城垃圾填埋场库容将满问题，在县城及周边乡镇倡导实行垃圾分类收集试点，提高可利用垃圾回收利用率；做好日处理能力20吨新垃圾填埋场建设工作，力争年底9月底开工建设；加快加热萨乡（新址）、甘登乡（新址）、德兴乡垃圾转运站建设，确保在2022年全县垃圾收集及处理率达到90%以上。三是在精细化管理上下功夫，推动城市管理再上新台阶。扎实开展城市市容和环境卫生综合整治，积极探索城市长效管理机制，推进城市管理模式向智慧化、智能化发展，加快县城停车场、停车位建设，从源头破解停车难题。四是加快推进抵边村镇建设，全面提升边境地区守边固边支撑能力。实施好墨脱县“十四五”时期边境村镇建设实施方案，突出重点战略方向和关键点抵边新村建设，配套完善7个抵边新村安置点住房、村内道路、供排水、环境整治等配套基础设施建设，到2022年确保德尔贡、兴开、康卓登3个抵边安置点建成投用，让660名搬迁群众搬得出、稳得住、能致富；确保西贡安置点开工建设。

（六）在生态保护上再发力，构筑跨越发展新格局。一是加快生态墨脱建设。牢固树立“绿水青山就是金山银山”的理念，正确处理保护和发展的关系，严守生态保护红线，环境质量底线、资源利用上线，积极创建全县国家森林城市，全面推进墨脱走生产发展、生活富裕、生态良好的发展新路子。二是强化生态环境保护与建设。进一步加强野生动植物保护，加大野生动物监测，加强原生植物保护，全力维护生物多样性和生物安全。坚持保护优先、综合治理，巩固好蓝天碧水净土保卫战成果，持续做好第二轮第三批中央生态环境保护督察组反馈问题整改，深入实施污染防治攻坚战，提升环境保护优化发展能力，使环境质量持续保持良好状态，加大“白色”污染，噪声污染治理力度，研究制定“三线一单”管控实施方案。持续开展冰果日沟、金珠河等河（湖）“四乱”专项行动，加快19条县级河湖一河一策修编和河湖健康评价工作。实施能源水资源消耗、建设用地综合和强度约束性指标，全面节约高效利用资源。推行绿色清洁生产，禁止引进高耗能高排放项目，淘汰落后产能，实施循环经济行动。加大森林草原防火检查、火险隐患排查力度，足额兑现中央森林生态效益补偿金、生态补偿脱贫岗位补助资金，推进生态惠民。

（七）在深化改革上再发力，培育跨越发展新动能。一是持续深化重点领域改革。积极落实国有企业改革三年行动实施方案，进一步深化预算管理制度改革，提高预算管理规范化、科学化、标准化水平，实现财政预算管理“制度 + 技术”变革。加快推进全县草场确权登记发证工作，落实背崩乡边境小康示范村房地一体宅基地发证工作。充分发挥供销社在乡村振兴战略中的重要作用，探索开展供销合作社“四位一体”综合改革试点工作，将德尔贡、兴开、康卓登3个抵边搬迁安置点结合实际先试先行。强化金融风险防控，严控新增地方政府隐性债务，防范化解债务风险。二是毫不动摇支持民营经济发展。围绕构建“亲”“清”政商关系，广泛开展“政企、银企面对面”活动，畅通政企沟通协商渠道，做“广”联系，做“实”服务。支持民营企业健康发展，促进实体经济做大做强，启动“百企兴百村”助推乡村振兴行动，引导民营企业共走振兴路。加大对有发展潜力、创新活力的中小微企业申请专项扶持资金，逐步提升民营经济信贷比重。三是持续优化营商环境。不断推进“放管服”改革，持续推进“互联网 + 政务服务”“双随机一公开”，优化事项办理流程，理顺办事环节，缩短办事时限，提升网办深度，实现更多事项“最多跑一次”。全力拓展企业产品销售渠道，抓好雅鲁藏布生态文化旅游节特色产品展销会、民族特色精品展示展销等机遇，带领企业“走出去”。立足墨脱县区位优势、资源禀赋、产业基础，精准开展招商引资，持续强化“全程代办 + 专班服务”机制，确保完成全年1.5亿元以上招商引资任务。

各位代表，新格局孕育新机遇，新阶段展现新作为。让我们更加紧密地团结在以习近平同志为核心的党中央周围，高举中国特色社会主义思想伟大旗帜，在市委、市政府和县委、县政府的坚强领导下，在县人大、县政协的监督和支持下，在国家发改委（国家能源局）、广东省人民的无私援助下，乘势而上，抢抓机遇，接续奋斗，为绘就墨脱现代化建设新画卷破浪前行，在加快推进墨脱长治久安和高质量发展作出更大贡献，为实现中华民族伟大复兴的中国梦而努力奋斗。

墨脱县 2021 年预算执行情况和 2022 年预算报告（草案）

——2022 年 1 月 25 日在墨脱县第十二届人民代表大会第三次会议上

墨脱县财政局

各位代表：

受县人民政府委托，现将墨脱县 2021 年预算执行情况和 2022 年预算草案提请县十二届人大三次会议审议，并请提出宝贵意见。

一、2021 年财政预算执行情况

2021 年，在县委、县政府的坚强领导下，在上级财政部门的大力支持下，在县人大及其常委会的监督指导下，县财政局坚持以习近平新时代中国特色社会主义思想为指导，全面贯彻党的十九大和十九届二中、三中、四中、五中、六中全会精神及中央第七次西藏工作座谈会精神，坚决贯彻习近平总书记西藏工作重要论述和新时代党的治藏方略，增强“四个意识”、坚定“四个自信”、做到“两个维护”，认真落实县委、县政府决策部署，严格执行墨脱县第十一届人民代表大会第七次会议审议批准的预算，全面做好“六稳”工作。落实“六保”任务，巩固脱贫攻坚成果，有效衔接乡村振兴，增进民生福祉，优化营商环境，夯实发展基础，加强生态保护，推进边境建设，较好地完成了全年各项工作任务，预算执行总体良好。

（一）2021 年一般公共预算执行情况

收入执行情况。2021 年度县一般公共预算收入 6277 万元，比上年增加 524 万元，增长 9.11%，完成年初预算目标的 173.02%。其中：税收收入完成 3104 万元，占一般公共预算收入的 49.45%，比上年减少 1315 万元，下降 29.76%。税收收入中：国内增值税完成 2463 万元；企业所得税完成 238 万元；个人所得税完成 73 万元；资源税完成 6 万元；城市维护建设税完成 292 万元；印花税完成 24 万元；契税完成 6 万元；环境保护税完成 2 万元。非税收入完成 3173 万元，占一般公共预算收入的 50.55%，比上年增加 1839 万元，增长 137.86%。其中：专项收入完成 468 万元；行政事业性收费收入完成 806 万元；罚没收入完成 223 万元；国有资源（资产）有偿使用收入完成 1107 万元；政府住房基金收入（公租房、周转房等房租收入）559 万元。

支出执行情况。一般公共预算支出完成 84608 万元，比上年减少 27681 万元，下降 24.65%，完成年初预算目标的 197.21%。其中：

一般公共服务支出完成 17442 万元，比上年增加 1138 万元，同比增长 6.98%。主要用于保障县委、人大、政府、政协和工商联、群众团体等履行职能。

国防支出完成 182 万元，比上年增加 174 万元，同比增长 2175%，主要用于国防动员工作。

公共安全支出完成 5398 万元，比上年减少 417 万元，同比下降 7.17%，主要用于公安、检察、法院、司法等方面。

教育支出完成 9718 万元，比上年减少 1094 万元，同比下降 10.12%，主要用于教育管理事务、普通教育等方面。

科学技术支出完成 79 万元，比上年增长 5 万元，同比增长 6.76%，主要用于支持科学技术普及与其他科学方面。

文化旅游体育与传媒支出完成 1287 万元，比上年减少 1480 万元，下同比降 53.49%，主要用于文化和旅游行政运行、艺术表演团体、新闻出版电影、广播电视等方面。

社会保障和就业支出完成 5660 万元，比上年减少 431 万元，同比下降 7.08%，主要用于人力资源和社会保障管理事务行政运行、劳动保障监察、民政管理事务行政运行、机关事业单位基本养老保险缴费支出、就业补助等方面。

卫生健康支出完成 6356 万元，比上年减少 2552 万元，同比下降 28.65%，主要用于卫生健康管理事务支出、医疗保障管理事务支出、公立医院、基层医疗卫生机构、公共卫生、财政对基本医疗保险基金的补助等方面。

节能环保支出完成 571 万元，比上年减少 4728 万元，同比下降 89.22%，主要用于环境保护管理事务、自然生态保护、天然林保护、退耕还林还草等方面。

城乡社区支出完成 6659 万元，比上年减少 8223 万元，同比下降 55.25%，主要用于城乡社区管理事务、城乡社区公共设施建设、城乡社区规划与管理等方面。

农林水支出完成 21484 万元，比上年减少 3491 万元，同比下降 13.98%，主要用于保障农业农村、林业和草原、水利、扶贫、农村综合改革、普惠金融发展等方面。

交通运输支出完成 959 万元，比上年增加 666 万元，同比增长 227.3%，主要用于行政运行、公路建设、公路养护等方面。

商业服务业等支出完成 0 万元，比上年减少 1000 万元，下降 100%。

自然资源海洋气象等支出完成 490 万元，比上年减少 1363 万元，同比下降 73.5%，主要用于自然资源事务行政运行、自然资源规划及管理、自然资源利用与保护等方面。

住房保障支出完成 2321 万元，比上年减少 409 万元，同比下降 14.98%，主要用于保障性安居工程、住房改革等方面。

粮油物资储备支出完成 1 万元，比上年减少 465 万元，同比下降 99.79%，主要用于粮油物资事务方面。

灾害防治及应急管理支出完成 1257 万元，比上年增加 998 万元，同比增长 385.33%，主要用于应急管理事务及消防事务方面。

其他支出完成 4479 万元，比上年减少 5169 万元，同比下降 53.56%。

债务付息支出完成 105 万元，与去年持平。

（二）政府性基金预算执行情况

2021 年政府性基金收入 265 万元，政府性基金预算支出 2214 万元。其中：国有土地使用权出让收入安排的支出 184 万元、棚户区改造专项债券收入安排的支出 793 万元、彩票公益金安排的支出 1158 万元、地方政府专项债务付息支出 77 万元、棚户区改造专项债券发行费用支出 2 万元。

（三）2021 年财政重点工作开展情况

1. 全力巩固脱贫攻坚成果。全面推进乡村振兴战略，支持巩固脱贫攻坚成果同乡村振兴有效衔接，稳步推进涉农资金统筹整合使用，落实产业扶贫、就业扶贫、消费扶贫等政策，促进农牧民增收。2021 年，县财政共投入脱贫攻坚统筹整合财政涉农资金 13567.66 万元，其中：中央财政专项资金 10356.09 万元，自治区财政专项资金 1665.21 万元，林芝市财政专项资金 648 万元，县级专项资金 370 万元，其他涉农资金 418.04 万元，盘活资金 110.32 万元。截至 2021 年 12 月 31 日，已完成支出 12482.25 万元，支出进度 92%。

2. 有效防范化解重大风险。进一步健全债务管理制度和风险防范机制，强化政府债务预算管理、限额管理，坚决遏制政府债务增量，妥善化解存量债务，严禁变相举债，坚决遏制违法违规融资担保等行为，从债务风险源头加强管控，硬化预算约束，不断规范我县债务管理工作，提升政府债务管理水平。截至 2021 年 12 月 31 日，我县共有债券资金 1.4773 亿元，其中：一般债券 2000 万元、专项债券 2900 万元、抗疫特别国债 9873 万元，均为上级财政部门的转贷债券。2021 年，县财政结合我县债券情况，制定了还本付息计划,及时偿还了到期政府债券本息,共偿还一般债券本息 105 万元、棚户区改造专项债券本息 77 万元。

3. 全面支持生态环境建设。践行"绿水青山就是金山银山"理念,认真履行财政在生态环境建设中的职责,坚持方向不变、力度不减,推动生态环境质量持续向好。2021 年全县节能环保支出共计完成 571 万元,其中:投入 122 万元用于支持生态环境保护,投入 386 万元用于停伐补助,投入 62 万元退耕还林粮食折现补贴,投入 1 万元用于环境保护管理事务行政运行。

4. 加大重点领域支出保障。2021 年度,县财政对一般公共服务、公共安全、教育、科技、文化旅游体育与传媒、社会保障和就业、卫生健康、节能环保、城乡社区、农林水、交通运输、住房保障、粮油物资储备、灾害防治及应急管理等重点领域的支出达到 78233 万元,占财政总支出的 92.47%,有力保障了我县稳定发展大局。

5. 严格控制一般性支出。坚持政府过紧日子要求,加强财政支出管理,大力压缩公务接待费、差旅费、会议费、因公出国(境)等一般性支出,加强公务车辆使用管理,降低公务用车运行成本,把节省出来的资金,优先用于保障刚性必保支出,提高财政资金使用效益。2021 年三公经费支出 356.5 万元,比上年同期减少 64.06 万元,同比下降 15.23%。

6. 抓好直达资金支出工作。2021 年度,我县共收到中央财政下达我县直达资金 5423.48 万元,截至 2021 年 12 月 31 日,分配进度为 100%,已完成支出 4758.96 万元,支出进度为 87.7%。切实发挥了我县直达资金在保居民就业、保基本民生、保市场主体、保基层运转等方面的政策效果。

7. 深化财政绩效评价工作。2021 年,县财政局制定了《墨脱县预算绩效管理》办法,将一般公共预算资金、政府性基金预算资金以及上级安排的存量资金等纳入预算绩效管理范围,要求各单位对项目支出从投入、支出、效果等方面编制绩效目标,充分发挥绩效目标在预算绩效管理中的先导性作用,进一步向内挖潜,提高财政资源配置效率和使用效益,优化财政资金使用结构和方式,集中资金精准保障民生等重点领域,把钱用在刀刃上。

8. 深入推进财政投资评审。2021 年,县财政稳步推进我县财政投资评审工作,紧紧围绕节约政府投资,提高财政资金使用效益这一核心,进一步强化财政投资评审工作职能,拓宽评审领域,加大对政府投资项目的监管力度,提高财政资金使用效益。截至 12 月 31 日,县财政局投资评审中心共计完成财政预算审核 512 次,送审资金 16104.99 万元,审定资金 14475 万元,审减资金 1629.99 万元,审减率 10.12%,其中:下达审核意见的项目 292 个,下达照表的项目 220 个。完成竣工决(结)算项目评审 24 个,送审资金 11970.66 万元,审定资金 11687.86 万元,审减资金 282.80 万元,审减率为 2.36%,上缴国库资金 457.64 万元。

总体来看,2021 年预算执行情况良好,财政改革发展工作取得新进展,有力促进了我县经济社会持续健康发展,但在肯定成绩的同时,我们也清醒认识到,财政工作还面临一些问题和挑战。主要是:我县产业经济总体层次低、总量小,内生发展动能不足,财政收入增长基础不稳,保基本民生、保工资、保运转的支出压力大。部分资金利用效率不高,财政资金未能发挥应有的效益;开展项目前期工作滞后,预算执行偏慢,"资金等项目"的情况依然存在;预算绩效工作开展不到位,预算绩效目标设定不够科学,绩效自评不够准确规范,绩效结果运用还需要强化。

二、2022 年财政预算草案

2022 年是"十四五"规划关键之年,是向第二个百年奋斗进军的关键之年,做好预算编制和财政工作意义重大。按照《中华人民共和国预算法》要求,根据我县年度经济社会发展需要,结合上一年预算执行情况和本年度收支预测,按照规定程序征求各方意见后,编制形成 2022 年预算草案。

(一)2021 年财政收支形势分析

从收入看,我县宏观经济运行总体平稳、稳中向好,财政收入保持较高增长,但仍处于转型发展关键期,财政收入主要靠中央、自治区、市级财政支持,内生发展动力不足。从支出看,我县财政全力保障稳定、发展、生态、强边"四件大事",财政必保支出较多，新增支出需求很大，教育、社会保障和就业、卫生健康、农林水事务、公共安全、生态环境等领域均需重点保障，人员开支需要刚性保障。综合判断，2022年财政收支平衡压力较为突出，收入形势依然严峻。

（二）2022年预算编制指导思想

以习近平新时代中国特色社会主义思想为指导，深入贯彻党的十九大和十九届历次全会精神，深入贯彻中央第七次西藏工作座谈会精神、区党委第十次党代会精神及市委二届一次全会精神、2022年市委经济工作会议精神，深入贯彻习近平总书记关于西藏工作的重要论述和新时代的党的治藏方略，深刻把握在严峻挑战下做好经济工作“五个根本”的规律性认识，坚决贯彻党的基本理论、基本路线、基本方略，增强“四个意识”、坚定“四个自信”、做到“两个维护”、胸怀“两个大局”，统筹推进“五位一体”总体布局、协调推进“四个全面”战略布局。坚持党对一切工作的领导，坚持稳中求进工作总基调，立足新发展阶段，贯彻新发展理念，构建新发展格局，以推动高质量发展为主题，以供给侧结构性改革为主线，以改革创新为根本动力，以满足人民日益增长的美好需要为根本目的，坚持系统观念，统筹发展和安全，坚持把维护祖国统一、加强民族团结作为墨脱工作的着眼点和着力点，坚持把改善民生、凝聚人心作为经济社会发展的出发点和落脚点，正确处理好“十三对关系”，锚定“四件大事”着力推进“四个创建”、努力做到“四个走在前列”，全面做好“六保”工作、全面落实“六保”任务，加大优化支出结构力度，艰苦奋斗、勤俭节约、精打细算，全面落实政府过紧日子要求，加强重点领域保障力度，将宝贵的财政资金用在刀刃上，确保墨脱和谐稳定和长治久安，确保人民生活水平不断提高、生态环境更加良好。加强财政资源统筹，强化预算约束和绩效管理，努力提高财政支出效率和财政资金效益。

（三）预算编制基本原则

1. 突出主线，服务大局。收入预算既保证一定增幅，又与经济社会发展实际相适应，充分考虑疫情防控等因素影响，全面贯彻县委、县政府安排部署，实施积极财政政策，为推动全县经济高质量发展服务。

2. 集中财力，聚焦重点。支出安排兼顾“保工资、保运转、保民生”原则，在优先保障“三保”的前提下，加强重点领域保障力度，全力保障县委、县政府确定的重点领域、重大项目支出。

3. 依法理财，规范管理。严格遵循《中华人民共和国预算法》等法律法规和预算编制制度的相关规定，增强预算刚性约束，坚持“先有预算，后有执行”，严禁无预算支出和超范围、超标准开支；严控非急需、非刚性支出，加强跨年度预算平衡。

4. 优化结构，强化绩效。坚持勤俭节约、效益优先，努力盘活存量、用好增量、优化结构、保障重点，全面提高财政资金配置效率。强化预算执行，将绩效自评与预算安排相挂钩，对预算执行较好的优先保障，执行进度不理想的进行相应压减。

5. 积极防范，化解风险。充分考虑经济发展水平和财力状况，重点安排民生领域支出，不做脱离实际的承诺。加强风险防控，强化地方政府债务限额管理和预算管理，切实防范财政金融风险。

（四）2022年预算安排总体情况

1. 一般公共预算安排

全县一般公共预算总财力预计为88124.53万元，具体为：一般公共预算收入6712万元（税收收入3650万元，非税收入3062万元），上级补助收入79412.53万元，预算稳定调节基金调入2000万元。根据上述规模，我县2022年年初预算支出共安排88124.53万元，具体为：基本支出44122.38万元，主要用于各部门工资及公用经费等运行经费，项目支出44002.15万元。

2. 政府性基金预算收支安排

全县政府性基金预算总财力为521.5万元，具体为：县本级基金收入500万元（主要为土地出让价款收入），政府性基金转移支付收入21.5万元。根据上述规模，我县2022年政府性基金支出共安排521.5万元，分别为国有土地使用权出让收入安排的支出390.66万元、彩票公益金安排的支出21.5万元、地方政府专项债务付息支出109.34万元。

3. 县本级部门预算支出

按照县委、县政府的统一部署，县财政紧紧围绕中心工作，切实保障和改善民生，积极推动各项社会事业全面进步，统筹各方财力，确保2022年主要支出政策有效落实。

2022年县本级部门支出安排如下：

一般公共预算服务支出18075.73万元，比上一年实际支出增加633.73万元，预计执行数比上一年增加3.63%；

国防支出44万元，比上一年实际支出减少138万元，预计执行数比上一年减少75.82%；

公共安全支出6388.28万元，比上一年实际支出增加990.28万元，预计执行数比上一年增加18.35%；

教育支出13833.02万元，比上一年增加4115.02，预计执行数比上一年增加42.34%；

科学技术支出24万元，比上一年减少55万元，预计执行数比上一年减少69.62%；

文化旅游体育与传媒支出1528.93万元，比上一年增加241.93万元，预计执行数比上一年增加18.8%；

社会保障和就业支出7563.49万元，比上一年增加1903.49万元，预计执行数比上一年增加33.63%；

卫生健康支出7786.19万元，比上一年增加1430.19万元，预计执行数比上一年增加22.5%；

节能环保支出1033.4万元，比上一年增加462.4万元，预计执行数比上一年增加80.98%；

城乡社区支出1645.06万元，比上一年减少5013.94万元，预计执行数比上一年减少75.3%；

农林水支出19516.8万元，比上一年减少19672万元，预计执行数比上一年减少9.16%；

交通运输支出555.41万元，比上一年减少403.59万元，预计执行数比上一年减少42.8%；

自然资源海洋气象等支出342.61万元，比上一年减少147.39万元，预计执行数比上一年减少30.08%；

住房保障支出3912.64万元，比上一年增加1581.64万元，预计执行数比上一年增加68.58%；

粮油物资储备支出193.2万元，比上一年增加192.2万元，预计执行数比上一年增加19220%；

灾害防治及应急管理支出767.55万元，比上一年减少489.45万元，预计执行数比上一年减少38.94%；

其他支出4179.58万元，比上一年减少299.42万元，预计执行数比上一年减少6.59%；

债务付息支出214.14万元，比上一年增加109.14万元，预计执行数比上一年增加1.04%。

4. 其他需说明的情况

县财政严格按照《墨脱县预算绩效管理办法》对所有纳入预算的资金均进行绩效目标申报。经审核，部分资金存在资金使用方案与绩效目标不符、未填报绩效目标、绩效目标填报不规范等问题，建议上述资金暂缓下达，待相关单位补充完善后再行下达。

三、2022年财政工作安排

（一）进一步提高财政收入管理水平。

一要加强税收收入管理，坚持依法征管，据实征收，应收尽收，充分挖掘增收潜力，在抓好利税大户、重点税源的同时，强化零散税源管理，杜绝“跑、冒、滴、漏”现象的发生。

二要加强政府非税收入管理，明确年度非税收入目标，深化“收支两条线”制度改革，确保非税收入全额纳入预算管理，应收尽收。

三要密切关注经济形势变化，强化收入的联动与分析机制，合理把握组织收入力度、进度和节奏，落地落实各项减税降费举措，减轻企业和社会负担，激发市场活力，夯实财政收入增长基础。

（二）进一步深化预算管理制度改革。

一要严格按照财政部工作要求，积极推进预算管理一体化建设，坚持目标导向和问题导向相结合，完善管理手段，创新管理技术，实现财政预算管理的“制度＋技术”的变革，保证我县预算管理规范安全高效，切实提高财政资金使用效率。

二要进一步深化财政绩效评价工作，进一步向内挖潜，提高财政资源配置效率和使用效益，优化财政资金使用结构和方式，聚焦民生等重点领域，集中资金予以精准保障，把钱用在刀刃上。

（三）提高债务管理水平，防范化解债务风险。

一要强化风险意识，切实将防范化解政府性债务风险摆在突出位置，坚决遏制政府债务增量，严禁变相举债，坚决遏制违法违规融资担保等行为，从债务风险源头加强管控，硬化预算约束。

二要加强对申请专项债券项目的审核、把关，谨慎申请专项债券，专项债券申请必须符合县情实际和发展需要。

三要妥善化解债务存量，做好政府债券还本付息工作，做好财力统筹，及时按照债券偿还期限足额拨付还本付息资金。

（四）坚持政府过紧日子，建设节约型政府。

将思想认识和行动统一到中央、自治区、市、县政府过紧日子的要求上来，把严把紧预算支出关口，进一步压减一般性支出，严格审核新增财政支出，大力削减或取消无效支出，深入挖掘节支潜力，着力保障“六稳”“六保”等民生支出需求，用政府的“减法”来换群众的“加法”。

（五）积极主动接受人大监督，打造阳光财政。

认真落实人大预算审查监督重点项支出预算和政策拓展有关要求，积极听取人大代表和人大有关方面的意见，支持人大依法行使预算审查监督职权，进一步完善部门预算草案，严格按照人大要求报送相关资料，认真落实人大及其常委会有关预算决议和决算决议，积极配合推进预算联网监督。积极主动回应人大代表关切，做好解释说明工作，更好地服务人大代表依法履职。

各位代表，做好2022年财政工作，责任重大，使命光荣。我们将在县委、政府的坚强领导下，自觉接受县人大的监督指导，虚心听取县政协的意见建议，迎难而上，开拓进取，扎实做好财政预算各项工作，更好发挥财政职能作用，以优异成绩迎接党的二十大胜利召开。

各部门行政事业类项目说明如下：

（1）墨脱县人民政府办公室：安排359.26万元，其中：党政机关办公电费50万元，电视电话会议通道费用30万元，信访局工作经费5万元，政务大厅运行经费20万元，电子政务外网运行、租赁及维护费229.26万元，政府办业务经费20万元，编译局工作经费5万元。

（2）墨脱县机关后勤服务中心：安排555.6万元，其中：电梯维护费及年检费15.6万元，公务用车运行维护费用280万元，驾驶员差旅费40万元，食堂生活补助90万元，县机关办公设施维护维修费用30万元，政府接待费100万元。

（3）墨脱县发改委：安排193.2万元，其中：粮油运价补贴150万元，县级储备成品粮轮换管理经费40万元，县级储备粮代储保管费3.2万元。

（4）墨脱县教育局：安排1772.31万元，其中：教育体育经费87万元，学校食堂燃料费用6万元，村级幼儿园安保人员工资36万元，本级对教育的投入1553.31万元，地方教育附加支出70万元，体育场地及全民活动中心运转经费20万元。

（5）墨脱县公安局：安排620.6万元，其中：光纤租赁费用225万元，两站两员工作经费27.6万元，民警生活补助50万元，看守所工作经费10万元，禁毒工作经费8万元，公安民警加班补助44万元，疫情防控经费10万元，法制宣传及耳目工作经费90万元，协警工资及保险120万元，便民警务站工作经费16万元，派出所工作经费20万元。

（6）墨脱县武装部：安排30万元，其中：国防业务经费30万元。

（7）墨脱县消防大队：安排500万元，其中：消防业务经费500万元。

（8）墨脱县边境管理大队：安排410.28万元，其中：边防业务经费10万元，护边联防队员补助资金340.48万元，治安辅警五险一金59.8万元。

（9）墨脱县国家安全委员会办公室：安排32万元，其中：维稳工作经费32万元。

（10）墨脱县司法局：安排15.3万元，其中：人民调解经费8万元，普法宣传经费4万元，刑满释放安置帮教经费1万元，援助律师生活补助2.3万元。

（11）墨脱县外事办公室：安排0.7万元，其中：残疾人就业保障金0.7万元。

（12）墨脱县退役军人事务局：安排15万元，其中：涉军专项经费15万元。

（13）墨脱县人力资源和社会保障局：安排381万元，其中：劳动保障监察经费15万元，大学生临时工补助300万元，就业服务平台建设经费30万元，就业补助资金20万元，城乡居民养老保险16万元。

（14）墨脱县民政局：安排194.51万元，其中：严重精神病患者监护人补助7万元，低保核查经费

9万元，海事卫星电话费用5万元，电梯维护经费7.6万元，特困人员集中供养人员生活补助33.6万元，消防设施维护费1.8万元，城乡低保资金25.1万元，农村最低生活保障103.39万元，经济困难高龄、失能等老年人补贴2.02万元。

（15）墨脱县残疾人联合会：安排183.52万元，其中：残疾儿童康复救助资金1万元，困难残疾人家庭无障碍改造资金1.4万元，残疾人“两项补贴”50.83万元，“阳光家园计划”残疾人居家托养服务0.75万元，残疾人机动轮椅车燃油补贴1.86万元，“双创”资金补贴4万元，岗位补贴49.2万元，五险补贴66.28万元，残疾学生助学补贴1万元，村（社区）残疾人专职委员补助7.2万元。

（16）墨脱县财政局：安排5137.22万元，其中：县级财政项目评审工作经费210万元，预决算管理工作经费25万元，系统运维费用60万元，边民补助资金4158.08万元，墨脱县秘境客运有限公司企业扶持资金160万元，债券利息104.8万元，税务局专项经费50万元，绩效评价工作经费200万元，医疗系统电子化改革经费50万元，财务资料及凭证费用10万元，专项债券利息109.34万元。

（17）墨脱县住房和城乡建设局：安排285.08万元，其中：垃圾填埋场运行经费60万元，质监站工作经费15万元，保障性住房修缮（含周转房、公租房、廉租房）100万元，公有房屋维护费100万元，人防进洞补助10.08万元。

（18）墨脱县自然资源局：安排31.75万元，其中：不动产登记费用10万元，不动产专网租赁费3.2万元，地质灾害群测群防工作经费18.55万元。

（19）墨脱县交通运输局：安排194.36万元，其中：农村公路养护资金150万元，农牧区村级道路维护资金（农牧区税费改革资金）44.36万元。

（20）墨脱县水利局：安排71万元，其中：河（湖）长制工作经费50万元，山洪灾害防治县级非工程措施运行维护经费11万元，农村饮水安全工程维修养护10万元。

（21）墨脱县文化和旅游局：安排330.53万元，其中：艺术团补助县级配套资金40万元，文化活动中心免费开馆经费2万元，乡镇文化站建设8万元，文化旅游产业250万元，“厕所革命”维护费8万元，非遗保护专项资金10万元，文物保护专项资金10万元，文化旅游市场综合执法经费2.53万元。

（22）墨脱县电视台：安排83.6万元，其中：辐射津贴9万元，外聘人员专项经费45万元，电费9万元，广播电视事业发展经费17万元，专项网络费用3.6万元。

（23）墨脱县卫生健康委员会：安排470.29万元，其中：计生妇幼兼职人员津贴0.66万元，寿星老人健康补贴3.5万元，基本药物补助328.71万元，农牧区卫生人才培训经费30万元，基本公共卫生服务补助82.42万元，全国计划生育特别扶助8万元，包虫病防治－流浪犬捕捉经费12万元，墨脱县医疗卫生事业发展激励资金5万元。

（24）墨脱县医疗保障局：安排114.36万元，其中：城乡居民基本医疗保险60万元，医疗救助资金30万元，医疗保障平台运行经费18万元，医疗保障执法经费2万元，大学生残疾人社保资金3万元，基金监督专项经费1.36万元。

（25）墨脱县应急管理局：安排89万元，其中：安全生产检查工作经费30万元，安全生产宣传工作经费20万元，应急演练工作经费7万元，安全生产监管人员生活补助12万元，防汛值班补助2万元，安全生产专项整治三年行动工作经费8万元，指挥部工作经费10万元。

（26）墨脱县城市管理和综合执法局：安排500万元，其中：城市维护建设费500万元。

（27）墨脱县审计局：安排150万元，其中：专项审计业务经费150万元。

（28）墨脱县统计局：安排16万元，其中：乡镇统计工作经费16万元。

（29）墨脱县市场监督管理局：安排69.5万元，其中：食品药品监管系统公共服务补助资金9万元，“厕所革命”维护费4万元，农贸市场运行经费13.5万元，执法经费15万元，宣传经费10万元，食品抽检专项经费15万元，不良反应专项经费3万元。

（30）墨脱县林业和草原局：安排147.64万元，其中：森林防火经费10万元，水果基地运行经费10万元，国土绿化工作经费122.64万元，野生动植物救助经费5万元。

（31）中共墨脱县委组织部：安排745.09万元，其中：档案管理工作经费5万元，机构编制管理工作经费3万元，基层党建工作经费323万元，基层组织建设经费18万元，老干部活动经费15万元，强基惠民活动经费14万元，人才工作经费10万元，退休干部职工帮扶资金5万元，党校运行经费150.6万元，公务员局工作经费5万元，支部成员工作补贴和年度绩效考核奖励4.1万元，退休干部护理费17万元，退休干部治病差旅费5万元，关心关爱干部经费10万元，乡镇基层党建工作经费160万元，两新组织经费0.39万元。

（32）中共墨脱县委宣传部：安排254万元，其中：新华书店运营费10万元，网信办专项经费15万元，新时代文明实践工作及宣传经费100万元，扫黄打非业务3万元，二十大经费40万元，应急广播运行与维护经费36万元，融媒体数字建设运行维护费50万元。

（33）中共墨脱县委统战部：安排231.02万，其中：僧人活动经费2万元，宗教工作经费40万元，民族团结专项经费17万元，政协委员生活补助72.02万元，创建全国民族团结示范县工作经费100万元。

（34）共青团墨脱县委员会：安排37.93万元，其中：预防青少年犯罪专项经费13万元，残疾人就业保障金0.5万元，中国少年先锋队工作专项经费5万元，西部计划志愿者保障经费5万元，中国少年先锋队鼓号队经费14.43万元。

（35）墨脱县人大办：安排53.5万元。其中：人大会议费35万元，人大巡视巡查经费10万元，残疾人就业保障金4万元，人大办工作经费4.5万元。

（36）墨脱县政协办：安排35万元，其中：会议费16万元，政协巡视视察经费10万元，残疾人就业保障金4万元，政协办工作经费5万元。

墨脱县工会：安排40.64万元，其中：临时工工会经费20.64万元，干部疗养经费20万元。

墨脱县检察院：安排3.8万元，其中：电梯运行维护费3.8万元。

（39）墨脱县妇女联合会：安排25.93万元，其中：妇女专项经费22.93万元，妇女儿童工作经费3万元。

（40）墨脱县纪委监委：安排37万元，其中：党风廉政专项经费15万元，办案经费22万元。

（41）墨脱县工商业联合会：安排2万元，其中：非公经济工作经费1万元，商会工作经费1万元。

（42）中共墨脱县委政法委：安排60万元，其中：综治经费60万元。

（43）墨脱县乡村振兴局：安排735万元，其中：产业办工作经费15万元，扶贫项目资产清查确权经费70万元，财政衔接推进乡村振兴补助资金650万元。

（44）墨脱县委办：安排58万元，其中：县委办公室工作经费20万元，档案专项经费5万元，密码工作经费10万元，墨脱年鉴专项经费23万元。

（45）墨脱县巡察办：安排10万元，其中：巡察专项经费10万元。

（46）墨脱县农业农村局：安排35.6万元，其中：科学技术普及经费24万元，电费4.8万元，视频会议室系统电路服务业务费3.6万元，电梯运行维护费3.2万元。

（47）墨脱县墨脱镇人民政府：安排90.4万元，其中：人大视察经费6万元，基层政权建设资金20万元，综治维稳经费3.4万元，乡镇纪委、监委经费2万元，乡镇武装部经费2万元，“厕所革命”维护费10万元，食堂生活补助10万元，垃圾清运经费15万元，东波路社区服务建设资金20万元，基层团组织建设经费2万元。

（48）墨脱县德兴乡人民政府：安排71万元，其中：人大视察经费6万元，基层政权建设资金20万元，综治维稳经费1万元，乡镇纪委、监委经费2万元，乡镇武装部经费2万元，“厕所革命”维护费8万元，垃圾填埋场运行经费20万元，食堂生活补助10万元，基层团组织建设经费2万元。

（49）墨脱县背崩乡人民政府：安排72万元，其中：人大视察经费6万元，基层政权建设资金20万元，综治维稳经费2万元，乡镇纪委、监委经费2万元，乡镇武装部经费2万元，“厕所革命”维护费8万元，垃圾填埋场运行经费20万元，食堂生活补助10万元，基层团组织建设经费2万元。

（50）墨脱县达木乡人民政府：安排117.16万元，其中：民族团结专项经费1万元，人大视察经费6万元，基层政权建设资金20万元，综治维稳经费3万元，乡镇纪委、监委经费2万元，乡镇武装部经费3万元，“厕所革命”维护费4万元，垃圾填埋场运行经费60.96万元，食堂生活补助10万元，基层团组织建设经费2万元，残疾人工资补助5.2万元。

（51）墨脱县格当乡人民政府：安排54万元，其中：人大视察经费6万元，基层政权建设资金20万元，综治维稳经费6万元，乡镇纪委、监委经费2万元，乡镇武装部经费2万元，“厕所革命”维护费2万元，食堂生活补助10万元，基层团组织建设经费2万元，残疾人工资补助4万元。

（42）墨脱县帮辛乡人民政府：安排63万元，其中：人大视察经费6万元，基层政权建设资金20万元，综治维稳经费1万元，乡镇纪委、监委经费2万元，乡镇武装部经费1万元，“厕所革命”维护费2万元，食堂生活补助25万元，基层团组织建设经费2万元，残疾人工资补助4万元。

（43）墨脱县加热萨乡人民政府：安排56万元，其中：人大视察经费6万元，基层政权建设资金20万元，综治维稳经费1万元，乡镇纪委、监委经费2万元，乡镇武装部经费1万元，“厕所革命”维护费2万元，食堂生活补助10万元，基层团组织建设经费2万元，残疾人工资补助12万元。

（44）墨脱县甘登乡人民政府：安排42万元，其中：人大视察经费6万元，基层政权建设资金20万元，综治维稳经费1万元，乡镇纪委、监委经费2万元，乡镇武装部经费1万元，食堂生活补助10万元，基层团组织建设经费2万元。

（52）墨脱县本级安排28639.97万元，含一般公共预算资金28227.81万元、政府性基金412.16万元，县本级预留资金待相关单位完善资金使用方案与绩效申报后予以下达，其中：预备费382万元，廉租住房保障资金50万元，土地开发支出75万元，土地出让业务支出10万元，征地和拆迁补偿支出130.66万元，农田水利建设资金75万元，土地出让金对教育的投入50万元，慰问金60万元，抚恤金50万元，重点生态功能区域转移支付资金1033.4万元，县本级预留资金251.48万元，公益性、临时工等各类保险（财政补贴）260万元，学历奖金27万元，外事巡边员经费189万元，第一书记办实事经费1.5万元，双联户补助33.3万元，党内关怀帮扶资金12.16万元，水利发展专项资金3110.37万元，农村公路养护上级配套资金158.77万元，林业改革发展资金3502.99万元，民族团结创建经费5万元，农业生产发展资金189.91万元，财政衔接推进乡村振兴补助资金10357.88万元，动物防疫等补助24.78万元，公共租赁住房建设资金929.6万元，城镇保障性安居工程补助资金5.18万元，法院中央转移支付资金－业务装备148.01万元，公安中央转移支付－业务装备405.45万元，检察中央转移支付－业务装备122.4万元，自治区社区矫正经费1万元，自治区法律援助经费10万元，司法中央转移支付－业务装备48.72万元，体育彩票公益金21.5万元，购买医疗保障经办服务费50万元，流浪乞讨人员救助1万元，卫生健康人才培训19.6万元，优抚对象补助资金17万元，疾病应急救助2万元，农村特困人员救助供养79.39万元，美术馆、公共图书馆、文化馆（站）免费开放补助资金64万元，中央财政残疾人事业发展补助资金3.37万元，临时救助经费52万元，中医药传承与发展补助资金20.5万元，就业补助资金（上级配套）359.55万元，中央支持地方公共文化服务体系建设补助资金264.1万元，儿童福利1.73万元，野外重点文物点看管人员经费20.16万元，医疗卫生机构能力建设经费400万元，自治区卫生健康转移支付资金300.87万元，三支一扶补助资金70.3万元，乡村振兴补助资金385.82万元，科技专干、医务人员、农业农村工作人员和乡村幼教人员待遇经费223.56万元，农牧民技能培训补助资金75万元，双集中运行经费52.41万元，大学生村居科技专干经费218.7万元，农业资源及生态保护补助资金33.55，薄弱环节改善与能力提升经费3600万元，国家通用语言文字推广项目15万元，三包经费78.3万元。

由于年初财力较为紧张，按照保基本民生、保工资、保运转的支出原则，下一步，县财政局将积极向上级财政部门争取资金，在2022年调整预算中予以安排。

墨脱县 2021 年公报
墨脱县国民经济和社会发展综述

2021年是中国共产党建党100周年、西藏和平解放70周年，是实施"十四五"规划的开局之年。全县上下高举习近平新时代中国特色社会主义思想伟大旗帜，深入贯彻习近平总书记关于西藏工作的重要论述和视察西藏重要讲话、重要指示精神，贯彻落实中央第七次西藏工作座谈会精神和新时代党的治藏方略。在习近平总书记的重视关怀下，在县委、政府直接领导下，在市统计局的业务指导下，统计工作迎来了重大的战略机遇期和黄金发展期，统计管理体制、统计法治建设、统计改革创新取得前所未有的成效，统计重视度进一步提高，统计环境进一步净化，统计公信力进一步提升。我们坚持以数据质量为根本，紧紧围绕"四件大事""四个确保"，全面加强党的建设，深化统计改革，提升统计服务，加强统计执法监督，扎实开展重大普查调查和各项常规统计调查，稳步做好各项数据发布，为墨脱"十四五"开好局、起好步提供了有力统计支撑，开创了墨脱统计工作新局面。

一、主要经济指标

（一）地区生产总值

初步核算，全年实现地区生产总值8.52亿元，增速7.1%。其中，第一产业增加值0.51亿元，增速0.2%；第二产业增加值3.52亿元，增速4.2%（工业增加值0.31亿元，增速12.1%，建筑业3.21亿元，增速2.4%）；第三产业增加值4.49亿元，增速9.8%。三次产业的比例为6∶41∶53。（图1.1、图1.2）

图1.1　2017—2021年墨脱县地区生产总值情况图

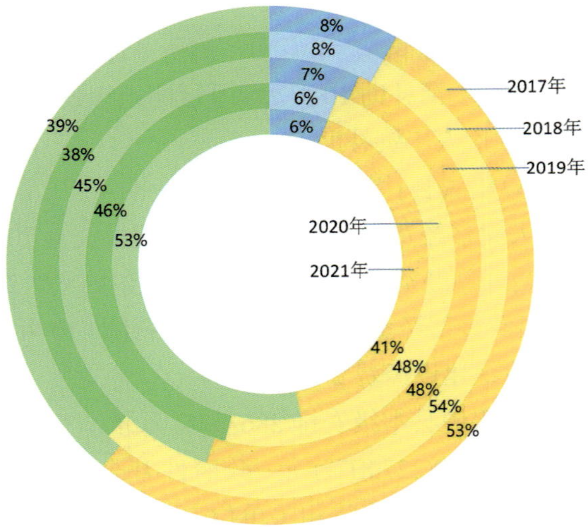

图1.2　2017—2021年墨脱县三产占比对比图

（二）城乡居民收入

年末城镇居民人均可支配收入41346元，较上年增长13.3%。其中，工资性收入36100元，增长11.7%；经营净收入2810元，增长17.0%；财产净收入 876 元，增长 27.9%；转移净收入 1560 元，增长 44.3%。农村居民人均可支配收入 15278 元，较上年增长 18.7%。（图 2.1、图 2.2）

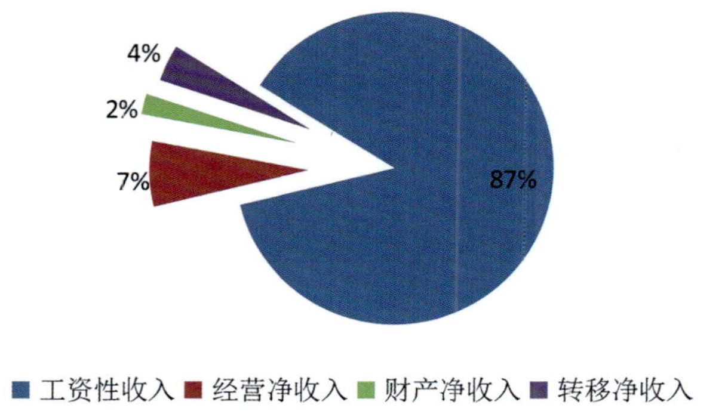

图 2.1 2021 年墨脱县城镇居民人均可支配收入构成饼状图

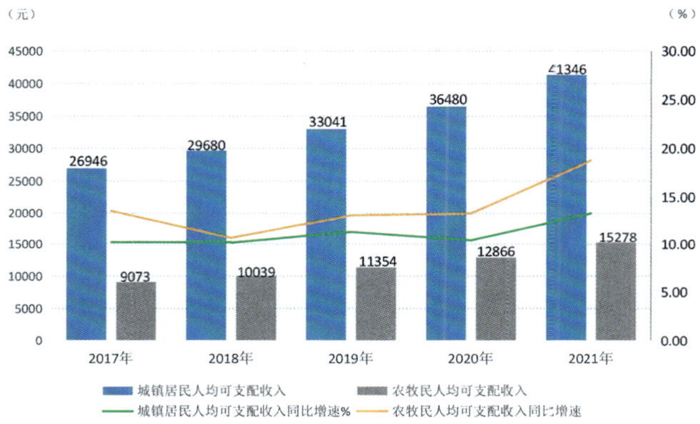

图 2.2 2017—2021 年墨脱县居民收入及增速对比柱状图

（三）一般公共预算收支

全年一般公共预算收入完成 6277 万元，较上年增长 9.11%，其中税收收入 3104 万元，较上年下降 29.76%。一般公共预算支出 84608 万元，较上年下降 24.65%。（图 3.1）

图 3.1 2017—2021 年墨脱县财政收入情况柱状图

（四）全社会固定资产投资

全年固定资产投资项目共 84 项，计划总投资 64.02 亿元，本年完成投资额 14.46 亿元，较上年增长 44.7%，其中国家投资 13.99 亿元、民间投资达 0.47 亿元。（图 4.1）

图 4.1 2017—2021 年墨脱县固定资产投资完成情况柱状图

按规模分：500 万～5000 万元固定资产项目共 79 项，计划总投资 12.00 亿元，本年完成投资达 4.45 亿元；5000 万元以上项目共 5 项，计划总投资 52.02 亿元，本年完成投资达 10.01 亿元。

（五）社会消费品零售总额

全年全县消费品零售总额达 7281 万元，较上年增长 11.9%；其中城镇 6337 万元，较上年增长 12.6%，乡村 944 万元，较上年增长 7.3%；商品零售 5893 万元，较上年增长 39.6%；餐饮收入 1388 万元，较上年下降 39.3%。（图 5.1、表 5.1）

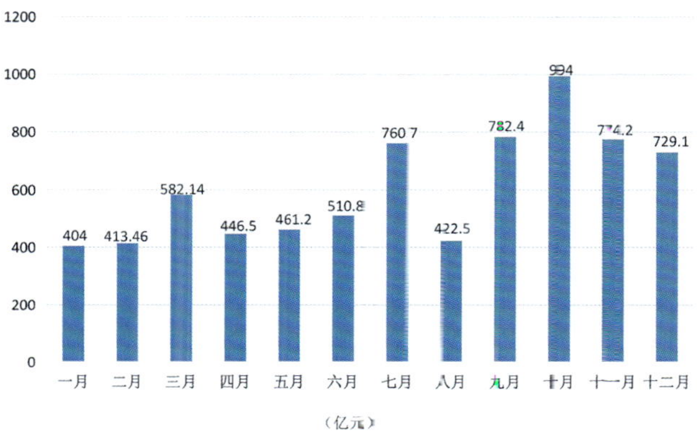

图 5.1 2021 年墨脱县社会消费品零售总额柱状图

2012 年 12 月墨脱县社会消费品零售总额一览表

表 9

指标名称	代码	本年		上年同期		本月比上年同期增长（%）	累计比上年同期增长（%）
		12 月	1—本月	12 月	1—12 月	12 月	1—12 月
甲	乙	1	2	3	4	5	6
社会消费品零售总额	00	729.1	7281	713.7	6508.7	2.2	11.9
按销售单位所在地分	—						
1. 城镇	01	694.1	6337	622.7	5628.7	11.5	12.6
其中：城区	02						
2. 乡村	03	35	944	91	880	–61.5	7.3
按消费形态分	—						
1. 餐饮收入	04	63.1	1388	244.8	2286.3	–74.2	–39.3
2. 商品零售	05	666	5893	468.9	4222.4	42.0	39.6

（六）农林牧渔业

全年全县实现农林牧渔业总产值 5926.65 万元，较上年增长 4.5%。其中，农业产值 4194.16 万元，较上年增长 25.6%；牧业产值 1450.48 万元，较上年下降 27.8%；林业产值 29 万元，较上年下降 75.9%；渔业产值 3.02 万元，相对上年的增长率是 3.02 倍；农林牧渔服务业产值 250 万元，较上年增长 25%。（图 6.1）

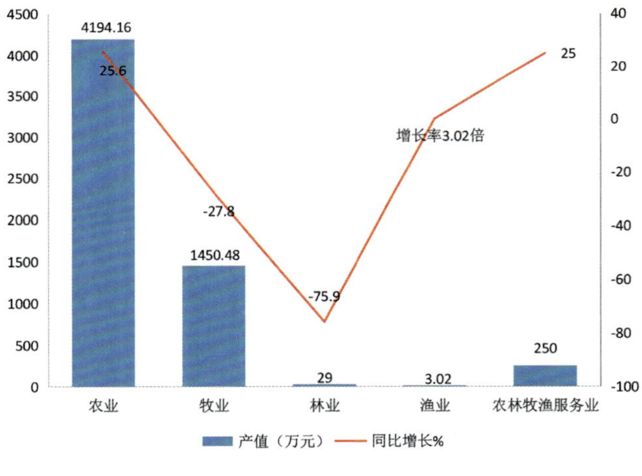

图 6.1　2021 年墨脱县农林牧渔业产值柱状图

（七）规上工业

工业企业墨脱县茶叶公司 2020 年底主营业务收入达规模以上统计标准。2021 年初由规下办理升规上，全年每个季度以两个百分点的增速增长，增加值累计速度 15.1%。

二、其他方面基本情况

教育方面：2021–2022 学年，墨脱县共有各级各类学校 40 所，在编教师 290 人，在校学生 2622 人。其中初级中学 1 所，在校学生 506 人；小学 8 所，在校学生 1416 人；幼儿园 31 所，在校幼儿 700 人。

学前三年毛入园率达 97.80%，小学适龄儿童净入学率达 99.93%，初中阶段毛入学率达 101.92%，义务教育阶段巩固率达 100%，义务教育适龄残疾儿童净入学率达 100%。

文化方面：开展“送文化”下乡活动，组织各类文艺汇演活动 80 余场，服务群众近 1.4 万人次。放映红色电影 400 余场次，观影人数超过 1 万人次。开展文艺“八进”70 场和“戏曲进乡村”48 场，观看群众达 16143 人次。开展“送图书下乡”活动，送出图书 3400 余册。

通信方面：移动公司 2021 年新建基站 7 个，新增通光纤行政村 7 个。现共有 2G 基站 67 个，4G 基站 89 个，5G 基站 10 个，全县除甘登乡外实现 4G 信号全覆盖。

电信公司 2021 年新建基站 4 个，现共有基站 55 个。其中 2G 基站 4 个，其余均为 4G 基站，5G 信号暂未启用。

交通方面：全县公路总里程 529.237 公里。其中，通县道 137.675 公里、通乡道 160.529 公里、通村道 231.033 公里。乡（镇）公路通达率为 100%，通畅率为62.5%，村公路通达率为100%，通畅率为71.74%。已开通墨脱至林芝1条县际班线，墨脱至背崩乡、墨脱至德兴乡、墨脱至格当乡、墨脱至达木4条农村客运班线，城乡通客车率达62.5%、行政村客车通达率达44.44%。

旅游方面：2021年游客总数为20.58万人次（其中探亲、公务、务工人员、本地8.95万人次），较上年增长136%，实现旅游总收入7893.07万元，较上年增长164%，其中农牧民收入1193.80万元，较上年增长152%，旅游产品收入494.22万元，家庭旅馆接待游客3.35万人次，总收入185.32万元。

金融方面：银行金融机构各项存款余额14.25亿元，贷款余额13.21亿元。

邮政业方面：全年邮务类业务累计完成46.75万元，较上年下降57.49%。寄递类业务累计完成54.89万元，较上年增长95.16%。

卫生健康方面：现有医疗机构共14家，其中公立医院2家，乡镇卫生院8所，1家疾控中心，3家诊所。2座核酸检测实验室投入使用，检测能力大幅提升。累计完成新冠疫苗接种3.94万人次。

县人民医院巡回义诊59次，派出医务人员共计365名，诊治4520人，免费发放药品105种。藏医院开展了12场次义诊活动，出动医务人员29人，发放免费药品169种。

社会保障方面：全县农村低保标准由2020年每人每年4713元提高至每人每年5060元，城镇低保标准由2020年每人每月847元提高至每人每月910元，补助方式为差额补助。全年为46户173名困难群众解决临时救助金38.6万元，为75名特困人员发放生活补助和护理补贴共计89.98万元。

城乡低保方面：新增农村低保户7户19人，新增城镇低保户1户5人，清退农村低保户10户45人，实现了应保尽保、应退进退。截至目前，全县共有农村低保对象114户341人，城镇低保对象10户22人。全县低保资金按月发放，全年发放城乡低保资金共计137.76万元，其中：发放农村低保资金123.45万元；发放城镇低保资金14.31万元。

特色产业方面：采取“政府+企业+基地+农户”模式，建成高原有机茶园103个，面积达1.9万余亩，覆盖6个乡（镇）39个村，建成标准化茶叶加工厂1个，在建加工厂2个，茶叶杀青点3个，可采摘面积8619.36亩。2021年累计采摘茶青45.14万斤，群众增收1157万元，户均增收8287元，人均增收1859元。建成玛迪水产养殖项目一期工程，养殖南美对虾、加州鲈鱼、罗非鱼等亚热带水产10000余斤，累计出售鲜虾400余斤。

边境村镇建设方面：边境基础设施日益完善。全县34个边境村镇建设任务圆满完成，全力推进康卓登、兴开、德尔贡3个安置点建设，累计完成投资1.7亿元。

2019 年西藏自治区林芝市六县一区主要经济指标一览表

表 10

指标	地区生产总值		公共财政预算收入		固定资产投资完成情况		社会消费品零售额		农村居民人均可支配收入	
	总量（亿元）	较上年增长 %	总量（万元）	较上年增长（%）	总量（亿元）	较上年增长（%）	总量（亿元）	较上年增长（%）	总量（元）	较上年增长（%）
全市	172.45	8.1	99618	-27.82	—	-22.8	44.89	8.1	16710	12.8
巴宜区	84.59	8.0	23000	-16.36	—	1.9	31.15	7.4	20029	12.8
工布江达县	17.05	8.2	5089	7.86	—	23.6	3.89	9.4	17597	12.4
米林县	18.14	8.1	12040	7.20	—	-17.8	2.97	10.4	19710	12.7
墨脱县	6.86	7.9	3444	28.46	—	-18.4	0.55	9.4	11354	13.1
波密县	27.40	8.2	5585	-19.96	—	-64.8	2.90	10.7	18460	12.8
察隅县	10.34	8.1	6969	11.24	—	25.1	1.97	9.5	11471	12.8
朗县	8.07	8.0	4641	-25.36	—	-32.3	1.46	9.5	16912	12.9

2020 年西藏自治区林芝市六县一区主要经济指标一览表

表 11

指标	地区生产总值		公共财政预算收入		固定资产投资完成情况		社会消费品零售额		农村居民人均可支配收入	
	总量（亿元）	较上年增长（%）	总量（万元）	较上年增长（%）	总量（亿元）	较上年增长（%）	总量（亿元）	较上年增长（%）	总量（元）	较上年增长（%）
全市	191.34	7.9	142958	43.51	—	4.0	51.40	-3.9	18791	12.5
巴宜区（含市）	95.41	8.0	27050	17.61	—	40.1	35.25	-5.0	22329	11.5
工布江达县	18.75	7.9	14019	175.48	—	4.6	4.56	-1.5	19720	12.1
米林县	19.63	7.8	13329	10.71	—	-20.3	3.49	-1.4	22086	12.1
墨脱县	7.63	8.0	5753	67.03	—	-2.1	0.65	-1.0	12866	13.3
波密县	29.81	7.9	6668	19.39	—	4.7	3.42	-0.9	20703	12.2
察隅县	11.44	8.1	13773	97.63	—	-12.7	2.31	-1.5	13040	13.7
朗县	8.68	7.7	5466	17.78	—	6.8	1.72	-1.4	18864	11.5

2021 年西藏自治区林芝市六县一区主要经济指标一览表

表 12

指标	地区生产总值（亿元）		公共财政预算收入（万元）		固定资产投资完成情况（亿元）		社会消费品零售额（亿元）		农村居民人均可支配收入（元）	
	总量	较上年增长 %	总量	较上年增长 %	总量	较上年增长 %	总量	较上年增长 %	总量（元）	较上年增长 %
全市	209.01	6.9	150237	5.1	—	8.0	56.23	9.4	21767	15.8
巴宜区（含市）	104.76	6.9	29300	8.3	—	-9.3	38.54	9.3	25603	14.7
工布江达县	20.47	7.0	6961	-50.4	—	9.1	4.99	9.4	22638	14.8
米林县	20.77	6.8	13803	3.6	—	-4.2	3.81	9.1	25273	14.4
墨脱县	8.52	7.1	6277	9.1	—	44.7	0.73	11.9	15278	18.7
波密县	32.85	6.9	13265	98.9	—	-19.3	3.76	10.1	23785	14.9
察隅县	12.10	6.8	18748	36.1	—	129.9	2.52	9.1	15425	18.3
朗县	9.54	6.7	5878	7.5	—	-16.9	1.88	9.5	21600	14.5

2021 年墨脱县人口基本情况一览表

表 13

指标名称	单位	地区下算		
		2020 年	2021 年	同比增长（%）
常住人口	人	14930	14941	0.1
其中：城镇人口	人	3327	3309	-0.5
乡村人口	人	11603	11632	0.2

年份、增速 / 户数、人数 / 乡（镇）	2020 年		2021 年		同比增速 %	
	户数	人数	户数	人数	户数	人数
墨脱镇	600	2451	642	2467	7.0	0.7
背崩乡	556	2427	572	2469	2.9	1.7
德兴乡	392	1683	401	1694	2.3	0.7
达木乡	278	1093	281	1110	1.1	1.6
格当乡	334	1383	342	1404	2.4	1.5
帮辛乡	273	1233	296	1249	8.4	1.3
加热萨乡	131	496	133	505	1.5	1.8
甘登乡	63	183	63	186	0.0	1.6
墨脱县	2627	10949	2730	11084	3.9	1.2

2010 年—2021 年墨脱县人口修正数一览表

表 14　　单位：人

年份	总人口			总人口		
		男	女		城镇人口	农村人口
2010 年	10963	5852	5111	10963	1542	9421
2011 年	11337	6095	5242	11337	1534	9803
2012 年	11556	6214	5342	11556	1611	9945
2013 年	11726	6318	5408	11726	1656	10070
2014 年	12019	6490	5529	12019	1768	10251
2015 年	12553	6387	6166	12553	2102	10451
2016 年	13327	6781	6546	13327	2492	10835
2017 年	14017	7080	6937	14017	3028	10989
2018 年	14327	7322	7005	14327	3106	11221
2019 年	14593	7464	7129	14593	3194	11399
2020 年	14930	8551	6379	14930	3327	11603
2021 年	14941	8558	6383	14941	3309	11632

注：区县人口数参照各区县历年公布数据增速和七人普计算的近十年平均增速进行修订后，将总量与自治区反馈数差异进行二次按比例分配所得

2021 年墨脱县七乡一镇基础设施基本情况一览表

表 15

序号	乡（镇）	单位	乡政府	村委会	自来水收益村	通汽车村数	通电话村数（包括移动电话）	通电的村	通邮的村	能收看电视的村	农村劳动力（人）
1	墨脱县	个	8	45	45	45	45	45	45	45	6031
2	墨脱镇	个	1	7	7	7	7	7	7	7	1616
3	背崩乡	个	1	9	9	9	9	9	9	9	1253
4	德兴乡	个	1	7	7	7	7	7	7	7	774
5	达木乡	个	1	4	4	4	4	4	4	4	642
6	格当乡	个	1	6	6	6	6	6	6	6	667
7	帮辛乡	个	1	6	6	6	6	6	6	6	743
8	加热萨乡	个	1	5	5	5	5	5	5	5	221
9	甘登乡	个	1	1	1	1	1	1	1	1	115

2021 年墨脱县各乡（镇）农作物种植情况一览表

表 16

指标	单位	墨脱镇	背崩乡	德兴乡	达木乡	格当乡	帮辛乡	加热萨乡	甘登乡	合计
粮食作物	公顷	219.61	244.71	119.52	150.45	105.79	186.18	67.40	36.33	1130.01
稻谷	公顷	130.18	95.21	54.46	49.47	0	15.53	0	0	344.86
小麦	公顷	0	0	0	0	0	0	0	0	0
玉米	公顷	82.20	143.55	56.96	85.08	103.07	167.00	62.40	33.67	733.93
荞麦	公顷	0	0	2.19	0	0.01	0	0	0.27	2.46
蕘稼	公顷	0	4.43	4.83	13.80	0	0	5.00	0	28.06
豆类	公顷	0.13	1.42	1.08	1.80	0.07	0.31	0	0	4.81
油料	公顷	0	1.11	2.37	1.00	0	0	0	0.80	5.28
# 花生	公顷	0	1.11	2.37	1.00	0	0	0	0	4.48
蔬菜及食用菌	公顷	47.87	26.10	26.99	31.93	19.11	31.35	6.72	4.85	194.92
粮食产量	吨	1100.45	809.49	540.64	742.55	340.58	647.55	321.26	125.88	4628.40
稻谷	吨	588.26	328.87	227.10	249.33	0	25.35	0	0	1418.91
小麦	吨	0	0	0	0	0	0	0	0	0
玉米	吨	493.19	464.06	289.55	433.91	332.39	615.70	299.54	117.36	3045.70
荞麦	吨	0	0	4.99	0	0.02	0	0	0.60	5.61
蔓稼	吨	0	11.46	15.70	43.46	0	0	21.72	0	92.34
豆类	吨	0.40	4.30	3.30	5.94	0.21	1.10	0	0	15.25
油料	吨	0	2.51	8.26	5.40	0	0	0	2.40	18.57
# 花生	吨	0	2.51	8.26	5.40	0	0	0	0	16.17
蔬菜及食用菌	吨	529.80	89.40	107.23	377.53	76.45	117.04	29.93	26.06	1353.44

墨脱县各乡（镇）农村经济收益一览表

表 17

名称	单位	各乡（镇）								
		墨脱镇	背崩乡	德兴乡	达木乡	格当乡	帮辛乡	加热萨乡	甘登乡	合计
一、农村经济总收入	万元	5038.76	5793.42	3018.63	2963.57	3715.50	2935.64	944.41	440.46	24850.40
1、第一产业收入	万元	839.32	1148.58	367.20	491.69	348.01	771.95	267.81	25.63	4260.19
(1)种植业收入	万元	749.08	704.54	319.90	401.78	333.61	670.75	188.21	24.63	3392.50
(2)林业收入	万元	0	168.04	32.50	69.63	0	14.00	0	0	284.17
(3)牧业收入	万元	90.24	274.00	14.80	20.28	14.40	87.20	79.60	1.00	581.52
(4)渔业收入	万元	0	2.00	0	0	0	0	0	0	2.00
2、第二产业收入	万元	1156.70	692.15	634.80	376.22	100.70	452.20	188.00	0	3600.77
(1)工业收入	万元	162.60	83.15	61.60	65.66	60.70	350.20	188.00	0	971.91
(2)建筑业收入	万元	994.10	609.00	573.20	310.56	40	102.00	0	0	2628.86
3、第三产业收入	万元	3042.74	3952.69	2016.63	2095.66	3266.79	1711.49	488.60	414.83	16989.43
(1)交通运输业收入	万元	895.57	338.20	487.64	849.02	1515.00	189.40	240	185.35	4700.18
(2)商业、饮食业收入	万元	167.77	411.25	87.09	178.16	30.80	298.47	48.50	17.30	1239.34
(3)服务业收入	万元	103.00	419.97	29.80	57.91	0	496.45	0	15.00	1122.13
(4)其他收入	万元	1876.40	2783.27	1412.10	1010.57	1720.99	727.17	200.10	197.18	9927.78
二、总费用	万元	835.11	1894.29	523.29	1083.15	1988.44	1138.74	230.59	222.65	7916.26
三、纯收入	万元	4203.65	3899.13	2495.34	1880.42	1727.06	1796.90	713.82	217.81	16934.13
现金收入	万元	3773.01	3104.56	2134.48	1587.11	1404.53	1435.46	510.16	189.78	14139.10
四、平均农村居民纯收入	（元/人）	17039.53	15792.35	14730.46	16940.70	12301.00	14386.71	14135.05	11710.09	15278.00
人均现金收入	（元/人）	15293.92	12574.16	12600.25	14298.29	10003.77	11492.87	10102.26	10203.23	12756.31

2021 年墨脱镇基本情况一览表

表 18

村名	户数(户)	人数(人)	人均可支配收入(元)	人均现金收入(元)	牲畜头数(头匹只)					家禽(羽)	农作物播种面积(亩)			农作物产品产量(吨)			年末耕地总资源(亩)	距县城公里
					大牲畜	牛	马	骡	猪		粮食作物	油料	蔬菜及食用菌	粮食作物	油料	蔬菜及食用菌		
墨脱村	212	814	16763.27	15158.35	36	36			500	420	967.57		353.85	309.43		83.60	936.90	0.60
亚东村	238	867	15862.05	14722.38	37	37			476	121	594.12		132.97	200.11		192.20	799.68	1.90
亚让村	56	245	16422.86	12845.31	48	48			123	189	434.83		59.63	150.52		62.75	409.25	10.50
米日村	40	157	17531.85	16417.83	28	28			76	309	370.45		54.37	124.68		81.46	125.04	17.50
玛迪村	36	140	20710.71	17562.14	31	31			97	295	361.95		49.57	126.56		48.83	406.44	11
朗杰岗村	37	149	16622.28	16200.00	33	28	5		151	4	0		22.96	0		25.97	0	16.10
巴日村	23	95	26173.68	21365.26	59	59			12	2	565.30		44.71	189.15		34.99	236.56	6
合计	642	2467	17039.53	15293.92	272	267	5	0	1435	1340	3294.22	0	718.06	1100.45	0	529.80	2913.87	

2021 年德兴乡基本情况一览表

表 19

村名	户数(户)	人数(人)	人均可支配收入(元)	人均现金收入(元)	牲畜头数(头匹只)					家禽(羽)	农作物播种面积(亩)			农作物产品产量(吨)			年末耕地总资源(亩)	距县城公里
					大牲畜	牛	马	骡	猪		粮食作物	油料	蔬菜及食用菌	粮食作物	油料	蔬菜及食用菌		
德果村	56	223	14509.42	11767.26	60	60	0	0	277	425	227.92	13.3	42.63	65.39	2.86	11.47	380.8	18.50
文朗村	68	264	14588.26	12829.55	0	0	0	0	76	289	350.72	4.90	64.22	101.20	1.32	18.26	485.83	16.50
德兴村	97	388	15922.94	13717.78	19	19	0	0	113	634	326.77	6.15	104.06	100.49	1.51	26.17	483.34	7.80
荷扎村	57	256	16022.27	13850.00	0	0	0	0	102	418	395.32	11	80.67	117.24	2.52	21.76	417.56	16.20
那尔东村	56	273	13138.46	11184.62	21	16	1	4	102	232	194.88	0.22	43.08	60.66	0.05	11.32	765.61	28
巴登则村	35	160	14114.38	11800.00	26	14	1	11	84	180	169.94	0	40.04	54.95	0	10.40	513.68	35.20
易贡白村	32	130	13396.92	11724.85	28	14	4	10	40	213	127.32	0	30.15	40.71	0	7.85	164.73	40
合计	401	1694	14730.46	12600.25	154	123	6	25	794	2391	1792.87	35.57	404.85	540.64	8.26	107.23	3211.55	

2021 年背崩乡基本情况一览表

表 20

村名	户数（户）	人数（人）	人均可支配收入（元）	人均现金收入（元）	牲畜头数（头匹只）					家禽（羽）	农作物播种面积（亩）			农作物产品产量（吨）			年末耕地总资源（亩）	距县城公里
					大牲畜	牛	马	骡	猪		粮食作物	油料	蔬菜及食用菌	粮食作物	油料	蔬菜及食用菌		
阿苍村	40	205	15526.34	12010.73	72	52	2	18	39	197	168.61	0.4	33.80	39.67	0.06	7.54	808.73	35.8
巴登村	39	186	15724.73	12730.65	34	25	0	9	134	417	125.49	0.3	33.01	31.58	0.045	7.17	443.96	35
背崩村	149	599	16108.51	13115.69	83	62	7	14	153	547	510.06	0.1	56.54	119.39	0.015	12.8	908.39	28
波东村	43	184	15247.28	11743.48	50	36	0	14	61	327	230.21	9	53.50	48.62	1.35	12.25	765.61	34.5
德尔贡村	60	279	16012.19	13002.51	168	103	25	40	241	828	1019.82	0	52.33	219.68	0	11.43	1727.11	49
地东村	144	620	15554.03	12120.32	267	208	1	58	221	1220	481.51	1	66.69	120.30	0.15	14.81	1192.15	39
格林村	32	121	16480.99	13244.63	61	40	4	17	67	442	590.84	3.8	35.92	96.66	0.57	8.79	1156.62	34
江新村	26	111	15777.48	12781.08	29	22	0	7	102	389	205.1	1.5	26.24	52.77	0.23	7.35	624.94	35
西让村	39	164	15687.32	12407.32	20	15	0	5	45	42	339.01	0.6	33.48	80.82	0.09	7.26	560.35	50
合计	572	2469	15792.35	12574.16	784	563	39	182	1063	4409	3670.65	16.7	391.51	809.49	2.51	89.40	8187.86	

2021 年达木乡基本情况一览表

表 21

村名	户数（户）	人数（人）	人均可支配收入（元）	人均现金收入（元）	牲畜头数（头匹只）					家禽（羽）	农作物播种面积（亩）			农作物产品产量（吨）			年末耕地总资源（亩）	距县城公里
					大牲畜	牛	马	骡	猪		粮食作物	油料	蔬菜及食用菌	粮食作物	油料	蔬菜及食用菌		
达木村	89	326	15719.26	12917.79	41	41			62	92	634.01	4.50	133.55	208.84	1.62	106.88	670.13	33
卡布村	47	196	19264.80	15783.67	48	48			60	178	566.58	4.62	88.50	185.49	1.66	67.27	650.69	31
珠村	55	219	16825.11	15829.22	216	186		30	22	78	711.73	4.78	158.54	236.33	1.72	120.33	830.49	47
贡日村	90	369	16853.93	13820.33	710	710			31	98	344.43	1.10	98.40	111.88	0.40	83.05	511.72	53
合计	281	1110	16940.70	14298.29	1015	985	0	30	175	446	2256.75	15	478.99	742.54	5.40	377.53	2663.03	

2021 年格当乡基本情况一览表

表 22

村名	户数（户）	人数（人）	人均可支配收入（元）	人均现金收入（元）	牲畜头数（头匹只）					家禽（羽）	农作物播种面积（亩）			农作物产品产量（吨）			年末耕地总资源（亩）	距县城公里
					大牲畜	牛	马	骡	猪		粮食作物	油料	蔬菜及食用菌	粮食作物	油料	蔬菜及食用菌		
格当村	79	289	14789.27	10977.51	243	211	13	19	54	3	359.52		95.25	77.15		29.38	672.23	65.5
布龙村	40	174	14805.17	10360.92	202	155	25	22	35		403		83.39	86.24		17.38	440.30	69
占根卡村	18	75	14221.33	10584.00	53	47	2	4	29		153.01		19.52	32.89		4.57	197.11	63
桑珍卡村	36	136	10012.50	9711.76	143	126	6	11	39		254		39.88	54.58		9.86	385.30	60
德吉村	72	313	10301.92	9522.04	120	120	0	0	75		348.67		36	74.96		9.72	238.13	56
多龙岗村	97	417	11433.12	9532.37	275	178	12	85	153	0	68.71		12.61	14.76		5.54	79.39	76
合计	342	1404	12301.00	10003.77	1036	837	58	141	385	3	1586.91	0	286.65	340.58	0	76.45	2012.46	

2021 年帮辛乡基本情况一览表

表 23

村名	户数（户）	人数（人）	人均可支配收入（元）	人均现金收入（元）	牲畜头数（头匹只）					家禽（羽）	农作物播种面积（亩）			农作物产品产量（吨）			年末耕地总资源（亩）	距县城公里
					大牲畜	牛	马	骡	猪		粮食作物	油料	蔬菜及食用菌	粮食作物	油料	蔬菜及食用菌		
帮辛村	83	356	15106.40	11942.13	40	38	0	2	95	454	673.2		98.31	163.50		27.04	255	66.70
根登村	28	127	15810.71	13460.63	45	37	1	7	107	196	379.05		64.97	95.50		15.45	170	69.50
帮果村	56	238	13072.69	10338.66	289	260	5	24	88	39	720.90		81.08	144.65		21.30	451	73
肯肯村	41	154	13938.96	10632.47	28	25	0	3	46	10	336.50		69.78	88		17.08	228	74.50
宗荣村	53	205	14468.78	11624.39	57	40	2	15	98	6	399		89.47	93.80		21.92	480	77.50
西登村	35	169	13959.53	11317.75	84	72	6	6	51	85	284		66.57	62.10		14.25	150	71.34
合计	296	1249	14386.71	11492.87	543	472	14	57	485	790	2792.65	0	470.18	647.55	0	117.04	1734	

2021 年加热萨乡基本情况一览表

表 24

村名	户数（户）	人数（人）	人均可支配收入（元）	人均现金收入（元）	牲畜头数（头匹只）					家禽（羽）	农作物播种面积（亩）			农作物产品产量（吨）			年末耕地总资源（亩）	距县城公里
					大牲畜	牛	马	骡	猪		粮食作物	油料	蔬菜及食用菌	粮食作物	油料	蔬菜及食用菌		
达昂村	19	76	16390.13	11447.37	114	81	12	21	13	5	217.50		24.60	70.40		6.54	257.30	93
曾求村	23	97	13412.37	9707.22	88	71	8	9	10	1	221		13.30	70.67		3.94	271.43	92
更帮村	24	89	15853.93	10561.80	62	57	2	3	14	0	160.20		20.48	49.81		6.54	165.68	85
拉贡村	22	85	16105.88	10000.00	98	87	7	4	11	0	200.50		17.49	63.29		5.12	232.70	90
加热萨村	45	158	11465.51	9493.92	152	116	8	28	38	2	211.80		24.94	67.09		7.79	251.80	88
合计	133	505	14135.05	10102.26	514	412	37	65	86	8	1011	0	100.81	321.26	0	29.93	1178.91	

2021 年甘登乡基本情况一览表

表 25

村名	户数（户）	人数（人）	人均可支配收入（元）	人均现金收入（元）	牲畜头数（头匹只）					家禽（羽）	农作物播种面积（亩）			农作物产品产量（吨）			年末耕地总资源（亩）	距县城公里
					大牲畜	牛	马	骡	猪		粮食作物	油料	蔬菜及食用菌	粮食作物	油料	蔬菜及食用菌		
甘登村	63	186	11710.09	10203.23	187	111	0	76	70	175	545	12	72.75	125.88	2.40	26.06	629.75	112
合计	63	186	11710.09	10203.23	187	111	0	76	70	175	545	12	72.75	125.88	2.40	26.06	629.75	

注释：

1、本公报中 2021 年数据为初步核定统计数，最终数据以《统计年鉴》为准。

2、教育、文化、通信、卫生、农牧、旅游、交通、社会保障等方面数据均由县有关部门提供。

3、公报中地区生产总值、各产业增加值绝对数按现价计算，增长速度按可比价计算。

4、数据存在误差，是因采用四舍五入法计算所致。

索　引

说　明

一、本索引采用主题分析法编制。索引范围包括篇目、类目、部（门）目、条目等。

二、本索引按主题词首字汉语拼音音序（同音按音调）排列，若首字母相同则按第二字音序排列，以此类推。

三、索引条目后的数字表示内容所在页码，数字后的字母（a、b、c）表示栏别（从左到右）。

四、篇目、类目、部（门）目特别标注。

A

B

H

J

K

L

M

N

P

Q

R

S

X

Y

Z

非音序